第二次世界大戦後の
アメリカ高等教育

アメリカ高等教育史Ⅱ

American Higher Education since World War II: A History

著：ロジャー・L・ガイガー
訳：原　圭寛、間篠剛留、五島敦子、小野里　拓、
藤井翔太、原田早春、小林尚矢

東信堂

AMERICAN HIGHER EDUCATION SINCE WORLD WAR II:
A History by Roger L. Geiger

Japanese translation published by arrangement with Princeton University Press
through The English Agency (Japan)Ltd.

Japanese language edition published by TOSHINDO Publishing Co., LTD.
1-20-6 Mukogaoka, Bunkyo-ku Tokyo, Japan

訳者はしがき

本邦訳は、訳者代表を原圭寛(昭和音楽大学専任講師、序文・謝辞・プロローグ・第3章・第8章担当)が務め、間篠剛留(日本大学准教授、第2章担当)、五島敦子(南山大学教授、第1章担当)、小野里拓(東京大学職員、第4章担当)、藤井翔太(都留文科大学講師、第6章担当)、原田早春(慶應義塾大学非常勤講師、第5章担当)、小林尚矢(慶應義塾大学研究員、第7章担当)の計7名で共同翻訳を行った。

本邦訳は、2023年に刊行した『アメリカ高等教育史』の続刊ではあるが、本邦訳企画の出自は前巻と少々異なり、2020年より慶應義塾大学大学院社会学研究科の松浦良充教授(肩書は当時、現慶應義塾常任理事)の指導生およびOBの読書会の形で始まった。読書会には前巻訳者の原、間篠、原田に加え、今回訳者に加わった小林と、当時院生だった青木沙絵氏が参加し、下訳の作成を行った。そのうえで前巻の翻訳に携わった上記のメンバーで再度1年にわたって読書会を行い、下訳を検討・修正する形で今回の翻訳を作成した。そのうえで最終的には訳者代表が全体の取りまとめを行っており、従って本邦訳の責任は訳者代表に帰すこととなる。訳出の方針については基本的に前巻を踏襲したが、前巻刊行後のご指摘を受けて一部変更した箇所もある。

なおタイトルについて、原著は*American Higher Education since World War II: A History*であり、必ずしも前巻の続編との表記はないが、本邦訳においては便宜上、『第二次世界大戦後のアメリカ高等教育：アメリカ高等教育史II』とした。

以下、本邦訳の出版動機を述べる。前巻「訳者はしがき」と同内容となるが、本書から読み始める読者のために一部修正のうえ再掲する。

本邦訳出版の動機は、アメリカ高等教育史についての近年出版された通史が全く邦訳されていなかった点にある。第二次世界大戦以来、日本の高等教育はアメリカの影響を大きく受けながら展開してきており、意図的にアメリカの試みを模倣・移入してきた。今なおアメリカ高等教育研究は盛んであり、これらを基にアメリカにおける試みを日本に移入しようとする動きも活発である。しかしアメリカにおける様々な試みは、その成立背景、すなわち歴史的な影響を多大に受けており、その歴史的理解に欠けたままアメリカにおける試みを分析・移入しようとしても、大きな誤解が生じてしまう可能性が非常に高い。しかし、現在日本語に翻訳されているアメリカ高等教育史の通史として最新のものは、前巻を除くと原著の出版が1962年と半世紀以上前のF.ルドルフ著『アメリカ大学史』(玉川大学出版部、2003)であり、1960年代後半以降に大きく更新されていった「多様性」に焦点をあてたアメリカ高等教育史研究の知見が全く反映されていない。

この翻訳企画は前巻刊行の５年ほど前からスタートしたが、その間に機械翻訳技術の飛躍的な向上があった。例えばDeepLをはじめとした翻訳サイトは、日常会話などのレベルであれば、時には人の手によるものよりも高精度な翻訳を瞬時に提供してくれるようになった。しかし周知のとおり、こうしたディープラーニングによる翻訳の精度は、既存の翻訳のサンプル数に依存する。従って、サンプル数の多い日常会話の翻訳は得意でも、専門用語の訳出には不安が残る。さらに、これまでに誤訳や誤解含みの訳出が蓄積されていた場合には、全く使えないものとなってしまう。本邦訳においてもこれらの技術を活用したが、やはり専門用語訳出の不正確さが目立ったり、時には真逆の意味で訳出されてしまう文章が出現したりすることもあり、人の手による翻訳の必要性を改めて痛感した。

本邦訳の出版にあたっては、科研費JP22K02695の助成を受けた。また前巻に引き続き、アメリカ教育史研究会、大学史研究会の先生方にもご支援をいただいた。お名前をすべてあげることは叶わないが、この場を借りて御礼申し上げたい。

2025年１月　訳者代表

目次／第二次世界大戦後のアメリカ高等教育――アメリカ高等教育史Ⅱ――

訳者はしがき …… iii
用語集・略語一覧 …… viii

序文 …… xiii

謝辞 …… xix

プロローグ：アメリカ高等教育と第二次世界大戦 …… 3

第1部　アメリカ高等教育、1945-1957 …… 9

第1章　GIビルとその後：1945-1955の高等教育 …… 10
GIビル …… 11
ニューディールの亡霊：高等教育に関する大統領委員会 …… 16
ジェネラル・エデュケイションとリベラル・エデュケイション …… 25
戦後アメリカの定義：冷戦とマッカーシズム …… 38

第2章　保守的な1950年代における高等教育とアメリカ的生活様式（アメリカン・ウエイ・オブ・ライフ） …… 51
誰がカレッジに行くべきか …… 55
公立高等教育の拡大 …… 62
1950年代における私立のカレッジ・大学 …… 77
戦後の大学 …… 90

第２部　リベラル・アワー、1957-1968 …… 109

第３章　大学の権勢 …… 110

連邦研究経済 …… 113
財団と大学の研究 …… 119
アカデミック・レボリューション …… 129
大学とアメリカ社会 …… 142

第４章　拡大と変質 …… 152

学生の高波（タイダル・ウェーブ） …… 153
マス公立高等教育 …… 160
南部の人種隔離廃止、北部の多様性 …… 179
カリキュラム、質、マス高等教育 …… 193

第３部　白紙化と新たな時代、1965-1980 …… 209

第５章　白紙化、1965-1970 …… 210

SDSと学生急進主義の拡大 …… 212
アカデミック・アルマゲドン：1968年という時代、1967-1970 …… 223
その後と新たな時代の幕開け …… 237

第６章　70年代を生き延びる …… 251

連邦政府と高等教育 …… 251
女性の台頭 …… 264
70年代の転回：学生 …… 279
70年代の転回：機関 …… 292

第4部 アメリカ高等教育の現代 …… 309

第7章 現代の幕開け、1980-2000 …… 310

大学と経済的関連性（レリバンス）：研究の使命のリバイバル …… 311
私費化（プライバタイゼイション）：公立と私立の高等教育および学生選抜競争（セレクティビティ・スイープステイクス） …… 323
文化戦争 …… 342

第8章 21世紀のアメリカ高等教育 …… 357

1兆ドルの借金 …… 358
分岐化（バイファケーション）の再来 …… 369
高等教育への回帰 …… 374
学び（ラーニング）という難問 …… 384
二極化したアメリカにおける大学文化 …… 391
研究大学と知識社会 …… 401
21世紀のアメリカ高等教育 …… 408

注・引用参考文献 …… 415
解題 …… 475
総合索引（Ⅰ・Ⅱ） …… 481
訳者紹介 …… 503

用語集・略語一覧

略語・原語	訳　語	解　　説
AAAS: American Association for the Advancement of Science	**アメリカ科学振興協会**	1840年にアメリカ地質学者・博物学者協会(American Association of Geologists and Naturalists)として創設され、これが科学に関する「アメリカ初の真の職能団体」であった。1847年の総会にてAAASへと名称変更され、その対象が全科学者へと広がった。
AAC: Association of American Colleges / AAC&U: Association of American Colleges and Universities	**全米カレッジ協会／全米カレッジ・大学協会**	1915年にACCとして、学士課程およびリベラル・エデュケイションの普及を目的として発足した団体。1995年にAAC&Uに名称を変更した。なお2022年に再度名称を変更し、現在はAmerican Association of American Colleges and Universitiesが正式名称となっている。
AAU: Association of American Universities	**全米大学協会**	1900年に、アメリカの研究大学の学位をヨーロッパで通用させることを目的として、当時のPhD授与大学14校によって設立された団体。新規加盟には、既存会員校の3/4の賛成が必要となる。1914年には博士課程の入学基準の明確化のため、学士課程教育の認証評価を行ったが、これは全米規模の同種の取り組みとしては初のものとなった。
AAUP: American Association of University Professors	**アメリカ大学教授協会**	アメリカにおける「学問の自由」を守るために、大学教員の組合として組織された。その最初の調査は、1915年にペンシルベニア大学がスコット・ネアリング教授を解雇した事件であり、その後も教員の雇用問題に積極的に関与していくこととなった。
academic freedom	**学問の自由**	大学における最重要の理念とされ、大学における教える内容の自由を保障する「教授の自由」と何を学び何を研究するかの自由を保障する「学習の自由」から構成される。この理念は、カレッジにおけるキリスト教的思想と度々対立してきた。
academic revolution	**アカデミック・レボリューション**	アメリカ高等教育において、それまでのカレッジにおける固定的な知識観から、「知は研究により絶えず変化するもの」という知識観への転換と、それに伴う教授職の研究職化、研究業績を基準とする教員評価の変化などの、一連の変革のこと。
accreditation	**認証評価**	合衆国憲法においては教育に関する権利は州に留保されるため、連邦レベルで教育に関する規制ができない。その代わりに州をまたいで組織された各教育機関や専門(職)団体が、機関や課程の審査を行い、基準を満たすものに認証を与えるようになった。

略語・原語	訳　語	解　　説
ACE: American Council on Education	**全米教育審議会**	1918年に設立されたアメリカ高等教育の諸協会の連合体。当初は「アメリカ教育緊急審議会」を名乗り14の協会が参加したが、すぐに現在の名称に改められた。2024年現在では1,600を超える協会等が参加している。
alumni/-ae	**卒業生**	各大学またはカレッジの、特に学士課程を卒業した者を「卒業生」と呼ぶ。特に伝統的カレッジの卒業生は卒業年ごとに強力な紐帯を有しており、寄附金により母校に影響力を行使したり、理事や評議員に卒業生枠を有したりすることがある。
CFHE: Commision on Financing of Higher Education	**高等教育財政審議会**	1947年にロックフェラー財団が任命した高等教育財政に関する調査委員会であり、2年後にAAUのもとに正式な委員会として組み込まれた。主に研究大学と私立カレッジの視点に立ち、PCHEの報告書に対して反論を行った。
class	**学年／クラス**	植民地期以来、アメリカのカレッジは長らくの間1学年1学級で運営されており、ここで英単語の“class”は学年を指す言葉となっていた。従って例えばclass of 1828は「1828年の卒業生」という意味となる。その後学生数の増大とともに1学年複数学級制が取られるようになった。本書ではその場合のみ「クラス」の訳語を用い、それ以外は「学年」の訳語を充てた。
course	**課程／科目／コース**	アメリカ高等教育において“course”という語が指すものは、時代と共に変化してきた。共通必修の学士課程が一般的であった時代にはその課程全体を指して“course”と呼んでいたのに対し、科目選択制が主流となってからは、その選択肢を“course”と呼ぶようになった。本書では前者を「課程」、後者を状況に応じて「科目」「コース」等と訳出したが、アメリカの学士課程における“course”は日本の大学で一般的に考えられるような「科目」よりも扱う内容が広く、また日本の「1科目」の授業は基本的に週1回なのに対し、アメリカでは週に2-3回ほど同じ“course”の授業がある点に注意が必要である。
department	**領域**	カレッジおよび大学の教員組織を、教員の専門領域を基に分化させた組織。これを「学科」と訳す例もあるが、アメリカの場合日本の学部学科制とは異なり、学生が学科に所属するという形態はとらない。学生はカレッジまたはスクールに所属し、各学科がカレッジまたはスクールに対して授業を提供するという形態をとる。

略語・原語	訳　語	解　　説
extention	**エクステンション**	大学による、正規に在学する学生以外への教育等の総称。アメリカにおいては19世紀末から大学による巡回講義が開始された。なお、大学の教育のみならず、その資源を開放するという意味で「大学拡張」または「大学開放」(university extention) と呼ばれることもある。
faculty	**教授陣**	英語の“faculty”は「学部」と訳されることも多いが、英米においてこの語は大学の教員のみを指す。
foundations	**財団**	アメリカにおける大学教育および研究の発展は、フィランソロピーの理念のもとでの財団による寄附活動に依拠してきており、またこれらの財団による寄附の条件設定が、結果的にアメリカ高等教育の質保証につながった。有名な財団としては、ロックフェラー財団やカーネギー財団などがある。
fraternity	**フラタニティ**	ラテン語の「兄弟」が語源であり、カレッジの男子学生により組織された秘密結社的な性格を有する団体。対して女子学生の団体はソロリティ(sorority) という。名称がギリシャ文字２～３文字であることから、「ギリシャ文字会」(Greek letters society) とも呼ばれる。キャンパス内に「ハウス」を構え、共同生活を送る。時には入会時に過激な「儀式」が要求されたり、飲酒や薬物の問題が浮上するなどで、カレッジと対立することもあった。複数のカレッジ・大学に支部を有する全米組織に発展した例もある。
general education	**ジェネラル・エデュケイション**	リベラル・エデュケイションによる「共通の学び」「広範な学び」という理念を継承しつつ、その語が持つ「貴族性」を排することを目的として登場した用語。しかしその語用についての合意はほとんど存在せず、論者によって多様な意味合いで用いられる。
graduate education	**大学院教育／カレッジ卒業後の教育**	英米において“graduation”とは特に学士課程修了を指し、その後の教育は「卒業後教育」(postgraduate education) と呼ばれる。古くはカレッジ卒業生が卒業後もカレッジに残って勉学を積む“residential graduates”と呼ばれる形態があり、19世紀以降にこれが大学院として制度化されていった。対してカレッジでの課程は“undergraduate”と呼ばれ、本邦訳では訳語として「学士課程」を充てた。
HBCUs: historical black colleges and universities	**歴史的黒人カレッジ・大学**	1964年の公民権法成立以前に、アフリカ系アメリア人を対象として設立されたカレッジや大学のこと。その多くが南北戦争以降に、南部において設立された。

略語・原語	訳 語	解 説
HEW: Department of Health, Education, and Welfare	**米国保健教育福祉省**	1953年に設置された、アメリカの教育所管省。1979年にここからアメリカ教育省が独立した。
K-12	**K-12**	幼稚園と第1学年(日本の小学校1年生相当)から第12学年(日本の高等学校3年生相当)までを含めた諸学校の総称。
liberal arts/education	**リベラル・アーツ／リベラル・エデュケイション**	中世大学の「自由七科」から続く、非職業訓練的な学問の総称。「自由七科」は文法学・論理学・修辞学の三学と算術・幾何・天文・音楽の四科を基本として、時代や場所によって一部科目が入れ替わるなど、ある程度の多様性が認められた。アメリカにおいては当初からこれに道徳哲学や宗教学などが加わり、徐々に科目数を増やしていった。更に近代以降はこれに実験諸科学が加わり、「リベラル・アーツ・アンド・サイエンシズ」と呼ばれるようになる。またこうした諸学問を広く学びつつ(general education: 一般教育)、その一部を選択して深く学び(major/minor: 専攻／副専攻)、更に課外活動等で多様な学びを得る、というカリキュラムが、リベラル・エデュケイションとして定式化されていき、こうしたカリキュラムを持つカレッジが「リベラル・アーツ・カレッジ」と呼ばれるようになった。
liberal culture	**リベラル・カルチャー**	リベラル・アーツ、特に純文学、純粋哲学、純粋科学、歴史と政治を学ぶことにより、徳性、知性、美的価値観などを学生に植えつけることを目的とした、リベラル・アーツ・カレッジの目的、またそこで形成された文化の総称。
NCAA: National Collegiate Athletic Association	**全米カレッジ体育協会**	1906年にインターカレッジエイト・アスレチック・アソシエイションとして設立され、1910年に全米カレッジ体育協会となり、現在に至るまでカレッジ・スポーツ連絡調整・管理を担っている。
NEA: National Education Association	**全米教育協会**	1857年に設立された、米国最大の教育系労働組合連合。AAUPが大学教員の職能団体的性格が強いのに対し、NEAはK-12教育から高等教育まですべての教員を対象として、労働者としての権利保障を目的に活動している。
NSF: National Science Foundation	**米国国立科学財団**	1950年に創設された、基礎研究の促進のための連邦財団。1945年にバネバー・ブッシュが著した報告書において、過度の国防研究重視に対する批判と基礎研究の重要性が論じられたことから創設された。

略語・原語	訳　語	解　　説
PCHE: President's Committee on Higher Education	**高等教育に関する大統領委員会**	1946年に設置された、アメリカの高等教育に対する連邦政府の役割について検討する、トルーマン大統領の諮問委員会。1947年の計6巻にわたる報告書は、高等教育コミュニティの意見が反映されていないとされ、その後に論争を起こすこととなった。
quarter	**4学期制／学期**	19世紀末以降のアメリカにおいて、1年を4分割する学年歴が一部の機関で採用されるようになり、そのうち夏学期が休業期間となるようになった。日本で「4学期制」または「クオーター制」というと、夏休み・春休みを除いた2つの学期をさらに2分割するものとして定着しつつあるが、その方式とは時期区分も期間の長さも全く異なる。
Rockfeller Foundation	**ロックフェラー財団**	「ジェネラル・エデュケイション・ボード」の項目を参照。
SAT: Scholastic Aptitude Test	**大学進学適性試験**	1926年に開始された、カレッジ・ボード主催の大学入学適性試験。
SES: Socio-Economic Status	**社会経済状況**	個人または家族（世帯）の社会状況のことで、教育（就学年数）、収入、職業などを組み合わせて評価する。
SUNY: State University of New York	**ニューヨーク州立大学**	1948年からニューヨーク州の大学システムとしてSUNYを名乗り、各ノーマルスクールをティーチャーズ・カレッジとしてその傘下に組み込んだ。2022年時点で64のキャンパスを有する。
UC: University of California	**カリフォルニア大学**	1877年にカリフォルニア州によって創設された大学。1960年のマスタープラン策定以降は州の高等教育のトップとして位置づけられた。カリフォルニア州立大学（CSU）とは別組織。
undergraduate	**学士課程**	「大学院教育／カレッジ卒業後の教育」の項を参照。
universities	**大学**	アメリカにおいて「大学」という語は、一部の例外を除き、博士課程を有する機関に付される。対して学士課程を担当する所は「カレッジ」と呼ばれ、これ単体で1機関となっている場合と、大学内の部局としてカレッジが位置づいている場合がある。
WASP: White Angro-Saxon Protestant	**ホワイト・アングロサクソン・プロテスタント**	イギリス系の白人アメリカ人プロテスタントを指す言葉。アメリカの歴史において、長らく社会・文化・政治を支配してきた。
WashU: Washington University	**ワシントン大学（私立）**	1853年にミズーリ州セントルイスに設立された私立大学。対してThe University of Washingtonはワシントン州シアトルにある州立大学であり、こちらは本書では「ワシントン大学」と表記する。

序 文

2018年ピュー・リサーチ・センター調査へのほとんどの回答者は、アメリカの高等教育は「間違った方向に向かっている」と感じていた。今に始まったことではないが、かなりの数のアメリカ人が、理由は様々にせよ、この国のカレッジや大学に批判的だった。高価な在籍費用に反対した人もいたし、卒業生の労働に対する準備がされていないことを懸念した人もいた。相当数がキャンパスの政治化に反対していた。これらの反応は、メディアによって形成され、誇張されていたのかもしれないが、高等教育の最も基本的な機能についての現況を反映していた。特に、アメリカの若者の大部分に社会進出の機会を提供し、経済のための専門的知識やスキルを供給し、私たちの文化における知的内容の大部分を生み出す、という機能だ。高等教育は、アメリカの文明において戦略的な位置を占めている。10代の2/3以上にとって、高等教育機関は人生の可能性への入り口だ。知識と専門的技術（ナレッジ・アンド・エキスパタイズ）の獲得と循環（リカレント）は、経済における生産性と報酬の強力な決定要因だ。そして大学は、基本的な知識の発見を支配するだけでなく、日々のアイデアや出来事を理解するための知的枠組も供給している。高等教育は、社会的地位、経済的生産性、または知的文化を決定してはいない。主にこれらすべての社会的プロセスの初期段階で、独特で不可欠な役割、すなわち時間とともに知識基盤を成長させ、経験を通してスキルを磨かせ、また生涯にわたって理解を深めさせるという役割を果たしている。その意味で、高等教育は社会の中心にある機関であり、市民が関心を持つのはもっともな事だ。

これは常にそうだったわけではない。第二次世界大戦前において、高等教育はハイ・カルチャー、専門職キャリア、学問的知識を定義する上で重要な役割を果たしていたが、それは限られた人々にしか縁がなく、その価値ゆえに得がたいものだと、多くの人々に考えられていた。1945年以降、高等教育は人口の増加に対応していった。学問的知識は、アメリカ社会と融合しながら、さらに大きく成長した。アメリカの生活と文化への影響がより明らかになるにつれて、アメリカ社会におけるカレッジや大学の特徴も明らかになった。

本書が論じる歴史——機関、学生、教員、および教えられる科目、知識の進歩、そしてその知識がアメリカ社会に与える影響についての歴史——は、これらの変容を記述し、分析する。高等教育が拡大するにつれて、各機関は再定義された。ここ数十年にわたって、公私両セクターの相対的な活力が揺らいだ。社会参画により、より広い社会階層から新たな集団を包摂することで、学生の入学者数の増加が続いた。各機関は、これらの拡大する人口に対応するために、役割と入学者層（クライアンテールズ）を区分した。リベラル・エデュケイションのイメージによって祭り上げられたカレッジの文化的重要性は、継続的に議論され、改革された。学問的文化とその時代に一般に行き渡った社会的総意との対立が——マッカーシズムの時代、1960年代後半の抗議運動、1980年代の文化戦争、そして2010年以降も——キャンパスをまたいで発生していった。研究の成長と研究大学モデルの優勢は、この歴史に新たな次元を追加する。科学技術における驚くべき成果に加えて、学問的知識は、学問的資格の役割と同様、容赦なく社会的影響力を拡大した。従って、この高等教育の歴史は、ひとつの社会制度の変容を表している。

しかし、高等教育もまた社会に埋め込まれている。高等教育という事業は究極的に、学生という面においても、資産という面においても、そしてその目的と正当性を規定する支配的な文化という面においても、アメリカ社会に依存している。この歴史は、1945年以降のアメリカの高等教育の進化を、アメリカ社会との関係の変化という文脈に位置づけている。アメリカの文化と社会の状況は、特定の可能性を許可または排除し、一部の発生過程を奨励および支援し、他のものを妨げてきた。授業、知識の進歩、文化の形成という、高等教育の永続的な機能は、この数年間の合衆国の歴史を形成した政治的、社会的、知的流れの影響を受けている。この研究は、機関、態度、在籍のパターン、および支援の手段がアメリカ社会の進化によって形成された、4つの連続した時代にわたる高等教育の歴史を詳述する。

第二次世界大戦後、「アメリカ的生活様式」を称賛する強力な合意が形成された。この合意は、国内およびソビエトの共産主義に対する敵対意識を含んでいたが、主に家族、教会、および国家の理想化を強調していた。それは、成長するアメリカの隆盛と生活水準の向上を反映していたが、それらの利益を共有していない人々に対する無頓着と無知も助長した。拡大する中間層は、ますます多くの学生をカレッジに送った。豊かさの増大はカレッジ・大学の近代化を促進し、学術研究に対する連邦政府の支援は主要大学の科学的生産性を高めた。

第1章では、戦後10年間に高等教育が直面した主要な問題を検討する。GIビル受給学生への逼迫した対応が最初の5年間を支配したが、それらはカレッジに対する持続的な遺産をほとんどもたらさなかった。PCHEが、前例のない拡大の展望、連邦による統制ではなく政策誘導、民主的シティズンシップを植えつけるために設計されたカリキュラムを提案した際、高等教育の性質と目的が国家規模で議論された。しかし実際には、私立セクターが支持する展望が普及した。ハーバードは広く受け入れられているリベラル・エデュケイションの理念を明確にし、私立大学の学識経験者委員会は、機関と私立セクターの自治を擁護した。戦後反共パージの最も悪質な段階のマッカーシズムが1950年代初頭に暗い影を落とし、大学におけるリベラル派および国際主義の見解をほとんど沈黙させた。

第2章では、保守的な1950年代におけるアメリカの高等教育システムの統合について説明する。カレッジ進学の伝統的なパターンが優勢だったが、公立機関に在籍する学生の割合が増えた。カレッジは、リベラル・アーツと諸科学というコアを中心にますます標準化された。カリフォルニア・マスタープランは、旗艦（フラッグシップ）大学、地方（リージョナル）カレッジ、地域（ローカル）コミュニティ・カレッジという支配的な制度枠組みを具現化した。連邦政府の支援によって、アメリカの研究大学は「知識を前進させるためのこれまでで最も強力なシステム」(第2章)を形成することができた。

1950年代後半から、より批判的な精神が現れた。成長するリベラルな感情は、公民権、貧困、都市、環境、および教育に取り組むための政府の構想を支持した。それはリベラル・アワーと呼ばれ、1960年代半ばに社会立法の嵐で頂点に達した。高等教育にとって1957年のソ連のスプートニクの打ち上げは、カレッジや大学を設立・拡大し、科学研究を増加させるという、州・連邦資金による大規模な参画の発端となった。1958年から1968年まで、アメリカの公衆は高等教育を史上最も好意的に見ており、研究および大学院教育における「アカデミック・レボリューション」を促し、この時期に高等教育へと到達したベビーブーム世代の高波へと適応させた。

アカデミック・レボリューションの影響については、第3章で分析する。学問的知識を促進するための連邦および財団の支援は、教員、学問分野、大学院教育、そして大学に活力を与えた。この知識と専門的技術の量的拡大によって、評論家はアメリカの経済と文化におけるそれらの中心的な役割を認識するようになった。第4章は、1960年代の他の変革的な発展に焦点を当てている。高波のような入学者数の拡大は、アクセス可能な機関の供給増加と社会的参加の拡大の結果だ。南部の高等教育の人種差別撤廃は公民権運動の重要な局面であり、北部のアフリカ系アメリカ人の不足を改善するための献身的な努力がそれに続いた。この時期は、リベラル・アーツの絶頂と、断片化の始まりの両方をもたらした。

1960年代末の学生運動はひとつの時代の終わりを告げたが、1970年代の記念碑的な変化、特に高等教育における連邦の役割の拡大と女性の地位の革命的な変化を予見することはほとんどなかった。公的な参画は、非伝統的な学生を含む形で、学問的な拡大から入学者層の拡大へと移行した。各機関は、この時期の経済的な不確実さに順応することを強く求められた。

第5章と第6章では、今から考えると黄金時代と見ることができる時代を描写する。ニューレフトは、現状への挑戦から妄想的な革命観へと展開した。それは1968年のトラウマ的な対立の主な原因となった。学生運動家はキャンパスライフを変えたが、その後の主な変化は他の要因に由来していた。当時の公衆および高等教育機関の体系は、高等教育の機会を全ての人のものにしようとすることに重点を置いていた。連邦議会は低所得の学生のための財政援助を制定することによってこの取り組みを強化し、連邦の規制は高等教育のすべての側面においてより大きな社会的包摂を命じた。おそらく最も広範囲に及ぶのは、高等教育における女性の台頭であり、キャンパスでの女性運動の草の根の努力から大部分がもたらされた。キャリアの可能性が広がると、1980年までに女性の入学者が過半数を占めるようになった。1970年代には戦後の経済拡大が終わりを告げ、その10年間の経済的混乱は過去10年間の願望を弱めた。結局、学生の理想主義はキャリアへの懸念によって追いやられ、多くの大学の学問的野心は縮小または放棄された。

現在の高等教育は、1980年頃に始まった私費化（プライバタイゼーション）という不快な傾向によって特徴づけられる。第7章の焦点となる1980年代の主要な傾向は、過去10年間の関心を覆し、21世紀まで続いた。財政の私費化は、高等教育に対する州の資金の相対的な減少と、学生とその家族に課せられた大きな財政的負担から生じた。公立セクターと私立セクターの双方における着実な授業料の上昇は、差別価格政策（ディファレンタル・プライシング）と学生の財政援助によって可能になった。在籍費用が手頃な価格を超えたため、その差は連邦学生ローンによって賄われた。高い参加率、すなわちユニバーサル高等教育の達成には、機関の役割と学生層の差別化——選抜セクターと開放セクターとの暗黙の分岐——が伴った。アメリカのシステムの消費者主導の性質と、寄附基金の誇張された影響を考えると、この発展は裕福な私立カレッジ・大学にとって都合の良いものだった。1980年代には、高コストで高品質な教育の魅力が高まり、最も裕福な機関の利点が強まった。1980年代には、イノベーションと経済成長への貢献に基づいた、研究大学の新しい評価が生まれた。州および連邦政府の政策は、産業界との協力や知的財産の商業化を奨励したが、最も重要なのは、研究と科学の進歩に対する支援の着実な拡大だった。1960年代から湧きあがってきたアカデミック・レフトの憤りは、1980年代になって急に公衆の注目を集めた。批評家は、左翼の見解が大学の慣行を歪曲していると抗議したが、キャンパスにはほとんど影響を及ぼさなかった。それにもかかわらず、文化戦争の高等教育という舞台での対立は、様々な強さで持続し、アメリカ社会の政治的二極化の強まりを映し出していった。

第８章では、この研究の歴史的視点を、今なお進化を続ける21世紀のアメリカの高等教育の現状にまで広げている。経験的データと社会科学の研究に基づいて、参画と購買能力（アフォーダビリティ）の変化、エリート部門と開放部門の差の拡大、高等教育への経済的見返りの違い、学士課程の学びの不確実な状態、文化戦争の継続、そして長続きするアメリカの大学の科学的卓越性を描写する。

この歴史は、第二次世界大戦の終わりから本書を執筆している日付までの73年を含む。歴史家が研究対象の時期に何らかの形で存在したことは珍しい。もちろん、私は1950年代に育ったが、アメリカ的生活様式の雰囲気を鮮明に思い出す。その10年の終わりまでに、私は高等教育に関与するようになり、それ以来ずっと深く関与するようになった。これらの年のほとんどの間、私は参加者であり、プロのオブザーバーでもあった。いずれにせよ、私は、この研究に関連する広範な展開の多くに対する個人的な反応、時には理屈抜きの反応を裏づけることができる。この研究のためにそれらについて調査し、執筆することは、この過去を再検討し、再評価することを意味する。私は、起こったことに厳密に焦点を合わせ、検証可能な、または信憑性のある情報源に可能な限りこだわり、そのような証拠を可能な限り入念に解釈することで、歴史的方法を維持しようとした。その結果は、知的な旅と個人的な経験だ。私は知らなかった、あるいは不完全にしか知らなかった多くのことを学んだ。そして以前の確信――知的利益と自己発見の方法――を修飾し、文脈に当てはめる必要があった。読者はこの研究に、読者自身の大量の高等教育経験を持ち込む。私はこの研究がまた、アメリカ高等教育の展開を特徴づけてきた出来事と、それぞれの時代に影響を与えたかもしれない力に対する評価についての理解を深める一助となることを望む。

謝 辞

本書は２つの局面から生まれた。すなわち、2014年から2018年、執筆にかなりの時間を費やしたとき、そしてそれに先立つ３年間、アメリカ高等教育の歴史と現状について研究し、執筆することに没頭していたときだ。従って、各局面で認めるべき知的な恩義がいくらか異なっている。

ウェイン・アーバン編、*Leaders in the Historical Study of American Education* (2011)への寄稿で、私は自分がアメリカ高等教育史を書くきっかけとなった状況を説明した。さらに３つの機会が本書の基礎を提供した。1992年、私はレス・グッドチャイルトとハロルド・ウェクスラーに説得されて*History of Higher Education Annual*の編集を引き受けた。2018年まで*Annual*（後の*Perspectives on the History of Higher Education*）を編集したことで、私はアメリカ高等教育史のあらゆる側面に有意義な形で没頭し、その歴史を形成した定評ある歴史家や新進の歴史家と知り合った。1987年から2016年に引退するまで、私はペンシルベニア州立大学の高等教育プログラムでアメリカ高等教育史の概説を数世代にわたって教えた。これらの科目と、可能なときに行われた集中的な歴史セミナーは、継続的な学びの経験だった。それらが*The History of American Higher Education: Culture and Learning from the Founding to World War II* と本書の両方の地図を提供してくれたのだが、地図を完成させるためにどれだけ学ぶ必要があるかはほとんどわからなかった。高等教育の学者としての私の他の活動も本書に寄与している。研究大学の研究から始めて、私は科学政策、金融、商業化、入学者選抜、大学の発展の諸側面を調査した。数十年にわたって、私はカレッジや大学が直面している現在の政策問題などのトピックを分析した。本書では、これと同じ根拠を歴史として再検討した。

*American Higher Education since World War II: A History*で私を助けてくれた多くの人に感謝する。草稿の一部には、ナンシー・ダイアモンド、ジュリアナ・チャザール、ロジャー・ウィリアムズ、そしてスティーブン・ブリントから有益なコメントが寄せられた。私が依拠するスティーブン・ブリントとその仲間の広範な社会学的研究については、第８章の参考文献として示した通りだ。ペン・ステートの同僚、特にポール・ハラッハー、デイビッド・ベイカー、そしてデイビッド・ポストとの会話が問題の明確化に役立った。デイビッド・ジョーンズは、この原稿の文章と論理の両方について非常に貴重なアドバイスをくれた。私の研究を啓発した博士課程の学生には、クリスチャン・アンダーソン、スーザン・リチャードソン・バーンズ、ジュリアナ・チャザール、ジョーダン・ハンフリー、クレソ・サ、ナザン・ソーバーがいる。出版の過程を大いに促進してくれたプリンストン大学出版のスタッフの献身と能力に深く感謝している。ピーター・ドーティーに特に感謝する。彼の電話はこの過程全体を燃え上がらせた火花であり、彼の判断と励ましが本書を実現に導いた。最後に、何年にもわたって非学術的側面の生活において励まし続けてくれたことに対する特別な感謝をジュリアナへ。

第５章の一部は、インフォーマPLC内の一部門のテイラー・アンド・フランシス・グループLLCの許可を得て、ロジャー・L・ガイガー、ネイサン・M・ソーバー、クリスチャン・K・アンダーソン著、*American Higher Education in the Postwar Era, 1945-1970* (c2017) から再録した。

第二次世界大戦後のアメリカ高等教育――アメリカ高等教育史Ⅱ――

プロローグ：
アメリカ高等教育と第二次世界大戦

1941年12月7日、戦争は合衆国およびその中にあるカレッジ・大学に衝撃を与えた。これに続く4年間は——国家にとっても高等教育にとっても——物事の通常の流れが中断された。誰もその時点において予見することはできなかったが、二度と元に戻ることはなかった。

1か月のうちに、高等教育コミュニティはACEの後援の下に集い、「私たちのカレッジと大学…、私たちの教員、私たちの管理運営組織、そして私たちの物理的な施設という総力」を戦争への取り組みに捧げることを誓った[1]。合衆国が第一次世界大戦に入った時も同様の誓約がなされたが、しかしその四半世紀後、今度はそのサービスがはるかに広範囲かつ戦略的になった。1918年、陸軍は機関の資源とカレッジ学生の才能を利用するのではなく、カレッジのキャンパスを歩兵訓練キャンプに変え、関係者全員に嘆かわしい結果をもたらした[2]。第二次世界大戦に向けて動員するという大きな課題のために、連邦政府は国内のキャンパスに存在する物理的および知的財産を利用した。戦争のために軍隊に動員された1,500万人の男女の内、キャンパス訓練プログラムでは100万人以上を、士官の準備教育を施したうえで下級士官として、そして非戦闘員の技術兵として、巨大な戦争機械を操作するために必要な無数のタスクへと放り込んでいった[3]。大学はまた、戦争関連技術について民間人を教育するプログラムを支援した。平均して、教員の20-25%が戦争のための取り組みに参加するために休暇をとっており、一部は軍服に身を包んだが、多くは戦争遂行のために設立された150の連邦政府部局および機関に配属された。戦略情報局は、主に諜報活動のために学者を選択し、スパイとしての予想外の才能を明らかにした。戦争に勝利し未来を作るために、非常に重要なこととして、大学の科学者は戦時中の重要な技術的進歩を生み出す専門的技術の動員の中核を形成した。そして、これらは全て非常に迅速に起こった。パール・ハーバーの3年後、アメリカの大学は既に、戦後の世界に出現する新しい状況にどのように適応するか考え始めていた。

この国を悩ませた近視眼的孤立主義は、1939年8月にヨーロッパ戦争が始まったとき、アメリカのキャンパスで特に顕著だった。1年後、この感情はフランスの崩壊と進行中の英国の戦いでかなり弱まった。ルーズベルト大統領から大学の学長まで、責任ある指導者はアメリカの関与の必然性を認識していたが、合衆国の果たすべき参画の度合いや決定的な役割の大きさを予見することはできなかった。ルーズベルトは1940年6月に国防研究委員会の下でアメリカの科学の組織化を認可し、議会は8月に選抜徴兵法(1年間)を可決した。同じ月、ACEの会長ジョージ・ズークは、教育国防委員会を組織することにより、高等教育の調整を主導した。翌年3月までに、ルーズベルトが合衆国をデモクラシーの兵器廠と宣言し、武器貸与法によって合衆国が英国の防衛に最大限の努力を投じた後、主だった世論はある程度の関与を支持する方向に揺れ動いた。しかし、合衆国は総力戦に対して心理的または軍事的に準備できていなかった。真珠湾攻撃は心理的な動員を引き起こしたが、軍事的には合衆国は遠いところにあった。

カレッジと大学のキャンパスにおける戦争経験は4つの段階を経た。初年度は、各機関とその学生は断固として動かなかったが、期待を捨てた。翌年は、政府のプログラムが開始され一般の学生が召集されたため、キャンパスでの戦争関連活動は頂点に達した。その後、戦闘に訓練兵が動員されたため、戦時プログラムが突如縮減された。そして最後の年には、各機関が懸命に働き、悪化する困難に耐えながらも、より幸せな戦後世界を待ち望んでいた。

各機関は、戦争勃発に反応して、自分たちにできる適応行動をとった。ほとんど全てが休業期間なしの通年開講をして、学生の卒業を早めた。多くの学生が、真珠湾攻撃後に志願したが、大統領と選抜徴兵局からの訴えにもかかわらず、兵役前の教育を最大限に活用した。学生も急成長している国防経済の稼ぎの良い仕事へと向かったため、登録はすでに1941年に縮小していた。後に人手不足が発生すると、多くの女性が愛国心、前例のない新しい機会、そして高賃金に動機づけられた雇用を選択した。民間の学生の漸減は、特に大規模な大学における、短期的な技術指導を提供する様々なプログラムの政府契約によって一部補填された。これらの研修生は学生寮とフラタニティ・ハウスを引き継ぎ、その収入は各機関の資金繰りを助けた。さらに、各機関は学生を予備役将校訓練過程(ROTC)および予備役下士官に留めた。しかしながら、このつかの間の出来事は1942年末までしか続かなかった。

11月、召集の年齢は18歳に引き下げられた。同時に、ルーズベルトの要請で、軍はACEからの繰り返しの訴えに応えて、カレッジ・大学の教育の可能性を活用した。陸軍、海軍、陸軍航空隊はそれぞれ、技術特技や幹部候補生へと徴集兵を準備するためのプログラムを策定した[4]。従って、各機関は残りわずかな健常な男性を失うことが確実となったが、少なくともある程度の学問的指導のために制服を着た兵士の集団を獲得することを確信していた。これらのプログラムは喉から手が出るほどほしかった学生と収入をもたらし、彼らは主に科学と工学を教え、そしてそれだけでなく、多少は英語と歴史を教えるための教員を雇った。各サービスは支援者のために、独自の目的を追求した。

海軍のV-12プログラムは、大学の文化と最も相性がよく、これらの一団を受け入れた131の機関にとって最も有益だった。海軍は、建造中の新しい艦隊の士官候補生を募集して訓練しようとした。彼らは適格の候補者を厳しく選抜し、大学のカリキュラムで訓練を開始した。V-12の学生は民間人と一緒にいくつかの授業を受講し、運動競技などの課外活動に参加することが許可された。この作戦はリベラル・アーツ・カレッジと親和性があり、V-12プログラムも意図的に小規模な機関に置かれた[5]。プログラムは戦艦建造と調整がなされていたため、陸軍のプログラムとは異なり、戦争の期間中続いた。陸軍専門訓練プログラムは、その名が示すように、言語学、医学、歯学、そして特に工学を含む様々な分野の技術専門者を養成することを目的としていた。もともと士官学校へ進むことを見越したルートとして提示されたが、実際には、プログラムの学生はほとんど士官にならなかった。陸軍は227の機関と契約し、約20万人の学生を割り当てた。陸軍航空隊には、航空機乗組員養成のための独自のプログラムがあった。153の大学と契約し、22万3,000人の「卒業生」を排出したが、コースはわずか21週間しか続かなかった。それは、後に航空学校で志願兵を訓練するまで兵士を留置する場所として機能することが企図されていた。それゆえ、そのコースは厳密でも集中的でもなかった。1943年の春と夏に開始されたこれらのプログラムは、他のすべてのプログラムに加えて、多くのキャンパスを、大学垂涎の採算のとれる学生で埋め尽くした。結局のところ、政府プログラムは1943年から1944年における各機関の収入の36%を提供した。1943年の民間人の入学者数は1940年のわずか60%であり、ほとんどが女性だった。多くの小規模校では、軍人が民間人を上回り、大規模な大学でさえも軍事キャンプの様相を呈していた。しかし、この状況も急速に変化した。

1944年初頭、陸軍が戦闘部隊を必要としたため、カレッジの訓練プログラムが突然終了した。6月までに10万人の訓練生が、主に歩兵隊の現役軍務に移された。高度な技術訓練――医学、工学、および言語学――の学生のみがキャンパスに残った。空軍訓練プログラムは同時に解体された。陸軍はこれらのプログラムが失敗したと考え、軍隊よりも大学に利益をもたらすことを意図していると不満を漏らし、プログラムに熱心になることは二度となかった。カレッジは、18歳になるまで予備下士官のメンバーとして参加した17歳のハイスクール卒業生を登録した別のプログラムから少額の報酬を受け取った。陸軍プログラムが終了したことで、それらに依存していたいくつかの小規模校は財政的打撃を受けた。

高等教育にとって、戦争の最終段階は1944年の夏から1945年の夏までだった。民間の男性学生は戦前の数のわずか27%にまで減少し、予算の緊縮は今や最も差し迫っていた。しかし、この時代は楽観論の強まる時代だった。戦争が成功裏に終わることは、間近に迫っていないとしても、その可能性はますます高まっていた。機関は、現在の欠乏やその場しのぎの取り決めの先を見る傾向があった。議会も将来に備え、1944年6月に復員軍人援助法を可決し、将来の在学生数を増加させることを約束した。

全体として、高等教育機関に対する戦争の影響は不均一だった。民間人の入学者数は1943年までに46％減少し、男性は69％減少した。ビジネス、法律、農業の部門が80％以上減少したが、これらは教員が戦時中の任務を最も頻繁に受けた分野だった。数学、科学、および工学の教育に対する需要は、これらの科目の講師が他の場所でも必要とされていたにもかかわらず、当初から急増した。リベラル・アーツ科目は、講師が訓練プログラムを支援したり、戦争問題科目を提供したりすることで衰退した。各機関は、可能であれば退職者や非常勤講師を使用し、必要に応じて教員を再配置または再編成し、教員をやりくりした。

戦前のカレッジ入学者の1/4以上を抱えた全米の550のリベラル・アーツ・カレッジは、特に負荷が大きかった。約200校が軍事訓練プログラムを取得したが、より収益性の高い技術プログラムの人材が不足していた。70のリベラル・アーツ・カレッジが最も深刻な影響を受け、非軍人の学生が100人未満にまで減少したケースもあった。講師の給料が低かったティーチャーズ・カレッジおよびジュニア・カレッジは、教員の1/4を軍や給料の高い民間雇用に奪われ、連邦契約をほとんど受けなかった。民間人の入学者はますます女性が増え、多くのカレッジの女性が志願して戦争遂行を支援した。彼女らは人手不足の農場で作物を収穫し、戦争関連の仕事に夏を費やし、兵士の士気を高める活動を組織した。女性は、より戦争に関連した主題へと分野を移し、教育や家政学は、工学、看護、およびビジネスのために見捨てられた。軍は1942年に女性部隊を創設し、翌年までに陸軍婦人部隊（WAC）が28のカレッジで訓練をしていた。海軍はカレッジをさらに広範囲に活用し、海軍婦人予備部隊（WAVES）を訓練して将校および専門技術者にした。

振り返ってみると、戦時中の活動は、1940年までの集中した国家のニーズに応えることができた主要な大学の、巨大な規模と多様な資源を明らかにした。ウィスコンシン大学はこの状況の典型例だ。海軍学校が料理人やパン職人を受け入れたのと同様に、1942年にキャンパスは、無線技士やディーゼルエンジンの専門家、パイロットを訓練するための短期的な技術プログラムを数多く受け入れた。無線スクールの規模が大きくなるにつれて、クラレンス・

ダイクストラ学長は、軍が大学を技術研修生のための「ホテル」として使用し得るのかどうか疑問に思っていた――しかし正規の学生が招集されたために、すぐにその役割を果たすこととなった。1943年半ばまでに、一般学生は戦前の入学者のわずか40%の4,500人まで減り、キャンパスには無線スクールに1,200人の男性と500人のWAVESがおり、学生パイロットはおらず、500人の気象学の学生、および3,000人の陸軍と海軍の訓練生を抱えていた。この3,000人はカレッジ学生であり、入隊してはいたが、正規の授業を受けていた。メディカルスクールはまた、戦時中を通して数多くのプログラムに関与していた。大学の教員は、戦時のニーズに合わせてカリキュラムを変更する際に思いもよらない柔軟性を示した。物理学入門の授業は、通常サイズの3倍だった。科学と数学の授業では、応用が強調された。十分に活用されていない教員は、彼らの通常の分野以外の需要の高い授業へと駆り出された。そして、45の特別に設計された戦時コースが作成された。さらに、大学の教員は、マディソンなどでの戦争遂行のための研究とサービスに従事していた[6]。

カレッジや大学での戦争体験は目まぐるしく、刺激的で、時々試練があり、何よりも一時的なものだった。1945年に戦争が終わりに近づいたため、各機関は平時のような形の再開を待ち望んでいた。しかし2つの最重要課題がおぼろげに浮かび始めた。1つは伝統に、もう1つは変化の可能性に向けられた。戦時中の混乱の後、各機関は以前の仕事に戻ろうとする衝動だけでなく、自分自身とその本質的な使命を定義しようとする強力な衝動に駆られた。とりわけ、これはリベラル・エデュケイションの本質を特定し、明確にすることを意味した。そして、4年間政府の指示を喜んで熱心に実行した後、連邦政府と高等教育の将来の関係が重要な課題の1つとなった。機関は自身の問題に閉じこもる傾向があったが、アメリカの高等教育は国家的な舞台に引き込まれるように運命づけられた。

第 1 部

アメリカ高等教育、1945-1957

第 1 章　GIビルとその後：1945-1955の高等教育

第 2 章　保守的な1950年代における高等教育とアメリカ的生活様式（アメリカン・ウエイ・オブ・ライフ）

第1章

GIビルとその後：1945-1955の高等教育

合衆国にとって、第二次世界大戦後の数年間は、「平常」に戻ったとは言い難いものだった。政治的には、議会と大統領は、戦争経済からの移行と新たな平時秩序の基盤を法制化するという膨大な業務に直面した。リベラル派は、ニューディールの遺産を基に、連邦政府の社会的・経済的取り組みを前進させ、アメリカ主導の国際主義を通じて世界平和を推進するよう構想した。しかし、そのような期待は、国内の保守的なムードの高まりや労働不安、冷戦の勃発によって戦後数年で挫折した。政治はやがて、ソビエト連邦との対立激化、国内での反共産主義運動、朝鮮戦争に支配されるようになった。1955年になって初めて、こうした情勢が生み出すレトリックと情熱が衰え始め、国内はより日常的な内政問題に深く立ち入ることができるようになった。

アメリカ高等教育の状況も、同様の道をたどった。ハーバードの報告書、*General Education in a Free Society*（通称、レッドブック）とPCHEは、カレッジ教育の構造・目的・カリキュラムをめぐる知的興奮を最も世間に知らしめたマニフェストだった。戦後の各機関は、GIビルによって入学しようと殺到した退役軍人学生を受け入れようと奮闘した。大学は次に、反共産主義による魔女狩りのトラウマに巻き込まれた。その後の朝鮮戦争は、学生に影響を及ぼす政府の政策に対して、不安な影を落とした。カレッジや大学にとっても、朝鮮戦争の休戦とマッカーシズムの沈静化は、組織の発展に専念するための比較的平穏な時間をようやくもたらした。しかし、高等教育制度の内外を問わず、アメリカ人にとって戦後10年間に支配的な影響を与えたのは、歴史家ジェームズ・パターソンが「ブーム」と呼んだものだった。「経済成長は、戦後における態度と期待の形成において、実に最も決定的な力だった」[1]。

戦後25年間で、合衆国は世界が経験したことのない長期にわたる持続的経済成長のひとつを経験した。個人の消費と生活水準は直ちに上昇を始め、1940年代後半には、この成長は国民の広範囲に影響を及ぼした。その10年間の終わりには、アメリカ人は平均して、2位以降の国々の2倍近く裕福になり、急速な経済成長はほとんど止まることなく続いた。さらに、この繁栄は広く共有された。アメリカ人の30%に影響を与えていたと考えられる貧困は、徐々に減少していった。大多数のアメリカ人にとって、さまざまな消費財――家電製品、自動車、テレビなど――によって、生活は実質的に改善された。1945年から1955年にかけて1,500万戸の新しい住宅が建設されたが、そのほとんどはレビットタウンやそれに類するもので、新しい住宅所有者たちは急成長する郊外で自分たちの居場所を得ることになった。アメリカの消費者は決して贅沢な暮らしをしていたわけではなく、当初のレビットタウン住宅は、リビングルーム、キッチン、2つの寝室、バスルームで構成されていた。アメリカの新中間層は、窮屈な生活様式を快適なものへと進化させていった。その過程で、中間層の家庭は子どもたちに、より多くの教育を求めるようになり、その結果、まずハイスクール卒業率が上昇し、次いでカレッジにも影響を与えた。

しかしそもそも高等教育は、本章でこれから検討するように、一連の戦後の課題に直面していた。その課題とは、急増する退役軍人の受け入れ、PCHEからの急進的勧告への応答、マッカーシズムの脅威への対応などだ。続く第2章では、戦後のアメリカ高等教育システムについて詳細を述べる。

GIビル

ルーズベルトが1944年6月22日に署名した復員軍人援助法――GIビル――は、アメリカ社会における高等教育の位置づけに関する従来の考え方を起源とするが、その影響は、最終的に高等教育の地位と従来の考え方をも変えてしまった。1942年の選挙では、ルーズベルトが大統領在任中に対決した中で最も保守的な議会が返り咲いた。共和党と保守的な南部民主党は、社会再建のためのニューディール構想の拠点だった国家資源計画委員会を廃止することで、ニューディールの活動主義をすぐさま骨抜きにした。ルーズベルトは1944年、その最後に「よい教育を受ける権利」[2]を掲げた、アメリカ国民のための「経済的権利章典」を概説する一般教書演説によって、ニューディールの亡霊を生かし続けた。大規模な進行中の軍事動員に対して、より緊急で差し迫っていた問題は、退役軍人をどのように扱うかという問題だった。具体的には、どのように復員後の社会的混乱を防ぎ、第一次世界大戦後の退役軍人が経験したような放置された状況やそれに続く憤りを回避しながら、いかにして人をアメリカ社会に復帰させるかというものだった。この課題のひとつ以上の側面に対処する複数の法案が提出された。そこでルーズベルトは、それらのなかでも、すべての退役軍人に1年間の教育的あるいは職業的訓練を提供し、「卓越した能力と技能を持つ」退役軍人にはさらに1年間の訓練を提供する包括的な計画を提案した。このように、退役軍人手当の第一次法案は、完全なカレッジ教育は、並外れて頭の良いごく少数の元軍人のために用意されるべきと想定されていた[3]。

この時点で、退役軍人の利益を最大化することを最大の目標とし、その大義を推進する手段を持つ米国在郷軍人会がこの問題に加わった。在郷軍人会は当初の法案を書き直し、従軍経験者全員の教育給付を4年間に延長した。そして同会は、草の根ネットワークを駆使して、全国で――さらに議会で――「GI権利法案」と名づけたこの法案への支持を集めた。保守的な軍人会は、反ニューディール派の議員たちと手を組み、ニューディール派の連邦政府機関がGI給付金をより幅広い社会事業に転換するのを阻止することを何よりも望んだ。こうした機関を排除するため、GIビルの管理は復員軍人援助局に、その実施は各州に委ねられた。加えて議会は、カレッジに通うための手厚い手当を希望したり必要としたりする元軍人や軍属の女性はほとんどいないと確信していた。1944年と1945年に復員した兵士のうち、教育手当――あるいは、カレッジに通うためのGIビルの別の手当――を利用した者がほとんどいなかったため、当初はこれが事実とみなされた。1945年12月に、議会は学生の給付金を増額し、年配の学生に対する資格制限を撤廃し、通信教育を含めるよう対応した。これによって、予想外の退役軍人の入学ブームがすぐに起こり、以下に述べるような影響をカレッジと大学に与えた。その後の5年間、カレッジと大学は復員軍人援助局を通じて連邦財務と連携することになった。

GIビルはアメリカのカレッジと大学の財政を強化することになるが、戦後間もない時期は、殺到する退役軍人の受け入れに追われることになった。1945年から1954年までの間に、約223万2,000人の退役軍人がGIビルのタイトルIIに基づいて大学に通ったが、これは受給資格のある軍人の15%にも満たなかった[4]。36%は、同法の教育条項に基づいて実地訓練あるいは職業教育を受けたが、それらのプログラムは不正や浪費にまみれていた。しかしGIビルは常に、主としてカレッジに進学した退役軍人と重ね合わせて考えられ、この機会が退役軍人の人生をどのように変えたか、この最も啓発的な公共投資が国家の知的資本をどのように拡大したかと結びつけて考えられてきた[5]。

戦前の総入学者数が140万人だったのに対して、1946年度から1949年度の間は、平均して100万人の退役軍人が入学した。この期間の最初の2年間は、退役軍人は全学生のほぼ半数を占め、男性の70%を占めていた。500ドルが私立または公立の学校の学費を賄うために支給されたが、私立セクターに入学した者がわずかに上回った。退役軍人は、費用の制約がなかったため、知名度が高く、学問的にも優れている機関を好んだ。それでも、最も入学者が多かったのは便利な地元の都市部にある大学(ほとんどが私立)で、次いで州立の旗艦大学と著名なリベラル・アーツ・カレッジが続いた。これらの機関には出願者が殺到し、通常は50%から100%拡大したが、それでも多くの出願者を不合格にした。他方、ティーチャーズ・カレッジ、ジュニア・カレッジ、そして小規模の私立カレッジには、定員に余裕があった。評判の良い学校では、押し寄せる退役軍人の波が深刻な混雑を引き起こした。大規模講義、授業時間割の拡大、休業期間なしの通年開講によって、授業の拡大は校舎の増築よりも迅速に行われた。議会は、補正予算と陸軍の余剰建物の提供によって、カレッジを支援した。最大の問題は、退役軍人の半数が既婚者で、その半数が子持ちだったことだ。大学はこれらの家族のために広大なトレーラー・パークを作った。思いがけず、これが意欲的な学生たちの協力的なコミュニティを生み出した。既婚の学生は、独身の退役軍人よりも平均成績が高く、ひいては正規の学生よりも成績が良かった。

退役軍人は、誰の目から見ても非常に勤勉な学生たちだった。当初は懐疑的だったハーバード大学のジェームズ・コナント学長は、退役軍人を「ハーバードがこれまでに受け入れた学生の中で、最も成熟した有望な学生」[6]と呼んだ。成績評価が相対評価で行われることが多かった時代において、正規の学生は競争に不満を抱いた。退役軍人は、平均して25歳から学業を開始したので、全体的に成熟しており、真面目で、やる気があり、卒業を急いでいた。実際、GI学生は1,500万人もの適格な軍人の中から自選で入学したので、最初から能力があるだけでなく、社会的な野心もあった。また、GI学生がキャンパスで圧倒的な存在感を示したことで、学業に集中できる雰囲気が生まれた。これら全ての点は、正規学生の卒業率が55%であったのに対し、GI学生の79%が卒業したという事実によって明確に説明できる。退役軍人は職業的および専門職的な専攻に集まったとも伝えられるが、包括的なデータは存在しない。多数の退役軍人が工学を専攻したのは明らかだが、ビジネス専攻の人数は定かではない。アメリカの大学全体において、ビジネスあるいは商業の領域（デパートメンツ）はあまり発達しておらず、ビジネス・キャリアを求める退役軍人は、数多くの営利学校（プロプライエタリー・スクール）のいずれかで短期課程に参加することができた。ウィスコンシン大学の記録によると、退役軍人のうち、リベラル・アーツを専攻した者の割合が最も多く(38%)、これに対して非退役軍人は1/4だった。工学を好む傾向は別として、退役軍人は、カリキュラム全体に広く及んでいたようだ[7]。成熟した退役軍人の存在は、喫煙に寛容さをもたらしただけでなく、古風なカレッジの習慣を終焉に至らしめたが、それが学業に永続的な影響を与えることはほとんどなかった。しかし、GIの授業料は、カレッジと大学の疲弊した財政を大幅に補強した。

GIビルに関するカレッジの規定は合衆国にどのような影響を与えたのか。どの程度、カレッジ卒業者を増やし、国の教育資源を増強したのか。このような疑問が最初に投げかけられたのは、当初の法案の適用が終わりに近づいた頃だった。その当時の代表的な調査は、退役軍人学生の10%はGIビル無しでは大学に行けなかっただろうし、「さらに10%はおそらく行けなかっただろう」と結論づけた。この20%という数字は、退役軍人学生の4/5がすでにカレッジで学び始めていたか、あるいは、戦争がなければカレッジに通っていたことを示唆している。個々の機関で行われた調査や、それ以後に行われた調査は、さらに多くの退役軍人学生がいたことを示し、50%近くに及んだとしている。近年では、経済学者たちがこれらの数字を精緻化しようとしてきた。調査結果は推定値ではあるが、実質的な影響を示唆している。第二次世界大戦の退役軍人の上半分の年齢層、すなわち1921年以前の生まれの者のうち、GIビルを利用してカレッジに通った者はほとんどいなかった。主な受給者は1923年から1927年の間に生まれた世代であり、その世代のカレッジ進学率は20-50%増加した。卒業率も高く、20%以上の純増を示している。社会的流動性という点では、貧困層や労働者層の退役軍人がカレッジの学位を取得してキャリアを成功させたという多くの逸話があるにもかかわらず、最も大きな利益を得たのは、第四所得五分位階層所得――つまり、当時の中位中間層で、潜在的な新入生が見つかると予想される層――の退役軍人だった[8]。

それにもかかわらず、他の要因を考慮すると、GIビルによる影響の規模はさらに大きいように見える。戦争という事実を考えれば、戦前に期待されていたようなカレッジ進学の多くは実現しなかっただろう。退役軍人の卒業率が上昇したということは、一般市民として若くして入学していた場合よりも、より多くの人が学位を取得できたことを意味する。退役軍人の学生の半分が世帯主だったため、この法案がなければ、フルタイム就学は不可能だっただろう(修了率も低下しただろう)。また、すでにカレッジに入学していた学生にとっても、GIビルは学業を継続する資金を提供したため、多くの学生が大学院や専門職の学位を取得することができた。従って、GIビルが教育的進展を加速させ、国の知的資本を深化させたという一致した意見は間違いではない。復員軍人援助局によれば、GIビルで学位を取得したのは、「45万人のエンジニア、18万人の医師、歯科医師、看護師、36万人の学校教師、15万人の科学者、24万3,000人の会計士、10万7,000人の弁護士、3万6,000人の聖職者」だった[9]。

ニューディールの亡霊：高等教育に関する大統領委員会

フランクリン・デラノ・ルーズベルト大統領のニューディール政策は、当初、大恐慌の苦境に「ありとあらゆる方向から」立ち向かったが、その様子は「実験のカオス」[10]だった。政権2期目には、福祉国家制度の拡大によって資本主義の失敗を補うというニューディール・リベラリズムが台頭した。しかし、高等教育の実験は試みられず、その方向性が選択されることもなかった。ルーズベルトの初代教育長官だったジョージ・ズークは、この怠慢(および予算削減)を理由に1934年に辞任したと報告されている。翌年、困窮した学生は、学生としてではなく、国家青年局(NYA)が提供する緊急援助を通じて、ワーク・スタディの援助を受ける資格を得た。ピーク時には14万人近くの学生が、1,651の参加機関から割り当てられた仕事をこなし、月に平均12ドルを受け取った。しかし、これが高等教育に対するニューディール援助の限界だった。アメリカ青年会議は、これらの規定では不十分だとみなし、エレノア・ルーズベルト大統領夫人から精神的支援を受けた。青年たちは1936年に、より多くの学生に追加給付を行うアメリカ青少年法の制定を働きかけたが、失敗に終わった。

大学の指導者たちは、科学に対してニューディールを推進することを強く望んでいた。指導者たちは、科学諮問委員会の任命(1933-1935)によって、少なくとも発言権を獲得した。そこでは、MIT学長のカール・コンプトンが、非政府組織による科学研究を支援するための連邦予算を獲得するためのキャンペーンを主導した。ルーズベルトは当初は好意的だったが、社会科学も含めるよう要求されたことで、この計画は必然的に官僚主義に巻き込まれることとなった。1930年代にニューディール政策自体が進展する中でも、高等教育は周縁部に留まっていた。1937年以降、政権下のニューディール支持者は社会福祉問題に焦点を当てたものの、議会における政治的支持は衰退した。こうした力学はいずれも、開戦後も戦時中も一貫して根強く存在し続け、高等教育と研究が戦争努力の一部となっていった[11]。

高等教育がニューディールの政策目標から外れた要因は、世間のイメージと相対的な裕福さ(ウェルビーイング)によるものだ。第一次世界大戦後の急激な入学者増は、伝統的な高等教育の多くの間に警戒心を抱かせることとなった。主な懸念は、知的資質――多くの新入生はカレッジ・レベルの学業に必要な知性を持ち合わせていないという思い込み――だった。このような考え方は、ジュニア・カレッジを完成教育（ターミナル・プログラム）へと誘導する取り組みや、ティーチャーズ・カレッジからリベラル・アーツを排除しようとする取り組み、生活技術を重視する「ジェネラル・エデュケイション」の形態において顕著だった。高等教育は、伝統的な社会的・経済的価値観を概ね受け入れていた。人口統計的には、1940年までに若者の半数がハイスクールを卒業していたが、カレッジに進学したのは卒業生の1/3に過ぎなかった。これらの学生は、大恐慌の苦難に対処するのに苦労していただろうが、NYAのワークスタディ・プログラムを受ける資格があったのはわずか12%だった。カレッジの学生は大多数の人々よりも裕福だった。1936年の選挙では、学生は初めて民主党に投票し、わずかな差でルーズベルトとニューディールを支持した。しかし特に私立機関では、教授たちや管理職はまだ大部分が保守的だった。有料会員校の機関によって支えられていたACEは、ニューディール法制から高等教育を外すことに尽力し、カレッジと大学を社会保障から除外し続けることに成功した。ACEをはじめとする高等教育団体は、基本的に会員校の利益を代弁するもので、事実、高等教育をより大きな国家的目的に結びつけるという点では遅れをとっていた。従って、高等教育にとって最も重大な進展は、ニューディール・リベラリズムや大学コミュニティの先見性からではなく、戦争そのものからもたらされた。

GIビルは(過剰ではあるものの)アメリカのカレッジと大学に学生を呼び戻すことに多大な影響を与えたが、1946年当時、アメリカの高等教育における連邦政府の役割については、まだモデルも政策もビジョンもなかった。この空白に足を踏み入れたのがPCHEだった。

この委員会の構想は、社会福祉を充実させるためには高等教育における連邦政府の役割の拡大が必要だと考えた戦時動員・再転換局のリベラル派推進者からもたらされた。この構想は、内向的なニューディール精神の産物だった。この構想は、戦後のキャンパスに大勢のGIビル受給者が殺到する前に、高等教育コミュニティの意見も聞かずに立案された[12]。トルーマン大統領の側近だった数人の大統領顧問は、彼のリベラル志向に訴えかけ、高等教育がアメリカ社会で果たしうる、あるいは果たすべき役割を徹底的に調査するというアイデアを売り込んだ。大統領の指示により、委員会は教育機会の拡大、「国際問題および社会的理解の分野における」カリキュラム、「中級技術教育機関」の実現可能性、特に施設拡張のための高等教育財政について検討することとなった。委員会は、これらの課題を追求する際にかなりの自由裁量権を持っていたと考えられる。委員会のメンバーは、委員会の発案者によって慎重に選ばれた。ジョージ・ズーク委員長は、ACEの長として、公立・私立の両方の機関を代表していたが、連邦政府の援助を支持していることでも知られていた。ズークをはじめとする任命者は、ジョン・デューイのジェネラル・エデュケイションに対する道具主義的解釈に共鳴していた。28人のブルーリボン・メンバーは、外見上は両セクターの代表だったが、暗黙の議題を支持するように慎重に選ばれていた。政権側は、「大多数は明らかにカレッジ・レベルを通じて公教育を拡大するという原則に注力している」ことが保証された[13]。

委員会は1946年7月に、豊富なスタッフのサポートと連邦政府機関からのデータ入手のもと、審議を開始した。1947年12月、委員会はその結果を計6巻の小冊子で約400ページにわたって報告したが、各巻が個別に注目されるように順次公表された。*Higher Education for American Democracy*は、その主要な調査結果として、次の4つの論争的立場、すなわちアメリカの高等教育の主な目的はデモクラシーの構築と強化だという点、入学者数を大幅に拡大するべきだという点、この拡大はコミュニティ・カレッジを含む公立機関で行われるべきだという点、これらの目的を達成するためには連邦政府の財政援助が必要かつ適切だという点、を断固として擁護した。これら4つの目的は論理的に関連していたが、委員会の主張の要は、委員会によるデモクラシーの概念だった。

独裁主義政権に対抗するための恐ろしい戦争において、合衆国は戦時中の旗印として、また戦後の世界的指導権の論理的根拠としてデモクラシーを採用した。どの政治派閥もデモクラシーを何らかの形で大義名分としており、同委員会も同様だった。委員会は、教育の第一の目的は、社会をより高度な民主的共同体に変えるために、市民にデモクラシーの理想を植えつけることだと宣言しながら、アメリカ社会の理想的な再構築を構想していた。従って、カレッジと大学にとって「民主的な生活を営むための教育が…すべての教室での授業にとって、さらに重要なことに、キャンパスライフのあらゆる局面にとって、主要な目的となるべき」とされた。報告書のレトリックの中で、デモクラシーはほとんど神秘的ともいえる性質を帯びており、「人類の世界的危機」に立ち向かい、「世界市民」の育成においてアメリカが主導権を得るために不可欠なものとされた。高等教育を通じて民主的理念を教え込むことによって社会を変革するというこのビジョンは、報告書では言及されていないものの、ジョン・デューイのプラグマティズム哲学を反映していた[14]。デモクラシーによって統一されたコミュニティという彼の概念は、PCHEの実践的提言の基礎となった[15]。

委員会が提唱したジェネラル・エデュケイションという概念は、民主的社会に変革をもたらす手段だった。この用語には、同時代にいくつかの解釈があったが(これについては後述する)、委員会はデューイの人間生活のための教育という概念、すなわち「教育を受けた全ての男女の共通体験となるべき非専門的かつ非職業的な学習」に賛同した。報告書は、11の具体的な目標を挙げていたが、そこには「民主的理念に合致した倫理原則」「十分な情緒的・社会的適応」「文化活動を…理解し楽しむこと」「満足のいく家庭生活を送るための基本的な知識と態度」や「批判的・建設的思考に関わる技能と習慣」を養うことが含まれる。このように、ジェネラル・エデュケイションは、「より豊かな個人の生活と、より強く自由な社会秩序への手段」となるだろうとされた。驚くべきことに、高等教育の通常の機能はすべて、デモクラシーのためのジェネラル・エデュケイションに従属していた。戦時中に政府の考えを支配していた人的資本に対する配慮は、ほとんど言及されなかった。職業訓練は、ジェネラル・エデュケイションによって得られる仕事に方向づけること以上には重視されなかった。社会的流動性は、コミュニティの団結には潜在的に有害だった。実際、「教育を通じて、社会はあらゆる種類の仕事の平等な尊厳を認識し、職業カーストに基づく区別をなくしていく必要がある」とされた。専門知識の進歩はカレッジ・カリキュラムには害をなすものとされ、リベラル・エデュケイションは「貴族的」なものとして否定された。基礎研究は大学に必要な役割だと認識されたが、報告書は社会再建を進めるための社会科学研究を強調し、連邦政府の研究支援は主に学生を通じて行われるよう提唱した[16]。

委員会が考案したジェネラル・エデュケイションは、アメリカの高等教育の中心的な伝統からすれば風変わりなものだった。それにもかかわらず、このアプローチを断固として擁護したのが、上記で引用した箇所の著者のT・R・マッコネルだった。マッコネルはバッファロー大学の学長だったが、以前はミネソタ大学におり、そこでのジェネラル・カレッジは、この種のジェネラル・エデュケイションにおける戦前の最も著名な試みだった。このユニットは、大学の正規課程に入学する資格を持たない学生に生活技術を教えるために創設されたものであり、物議を醸したこのモデルは、その主催者によって積極的に推進されていた。これは、ジェネラル・エデュケイションという概念だけでなく、2年間の完成教育を受ける学生を対象とした高等教育という、委員会のビジョンを先取りするものだった[17]。

民主的社会は教育機会の平等を意味するが、戦後アメリカの状況とはかけ離れていた。社会的・経済的要因により、カレッジへの進学はおろか、ハイスクールを卒業できない若者が多かった。富と教育投資には、地域によって大きな格差があった。またPCHEは、従来のユダヤ人学生に対する差別や南部における人種隔離を直接的に非難した[18]。加えて、カレッジが伝統的に強調してきた「言語能力と知的関心」を批判した。カレッジの恩恵を受ける能力を持つ若者の割合を推定するために、委員会は陸軍一般学力検査――1,000万人以上の徴集兵に実施されてきた知能テスト――に注目した。委員会はこれらの得点を、ACE心理学テストにおけるカレッジ入学者の得点と比較することにより、基準点を決定した。この方法により、これまでのカレッジ進学率の予測をはるかに上回る数字を生み出した。それは、「少なくとも人口の49%が14年間の学校教育を修了できる知力を持ち」、「少なくとも32%が高度なリベラル・エデュケイションあるいは特定の専門職教育を修了できる［だろう］」というものだった。これらの数値は、1960年の目標として発表されたもので、

1940年には150万人であり、そのまま戦前の増加傾向が続いたとすれば270万人と予測されていた学士課程の人数が、全部で400万人に達するというものだった。従って委員会勧告は、1960年までに予測される入学者数と、カレッジで学ぶ知的資格を持つ学生数との間にある、この実質的な「教育格差」を埋めることを目指した[19]。

コミュニティ・カレッジは、委員会の計画において重要な役割を果たし、全青少年の1/6に完成教育（ターミナル・エデュケイション）を提供した。「コミュニティ・カレッジ」という用語は、「ジュニア・カレッジ」の代わりに意図的に使われたものだった。なぜなら、これらの機関は民主的な地域社会を築くための手段として想定されていたからだ。委員会は、「社会生活、市民生活、家庭生活における複雑な要請によって、はるかに多くの青少年に対する、より長期間のジェネラル・エデュケイションが必要とされている」ため、無償の公教育を13学年と14学年にまで延長するよう求めていた。あらゆる職業教育は、ジェネラル・エデュケイションと完全に統合されるよう意図され、コミュニティ・カレッジは、教育の拡大が推奨されていたもうひとつの分野、すなわち、成人教育を提供することも課せられた[20]。

第5巻*Financing Higher Education*では、この拡大の費用をどのように賄うかが取り上げられた。公立機関における最初の2年間を無償にする費用は州や地方自治体が負担しなければならないが、委員会は、その他の追加の支出については連邦政府に拠出を要請した。これには、一般のカレッジ学生（シビリアン・カレッジ・スチューデント）の最大20%を対象とするもので、GIビル給付と同様の全国規模の奨学金プログラム、ジェネラル・エデュケイションの費用に対して各州を通じて提供される連邦支援、物理的な施設拡張のための資金などが含まれた。これら最後の2つの援助は、公立機関にのみ提供されることになっていたが、このことが私立大学出身の委員2名からの長文にわたる反対意見を生み出すことになった。委員会は、私立セクターが拡大する意向を示していなかったため、入学者の増加はすべて公立機関で起こるであろうと、独りよがりに思い込んでいた。また、まさか私立機関がジェネラル・エデュケイションとデモクラシーを同義として受け入れるとも想像できなかった。事実、同委員会は、公的資金を受け入れることは、「国民全体がその教育機関の教育方針と手続きについて検討し、管理する権利を有する」ことを意味すると不吉な警告を発した。委員会の暗黙の意図は、ニューディールを高等教育に導入することであり、委員会は、「アメリカは、高等教育に対する連邦政府の支援を継続する堅固な方法を開発する時が来た」と宣言した[21]。

Higher Education for American Democracy は、前向きかつ後ろ向きの文書だった。連邦政府が介入する根拠として社会再建を謳ったこの文書は、ニューディール後期の実現不可能な願望を反映したものだった。デューイ的なデモクラシーを浸透させるためにジェネラル・エデュケイションを持ち出すことで、戦後の理想主義の雰囲気の中でさえ通用しなくなっていた教義を呼び起こした。しかし、問題は現実のものだった。連邦政府はすでに高等教育においてひとつの役割を担っていたが、それは一般的な社会福祉のためではなく、特定の国益(農業、保健、国防)を増進するためだった。また、報告書が発表される頃には、国はGIビルを通じて大規模な自然実験に取り組み、(少なくとも振り返ってみれば)より多くの国民が高等教育で成功し、その恩恵を受けることができることを実証したようだった。委員会が提起したこれらとその他の問題は、その後すぐに、大きく立ちはだかることになる。教育における人種差別に対する厳しい見解は、1947年の大統領公民権委員会の報告書や、1948年の軍隊の人種差別撤廃と密接に結びついていた。適切な訓練を受けた教員の大幅な増員を求める声は、否定しがたい要求だった。そしてコミュニティ・カレッジは、PCHEから与えられた肩書を引き継ぐだけでなく、やがて同委員会が想定していた役割もいくらか担うことになった[22]。他の点では、*Higher Education for American Democracy* は、アメリカ高等教育の主流から絶望的にかけ離れていた。すなわち、専門的な学術的知識を軽視し、リベラル・アーツを貴族的なものとみて棄却し、学問的功績を無視し、私立セクターを侮蔑する態度をとること――これらはすべて、アメリカのカレッジと大学に普及していた本質と価値観に反していた。

1949年に、ジョージ・ズークは、特定の提言――高等教育のための施設の大幅な拡充、全国的な奨学金制度、カレッジ教員の養成の強化――に対して、世間一般が承認していると指摘できた。しかし、報告書によって刺激された広範な議論は、さらに多くの議論を呼んだ[23]。教育拡大に反対する２つの永遠なる議論――それは常に誤りだということが証明されてきたが――は、これ以上学生を増やしても高度な勉学に必要な知性が欠如しているということと、これ以上卒業生を増やしても適切な就職先が見つからないということだった。委員会は、陸軍のテストに基づく予測値によって第一の異議を予測し、(非現実的ではあるが)デモクラシーをキャリアよりも高く評価することによって第二の異議を回避した[24]。しかし、その代わりに批判者たちは、教育格差が最も大きい下位中間層や労働者層の若者は、たとえ経済的な障壁を克服できたとしても、カレッジに進学する意欲に欠けていると主張した。1940年代後半には、こうした層の進学率が低かったために戦前の成長傾向が横ばいになっており、GIが去った後にはカレッジ入学者数の基準値が実際に低くなるだろうと考えられていた。ハーバードの経済学者シーモア・ハリスは、第二の異論、すなわち増加したカレッジ卒業者が適切な職が得られなくなるという点について、もっともらしい実例を示し、多くの人々を動揺させた[25]。

この報告書に最も激しく反対したのは、軽視されていた私立セクターだった。反対意見を唱えた２人の委員は、連邦資金が拒否されたこと(決して実現することはなかった)だけでなく、純然たる国家主義であり、私立カレッジが公共の利益に貢献していないことを意味するとして批判した。私立機関は、知的な目標、真理の探究、リベラル・エデュケイションと強く結びついていたので、これらの問題以上に、巨大な哲学的な溝が存在した。私立大学の学長たち――プリンストンのハロルド・ドッズ、イェールのチャールズ・シーモア、シカゴのロバート・メイナード・ハッチンズ――は、高い知的水準を擁護し、社会との関わりを制限した。しかし、この一般的な使命は、その会員校がマス高等教育を非エリート学生に提供していた全米カトリック教育協会には特に重要だった。実際、カレッジの最初の２年間を無償の公教育にするという委員会の要望は、意図したわけではないが、私立セクターに重大な脅威をもたらした。委員会の発案者はもともと、「公教育と私教育の間の闘争」は「最も論争の的となる問題」で、それゆえに世間が偏見を持つ根拠となると考えていた[26]。しかしこの論争は、戦前ではK-12教育において最も顕著だった。高等教育にある限りでは、この論争は委員会によって大いに煽られた。実際に委員会がもたらした予期せぬ結果のひとつは、私立セクターの反論を活気づかせたことだった。

高等教育に対する連邦政府の将来の役割についての検討は、抽象的な議論にとどまらず、政治や政策にまで及んだ。連邦政府による奨学金とフェローシップの提案は、私立セクターおよび公立セクター双方の機関から歓迎され、最も好意的に受け止められてきた。しかし、奨学金を経済的な必要性だけで支給するのか、それとも知的能力によって支給するのかという点で、意見の相違があった――この論争は最終的に議論が残されたままだ。トルーマン大統領は、連邦政府が高等教育の主導権を持つことに熱心ではなく、立法化のために(弱体化していた)影響力を行使することはできなかった。委員会の目標を実現するための提案は、ホワイトハウスのスタッフによって進められた。最初の草案には、学生奨学金に関する委員会の寛大な勧告が盛り込まれたが、政治情勢が冷え込むにつれて徐々に削られ、委員会が明確に否定していた学生ローンに関する条項が追加された。この趣旨の法案は、朝鮮戦争勃発から2ヵ月後、1950年8月に議会に提出された。法案はそのまま棚上げされ、委員会から再提案されることもなかった[27]。

PCHEは、楽観主義、理想主義、未来への野心といった戦後の儚い雰囲気の産物だった[28]。後世の人々は、この委員会が、その後の展開、すなわち、入学者数の拡大、連邦政府による学生への財政支援、コミュニティ・カレッジの増加を提唱する上で先見の明があったとみなしたが、後の章で明らかになるように、委員会の報告書とその後の現象との間に直接的な関係はなかった。アメリカのカレッジと大学は、委員会が検討した多くの問題に対する理想主義を含め、無限の可能性という戦後の陶酔感を共有していた。しかし、当時の支配的考え方は、それとは異なる方向へ向かおうとしていた。アメリカのカレッジにとって、戦後教育の切実な課題は、学士課程の学生のためのリベラル・エデュケイションの哲学を構築することだった。

ジェネラル・エデュケイションとリベラル・エデュケイション

リベラル・エデュケイションの本質と役割に関する文化的総意を発展させることは、戦間期アメリカ高等教育の見果てぬ課題だった。1900年以降、ウッドロー・ウィルソンやアボット・ローレンス・ローウェルに用いられた「リベラル・カルチャー」という言葉は、廃れた古典語課程にあったリベラル・アーツの遺産と、その暗黙の社会的名声の復興を意味していた。第一次世界大戦後のマス高等教育の到来とともに、新しい取り組みが支配的な流れを断ち切り、リベラル・エデュケイションの精神を再燃させようとした。今や提唱者とそのプロジェクトは、すべての学生の教育経験を向上させると主張する実践を唱道しながら、包括性を受け入れる傾向にあった。1930年代になると、改革者を名乗る者たちは、カレッジの最初の2年間は共通の学び（コモン・ラーニング）を志向すべきだという総意に従い、「ジェネラル・エデュケイション」という言葉を好んだ。AACの公式出版物から判断すると、大多数のカレッジは、どのように定義されようとも、依然としてリベラル・エデュケイションを標榜していた。リベラル・エデュケイションとジェネラル・エデュケイションはかなり重複していたが、両陣営は矛盾した解釈を抱いていた。度々、同じ言葉が全く異なる目的のために使われ、それぞれが異なる特性が詰め込まれた「バスケット」を想起させた[29]。しかし、この混乱の根底には、アメリカのカレッジ教育の将来的なあり方に関する重大な問題が横たわっていた。第二次世界大戦は、イデオロギー的な利害を引き起こした。

リベラル・エデュケイションとジェネラル・エデュケイションに共通していたのは、戦間期の最も顕著な2つの潮流、すなわち専門分化と職業主義に対する嫌悪感だった[30]。「専門分化」とは、学術的知識の絶え間ない進歩を軽蔑する語で、学生に課程のほとんどを自分で選択させる科目選択制を伴うものだった。批評家たちはこうした現実を認識したうえで、さらに、難解な学術的知識はカレッジの最初の2年間、あるいは4年間の学士課程においてさえ、カレッジの学生にはほとんど関係がないと主張した。同様の主張に基づき、特定の職業に就くための実践的な分野の勉学を、ジェネラル・エデュケイションの後に位置づけようとした。批評家たちが支持したのは、科目選択制の分断を克服するための共通の学びへの意欲だった。しかし、カリキュラム改革者たちには、既存の実践が障害となって立ちはだかった。多くのカレッジは、リベラル・エデュケイションを学問分野における高度な知識の習得と同等に考えており、そのような知識を教える能力を伸ばそうとしていた。一般的なカレッジでは、PhDを持つ教員は教員全体の1/3をかろうじて超える程度で、PhDを持つ教員が半数を超える機関はわずか15%だった。しかし、アメリカの科学と学問は戦前から目覚しい発展を遂げており、ほとんどすべてのカレッジが、PhDを持つ教員を増員して追いつこうと奮闘していた。加えて1940年には、学士号の43%しかリベラル・アーツ・アンド・サイエンシズで授与されていなかった。リベラル・エデュケイションやジェネラル・エデュケイションに関する著作が数多く出版されていたにもかかわらず、アメリカの高等教育は、主として専門分野と専門職の教育に従事していた。

戦争の勃発は、デモクラシーと自由に対する強い関心を呼び起こし、それは戦後にも引き継がれた。世界におけるデモクラシーと自由の存続は、他の多くの問題とともに、まさに重要な課題だった。カレッジと大学は特にこれらの理想に固執したが、それは自分たちの使命に影響する闘争の本質を体現していたからだった。各機関は、戦争のための技術指導にかなり注力したものの、やがて、リベラル・エデュケイションをこれらの目的のためにどのように結びつけるのが最善かを考え始めた。こうした努力は、1940年代を通じて広範な著作を生み出した。1944年のリベラル・エデュケイションに関する文献目録には289の著作が掲載されていた。ジェネラル・エデュケイションに関する文献目録も2冊出版され、2冊目には237の著作が掲載されていた[31]。リベラル・アーツ・カレッジは特にリベラル・エデュケイションに力を注いでいた(ほとんどが職業専攻を提供していたため、振り返ってみると自明の理と考えられる)。リベラル・アーツ・カレッジを代表するAACは、リベラル・エデュケイション委員会を後援し、前述の文献目録を含むいくつかの戦時報告書を作成した。米国学術団体評議会(ACLS)は1943年に、人文学について述べた*Liberal Education Re-examined*を刊行した。よりキリスト教的な性格をもつACE

は、ジェネラル・エデュケイションに関する２つの委員会を後援した。こうした思索や宣言は、戦時下の危機によってだけでなく、アメリカと文明世界が新しい時代に入ったという認識が広まったことによって促された[32]。

このような雰囲気の中、1942年にジェームズ・コナントは、ハーバードだけでなく教育制度全体のジェネラル・エデュケイションについて検討するために、教員の委員会（ファカルティ・コミッティ）を招集した。コナントはハーバードにおける研究の唱道と実力主義の擁護で知られる化学者であり、当時はバネバー・ブッシュと協力してアメリカの科学を戦争に動員しようとしていた。しかし、彼は時勢の課題を振り返ってみた。彼はジェネラル・エデュケイションを「我々の文明が維持されるために不可欠だ」とみなした。ハーバード大学創立300周年記念式典(1936)の演説で、彼は、かつての共通の古典語課程に匹敵する「現代版」の必要性を指摘した。彼は、専門分化や専門職教育を軽視はしないものの、教養ある人間を形成するためには、それらがリベラル・アーツによって補完されなければならないと主張した。しかし、ハーバードの委員会は、重要な点で、同時代の著述の考え方とは異なっていた。同委員会は、ハーバード・カレッジに対してジェネラル・エデュケイション・カリキュラムを推奨するという具体的な任務を負託されており、コナント学長とハーバード大学教員に受け入れられる説得力のある文書を作成する必要があった。1945年夏に出版された *General Education in a Free Society* は、ジェネラル・エデュケイションに特化した限られた数のコースを必修とする、強硬ではあるが知的な色合いを有する実例を提案した[33]。

深紅色（クリムゾン・レッド）の表紙からレッドブックとして知られるこの報告書は、ジェネラル・エデュケイションの問題に対する戦前の５つのアプローチを「(1)分配履修要件（ディストリビューション・リクワイアメント）、(2)包括的なサーベイ・コース、(3)機能的コース、(4)グレート・ブックス・カリキュラム、(5)個別指導」にまとめた。第一の分配履修要件は、ハーバードを含むほとんどの大学を特徴づけるもので、１つの主要な研究分野のほかに、専門外の科目を履修することを条件とする選択科目をもつというものだった。委員会は、専門分化した集中履修（スペシャライズド・コンセントレーション）を行う専攻分野を守るために苦心した。「教育組織、必修課程、優等学位制度、チュートリアル制度、[卒業のための]

一般試験など、教育を活性化させる物々しい取り組みが支援のために並べられて」いた。問題は、選択科目制度がジェネラル・エデュケイションを提供できていないことだった。分配履修要件を満たすために、「学生は、ほとんど何でもいいから、何か２つか３つの科目を履修」した。ハーバードの約400のコースは、専門知識の断片を教えるだけで、学生にいかなる共通の学びも提供することはなかった。リベラル・エデュケイションあるいはジェネラル・エデュケイションへのアプローチとしては、他のどの選択科目の履修要件にも同じことが言えた[34]。

いくつかの機関では、人文学、社会科学、自然科学の幅広い分野を総合的に学ぶことを目的としたサーベイ・コースを設けることで、科目選択制の弱点に対処しようとした。最も高く評価されたのは、「戦争問題（ウォー・イシュー）」コースから発展したコロンビアのコース、「現代文明論（コンテンポラリー・シビリゼーション）」だった。1926年に、このコースは２年間に延長され、最初の１年間は西洋文明史に費やされた。他の学校でも、その後の数年間のうちに同様のコースが設けられ、その人気の高まりは、戦前(1937-1941)に８冊の「西洋文明（ウェスタン・シブ）」に関する教科書が出版されたことからも明らかだ[35]。サーベイ・コースは、専門分化した選択科目に欠けているとされる幅広さを提供したが、リベラル・エデュケイションないしはジェネラル・エデュケイションにおける深い学びという目標を引き出すには、表層的すぎると見なされることもしばしばだった。レッドブックによれば、「ジェネラル・サーベイは、退屈で不毛なものになりがちで、学生の心にほとんど何も残らない」と感じられた[36]。

同委員会は、生活技術を教えるコースを、ジェネラル・エデュケイションに対する「機能的（ファンクショナル）」アプローチと名づけ、同時に道具主義とも呼んだ。それは、団結と実用性のために知性を犠牲にした。これが、のちにPCHEによって提唱されたジェネラル・エデュケイションだった。レッドブックは、デューイやウィリアム・ジェイムズのプラグマティズムを、現在志向であり、我々の文明を支えてきた西洋の遺産の真価を理解できないとして、明確に否定した。デューイはおそくとも1944年には、この二項対立を確かめ、リベラル・アーツを、現代の科学技術社会には相応しくない「古い文学的・形而上学的観点」

と同一とみていた。一方、ハーバードの委員会は、モダニズムを西洋の文化遺産の文脈で解釈するよう主張した[37]。

デューイとは対極の点で、グレート・ブックスは同時代の人々の間では悪評が高かった。それは、1937年に、スコット・ブキャナンとストリングフェロー・バーが、経営難に陥っていたセントジョンズ・カレッジに、全面的にグレート・ブックスに基づく4年間の必修カリキュラムを導入したときのことだった。もともとジョン・アースキンによってコロンビア大学で考案されたように、グレート・ブックス・コースは、学生たちに「グレート・ブックスの内容を知り、それについて親しく議論する利点」を提供すると同時に、「同じ本を知り、…同じ時間に読む」ことを意図していた。その教授法は、昔と変わらず典型的な特徴をもっていた。1回2時間の授業で、2名の講師が、歴史的文脈や著者の意図とは無関係に、1つの作品の意味と評価に焦点を当てたソクラテス的対話を行った。しかしながら、かつてチャールズ・エリオットが*Harvard Classics*を収めた5フィートに及ぶ棚がリベラル・エデュケイションの提供を保証していたように、グレート・ブックスは、必然的にリベラル・カルチャーと同一視された。シカゴ大学では、ロバート・メイナード・ハッチンズとモーティマー・アドラーが、グレート・ブックスのより教条的な解釈を公表したが、のちに、そのアプローチはブキャナンとバーによって採用された。1940年までには、ハッチンズは「中世のカリキュラム」を復活させようとしているとして、多くの人々から見放されたが、アースキンのコースは、彼の後継者、ライオネル・トリリングとジャック・バルズンによって1937年に復元され、コロンビア・カレッジのジェネラル・エデュケイションに大きく貢献したことで定着した[38]。

最後の「個別指導」とは、ベニントン、サラ・ローレンス、ブラック・マウンテン・カレッジの実験的なアプローチを指しており、学生が創造性や個人的な興味——後に「耽美的で表現豊かな理想」と呼ばれるもの——を探究し、発展させることを奨励していた[39]。このようなアプローチは、学生と教員との密接な交流を必要とし、かなりの小規模カレッジでしか実施できなかった。

このような避けるべき事例を考慮して、委員会は、ハーバード・カレッジの学生に対して、人文学、社会科学、自然科学のジェネラル・エデュケイションのために特別に設計された通年の16コースの中から6コースを履修するよう勧告した。最初の2つ、人文学と社会科学では、特別に設計された1つのコースを全学生必修とした。科学では、物理科学原理または生物科学原理という2つの新設コースのうち、いずれかを履修するよう求められた。人文学の必修科目は、「偉大な文学作品（グレート・テキスト・オブ・リタレチャー）」を集中的に読むというアースキン式のアプローチを採用した。このコースでは、文学的な学問が扱う事柄を避け、「作品がそれ自体を語るようにさせよう」とした。ジェネラル・エデュケイションのその他の人文学のコースは、おそらく文学、哲学、美術から選択することになる。科学の追加コースは、専門分野の入門コースとは異なるものでなければならなかった。後に、コナント学長は、1947年に初めて開講された「実験科学の成長」という科目を教えることによってその方法を示した[40]。しかしながら、*General Education in a Free Society*の中心的な目的を具体化していたのは、社会科学のコースだった。

全学生に勧められた社会科学コースは「西洋思想と制度」で、古代ギリシャから現代までの西洋の遺産を厳選して歴史的に考察するものだった。このコースは、コロンビア大学の「現代文明論」とは「似て非なるもの」だが、より少ないトピックを扱い、より少ない書籍の中から長めの分量を使おうとしていた。「このコースで最も強調する点は、代議制政府や法の支配といった制度の進化、宗教改革の影響、…宗教的寛容の拡大、…自然権の哲学、理性の力に対する信頼の高まり…人道主義、自由放任主義の台頭などだ」。言い換えれば、民主的シティズンシップのためのイデオロギー的基盤を提供する西洋の遺産の諸側面だった。しかしレッドブックは、これらのトピックを「特定の歴史的背景から生まれた偉大な思想の表現として」研究するよう求めた。これは、こうした問題を歴史的文脈の中で客観的かつ学術的に考察することを意味していた。抽象的な思想と歴史的状況との間の矛盾は、1945年の時点では認識されていなかったが、ハーバード大学のジェネラル・エデュケイション概念や、アメリカ高等教育を席巻していた西洋文明の支配的な解釈の中には潜在していた[41]。

ハーバード・レッドブックは4万部を売り上げ、広く読まれ、議論された。戦後のカリキュラムに強い影響を与えたとされ、その影響力は出版元の威光によるものとされた。どちらの主張も誇張だ。レッドブックが人気を博したのは、何よりも、他の高等教育機関が同じ問題、すなわち、カレッジの学生に学びのコモン・コアを提供し、民主的シティズンシップのためのイデオロギー的基盤を植えつける、という問題を抱えていたからだ。こうした懸念は、大恐慌と戦争から生まれたジェネラル・エデュケイションに関する議論を支配し、やがて冷戦の勃発によってさらに強まった。これらに対処するために、レッドブックは不可欠の情報源だった。知的で、洗練されており、扱いに含みを持たせているだけでなく、戦前の対話（ダイアログ）とも一貫していたからだ。レッドブックは、ある箇所では「ジェネラル・エデュケイションとリベラル・エデュケイションは同一の目標を持っている」と述べてはいるが、リベラル・エデュケイションが持つ排他的な、すなわち「貴族的」な意味合いを避けたジェネラル・エデュケイションのビジョンを提唱しており、それは、ジェネラル・エデュケイション機能主義者の反知性的な姿勢も同じだった。レッドブックは、国家の民主的理想を受け入れ、教育制度全体を向上させようとするものだった。しかし、ハーバードのコースのための特定の勧告は、これとは別問題だった。各機関は、既存のカリキュラム、教員のやりくり、ジェネラル・エデュケイションの共通目的に照らして、それぞれのカリキュラムを再評価した。その結果、コア・コースやサーベイ・コースの組み合わせはさまざまとなった。戦後10年間、ほとんどのカレッジと大学は、選択科目を減らし、共通の学びを何らかの形で拡大した[42]。

ハーバード大学自身が、このプロセスの迷走を物語っている。長い審議の末、アーツ・アンド・サイエンスの教授会は圧倒的多数でこの報告書を承認した。その後、試行期間が設けられ、コナントが実施したようなジェネラル・エデュケイション・コースが開発され、新たに実施された。このような努力は、個々の教授の主導によるものであり、層の厚い才能ある教員のおかげで、斬新で、学際的で、知的好奇心を刺激するようなコースが提供された。しかし、このことは、ジェネラル・エデュケイション・コースが、レッドブックによって形成されたのと同時に、各教授の特異性によっても形成されたことを意味する。ジェネラル・エデュケイションの履修要件は、正式には1950年に、1955年卒業生から採用されたが、新入生は、あらかじめ決められた１つのコースではなく、３つの基本分野からそれぞれ２つから４つの入門コースを選び、さらに、その他の３つのジェネラル・エデュケイション・コースについては、より上級コースの幅広いリストから選択することになっていた。時が経つにつれて、これらのメニューの項目数は否応なく増えていった[43]。

戦後のカリキュラムにおけるジェネラル・エデュケイションの最も特有の貢献は、西洋文明史の必修コースだった。「西洋の思想と制度（ウェスタン・ソウツ・アンド・インスティチューションズ）」や「西洋文明（ウェスタン・シブ）」のような西洋の遺産を学生に紹介することは、リベラル・デモクラシーの市民を形成するという願望に直接語りかけるものだった。戦前からその前例はあったものの、戦後の西洋文明のサーベイ・コースはこの目的のために特別に仕立てられたものだった。そうした変化の方向性はコロンビアが典型的で、「現代文明（コンテンポラリー・シビリゼーション）」のコースでは、歴史的な連続性が軽視され、原典を読んで議論することが優先された。シカゴ大学では、ハッチンズ学長が嫌っていたにもかかわらず、「西洋文明」が1948年にジェネラル・エデュケイションに加えられたが、それは一連の歴史のケース・スタディに過ぎなかった。ハーバードでの受け入れは、少なくとも当初はレッドブックの精神を反映していたものの、最も複雑だった。1950年までに、ハーバードでは４つの新入生向けコース（社会科学１～４）が開講され、それぞれが異なる視点から西洋史を取り上げ、歴史学者、政治学者、経済史家、社会学者がそれぞれ教えていた。社会科学１「西洋文明の発展入門」は、他のコースよりもいくぶん歴史的文脈を説明するものだったが、このコースもまた、歴史的な出来事よりも思想や制度を過度に強調するものだった[44]。このように民主的社会の前提となる基礎的な思想に重点を置き、ときには社会科学と融合させた「西洋文明」は、瞬く間にアメリカのカレッジで最も広く教えられる歴史コースとなり、新入生に必修となるのが一般的だった。「西洋文明」はジェネラル・エデュケイションとして称賛されたが、実際にはデューイやPCHEが唱えた道具主義的解釈を否定するものだった。それは共通の学びを提供し、現代主義的な議論によって正当化されたものの、結局はそれまで軽視されてきた歴史の本質に根ざしていた[45]。

レッドブックとPCHEの後押しを受けて、1945年から1950年の間はジェネラル・エデュケイション運動の全盛期となった。あらゆるタイプの機関がジェネラル・エデュケイションの旗印のもとに行進を始めたが、その方向性はしばしば異なっていた[46]。カリキュラム改革は1950年代以降も続き、様々な形の構造化されたコア・カリキュラムが確立される傾向にあった。各機関は、学士課程を低学年と高学年に分け、人文学、社会科学、自然科学の幅広いサーベイ・コースを教えるベーシック・カレッジを設置し、何らかの形の「西洋文明」を必修とした。すべての学生が何らかの共通の学びを共有し、主要な知識分野の幅広い範囲に触れさせ、市民としての知的基盤を身につけることを保証しようとした[47]。各機関が導入しなかったのは、生活のための教育だった。デューイ主義的な道具主義者のジェネラル・エデュケイションは、下級学校における熱心な支持者たちによって提唱され続けたにもかかわらず、1950年以降にはほとんど姿を消した[48]。その理由は、カレッジと大学に固有の性質にあった。すなわち、生物学、化学、経済学、英語学、歴史学…そして動物学などの領域(デパートメンツ)では、生活技術を教えることはなかったからだ。戦後の改革精神を考慮すると、各機関は、特に教員の増員を正当化できるのであれば、自らの知的技術をコア・コース、サーベイ・コース、学際コースといった新しい形態に向けることをいくらかは望んでいた。しかし、これらの努力の必須条件は、これらの分野の知的内容を評価することだった。これは、リベラル・エデュケイションの名の下で、ますます正当化されるようになった。

高等教育財政審議会

1950年以降、高等教育に関する協議は伝統的な役割へと回帰し、より理想主義的な戦後改革からは遠ざかっていった。デモクラシー、国際主義、拡大、ジェネラル・エデュケイションに対する懸念は依然として顕著であり、これらの目的を推進するためのプログラムも依然として開始されていたが、学術を主流に置くという潮流の影響が次第に優勢になっていった。このような視点は、1952年にCFHEによって明確にされた。この委員会の開始は、1947年

11月――PCHE報告があった月――に遡るが、まさにそのとき、ロックフェラー財団がこれらの問題を検討するための調査委員会を任命した。この委員会は、その18か月後にAAUのもとに組織され、同財団とカーネギー財団が資金を提供する正式な委員会となった。委員会は研究大学を代表し、ハーバードのプロボストだったポール・バック、ジョンズ・ホプキンス、カリフォルニア工科、スタンフォード、ブラウンの各学長が参加した。委員会の大勢のスタッフは、アメリカ高等教育の実態を８つの研究および技術論文に記録し、1950年代初頭の高等教育の概要を*Financing Higher Education in the United States*にまとめた。この文書はさらに公衆向けの*Nature and Needs of Higher Education*と題する委員会報告へとまとめられた[49]。これらの文書は、PCHEを参照し、同じ問題を扱ったものだったが、主に研究大学と私立カレッジの視点に立ったものだった。CFHE は、アメリカの高等教育の発展にとって中心的な問題に関して、PCHEの報告書に反論しようとした。

何人の人々がカレッジに行くべきか

知的資格はカレッジに通うための第一の判断基準だとされ、そのため、*Financing Higher Education*は、PCHEが示した多めの推定値に対する評論家の反対意見を繰り返し論じた。CFHEは、陸軍の知能テストの足切り点を少し高めにして適用し、青少年の25%がカレッジに通い、修了する知的資格があると結論づけた。それでもなお膨大な「教育格差」が残っており、カレッジに入学した学生はそれらの学生の40%、卒業した学生はそのうちの54%に過ぎなかった。この数字は、人材と高度訓練に関する委員会（コミッション・オン・ヒューマン・リソーシズ・アンド・アドバンスド・トレーニング）による実証的研究から導き出されたもので、アメリカの教育が不穏な状況にあることを示していた。テストの点数が上位10%の生徒のうち、カレッジを卒業したのはわずか28%で、上位２%では42%だった。一方、カレッジに入学した学生の半数は上位 1/4を下回り、そのうちの 1/3 が何とか卒業を果たした。CFHEは、高等教育機関に対し、上位 1/4 にいる特に最も聡明な学生の募集を強化するよう促した。しかし、アメリカにおいて、知的資格以外の要因がカレッジ進学を決定づけているようだと認めることはできなかった。さらに悪いことに次のような主張がなされた。

> 私たちのカレッジと大学は、アメリカの若者を幅広く受け入れている。…それらは、階級のない社会と、才能に対して開かれたキャリアという理想を推進している。カレッジと大学は、人種、宗教、国籍に関する限り、アメリカ社会で最も差別の少ない機関のひとつだ。[50]

委員会のこうした極めて楽観的な見解は、アフリカ系アメリカ人に対する露骨な差別を無視したものであり、委員会の調査に基づく*Financing*における、より詳細な分析も無視したものだった。社会階層が教育達成に与える影響については、かなりの文献があり、バイロン・S・ホリンズヘッドによる委員会の研究、*Who Should Go to College?*のなかで引用されていた。ホリンズヘッドは、「教育機会の平等」という語を「合理的というより扇動的」とみなした。CFHEが起こりうる否定的な内容を避けようとしたのは、新しい冷戦の考え方によるものだった[51]。

*Nature and Needs*での無批判な見解は、アメリカ社会における教育に関する同時代の考え方を反映していた。その最たるものがIQ決定論――テストで測られた知性が、カレッジへの進学や国民の知的資源の発展にとって最も重要な基準だという信念――だった。親の教育やSESのような社会的影響は、進学意欲が要因だと片づけられた。また、女性の進学率が低い(入学者の40%)ことも、進学意欲によるものとされた。従って、「進学意欲は、単なる環境や社会、文化の産物ではない。個人は自分で選択することができる」とされた。おそらくは個人の自由意志がカレッジに進学するかどうかを決定すると考えられ、委員会の「教育機会の平等」という誤った主張を正当化することになった。同委員会が掲げたビジョンとは「高等教育および社会全体に対する基本的な課題は、知的将来性のある優秀な学生がカレッジ進学に関心をもつようにする」ことだった[52]。

CFHEが推奨する25%という進学率は、PCHEが提示した32%という数字をいくらか下回ってはいたが、その集団にのみに焦点を当てたことで、高等教育を拡大するという議論は抑え込まれてしまった。実際、上位25%の進学率が高まれば、「現在は在学しているものの、知性の一般的な水準を下げている多くの人々」の進学を抑制する可能性があることが示唆された。*Financing*は、「マス高等教育における危険」のもとにあったPCHEの目標、特に知的水準の低下について論じた。ジュニア・カレッジは、主として完成教育としての職業的使命を担うものとして、軽蔑とともに検討の対象から外された[53]。

公立機関と私立機関

CFHEは、機関の多様性がもつ価値を強調することで、私立セクターに関するPCHEの否定的な見方に対抗しようとした。*Nature and Needs*は、多様性を自由への鍵と呼んだ。すなわち、学生に多くの選択肢を提供し、学生の多くが進学することを可能にし、競争を通じて機関を強化し、学問の自由（アカデミック・フリーダム）を保証した。2つのセクターは相互に有益な影響を及ぼし合っており、「どちらか一方の活力が衰えれば、私たちの社会は貧しくなってしまうだろう」と考えられた[54]。この頃、両セクターは概ね等しい存在だったが、CFHEは公立カレッジの拡大による私立カレッジへの潜在的な脅威について言及した。

連邦政府による高等教育支援

CFHEは、退役軍人だけでなく、ROTCや一部の医学生に対する支援、退役軍人やメディカルスクールのための施設に対する補助金や融資、研究補助金や連邦政府機関のための事業、ランドグラント法による支援など、連邦政府による既存の高等教育支援について徹底的な説明と分析を行った。委員会は、これらの資金から得られる利益を認めつつも、カレッジと大学に対する連邦政府による直接的な財政援助プログラムを新たに制定すべきではないとの結論に全会一致で達した。連邦政府からの資金援助は、必然的に(PCHEが提唱するような)管理強化をもたらし、その結果、多様性を阻害し、「高等教育の自由が失われてしまう」と主張した。高等教育の財政的苦境に対処するために、追加的な資金は確かに必要だった。特に私立機関にとって、その必要性は、インフレ、資本の拡大と近代化、質の向上によって生み出された。次の10年間により大きな出生コホートが進学年齢に達し始めたため、入学者数の増加も要因となったであろう。しかし、CFHEは、主に私立カレッジと大学の財政的ニーズに対応する方法として、(経済対策と相まって)民間のフィランソロピーに期待するという、かなり楽観的な見方を示した[55]。

デモクラシーとリベラル・エデュケイション

CFHEは、その立場をPCHEとは明確に区別した。知的内容は共通した特徴で、「適切に伝達され、教授されたリベラル・アーツが…すべての高等教育の中心だ」としていた。1930年代のリベラル・エデュケイションの退廃は、ジェネラル・エデュケイションというあいまいな概念を生み出した。しかし、シティズンシップとデモクラシーのための「コモン・コア」を教えるというPCHEの展望は、13年生と14年生をハイスクールの教育レベルに格下げするものだった。CFHEはハーバード報告書のカリキュラムを共通の学びの予備的基礎として支持したが、それはリベラル・エデュケイションという伝統的な概念を、自由社会の基礎となる、より高度な学びの形態として理想化していた。個人の自由とは試金石であり、「人間の文化的遺産を理解し、哲学者や学者の偉大なる崇高な感情や思想を理解し、［そして］人間の知識がどのように蓄積され、いかにして進歩してきたかを把握する」ことによって達成されるのが最善だとした。このように、CFHEはジェネラル・エデュケイションとリベラル・エデュケイションの統合を提示したが、それは哲学的な意味では浅薄だったかもしれない。しかし、今日のリベラル・アーツ・カレッジと大学が学士課程教育として受け入れているリベラル・ラーニングを特権的な地位に置き、リベラル・エデュケイションとそれを提供する機関を自由(フリーダム)と重ね合わせることによって、同時代の人々に対してその立場を合理的に説明した[56]。

CFHEが集めた膨大な資料は、1950年代初頭のアメリカの高等教育の状況を記録したものだったが、委員会の声明は、それとは別の種類の文書を提供した。2つの主要財団が資金を提供し、研究大学の集まり(クラブ)によって組織され、大学や企業のリーダーを会員に持つこの委員会は、冷戦開始に際して、高等教育の確立を要求した。自由社会と高等教育の自由は、自由世界における指導者としての合衆国のアイデンティティを示すものとして、繰り返し主張された。教育機会の平等に関する極めて楽観的な思い込みは、意識的あるいは無意識的に吸収していた、アメリカ社会の好ましい自己イメージや、おそらくは、PCHEが行っていた範囲にも及ぶ社会問題の認識に対する自己検閲によるものだった。リベラル・アーツにおける伝統的な学士課程教育に焦点を当てる一方で、連邦政府が資金を提供する研究に暫定的だったことは、アメリカ高等教育の中心にあった歴史的機能を高め、ある意味で復活させた。*Nature and Needs*は、要するに現状を神聖不可侵のものとした。それは、この基本的に健全なシステムに対する脅威の可能性を指摘しながらも――連邦政府ではなく――私立の担い手に対して、これらの課題に対応し、このシステムをさらに強化する道を指し示した。従って、CFHEの著作は、アメリカ高等教育の役割と方向性をめぐる戦後の激動的な議論から「アメリカ的生活様式」に関する新たな総意へと移行したことを示唆している。このように、CFHEの著作は、機関内部とアメリカ社会における、より大きな発展を反映していた。

戦後アメリカの定義：冷戦とマッカーシズム

ジェームズ・パターソンは、第二次世界大戦の終結によって「大いなる期待」がもたらされたと述べた。「戦争に勝つために戦ったアメリカ人は、来るべき世界秩序を支配することを期待した。…未来は過去よりも多くのことを約束した。…この楽観的な雰囲気の中、アメリカ人は、希望をもって新たな戦後世界へ飛び込んでいった」[57]。しかしながら、国内的にも国際的にも、これらの期待には恐るべき断層があることがすぐに明らかになった。国内的には、不安定なままのニューディールの遺産があった。ニューディールの改革の勢いは1937年以来、議会の反対により阻止されていたが、政府の戦時権力の範囲と権威に触発されて再び活性化したニューディール連合が、社会福祉を促進し、資本主義を規制する新しい措置を構想していた。しかしながら、議会は保守派と反ニューディール主義者が依然として支配しており、戦争経済の活力を維持するために民間企業に期待していた。国際的には、新たに組織された国際連合と連携し、アメリカの庇護のもとに平和的で協調的な国際秩序を実現しようとする理想主義の強い潮流があった。こうした国際主義者の願望に反して、合衆国の外交政策は国家主権と国益の譲歩に抵抗し、代わりにソビエトの強大化の脅威に対抗することに重点を置いた。これら両陣営におけるレフト・リベラルの立場は、共産主義への反対の高まり、すなわち、国内の共産党の行動と影響力、および、ソビエト連邦の敵対的な政策に対する反対によって、次第に弱体化した。反共産主義と冷戦はいずれも、アメリカの大学とその教員に直接的な影響を与えただろう。長期的には、これらの展開は戦後アメリカ高等教育に広範な影響を及ぼした。

共産主義者に対する公的な不寛容さは、第一次世界大戦後の赤狩り（レッド・スケア）に遡る。世間の意識では、共産主義は非アメリカ的であり、市民的自由の保護にはほとんど値しないと考えられていた。しかし、狂信者たちはこうした恐怖心をさらに深め、政府の社会プログラムの強化を支持するあらゆるグループに共産主義のレッテルを貼った。1938年に、下院はテキサス州下院議員のマーチン・ダイズのもとで下院非米活動委員会(HUAC)を設置した。テキサス州の政治文化では、「ニューディール共産主義者」はひとつの語句とされ、さらに不快感を増すために、しばしば「同性愛者」がつけ加えられた[58]。ダイズ委員会は労働組合とニューディール民主党を標的にしたが、いくつかの州では「リトルHUACs」を触発し、それらは高等教育を標的にすることもあった。

アメリカ社会からの共産主義者の追放は、3つの段階を経た。ダイズ委員会は第一段階を開始したと言えるだろうが、これは第二次赤狩りと呼ばれることがある。それは、政治的事業家によって主導された。事業家たちは、間違いなく共産主義を純粋に軽蔑していただけでなく、敵の信用を失墜させ、自らの政治的目的を達成するためにこの問題を利用した。第二段階は、1946年の選挙で共和党が大勝した後に起こった。大統領はすぐにソビエトの挑発に応えてトルーマン・ドクトリンを発表したが、それは合衆国がソビエトの拡大に反対することを約束し、冷戦の始まりを公式に知らしめた。国内では、連邦政府から共産主義者や同調者を排除するために、各地に忠誠委員会が設置された。こうして、現在または過去に共産主義に関係していた人物の不忠誠を疑うことが連邦政策となり、(たとえ予想されなかったとしても)多くの州で同じように行われた。ジョセフ・マッカーシー上院議員は、1950年に反共産主義者のリストに加わったに過ぎないが、第三の最も凶暴な段階を開始させることとなった。世間を驚愕させた彼の告発は国民的妄執(ナショナル・パラノイア)を悪化させ、1954年に彼が失脚するまで、合理的な反論をも威圧した[59]。

第一段階は、1939年の人民戦線終結からソ連との戦時同盟に至る反共産主義の高まりに対応するもので、共産党は戦争努力の促進を最優先課題とした。ダイズ委員会は連邦政府機関にいる共産主義者容疑者を告発し、1940年にはスミス法によって政府の暴力的転覆を主張する組織のメンバーだということが犯罪とされた。このような雰囲気の中、リトルHUACsはいくつかの州の高等教育を脅かしたが、重大な調査が行われたのはニューヨーク市だけだった。州議会は1940年にラップ=クーダート委員会を発足させ、市内の学校にいる共産主義者を摘発しようとした。将来のHUACと同様に、同委員会は、摘発することが、他の組織、この場合はニューヨーク市教育委員会にとって十分な罰となるので、当該組織が適切な処罰を課すと想定していた。党員の少なくとも1/3が居住していたニューヨーク市では、活動的な共産主義者を見つけるのは難しいことではなかった。委員会はニューヨーク市立カレッジに焦点を当てた。情報提供者を使って党員を特定し、委員会の前で証言させるために召喚した。この最初の対審で、被告人たちは自分が党員だということを否定することで、さらに危険な状況に陥った。長引く審査の中で、教育委員会は党員だということが確認された者に対して厳しい処分を下した。20人が解雇され、さらに11人が圧力を受けて辞職した(1941-1942)。HUACや教育委員会に嘘をついたことに加え、党員だということが事実上、教職員の責務と相容れないというのがその理由だった。党員だということが教育や学生に有害な影響を与えたことを示す試みはなされなかった[60]。

戦争末期、アメリカ共産党は攻撃的な姿勢を再開し、反共産主義熱も再燃した。1946年の選挙が転換点となった。共和党の劇的な勝利に続いて赤狩りが増加したが、おそらくリチャード・ニクソンの下院議員当選(ここで彼はHUACに参加した)が最も決定的だった。トルーマン大統領は、政府内の共産主義者に甘いという非難に反発し、連邦政府職員を審査する忠誠審査委員会を設置した。これらの委員会は、赤狩り全体の中で最も広範囲かつ組織的な粛清を行った。「1947年から1956年までのプログラム最盛期には、500万人以上の連邦職員が忠誠審査を受け、少なくとも2万5,000人がFBIによる悪名高き「徹底した人物調査」の対象となった。推定2,700人の連邦職員が解雇され、約1万2,000人が辞任した」[61]。忠誠心を強制することがこうしてワシントンの公式方針となったことで、反共産主義者対策が各州で開始された。

反共産主義運動は3つの主要戦術を採用した――元共産主義者や同調者の摘発を目的とした立法調査委員会の公聴会、さまざまな形式の忠誠誓約、スミス法やより懲罰的なマッカラン法(1950)に基づく党指導者の直接訴追を含む共産主義者取締法だ。40年代後半までに、42の州が従業員に何らかの宣誓を課しており、忠誠心があること、政府を強制的に転覆させる気がないこと、共産党に加盟していないことを証明するよう求めていた。忠誠の誓いが大学を混乱させたのはカリフォルニア州だけだったが、この第二段階においてリトルHUACsが高等教育を調査することとなった[62]。

のちに典型的な例となる最初の調査は、ワシントン大学で行われた。1947年にキャンウェル委員会が設置され、翌年に大学を調査した。共産主義者とのつながりが指摘された11人の教員が、証言のために委員会に召喚された。委員会の摘発に対する処置は、大学と改革派新学長のレイモンド・アレンに任された。大学側は、6人の教員――党員だったことは認めたものの、かつての仲間の「名前を挙げる」ことを拒否した3人と、委員会への協力を拒否した3人――に対する処置を検討することにした。これらの事案は、大学によって長期にわたる慎重な手続きで検討された。アレン学長は、3人の非協力者を解雇し、3人の元共産党員を2年間の観察処分とする最終決定を下した。解雇された2人の教授は党員であり、3人目は(非常に侮蔑的な語でいうところの)同調者（フェロー・トラベラー）と正確には記述されただろう[63]。

批評家が学問の自由と市民自由の侵害だと非難したとき、アレンは論文の中で、「共産主義者はアメリカのカレッジで教えるべきではない」とする典型的な議論をもって解雇を正当化した。彼は、「アメリカ的生活様式…の要」とされる自由の賛美から始め、「共産党員は自由人ではない」と主張した。大学は「真実の自由で束縛されない探究」に基づいているが、共産党員は「党の公式見解が定めていることを信じて教えなければならない」[64]。この最後の言葉は、この立場の最も重要なスポークスマン、シドニー・フックからの引用だった。この問題は1949年に活発に議論された。非難された教授たちは共産主義的な見解を自由に受け入れると主張することもあり、良心の自由が争点となった。アメリカ自由人権協会（アメリカン・シビル・リバティーズ・ユニオン）およびAAUPは、共産主義者が教育活動から自動的に排除されるべきでないとしたが、大学の教員を含む教育コミュニティは、非難された教授たちは教授活動にふさわしくないというアレンとフックの立場を支持した。NEAもほぼ全会一致でこの立場を支持した。一流大学の教員でさえ、市民的自由よりも反共産主義を重視していた。1950年にUCで行われた匿名投票では、教員は4対1で共産主義者の禁止を支持し、ハーバードの教員を対象とする1949年の投票でも同様の結果が出た。ワシントン大学の教員で同僚の解雇に抗議したのは7人に1人だけだった[65]。

その事件からかなり後になってから、戦前にワシントン大学の新任教員だったクラーク・カーは、その同じ3人の人物が「明らかに『偽装（フロント）』組織だったもの」への参加を拒否した彼を「社会ファシズム論者」と呼んで嫌がらせをしたと回顧録に記している。ナチス・ドイツがソビエト連邦に侵攻したとき、同じ人物が一夜にして孤立主義者から介入主義者に転向し、「一斉にモスクワに敬礼した」という[66]。もちろん、党員の中には名目上の共産主義者にすぎない者もいた。その後、バークレー校の総長として、カーは大学の規定に従って、そのような3人の教員の辞職を静かに取りつけた。1人は、妻が熱狂的な共産主義者であるため、もし辞めたら家庭が崩壊してしまうという理由で党に残った。残りの2人は、離党すれば党に暴露され、HUACの召喚につながることを恐れて党に残留した。それでも、アメリカの教員の大多数は、共産主義者を同僚として拒否することでアレンを支持した[67]。

ワシントン事件は反共産主義勢力の勝利であり、模範的な粛清だとみなされた。キャンウェルの公聴会には、大小のHUACsによる見世物的な特徴もあったが、大学は被告に広範な適正手続きを与え、妥当な判断を下した――申し立てられただだけにせよ、実際にそうだったにせよ、かつて共産主義者とつながりがあった教員を実際には雇い続けていた。

非米活動を調査する立法委員会は、すべて同じ作戦に基づいて運営されていた。それらは情報提供者の証言、しばしば「プロの反共産主義者」の証言を広範囲にわたって利用したが、そこには時には疑わしい、または捏造されたものもあった。これらすべての調査の背後には、J・エドガー・フーバーのFBIがあった。そこには、数十万人のアメリカ人のメンバーシップ、団体、反体制的活動の疑惑に関する膨大なファイルがあり、しばしば架空の「偽装」組織のリストもあった。この情報により、委員会は遠い過去の事件、特に共産党が進歩的運動の最前線にあった人民戦線時代の事件を掘り起こして、証人に突きつけることができた[68]。実際に党員なのか疑惑がかけられているだけなのかを質問され、過去に党員資格をもっていたと認めた証人は、元仲間を特定するよう圧力をかけられた。共産主義にかかわった教員に対する訴訟が山積したため、多くの人々は、これらの卑劣な戦術に黙諾することを避ける唯一の手段として、合衆国憲法修正第五条による自己負罪拒否特権を頼った。「第五条の行使」の正当性には異議が唱えられたが、赤狩りの雰囲気の中では、それは有罪に等しいと考えられ、解雇の脅威のもと、雇用主に対するさらなる説明が必然的に求められた。調査委員会はまた、非友好的な証人に対して、偽証罪や議会侮辱罪で疑わしい起訴状を発行することも多かった[69]。調査員の気まぐれさと頻繁に見られる露骨な不誠実さを考えると、これらの戦術はアメリカの市民的自由を忌み嫌うものとみなされても当然だった。さらに、HUACは、マーチン・ダイズからジョセフ・マッカーシーに至るまで、それぞれの立法府の最も卑劣で悪意に満ちた議員たちによって率いられ、埋め尽くされていた。これらすべては、UCで忠誠宣誓の大失敗を間接的に引き起こした危険人物、ジャック・テニーが率いたカリフォルニア委員会にも当てはまった。

1949年、テニーはUC職員の忠誠を保証する法的権限を議会に与える憲法改正案を提案した。そうした思い切った介入を阻むため、管理側は、大学職員に対して、共産党員でもなければそうした思想も持っていないと誓わせる特別な忠誠宣誓を提案した。すでに全ての州職員が忠誠宣誓を行い、1940年以来、共産主義者は大学では雇用できないという方針があったにもかかわらず、これは起こった。教員は大いに憤慨し、ますます不満を募らせた。理事たちは自分たちの権威が脅かされていると感じ、ついに署名を求める最後通告を発した。1949年度から50年度全体を通して、この論争は大学をほとんど麻痺させた。ようやく妥協点に達したように見えたとき、理事は和解に応じず、署名しなかった残りの31人を解雇した。他の著名な教授たちも抗議のために辞職した。これらの個人のいずれも破壊活動の疑いはなく、解雇にする他の理由もなかった。実際、非署名者は全米的な学術コミュニティに強く支持されていた。当時、多くの人々は、この大惨事はUCがアメリカの公立大学の最高峰としての地位から転落することを告げるものだと考えていた[70]。

1947年から1950年まで、HUACはマンハッタン計画における原子力スパイを捜索していた。何も見つからなかったものの、それは多くの大学の物理学者、特にバークレー校時代から過去に急進的な関係を持っていた人々を危険にさらした。これらの場合、HUACの前で証言するために召喚されるという事実が研究者のキャリアを脅かした。より上級の科学者では、マーチン・ケイメンは何年も嫌がらせに苦しんだが、WashUで教授職に復帰した。また、過激な見解を公に支持し続けた唯一の人物、フィリップ・モリソンは、コーネルの管理者を困惑させたが、解雇はされなかった。しかし、このグループのうち、終身在職権のない物理学者は皆、大学の任命権者（アカデミック・アポイントメンツ）の圧力のもとで解雇されたか、辞職した[71]。

1949年と1950年は、反共産主義の恐怖の頂点を記録したが、これには理由がないわけではなかった。毛沢東主導の共産主義勢力が1949年に中国を支配し、ソビエトは原子爆弾を爆発させた。ソビエトによる原爆の「秘密」についてのスパイ活動が暴露され、1950年1月には、アルジャー・ヒスが過去のスパイ活動に対する偽証で有罪判決を受けた。6月には、北朝鮮が韓国へ侵攻した。ワシントンではHUAC、および1951年以降は上院国内治安小委員会(SISS)がジョセフ・マッカーシーに合流し、摘発聴聞の範囲、激しさ、および徹底した執念深さを拡大していった。

戦前に極東に関するほとんどの学術研究の中心だった太平洋問題調査会は、当初、マッカーシーに攻撃されたが、SISSはさらに徹底的な審問を行った。その意図は、共産主義との結びつきを非難することで中国研究者の信用を落とすことであり、共産主義の勝利を中国研究者の責任とし、台湾における蒋介石の国民党に対するアメリカの支持を正当化することだった。ジョンズ・ホプキンスの学者オーウェン・ラティモアは、戦時中の蒋との連絡役であり、戦後は中国共産党を孤立させることの愚かさを率直に批判した人物だが、主たる標的となった。実際の証拠はなかったにもかかわらず、でっち上げの偽証罪で追及された。これらの容疑は法廷で繰り返し否認されたが、長期にわたる追及により、彼は学問的には村八分状態に陥った[72]。SISSは、次にニューヨーク市を標的にしたが、主要党員が情報提供者に転身したため、ラップ=クーダートの公聴会の焼き直しを許すこととなった。自己負罪を理由とする憲法修正第五条の行使者は自動的に解雇されるという市の規制のもと、これらの新しい聴聞は大量解雇をもたらした。ラトガーズ大学も同様に関与し、理事会の主導で2人の教員を同じ理由で解雇した。その中には、将来有望な若手古典学者で、その後イングランドで卓越したキャリアを積んだモーゼス・フィンリーが含まれていた。

これらの公聴会とその反響は、反共産主義者が主張したように、第五条の行使は、罪を認めて解雇の理由となるのか、それとも憲法上の権利なのかについて、全米的な論争を引き起こしたが、調査委員会の下劣な戦術を考えるとなおさら議論の必要はあった。この問いの緊急性により、AAUは、ある立場をとることとなった。同協会は、当初、アレンとフックによる強制命令を承認し、「現時点で共産党員なら…大学の地位に対する権利は消滅する」とした。そして、こう続けた。

> 憲法修正第五条の行使は、教授に対して教授者の地位を保持するための適性を証明するという重い負担を課し、大学に対して社会の成員としての資格を再検討する義務を課す。[73]

1953年に、HUACが高等教育に全面的に関心を向けたとき、参考人となった大学人は不利な立場に立たされた。

1953年から1954年に、約150の教員が議会の調査委員会によって尋問された。この時点で、その方式は決まっていた。結果は、2つの要因によって決定された。すなわち、委員会に協力するかどうか、そして協力しないなら、大学にその非協力について説明するかどうか、というものだった。大学に対するマッカーシズムに関する歴史学者、エレン・シュレッカーによれば、参考人となった大学人の大部分は、その多くが元党員だったが、第五条を行使することで委員会に抵抗したものの、その後、大学の調査員に協力して自らの行動を説明したという。そのグループの何人かはそれでも職を失ったが、両方の調査への協力を拒否した者は全員解雇された。結局のところ、シュレッカーは、これらの聴聞だけで30人の教員が解雇されたと報告している。マッカーシー時代(1950-1954)には、合計でおそらく100人を超えただろう。終身在職権をもつ研究大学の教授はほとんど解雇されなかった。特に、最も有力な私立大学は、実績のある教授の解雇を避けるために苦労を惜しまなかったし、時には何年も休暇を取らせた。他の場所ではもっと気まぐれな決定がなされることもあった。1955年の春に実施された社会科学系教員の調査は、議会の聴聞とは無関係の政治的理由による多数の解雇があったことを示した。教員はまた、反共産主義の熱狂者が授業――読書の課題や教室でのディスカッション――に介入しており、学問の自由に対する重大な侵害にあたると報告した[74]。

ラティモアのように職を維持した人々は、個人的な汚名、昇進の遅れ、長期にわたる法廷闘争の面で重い代償を支払うことが多かった。このような人々以外にも、急進的な見解や共産主義者との関わりを理由に解雇されたり、再任されなかったりした講師、大学院助手、その他の任期付き職員は、はるかに多かった。機関がすでに負わなければならなかった重圧を考えると、そのようなマークされた人物を雇用することでさらに厄介な問題を抱える危険を冒したくなかったため、実質的に非公式なブラックリストが作られた[75]。

大学に対するマッカーシズムに関する歴史家たちは、このような結果の責任をカレッジと大学にかなり押しつけている。ライオネル・ルイスは、告発された教職員の126の事例を研究し、「学内の冷戦を作り出したのは学内の管理者たちだ。…学術機関の健全性に責任を負う者たちは、自らが大衆の声と信じるものに屈服し、譲歩し、頭を下げた」と結論づけた。被告人はいずれも破壊活動で有罪判決を受けたわけではなかったので、「自らの行動というよりも、考えていたであろうこと(またはかつては考えていたかもしれないこと)や関係がある人たちによって」判断された[76]。シュレッカーは、学術界全体がマッカーシズムに加担したと非難した。彼女は被告人が同僚の教員からほとんど支援を受けなかったことを嘆いた。アメリカの教員は全体として、共産主義に対する国民の嫌悪と恐怖を共有しており、党員を教員として採用すべきではないという意見に同意し、憲法修正第五条によって過去の活動を隠す人々に不信感を抱いていた。しかし、共産主義者と疑われる人物への同情を示すと報復されるのではないかという当然の不安も要因のひとつだった。

おそらく、学術コミュニティの最も悪質な欠点は、学問の自由への攻撃に対して、AAUPが何の抵抗もしようとしなかったことだろう。AAUPはワシントンの解雇、カリフォルニアの宣誓による解任、および他の事件を調査するよう求められたが、事務局長は反共産主義の措置を批判することが協会の汚点となることを恐れていた。「万が一、協会が左翼的または共産主義者のレッテルを貼られたとしたら」、「協会の効力は確実に失われるだろう」と彼は個人的に書いている。マッカーシズムの最盛期において、AAUP(およびライオネル・ルイスが言うところのその管理者たち)は、他の機関と同様に脅威を示し、個人ではなく加盟機関(フランチャイズ)の特権を保護することを選んだ。1955年以降、熱狂的な興奮状態が沈静化すると、新しい事務局長が多数の報告書を完成させて発表し始めたが、これらの調査結果は、内容ではなく手続き、すなわち、解任された教員が適正な手続きを受けたかどうかに焦点を当てていた。これに基づいて、1956年にジェファーソン医科カレッジ、オハイオ州立、ラトガーズ、オクラホマ、そしてテンプルを、のちにカリフォルニア、NYU、そしてミシガンを非難した。これらの非難は何年も遅れただけでなく、何の影響も与えずに、すぐ撤回された[77]。

シュレッカーとルイスは、学問の自由についての当時の基準で、歴史的対象をとらえた。実際、マッカーシー時代と同じように今日の教員を扱った大学は、共産主義者を匿ったことよりも、学問の自由を侵害したことで世論の非難を浴びるだろう。戦後の状況は異なっていた。終身在職権、当時は「継続雇用契約（コンティニュイング・アポイントメンツ）」と呼ばれることが多かったものに関するAAUPのガイドラインは、作成から10年も経っていなかった。問題となった人物たちは、冷戦時代の公然の敵国に指揮された秘密組織に所属していたか、その組織と関係があった。シュレッカーやルイスが主張したように、個人としては無害で罪のない社会進歩主義者だったかもしれないが、大学側がその人物に過去に共産党と関係を持った経緯と、それが現在の政治活動とどのように関係しているのかについて、十分かつ誠実に説明するよう求めるのは、無理からぬことだった[78]。このように指摘することは、調査委員会の忌まわしい性質と戦術の言い訳をするものではなく、むしろ高等教育の失敗を文脈の中に位置づけることになる。告発された者の大半は(いずれにせよ解雇されることが多かったものの)十分な適正手続きを受けたが、例外は上記で触れたとおりだ。最終的な分析では、高等教育は10年近くにわたる完璧な反共産主義の熱狂的興奮状態に耐えたが、**直接的な犠牲者は比較的少なかった**。むしろ高等教育とアメリカ社会は、反共産主義運動が生み出した脅威によって、はるかに大きな被害を被った。

当初からの反共産主義運動の目的の１つは、ニューディールとリベラリズム全般の信用を失墜させることだった。共産党がファシズムに反対し、進歩的な社会的大義を推進するためにリベラル派と協力していた人民戦線時代には、この関連はある程度もっともなものだった。戦後は、ニューディールの再興、労働運動の要求、政府の経済規制に反対する保守派の攻勢から始まった。これらすべてが、共産主義に反対する再興された改革運動と融合した。リベラル派は、共産主義者によっても支持されている大義を支持することで、自らが赤狩りの対象となることに気付いた。共産主義者たちは、1930年代にまで遡り、特に偽装組織を通じて、リベラル派の大衆的な大義を皮肉混じりに提唱することによって、混乱させた。こうしてリベラル派は、黒人の公民権を擁護したこと、労働運動を擁護したこと、国際協力を支持したこと、社会事業の拡大を求めたこと、特に調査委員会を批判したことなどにより、攻撃に対して脆弱になった。おそらく最も陰湿なレッテルは「ピンク」と呼ばれることで、この非難はいくらでも用いることができ、あまりに漠然として包括的なために反論のしようがなかった。身を守るために、リベラル派は共産主義者とのいかなるつながりにも激しく抵抗した。1947年に反共産主義的リベラリズムを擁護するために民主的行動のためのアメリカ人協会(アメリカンズ・フォー・デモクラティック・アクション)(ADA)が組織され、1948年には、共産主義が支配する進歩党のもとでヘンリー・ウォレスが大統領選挙に出馬するのに反対するために、リベラル派が結集した。しかしながら、冷戦リベラリズムの形成も、トルーマン大統領の頑固な反共産主義政策も、マッカーシズムの最盛期の執拗で無責任な赤狩りに対する盾にはならなかった。

その結果、学術界だけでなく大衆メディアにおいても、あらゆる分野の議論が、事実上、公開討論から取り下げられた。大学では、「あらゆる方向の探究がただ消え去った。…カレッジの教員は、実際には、慎重な中立的立場、すなわち、現状維持を受け入れた」[79]。1955年の調査では、社会科学者の46%が「不安」(つまり恐怖)を抱いていることが判明した。25%は何らかの形の自己検閲を課すことを認め、民主党は共和党よりもはるかに影響を受けた[80]。逆説的だが、抑圧を例にとると、「その効果を測る尺度は、あからさまな事例がないこと」だった。社会科学研究は、現状を漠然とあるいは暗黙のうちに正当化する理論的テーマに引き寄せられ、過去や現在のアメリカ社会に対する批判を反映するようなトピックはほとんど無視された[81]。

こうして、反共産主義運動は基本的に成功した。シュレッカーは、「少なくとも」、「マッカーシズムが左翼を破壊した」と結論づけた。共産党を粉砕することで、それはまた、「オールドレフトの制度的およびイデオロギー的基盤を一掃した」[82]。マッカーシズムそれ自体も1954年に打撃を受け、上院議員は同僚から問責され、小委員会の委員長職を解任された。しかし、HUAC(およびいくつかのリトルHUACs)は、10年の残りの期間とそれ以降も戦い、公聴会を開いたり、侮辱罪で参考人を召喚したりした。しかし、調査するべきことはほとんど残されていなかった。ジョー上院議員が亡くなったことで、彼の空想的な告発が作り出した脅迫的な雰囲気が緩和された。そして1955年から、よりリベラルな最高裁判所が調査委員会の武器を武装解除し始めた。憲法修正第五条の解釈は強化され、例えばニューヨーク市の自動解雇法は無効とされた。膨大な未処理の偽証罪と侮辱罪は徐々に棄却あるいは却下された。しかし、世論はほとんど変化しなかった。反共産主義運動全体は、すべて政治エリートが主導し、実行してきたことだった。それは、アメリカ国民に国内共産主義者による「破壊活動」に対する根拠のない恐怖を植えつけることに成功した。国民の総意は、共産主義とそれが象徴するものすべてを本能的に拒絶したが、それが主要な関心事ではなかった。アメリカ人は圧倒的に、アメリカ的生活様式に関連する文化的価値を受け入れていた。

第2章 保守的な1950年代における高等教育とアメリカ的生活様式（アメリカン・ウエイ・オブ・ライフ）

1950年までに、終戦直後の時代における政治的混乱と激しい両極化は、デモクラシーと自由という支配的価値に関する強力な合意へと進化していった。左派と右派の著述家たちは、合衆国は統一的な理念によって定義されていることを強調した。すなわち、「アメリカの性格は、アメリカン・マインド、アメリカン・スピリット、アメリカの伝統、アメリカの信念、アメリカの文明…あるいはアメリカ的生活様式と同義で語られた」[1]。同様に高等教育においても、1940年代における様々な処方は、CFHEによる特定の視点によって明示された、カレッジ教育の内容と組織についての緩やかな合意へとまとめられた。1950年代、アメリカ的生活様式は、アメリカ社会に広く浸透した文化的枠組み、すなわち精神構造（マンタリテ）となり、高等教育は今までにない形で、その文化の一部となった[2]。

合衆国がデモクラシーと自由についての独自の表現を具体化しているという考えは、世界が共産主義とファシズムの間で分裂していたように見えた戦前の数年間で、幾分かの緊急性をもって浮上した。これらのテーマは、戦中、広範囲にわたって練り上げられた。しかし、第一次世界大戦中に推進された粗雑な「100%アメリカニズム」とは異なり、学者や知識人は、デモクラシーとアメリカン・スピリットの、より理性的な解釈を描く、戦時出版物の流れを生み出した[3]。1945年の勝利は、これらの理想主義的な期待を実現させるどころか、すぐに落胆と幻滅をもたらした。世界平和の新しい時代への希望は、冷戦の対立と世界各地の混乱によって打ち砕かれた。国内では、アメリカ史上最悪の相次ぐストライキ、ワシントンにおける政治的両極化、そして共産主義への恐怖の高まりのなかで、連帯感の著しい欠如が明らかになった。1948年になってようやく、アーサー・シュレジンジャー・Jr.は、リベラルな「バイタル・センター」を求めて、この時期を「困難の時、不安の時代」と特徴づけていた[4]。これらの根本的な問題に取り組むことは、1940年代後半の政治的対立を支配したが、1950年の後、長年にわたる公の問題を巡る不一致は、アメリカの超越的な考え方に関する合意に、益々従属していた。

1940年代後半における出来事の方向性は、同世代の人々にとって決して明確なものではなく、それ以来、それらの出来事は学者によって様々に解釈されてきた。しかしながら、アメリカ的生活様式に関する合意は、いくつかの進展によって支持された。第一は冷戦だった。当初は国際主義に魅力を感じていたにもかかわらず、アメリカの大衆はすぐに、共産主義拡大に対してアメリカが抵抗することを支持した。確かに1950年までには、東欧全土にわたるスターリン主義の押しつけ、ベルリン封鎖、中国共産党の勝利、そして韓国侵攻を経て、合衆国が共産主義体制の政策と目的に強く反対する必要があることを疑う者は、ほとんどいなくなった。

戦後の異端がますます排除されるにつれて、政治的主流派は強化された。連邦政府によるニューディール型の経済介入を拡大するという、依然として消えない願望はほとんど支持を得られなかったが、1930年代の法律の多くは撤回されたわけでもなかった。ニューディーラー達は、遺産は残したものの、徐々に連邦政府機関を放棄していった。リベラル派は、自分たちの哲学と改革目標を再定義する必要、特に共産党によって提唱されたそれらの立場と、明確かつ決定的に決別する必要があると考えた。個人の自由を強調し、反共産主義を堅持し、アメリカ資本主義の必然性を受け入れる、「冷戦リベラル」という新たなアイデンティティが出現した。共産主義者の影響は労働組合から大いに消し去られ、ウォルター・ルーサーのもとで全米自動車労働組合が、団体交渉や労働組合協約が一般に受けいれられるよう主導したことで、困難がなかったわけではないが、労働平和が達成された[5]。最終的に、冷戦が激化していたにもかかわらず、(PCHEが支持していた)国際協調の提唱者は、1948年の進歩党ヘンリー・ウォレスの大統領選挙戦によって信用を失った。新興の

「バイタル・センター」は、1948年にシュレジンジャーが構想していたよりも保守的だった。アメリカの政界には、依然として意見対立の大きな余地があったが、全ての主要派閥はアメリカ的生活様式の擁護という点で合意することが出来た[6]。

これらの進展はすべて、国内の反共産主義の強まりに関連していた。実際に、第1章で議論した左派の人々と元共産主義者の追放（パージ）は、政治の舞台における統合を強化した。アメリカの公衆による共産主義への直感的な拒絶は、アメリカ的様式と対比され得る敵を想起させた。共産主義に対する大衆のこのような恐怖は、国内外で、朝鮮戦争の勃発とともに1950年頃ピークを迎えたが、それはマッカーシズムの始まりに過ぎなかった。妄執が増大したその後4年間は、共産主義による転覆という架空の危機にアメリカ的様式の美徳が対抗することとなり、この二元論的な見方に拍車がかかった。アメリカ社会の実質的な欠点に対する批判は、ほとんど沈黙させられた。

最終的に、そして最も強力に、アメリカ人の大多数に最大の影響を与えた戦後の現実は、急成長する経済的繁栄だった[7]。終戦直後の欠乏、インフレ、断続的な景気の低迷にもかかわらず、これは進展していった。1950年までに、アメリカ人はこれまでに無い程はるかに豊かになった。そしてこの繁栄は──1950年代には急速に、1960年代にはさらに急速に──累積的に拡大した。歴史家のアラン・ブリンクリーは、これらの発展を「非常に単純に言えば、アメリカ史上、最大かつ最も劇的な資本主義の拡大」と呼んでいる[8]。平均的なアメリカ人、特に産業経済とつながりのある人々は、ますます豊富で手頃になった有形財（マテリアル・グッズ）の宝庫に恵まれた。彼らにとってアメリカ的生活様式の良さは、彼らの日常の体験に、そして生活水準の具体的な向上に、明示されていた。

本章の残りの部分で詳説するように、1950年代の間に高等教育もまた、アメリカ的生活様式の不可欠な要素となった。カレッジや大学は、入学者数、教授陣、インフラを拡大した。1950年以降、GI受給者は卒業していったが、進学率の上昇はそれに代わる新たな学生を供給するようになった。1960年代初頭に、ベビーブーム世代がカレッジに進学する前から、より多くのアメリカ人が中間層のライフスタイルを獲得するにつれ、彼らの子どもはますますカレッジに進学するようになった。これは、純粋な経済的インセンティブというよりも、むしろ主として社会的要求――アメリカ社会の繁栄を反映した、社会的な向上に向けた明示的あるいは暗黙的な衝動――だった。実際、産業労働への需要が急増していたことを踏まえると、1950年の賃金プレミアム――カレッジ卒業者とハイスクール卒業者の収入の差――は20世紀中最低で、1960年においてもほとんど上がらなかった[9]。

「保守的な1950年代」は、アメリカ的生活様式に関する合意によって定義された。それは暗黙の文化的枠組みを提供し、ほとんどのアメリカ人はその枠組みを通して、家庭生活、人間関係、毎日のニュース、そして国家の問題を解釈した。当時の調査は、「調和を支持する力が非常に強い」ことを明らかにしている。そこには「社会階級［の存在］を否定する文化と、個別化した社会的達成という文化的なイデオロギー」があった。社会的に楽観的な雰囲気が顕著で、約「90%の人が…彼らの子どもが他の誰よりも出世する機会があると信じていると答えた」[10]。またその調査は、高等教育コミュニティの役割と願望を立証するものでもあった。しかし、この時代を捉えるためには、いくつかの注意事項を念頭に置く必要がある。

1950年代の現実的な繁栄は、快適なライフスタイル、保守的なものの見方、自己満足、そして伝統的な家族の価値観の圧倒的な容認をもたらした。この時代は、結婚率が最も高く、離婚率は最も低く、出生率も最も高かった。また、必ずしも敬虔ではないにしても、教会員率も最高値を記録した。懐疑的な目で見る人にとっては、「キリスト教ではなく、アメリカ的生活様式が、国の本当の宗教だった」。典型的なアメリカ人にとって宗教とは、「あらゆるアメリカ的なもの、すなわち彼の国の、彼の文化の、そして彼自身の本質的な正しさについて、彼に自信を与えるものなのだ」[11]。

しかし、誰もがアメリカ的生活様式の恩恵を享受したわけではない。南部全体における厳格な人種隔離（セグリゲーション）の継続は、デモクラシーと自由についての決まり文句を嘲笑うものだった。北部の露骨な人種差別は事実上無視され、めったに言及されなかった。1950年、アメリカ人の約30%は、特に農村地域や都心近接地域において貧しく、その割合は次の20年間で減少していったが、かなりの人口が豊かな生活を享受することができず、わずかな福祉サービスからはほとんど援助が得られなかった。

最後に、アメリカ的生活様式の美化は、一種の国家的傲慢さを促進した。これは、「自由世界」のリーダーシップを前提とする外交政策、および冷戦政策の独善性において明らかだった。実際のアメリカの政策は、(ソビエトの政策に比べればましだったが)デモクラシーや自由をほとんど促進しなかった。国内では、このような空疎な言葉の神聖な地位が、アメリカ社会の現実の正直な評価を妨げた。およそ1950年から1965年までのアメリカ的生活様式への称賛に伴う偽善と妄信に対して、批判的な視点から疑問が投げかけられるようになるのは、1960年代になってからのことだった。

誰がカレッジに行くべきか

高等教育拡大の問題は、PCHEによって避けられない形で取り上げられてきた。拡大の根拠はその後無視されたが、より多くのアメリカ人がカレッジや大学に入ることを求め、必要とするであろうという潜在的な期待は生き残った。しかしながら、単に既存の機関を拡大しようとする人々と、差別化を通じて、すなわち、多数をジュニア・カレッジに送ることによって拡大を求める、より保守的なスポークスマンとの間で意見は分裂した。従って、拡大はカリキュラムも含んで行われ、特に学問的な準備が十分にできている学生向けのリベラル・アーツ・アンド・サイエンシズと、大衆向けの2年間の完成教育(ターミナル)プログラムという二項対立が想定された。

カレッジ進学に対する期待の高まりは、誰がカレッジに通うのか、そしてなぜカレッジに通うのか、ということについて、学問的関心をかき立てた。これらの問いに関して収集された最初のデータは、PCHEとその批判者双方のIQ決定論が単純だったことを示した。AGCT(陸軍一般分類試験)の基準で測定された学力は、ハイスクール卒業、カレッジ通学、そしてカレッジ卒業の割合と、かなり相関していた。しかし、上位25%または32%のために高等教育を確保するという考えは、空想上のものにすぎなかった。そのグループの

1/5はハイスクールを卒業しておらず、カレッジに通ったのは残りの半分──割合にして40%──だった。カレッジに通う確率をより強く決定づけていたのは、社会的、文化的要因だった。1949年の調査によると、ハイスクール卒業生のうちカレッジにすぐに入学するのは、所得の五分位のうち最も高い層に属する卒業生では60%、対して最下層及び下から2番目の層に属する卒業生では20%だった。各卒業年度の成績下半分の裕福な家庭(＞9,000ドル)の生徒の方が、成績上位1/4の貧しい生徒(＜5,000ドル)よりもカレッジに通う可能性が高かった。しかし、アメリカの教育はカースト制ではなかった。ブルーカラーの労働者と農家は、世帯数のほぼ2/3を占め、カレッジ卒業生の39%を輩出した。さらに、農家を除くと、一度カレッジに入学すれば、学生が卒業する可能性は、父親の職業に関係なくほぼ同じだった[12]。

それにもかかわらず、高等教育への進学は、学力と家庭の背景の相互作用によって大部分が決定された。社会的、文化的、家庭的な影響によって、ハイスクール卒業のはるか前から、カレッジへの志向は植えつけられていた。当時の評者は、第1章で見たように、これらの要因を「動機づけ」のもとに組み込んだ。実際に、労働者層の若者の多くがハイスクール卒業前または卒業直後に就労した1940年代には、このような違いは顕著だった。カレッジに行くことに関連する要因は、当時の人々にとって明白だった。学校での達成を奨励し家庭に本を備えていた学歴の高い(エデュケイテッド)両親を持つ子どもは、明らかに意欲を高めた。他には、カレッジ進学の地理的要因があり、ユタの30%から南東部の10%まで幅があった。進学はまた、民族的背景によっても異なっていた。ほとんどのアフリカ系アメリカ人が受けた標準以下の学校教育は特別なケースであり、明らかに参画を抑圧したが、これらの影響は、社会的需要の決定に寄与する社会経済的状況を反映していた。その他の要因には、いくつかの独立した影響があった。ほとんどのアメリカ人にとって寮に入るコストが手の届かないものだったとき、経済的な問題は重要だった。そして、近接性、すなわち社会的に馴染みやすい地元の機関を利用できることが重要な役割を果たした。最も慎重な分析では、ダエル・ウォルフルが、1970年までのカレッジの卒業生の数を予測した。しかし1961年の実際の学士号取得者数は、彼の推測より12%高く、1970年には34%高かった[13]。アメリカの高等教育は予想以上の拡張を示した。

アメリカ社会の益々の繁栄は、高等教育に対する社会的需要を根本的に押し上げた。1940年には、子どものために全寮制カレッジの教育を受けさせるだけの十分な収入がある家庭は推定17%だったが、10年後には30%におよび、この数字は上昇し続けた。このような推計は、全寮制の教育を標準のものとして仮定していたが、通学者のためのより手軽な機会が増加していた。それにもかかわらず、1940年代後半における当時の研究は、社会的境遇が経済的境遇を上回ることを示唆した。人口の40%を占めると推定される中間層は、「自分の地位に対する個人の責任」を信じ、「最大限の努力の行使」へとつき動かされた[14]。1950年代には、ホワイトカラーの職業が増え、郊外が急成長したことによってその数は増加した。1956年までに、ホワイトカラーの労働者は初めてブルーカラーの数を上回り、アメリカ人の60%が、政府が中間層の水準として定義したものを達成した[15]。新旧を問わず、中間層のアメリカ人にとって、息子や娘をカレッジに送りだすことほど、アメリカ的生活様式の典型例を示すものはなかった。

高等教育の総入学者数は、退役軍人達が卒業した後わずかに減少しただけで、1954年までに1949年のピークを上回った。退役軍人によって歪められていた進学率は、1950年代初頭から急速に上昇した。すでに18歳から21歳の25%近く——CFHEによって設定された目標——に達していたが、1959年までに31%に達した。1950年代の入学者数増加については、いくつかの特徴が際立っている。この拡大は、新中間層が台頭し第一世代学生の割合が高くなる動向に沿っており、主として地域的なものだった。50年代の初めには、公立の学生の96%と私立の学生の80%が州内の機関に通っていたが、10年間を通して、その数字は公立機関について90%超えを維持し、最も権威のある私立カレッジについてのみ大幅に減少した。新たな学生は主に、公立機関を選んだ。公立および私立の入学者数はGIブームの期間中には同程度だったが(1950年では50対50)、1950年代末までに、公立の割合は59%に上昇した。そして、入学者の大部分は男性だった。1953年、男性は学生全体の64%であり、

1950年代の残りの期間を見てみると、女性の入学者数は40万人が追加されたのに対して、男性は70万人(64%)増加した[16]。

後のフェミニストがひどく驚いたことに、1950年代の女性の大部分は、主婦と母親という家庭内の役割に黙従していた。アメリカ的生活様式において想定される彼女たちの宿命は、入学者数の水準、修了率、カリキュラムの選択を明らかに抑制した。歴史家パウラ・ファスにとって、この状況は「女性のパラドックス、すなわち、女性が必要と思われるよりも多くの教育を受けているという事実」を示していた。このパラドックスは、女性の将来の家庭での役割を準備するために女性用のカリキュラムが提供されるべきか、それともリベラル・アーツがより一般的で優れた基盤を提供するのかについて、継続的な論争を巻き起こした。ベティ・フリーダンは1963年に『女らしさの神話』において当時を振り返り、将来の家族生活のために社会的グルーミングを支持して本格的な勉学を放棄したことについて、1950年代当時のエリート女性カレッジの同世代人を激しく非難した[17]。

人口統計学の客観的なレンズを通して見ると、1945年から1960年代初頭までのカレッジの女性は、独特の世代だった。カレッジに通わなかった女性と同様、彼女達の結婚率は20世紀中で最高であり――入学者数を増やしながらも――結婚の時期が早まり、より多くの子どもを授かっていた。彼女たちはカレッジで夫と出会う可能性が高かっただけでなく、卒業年度の前かその年に1/2が結婚した。これらのコホートにとって、結婚はキャリアよりも優先された。カレッジの平均的な女性は、カレッジ卒業生と結婚し、4年間働き(大抵は教職)、子育てのために8年間労働市場を去り、その後――ほとんどがキャリアよりも職を求めて――再び労働人口へと戻った。低賃金と雇用の中断を踏まえると、カレッジへの投資の収益率は男性が10%以上だったのに対して、女性は平均5-6%だった。しかし、女性はカレッジ卒業生と結婚することで収入をもう5%増やし、結婚市場において総利回りを倍増させた――そして、カレッジ在学中または卒業直後に結婚する女性は、より高収入の配偶者をつかまえたため、結婚は早いに越したことはなかった[18]。

カレッジ―結婚―雇用のパターンは、当時の人々にとっても明らかだった。

女性の労働への参加は戦後の数年間で増加し続け、すぐにカレッジの教育に関する考え方に影響を与えた。教育を受けた女性は、専業主婦になるのではなく、人生における様々な段階で、家の外で働くことが期待されるようになった。当初、公的な各委員会は、働く女性が経済にもたらした貴重な貢献を称賛することでこの傾向を認めたが、それらは常に「ほとんどの女性の人生は妻、母親、主婦としての機能によって、根本的に決定される」という制限を加えていた。この文化的前提が、女性の教育に関する公式の立場を条件づけていた。ACEの女性教育委員会は、女性が様々な「人生の段階」を通過することを示唆することで、議論を幾分か前進させた。このアプローチは、女性が強固な教育的基盤を取得する必要があるだけでなく、継続的な教育プログラムがそのような移行を促進できるということを暗示していた。しかし、ライフサイクルモデルはまた、リベラル・エデュケイションが女性の人生のいくつかの段階にとって、最も効果的な準備だという合意の高まりを強調するためにも使用された。従って、リベラル・エデュケイションは「家庭生活と地域社会への奉仕に向けた伝統的な女性の関心」と結びついていた[19]。

実際のカレッジや大学のキャンパスにおいては、そのような見方を裏づける証拠が乏しかった。大多数の女性は、将来の人生の段階に備えることにほとんど関心を示さず、リベラル・アーツの課程においてさほど刺激を得ることもなかった。「春までに婚約指輪（ア・リング・バイ・ザ・スプリング）」――1950年代における彼女達の主な関心は、卒業する前に結婚相手を見つけることだった。高等教育機関としては、戦後ずっとリベラル・アーツの有効性を合理化してきたが、それはおそらく、教授活動に最も適した主題だったためだろう。男女共学についての意見調査において、これら2つの見解の不一致は明らかだった。しかしファスは、より深刻な機能不全を指摘した。

> 女性のためのリベラル・アーツ・プログラムは、…女性たちが熱烈な期待のすべてを結婚へと注ぐことを可能にした。というのも、彼女たちの学業は、それ自体はよいものだったとしても、長期的な準備という明確な実を結ばなかったからだ。…すぐに結婚できる見通しがなければ、リベラル・アーツの

> 学位自体は、カレッジを卒業した女性を伝統的な抜け道――教職あるいはタイプ・ライター――にのみ向かわせた。[20]

結婚と家庭に対する強い志向は、この世代のカレッジの女性の雇用機会の制限に、はっきりと影を落とした。このパターンは、入学者のパターンと同様に、フリーダンが1963年に明快な異議を公表するまでほとんどが問題にされていなかった。1950年代から1960年代初頭にかけて、男性３人に対して女性２人がカレッジに入学しており、カレッジに行くことに関する文化的価値観の安定性を証明していた。1960年代半ばにベビーブーム世代が到来してはじめて、女子学生の割合はゆっくりと上昇し始めた[21]。

他の点で、1950年代は入学パターンにおける大幅な人口動態の変化の始まりをみた。50年代の後半、ハイスクールを卒業する18歳が63%から70%に上昇した。総卒業生数は140万人から170万人に増加した。より多くの学生がテストで高得点を達成し、より多くの学生がカレッジに行った。後者の発展は、経済学者のキャロライン・M・ホクスビーがアメリカ高等教育の「序列再編（リソーティング）」と呼んだプロセスを始動させた[22]。基本的には、高等教育の周縁部で変化が起こり、主に地元での進学パターンからより全国的な進学パターンに変化した。特により精力的な学生は視野を広げ、より遠距離にある、より質の高い選抜的なカレッジに通うようになった。高等教育市場におけるこの流動性の向上は、交通手段と情報伝達の改善によってのみではなく、カレッジとその学生の特性や質に関する情報の増加によっても促された。後者は、SATと全米育英会奨学金試験(1957-)の幅広い採用と結果の出版、およびカレッジのガイドブックの登場によってもたらされた。しかし主要な要因は、高い能力を備えた学生人口の増加と、彼らが選抜的な機関にもたらした影響だった。

アメリカの学校の欠点は、1950年代初頭からの無数の出版物に標的にされていた。明らかに一部の学区は、カリキュラムの全般的な向上だけでなく、ハイスクールでのカレッジ準備コースや、有能で才能のある生徒のための特別なプログラム等の革新によって対応していた[23]。恐らくGIビルの例によって刺激を受けた、カレッジ進学への強調もまた明白なものだった。これらの取り組みは、1957年にソビエトでスプートニクが打ち上げられたことによるパニックの後で倍増した。そのような措置は拡散的ではあったが、特に最も高い試験能力を持つ学生に明らかな影響を与えた。50年代の初めには、上位2%のうちのわずか60%しかカレッジに入学しなかった(そして卒業したのはそのうちの70%のみだった)が、1950年代の終わりには、全米育英会の最終候補者と準最終候補者(およそ上位2%)の96%がカレッジに進学した[24]。以前のカレッジへの進学は、学力よりもはるかに、家族の収入によって決定づけられていたが、1950年代には上位1/4の学生の急増を経験し、上位1/10の能力の学生は飽和状態に達した[25]。こうして、アメリカの学校は知的な学生をカレッジに導く上でより効果的となり、選抜的なカレッジでは思いがけず、気がつくと質の高い志願者の数が増加していた。カレッジ側は、地理的に入学者募集を拡張することによって、このプロセスをさらに促進した。

ホクスビーは、カレッジの反応の理論的モデルを提示している。能力の高い学生は、より質の高い高等教育機関、すなわち、より多くの資源を備えた機関へと引き寄せられていった。学生集団の質の向上は評判の上昇へと変換され、そのことがさらなる資源を引き寄せた。さらに、より優れた学生は、彼ら自身が、同僚(ピア)効果を通じて質への重要なインプットとなり、機関の有効性をさらに前進させた。言い換えれば、より裕福な機関はより選抜的になり豊富な資源を獲得できたが、反対に、より劣った機関の学生の平均能力レベルは低下する傾向があった。ホクスビーの実証的データは、まさにこれが起こったことを示していた。すなわち､序列再編のプロセスは､より強力なカレッジ・大学とより劣ったカレッジ・大学の間に、段階的な分岐を生んだ。このプロセスは50年代半ばに始まり、1960年代を通して加速した。1970年代に一時中断した後、1980年以降はこの傾向が主流となった(第7章)[26]。

実際のところこのような発展の道筋は、カレッジに対して相次いで組織的な選択を突きつけた。公立大学は、資格のある学生数の増加を受け入れるにつれて拡大し、最終的にそれらの機関は、最低要件を引き上げる傾向があった。私立機関は、限られた枠をどのように割り当てるかを決定する必要があった。従って、序列再編は私立のカレッジと大学に最大の影響を与えた。リベラル・

アーツ・カレッジはGI受給者が去った後、ほとんど全てが戦前の規模とキャンパスの伝統への回帰を求めた。しかし1950年代後半までに、それらは入学基準を引き上げることによって、志願者の急増に対応した。通常、これは最下層部分を排除することを意味していた。最も必要とされる規模拡大のための学問的進歩は、より適格な志願者によって実現可能となった。小規模カレッジ(1955年で約500人)が最も成長し、1970年までに倍以上になった。中規模のカレッジ(1,000人以上)は、約50%拡大する傾向があった。大規模なカレッジ(2,000人)は約25%増大した。当初は寮を新築するところからはじめた。志願者過多により、私立カレッジもまた授業料引き上げが可能となり、最初は漸進的に、そして1950年代後半からは積極的にこれを行った。志願者のプールが増大したことで必然的に、誰の入学を認めるべきかという問題が提起された——それは学問的価値とカレッジ的価値の衝突だった。これらの決定は、ホクスビーの図式が示唆するよりも困難だった。あるアドミッション・オフィス担当者によれば「カレッジはこれまで以上に激しく戦っており、トップ候補者を手にするための禁じ手はない」[27]。しかし、必ずしも最も賢いものだとは限らなかった。

公立高等教育の拡大

1951年には、公立と私立の高等教育機関への入学者数はほぼ同数で、100万人強だった。10年後にベビーブームが到来する前、公立セクターには新たに130万人、私立セクターには50万人弱の学生が加わった。ベビーブーム世代が到来したとき、公立セクターへの入学者数は、280万人の学生が加わって、1962年から1969年にかけて2倍以上になったのに対し、私立大学へは47万人が加わったのみだった。従って、戦後アメリカ高等教育の大規模な拡大は主に公立セクターが担ったのだが、それには2つの段階があった。最初の段階——GIビル受給者とベビーブーム世代の間——では、伝統的な慣行と適応の試みとの間で緊張が高まり、徐々に組織の類型が変化していくなかで、大規模に成長した。第二段階での変化の速度は思わず息をのむほどであり、入学者数の優位は新しく変貌を遂げた機関へと移っていった。第4章の主題となるこれらの劇的な変化は、ややもすれば1950年代のより落ち着いた漸進的発展を覆い隠してしまう。だが、1950年代の発展は、第二次世界大戦を切り抜けた伝統的な機関から、1960年代のアメリカ高等教育がもつ新たな構造へと、架け橋を築くものだった。

1940年代末にCFHEがまとめたアメリカ高等教育の組織に関する記述では、戦前の区分が採用されていた。そこで機関は4種類すなわち、53%の学生が在籍する大学(121校)、23%を占めるリベラル・アーツ・カレッジ、15%の独立したプロフェッショナル・スクール、そして9%のジュニア・カレッジに分類されていた。大学は、アーツ・アンド・サイエンシズ学位と専門職学位の学士課程プログラムを提供していたが、それは大学院の教育・研究への参加によって区別されていた。とはいえ、「大学の大志とは、常に事実とは限らずとも、知識のフロンティアを前進させることにある」とすべての大学が主張できたわけでは決してない[28]。リベラル・アーツ・カレッジとは、基本的なアーツ・アンド・サイエンシズを教授する453機関を指した当初の区分だった。しかしながら、数多くの専門職コースを提供しているが知識の前進を目指さない「複合型」リベラル・アーツ・カレッジ61校を区別せざるを得ないと同委員会は考えていた。これらのカレッジは極めて大規模で(平均学生数3,000人)主に公立の機関だった。普通のリベラル・アーツ・カレッジ、すなわち私立の伝統的な種類のものは、平均して800人くらいの学生しか在籍しておらず、そのうち2/5は600人以下だった。493校のプロフェッショナル・スクールには、193校の小規模神学セミナリー(平均学生数200人)が含まれていた。プロフェッショナル・スクールの学生の大部分は170校のティーチャーズ・カレッジ(平均学生数1,000人)に通っていたが、そうしたカレッジは、ほとんどの州で、学校を管理している州政府の教育委員会の傘下にあった。30校の工学スクールや技術系の機関(平均学生数2,500人)は極めて職業的だった。最後に、474校のジュニア・カレッジは委員会によって、かろうじて高等教育に属しているにすぎないと見なされた。これらは大抵小規模で、3/4のジュニア・カレッジには平均して400人に満たない学生しかいなかった。すべての機関のうち、

227校は男性のみ、266校は女性のみで、103校は様々なタイプのHBCUsだった。第１章で見たように、同委員会はリベラル・アーツの熱烈な支持者であり、リベラル・アーツは通常、カレッジ・大学を区別する基準と考えられていた。しかし、リベラル・アーツ・カレッジは高等教育機関の37%を構成しているに過ぎず、リベラル・アーツの学位もおおよそ同じ割合を占めていた[29]。その後の高等教育拡大は、ほとんどがこの構造に適合しない機関で起こり、実際この構造はすぐに過去のものとなった。

都市型大学

州立大学には、CFHEの定義からは除外された、さらなる特性があった──地理的に拡大し、より多くの市民に教育サービスを提供する、という元来の傾向である。こうした志向性は20世紀初頭のウィスコンシン・アイデアおよびエクステンション教育が成長するころから存在していた。そして、それは決して公立大学に限定されたものではなく、ニューヨーク大学とペンシルベニア大学、シカゴ大学でも体現された。1930年代に大学エクステンションが広まると、それはカレッジに寄宿する余裕のない地元学生のニーズを充たした。GIビル受給者が州立大学に殺到したとき、この圧力に対処するためにエクステンション・キャンパスが広く用いられた。エクステンション・センターは、1930年代の取り組みの中心だった小規模な町や都市で大抵は歓迎されたが、大都市では、定着した既得権益に影響をもたらした。地元の政治家はしばしば、州立旗艦大学の威信を求めた。既存のカレッジは、そのようなブランチ・キャンパスの範囲を制限するように働きかけられた。州議会議員はしばしば地域の境界線に沿って分裂した。また、メイン・キャンパスは、そうしたブランチ・キャンパスのことを、競合相手が生み出されるよりは好ましいと見なすこともあったが、支持することなどめったになかった。GI危機（クランチ）によってブランチ・キャンパス設置の活動は慌ただしくなったが、1950年代には都市住民のための公立機関は評判が上がらなかった。

ラトガーズ大学は1946年に経営不振だった私立ニューアーク大学を買収し、ミネソタ大学は1947年にダルースのティーチャーズ・カレッジを併合し、そしてイリノイ大学は1946年にシカゴのネイビーピアに２年制の学士課程部門を創設した。ネイビーピアには4,000人の学生が入学したが、他の即席ブランチ・キャンパスとは違い、GIビル受給者が去ったときも入学者数は減少しなかった。全米で２番目に大きな都市にもかかわらず、シカゴには公立大学がなく、ティーチャーズ・カレッジが２つあるだけで、それらのカレッジはクック郡教育委員会の息詰まるような官僚主義が蔓延っているなかで営まれていた。1951年にシカゴの州議会議員は、やっとのことで大学に完全な４年制課程の設置を義務づける法案を可決したが、ジョージ・ストッダード学長はこのことを受け入れなかった。彼はアーバナでの学術発展に注力しており、資産の転用を恐れた。ストッダードは1953年に解任され､1955年にデイビッド・ドッズ・ヘンリー(1955-1971)が学長に就任した。元ウェイン大学学長のヘンリーは、都市に奉仕する大学（アーバン・サービス・ユニバーシティ）を明確に支持する人物であり、リベラル・アーツの学位と専門職の学位に加えて、応用研究やパートタイムの夜間プログラムを通して、地域社会に貢献することを強調した。1960年になってようやく、州はシカゴにある純粋な都市型キャンパスへ資金提供をするようになったが、州南部が反対したせいでその範囲は制限されていた。更なる制限を加えたのは、市の私立カレッジ・大学をなだめるために結ばれた「紳士協定」で、それによって学生寮や夜間の授業、ビジネスや法律に関するプログラムは排除されるに至った。最終的にはシカゴ・サークル・キャンパスが1965年に開校し、それはあっという間に国内で最も急成長する機関のひとつとなった。しかしながら、こうした発展は拡張の第２段階に起こったのであり、その時期にはあらゆる場所で都市型大学は優先されるようになっていた[30]。

1950年代における都市型サービス大学の最も良い事例は、デイビッド・ヘンリーが1945年から1952年まで学長を務めていた機関である。ウェイン大学は、戦間期に様々なスクールが寄せ集められたもので、わずかばかりの予算をデトロイト教育委員会から得ていた。ヘンリーが去る時点で、ウェイン大学では11,000人の大学生と3,000人の大学院生、そして4,000人以上の非学位課程の学生が教育を受けていた。半数の学生がリベラル・アーツを、その他の学生は専門職に関する科目を学んでいた。ウェインは伝統的な大学のように運営されていたが、それは都市部の顧客を受け入れるものだった。ほとんどすべての学生が通学しており、多くはフルタイムまたはパートタイムで働きつつ、その合間を縫って通っていた。ほぼ2/3がデトロイトに、1/3が周辺の郊外——州人口の半数を抱える地域——に居住していた。ミシガンは他のあらゆる州と同種の財政的困難を抱えていたが、高等教育政策においては、他の州よりも先見の明があった。ブルーリボン委員会による重要な調査の後、州は1956年にウェイン州立大学への財政的責任を全面的に引き受けることとなった[31]。

こうした表向きの宣伝文句にもかかわらず、ウェインは都市型サービスのアイデンティティを持ち続け、その結果、そうした文脈内部においても、学問的な地位を高めようとした。ヘンリー学長のもと、ウェイン大学で最初の博士課程が確立し、たとえ化学や医学という極めて限定されたものだったとしても、研究の役割が成立し始めた。州の調査委員会は、学士課程の前半（ロワー・ディビジョン）と学士課程の後半（アッパー・ディビジョン）および大学院のプログラムでそれぞれ1/3程度という入学者数の均衡を保つように助言した。1950年代になると、リメディアルないしは基礎的な科目を教授する低次のサービス・コースを徐々に廃止していき、非学位学生を成人教育部局に移した。50年代の終わりに、ウェインは伝統的なカレッジ・大学のようなリベラル・エデュケイションのカリキュラムを創造しようとしたが、それは独立した部門——モンティス・カレッジ——に置かれた。

その発想は学士課程教育を補強することに対する全米的関心の高まりを反映していたのかもしれないが、そうした構想は一連のウェインの卒業生（オールド・タイマーズ）から生まれたものだった。彼らは、人文科学・社会科学・自然科学におけるジェネラル・エデュケイションという堅実なコアを、大抵専門職のキャリアを目指す人々を含む、平均的なウェインの学生に提供することを想定していた。フォード財団教育振興基金の支援によって、カレッジは1959年に初の学年を受け入れ、4年以上をかけて1,000人近い規模へと成長した。モンティスの目標はハーバードの「レッドブック」の目的に類似していた。しかし、新しい教授陣の多くはシカゴ大学から来ており、そのジェネラル・エデュケイションのカリキュラムの多くをもたらした。モンティスはカリキュラムが独特なのではなく、学生が独特だった。学生たちは基本的には自分で進学先を決定（セルフセレクテッド）していたが、その人口構成はウェイン州立大学の学士課程と似たものだった。しかし、学生たちはまとまった集団を形成し、履修単位時間の半分までモンティスの特別授業に出席し、そして教授陣とより密な交流があった。モンティスは平均的な学生にとっての優等カレッジだった。1960年代後半に、デイビッド・リースマンは、「マス」学士課程教育におけるひとつの実験として、モンティスを徹底的に研究した。それによって、モンティスのカリキュラムからは目に見える知的な成果が得られ、その卒業生はその他の公立大学の卒業生よりも、エリートのリベラル・アーツ・カレッジ卒業生と類似していることがわかった。だが、カレッジの存続可能性についての不確実さも記録されていた。優れたリベラル・アーツ教育に献身した部局だったため、カレッジ・オブ・リベラル・アーツからは快く思われず、またキャンパスのブルーカラー精神からもかけ離れていた[32]。モンティスは1975年に終わりを告げたが、それは予算上の理由だったと言われている。

リベラル・アーツの理想と都市サービスの理想との緊張関係は、1956年に創立し、1960年に授業を開始した、新設のサウスフロリダ大学(USF)には内在的なものだった。USFが20世紀に新設された初めての4年制公立大学だと称される事実は、公立セクターの拡大というものが既存機関の分校・併合・昇格にどれほど依存していたのかを強調している。初代学長のジョン・アレンは、最初の2年間の多くを占めるアーツ・アンド・サイエンシズの必修コア科目に基づいたシティズンシップのための教育を、USFが提供するよう尽力した。彼が想定していたのは、運動部のカレッジ対抗戦がなく、研究ではなく教授活動に専念するために採用された教授陣を有する、学士課程のティーチング=ラーニング・コミュニティだった。アレンの構想は、1950年代におけるリベラル・アーツ理念のひとつの解釈だった。しかしながら、それは大学が創設されたタンパのコミュニティを蔑ろにするものだった。入学志願者調査によって白日の下にさらされたのは、何よりも就職の準備を求めている、主に第一世代の通学学生だった。その調査者は、「学生たちに対して、リベラル・アーツ科目が彼らの個人的願望と明確に関連していること示す必要があるだろう」と結論づけることができたに過ぎない[33]。モンティス・カレッジとの対比は示唆に富んでいる。そこでは類似する目標と特性をもつジェネラル・エデュケイションが、都市部の少数の学生に自発的に提供されて成功した。他の都市型大学と同様に、USFは1960年代に急成長を遂げたが、その創設に内在する食い違いに常に頭を抱えていた。アレンが1970年に突如USFを退職したときに、彼のリベラル・アーツのコア科目も退潮することとなった。

ティーチャーズ・カレッジ

都市型大学と同様に、ティーチャーズ・カレッジの拡大は、特定の層が高等教育にこれまで以上に参加していたことを示した。1948年に平均学生数1,000人だったこれらの機関は、1960年までに2,200人もの学生を抱えるまでになった。そのような平均値は、成長速度の多様さを覆い隠してしまうが、それらはすべて同じ方向に動いていた。1951年まで、すべての機関における教師教育プログラムはアメリカ教師教育カレッジ協会によって代表されていた。同年、教師教育機関協会がこれらのカレッジを代表するために組織された。10年後、その協会は州立カレッジ・大学協会に取って代わられ、それに従って教師教育のアイデンティティがそぎ落とされ、著しい成長と機関変革の時代の到来が告げられた。切り詰められた不完全な存在として、1950年代のティーチャーズ・カレッジは、マス高等教育へのアクセスを拡大しつつも、そのルーツを保っていた。

ティーチャーズ・カレッジに溢れかえった学生は、いくつかの点において、都市型大学に通う学生と対を成す、農村部の学生だった。ほとんどのティーチャーズ・カレッジは、町や小都市に位置していて、そこで主に内陸の農村部や準農村部にサービスを提供していた。しかし都市とは異なり、そうした学生には選択肢がなかった。そのような学生の親は、ほとんどがカレッジに通ったことがなく、その大部分が「労働者層」だった。とりわけ彼らは、良い仕事に就くための教育の道筋を求めていた。ボール州立ティーチャーズ・カレッジの学生が説明したように、「家の近くにあったから。ボール州立に行くか、あるいはきっぱりと行かないかの選択だった」。このような比較的同質なコミュニティでは、慣れ親しんだところの居心地の良さが、進学の重要な要素だった。これは、「近接効果」――そこには物理的な近接性だけでなく、友人や家族が機関について熟知していることから示される、社会的適合性も含まれている――と呼ばれるものかもしれない。一部の学生は通学したが、大多数は寮生だった。また、一部はパートタイムで働いたかもしれないが、ほとんどはフルタイムで出席した。従って、これらの機関はカレッジ対抗スポーツ競技を含む、豊かな課外生活を育むことができた。ティーチャーズ・カレッジでのキャンパスライフは――カリキュラムを除いて――他の場所での伝統的なそれとよく似ていた。ほとんどのスクールの学生は、教育の学位のための勉学のみに取り組めばよかった。ほとんどのティーチャーズ・カレッジは、州または地方の教育委員会によって管理されていたが、そうした委員会による支援は教師教育のみに対してなされた。1950年代に入学者数が増加するにつれて、学生は教育の学位のことを、カレッジでの教育を得るための手段として受け入れたようだった。1950年代のボール州立では、他の課程が利用可能になった後でも、卒業生の90%が教育の学位を取得した。ニューヨークのブロックポート州立ティーチャーズ・カレッジでは、1963年まで教育の学位のみが授与されていた。ボール州立は、1945年に1,000人の学生から戦後をスタートし、1958年には学生数5,000人に到達した。ボール州立とブロックポートの卒業生のほとんどは、少なくともキャリアの一部を教師として過ごした。多くのティーチャーズ・カレッジは州の制度に属していたため、州立カレッジへの名義上の変化は、1960年にペンシルベニア州で実施されたように、法律を通して行われた。内部では、ティーチャーズ・カレッジでの実践は、名称に関係なく1960年代まで続き、ベビーブーム世代の成長によって圧倒されるまで続いた[34]。

ジュニア・カレッジ

2年制カレッジ、あるいはジュニア・カレッジは、戦後高等教育における曖昧な地位と格闘していた。一部の人々はそれらをK-14教育制度の「頂点（キャップストーン）」だと考えたが、伝統主義者はそれらを高等教育の周縁と見なした。全米ジュニア・カレッジ協会(AAJC)はよりポジティブなイメージを投影しようとしたが、そのなかでこうした機関は精力的な擁護者を得た。同協会は戦前から、学生に日々の暮らしを、そして地域産業に労働者を提供するための完成職業（ターミナル・ボケイショナル）プログラムを強調していた。PCHEはそのようなカレッジにコミュニティ・カレッジという名を与え、AAJCはこの包括的な使命を喜んで受け入れた。教育政策の専門家たちはこうした解釈を、4年制カレッジ・大学の高い水準を維持することについての関心を補完するものとして受け入れた。例えば、能力主義と社会的機会を最大化することを目指すジェームズ・コナントは、伝統的なカレッジでの勉学に対してかなり高い適正基準値を想定し、その他のことをジュニア・カレッジへと追いやった。これは、PCHEの勧告とほとんど変わらなかった。委員会は、より寛大な基準ではあったが、知性が平均を上回るもののカレッジ・レベルには満たない、全体の1/6 (34-49パーセンタイル)を、ジュニア・カレッジに任せようとしていた。こうした1950年代に関する大多数の見解は、ジュニア・カレッジの学生が4年制の学校に編入するための科目ではなく、完成職業課程を受講することを示唆していた。しかしながら、学生にそう教える者はいなかった。戦後のジュニア・カレッジ学生の2/3が編入カリキュラムに進み、この数字は1950年代には3/4に達した[35]。

学生がジュニア・カレッジへの進学を選択した理由として、次の4つの理由が考えられる。(1)選択ないしは必要性による立地的理由：これはより地方のジュニア・カレッジにとっては重要だが、他の選択肢が存在する都市部ではそうではない。(2)低額ないしは無料の学費と自宅通学などの経済的理由：平均的なジュニア・カレッジの学生はSESや親の学歴が低い家庭の出身だったが、それ自体は経済的困難の証明とはならない。(3) 4年制機関の入学資格を学業面で獲得できない：公立のティーチャーズ・カレッジと多くの大学での入学基準は最低限のものだったので、こうした状況にあった1950年代の学生は実のところハイスクールの成績が低く、おそらくは平均してCを下回っていた。(4) 2年制の職業学位の選好：一部の人には常に当てはまるが、この層は1950年代と1960年代に縮小し続けた。ジュニア・カレッジがこうした数年間でアクセスを適度に拡大しただけだということを示唆する証拠もある――特に、SESが低い学生は、4年制機関ではなくジュニア・カレッジを選択したのだが、それはおそらくは彼らが近接効果を感じていたからだろう[36]。

社会学者バートン・R・クラークによる1950年代半ばのジュニア・カレッジに関する実証的研究では、政策文書には記載されていない様々な要因の複雑な関係が明らかにされた。彼の主題たるサンノゼ・ジュニア・カレッジは、州立カレッジの隣にあり、州立大学からもそれほど遠く離れていなかった。それはマス高等教育の最下層だった。管理組織の弱さがこの状況を悪化させた。同校は、上位組織――地元の教育委員会――によって統治されていたが、その組織は他の優先事項を抱えていた。そして、オープン・アドミッションのため、誰を教えるかに関して統制できなかった。そのカレッジにはいくらかの優れた学生が入学したものの、言語能力は平均して10年生レベルであり、数量的能力はさらに低かった。しかし、こうした学生の3/4は、BAプログラムへの編入を望んでいた。クラークは、彼らのかなりの部分のことを「潜在的な完成課程の学生(レイテント・ターミナル・スチューデンツ)」と呼んだ。編入するつもりはあるが、平均してCに到達するための適性や動機が欠けているという意味である。カレッジはこうした学生に職業訓練コースを提供するようにかなり努力したが、その大多数は学位を取得することなく中退した。より有能な学生について言えば、4年制機関への入学資格がありながらジュニア・カレッジへと通うことで、学士号を取得する確率が減少した[37]。このように、1950年代のジュニア・カレッジで増加した教育機会は、入学者数が示したであろうよりも、やや少ないものだった。この10年間を通して、2年制機関の入学者数は高等教育の総数に沿って増加した。しかしながら、アメリカのマス高等教育において、2年制機関――コミュニティ・カレッジ――には、明確な役割があった。1960年代以降、それらは有利な公共政策に支えられたことで、カレッジ・大学のほぼ2倍の速度で成長した。

カリフォルニア・パラダイム

カリフォルニアはジュニア・カレッジ発祥の地であり、そうした機関や学生の数は圧倒的に多い。カリフォルニアには、上記の公式のカテゴリーとは異なる、特徴的な高等教育の組織構造もあった。6つのティーチャーズ・カレッジは、1935年に州立カレッジに改称され、多様な学士課程の機関へと急速に発展した。旗艦校であるUCは、ロサンゼルスのサザン・ブランチを皮切りに、追加のキャンパスに自らを複製していった点で特異だった。カリフォルニアの人々はこのことを「三部制(トライパータイト)」システムと呼んだが、それは同様に、カリフォルニア・パラダイム――程なくアメリカ的な公立高等教育を特徴づけることになる、公立高等教育の形態――とも呼べよう。しかし、それはまずもって、その発祥となった州での改良を必要とした[38]。

カリフォルニアは、人口の急成長による高等教育需要の高まりに直面し、徹底的な戦後の調査を委託した。1948年のストレイヤー報告は、3つのセクターそれぞれの役割を定義した。ジュニア・カレッジについては、編入機能の重要性を認識しつつ包括的なプログラムをもつ、コミュニティ・カレッジに相当するものが予見された。州立カレッジについては、リベラル・アーツと応用分野の多様化とともに、それらの分野で修士号を提供したいという願望を認めた。UCは、主要専門職、博士課程教育、基礎研究を独占することが保証された。全面的な拡張――新しいジュニア・カレッジ、地域の需要に応えるためのいくつかの新しい州立カレッジの継続的な新設、リバーサイドの研究施設とUCデービスのキャンパスの開発など――が不可欠だった。

1929年からロバート・ゴードン・スプロールによって率いられてきたUCは、その特権的役割と、これに伴う州の高等教育基金への要求を熱心に擁護した。ティーチャーズ・カレッジ／州立カレッジの機能が高度化することに断固として反対し、大学の新キャンパスにさえ抵抗した。また、スプロールのリーダーシップのもとで、研究や高度な学問への集中を可能とする三部制システムの分業に支えられ、UCバークレーは米国で第一級の公立研究大学になった。理事会(ボード・オブ・リージェンツ)のもとで構造上独立していたUCは、その優位性を保つために、公立高等教育を拡大する取り組みを一貫して妨害した。州の人口が予想よりも急速に増加し、それに伴ってより多くの公立機関が必要になったため、ストレイヤー報告の勧告は、すぐさま明らかに不適切なものとなった。再調査報告は、より多くのデータをもってこうした見解を繰り返したが、誰も満足しなかった。州全体で成長する都市中心部は、発展を促進するために地元のカレッジを必要としており、有力な州議員たちがそれらを提供するように脅していた。不満は州立カレッジへと集中していたのだが、カレッジは教育省の官僚制度の下で苛立ち、その役割とキャンパスの拡大を求めていた。これが、1958年にクラーク・カーがUCの総長(プレジデント)になったときの状況だった。移民や間近に迫ったベビーブーム世代からの高等教育への需要がかつてないほど増加する事態に、州は直面していた。この課題が高等教育コミュニティではなく政治家によって解決されたとしたら、UCの学術的卓越性は損なわれていただろう。

カーは、こうした成長計画は不確実な状況が広まる中では不可能だと理事会に告げ、他のセクターとの調整を求めることについて理事会から承認を受けた。彼はさらに他の計画委員会の立法上の承認を得るために教育長と力を合わせた。経験豊富な交渉人だったカーは、コミュニティ・カレッジと私立セクターをメンバーに加えることで信頼性を高め、私立セクターの代表を委員会の議長とした。交渉はしばしば困難ではあったが、1960年初頭までにカリフォルニア高等教育マスタープランが作成され、ほぼ満場一致で議会で採択された[39]。

カーが後に強調したことだが、マスタープランそれ自体は計画(プラン)ではなく、高等教育の主要セクターの相対的な役割を定義する盟約だった。当時それが大成功をおさめたのは、それぞれに具体的な利益をもたらすものだったからである。州立カレッジ――最も苦しめられたグループ――は大幅に格上げされた。それらは、公約された独立運営委員会を通じて各スクールから解放され、4つの新キャンパスを割り当てられ、あらゆる分野で修士号を設けるための自由裁量を与えられ、将来的な応用研究のための限定基金と、(UCとの)教育分野における共同博士課程が認められた。コミュニティ・カレッジはほぼ無制限に拡張され、全カリフォルニア州民にとって通学できる距離に1校ができる予定とされた。私立セクターは調整委員会(コーディネーティング・カウンシル)の議席を与えられたため、将来の公立の政策における発言権も与えられた。そして何よりもUCは、「その『王冠の宝石』と呼ばれるもの――PhDや、その他MA以上の高度な学位、および基礎研究」――を保護し、さらに3つのキャンパスを増設した。入学定員は厳格化され、UCはハイスクール卒業生の上位12.5%、州立大学は上位33%となった。学生の入学資格を引き上げることで、州立カレッジとコミュニティ・カレッジの上限は事実上引き上げられた。コミュニティ・カレッジは全てのハイスクール卒業生に開かれており、成績上位の学生に対しては編入する権利が保証されていた[40]。

すべての人に何らかのものを提供することで、マスタープランは、成長が加速する時期に突入したアメリカ高等教育の新たな現実を反映していた。UCの学問的卓越性と大規模な支出は維持され、カリフォルニア州民に提供される機会は人口とともに拡大することとなった――しかし、それ以上に拡大することはなかった。州立カレッジのセクターは、本格的な地域大学(リージョナル・ユニバーシティズ)を開発するために解放され、より低い単価で学生シェアの増加に対応できるようになった。低コストのコミュニティ・カレッジが標準の機関となって、高等教育への進学を希望するすべての学生を吸収した。カリフォルニアは高等教育人口拡大において全米を牽引したが、他の州も同じ状況に直面し、同じ形態に引き寄せられていった。1960年の*Time*誌は10月の特集記事でカーを取り上げ、彼の洞察力と交渉力を称賛するとともに、他の州にメッセージを送った。「1960年代、米国の全州立大学の問題は、マス教育がモブ教育にならないようにすることだ」[41]。ほとんどの州の公立高等教育は、カリフォルニア・パラダイムに向かって様々な程度で発展してきた。1960年代には、他の州も独自のマスタープランを採用するようになっていくが、大抵の場合それらはカリフォルニアで採用されたような明確な区分を設けてはいなかった。しかしながら、結果は明らかだろう。カリフォルニア・パラダイムは、高等教育の構造に関するアメリカ的パラダイムとなっていった。

ニューヨークのための大学

公立大学のない唯一の州だったニューヨークほど、こうした進化が長い道のりを歩んだところはない。GIビル受給者が引き上げていったとき、この明確な空白は政治問題となった。トマス・デューイ知事は、1946年に州立大学の必要性に関する暫定委員会を設立することで批判をそらし、1948年にSUNYを設立する立法の基礎を築いた。この法律は、州の既存の中等後教育機関すべて――私立大学と契約した州出資の7つの部局、ティーチャーズ・カレッジ11校、2年制職業学校11校、GI受給者向けの仮設センター3校――を新たな組織に移管したに過ぎなかった。このささやかな努力でさえ、ニューヨーク州教育委員会（ボード・オブ・リージェンツ）を激怒させた。同委員会は州の教育に対する全責務の掌握を望み、私立カレッジ・大学を露骨に支持していた。そして、SUNYの公式の役割は私立セクターを「補完する」ことであり競争ではないこと、10年間はリベラル・アーツ・カレッジの設立を控えること、ティーチャーズ・カレッジは、リベラル・アーツや工学、中等学校の準備を提供しないこと(オールバニーを除く)、という暫定協定に行き着いた。そしてそこに大学と呼べるものはなかった。1957年のとある報告書は「州立大学は頭のないアカデミック・アニマルだ」という言葉から始まっている。知事がそのような頭、すなわち大学の設立を公然と支持したとき、彼は即座に解雇されてしまった[42]。

ネルソン・ロックフェラーが知事に選出された1958年、SUNYの命運は輝かしいものとなった。新知事にとって、高等教育、特に偉大な州立大学を創設することは、(数多くある)優先事項のひとつだった。当然のことながら別の委員会が必要だったが、フォード財団の会長、ヘンリー・ヒールドがその議長を務めた。1960年のヒールド委員会は、ニューヨークにおける公立高等教育の変革を予見した。それはもはや補完的なものではなく、州の学生に教育機会を提供することについての大きな責任を負わなくてはならない。翌年の法律はこの勧告を実行に移した。ティーチャーズ・カレッジが優れたリベラル・アーツ・プログラムを開発してリベラル・アーツの学位を授与し、「大学センター」が2つ(後に4つとなる)設立され、ニューヨーク市立大学が自律したシステムになった。私立セクターからの反感は、ニューヨークの典型的なやり方だが、学生援助と建設ローンに公的資金を割くことで、和らげられた。SUNYはすぐに国内最大の大学システムとなり、カリフォルニア・パラダイムに準拠したものとなった[43]。

1950年代における公立高等教育の拡大は、職業主義とリベラル・アーツとの複雑な相互作用を伴っていた。ある分析者は1960年における前者をこのように要約した。「中低層や労働者層の若者とその家族にとって、高等教育の主な魅力は…経済的・社会的な進歩にある。これが第二次世界大戦以降に大幅に増加した主な理由だ」[44]。実際、ここで検討した機関は高等教育の供給を拡大し、こうした社会階層出身の第一世代の学生から圧倒的な支持を受けた。しかしながら、彼らが主張したキャリア主義には、いくつかの逆説的な特徴があった。コミュニティ・カレッジの学生は、編入の魅力や4年制学位を支持して、ほとんどが職業プログラムを敬遠した。ティーチャーズ・カレッジの学生は、カレッジ卒となるために、教育学士の取得を厭わなかった。そして、都市部の新しい学生は、リベラル・アーツのプログラムと専門職のプログラムに分かれる傾向があった。学生や各機関は、リベラル・アーツによって得られる優れた地位から影響を受けた。特に私立セクターの伝統の擁護者は、──ジョージア州立、シカゴ、SUNY、そしてある程度カリフォルニアの州立カレッジにおいて──これらの新興機関がリベラル・アーツの科目を教える能力を積極的に否定しようとした。ジョン・アレンは、すべての学生に対して堅固な学問的コアを要求することで、彼の新しい大学をそのような酷評から遠ざけようとし、ウェイン州立は、モンティス・カレッジの少なくとも一部の学生に純粋なリベラル・エデュケイションを提供することを選択した。カリフォルニアとSUNYのカレッジは、1960年以降に解放されるに至った。実際、カリフォルニア・パラダイムが旧構造に取って代わると、諸機関はもはや生来の役割に舞い戻ることはなかった。代わりに、公立カレッジ・大学にみられた新たな傾向は、リベラル・アーツのプログラムと専門職のプログラムを並行して提供するというものだった。こうした傾向は私立セクターではそれほど見られず、そこでは、1950年代にリベラル・エデュケイションの理想が育まれ、飾り立てられていた。

1950年代における私立のカレッジ・大学

1950年代の私立カレッジと大学は、3つの異なる方向に引っ張られた。カレッジとその指導者の中で、リベラル・エデュケイションは説得力のある理想として強調された。(ジェネラル・エデュケイションと縺れた)リベラル・エデュケイションは、戦前からの最大の関心事だったが、これらの願望を実現するための具体的な対策に踏み出すことができたのは戦後のことだった。それらはとりわけリベラル・アーツ、特に人文学と西洋の遺産を先験的な知的諸力と一致させたうえで、学士課程の学識の水準を向上させようと努めていた。暗黙の絆がこの理想をアメリカ的生活様式と結びつけているように見えた。リベラル・エデュケイションは、アメリカ社会における将来のリーダーシップの基盤を提供するものだと想定されてきた。

しかし、実際に学士課程教育を向上させたいという強い願望は、各校で確立された伝統的な慣習と衝突した。カレッジは、宗教的、地域的、文化的、ないしは社会的ともいえる支持者に依存していた。同窓生として、これらの支持者はカレッジに必要不可欠な寄附を行い、理事としてカレッジの統治を支援していた。彼らは学生についての重要な供給源であり、ゆえに入学者選抜に関して既得権益があった。カレッジに対する彼らの見方は、課外活動と、卒業生に植えつけられていると考えられている「人格」という実体のない固有の特質によって強く色づけされた。アメリカ的生活様式における保守主義はここでもひとつの要因となっていたが、それは各機関がこれらの快適な関係を阻害するような新たな取り組みに気乗りしなかったからだ。

3つ目の方向性は、教授陣の学問的な視点から生じた。多くの人々は伝統的な教育上の、リベラル・アーツの使命に対する責務を共有していたが、彼らはそれぞれの学問分野に関する必須知識にも義務感を持っていた。彼らの特定の関心は、カレッジの研究所、図書館の知的資本にあったが、とりわけ、彼らの専門分野の高度な知識に見合ったレベルで科目を教える機会にあった。1950年代に教授陣の専門性が高まるにつれ、彼らの声はより執拗になり、その優先度は抑えきれないものとなっていった。

これらの対立する利害のダイナミクスは、あらゆるところで財政上の考慮によって条件づけられた。これらの構想は、退役軍人の高波と、20年にわたる苦難の時代の資源の不足によって、1945年以降厳しく制限された。1950年以降、当初は緩やかに、そして50年代半ば以降は加速度的に財政的な見通しが改善され、各機関は発展を計画する上で選択の幅を広げていった。しかし、資金は実現可能性の一面にすぎなかった。カレッジや大学の発展は、学士課程学生市場、教授陣の確保、指導者の選好、そしてこの10年間に蔓延していた保守主義によって条件づけられた。

カレッジにおけるリベラル・エデュケイション

リベラル・エデュケイションという概念は、教育的目標と同時にアメリカニズムの肯定だったが、やがて後者が主流になっていった。アマースト・カレッジでは、1944-1945年の教員のとある委員会が、知的エリートを育成するという公的使命――自ら掲げた歴史的な使命――を持つ小規模私立カレッジの挑戦に取り組もうとした。彼らは最初の2年間に焦点を当て、中等学校で取得した基礎教育を継続・補足すること、「カリキュラムにおける3大分野の共通の知識体系」を提供すること、そして…後半2年間の専攻、または優等学位の専攻…への準備として十分な作業を開始すること」という3つの目的を定めた。この2年間の終わりに、カレッジは学生を通常グループと優等グループに分けることができた。これを達成するために、委員会は、科学、歴史(西洋文明、アメリカ文明の問題)、英語・人文学、および外国語または選択科目において半期1科目からなる共通の2年間のカリキュラムを提案し、カレッジはこれを実施した。新しいカリキュラムに対する7年後の評価(1954)は、自画自賛ではないが、非常に肯定的なものだった。豊富な実証的情報は、アマーストの学生の学業成績に与えた影響を説明し、これらのコースを微調整するための根拠を提供した。アマーストでのリベラル・エデュケイションの強化への取り組みは、著しく優れた学生と成果をもたらしたようだった[45]。

CFHEは、リベラル・エデュケイションに愛国的な解釈を与えた。全ての非職業的学士課程教育を含めて、リベラル・エデュケイションは「人間の偉大な芸術的かつ知的な業績の研究を通じて…人間の研究を解放する」ことに努めた。さらに、「知的欲求を持つすべての学生にリベラル・エデュケイションが育む資質は、まさに教育を受けた市民から世界が最も必要としている資質だ」。従って、「リベラル・エデュケイションも自由社会にとって不可欠」なのである――すなわち、合衆国にとって[46]。1952年までに、少なくとも教育者にとって、壮大で無批判なリベラル・エデュケイションの概念がアメリカ的生活様式に組み込まれていたことは明らかだ。

コネチカット州ミドルタウンにあるウェズリアン大学の戦後の経験には、リベラル・エデュケイションがカレッジの力や学術的な力と相互に作用していた[47]。以前はメソジストのリベラル・アーツ・カレッジだったが、リトル・スリーのメンバーとしてアマーストおよびウィリアムズと競争関係にあった。畏敬されていた学長、ビクター・バターフィールド(1942-1967)の下で、カレッジはリベラル・エデュケイションの理想を定義し、立案することに力を注ぎ続けてきた。ハーバードやアマーストと同様に、戦時中に教員委員会が設置され、リベラル・ラーニングを強化するカリキュラムが勧告された。彼らはグレート・ブックス型のコース、「人文学1・2」を提案したが、これは後に全ての1年生に課されることとなった。戦後にバターフィールドは、アマーストのように、すべての学生に2年間のリベラル・アーツの共通カリキュラムを課すことを提唱したが、教員の多くは反対し、西洋文明のコースのみを指定した。バターフィールドはこの理想を追求し続け、主に内部で流通させるために*The Faith of a Liberal College* (1955)を執筆した。しかしウェズリアンがより豊かになるにつれて、より多くの専門的な教授陣は「小さな大学」の方向に向かうことを好んだ。

リベラル・ラーニングへの願望に対する更なる障害となったのは、ウェズリアンの学生だった。GI受給者が去った後、*Time*誌に沈黙の世代(サイレント・ジェネレーション)と名づけられた人々が取って代わったが、そのことはウェズリアンでは「学業的な無関心、低い成績、および怠惰な精神」に表れていた[48]。これに対するカレッジの応答は、より良い学生を募集するために入学者選抜のプロセスを改良することだった。学長と理事会は、人格や社会的責任は学業面の評価と同等に重視されるべきだと主張したが、教授陣は後者を好んだ。時間の経過とともに、教授陣の選好は２つの説得力のある理由で優勢になっていった。学長と教授陣によるリベラル・エデュケイションの目標は、比較的高い学力の学生のみによって達成(または接近)可能なものだった。そして、名声と全米的な地位をめぐる競争が起こり、SATスコアやクラス・ランキングの高い学生の割合という指標によってこれらが測定されるようになった。長期的には、機関のインセンティブによってより優秀な学生を募集せざるを得ず、状況も優秀な学生の募集に有利だった。アドミッション・オフィスを専門化し、同窓生を動員し、募集を地理的に拡大し、経済的援助を提供することにより、より多くの学生がカレッジに行くようになり、この人口の増加によって、より能力のある入学者を選抜することができた。ウェズリアンは、これらすべての手段を駆使する入試管理者を雇い、すぐに次の新入生の資格を、ライバルのアマーストやウィリアムズと匹敵するところまで引き上げた。

このような発展は年長の卒業生にとってまったくもって歓迎されるものではなかった。1955年に彼らは百人委員会を組織し、彼らの不遇を正式に表明した。マッカーシズムの精神が依然として強かったため、彼らはカレッジの世俗主義とヒューマニズムへの傾向に異議を唱えた。彼らはメソジストの遺産が減退しつつあること、特に礼拝への出席を強制しないことに反対した。彼らは、アドミッション・オフィスが「誠実で頑健な性格」を捨てていると感じた。そしておそらく最も衝撃的だったのは、フラタニティを廃止するという噂だった[49]。この小さな反乱は続く３年間で消滅したが、そのような態度の存在は大学の方針に対する牽制として機能し続けた。バターフィールド学長は、教授陣、卒業生、そして場合によっては学生もが理想とするような、より高いひとつの目標をこのリベラル・カレッジの中に立てることによって、これらの派閥を団結させせようとした。

ハーバード、イェール、プリンストン

誰が進学し、何が教えられるかについての1950年代の緊張は、設立されたばかりのアイビー・リーグ、そしてとりわけハーバード、イェール、プリンス

トンのビッグ・スリーにおいてより激しいものだった[50]。最も詳細な研究では、ジェローム・カラベルは1965年を「能力主義をめぐる闘争」と定義づけた[51]。これらは、自分たちの富・伝統・キャンパス文化を北東部のプロテスタント上位層に依存しており、この層は地域のエリート寄宿学校で息子たちを育てていた。しばしば「紳士」と呼ばれるこの中核的支持層を超えて、それらは広範囲の卒業生が独自のブランドを支え維持してくれることを期待していた。それらは戦間期におけるユダヤ人への差別的な割当制(クオタ)で悪名高かったが、1945年以降、ユダヤ人の学生の数に対する(「割当制」ではなく)蓋を維持しながらも、入学をかなり自由化した[52]。しかしそれらは先導的な研究大学でもあった——おそらく国家的リーダーのハーバードと、幾分か限定された分野においてはイェールとプリンストンも、同じ卓越性の基準を追求していた。その卓越性と名声から、それらは応募者の急増を見たのであり、「序列再編」の最初の受益者だった。研究大学として、全米から学問的に才能のある学生を求めた(ただし、東部の都市からの学生はあまり多くなかった)。しかし、エリート・カレッジとして、プレパラトリー・スクールの生徒とのつながりを少なくすることには気が進まなかった。

ハーバードのジェームズ・コナント学長(1933-1953)は、全米奨学金の制度化により、ハーバードの入試を実利主義的な方向に向けたことで知られており、イェールとプリンストンも、全米的な学生募集に独自の努力を続けた。いずれの場合も数は少なく、主に忠実な同窓生によって選ばれた賢いWASPを対象とした[53]。学力は、特に正規分布の右端に来るような並外れた才能については、SATスコアとクラスの成績で容易に測定できた。一方、「人格」と「リーダーシップ」の指標は問題が多かったが、これらの機関で最も評価されている将来の成功者を識別するためには不可欠だった。イェールは分析的にこの課題に取り組み、自身は本当に優れた学生を優遇しているのであり、これらの資質は測定できると信じていた。1950年以降、すべての非プレパラトリー・スクール出身出願者は全米に広がる同窓会委員会のメンバーから面接を受けた。イェールは、リーダーシップと性格に関連する特性を数値で示すことができる詳細なスコアカードを考案した。社会学者のジョセフ・ソアレスは、これらの同窓生の評価が最終的な入学決定の最も重要な基準だということを、次のように示した。「イェールにとって、知的選抜と社会的選抜は機関の方針として一体的に実施された」。しかしながら、「第二次世界大戦後ほど入学に際して人格が重視されたことはなかった」[54]。他のアイビー・リーグ校についても同じことが言えるだろう。質の高い出願者の数が増えるにつれ、学業的基準以外で学生を選ぶことがより容易になった。この主観的プロセスにおける学問的および社会的要因の相対的な比重は、意図的に一般には伏せられていた。しかしハーバードは、これらのトレードオフを完全に隠しておくことができなかった。

ウィルバー・ベンダーがアドミッション・オフィスのディレクター(1952-1960)に任命されたときには、卒業生の息子の9/10を含む応募者のほぼ2/3が入学を許可されていた。彼は並外れた実直さをもってアドミッション・ポリシーの公式声明を執筆し、それに含まれる複数の目的を整理しようとした。現実的なところでは、ハーバードが伝統的に提供してきた社会的エリートの重要性と、入学者選抜においてプレパラトリー・スクールの卒業生を優先させることでプレパラトリー・スクールとの関係を維持する必要性を認めていた。国内の卒業生の子息にも同様の配慮が適用された。一方で、ハーバードの「篤学の士、知性の人、審美眼の持ち主」への強いアピールは問題になり得た。彼は、そのような学生は人格的な欠点を持っている可能性が高く、過度の知性主義が紳士を遠ざけてしまうことをほのめかした。総合的には、ベンダーは学問レベルをいくらか上げることを支持した。「トップブレーン」の割合は、5%から10%に拡大されるかもしれないと考えた。しかし、カラベルが指摘したように、これにより「学生の90%が他の理由で選ばれることになった」[55]。

ベンダーの在職中、ハーバードに応募するトップブレーンの数は急速に増加した。その中には、他のすべての学校よりもハーバードを好む、全米奨学金の受給者も含まれていた。スプートニク以後、特にハーバードの科学者から、ハーバード・カレッジの学生への学問的評価をより高くすることが強く求められるようになった。ハーバード・カレッジ部長、マクジョージ・バンディは、名家出身で、教授陣に対して能力主義を徹底したが、著名な教授たちによる委員会を設立し、この問題を検討させた。委員会の科学者たちは、そして間違いなくほとんどの教授陣は、学問的評価に重点を置くことを強く支持した。ある委員は、ハーバードの学生はアメリカのハイスクールの卒業生の上位1%から選ばれるべきであり、もしくは最低限、現在の最下位10%は、将来の在学生から排除すべきだとした。壁に書かれた文字を見て、ベンダーは辞任を申し出たが、後継者を巧みに誘導し彼の体制を守った。彼は1952年に用いた同様の議論で「トップ1%のハーバード」を明示的に拒否した。学力だけで選ばれた学生は、成績に執着する人（グレード・グラバー）や創造性に欠ける人（ピアーデッド・タイプス）かもしれない。そして社会的エリートなしでは、「正課外の伝統的な様式は崩壊する［かもしれない］」[56]。教員委員会の報告はかなりの能力主義的なレトリックを含んでいたが、実際はアドミッション・ポリシーをその方向に微調整しただけだった。科学者の極端な立場を無視して、報告書は機関の利益には同窓生および寄宿学校との継続的な関係が必要なこと認めた。ベンダーが指揮した8年間で、ハーバードは新入生のSATスコアを200ポイント近く引き上げたが、学生の社会的・経済的多様性はほとんど変わらなかった[57]。前者は市場の力の、後者はアドミッション・ポリシーの結果だった。

ハーバード、イェール、プリンストンは、入学者選抜に関する同様の問題に直面したが、その理由は様々だった。プリンストンの教授陣はSATスコアの高いすべての志願者を受け入れるようアドミッション・オフィスに圧力をかけ、ハーバードが同様の勧告を提示したのと同時に、委員会が召集された。これに続いたイェールの教員委員会は1962年にさらに強力な勧告を作成したが、ここでも実施には数年を要した。世論も教員の感情も主に学問的能力に基づいた入学者選抜を支持していた。ベンダーが卒業生、アスリート、プレパラトリー・スクール生への傾倒が「公文書で率直に議論されれば恥さらしになる可能性がある」と警告したのは、これが理由だった。1960年代前半は、ベビーブーム前の世代がこれまでにない規模で出願し、3校すべてがこれらの圧力に静かに抵抗した。つまり、各機関は、非学問的な基準をより重視するように入学手続きを調整した。そうすることで、機関の利益——学費を全額支払える者を入学させ、奨学金の費用を抑え、同窓生の忠誠心を確立するという、そして特に、彼らの使命と伝統に不可欠だと考えたプレパラトリー・スクール生をめぐって競争するという、財政的誘因――に呼応した[58]。

イェール、ハーバード、プリンストンはそれぞれ、1950年代に新しい学長を任命したが、彼らは機関の優先事項だけでなく、当時の保守的な風潮を様々な方法で反映した。1950年にイェールでは、老齢のチャールズ・シーモアを、強い信念と強引な性格の持ち主だった43歳の歴史教授、A・ホイットニー・グリスウォルド(1950-1963)へと交代させた。グリスウォルドは、カレッジと大学という二重の使命に関する自身の見解を熱烈に掲げた。前者は何よりも献身的な教授活動を通じてリベラル・エデュケイションを提供することを意図していた一方、後者は学術を促進させたが、それはもっぱら基礎的学術科学研究(ベイシック・アーツ・アンド・サイエンシズ)に限られていた。彼は、応用科目はイェールに相応しくないと信じ、研究所や専門的な学士課程(看護、教育)を切り離すことに成功した。イェール・カレッジのリベラル・アーツを強化するという試みにおいて、彼は委員会を主宰し、アマーストのような1年次・2年次のカリキュラム改訂を、独立したリベラル・アーツの教員組織を設ける形で提案した。この構想は、領域(デパートメンツ)と学問分野の特権を擁護したイェールの教授陣によって拒絶された。グリスウォルドはイェールの伝統を強化するためにできる限りのことを尽くした一方で、大学、特に自然科学の分野における学問的な強みに大規模かつ必要な投資を行った[59]。

1953年、ハーバードは学長がジェームズ・コナントから、ネイサン・ピュージー(1953-1971)に代わったが、彼は古典派かつハーバードの卒業生で、当時ウィスコンシン州のローレンス・カレッジの学長だった。反コナント派のピュージーは、個人としてはハーバード・カレッジ、リベラル・アーツ、人文学、および教会に献身していた[60]。しかし彼はすぐに、教授陣に、そして次第に学生に現れてきた能力主義的な性質を評価した。彼はこの側面において、彼がアーツ・アンド・サイエンシズ部長に任命した鬼才、マクジョージ・バンディによって支持された。バンディは教授陣に対し、厳格に高い基準を課す、保守的思考と学問的洞察力に対処する上で有益な、ブラーミンの出自を有していた。ピュージーは保守的な装いを見せながら、ハーバードの学問的実力の絶え間ない拡大を指揮した。

プリンストンがハロルド・ドッズ(1933-1957)に代わってロバート・ゴーヒーン(1957-1972)を選んだのは、変化というよりむしろ継続を意味していた。ドッズ政権下のプリンストンは、ビッグ・スリーの中で最も小規模だったため、一貫して学術プログラムの増強に努め、戦後の受託研究の拡大にも積極的だった。例えば、グリスウォルドが国際関係研究所を追放したとき、プリンストン大学はすんなりとそれを採用した。3つの学位をプリンストンで得た古典学の教授ゴーヒーンは、ウッドロー・ウィルソン・フェローシップ・プログラムを運営していた。彼はその経験と彼自身の卓越した学識から、高い学問的水準をもともと理解していた。ゴーヒーンは、前任者の学問的な厳しさを引き継ぎながら、遅ればせながらカレッジの近代化を監督した。

ビッグ・スリーの組織的保守主義は学士課程カレッジで最も顕著だった。ハーバードは、非常に高い能力を持つ学生を圧倒的な割合で獲得し、キャンパスライフの新しい風潮の最前線に進んだ。1950年代後半までに、ハーバード・カレッジはより能力主義的で裕福になり、通学者は少なくなり、一般的な文化はより中間層的なものになった。一部の人にとって、紳士クラブやファイナル・クラブといった昔ながらのハーバードは消滅したのではなく、「地下にもぐった」のだった。地上では、学業成績がより目立つようになった。1960年卒の学年では、半分が優等学位を取得し、82%がさらに大学院において勉学を積むことを計画していた。銀行への就職を選んだのは1%だけだった。ハーバードの卒業生が国内の名誉あるフェローシップの最大数を獲得していくにつれて、知識人に対するウィルバー・ベンダーの恐れはますます時代錯誤のように見えてきた[61]。

プリンストンでは状況がまったく異なり、3-4年生のイーティング・クラブによって社会階層がキャンパスライフの公式の特徴となっていた。17のクラブには独自の階層があったが、クラブの会員資格はプリンストンでの経験に不可欠の要素と見なされていた。選考プロセス(「ビッカー」)は、2年生全体を「明確に定義された社会的および文化的基準に基づいた判断」──「プリンストンの学生文化が最も高く評価し、最も軽視している資質」──に従わせた。この制度化したステータスが認識され、1950年にクラブは参加を希望する2年生の100%を受け入れることに合意したが、これは30人ほどの「クラブ会員ではない者（アンクラバブルズ）」を各クラブに割り当てることを意味していた。しかしながら1958年に、新入生の過半数が公立学校の卒業生となり、学生の14%がユダヤ人になったため、この本質的に不安定な妥協策は破綻した。広く公表された1958年の「ダーティ・ビッカー」は、広報活動の完全なる失敗だった。それにもかかわらずイーティング・クラブは、これに所属していたプリンストン初の学長のゴーヒーンによって強固に守られた。彼は、それまで100%計画に反対していた同窓生のさらに強い感情に同調していた。しかし、プリンストン文化の差別的な性質は、ハーバードとイェールと比べて、その志願者のプールをさらに弱体化させた。教授陣はアドミッション・オフィスに対して、より高い能力を持った学生を受け入れることを要求したが、応募者は減り、同窓生優遇はほぼ維持された。ゴーヒーンはクラブに所属していない上級生のための特別な施設を作ることによって危機に対処した。しかし、「ダーティ・ビッカー」の10年後、プリンストンにはユダヤ人の学生が少なくなり、90%の上級生がイーティング・クラブに所属するようになった[62]。

イェールは政治的にはビッグ・スリーの中で最も保守的だったが、1951年には、論争的な攻撃に揺さぶられた——それも右派から！ *God and Man at Yale: The Superstitions of "Academic Freedom"*は、1950年の卒業生であり、*Yale Daily News*の元編集者、ウィリアム・F・バックリー・Jr.によって執筆された。彼は、宗教と個人主義を教え込むことに失敗しているとして母校を非難した。その代わりに教授陣が世俗主義と集産主義を広めており、それが学問の自由を口実に守られていると彼は主張した。最もひどかったのは、イェール・カレッジでの教育に同窓生の価値観——「神への信念と私たちの経済システムの利点の認識」——を課すことをバックリーが理事会に求めたことだった[63]。大学は自らの「知的および精神的福祉」を測るためにブルーリボン委員会を設置し、結果として弁明書をすべての同窓生に送った——バックリーの本には言及せずに。より効果的だったのは、その本とその筆者に対する、マクジョージ・バンディ（イェール、1940年卒）による*Atlantic*誌上での厳しい攻撃であり、この「アメリカで最も偉大で最も保守的な大学の１つの自由への攻撃」に対して、一点一点反論を提供した[64]。しかし、マッカーシズムの頂点に達しようというとき、「集産主義（コレクティビズム）」という主張はイェールをしばらく神経質に身構えさせた。

バックリーの立場からすれば当然のことながら、彼はイェールで政治的に活動している学生は主に「左翼」だと感じており、おそらく彼らの経済学のテキストにおける集産主義を反映していると推測された。より正確には、彼は「学生は全体として政治に無関心だ」と判断した。実際、イェール・カレッジの文化は、アドミッション・オフィスが養成したいと望んでいる、プレパラトリー・スクール生の紳士的な文化を反映していた。プリンストンとは異なり、グリスウォルド学長は民族的または宗教的差別に断固として反対した。入学の門戸は1950年代に広く開かれたが、イェールが入学させた「新しい」学生は、すぐにこの支配的な文化に順応しなければならないという圧力を感じた。1960年代後半までほとんど変化はなかった。1964年卒業の学年のはみ出し者たちは、イェールを「『私たちのようなもの』が『彼らと同類のもの』に変わるように…迫られた場所」と認識していた[65]。

リベラル・アーツ・カレッジや私立大学について言うなら、このセクションの冒頭に示されている緊張関係は、ビッグ・スリーで最も厳しかった。そこでは全米で最も才能のある学生の多くが入学を希望し、同窓生は大学の伝統を維持するための最大の力をもっており、教授陣は生産的な学者や科学者で構成されていた。しかし、これらの緊張が危機を引き起こすほどあからさまになったところはなかった。むしろ、いくつかの肯定的な傾向がこれらの機関の急速な発展を促した。

おそらく最も有益な全米的傾向は、入学志願者の学業成績の向上であり、これはアドミッション・オフィスが右肩上がりに運営することを可能にした。より選抜的なカレッジが最底辺層の生徒（下位 1/10、1/5、または 1/4）を排除するにつれて、そうした志願者は下層部に流れ、選抜性の低いカレッジの学生数を支えていった。従って、その効果は高等教育全体を通して感じられたが、私立カレッジではその規模が制限されているために最も顕著だった。選抜性の高いカレッジは戦後、GIビル受給者、（制定されたまたはその兆候があった）差別禁止法、およびデモクラシーの精神に対応して、大幅に門戸を開いた。しかし50年代半ばから60年代前半にかけて、社会的包摂の進展はほとんどなかった。応募資格の向上により、アドミッション・オフィス担当者は、全世界最高のもの——志願者の増加、より優れた志願者、そして優遇の維持——を手に入れた。

学生の能力の上昇は、この時代のもうひとつの一般的な傾向、すなわちアカデミック・レボリューション(第3章)として知られる教授陣のプロフェッショナリズムの隆盛を補完していた。大学院教育と研究への取り組みは大学で継続して発展し、若い博士はリベラル・アーツ・カレッジに新鮮な学問的視点をもたらした。これらの進展により、カリキュラムや入学などの分野での教授陣の特権は揺るぎないものとなった。教授陣は能力主義の入学者選抜を好んだと指摘されてきたが、大部分の学生の能力の高まりは、教授陣を満足させていた。カリキュラムでは、リベラル・エデュケイションというレトリックの支持がこの時代に広まった。ハーバードやアマーストなどのように、学問分野に対抗するよう意図された重要な革新は、この時期の初期に起こった。その後、そのような改革に対する終わりのない要請は、主に分配履修要件へと転用された。主要な知識分野にまたがる学問的コースの雑然とした集まりとしてリベラル・エデュケイションを定義するのが、教授陣の主流だった。

同窓生が大切にしてきたカレッジ生活の伝統的な特徴は——継続的な緊張と共に——比較的保守的な執行部によって擁護される傾向になった。財政的野心が拡大し、卒業生の大きな寄附への意欲が高まる時代に、学長たちはイメージ、文化、確立された慣行に影響を与える問題に敏感になっていた。この時代を通じてくすぶっていた問題は、キャンパスの組織、特にフラタニティにおける公然の差別だった。(プリンストンがそうだったように)執行部が消極的な傾向があったので、この問題は1960年代まで存続したが、これらの慣行が公になった時、世間の圧力に対応した。手に負えないGIビル受給者が去った後、執行部は親代わり(ロコ・パレンティス)の哲学で学生の行動を管理しようとしたが、これは同窓生のもうひとつの関心事だった。概して、戦後の私立のカレッジや大学は、アメリカ的生活様式を心から受け入れ、ある時には原則に基づいて行動するようにし、また時には便宜を図らせたりした。比較的保守的な学長と執行部が、より多くのより良い学生、より大規模でより専門的な教授陣、そしてキャンパスの拡大とともに急速に進化していた機関を統括していた。やがて、量的な変化は文化的な変革も生み出すことになった。

1950年代の終わり、アメリカ高等教育の観察者は、明らかに分裂が進んでいることを認識していた。従来のカレッジや大学は1つのセクターで構成されていた。それらは選抜制を強めており、主に上位中間層から学生を集め、そのほとんどを4年で卒業させ、卒業生の半分を研究大学院または専門職教育に送り出していた。もうひとつのセクターはほとんどのハイスクール卒業生に開放されており、主に中間層または労働者層の第1世代の学生を惹きつけ、技術的または専門的スキルの多くを養成するものだったが、それは実際に卒業した場合のことであり、多くは卒業しなかった。このセクターは、前のセクションで説明した、拡大する公立機関で構成されていた。第一のセクターは主に、先に説明したような私立大学だけで構成されていた。このような展開は「社会経済的境界線に沿って高等教育を階層化する」兆候を示していた。選抜的な私立大学が学費を引き上げ、ほとんどの家族にとって手に届かなくなっただけでなく、「下位層の家庭出身の若者は、中間層の家庭出身の若者ほど選抜基準を満たさない」のだった[66]。

言い換えれば、同時代の人々は、キャロライン・ホクスビーが後にアメリカ高等教育の「序列再編」としてモデル化した、高等教育市場の差別化を認識していた。こうした状況は、より厳選された私立カレッジでも経験された。60年代半ばまでに、それらの多くは実力主義が拡大の限界に達していることを感じていた。最も選抜的な私立大学は、はるかに高い授業料を請求し、授業料以外の収入の増加と歩調を合わせていた。選抜性の低いカレッジは「平均的な」学生を入学させ、半分の授業料を請求し、他の収入源はほとんどなかった。このように、市場の力によってカレッジは内部でより均質になり、機関間では階層化が進んでいった[67]。しかし、高等教育は全体としてまだ分岐する準備ができていなかった。1960年の公立セクターは、重要な質的向上の途上にあった。そして、2つの「セグメント」は明白だったが、アメリカのシステムには非常に大きな中間層が存在した。1960年のアメリカの大学では、すべての社会的背景やすべてのレベルからの、および事実上すべての教育課程の学生の43%が在籍していた。

戦後の大学

1955年にカレッジ・エントランス・イグザミネーション・ボードのディレクターは、次第に明らかになってきた以下の事実について明確に述べた。「大学は…今や学士課程カレッジに代わって高等教育の支配的な構成単位となり[、]…教育思想、学問的パターンの設定、知的目標の決定、安定を求める空気と変化を求める空気を作っていく能力［において支配的となった］」[68]。ここでは連邦教育局が暗に示していたのは、大学に類別した121機関ではなく、後に研究大学と呼ばれることとなった機関――研究、博士課程、そして全てのレベルの教育の深さを整えた機関――、そして50年代中葉までにこれらを模倣しようとした機関だった。

1910年にエドウィン・スロッソンは、14の「偉大なるアメリカの大学」の詳細なポートレート、すなわち前世代が合衆国の中で卓越した大学を建設しようとした試みについてのサクセス・ストーリーを出版した。そのうち5校は植民地カレッジとして創立した――ハーバード、イェール、プリンストン、コロンビア、そしてペンシルベニア。5校は西部の州立大学であり――カリフォルニア、イリノイ、ミネソタ、ウィスコンシン、そしてミシガン――、ミシガン以外はランドグラント指定校だった。そして4校は大学設立の時代におけるフィランソロピーによって創設された――コーネル、ジョンズ・ホプキンス、スタンフォード、そしてシカゴ。MITと(後の)カリフォルニア工科大学は、科学と工学において、これらと同等の名声を得ていた。これら16校は研究、博士課程教育、そして学術的な名声において、戦間期と1940年代を通してほとんど比類なき存在だった[69]。1950年にはこれら16校で全米の47%の科学のPhDを授与しており、そのほとんどは単独で総数の2%以上を占めていた[70]。必然的にそれらの機関は、学術の先導者として模倣者を刺激したが、戦後期以前において模倣は甚だしく困難だった。1950年代において、研究大学となることは徐々に実現可能なこととなった――そしてこのことは、学問的に進歩したい機関はいうに及ばず、遅れまいと願う機関にとっても必須のこととものなった。16校の戦前の研究大学のほかに、さらに20校が排他的なAAUと、その附属組織の大学院協会に所属し、研究と博士課程教育の促進に公的に取り組んでいた。こうしたグループ以外でも、他の20-30校の機関が、様々な度合いで博士課程教育と研究に関与していた――そのうち何校かは急速に発展する州立大学であり、また別の何校は慎重な私学であり、少数の特定の分野のみの機関もあれば、バランスの取れた機関もあった[71]。全ての機関が新たな研究経済への適応という同じ課題に直面していたが、自由に採用できる手段は大きく異なっていた。

戦後の研究経済は、戦中の連邦政府による膨大な支援から進展していった[72]。戦中の圧力の下で、非常に大きな意義のある技術的進歩が達成された。最初にして最大のものが原子力だが、ほぼ同程度の資金がレーダー開発へと充てられた。ジェットエンジンおよびロケットエンジン、無線通信技術、コンピュータ、そして医療の進歩もまた、ブレイクスルーを起こした技術の長大なリストの筆頭項目だった。これらは将来の国防に不可欠なのと同時に、民間産業にも大きな可能性をもたらすものだったことから、戦争終結後にこれらのその後の発展を放棄すべきというような疑義は全く出てこなかった。これが連邦政府の責任だということは明白だったが、これをどのようにして行うべきか、というモデルはほとんどなかった。

戦時下の研究を組織した科学研究開発局(OSRD)ディレクターのバネバー・ブッシュは、1944年にルーズベルト大統領に、このような計画を要請するように促した。ブッシュは、基礎科学的研究についての巨額の投資が戦時下の進歩の勢いを維持するために必要であり、またそのような研究は大学において行われるべきだと信じていた。この成果となる文章、*Science, the Endless Frontier* (1945)は、こうした展望を具体化するものであり、外部の研究に対する全ての連邦政府の資金提供を監督する全米的な研究財団を提案した。議会は既にこの問題を切り出していた。議会はそのような資金について、説明に堪え、いくぶん公平な配分となるような、より官僚主義的な手順を指示していた。しかしブッシュは、連邦政府の支援が効力を発揮するためには、最も能力のある研究者――「最良の科学」――に資金を提供することを単独で保証できるような、高名な科学者による独立した理事会が必要だと断固として主張した。トルーマン大統領は最良の科学に反対はしなかったが、公的資金の支出を受けたいかなる集団も、公選された役人、特に大統領自身に対して説明責任を果たすべきだと主張した。

終戦直後、パイプラインに残っていた多額の資金とその他の暫定措置によって、多くの戦時中のプロジェクトが残存した。より恒久的な取り決めは議会によってのみ成し得たが、これらが膨大な戦後処理の中に位置づけられたのは1946年の晩夏のことだった。この局面で、国立の科学財団を設立するための政府提出法案が出されたが、これに対抗したのは、自律的な理事会を有するブッシュ的な方策だった。この非常に忙しい会期中に調停の試みは一切行われず、この問題は棚上げされた。後にNSFが設立されるまでに4年を要し、これが充分な資金を得るまでさらに10年ほどかかった。同じ時期に、連邦政府による他の研究関与に関する法律が議会を通過した。原子力爆弾を生み出したマンハッタン計画が、核全般についての独占権を原子力委員会(AEC)に移譲した。医学研究に関する協定を公衆衛生局が引き受け、NIHへと統合された。そして軍はその責任において一連の研究を継続していた。独自組織として承認されたものは1つだけ――海軍研究局(ONR)――だった。ONRは以前の海軍の研究からは独立して、大学の科学者との接点をつくり彼らとの関係性を育むことを特に意図していた。

ONR創設のきっかけとなった若い将校たちは、戦時下の制約に束縛されていた海軍の研究を拡大させようとしていた。最初の関門は、国防総省のために働くことに対する抵抗を乗り越えることだった。科学者たちは大学の研究室に戻りたがっており、彼らの大学同様、戦時下の制限とその官僚主義にいらついていた。1945年に海軍将校たちは、戦時中の研究に従事した主要な大学――MIT、カリフォルニア工科、ハーバード、そしてUCおよびシカゴを訪れた。そこで彼らは研究者主導の基礎研究の企画、全ての費用の補償、そして成果の発表の自由、という理想的な条件を提示した。全員がONRとの契約書にサインをした。ONRによって受諾された研究計画は、これらの主契約に業務命令（タスク・オーダース）として添付された。主導的大学を囲い込んだため、他の大学も何のためらいもなく同様にこれに参加した。ONRは1940年代におおよそ200大学のプロジェクトを支援し、連邦政府の科学政策に全く新しい次元をもたらした。ここでは巨大なプロジェクトではなく、小規模な科学研究に資金を提供した――ほとんどが1万2,000ドルから4万ドルの範囲で、1年未満のものだった。主任科学者のアラン・ウォーターマンは、OSRDとイェールの物理領域を経由してやって来た。彼は、ONRが確実に最良の科学研究に資金提供を行うようにするために、OSRDが行っていたような計画書を評価する専門家の委員会（パネルズ）を設置した。ウォーターマンとONRは意識的に、不在だったNSFの代替となる役割を担っていた。毎年おおよそ2,000万ドルを分配することで、戦後の学術的科学の多様性に相当な貢献を果たした。これはまた、連邦政府の研究資金は価値ある研究計画書を提出すればどのような大学であっても利用可能だというメッセージを伝えた[73]。

戦後の連邦政府による研究経済活動は、特に連邦政府が支援を提供する分野において、大学間の研究者争奪戦をかつてないほどに加熱させた。それ以前にも、大学は教授陣をめぐってある程度の競争を行ってはいたが、戦間期の財団による莫大な支援は、既存の能力が比較的高い大学に与えられていた。今や新しい条件によって流動性のある状況が創出されていた。ほとんどの学術的科学者が戦時中に大学を移り、多くの若い研究者が集中的な研究の経験を積んでいた。その際彼らは、学術の拠点（アカデミック・ホームズ）は多くの場合門戸を開いている、ということを知った。さらに、原子物理学がその最初で最たるものだったが、新しい分野が名声を得るようになった。研究は今や適切な専門家と設備を擁する場所で行われ、また支援されるようになった。知識の発展は、戦時下での発見のみならず、学問分野をまたがる新たな理解の出現によって、わかりやすく加速していた。最終的には、戦争とGIビル受給者の流入による転調が全て終わった後、各大学は教授陣と財政の再構築と同様に、自身の再構成にも直面した。この最初の混乱において唯一明確だったのは、可能な限り最良の学者や科学者を雇いたい、という欲求だった。しかしどのようにしてそれを行うのか、連邦政府の研究経済活動をどの程度受容するのか、という点については、大学とその指導者にとって、長い間不明確なままだった。

研究大学は未だに第一義的には教授活動を行う機関であり、主に学士課程の学生を教えていた。戦後にGI受給者が殺到したことで一時的にこの点が強化され、そして財政上の制限によって困難な選択を迫られた。コナント学長はこの典型であり、ハーバードにおいて「おそらく1950年までは続くだろうこの変革の時期に対して、我々の思考全てを集中させなくてはならならない」と宣言した。領域（デパートメント）は大学組織の基礎であり、これは教授活動を第一の義務として有する教授によって構成され、彼らが学識や研究を好むか否かは問われなかった。連邦の研究資金はこのモデルに異議を唱えた。それは4Dと呼ばれる疑念、すなわち学術研究の歪曲（ディストーション）、大学の他の機能の排除（ディスプレイスメント）、連邦の研究資金提供への依存（ディペンデンス）、連邦政府による支配（ドミネーション）を、大学に広く抱かせた。連邦の支援は物理科学と工学に集中し、最も資金提供を受けた研究は、コナントがいうところの「プログラマティックな」性質の――基礎科学的な理解よりも今後の実践的な応用に向けた――ものだった。資金提供を受けた研究プロジェクトは、教授たちを教授活動やその他の大学の雑務（アカデミック・チョアーズ）から遠ざけた。連邦の支援を受けた領域はますます連邦の資金に依存するようになり、その後の可能性に対する不安が広まった。またCFHEが警告したように、過大な連邦の役割は「最終的には画一的で、凡庸で、従順なものを生み出すような直接的な連邦による統制」につながるかもしれなかった[74]。

従って、各大学はこの思い切った新しい研究経済に、熱意と不安のもとで参入していった。教授陣の教授活動対資金提供を受けた研究活動の時間配分、外部からの支援が給与に与える影響、間接経費の処理、個別の研究部門の組織、そしてこれら全ての活動についての大学側の最終的な会計上の責任について、ガイドラインを制定する必要があった。原則と実態は度々衝突した。コナント学長は1947年に、ハーバードのキャンパスにおいては秘密裏の研究の実行は一切認められないと宣言し、他のほとんどの大学がこれに賛同した。しかし、程度の差はあれ秘密や機密扱いは残り、核研究という重要な分野ににおいては、全ての研究が機密扱いとなった。高い志をもった目的があったとしても、大学はこのような問題をほとんど制御できなかった。連邦の資金提供者が規則を制定し、学術的科学者が研究大学の実践を推進していた。もし大学が――その名声と助成金獲得術において――最も価値のある科学者を確保したいと願うのであれば、必要な取り決めを受け入れ、方針をこれに沿って調整する必要があった。戦時下の研究プロジェクトの継続と、朝鮮戦争開戦後の外部資金のさらなる増加は、研究をより自律的な大学の活動たらしめた。この現実に適応したこれらの大学は戦後の研究経済を主導し、他の大学も遅かれ早かれこうした新しい現実に適応していった。

戦後の研究経済における大学は、以下のように分類され得る。戦時下のOSRDで1,000万ドル以上の研究契約を交わした6大学は最も有利だった。これらは(先述の) ONRと最初に契約した4大学に、コロンビアとジョンズ・ホプキンスを加えた6大学だった[75]。戦前からの研究大学だった他の10大学は、契約研究ははるかに少なかったが、これらの大学に所属する多くの科学者は戦時下の大規模な研究プロジェクトに他の場所で携わっていた。これらの機関は学識と研究において学術的な名声をあげることに全力をささげており、そのため彼らの参加を確立させ、また強化する方策をとらざるを得なかった。AAUの他の大学は、各大学の能力に応じ、一般的にはそれほど関与していなかった。そして最後に、より周辺的に関与していた州立大学も、すぐにこの研究経済に参画する規模と野望を発展させていった。軍の研究助成は物理科学と工学に重度に集中していたが、社会学や心理学にも及んでいた[76]。連邦資金のもうひとつの供給源は、拡大していた医学研究への助成であり、これは1950年代半ばから加速していった。連邦政府の研究資金が有する分野偏重という性質にもかかわらず、研究大学は人文学や社会科学を含む、全ての学問分野にまたがって高い水準を目指していた。ほとんどすべての大学にとって、学問的側面を向上させながら研究経済に参画することは、過大な努力が必要だった。

MITは戦時下の取り組みを大幅に存続させ、またこれを練り上げた大学として抜きん出ていた。放射線研究所を擁するレーダー研究の本拠地のMITにおける1億ドルというOSRD契約は、他の大学をはるかに凌駕していた。MITは教育と基礎研究に戻ることを切望していたが、自身の国防に対する貢献は欠くことができないと認めており、軍もこれに同意した。MITは新しい連邦政府の資金が具体化するよりも前に、自前の資金を放射線研究所の維持に注ぎ込むことで、戦後の転換計画を太平洋戦争勝利の日よりも前にすでに開始していた。MITは放射線研究所の人員や各地の戦時下の研究プロジェクトから次世代の教員を積極的に採用した。1945年が終わる前に、MITは放射線研究所を電子工学研究所(RLE)へと再構成するための連邦の資金を確保し、原子力科学と工学のための研究所を確立した。ハーバードをはじめとする多くの大学が、兵器関連研究や機密研究からの撤退の意向を表明するなか、MITはこのような研究を継続するのみならず、国防の特別な要請に応える研究の供給源として奉仕することに同意した。プロボストのジュリアス・ストラットンは、以下のように説明した。「MITの管理下にあるいくつかのプロジェクトは、…我々の局地的な、機関的な利益を超えるほどの、重大な国家的意義を有している」。多くの点で、MITの方式は学術的科学と軍事技術を進展させることに成功した。特にRLEは、新しく革新的な研究を次々と生み出した。国防への注力が過大になると判明した際はそれ——例えば早期警戒戦略レーダーシステムのデザイン——が切り離され、その結果リンカーン研究所が、連邦政府との契約研究を行う、MITが管理する研究所として創設された。資金提供を受けた研究のための支出はすぐに教育予算を縮小させたが、MITはかつてないほどに強力になった[77]。

MITは伝統的な学術的価値観を見捨てず、むしろこうした価値観も引き受けながら、新たな国家的役割を果たそうとした。1946年にMITは、教授陣によるある委員会に対して、MITにおけるすべての教育と研究に関して徹底的に検討する権限を与えた。その結果、報告書は基礎的研究の歪曲や排除について警告し教育と資金提供を受けた研究のバランスを取ることを求めた。MITの学生に対する円満な教育を提供するために、スクール・オブ・ヒューマニティーズ・アンド・ソーシャル・スタディーズを創設することが勧告され、これは直ちに実行された。しかし同報告は、「最終的には、MITにおける助成研究の領域と性質は教授陣によって決定される」[78]という点を認めている。この報告がMITの教授陣の了承を受けた年(1950)に、国務省はMITに対し、国際通信に関する研究を主導するよう要請した。結果として翌年にセンター・フォー・インターナショナル・スタディーズが、CIAの資金提供によって設立された。このセンターはスクール・フォー・ヒューマニティーズ・アンド・ソーシャル・スタディーズに附設された最初の研究部局だったが、そのオフィスへの入室にはセキュリティ・チェックが課された。MITによる国防確立の促進は、その後の10年間においてMITにとっての相当な困惑の種となったが[79]、1950年代においてMITは学術と連邦の双方に仕えた[80]。

戦争関連の研究によって2番目に大きな恩恵を受けたのは、UCバークレーだった。ロバート・ゴードン・スプロール学長による長期政権のもとで、UCは意識的に、学術的に突出することを目指し、州立大学の中で最も高い評価を得た[81]。中でももっとも著名だったのがE・O・ローレンスであり、彼によるサイクロトロンの発明は1939年のノーベル物理学賞を受賞した。バークレーの物理学者J・ロバート・オッペンハイマーがマンハッタン計画を主導し、ローレンスはそこで重要な役割を果たした。その直後、プロジェクトの資金によってローレンスは自身の放射線研究所を拡張し、大型のサイクロトロンとさらに2つの加速器を完備した。バークレーは高エネルギー物理学の世界的指導者として台頭するようになった。物理学における著名さは、大学全体に学術的な野心を抱かせるようになった。いくつかの場合においては、ローレンスが具体的な支援を行った。後にノーベル賞受賞者となるメルビン・カルビンのためにアイソトープ研究所を立上げる際、彼は「金の心配はするな。そのことは私に任せて、あなたは科学だけに取り組みなさい」と述べた。UCはすぐに戦後の研究経済に完全に参与することとなったが、元来は基礎的学術的科学の促進に焦点を充てていた。MITと同様、UCは数多くの「組織的研究部局」(UC内ではORUsとして知られる)を創設した。そこでは外部からの助成を受け、これに対して適切な奉仕をしていたが、他方で教授陣は領域内の役割として公平無私な探究(ディスインテレステッド・インクアイアリー)に焦点を充てていた[82]。UCはすぐに自律的研究の役割の論理を理解した。「[もし] スタッフの規模が…第一に教授活動の要件によって決定される［のであれば］…それに応じて研究活動の範囲は制限される…。他方、国家的な研究計画が拡大すれば、大学の研究活動は公的な要請に応じて必要な範囲にまで拡大される」[83]。

バークレーはすぐに最高度の学術的名声を手に入れるに至った。1952年にクラーク・カーがUCバークレーの学長（チャンセラー）になると、バークレー・キャンパス学術計画を制定し、学士課程の後半（アッパー・ディビジョン）と大学院への集中、教授陣の倍増、そして最良の大学と同等の品質基準を構想した。各領域が全米6位を下回らないことを目標として、カーは自ら全ての任命と昇進を精査した[84]。

他の大学は、大規模なOSRD契約を戦後の学術研究に転換することにあまり成功していなかった。これらの機関によって管理されていた戦時中の研究所は、連邦の国立研究所に転換し、一般的にはそれぞれの技術開発に効果的だったが、バークレーとMITで達成されたような学術的波及効果はほとんどなかった。カリフォルニア工科のスポークスマンは、ジェット推進研究所を「戦争時代の遺産」と呼んだ。「…およそ350人が…給与支払名簿に載っている。ここの常任教員（パーマネント・ファカルティ）のうちパートタイムの関係にあるのはちょうど3人だ」。ジョンズ・ホプキンスでは、応用物理学研究所の職員を教授陣に統合するために中途半端な努力がなされたが、それもまた、いささか時代遅れの各部局の周辺にとどまっていた。原爆プロジェクトにおけるシカゴの役割から発展したアルゴンヌ国立研究所は、原子炉開発に専念し、物理領域とゆるやかにつながっていた。シカゴは原子物理学の著名人を複数雇用したが、学長が学士課程教育（ハッチンズ・カレッジ）にこだわったことで学術上の発展は損なわれ、入学者数、収入、学術上の名声が阻害された[85]。

科学の進歩の最前線に立つことを望んだならば、研究大学はみな戦後の連邦研究経済に適応するという課題に直面した。それらを妨げていたのは、資金の不足、学士課程の指導のような競合する優先事項、4Dについての懸念、そして多くの場合、組織的慣性を伴う根強い近視眼だった。必要なのは科学的卓越性に取り組む最高レベルのリーダーシップであり、特に教員の採用においてそれは必要だった。戦争直後の急速な発展を考えると、日和見主義もまた重要だった可能性がある。スタンフォードのフレデリック・ターマン（後述)やイリノイのF・ウィーラー・ルーミスといった人物にとっては、明らかに日和が良かった。両者とも戦時プロジェクトに携わっており、科学者や資金提供者のネットワークに精通していた。研究経済への参加には代価が必要だったが、一度それが支払われると収益は相当なもので、すぐに増大した。

コーネルの発展はこの過程を例示している。エドマンド・エズラ・デイ学長(1937-1949)はロックフェラー財団から大学に加わり、学問の卓越と公共サービスの両方を尊重した。1945年後半、バッファローにあるカーチス・ライト航空研究所を数百万ドルで買収する可能性が生じた。キャンパスから遠く離れており、メーカーや空軍のための極秘の応用研究に従事していたため、その莫大な予算は大学に重大な財政的リスクをもたらした。しかし、この研究所は新しい航空工学スクールにとって金の卵となった。年末の締め切りに迫られたコーネルはこれを滑り込ませたわけだが、「もし教員投票にかけられていたならば、確実に拒絶されていただろう」[86]。しかし、航空旅行は急成長の産業であり、研究所は多くの後援者と実りある研究を産み出した。原子物理学では別の運命的な関与が求められた。ハンス・ベーテ教授(後のノーベル賞受賞者)は、ロス・アラモス研究所の理論部門の責任者を務めていたが、リチャード・ファインマンを含む才能ある原子力科学者を引き連れて戻ってきた。1946年にバークレーからの申し出を受けた彼は、原子力研究に必要な施設のために最大200万ドルの投資が必要なことをデイに知らせた。デイは後にこの関与を、彼の学長時代の「おそらく最も重要な決定」と呼んだ。すなわち、「原子力研究の研究所を作らなかった場合、主要な物理学者のほとんどを失い、物理学の先導者としての立場だけでなく、その結果として、工学やその他の応用科学分野における私たちのプログラムの強みも脅かすことになっただろう」[87]。

戦後の研究経済における研究競争には継続的な投資が必要だったが、原子物理学の要求は特に厄介だった。イェールの物理学は、戦前は活気がなく、戦時科学には参加していなかった。遅れを取り戻すため、イェールはONRから十分な支援を受けた理論物理学者をなんとか雇った。しかし、すぐにコーネルと同じジレンマに直面した——すなわち、機関の乏しい資金を原子物理学のための実験室構築に投入する必要があった。このプロジェクトのための資金をかき集めると決定することは、連邦からの研究資金を蔑視した学術的純粋主義者の新学長、ホイットニー・グリスウォルドにとって特に困難だった。彼は最終的にイェールが偉大な大学であり続けるためには、一流科学者のために最新の研究所が必要なことを受け入れた。それでも、1952年に教授陣の昇給と昇進が凍結されたことで、この動きは大いに不評なものとなった。ミシガン大学は、原子物理学で名声を確立するためのより創造的な方法を見つけた。アレクサンダー・ルースベン学長(1929-1951)が連邦政府の支援する研究を不信に思い、4Dに対して懸念を抱いても、戦時中と戦後の研究は複数の分野の大学教授陣によって推進された。大学の戦没者への追悼として、ミシガン大学は1948年に原子力の平和的利用のために民間から資金を調達するフェニックス・プロジェクトを立ち上げた。これら2つの称賛に値する目的をもって、ミシガン大学は数年間で750万ドルという驚くべき額を集めたが、最後の100万ドルは原子炉の購入のためにフォード財団から贈られたものだった。連邦資金は当然のように続いたが、民間の寄附金は大学全体の広範囲の研究応用を支援した[88]。

ペンシルベニア大学も、戦後の無気力なリーダーシップに悩まされていた機関だった。その運営と評議員は「フィラデルフィアにおける全面的な保守主義」を守っており、「想像力に欠け、過度に用心深い」と見なされていた[89]。そのメディカルスクールは例外であり、研究に精通した部長の下で躍進したが、ウォートン・スクールは、その指導者のジョセフ・ウィリッツ部長(1933-1939)がロックフェラー財団に移った後に衰退した。低迷はカレッジ・オブ・アーツ・アンド・サイエンシズで特に顕著で、戦前の弱さが1950年代まで続いた。この点でペンシルベニアは、戦後の環境のなかで競争するために学問的水準を上げるという課題に直面した、多くのアメリカの大学の代表だった。1953年、評議会が物理学教授のゲイロード・ハーンウェル(1952-1972)を学長に昇格させたことで、ようやくペンシルベニアは多くの問題に取り組む決意のある指導者を得た[90]。

ハーンウェルは彼の最初の行動の中で、ジョセフ・ウィリッツを責任者とする教育調査（ザ・エデュケイショナル・サーベイ）を委託したが、ここでは5年以上にわたり、大学の運営のあらゆる側面が調査された。1958年に調査結果が発表されるまでに状態が改善し始めていたとはいえ、教授陣と大学院の調査によって、中心的な弱点が特定された。多くの大学と同様に、領域出身者の雇用が1つの問題だった。ペンシルベニアでのPhD取得者は、アーツ・アンド・サイエンシズの教授陣で半数以上、ウォートン・スクールでは76%だった。自大学出身の教授陣は「変化に抵抗し、よそで行われた実験に不信感を持ち、批評する人は恨みを抱いているとか、不忠だと見なしていた」。彼らはまた、彼らの相対的な地位に満足していた。実際、ハーンウェル学長を除けば、著名な科学者はメディカルスクールにしかいなかった。学士課程、特にウォートン・スクールでは、比較的非選抜的な入学者選抜が行われ、大学の名声と教授陣の士気を低下させていた。大学院プログラムについては、ほとんどの専攻が志願者の85-100%を受け入れており、彼らは一流校からの志願者を引きつけることも、そうした場所に卒業生を就職させることもしなかった。フルタイムで研究する正真正銘の大学院生は半分だけだった。実際、ハーンウェル時代以前、ペンシルベニアはPhD授与件数で17位に位置していた。もちろん、より良い教授陣を集め、大学院生を支援するために、より高い給与と奨学金が必要だという点で、金銭的な制約は深刻だった。しかし大学は収入を上げるために評判を改善しなければならなかった。教育調査の目指すものは明確だった。すなわち、「ペンシルベニアは、他の主要な大学と同様に、研究に徹底的に取り組んでいる」。国家の優先事項の変化を反映して、同調査によって次の10年間に響くことになる文句が加わった。「学士課程カレッジでの教授活動改善のための努力は、それ自体は望ましいが、大学の主要な目的に干渉することを許すべきではない」[91]。

おそらく、自己満足に対抗するために、教育調査はアーツ・アンド・サイエンシズ領域の教員組織の評価を実施することによって、ペンシルベニアの相対的な地位を測定しようとした。これは、1925年にレイモンド・ヒューズによって行われて以来の、大学と領域についての最初の体系的なランキングだった[92]。ペンシルベニア大学は、いくつかのマイナーな人文系領域に支えられて、自らを寛大に11位にランクづけした。1925年以来地位は変わらなかったと自負していたが、最大規模の、最も競争の激しい部門では著しく弱かった。ケニストンの評価は全体として、この節の冒頭で特定された大学のグループを裏づけるものだった。UCLAが14位と評価され、ジョンズ・ホプキンスが16位に転落したことを除いて、戦前の研究大学は依然としてトップにいた(MITおよびカリフォルニア工科は技術系のスクールとして省かれた)。カリフォルニアは今や、主要な大学としてハーバードに挑戦していた。シカゴは6位に転落した。コロンビアの弱点はまだ記録されていなかった。ケニストンは、1950年代半ばの学術発展の状況を反映して、評価に値する25の機関のみを検討した。戦前の研究大学の下には、インディアナ、ノースウェスタン、オハイオ州立、ニューヨーク、ワシントンが含まれていた。それら以外で、ランク外だった(上位15に入る領域がほとんどない)のは、カトリック、デューク、アイオワ、ノースカロライナ、テキサスだった。ケニストンの調査した1957年には明らかに、これらの大学のほとんどがペンシルベニア大学の問題、すなわち自大学出身教員の多さと大学院プログラムの組織の弱さを共有していた。

ケニストンの順位づけは、スタンフォードの学術的な力の向上を見抜けていなかった。スタンフォードは、1925年(14位)と同様に、研究大学の下位(13位)と評価されていたが、戦後最も目覚ましい組織改革に着手していた。最初の戦略的措置はフレデリック・ターマンによって行われ、ウォレス・スターリング学長(1949-1968)によって巧みに推進された。ターマンは戦時中ハーバードの無線通信研究所を率いており、そこでレーダー防衛と通信を発展させた。彼は西海岸に最高の工学スクールを作り上げるという確固たる野心を持って、工学スクールの部長としてスタンフォードに戻った。彼は、国防研究、特に電子機器に対する連邦政府の支援が継続すると確信しており、彼は意識的にこれらの研究契約を利用して同スクールとスタンフォードを発展させようとした。彼はハーバード・ラボから科学者のチームを呼び戻し、積極的にONRとの契約を求め、この研究を行うための工学スクールを作り上げていった。彼は続けざまに、マイクロ波、電子工学、応用電子工学に関する研究を集約するための研究所を設立し、同時に地元の産業と密接に協力した。1955年にターマンはプロボストに昇進し、その地位で全教授陣の雇用と昇進を監督した。彼の野望は今や工学を超え、彼がハーバード大学時代に観察した取り組みを模倣しようとした[93]。

こうした野心はウォレス・スターリング学長と完全に共有されており、彼はそれらを達成するために尽力した。スタンフォードを他の成長中の研究大学と区別したのは、何よりもまず、最高のものを模倣するという決断だった。工学研究であればMITだったが、大学としての発展のモデルはハーバードであり、特に計画と洞察を通じて最高レベルの質を維持する能力がそうだった。このような高い野心は、改善を求める際には批判的であると同時に、現状を判断する際には冷徹に現実的であるという内部的な心性を育んだ。スタンフォードは一貫して、彼らが達成しようとした目的と、それらを達成するために必要な手段とを関連づけたが、それはほとんどの場合、より多くの資金調達を意味した。この考え方により、スタンフォードは潜在的な機会の創出と活用を可能にし、振り返ってみれば幸運だと思われることを可能にしていた。スターリングはCFHEで働いた経験があり、そこで財団の世界につながり、私立大学の経済的な危険性を認識していた。この経験によって、多くの大学(例えばペンシルベニア)が行うのをためらっていた、民間産業と協力する意欲を強めたのだろう。そのような結びつきは、さらなる研究をもたらしただけでなく、特にベイ・エリアの裕福な実業家からの寄附金の増加を促した。スタンフォードはフォード財団との近さから大きな恩恵を受けた。入念に計画された学術的進歩というスタンフォードの目標は、まさに同財団の目標だった。そして、同大学の業績が明らかになるにつれて、スターリングはあらゆるところからの資金調達についてますます成功するようになった。スタンフォードの進歩は、1955年以前はわずかなものだったが、機関の性格の変化は次第に明らかになっていった。1955年以降、リソースと画期的な学問が積み重ねられていった。次の格付け調査が1964年に行われたとき、スタンフォードは第5位へと躍進した[94]。

スタンフォードは、1957年と1964年の(さらに徹底的な)調査の間に相対的な地位を高めた唯一の私立研究大学として際立っている[95]。1950年代と1960

年代の研究経済は公立大学に有利な傾向があった。ウィスコンシン、ミシガン、イリノイ、およびUCバークレー(第1位)は、博士課程の急成長とともに、これらの年で過去最高の順位を達成した。州立大学は、物理科学と工学の領域[の教員組織]が大規模になる傾向にあった。それらの大規模な、そして増加中の学士課程在籍者は、博士課程の授業の費用を負担でき、領域の規模を支えた。重要な発展の中で、ますます多くの州立機関が、大学院教育と研究という大学の使命を急速に受け入れていった。1945年から1965年にかけて、18のランドグラント「カレッジ」がその名称を「大学」に変更した。名称変更は、内部的な発展度合いは異なるものの、大学の「主流」の理念や使命との奇妙な同一性を示すものだった[96]。

これらのスクールのほとんどは、州の旗艦大学とは異なる使命によって定義された、旧「A&M校」だった。それらが行った研究は農業で始められ、他の応用分野にも広がった。それらはカレッジ・オブ・アーツ・アンド・サイエンシズの開発に時間がかかり、これらの部局は未発展のままの傾向があった。戦後の入学者数の増加は、こうした他分野のカリキュラムを充実させるのに役立ち、これが大学の精神へと向かう最初のステップとなった。例えばアリゾナ州立は、1954年に4つのカレッジ——リベラル・アーツ、教育、アプライド・アーツ・アンド・サイエンシズ、ビジネス・行政——に再編成されたとき名実ともに大学になったと思われた。これらの部局は実際には、多くのランドグラント機関における学士課程の配置を反映していた[97]。これらの半分は1950年代まで博士号を授与していなかったが、いくつかは両大戦間に研究と大学院教育に取り組んでいた。アイオワ州立はそのように取り組んだ最初の機関だったが、実際に名実ともに研究大学になったこのグループの一握りのうちのひとつだった。1958年、AAUはアイオワ州立、ペンシルベニア州立、およびパーデュー(以前から大学と名づけられていたが、A&Mグループのひとつ)にメンバーシップを授与したが、これは旧A&M校として初めてのことだった。

大学という名称がそれぞれに授与されることはそれぞれ比類ない出来事だったが、いずれの場合も、それはアメリカ高等教育の現代化に参加することを意味した。一部の州では、州の高等教育システム全体を見直した後、立法が必要とされた。他には評議員会が単独で行動した州もあったが、多くの場合はブルーリボン委員会の報告の後だった。カンザス州、ミシガン州、ワシントン州では当初、カレッジには「農業・応用科学大学」という、見下すような名称が与えられたが、そうした屈辱的なラベルはすぐに剥がれ落ちた。ペンシルベニア州立カレッジでは、名称変更に関するすべての利害関係者をミルトン・アイゼンハワー学長が慎重に訪ね歩いたところ、…誰も気にしていないということが判明した。大学の弁護士は郡の裁判所に必要な書類を提出した。しかしアリゾナでは、アリゾナ大学が州立カレッジの名称変更の大志に反対し、州の高等教育委員会を支配していた。草の根運動は1958年の州民投票を組織し、有権者は２対１でアリゾナ州立大学を承認した。この頃までに、大学と近代化への大衆の支持を高めていった。こうした名称変更18件のうち10件は1957年から1960年の間に起こった。

ペンシルベニア州立の発展は戦争からいくらか間接的に恩恵を受けたが、ここでも個人的なつながりが重要だった。戦前７番目に大きな工学スクールのこの機関は、戦時中の努力のほとんどを大規模な教育プログラムに費やしていた。工学スクールの部長は、これらの取り組みの全米的な組織において重要な役割を果たしたが、研究はその後拡大される必要があることも認識していた。彼はハーバード水中音響研究所からエリック・ウォーカーを雇い、すぐにウォーカーはペンシルベニア州立において研究を続けるように求められた。その後、海軍はプロジェクトを兵器研究所へと拡大し、水中テスト用の大きな水中トンネルを設置した。研究室は機密兵器の研究に従事していたが、ウォーカーが部長となった工学カレッジと統合され、さらなる研究の源泉となった。ウォーカーはまた、戦時中のつながりを利用して、カレッジ初の原子炉をAECの認可のもと設立した。ペンシルベニア州立は、ミルトン・アイゼンハワーが学長になったとき(1950-1956)、学術の現代化に取り組んでいた。カンザス州立カレッジのトップとして７年間、彼はリベラル・アーツのカリキュラムを典型的な応用系ランドグラント・カレッジに注入した。牛飼いカレッジ（カウ・カレッジ）というイメージと低い士気に苦しんでいた機関は今や発展した機関となり、彼がその手綱を握っていた。アイゼンハワーは熟練した管理者であり、刺激的なリーダーだった(大統領の兄弟だということは害にはならなかった)が、彼は各部長に、特にウォーカーに学務を預けた。その後ウォーカーは研究担当副学長となり、実質的な後継者となった。ペンシルベニア州立大学への名称変更の達成は象徴的なものだったが、それは本格的な学術機関の精神への真の変革を表していた。ペンシルベニア州立大学の研究は、ランドグラント校特有の科学・工学志向を維持し、カレッジ・オブ・リベラル・アーツと図書館が比較的軽視されたが、学問的には戦後の研究経済に実行可能な隙間を見つけた[98]。

1950年代後半、連邦が支配する戦後の研究経済の主な特徴が明らかになったが、大学の指導者は決して満足していなかった。研究支出の半分以上が連邦政府からの、そしてその半分以上が国防総省とAECからのものであり、彼らは再三再四にわたり懸念を表明した。伝統的な大学についての一般的な観念は脅かされているようだった。知識の保存、伝達、創造という大学の基本的な使命のうち、連邦研究資金は知識の創造のみを支援していた。大学における最たる本質の研究の自由は、連邦政府の研究契約によって損なわれる可能性があった。そして、連邦政府機関のプログラム上の目的は、基礎研究を通じて知識を進歩させるという大学の使命に取って代わる、との恐れがあった[99]。これらの規範的関心は、1950年代の学者の時代精神に端を発した。それらは当時、批判として完全に正確というわけではなかったが、より重要なのは、当時を振り返って初めて明らかとなる、はるかに大きな現象を理解することから同時代の人々をそらしたということだ。すなわち、アメリカの戦後の学術研究は、世界史上もっとも強力な知識進展のシステムを展開してきた。

研究の資金提供者と実行者は、自己組織化システムへとまとまっていた。研究プロセスを方向づけて安定させ、アウトプットを検証する、正のフィードバック機構によって、極めて分散化した多数の当事者と行為が調整されていた。このシステムは、研究のスポンサーに対して驚くほど豊かな可能性を提供した。スポンサーは、独立して提出されたものか要請されたものかにかかわらず、学術研究者の全人口を活用し、最も有望な提案を支援した。もし彼らの目的が製品や武器の開発だったとしたら、彼らはそのようなプロジェクトを――連邦政府の、産業界の、あるいは大学の管理する――専門の研究所にあてがうことができただろう。スポンサーは最も有能な研究所を見つけ出し、確保できたのだろうか。彼らは科学界を頼って最高の科学を見出だした。資金調達プロセスの効率性はほとんど問題にならなかった。価値ある研究成果は保持され、基盤となった。当ての外れた結果は退けられた。大学の研究者は、資金提供を受けた研究の条件を受け入れることで彼らの自由を放棄したのだろうか。決してそんなことはない。彼らの振る舞いは、3つの異なる、しかし相互に関連し合う報賞システムからの正のフィードバックによって形成されていた。研究助成金は――研究室、学生、そして彼ら自身に――資源を提供した。大学は昇進とテニュアで学術的な達成に報いた。そして、学問ディシプリンは専門家を認め、名声を与えた。大学の科学者は、研究助成金を獲得するだけでなく、自身が専門家として進歩した方法で、自身の分野を進歩させるよう強く動機づけられていた。ONR、AEC、フォード財団などの大規模な資金提供者は、自分たちの分野を支配することができたし、実際にそうだったが、これらは研究経済のほんの一部であり、これらは同じ能力を基盤とした一連の出来事だった。どのような場合にも、不規則なものは自己修正する傾向があった。この自己組織化システムへの多くの参加者は、共通の目的をもって――理論的、基本的、プログラム的、技術的、および／または応用的な――知識の量を増やしていった。

1950年代の終わりに、このシステムの力と効果は、学術的な伝統主義者の疑問と恐れを鎮めた。大学と学術研究システムに対する認識と支援に変化が起こった。4Dへの誤解、不安、恐れはすべて、先ほど説明したプロセスに対する社会的・政治的な支持へと道を譲っていった――それはまもなくアカデミック・レボリューションとして認識されることとなる。

第2部

リベラル・アワー、1957-1968

第3章　大学の権勢

第4章　拡大と変質

第3章
大学の権勢

歴史家ケルビン・マッケンジーとロバート・ウェイスブロットは、1960年代をリベラル・アワー——アメリカ人が、連邦政府によってアメリカの社会悪が正されると信じ、「古いものから新しいものまで、様々な問題にまたがる改革の暴風」[1]を受け入れた時代——と呼んだ。この時代には改革——すなわち公衆の姿勢と政府の行動の改革——の必要性が徐々に認識され、またこれが加速していった。改革の必要性に対する認識は、1960年のジョン・F・ケネディの大統領当選とともに意義のある形で現れた。ケネディは政治的には極めて保守的だったが、政権運営のための学者との会合の際に、改革の精神であるニュー・フロンティアということばを、とりわけキャメロットのイメージで伝えた。ケネディ政権下では下院に妨害されていたリベラル・リフォームの「暴風」はリンドン・ジョンソン政権(1963-1969)の1期目において立法の嵐となって炸裂した。その記念碑的な躍進によって市民の権利、貧困との戦い、都市、環境、そして教育に関する法律が制定され、その全てが連邦政府の規模と行動範囲を拡大させた。1966年以降、ジョンソンの偉大な社会(グレート・ソサイエティ)は、リベラル・アワーの覇権に挑戦し、究極的にはその土台を崩壊させようとしていた、成長しつつあった反対勢力に直面した。そしてその頃までにアメリカという国家は変容しており、アメリカの高等教育も同様だった。

保守的だった1950年代に、戦後の状態、特に産業資本主義と、ニューディール・アコモデーションのもとでの組織化された労働者との共存を受け入れる一方で、「リベラル・アコード」がアメリカ的生活様式を取り囲んだ。社会改良の試みは「貧困者を、富める者に過度に負担を負わせることなく引き上げる」ことを目指し、公共善は「完全雇用」の達成と同一視されていた[2]。この合意は1957年初頭から異議を唱えられ始めた。アーカンソーのリトルロック・セントラル・ハイスクール人種融合問題における軍隊の動員は、リベラル派による根深い矛盾の忌避が長続きしないという事を告げていた。しかし公衆の自己満足に対する最大の衝撃は10月に訪れた。ソビエトによるスプートニク１号の発射だ。アメリカ人はソビエトに宇宙開発競争や他の科学一般で先を越される可能性など考えたこともなく、おそらく武器開発においてもそうだった。このことは公衆の雰囲気を決定的に変化させた。多くにとってこれは、国を強化し、教育の欠如を乗り越えるための挑戦に向けた明快な呼びかけとなったが、一方でアメリカ的生活様式は擁護されていた。

翌年、支配的な社会的合意はジョン・ケネス・ガルブレイスのベストセラーとなった著書、『ゆたかな社会』によって異議を唱えられた。ガルブレイスによる、公衆の貧困に囲まれた個人の豊かさの増大に対する機知に富んだ因襲打破的な批評は、1950年代末におけるアメリカ的生活様式のまさに中核となる部分に疑問を投げかけた。「ゆたかな社会」のアキレス腱は、経済産出量の継続的な拡大という妄想にあった。誰もが成長のなかで既得権益を持っていたようだが、アメリカが新たに得た豊かさは、消費者の差し迫ったニーズを満たすことがほとんどなかった(振り返ってみればこれは近視眼的な見方だった)。それどころか、広告によって付加的な商品の需要が作りだされ、共産主義撲滅運動に刺激されて兵器に過大な出費がなされた。同時に、公的セクターの資源が欠乏した。私的消費の増大は、都市の状態、輸送手段、環境、医療、そして教育を含むアメリカ的生活における公的側面の沈滞や劣化と共に生じた。この最後の点についてガルブレイスは、専門技術や知的技能を基盤とした労働に従事する労働者の新しい階層(ニュー・クラス)の台頭を強調した――これはポスト産業社会と後に呼ばれるものを予示する見方だった。新しい階層に参入するためには、「何にも増して、その資格は教育だ」。アメリカは既に増加した生産に投資するよりも、新しい階層を教育する学校や大学に投資すべきだ、と彼は勧告した[3]。

リベラル・リフォームの可能性がある全分野の中でも、教育の拡大と向上は公衆と政治の支援を受けるにあたって最も広範な可能性を有していた。しかしこの時点において、それがどのように行われるか、ないしは誰がこれに対して資金を提供するか、という事に関しての合意はほとんどなかった。50年代半ばに米国は、急増するベビーブーム世代の児童生徒に応じた教室および教師の手配を行うという課題に直面し、この世代の学生が10年後に高等教育に場を求めるという認識が増大していった。1955年の「ホワイトハウス教育会議」は、初等中等教育において直面している問題について述べたが、連邦政府による教育への関与について、議会の議論が行き詰まったために、同会議が勧告した学校建築のための「緊急」政府援助は無視された。この問題は翌年のハイスクール後の教育に関する大統領委員会で引き続き取り上げられた。連邦政府が教育の主導権を握ることに対する更なる陰鬱な雰囲気が、1957年に議会が委員会に対する出資を取り止めたことで生じた。しかしながら同委員会の最終報告は、押し寄せる高波(タイダル・ウェーブ)――1970年までに学生の数が2倍にも3倍にもなるということ――をはっきりと描いていた。同報告は、教員の競争的給与水準の測り知れない高騰、学問的により優れた学生をカレッジに入れるための協議と金銭的補助、そしてより多くのコミュニティ・カレッジの建設による教育機会の拡大、といった直近の課題を詳述していた[4]。

スプートニクは、高等教育が直面する課題に取り組む公衆の意欲を変容させた。大統領委員会の委員であり、イリノイ大学の学長だったデイビッド・ヘンリーが後に記した「追い風」は「おおよそ1958年から1968年まで続いた高等教育への称賛的な公的評価」によって生じた。「…それは、教育を受けた男性と女性がアメリカの主要な資源だということが、信条となったということであり、その信条は、特定の観点から測定することは出来なかったとしても、広く共有されたものだった」。連邦レベルのスプートニクに対する反応は、学生支援に関する委員会の勧告を反映し、大学院のフェローシップと学生ローンを創設した国防教育法(NDEA, 1958)が含まれた[5]。しかし、スプートニクは連邦の関心の矛先を、高波からアメリカの科学へと向け変えた。これに応じた莫大な投資については、以下で検討する。急成長したカレッジ学生世代はむしろ、州や各地域の行政と私的な寄贈を通して、アメリカの公衆によって受け入れられた。1956年から1970年にかけて、入学者数はほぼ3倍になったが、カレッジや大学に対する教育支出は6倍になった。1955年から10年間で、寄附は4倍以上になった。公衆の熱意と信念が、アメリカ高等教育の変容を推進した[6]。

この変化には複数の次元――入学者数の増加、機関の増加と適応、科学研究の拡大、そして学問の範囲をまたがる知的達成――があった。こうした発展はほぼ同時に発生した。リベラル・アワーはこのような同時並行的な物語を覆うものだった。以下、この時期の学問的発展(本章)と高波の多様な帰結(第4章)を検討する。

連邦研究経済

スプートニク直後の反応においては、宇宙開発、科学、そして教育が強調された。教育については、幼稚園からハイスクールまでのK-12教育における不備への対応が主に連邦教育庁を通して行われていたが、高等教育についてはNDEAが寄与した。宇宙開発については、NASAが1958年に組織され、これがすぐに大学の科学に支援する新たな窓口となった。科学については、スプートニクは直ちにアメリカの科学研究についての意見に波及した[7]。

1950年にNSFが創設された際、大学の研究に対する連邦の補助は、87%が国防総省と原子力委員会によってなされていた。学術および科学の指導者たちは、長年国防関連の研究のせいで基礎研究が疎かになっていることに対し、不満を抱いていた。バネバー・ブッシュは*Science, the Endless Frontier* (1945)において、基礎的科学の重要な役割について論じた。NSFはブッシュ報告の直接の遺産であり、そのディレクターだったアラン・ウォーターマンは、数年にわたって一貫して基礎研究を唱道していた。しかし、国防の樹立が基礎的学問的科学に対する不信感をますます助長させ、代わりにその中心となる兵器システムのための実用的研究が好まれるようになっていた。スプートニク・ショックは両者の位置関係を反転させ、ソビエトに勝ち、国家の科学の試みを補強するという2つの目的のために、基礎研究に国家的優位性を持たせるようになった。この直後の反応は、行政機関への科学の提供を増強することだった。MITのジェームズ・キリアン学長が新設された大統領科学顧問となり、新たに組織された大統領科学諮問委員会(PSAC)のシニア・サイエンティフィック・ステーツマンをその補佐とした。PSACはNASAの構想といった問題でアイゼンハワー大統領に助言をし、また全米の公開討論会を通して基礎研究——これは原則として大学での研究を意味する——のイデオロギーを発し、これを飾り立てた。PSACは1958年と1959年に、学術的な科学の強化を主張する報告書を刊行し、賛同者たちは基礎研究シンポジウムを組織してこのメッセージを強化した。アイゼンハワー大統領はこのシンポジウムに出席したのみならず、1億ドルを要したスタンフォード線形加速器を支援した[8]。

PSACは1960年に、さらに強力な報告書を刊行した。UCバークレーの学長(チャンセラー)だった(そしてプルトニウムの発見者でもあった)グレン・シーボーグを委員長とした委員会が、以下の諸点を断言した。研究は何にもまして自国の経済的利益への投資で「我々特有の進むべき道は、科学に対する投資を、まだ見ぬ限界に向けて、ただ可能な限り素早く増やすことだ」。基礎研究と大学院教育は「あらゆる水準において共にあるべきだ」。そして国民福祉の重要性を考えると、大学を繁栄させ得る資源を提供する「責任は、必然的に連邦政府に求められる」。このシーボーグ報告は、基礎研究のイデオロギーの推進を求めた。同報告は政府に対し、単に研究契約に対し資金提供をするのではなく、大学院生、教員、新しい分野の研究、そして設備への支援によって大学の研究能力を築き上げる責任を取ることを強く求めた。加えて同報告は、「今後50年以内に…第一級の科学センター」の数を「30-40箇所へと」倍増させることを目標とした。驚くべきことにこの青写真は、そのほとんどが1960年代に履行された[9]。

大学と学術的研究の支援は、リベラル・アワーの時代精神を象徴するものだった。シーボーグ報告は、後に彼を原子力委員会の委員長に任命することになるジョン・F・ケネディの大統領当選のわずか数週間後に発表された。この数年間で、科学は空前絶後の影響力と名声を得た。学術的科学を支援する構造がほぼ整い、これにはNASAとNDEAが多少関わっていた。それまで支出を渋っていた議会が積極的に経費を計上したことは、科学に対する無批判な是認を意味した。1958年から1964年にかけて、大学での研究に対する連邦の助成は4倍――2億ドルから8億ドル――にまで増えた。この「大高騰」のうち、およそ3/4がNSF(+1億1,000万ドル)と国立衛生研究所(NIH, +3億2,900万ドル)に割り当てられた。ソビエトとの競争もこの高騰に影響を与えていたと考えられるが、基礎研究のイデオロギーがこれに対して継続的な根拠を与えていた。NSFは全ての科学において世界的な業績をあげることを目論み、NIHの政府予算は医療の進展という国内の支援を目指すものだった。ソビエトへの挑戦は、NASAによってアメリカ人を月に送る――そしてその過程において大陸間弾道ミサイルを開発する――という公約とともに宣伝された。

研究経済の暴騰は、以下の2段階を経て生じた。スプートニク・ショックから60年代半ばにかけて、科学組織の影響が支配的となり、基礎研究のイデオロギーが批判されなくなり、連邦による研究支援の増加が幾何級数的になった。学術的研究開発への国家予算からの支出は対GDP比で0.1%から0.2%へと倍増し、拡大する経済の中でもとりわけ印象的だった。全ての連邦の科学関連機関がその恩恵を受けた。NSFの予算はこの時期に毎年20%ずつ増額され、連邦による学術研究支援の15%を占めた。基礎研究のイデオロギーを具体化していく中で、NSFはアメリカの科学を安定して支援していくための「天輪(バランス・ホイール)」を志向するようになった。NSFはその予算が拡大するにつれて、実際にその役割を担うようになった。個々の研究助成の提供に加え、NSFは巨大科学計画とそのための費用のかかる設備に対してもより大きな責任を負い、また大学に対しても機関レベルでの支援と設備投資を通して支援することを目論んでいた。

それでもなお、ジェームズ・シャノン(1955-1968)のもとでのNIHは最大の恩恵を受けており、1960年以降は学術研究の最大の支援者となった。アメリカ公衆衛生局の研究部門だったNIHの使命は、「病気の原因、予防法、そして診断方法と治療法」を調査することだった。ロビイストの連合体が議会の各委員会に対し、この申し分のない目的を主張したことで、溢れ出るほどの予算を獲得した。この方針のためにNIHは、支援する研究の90%近くが基礎研究の性格を有するにもかかわらず、基礎研究のイデオロギーはほとんど必要なかった。NIHも1960年代に予算が増大するにつれて、研修生や機関の支援に相当な額を費やすようになっていった。

「国防確立」のための政府機関のすべてがスプートニク・ショック後の暴騰に与した。国防総省は高等研究計画局(ARPA)を設立し、個々の事業の範囲を超える、ハイリスクな技術的課題に着手することで、この危機に対応した。ARPAは、大学におけるコンピュータや物質科学の長期的なプロジェクトの種を蒔くような、学術研究の理想的な支援者として始まった。グレン・シーボーグのもとでの原子力委員会(AEC)は当然に、シーボーグ報告の精神を具体化した。AECによる主要な研究の試みは国立の研究機関に委ねられたが、同時に大学における核科学の継続に対しても責任を負った。後発機関だったNASAは、1945年にONRが行ったように、学術的研究者の注目を買わなくてはならなかった。一度充分な予算を獲得すると、NASAはその研究助成を広げていった。宇宙科学は、宇宙ロケット制作というNASAの存在意義の一部で、議会と公衆の関心を集めるために不可欠だった。合計すると、国防確立は学術研究のための支援を1億2,400万ドルから3億900万ドルへと増加させた(1958-1964)。

暴騰の第二段階は1960年代の後半だった。成長率は停止に向かって徐々に下がっていき、学術的研究への財政支出は1968年の対GDP比0.25%がピークとなった。第一段階の目も眩むようなペースは、科学コミュニティの野心を掻き立てていた。今や将来的に年15%の増加が期待されていた。1965年の科学分野の調査では、「必要な」追加支援についての行き過ぎた見積もりを提示した。しかしワシントンの熱狂は冷却されていった。PSACや科学機関がリンドン・ジョンソン大統領のホワイトハウスに対して発する影響力は低下していった。特に大統領は、急騰する科学への財政支出に対し、その実際上の恩恵を問い始め、連邦の支援が主要な研究大学に集中していることを批判した。科学政策の主導権はほとんどが議会へと移ったが、議会はジョンソン大統領と関心を共にしていた。1964年に議会は2つの100万ドル級の研究プロジェクトを断念し[10]、前提となっていた基礎研究のイデオロギーは検討の対象となり始めた。しかし、過熱した60年代半ばの研究経済は、より多くの連邦の資金を、より科学的な目的のために、より多くの受領者へともたらした。

1960年代の連邦による支援の特筆すべき点は、大学がより多くの、より良い研究を行うことが出来るように、大学の研究能力を強化させることに対する熱意だった。1965年にNSFは、科学振興計画を開始させることでこの理論を拡大させたが、これにより4億ドルから6億ドルの助成が32大学に対して割り当てられた。この構想はシーボーグ報告による「第一級の科学」の業績追加の要請に取り組んだものだったように見えた。ともするとより重要なことは、同計画が研究助成を全米により広げるべきという議会の圧力に応えたものだったという点だ。ジョンソン大統領は、他の政府機関にも同様のことを行うように、すなわちNASA、NIH、そして国防総省に対して科学の発展を促進するような戦略を取らせるように指導することで、この政策を支援した。将来の「開発」にとってのメリットを判断することは難しいため、NSFはそのような取り組みに対して、持ち前の拡張性でもって対応した。続く2年間でNSFは、追加で73の機関を援助した2つのより小規模なプログラムを創設することで、請願者(と議会)を鎮めた。NASAは自身の目的の1つとして宇宙科学の種を蒔くことに熱心であり、「継続的な助成」を175の受領者に対して行った。国防総省は、多くのキャンパスで反戦感情の効果を感じる中で、そのほとんどがより低ランクの大学82校に対し、関連分野の専門技術を開発するための資金援助を行い、新しい研究者を惹きつけた。既に充分以上の機関の支援を行っていたNIHは、11校のメディカルスクールに対して開発資金の提供を行ったのみだった。合計して216のカレッジと大学が開発資金を受領した。開発資金の効果は請願者に対し、実行可能な研究計画書を策定し、その提出を可能とさせることであり、その取り組み全体は、大学研究経済への参加者の大幅な拡大、すなわち連邦の政策と各地の野心の結びつきを意味していた。しかし基礎研究のイデオロギーの基盤は摩耗していた。

1966年に国防総省は、主要なイノベーションへと導くような「研究成果（リサーチ・イベンツ）」の本質とその順序を測り得ると考えられていた、プロジェクト・ハインドサイトの結果を公表した。これによると、基礎研究による寄与は極めて小さいことが判明した。NSFは当然、これに反論する研究を行い、長期の学術的研究が技術的成果を導くための主要な要因だと結論づけた。議論は引き分けになったかもしれないが、基礎研究の神秘的な雰囲気は変わっていった。国防総省は科学開発プログラムで新たな学術的パートナーを探しながら、ARPAの資金を大学から引き上げ、政府の研究所や私設の研究所を好むようになった。しかし、決定的な変化が1969年のマンスフィールド・アメンドメントによって生じ、同法は同省の研究資金を「特定の軍事機能や軍事行動」に対するものへと限定した。マイク・マンスフィールド上院議員は「国防総省内で育った第二の、裏の全米科学財団」をたたむべきと主張したが、上院は実際には、反戦のアジテーションと同様に、基礎研究のイデオロギーの衰退を思案していた。この立法行為は全ての政府機関に向けて、明らかに各機関の使命と無関係な研究の支援を避けるべきとのメッセージを発することとなった。国防総省は1960年時点で連邦支援の大学の研究のうち34%を支援していたが、1970年には15%、1975年には8%にまで低下した[11]。

NSFへの政府歳出予算は、1966年から1968年までは4億8,000万ドルで安定していたが、1968年に長期にわたる再審議が行われ、議会は同財団の使命に応用研究を含めるよう指導した。1968年の政府歳出予算は学術研究にとって最高水準となった。実際のNSFへの政府歳出予算についても、対GDP比の割合についても、20年間はこれを超えることは無かった。実際の学術研究への支出は、1970年代半ばまでにゆるやかに減少していったが、これは引き続き強固だったNIHの資金のみに支えられていた。政府機関はより大きな組織へと合併していった。しかし、これらの機関は大学院生、設備、そして科学開発のための機関への支援を断念する一方で、実際の研究資金を可能な限り守ろうとした。科学開発プログラムは1971年までに完全に終了した。ゆえに、研究予算に対する影響よりも機関に対する影響の方が甚大だった。大学は突然に、堅固な研究任務の動力源となっていた追加支援が消滅されたことに伴い、展望と計画を成長から「経費削減」へと切り替えざるを得なくなった。

財団と大学の研究

第二次世界大戦以前は、カーネギー財団とロックフェラー財団が大学の研究と学問の進歩のための学外の基盤を提供していた。1945年以降の連邦プログラム拡大に伴って、両財団は戦後世界の高等教育における財団の役割を再考しなくてはならなかった。最も顕著な分野は社会科学であり、それは国家的な科学財団の提案から意図的に除外されていた[12]。各財団はこれらの分野の科学的基盤を強化するために、そして社会科学を社会改善に動員するために、戦前の取り組みを一新した。2番目に広い分野は、高等教育の私立セクターであり、それは財団の伝統的な関心事だったものの、今や不況と戦時中の切迫した状況を切り抜けていた。私立機関の有する表面上の不利な立場を回避するために、両財団はCFHEを後援することとなった。これらの財団の学問的卓越に対する特別な関心は、私立大学にも有利に働いた。こうした基本的な関心は、アメリカのフィランソロピーに関する新たな巨人、フォード財団によって共有され、フォード財団は瞬く間にカーネギー財団とロックフェラー財団を上回る取り組みを行うようになった。高等教育に寄附する財団は、連邦プログラムよりも精密に調整されていた。財団は特に研究大学に対して惜しみなく支援し、同様の連邦プログラムよりも素早く展開した。

戦後、カーネギー財団の新たな指導者たちは、限られた資源で大きな効果を得る方法について熟議した。彼らは財団が、期間を区切って戦略的に介入することを目指し、目標に対して厳密な計画をもった集中的な取り組みを維持すべきだとした。合衆国は新しい世界的責任(戦後の共通テーマ)に見合った知識が不足していたために、世界のあらゆる地域に対処するために、大学で地域研究のプログラムを確立することを選んだ。ハーバードではロシアを、ミシガンでは日本を、イェールでは東南アジアを、そしてその他に11の地域をそれぞれ研究するために、1947から1948年にかけてセンターが設立されていった。すべてのものを置き換えたわけではないが、この構想は米国の大学で国際的な地域研究を制度化した[13]。同様に財団は、政府による活動の拡大計画を支援するために、「社会科学をどのように活用できるか」を発見しようとした。それは大学における社会科学を強固なものとすることによってのみ達成され得るのであり、カーネギーは他の財団と同様に、そのためには学際的総合が必要だろうと想定していた。地域研究によってこれが達成されることがある。というのも、しばしば地域の専門知識が学問的な専門分野よりも優先されるからだ。しかしながら、ハーバードの社会関係領域（デパートメント・オブ・ソーシャル・リレーションズ）への支援など、明確な学際的努力は期待外れだとわかった。カーネギー財団理事長（プレジデント）のチャールズ・ドラードは、「社会科学領域の非常に大きな『総合』または『統合』を生み出すための時期尚早な試みのせいで、かなりの時間が無駄になっている」と結論づけた。カーネギー財団も同様に学問的卓越を支持し、1949年のウッドロー・ウィルソン大学院フェローシップ・プログラムと1955年の学士課程学生向けの全米育英会奨学金に資金を提供し、1958年のオナーズ・プログラム運動に戦略的支援を提供した。カーネギー財団はバーナード・ベレルソンの大学院に関する包括的な研究(1960)にも出資した[14]。

ロックフェラー財団の社会科学部門は、ウォートン・スクールの元部長で戦前の経済学の第一人者、ジョセフ・ウィリッツが1930年から率いていた。ウィリッツは学術的な社会科学について熟知しており、その不備を認識していた。しかしながら、その科学的妥当性について異議が唱えられたときに、彼は実りある社会科学研究をするための条件が存在する13の場所を挙げた。1箇所を除くすべてが、主に経済学および国際関係論における特別プログラムあるいは組織化された研究部局であり、唯一の例外は、極めて贔屓されていたシカゴの社会学領域だった。ウィリッツのもとでこの部門は、社会科学における最も科学的な研究や、応用可能な社会的知識の生産に最適な中心地として、専門化した研究所を好んで支援した。経済学は、米国の強みだとウィリッツが考えた分野だったため、古くから地域研究と関係が深かった国際関係論と同様によく支援された。ウィリッツが1954年に引退したとき、部門は「フォード財団が財政的に社会科学へと大幅に移行した」という現実を受け入れた。同財団と同部門は開発途上国の問題に焦点を当てるように出資先を変更した。このようにロックフェラーとカーネギーは、地域研究を含む社会科学の主導権を新たなアメリカ的フィランソロピーに譲った[15]。

ヘンリー・フォードは1947年に逝去したが、息子のエドセルが4年前に先立っていたため、フォード・モーターカンパニーの所有権の90%が家族財団に譲渡されることになった。今や世界最大のその財団の目的は、税金逃れだった。それには社会的使命やフィランソロピーの原則が欠けていた。ある調査委員会は、1950年までにこの問題を解決し、そして5つの分野——世界平和、デモクラシー、経済的幸福、教育、および「人間の行動に影響を与える、または決定する要因に関する知識」——を規定した。このようなひと悶着があった後、財団は1953年までにこうした活動に取り組むために5つの部門を設けた。これらのうち最後のものだけが、明確に学問的知識に関わるものだった。行動科学プログラム(BSP)は、「人間の行動の科学的知識を獲得し、そのような知識を人間の問題に適用すること」を目指していた。これは同時に、終了させられた唯一の主要なセクションでもあった(1957年のことだった)。しかしながら、フォード財団の他部門は、それぞれの分野において学問的な知識の獲得と応用に熱心に取り組んだ。このように、フォード財団は大学に大きな影響を与え、とりわけ国際問題、経済の近代化、都市研究、経営学などの研究および学術プログラムを支援した。歴史家のロバート・マッコイは、財団が1950年代に支出した13億ドルの半分はアメリカの大学に寄附されたと指摘した。すなわち、スポンジのような特性に加えて、1950年代と1960年代の他の多くのアメリカ人と同様に、フォードの担当者が大学は手に入れ得るすべての支援を受けるに値するという主張にますます説得されたため、大学は財団お気に入りの受益者となった。さらに、フォード財団理事長のヘンリー・ヒールド(1956-1965)は、財団が「大学を通じて社会に影響を与えることができるであろう」というような変化を信じていた[16]。従って財団は、特定の財団プログラムの道具的な社会的目的を達成するために設計された助成金と同様に、機関の学術的発展に投資した。

フォード財団は当時、アメリカ高等教育に4つの根本的な変化をもたらすこと——行動科学を促進すること、ビジネス教育を見直すこと、大学院教育を受けた教員の割合を大きくすること、そして私立研究大学の学問的プロフィールを向上すること——を目指していた。社会科学におけるこれまでの財団の取り組みと同様にBSPは、既存の弱点を修正し、これらの分野をより科学的に、より統合的に、そして社会問題への取り組みにとってより役立つものにすることを目指した[17]。しかしながら、同プログラムはディシプリンの基本的組織を修正することも目的としていた。ディシプリンがあまりにも孤立し、専門的すぎると信じていたからだ。1953年に同プログラムは、行動科学部門を調査し、より緊密な統合を実現するための対策を提案するべく、シカゴ、ハーバード、ミシガン、ノースカロライナ、スタンフォードの各大学に助成金を交付した。プログラムは同様に、行動科学の知識目録と人文学および社会科学の領域にまたがる学際的な賞を後援した。これらすべての取り組みは、5年にわたるレポートで「特に期待はずれなもの」と見なされた。効果的だとわかったのは、既に存在する社会科学のなかで最も優れているものを支援するプログラムだった。それはスタンフォードに行動科学の先端的研究センターを設立するようなことであり、センターはその名前をよそに、アカデミアの人間がものを書いたり考えたりするための隠れ家になった。その最後の数年間、BSPは著名な学者に好きなことを何でもさせるために助成金を用いた。このプログラムは、社会科学を再形成するという当初の目的においては失敗だったにしても、1950年代半ばには社会科学にとって有用な資産だった。それが打ち切られた理由は、こうした失敗のためではなく、財団の理事会（トラスティーズ）がその抽象的な学術的使命を認めなかったからだった。

1953年、財団はビジネス教育の改革を決議した。諮問委員会は、問題志向型研究ないしは経済学や行政学における大学院での訓練のために選ばれた、限られた大学附属のセンターを支援する「トリクルダウン」戦略を推奨した[18]。充実したフェローシップ・プログラムは、トップクラスの学生をその領域に集めたり、研究訓練を受けた教員を生み出したりすることも意図していた。ハーバードは当然のことながらそのような中心地のひとつだった。すなわち、それは先導的なビジネス・スクール――経営管理を教えるケースメソッドの模範例――であり、その部長は財団の有力な理事だった。2番目に選ばれた大学は、フォード流のビジネス教育改革の申し子となった。設立4年目のカーネギー工科大学工業経営（インダストリアル・アドミニストレイション）大学院は、経済学と行動科学を利用した厳密な科学による博士課程教育に取り組んでいた。のちに、シカゴやスタンフォード、そしてあまり成功しなかったコロンビアを改革するために助成金が指定された。フォードが課した新型(ザ・ニュー・ルック)のビジネス教育は、研究と博士課程を強調した。とりわけそれは、社会科学のディシプリン、特に経済学から導き出された定量的な方法を促進した。すなわち、オペレーションズ・リサーチや、ゲーム理論、システム分析、意志決定科学だ。財団は教員を強化するために、ビジネスの問題に取り組み、ビジネス・スクールに参加しているだろう社会科学者のために、博士課程の学生や修了者を対象とした惜しみないフェローシップを創設した。サマー・インスティチュートによって、多くのビジネス・スクールの教授陣にニュールックの方法論が紹介された。大学院のビジネス研究に対する新たな科学的アプローチの福音は、財団が後援した著作*Higher Education for Business* (1959)で示され、それは教授陣とカリキュラムにとって好ましい基準を打ち立てた[19]。

ビジネス教育の革命は、トップのビジネス・スクールから「トリクルダウン」させることを意図していた。それは、会計学や統計学、意思決定科学、経営管理への行動科学的応用、および数多くの経済学に関するカリキュラムを含んでいた。ニュールックの教授陣には、理論と応用の両方のトピックに従事する経済学者が数多く集まった。フォード・プログラムの当初の目的は、新たなタイプの経営管理者を生み出すような、科学的に厳密なカリキュラムを展開させることだった。それが生み出したのは、新たなタイプのビジネス・スクールの教員だった。1960年代までに、主要大学のビジネスを教える教員は学術的になった。教員は主として研究上の専門知識のために社会科学のディシプリンから採用され、その後の彼らの志向は主に研究に向かった。こうした生産性の側面は、疑いなく、新たなビジネスの学術雑誌が――1950年代には8冊だったものが、1960年代には126冊――創刊されていったことで強まった。彼らの研究は極めて理論的な傾向があり、定量化とモデリングが含まれていた。学問的知識はビジネスの実践に情報を提供するためのものであり、ケースメソッドからそれを学ぶことは、その目的の通りなかった[20]。

フォードは1962年に3年間の惜しみない最終助成金をもってビジネス教育

の分野から撤退した。ニュールックは今や先導的なビジネス・スクールで優勢だったが、広範囲にわたる学内の事後調査によって、トクリルダウンは代表的なビジネス・スクールでのみ生じたことが明らかになった。同時代の人々には、フォードが支援していた８つのエリート・スクールを筆頭に、25の主要なビジネス・スクールが一般的に知られていた。８つのスクールは「彼らの研究の質と量を大いに増大させ、数学や統計学、心理学、社会学、経済学からの発展をとり入れた」[21]。各々がニュールックを既存の伝統に組み込みながら、学問の厳密さを高めていた。これに次ぐ17スクールは、同じ土俵で争うという「大きな約束」をしたが、より少ないリソースでこれに挑まねばならなかった。しかしながら、これらの機関以外にも、1961年に新たに182のビジネス・スクールがMBAを授与した。これらのスクールにはより多くのMBA学生と博士号を持つ教員がいたようだが、学生の知的レベルを向上させたり、カリキュラムを充実させたりすることは(1965年の時点では)ほとんどなかった。

アメリカ高等教育、特に私立セクターの改良は、フォード財団の継続的な使命だった。同財団は教員の数と資格(PhD)に関する危機を早い段階で認識し、年次報告書および1955年のブルーリボン会議においてこの問題を公表した。同年に、根本的な原因だと広く合意されていたもの、つまり最悪の教員給与を改善する機会が与えられた。フォードは、説明できないレベルの経済力を有する財団を抑制しようとする議会の、改革対象の筆頭だった。この脅威に照らして、財団は1955年に当時繁栄していたフォード・モーターカンパニーの所有権の88%を売却し始めた。資産が大幅に増加したため、理事会はこれをダウンサイジングすることが賢明だと考えた。彼らは、教職陣の昇給に使用してもらうために、630の私立カレッジ・大学に、各機関の教育予算に紐づけた約２億6,000万ドルの寄附金を与えた[22]。財団は一貫してプログラム助成金に博士フェローシップへの十分な支援を含めることで博士号の供給を増やすことを目指しており、ウッドロー・ウィルソン・フェローシップ・プログラムへの1957年の助成では、授賞数を200件から1,000件に増やした。1967年には、フォードは学位取得に必要な年数を短縮することで、博士号の数を増やすことを目指していた。それは人文学および社会科学の博士号を４

年間で取得するために、マッチングファンドとともに10の先導的な博士課程のある大学が使用可能な400万ドルの助成金を与えた。7年間のプログラムの間にPhDの不足は過剰へと変わり、財団の歴史書は、「この大規模なプログラムは、主要大学におけるPhDトレーニング・プログラムの実施に対して大きな影響を与えなかった」と結論づけた[23]。

高等教育を形成するための第四の主要な構想は、私立研究大学の財政状態と学問的水準を向上させようとするものだった。チャレンジ・グラント・プログラム(1960-1967)は、私立大学の「二番手(セカンド・ティア)」による「地域の最高峰(リージョナル・ピークス・オブ・エクセレンス)」の創出を促進することを目的としていた。このプログラムの根底にある前提は、高等教育に対する財団の姿勢を明らかにした。すなわち、私立セクターは卓越性と学問の自由にとって不可欠であり、その影響力をより良く行使するためには、その地域における存在感が必要だった。そして、私立の機関は戦後の貧窮から立ち直ったものの、公的支援を受けた大学の拡大に対峙するために、財団の支援を引き続き必要としていた。受益者には、(マッチングファンドの要求を満たすための)資金調達と学問的な進歩のための計画を、財団の助言とともに立てることが期待されていた。スタンフォードは最初の、そして最も模範的な受益者であり、すでに財団が示した目標に取り組み、それに基づいて活動していた。他の大学はチャレンジ・グラントが難しいとわかった。初期の受託者には、ジョンズ・ホプキンス(首都圏)、バンダービルト(南部)、ノートルダム(カトリック)、そしてデンバー(山西部)までもが含まれていた。各機関の間にある差異は微妙なものであり、将来の予測に基づいていたため、開発プログラムは拡大していくという性質を有していた。この点で、フォードの経験はNSFの経験を反映していた。シカゴとコロンビアを含む新たな11大学と、68のカレッジにチャレンジ・グラントを拡張するために、元来の理論的根拠は拡大解釈されたり無視されたりした――全体で、3億4,700万ドルの支出だった。1960年代の繁栄の絶頂期であってさえ、これらの資金は間違いなく歓迎された。しかし、模範的なスタンフォードを除いて、ノートルダムとバンダービルトしか財団の期待に応えるところはなかった。その他ほとんどの大学にとって、学術的な質が有意義に改善されるためには、1980年代に私立セクターが花開くまで、20年もの歳月がかかることとなった[24]。

地域研究や都市問題において、大学がもつ能力へのフォードの投資は、主として実用的な結果の促進を意図したものだったが、大学に対しても影響をもたらした。フォード財団はその創設以来、国際的な見解をもっていた。1953年にフォード財団は、それまでのいくつかの異なる取り組みを、国際研修・研究(ITR)プログラムに統合した。その元来の使命は、「政府、教育、そしてビジネスへの奉仕のために、[外国の問題について] 訓練されたアメリカ人の数を増やすこと」および「国際問題に対する公衆の理解の基盤を広げること」だった。従ってITRは国内で作用することを意図しており、それはすぐに大学を巻き込んだ。フォードは、ロックフェラーとカーネギーによって開始された地域研究センターへの資金提供を担当し、1950年代までにより多くの大学で、より多くの研究支援を強化した。しかしながら、卓越に対する元来の方向性によって、先導的な大学とよく研究された地域に有利に働いた。ITR大学助成金の1/3は、ハーバード、シカゴ、コロンビアに寄附された。1959年に大学への包括的助成金（ブロック・グランツ）を採用したことで助成金提供が簡素化され、複数のセンター間で支援が配分できるようになった。次の3年間(1960-1962)に、ITRは13大学に4,100万ドルもの単一の包括的補助金を与えたので、ITRの総支出は1億ドルを超えた。2度目(1964-1965)の資金提供により、11大学の資金源に7,100万ドルが追加されたが、これには寄附による国際研究に関する49もの教授職の設立が含まれていた。さらに、NDEAのタイトルVIはそのとき、言語や地域の研究センターに年間1,300万ドルを提供していた。実際のところそれは黄金時代だった――その当時、国際関係論は制度化され、アメリカの研究大学で盛んとなった。授与された博士号の数は1966年には550に達し、15年間で144%に増加した。国際関係論は学士課程教育にはほとんど存在せず、外部の支援に依存していた。予想通り、それはあまりにも多くを要求し、期待した。議会での審議前の国際教育法とフォード財団の継続的な拡大に期待のまなざしが向けられた。しかし、この法律は成立せず、フォード財団新会長のマクジョージ・バンディは突如としてITRプログラムを終了させてしまった[25]。

1959年に財団はアメリカの都市問題に焦点を当てた。アメリカの大学には都市・地域研究（アーバン・アンド・リージョナル・スタディーズ）が古くから存在していたが[26]、フォードは都市問題に関する研究や大学院研究を推進し、大学の奨学金と地方自治体を結びつけることで、この分野を活性化したいと考えていた。その最初の取り組みは、ランドグラント大学の効果的な農業拡張プログラムをモデルにした「都市拡張」を創出する実験だった(第4章参照)。財団はまた、都市関連の主題に専念してもらうために、経済学者とその博士課程の学生をサポートする、より典型的なコースを希求した。1960年代半ば、都市の危機にともなって、フォードは12の先導的な大学に追加資金を集中させ、都市研究センターを設立し、教授職を寄附した。その他のフォード・プログラムと同様に、都市の取り組みはアメリカにある都市の病気を改善するのにほとんど影響を与えなかったが、豊富な学者と研究、そして博士号を生み出した[27]。

マクジョージ・バンディがフォード財団の会長だった期間(1966-1979)は、高等教育のためのフィランソロピーのひとつの時代の区切りとなった。ビジネス・スクールや国際関係論、大学建設、その他のいくつかの分野から撤退している間も、彼が実施した1967年の大学院教育助成金は、大学での研究にとって最後の強壮剤だった[28]。10年半の間にそれはアメリカ高等教育、主に研究大学に10億ドル以上を注入した。当初の意図に対してその結果がぱっとしないことが多かったとしても、特にリベラル・アワーの間にそれらは加速し、学問の発展に影響を与えた。

1920年代、ロックフェラーの資金を分配する際のウィクリフ・ローズのモットーは、「ピークをより高いものに」だった。フォード財団はそのような意図を認めなかったが、結果はほとんど同じだった。それが「卓越性（エクセレンス）」を求めたとき、学問的に最も強力なのは、大抵が私立の研究大学にみえた。目的が何であれ、ハーバードはおそらく最も効果的な手段だと判断された。スタンフォードの台頭は、意図的かつ大いに支援された。UCは公立ではあるものの、頻繁に選ばれた。財団は、シカゴとコロンビアの学術的名声を維持することを疑いなく望んでおり、それらの根本的な財政的弱点を考え抜いていた。これを補うために、フォードはチャレンジ・グラントと十分な資金のあるプログラムからの助成金を分散させることによって、意識的に「資源基盤を広げる」ことを目指した。だが、財団の職員は二番手の大学に失望することもしばしばあった。ある人は、「もし費やせる資金が少なかったならば、主要な研究大学にうまく支援を集中できただろうに」と述べた。財団が特定の目的を達成しようとするにあたって、公立大学を支援することにこだわりはなかった。これらには、ミシガンやウィスコンシンのような大御所だけでなく、インディアナ、ミシガン州立、ワシントンなどの新参者も含まれていた。これらの機関は少額の報償を受けたが、フォード助成金はそれらを研究経済に組み込むのに役立った。なお、そこでの研究経済において、彼らは連邦助成金も希求した[29]。

フォードのフィランソロピーは知識の進歩に大いに貢献したが、それは元来意図した方法ではなかった。主題焦点型（サブジェクト・フォーカスド）のプログラムは、外交、ビジネスと行政、またはアメリカの都市に関する実務家や実践的知識を生み出すために策定された。その代わりにこれらの資金は、マッコイが「アカデミック・エンクロージャー」と呼んだもの、すなわち学術研究者と理論的出版物を掛け合わせたものを生み出した。「国際関係論がますます成長し、また分散したことで、知的事業全体がその学術的要素と同義語だとみなされるようになり、実際に同義語になっていった」。豊富な奨学金によって修士課程の学生――潜在的な実務家――がPhDプログラムへの進学に魅力を感じ、これらの修了生の2/3が大学での職を得た[30]。アカデミック・エンクロージャーは国際関係論に限定されたものでもなく、この時代に固有の現象だった。ビジネス・スクールに分析能力を与えるために採用された専門分野の学者は、専門雑誌での論文掲載を通して専門家の承認を求めた。都市問題を研究するために助成を受けた経済学者たちは、「注目すべきディシプリン重視の研究業績を生み出したが、[経済学者たちの] 成果物は、都市政策への研究の応用可能性という点において、取るに足らないものだった」[31]。財団の専門知識への依存、大学における専門知識の軌跡およびそうした専門知識拡大への関与、そして急速に成長していた高等教育システムにおける学者教員への需要を考えると、状況はそうはなり得なかっただろう。とりわけ領域ごとの教員組織（アカデミック・デパートメンツ）は、博士課程において自らを複製し、学術研究と奨学金を通じて専門家の地位を高めるために行動した――それは1960年代のアカデミック・レボリューションとして知られるプロセスだった。フォード財団がアカデミック・レボリューションを引き起こしたとは言えないまでも、大量の連邦資金に加えて、アメリカの大学に費やされた10億ドルは、明らかにそれを促進した。

アカデミック・レボリューション

60年代半ばのアメリカ高等教育の状態を評価するために、クリストファー・ジェンクスとデイビッド・リースマンは、その数多くの要素についての詳細な俯瞰――『大学革命』(1968)――を発表した。このフレーズは、過去10年の驚くべき発展を捉えたものだった。アーツ・アンド・サイエンシズの大学院や、そこに収容された専門化した領域ごとの教員組織は、大学において、そして高等教育の大部分において支配的な影響を与えた。学術研究は、各領域や大学院プログラムに情報を提供し持続させる活動だということが至るところで示された。これが「職業研究者が実質的な支配から解放された」、「学問の至上権（アカデミック・インプレミアム）」を生んだ。彼らの見解では、「大学院の領域ごとの教員組織はほとんどが自己目的的だ。それらは、そこ所属する者の教化を超えて、社会に対して重大な利益をもたらすかどうかを尋ねられることさえ憤り、その質問者に反知性主義者の烙印を捺すのだ」[32]。

この著者達は、アメリカの大学の優れた研究能力の高まりが、学士課程教育の軽視を引き起こした、という広範な懸念――これはほどなくして世間一般の通念となる――を明確に述べた[33]。研究と学識に熱中する教授たちは、指導の優先順位を低くしたと考えられており、カリキュラムは秘儀的な大学院ゼミの影響を受けた。ジェンクスとリースマンは教授たちにではなく、学生に共感した。この本の章構成の大部分は、高等教育システムを構成する多様な制度の類型についての歴史的根拠のある描写、そのシステムの暗黙的・明示的な階層化、そしてこれが結果として学生の教育機会およびキャリアの機会に与えた影響から構成されている。しかしながらこの説明は、アカデミック・レボリューションの根源、すなわち大学院研究を急増させ、研究活動を拡散させ、そして主導権を教授職に委譲させた要因を検討していなかった。それは端的に言えば、加速する知識の進歩――すなわち教員の研究と大学院での指導が、知識の成長に貢献し、歩調を合わせようと努めた過程――だった。

ジェンクスとリースマンは、これらの活動についていくつかの見解を提供した。「大学、特にプロフェッショナル・スクールが能力主義的価値の促進におけるペースメーカーとなった」ため、高等教育システムは、今や才能や力量に特権を与えていた。さらに、「職業研究者（アカデミック・プロフェッション）は、個人の主観的体験から得られる知識に、ほとんど重きを置かない。職業研究者は、他者がどのようにしてそれを獲得したのかを知ること、操作を繰り返すこと、そして同じ結果への到達を期待することができるという意味で、客観的な知識を求めている」。従って方法論が、客観的知識を生み出すための鍵だった。つまり、「政府機関や財団は、主に大学教授の方法論に関する能力（メソドロジカル・コンピテンス）に感銘を受けているため、学術研究に助成をしている」[34]。何と控えめな表現だろうか！ 能力主義的なプロセスは、研究助成金と大学の立場に限られた資源を、最も有能な研究者に向ける傾向があった。科学的手法――すなわち、再現可能な結果をもたらした手法――は、研究結果は蓄積され得るものがゆえに、知識に対して貢献し得る、ということを保証した。戦後アメリカの大学における、特に1950年以降のこれらのプロセスの異常な増殖（後に「科学化（サイエンティフィケーション）」と呼ばれるもの）[35]が、真のアカデミック・レボリューションだった。

しかし、これらの現象はほとんど新しいものではなかった。周知のとおり、アメリカ高等教育におけるアカデミック・レボリューションはただひとつだけで、それは1890年代に起こったとローレンス・ベイジーが述べている。確かに、その時代におけるアメリカ的な大学の出現は、主要な大学での学術的成果にいくらかの認識と報酬をもたらし、アメリカの学者は意識的に、ドイツの実証科学の厳密さを、彼らの領域（デパートメンツ）や機関に植えつけようと努めた。その後数十年の間に、研究と学識は、さらにこれらの努力の上に築かれ、目覚ましい利益を生んだ[36]。それゆえに疑問となるのが、戦後アメリカの研究や学識の大幅な拡大は高等教育をどの程度変えたのか、そして量的成長はどのように質的変化を誘発したのか、という点だ。その答えは、学術的知識基盤の変化、ディシプリンや各領域の優越、大学院教育の急増、アカデミック・レボリューションを受け入れた機関の増加——そしていかにこれらの発展が互いを強化していたか——にある。

分野別の知識の進展は、学術出版の増加と、最新の理論で訓練された新たな教員の微増という点において、戦前は明らかだったが、高等教育システム全体への影響はおさえられていた。これらの発展は学士課程教育にほとんど影響を与えず、そこには専門化に対する敵意がリベラルまたはジェネラル・エデュケイションへの執着という形で反映されていた(第1章)。そしてほんの一握りの戦前の研究大学のみが、それぞれの規模の博士課程プログラムを有していた。第2章でも見たように、戦時中の研究と戦後の研究資金が、情勢を変化させた。「カレッジ」から「大学」への名称の変更は、大学院教育と研究との一体感の高まりを象徴していた。名称よりも重要だったのは、PhDプログラムの設立だった。1950年以前は、100余りの正規の大学が博士学位を授与したが、1970年までにその数はほぼ倍増した。35の機関が1950年代に最初の博士号を授与し、45の機関は1960年代にPhDの授与を開始した。1970年までに、これらの新規参入者の多くは、多数のPhDを授与していた[37]。

これらの発展は自然科学によって導かれたが、それに限ったことではなかった。実際、戦時中の機関は多くの社会科学研究を実施し、その後、自然科学者と同様に、それらの研究者は大学のポストへと移行した[38]。人文学と社会科学の新たなパラダイムは、調査や解釈に向け新たな展望を切り開いた。新たな理論、発見、方法が知識の大幅な進展を約束したということで、全てのディシプリンにとって刺激的な時間となった。前節で説明したように、フォード財団が主導して発展した分野は、このプロセスの典型的な例だった。新たな知識は、新たに誕生したPhD取得者によって具体化され、そうした取得者たちは、規模が拡大し、高齢化する戦前世代の教員に取って代わることで、カレッジや大学に雇われていった。研究と勉学を継続しようとする意欲から、PhD取得者は、彼らのディシプリンにおける各領域の職を満たしていった。

アンドリュー・アボットは、これらのディシプリンに基づく領域編成を「アメリカ的な大学の、不可欠で替えが効かない構成要素」と呼んだ。ディシプリンは「単一構造のなかに研究分野、個人のキャリア、教員の雇用、そして学士課程教育をひとつの構造にまとめるという並外れた能力ゆえに、他に類を見ないほどに強力な存在」[39]となった。このように、研究やキャリアのための強力なインセンティブは、学士課程教育に持ち越され、ディリプリンという課題（ディシプリン・アジェンダ）を強いた。1950年代半ばにおいてこうした圧力は、未だほとんどの大学についてまわるものだった。ケニストン報告と大学院教育に関する同時代の研究は、1960年以前のこれらの取り組みが、主要な機関を除くすべての機関で、いささか不完全だったことを明らかにした[40]。しかし今や、より野心的で競争力の高いアプローチへの責務が益々明らかとなり、それは特にシーボーグ報告によって命じられていた。カレッジや大学は新たな学術的知識を組み込む能力の強化を余儀なくされ、そのようなステップがまさに、アカデミック・レボリューションの根底にある活動だった。実際、それぞれのディシプリンは独自の知的革命を体験した。

英文学は知識の進展を計画立てるような明らかな対象だとは見られないかもしれないが、実際は知的革新と専門職の統合を互いに強化する過程の典型例だった。戦前のこの領域は、英文学の２つの異なる側面を教えていた。学士課程の学生を文学コースで楽しませる一方で、大学院の勉学や教員の学識は、文学史や伝記、文献学――主に英語史――に充てられていた。1930年代の終わりに、この領域はニュー・クリティシズムに挑むこととなった。ニュー・クリティシズムとは、詩はその本質の分析が行われるべき思慮深い芸術作品であり、それを創る環境はほとんど、あるいはまったく重要ではないと強く主張するものだった。さらにジョン・クロウ・ランサムはその独創的な論考において、かねてよりの歴史的文献学への執着によって英語・英文学の自律性が弱まり、それは事実上「歴史部門の一分野」になったと主張した。文芸批評を学問分野の中心に据える中で、ランサムはそれゆえに「研究の対象とそれを研究するために要求される技術の両方について、独特の知識――隣接する全ての学術的学問分野から慎重に引きとられた知識――に関する専門職的要件を完全に満たす、という観点から再定義した」[41]。

このように、知的革命と職業的アイデンティティの両方が、戦後の英語領域に活力を与え、溢れんばかりの学識を刺激した。イェールの英語領域でニュー・クリティシズムを受け入れたアルビン・カーナンは、「我々は、文学の正確な解釈を築き上げてきたと考えていた。そして、科学者が偏見を抜きに自然をよく観察するのと同様の方法で、我々の形式主義者の方法論は、客観的な文学のテキストに、先入観のない注意を向けることに専念した」と証言した。ニュー・クリティシストたちは、克服すべき敵(文学史家)と征服すべき新世界と対峙した。その固有の唯美主義と主観性は、60年代半ばまでに自ら破滅の種をもたらしたが、ニュー・クリティシズムは英語研究の対象を、言語から文学テキスト、そこで用いられる技術、そして批評家によるそれらの解明へと移し換えた[42]。

他のディシプリンは、それぞれ独自の戦後の知的革命を経験した。これらの新たなパラダイムは、各分野を独占してはいなかったかもしれないが、大なり小なり、研究対象の一貫性とその結束に応じて支配的ではあった。それらはほとんどの場合(反科学による反応が後にくるが)調査をより「科学的」にすることを約束し、その分野に参入する才能ある新人を惹きつけ、まったく新しい研究分野を切り開き、ディシプリンのアイデンティティをパラダイムの規範と共に確立し、研究の後援や教員の地位といった制度的な褒賞を得た。歴史家の間では既に広まっていたことだったが、「職業研究者は、客観的な歴史的事実を確立する方向へと着実に移行しているという、深く広範な信念があった」。政治学は、量的で実証的なデータを用いて明確に定式化された理論の試験を要求する、行動主義を採用することによって、より科学的になることを目指した。経済学では、ケインズ主義が、大規模なデータと数学的モデリングを組み込むことで、戦後アメリカの支配的なパラダイムとなった[43]。このような発展は、大学院での学究における革命と本質的につながっていた。

1960年にバーナード・ベレルソンは、これまでで最も徹底した調査*Graduate Education in the United States*を出版した。彼は1957年から1959年までのデータを収集し、1960年代の革命前夜の博士課程教育の状況を描写した。ほとんどの学生がカレッジ卒業後しばらくしてから大学院進学を決めていたために、PhDプログラムの学生募集は脆弱だった。「大学院に進学したい人は誰でも入学できる」ように、プログラムの供給が学生の需要を上回った。様々な形の財政的支援は、ほとんど全てのフルタイムの学生を対象可能とするのに充分だったが、それでも推定半分の学生しかPhDを取得しなかった。ベレルソンは、そのうちの1万人がABDs(単位取得退学者)だったと推定し、その一方では研究期間中、毎年9,000名を超えるPhD取得者が誕生していた。また教員不足にもかかわらず、PhD取得者の大部分は給与の低い教授職ではなく、大学外(ノンアカデミック)の仕事を選択するのではないかという一般的な懸念があった[44]。

1960年以降、PhDの苦行を生き抜いた修了生の数は、ますます増加した。この成長は2つのフェーズで発生した。まずPhDを取得するカレッジ卒業生の割合が増加したこと、次いで、はるかに大規模な学生コホートによるものだった。1960年に付与された1万件のPhDは、1964年までに50%増加し、1970年までにはさらに2倍(2万9,866件)になった。毎年新たに授与されるPhDは、1962年には1,000件を超え、1970年には3,700件までに着実に増加した。大規模なコホートと完全なパイプラインにより、PhD授与数の増加は1973年に授与された3万4,777件でピークに達し、15年間で最高レベルを達成した。60年代半ば、ジェンクスとリースマンはこの現象を、戦後の「ユニバーシティ・カレッジ」、すなわち「その主たる目的は学生を何らかの大学院での勉学――主にアーツ・アンド・サイエンシズだが、専門職も含まれる――に向けて準備すること」とされるリベラル・アーツ・カレッジまたは研究大学の学士課程部局の誕生に帰するとした。これらのカレッジは、最も学術的に優秀な学士課程の学生を魅了し、その大学における大学院の教員か、(カレッジの場合)その領域出身の教授かのいずれか一方を動員した。彼らは、「最も優秀な教員と経営者、そして最も寛大なフィランソロピストがいて…最も威信のある」カレッジが100校あると推定した。ユニバーシティ・カレッジは「学士課程レベルでのアカデミック・レボリューションの結実」であり、「他の1,900のカレッジの多くが望ましいとするモデル」だった[45]。

ジェンクスとリースマンがユニバーシティ・カレッジを特徴づけた年は、実際に大学院における学究の絶頂期だった。PhDを取得するカレッジ学生の「傾向」は、1960年以降急速に高まり、1970年から1972年にカレッジを卒業した学年の間で、PhDの割合はおおよそ4.4%から6%以上に上昇した[46]。従って、最も激しい博士号の希求は概して、1961年カレッジ卒の学年の大学院生から始まり、1967年まで続いた。その後、大学院生の数がますます大きくなるにつれて、PhDの数はさらに数年間増加したが、この傾向は長期にわたって転落し、それは男性よりも女性において顕著だった[47]。従って、この成長期のPhDコホートは、1964年から1968年に在籍した最初のベビーブーム世代に先行した。博士課程のピークの最初のコホートは、平均して1957年頃に大学に入学し、最後のコホートは1963年頃に入学した。本質的な動機が彼らを鼓舞したようだった。この期間は、顕著な理想主義、知的昂揚、進歩に関する楽観主義の時代、すなわちリベラル・アワーとして説明されてきたものと一致した。カレッジ卒業後最初の年の博士課程進学率は、カレッジ卒業者数を母数とすると1967年には38%にのぼり、過去最高となった。この時期はリベラル・アーツの関与も過去最高となり、PhD取得者のうちのBA取得者の割合が最高だった。プロフェッショナル・スクールはこの人気を共有しなかった。専門職学位は1960年代に45%増加したが、PhDの増加はその3倍だった[48]。

アーツ・アンド・サイエンシズのPhDの急増を説明するためには、この時代のリベラルな理想主義とアカデミック・レボリューションの功績を認めなければならない。前者は、批判的でありながら楽観的な精神、社会的・経済的な知的進歩への欲求を吹き込んだ。後者は、大学を実用的かつ理論的な新しいアイデアの源泉だと見なした。従って、アカデミック・レボリューションは、アカデミック・キャリアを選択するカレッジ卒業生の割合の高まりにより全盛期を迎えた。この現象は、以前はカレッジ教員の需要の急増と昇給に起因していると見なされていた。しかし、医師や弁護士はより有益なキャリアの見通しを持っていた。さらに、その後数十年間の博士課程教育は、労働市場の状況に対してはかすかな反応しか示さなかった。わずかな報酬にもかかわらず徹底的な研究に何年も費やし従事するためには、結局のところ知的献身が不可欠であり、これはなぜPhDの供給が市場のネガティブな状況にほとんど影響されなかったかを示している。1967年以降、リベラル・アワーとアカデミック・レボリューションの理想主義は衰退していった。その後、学士課程に進学した学生コホートは、学内における幻滅と否定的な風潮の高まりを経験した。ディシプリンのパラダイムはますます混乱し、学者と外部の批評家の両方から誹謗中傷されるようになった[49]。ブルジョア社会――あるいは陸軍――への嫌悪感から大学院に残った者も多かった。それにもかかわらず、大学院への入学者は70年代前半になると、良くも悪くも急増した。

大学院教育を好む状況は1960年代を通じて続いた。1950年代半ばから教員の不足は、全米のカレッジと大学に不気味に迫る危機への差し迫った警告を引き起こした。NEAの年次報告書は、教員の40%しか博士号を取得しておらず、新規雇用者は30%しかPhDを取得していないことを警告しており、質の低下を示唆した[50]。フォード財団は、ウッドロー・ウィルソン・フェローシップの数を増やすことでこれに対応し、NDEAの成立により、カレッジでの教授活動または国際研究に取り組む学生に対し、気前の良い3年間のフェローシップを設定した。NSFからの支援の増加により、連邦のフェローシップと研修生は、1961年までに1万5,000人に達した。大統領科学諮問委員会の1962年の報告書は、科学的人材に対して高まりつつある国家的なニーズに対処する、系統だった連邦プログラムの策定を提言した。フェローシップや施設を援助するための各プログラムは大規模だった。大学院の研究に対する連邦政府の支援は、1966年から1967年にピークを迎え、6万人の学生が受給者となった。1967年にフォード財団は、人文学および社会科学のPhD取得を促進するプログラムに熱心に取り組んだ[51]。

大学院教育への多額の資金提供は、この1960年代の終わりまで継続し、教員の危機的状況を緩和するものとして正当化された。この目標を考慮すると、資金提供者は大学院教育の質と同様に量に対しても懸念を抱いていた。大学は、フェローシップおよび研修生に付随する「教育コスト」に対する連邦機関やフォードからの補助金によって恩恵を受けた。最も権威のある大学がこれらの華々しい報酬を独占しないよう、この奨励金を分散して割り当てた。研究資金と同様に、大学院生への支援は広く研究大学全体に分散し、大学院プログラムを開発および拡大するためのさらなる誘因をもたらした。1968年の研究では、すべての機関の博士課程大学院生の80%が、フェローシップとRAもしくはTAから恩恵を受けていることがわかった。最初の2つの支援は、学問的に最も強い機関で最も多く見られたが、大学院での勉学に対する補助はアメリカの高等教育全体で行われていたものだった。希望者全員が大学院に進学できるだけでなく、希望者はそこで支援を得ることができた[52]。

60年代半ばまでに、新しいPhD取得者の3/4以上が学術界でのキャリアを追い求めていた。彼らは学問の枠を超えて(多くは未だABDでありながら)すぐに採用されたが、特に第4章で説明する拡大する機関、例えば意欲的な研究大学、新しい都市型機関、地方カレッジを兼ねたティーチャーズ・カレッジ、そして拡大するリベラル・アーツ・カレッジに採用された。フルタイムの教員数は、1963年から1970年の間に──18万4,000人から36万8,000人に──倍増した。これらは、大学院の最新の理論と方法論で鍛えられた、アカデミック・レボリューションの中核だった。1968年のある見積もりでは、過去5年間で58%の教員が雇われた。彼らはアメリカの歴史の中で最も若い教員の代表的存在であり、49%は40歳以下だった[53]。この期間は、アカデミック・キャリアをすでに確立させた人々にとっても平穏な時代だった。1963年に、教員の異動は過去に例のない8%を記録し、つまり12人に1人の教員が異動した。教員の流動性は、この10年間の終わりまで高まり続け、アカデミック・レボリューションを促進した。学術的な見込みを示した教員は、より優れた資源とより支援の豊富な環境を提供する機関にすぐに移動できた。そして、学識と昇進の関係は、新参者を奨励することしかできなかった。政策立案者、大学院生、またはその後を継ぐ人々は、1960年代の黄金時代の状態は続かないということに気づかなかった。

このメッセージを伝えた気難しい人物は、後にニューヨーク大学の総長になったACEの経済学者、アラン・M・カーターだった。彼の報告は、1965年にアメリカの教員の半分が実際にPhDを取得しており、学問の質が1950年代初頭以来衰えることなく向上してきたことを明らかにした。多くの人が教員の地位を得た後に学位を取得しており、PhDを取得してない教員の減少率はその2倍だった。彼は人口統計学的な証拠をまとめ、PhDの高波とカレッジ時代のコホートの平準化は、この10年の終わりまでに教員の需要を制限することになると予見した。彼がこれらの調査結果を公表したとき、カーターは「当時過激に見えたものの宣教師になった」。途方もない数のPhDが、博士課程の残りの期間、1970年代の終わりまで押し寄せた。しかし、カーターは正しかった。1970年ごろ、新たなPhD取得者の増加と新しい教員の採用の減少が交差し、その後、新しいPhD取得者の余剰が拡大した[54]。しかしアカデミック・レボリューションの勢いを弱らせるには、まだ数年を要した。

アカデミック・レボリューションの最も重要な精神は、大学院教育への固執を、それが生まれた学問的階層の頂点とユニバーシティ・カレッジから、大学の全範囲へと拡大させた。差し迫った不均衡が明らかになったはずの1968年から1974年までに、さらに40大学が博士課程を開始し、毎年1万600件のPhDが授与され、大学院の入学者数は15万5,000人に増加した。この段階での成長は、より新しく、より評価の低いプログラムに集中していた。アカデミック・キャリアを志望した大学院生が3/4のみだったにもかかわらず、1965年の評価に基づく上位30の大学は、1968年から1973年までに1,602件の新たなPhDを授与した(+19%)。次の35校(おおよそ四分位の2番目)は176件(+40%)、大学ランク下半分では3,102件(+87%)、新規または未評価のプログラムは1,191件(+102%)増加した。こうした学位取得者たちはどこへ行ったのか。カーターの報告によれば、アカデミック・キャリアに進むPhD取得者は、カレッジ部門を含め、自身の出身校と同程度またはそれ以下の層で主に採用されていた。1973年までに、これらの卒業生の多くが学問的階層をさらに下って就職を受け入れるようになった[55]。これらは、以前は教員の中に比較的少数のPhD取得者しかいなかった機関だった。従って、長期にわたる学術的訓練を受けた教員を雇うことにより、こうした機関はバランスよく学術的能力を高めた。これらの学校の教員は、学識や研究のための機会は比較的少なかったが、高等教育システムの下層域に質的改善が行き渡ったこともまた、アカデミック・レボリューションの一部だった。

アカデミック・レボリューションにおけるこの量的拡大の原動力は、知識の探究——すなわちより多くの主題を採用し、知識のフロンティアを拡張し、そして何よりも学問的努力の質を高めるための衝動——に関連してのみ理解できる。この集中的な取り組みを受けて、1964年にACEは、大学院プログラムの質に関する最新の評価を支援した。5年前に登場したペンシルベニア大学のケニストンの格付けは、幅広い関心を集めた。しかし、その調査は内部目的で行われ、25の大学しか含まれず、工学は除外された。アラン・カーターに委託されたACE調査では、29分野106大学、計1,663領域を格付けした。回答は4,000人の大学教員——若手研究者（ジュニア・スカラー）、中堅以上の研究者（シニア・スカラー）、領域の主任教授——から得られた。その結果得られた評価は統計的検定にかけられてその妥当性が裏づけられ、また5年後に追跡調査も計画された。

これらの領域のうち、それ以前に評価がなさたことがなかった領域が1,000以上あったため、そのような領域に対してはこのACE調査が、競争が激化する学術市場での相対的な地位について、初の客観的指標を提供することとなった。各部長および各領域の主任教授は、格付けを用いて「財政的支援の再配分」を行うことを主張した。また学生は、大学院プログラムを選ぶ上でそれらを活用した。カーターは領域の評価のみに注力し、「大学全体の評価のためにスコアを集計すること」を拒否した。しかし彼は、1つの部門に少なくとも2つの「際立って優秀な」領域がある上位大学の部門別順位を示した。UCバークレーは、5つすべての部門に代表として参加し、それぞれ2位にランクインし、「国内で最高にバランスの取れた、際立って優秀な大学」と称された。ハーバードは当初、4つの部門に属しており(しかし、工学は不十分だった)、そしてスタンフォードも4つの部門で際立って優秀だと判定された。「コロンビア、イリノイ、イェール、プリンストン、ミシガン、カリフォルニア工科は3部門、MIT、シカゴ、ウィスコンシンは2部門だった」。これらの機関は、ケニストンのヒエラルキーの頂点をわずかに変えたに過ぎない。1960年代の同時代の人々は、シーボーグ報告で要求されているように、より「一流」の研究大学の高度化に固執してきたが、国全体の感情としては、それ以上のものを思い描いていた。典型的な見解の1つは、「基本的に100余の大都市圏に全人口が流入するのに伴って、健全な経済および社会のためには、少なくとも1つの偉大な大学が必要だ」というものだった。そしてジョンソン大統領は、連邦研究資金のさらなる分散を要求する際に次のように述べた。「私たちは卓越したものを見つけ、それが見つかった場所に創造的なセンター・オブ・エクセレンスを築き上げ、国家のあらゆる場所でそれが育まれるようにしたい」[56]。

H・W・マグーンはこうした期待に応え、彼はカーターのデータを用いて研究大学のトップ50と、潜在的に将来のリーダーとなりうる大学を特定した。その上位25校は、ケニストンが調査した機関と同じだったが、2つの例外があった[57]。このリストを下に移動すると、質が低下し、際立って優れた部門が稀になり、強力な部門の頻度が低くなる。この傾向は、強力な機関が少ない次の25の機関でさらに明白になり、強力な機関が減少して「十分な」機関の割合が増える。大学の分布が釣鐘曲線に似ていることは明らかだったが、右端の機関は容易に特定されたものの、中央値に向かって移動するにつれて混迷が深まっていく。これは暗に「偉大な大学」または「センター・オブ・エクセレンス」になるために、機関がその境界値を超えるのを期待することは非現実的だということを示していた（スタンフォードが明らかに例外だった）[58]。また、大学によって得意なことが異なるため、右端に位置する大学をランクづけすることも意味がなかった。むしろ、もし可能であれば、大学は教員と大学院のプログラムの質を高め、釣鐘曲線の右側に目に見えて移動できるようにと苦心した。では、何が重要だったのか。カーターが決定した大学院の教員の質の最も重要な要因は、在職中の教授の給与の高さだった。上位25の大学の所得に関するデータはより不明瞭だが、入学者数の多さないしは学生一人当たりの資金力といった、高収入な機関におけるスケールメリットを示しているようだった[59]。測定不能な無形の要因は、大学院教員の質に対する大学の優先順位だった。成功した研究大学には、資源と卓越性に向けた取り組みの双方が必要だったが、平均的な大学は、公私を問わず、使命と優先すべき事柄との葛藤をどうにかしなくてはならなかった。

ケネス・D・ルーズとチャールズ・J・アンダーソンによる2回目のACE格付は、アメリカの大学の全体像を示した。1969年に結論が出されたこの調査においては、アカデミック・レボリューションの兆しや風潮の変化はすでに注目に値した。著者らは、「この種の研究が大学の優位性、特に大学の名声と影響力のヒエラルキーに対し、明らかな根拠を提供してしまうことに、深刻な懸念を抱いている」と表明した。そのため素点は公表されず、単に3.0以上のスコアを得た領域(カーターが分類した「強力」と「際立って優れた」を組み合わせたもの)が発表された。学士課程教育に影響を与える深刻な問題」に照らして、著者は「この1969年の評価が…大学の取り組みのさらなる歪みを助長することを深く懸念していた…すなわち、大学の資源と関心が、過度に大学院プログラムの質の向上へと傾倒することだ」と述べた[60]。彼らの執筆時までに、PhDの過剰供給も明らかになりつつあり、重複した弱いプログラムを排除するよう各州に助言した。アメリカの高等教育に対する世間の態度において、研究と大学院教育はもはや特別な位置にはなかった。

ルーズとアンダーソンは130の機関で36のディシプリンを評価し、これはカーターの研究よりも1,000プログラムほど多かった。彼らの調査結果は、1964年に評価されたプログラムが全体的に改善したことを示した。72領域が追加で3.0以上と評価され、13%増加していた。サンプル全体の結果の平均は、低いランクに入った新しい機関によって下げられた。3.0を超えた領域は1964年が34%だったのに対し、今回は31%だった。2.0 (不十分)を下回ったのは、1964年の28%に対して、今回は30%だった。いずれにせよ釣鐘曲線は少し左に動いた。1969年に評価された25の新しい機関、すなわち５つの旗艦大学(例えば、ジョージア、ハワイ、サウスカロライナ、ミシシッピ)、５つの二番手の州立大学(例えば、オーバーン、アリゾナ)、および６つの地域(リージョナル)大学(例えば、サザン・イリノイ、オハイオ、テキサス工科)は、ほぼすべてが公立機関だった。2.0前後の評価を受けた中位の機関については、「５年前より良い」評価を受けた領域が回答の20%だったと報告した。これらの領域の約58%は公立だった。3.0の境界値を超えた領域のうちの58%も公立だった[61]。より強力な大学においては、私立機関が伝統的な指導者としての名声を失っておらず、その地位を維持した。中位および下位のランクにおいては、特に南部および西部で急成長している公立大学が、州の承認およびPhDのための買い手市場の昂揚の恩恵を受けて研究大学のランクに入り、信頼できる大学院プログラムを確立した。連邦研究経済を利用して、彼らの取り組みは学術研究の幅と深さを大幅に増加させた。センターズ・オブ・エクセレンスと見なされる規模と資源を発展させた機関はごくわずかだったが、これらの大学はすべてアカデミック・レボリューションが生み出したものだった。

大学とアメリカ社会

大学黄金時代のテキストとして、UC総長（プレジデント）のクラーク・カーの『大学の効用』が挙げられる。1963年のゴドキン記念講義としてハーバードで講演されたこのテキストにおいて、彼はその名声と影響力の頂点にある現代の研究大学を描いた。彼はその当時までに組み込まれるようになった多角的な知識ドメインとタスク、および関連する多くの公衆を称え、それをマルチバーシティと呼んだ。この拡大された規模と範囲は、戦後の変革の一部であり、現在も続いている。彼はまた、大学は外的要因、すなわち戦後に「連邦補助金」を受け取った大学は、そのために責任の範囲が広がり、また「新たな開発」を誘発する財団の「巨大な」影響力によって大きく変容したと述べた。しかし高等教育の内側では、「大学間の競争が激しくなり、変化を受け入れる速度が加速した」。『大学の効用』は、学生、教職員、およびこれらの動的で断片化された機関の管理を担当する管理者に対して、マルチバーシティにおける生活についての賢明で分別のある観察眼を提供した。カーは現在の「不均衡」と将来の展開の可能性についての思慮深い省察を提供した。彼はまた大学の、現代アメリカ社会に対する独自の貢献について、より深い理解を提供した[62]。

戦後の「大転換」により、大学は「国家の目的の最重要手段」となった。この変化の原動力となったのが「知識産業」だった。カーは「「知識」の生産、流通、消費は国民総生産の2.9%を占める」と計算したフリッツ・マハループの研究を引用した。知識は「国の成長の焦点となった。そして大学は知識プロセスの中心にある」[63]。彼は「知の家（ハウス・オブ・インテレクト）」としての大学の理想的で内向きの特徴を拒否した。むしろ、現代の大学は、複数の、分散した、関連のない部分、外向きの「知性の都市」のようなもの――マルチバーシティ――だ。従って、大学は社会に関与することが避けられず、社会の中心になった。知識は「これまで以上に多くの人々と多くの機関によって望まれ、要求さえされている」。従ってマルチバーシティの責任は、知識を創出するという困難な仕事に従事することだけでなく、知識を「よりよく、より早く使用する」ことを支援することに対しても生じた[64]。

クラーク・カーは、そのような抜本的な発言をするための知的な立場と運営上の立場の両方を持っていた。バークレーで教育を受けた労働経済学者だった彼は、1945年に産業関係の新しい研究所の所長として大学に戻ってきた。1952年にUCバークレーの学長(チャンセラー)に任命された彼は、すでに強力だった教員を、1965年のカッターの順位づけにおいて、全米で最も際立って優秀な大学に指名されるところにまで導いた。UCシステムの総長(プレジデント)(1958-1967)に昇進したカーは、1960年にマスタープランについて協議したが、このことはUCでの卓越した学問とマス高等教育へのアクセスとを両立させた。ゴドキン記念講義の時点で彼は、大学の既存の6キャンパスに加わる3つの新しいキャンパスの建設を指揮していた[65]。カーは成長の必要性と高等教育が直面する変化の要求に精通していたが、それらの勢力を形作る活動的な担い手でもあった。そのための方法の1つが、知識使用者――外部の資金提供者とその目的――と知識創出者――学術研究者と科学者――の間を取り持つセンターと研究所を形成することだった。そのような組織化された研究ユニット(オーガナイズド・リサーチ・ユニッツ)(ORUs)は、UC全体で増殖した。

1963年までに、大学の科学、技術、医学、およびそれらが生み出したORUsによって行われた社会への貢献に疑問を持つ人はほとんどいなかった。カーはそうした社会的関与というビジョンを応用社会科学に拡大したが、それは社会科学ORUのディレクターとしての彼の最初の職から始まっていた。彼は、効果的な社会科学の方法を開発し、社会問題に適用しようとした戦後の指導者のひとりだったが、その試みはすぐにフォード財団によって率いられるようになった。カー自身は、今では廃れてしまった近代化理論に貢献した、フォード基金による産業主義についての比較研究の主任だった。主に彼の試みを通じて、国際研究所、調査研究センター、および経営科学研究センターは、問題指向のバークレーのORUsとして労使関係研究所に合流した。この点で、カーは社会科学を活用して戦後の差し迫った一連の問題に対処し解決するための、はるかに大きな運動を例示したといえる[66]。

歴史家のイーサン・シュラムは、これらの発展を「道具的大学」を定義するものとして特徴づけている。それらは大学における社会科学の情報を活用し、国家のニーズに対応する手段に知識を与え導くことを目指した[67]。そのような試みは戦前にも存在していたが、それらは1945年以降、アメリカのマルチバーシティの顕著な特徴となった。これらの分野には都市計画、労使関係、行政、経済の近代化が含まれる。既に見たように、フォード財団はこれらのすべての分野で重要な役割を果たしたが、連邦政府を含む他の利害関係者もそれらを支援した。いくつかのトピックでは、冷戦時の共産主義世界との競争は多かれ少なかれ明白な理論的根拠だった。さらに、社会科学の分野は一般に、現実世界の問題に取り組むには不適切だと見なされていたため、学際的なアプローチが求められた。しかし、このことは依然として中心的な問題を残していた。すなわち、社会科学者はどのような道具的知識を提供できるのだろうか、という問題だ。ここには明確な2つのアプローチがあった。問題や考えられる行動方針を分析することができるグランド・セオリーと、問題を解決できるツールだ。

戦後の社会科学の知的および方法論的発展は非常に複雑だが、以下の3つの流れが応用研究的な方法論の発展と密接に関わっていた。調査研究は、戦後に知的に、方法論的に、そして組織的に発展した実用的なツールだった。レンシス・リッカートの農務省における戦時調査部隊は、1946年にミシガン大学に学術的な拠点を得たが、大学からの支援はなかった。従って、社会調査研究所は契約と収入を得るために問題志向になることを強いられた。これは大きな成功を収め、1950年には80万ドル以上を獲得し、調査研究と社会心理学におけるリーダーシップで全米的な名声を獲得した。ポール・ラザースフェルドのコロンビア応用社会調査局(1944年設立)も、商業顧客向けの調査研究によって支えられていた。それはまた、この技法(アート)を改善させる一方で、基本的な社会学研究を促進するようにも努めた。1941年にデンバーで設立された全米世論調査センターは、1947年にシカゴ大学に移り、主に学問的な

ORUsとなった。調査研究は世論に関する情報よりはるかに多くを提供した。それは、いくつかの社会科学の観点から、調査サンプリング技術を様々な人間の行動に応用した[68]。

1946年、ONRの大学へのアウトリーチとは異なり、空軍は後のRAND研究所に資金を拠出し、航空戦と国防に関連する独立した研究を行わせた。もともとは科学者や数学者が配置されていたが、すぐにオペレーションズ・リサーチ(有益な戦時の数学的方法論)とゲーム理論(意思決定のモデル化)に焦点を当てた。RANDはすぐに大学の学者との関係を確立した。国々が戦争について決定を下す方法に特に関心を持ち、大学を拠点とする数学者や社会科学者を含む、意思決定科学に関する画期的な研究を後援した。それは急速に経済学を組み込むことによって、システム分析開発の指導者となった。学術的周辺から、そしてそれ自体の目的のために、RANDは社会科学における行動主義――数学的で、問題中心で、学際的で、行動機能に焦点を当てたアプローチ――の台頭を促した[69]。

1945年のハーバート・サイモンによる*Administrative Behavior*の出版は、組織現象の新しい概念的枠組みを提供することにより、意思決定に光を当てた。サイモンの仕事は厳密に定量的な手法をとった。彼は数理経済学を推進する影響力のあるセンター、シカゴのコールズ委員会と関係があり、RANDの密接な相談役だった。行動主義の中心地にあって、彼はカーネギー工科の産業行政大学院でこれらのアプローチを擁護し、それがフォード基金のビジネス教育におけるニュールックの雛型となった。しかし、行政の強化――サイモンの当初の焦点――は戦後の懸念でもあった。コーネルは、ビジネスと行政を組み合わせたスクールを設立し、科学的な厳密さを促進する精神でもって、*Administrative Science Quarterly*を創刊した。組織研究は経営学の理論的側面の代表格であり、カーは「社会科学は組織研究と、組織と個人および組織内の個人の関係の研究を中心に統一されるかもしれない」と感じていた[70]。

実際、カーの感覚的な洞察は、戦後の社会科学の変革の根本的な方向性を反映している。社会科学史家ハンター・ヘイックは、彼が「高度な現代社会科学」と呼ぶ統一的なテーマの出現を確認した。それは、複雑で階層的な、構造化されたシステムとしての社会観念だった。システム思考に関連するいくつかの基本的な研究は、50年代半ばに、サイモンによる限定合理性の観念、W・W・ロストウの経済成長の諸段階、タルコット・パーソンズの『経済と社会』や*Behavioral Science*誌の創刊、オペレーションズ・リサーチとゲーム理論をまとめた総合的研究の数々として結実した。これらおよび他の精力的な研究は社会を、行動を測定および分析できる相互に関連するシステムと見なしていた。これらの発展を推進したのは、学術的社会科学を発展させるための道具的原理(インストルメンタル・ラショネイル)に基づく支援システムだった。これらの高度な現代社会科学と道具主義的支援(インストルメンタル・パトロネージ)というテーマは、およそ1965年まで十分に支持されていた。第二次世界大戦後の20年間で、250の学際的な社会科学研究所が設立された[71]。しかしその年までに、第二の支援形式が、道具主義的支援に影を落とした。それは、学問分野での理論と方法の精緻化を支持したものだった。

学問分野発展支援への移行はスプートニク後に始まったが、それは社会科学に対する連邦の予算の増加と、基礎研究の価値の高まりに直接関係していた。この傾向は、NSFと国立精神衛生研究所(NIMH)による研究支援の方法のなかで発生したが、それらは1958年以降、心理学や他の社会科学の最大の支持者・支援者となった。どちらの機関も基礎研究と応用研究を支援したが、学際的な行動主義的アプローチへの関心はあまりなかった。ヘイックによれば、これらの連邦資金提供者は応用研究を既存の社会科学の知識の応用と見なしていたのに対し、行動主義者は、システムに基づく枠組みの中に置かれた問題に基づく研究自体が社会科学の知識を進歩させる手段だと強調していた[72]。こうした非軍属の連邦政府機関の予算が急増するにつれて、基礎研究を優先し、学問分野別の審査委員会を使用するようになったことで、社会科学分野の研究が有利になっていった。しかし、この発展は大学内での強さを反映しただけだった。

60年代半ば、学生が押し寄せた際のアカデミック・レボリューションにより、ジェンクスとリースマンが嘆いたように、各学問領域(アカデミック・デパートメンツ)は研究と大学院教育に力を集中させた。アメリカの高等教育は、新しく成長しつつある機関の教員を埋めるために、学問的訓練を受けた博士を獲得するための飽くなき欲望を抱いていた。その飢えを満たすことは社会科学の各領域においても、他と同様に望まれた使命だった。1965年にカッターの格付けが出現したことで、カーが指摘した「大学間競争」の危険性が高まった。この場合の競争は、名声、認識、およびリソースをめぐって領域間で行われ、そこで賭けられているのは、助成金、出版物、教員の採用、そしてPhDだった。アメリカの高等教育において領域ごとの教員組織は、アンドリュー・アボットによってすでに指摘されているように、研究分野、個人のキャリア、教員の採用、学士課程教育を統合するという利点を備えていた。対してこれらは、道具的大学のORUsにとって問題になる可能性があった。領域のための大学の教育予算とは異なり、外部の支援者からの支持は、本質的に一時的で条件付きだ。研究テーマ次第では、コースが開設されることもあれば、時代遅れになることもある。そして研究ユニットは、任命や新規雇用の点で領域にある程度依存している。ORUsと道具的諸目的はアメリカの研究大学の不可欠で本質的な構成要素のままだったが、アカデミック・レボリューションの最盛期において、特に社会科学では、各領域の活力によってORUsの影響力が損なわれる傾向があった。

道具的社会科学と学問的社会科学はどちらも、アメリカ社会における大学の役割、大学での訓練、および大学の知識の、大きな変革の一部だった。1950年代後半、社会評論家たちは、労働力におけるホワイトカラーの地位の上昇に注目した。ピーター・ドラッカーは、当時「知識労働」に従事している多くの人々に言及した。ガルブレイスは、高等教育で技術的および知的スキルを習得した新しい階層の労働者に言及した。より理論的には、生産性は主に教育を通じて獲得された人的資本に関連しているという観念を、シカゴ大学の経済学者が最初に表明した。1960年代には、知識そのものに対する認識が強まった。マハループが経済への知識貢献の一覧を作成したほか、科学史家のデレク・デ・ソーラ・プライスは、科学の知識は15年ごとに約2倍になると計算した。カーは、知識経済だけでなく知識社会の構想においても、孤立していたわけではなかった。そのような理論家の中で最も重要なのは、社会学者ダニエル・ベルだったが、彼のポスト産業社会の構想は、1962年に最初に提案された。その後の論説で詳述され、これらのアイデアの完成形は、『脱工業社会の到来』と題して1973年に発表された[73]。

ベルにとってポスト産業社会は、サービス経済だけでなく、健康、教育、研究、行政を含む知識ベースの部門の卓越性の高まりを特徴としていた。真に際立っていたのは、「理論的知識の中心性」——「社会の革新と政策形成の源泉」だった。従ってベルは大学を「ポスト産業社会の主要な機関」だと宣言した。さらに、ここでは高等教育の重要性を一般には認めつつも、「軸」となる機関は知識生産部門の機関——つまり研究大学——だった。ベルはマハループとプライスを参照し、教育、大学の学位、PhD、研究などの指数関数的成長を示す多数の表を提示したが、後者の項目は20の主要な研究大学に集中していることにも言及した。大学の中心性はそれらに起因したものではなかった。むしろ、それらが生み出したもの——学術専門家と理論的知識——は、ベルが説明した社会変革に固有の特徴を促進させるのに不可欠のものだった。サービス産業の拡大に加えて、ポスト産業社会には、高等教育の民主化、専門職／技術職の重要性の高まり、社会組織における合理的な計画、新たな知的技術などが含まれていた。ベルは、彼が以前の著作で議論した主題、すなわち大学自体や高等教育についてはほとんど言及していない。ベルが大学に与えた重要な役割は、アメリカ社会の新しい現実を反映していた。それはおそらくは長い進化の産物だが、1960年代に紛れもない卓越性へと花開いた[74]。

科学技術の影響力が増大していることと、それが学術的研究に根差していることは、ベルが詳細に述べたことだったが、それは鋭い感覚を持った観察者であれば誰にとっても明らかだった。より鋭いのは、理論的な知識が日常の社会生活についての思考に情報を与える方法だった。「自己達成的予言」、「相対的剥奪」、「役割モデル」、「フォーカス・グループ」、「機会費用」、「フリー・ライダー」などの用語を検討してみよう。これらの概念や他の無数の概念は、社会科学の研究に端を発し、公開講演で聞き慣れるようになった。しかしそれらは、大学の知識から発せられる、より大きな理論的構成がなければ理解できず、1960年代以前には一般に不明瞭なものだっただろう[75]。

1960年代の社会科学と公共政策のつながりから、より重要な——そして論争の的となる——例を引き出すことができる。ケネディ大統領は、学者を彼の政権に採用することにより、学術的専門知識を直接利用しようとした。W・W・ロストウは、MIT国際研究センターで近代化の理論を発展させ、ホワイトハウスの国家安全保障担当補佐官になった。彼の経済成長段階の観念は、発展途上国に対する米国の政策を合理化した近代化論の変形の中で最も顕著だった[76]。国防長官ロバート・F・マクナマラはRANDの影響を強く受け、国防総省にニュールック型の管理とシステム分析を導入した。1965年にジョンソン大統領は、「企画計画予算制度」を義務づける行政命令によって、すべての連邦政府機関にそのようなアプローチを一般化した。それはすべての政府プログラムの政策分析と評価――そして社会科学者のための豊富な政府活動――を必要とした。特に、経済機会局(1965)は、ジョンソンによる貧困戦争のプログラムを評価する責任を与えられた。最終的には、公民権法(1964)の成立に続いて、人種的マイノリティの教育機会の欠如とその影響を特定するための調査が行われた。ジェームズ・コールマンが率いた研究*Equality of Educational Opportunity*(1966)は、65万人の児童を調査し、期待に反して、教育資源の違いは教育成果にわずかな影響しか与えておらず、SESが大きな影響の原因だと結論づけた[77]。

これらの事例、またはその他の事例のいずれにおいても、社会科学の調査結果は政府の政策を決定しなかった。むしろそれらは、ヘンリー・アーロンが「1960年代初期の単純な信仰」と呼んだものを支持し、合理化させた[78]。これらの単純な信仰の基盤が60年代終わりに揺らいだとき、それまでの社会科学的な課題の基盤も同様に揺らいだ。近代化論は信用を失い、マクナマラの効果計算予算運用法は放棄され、経済機会局はニクソンによって排除され、コールマンによって提起された問題は依然として疑われている。ベルが認識していた、社会組織に情報を提供するための理論的知識の新たな中心性は、異議が出されつつも失われることはなかった。論理と実証の双方に基づく理論が、実際の経験やより優れた理論によって否定されても、その知識は失われるのではなく、修正されるにすぎない。これは進歩であり、掛け値のない知的利益だ。1960年代の評論家は、科学的知識は累積的だと知っていたか、感じていたか、または仮定していた。こうした評論家は、アメリカ社会における大学の知識の影響の予期せぬ結末を十全に評価することができなかった。

社会学者は近年、大学が実際に知識を生み出す範囲を認識している。現代の知識社会は、「大学による抽象化され普遍化された世界の理解と、その学位を認定された卒業生を中心に、どれだけ社会が組織されているかによって、区別される」[79]。自然科学ではまだ、科学者は自然界の関係を「発見」していると言えるかもしれないが、技術、社会科学および行動科学、人文学では、知識は学術的環境で開発され精巧化されたパラダイム構造に組み込まれている。それはどうやってなのか。学者は長年の専門的な研究を通じて専門的知識を獲得する。教員の地位は、彼らがさらなる研究や学究を通じてその専門的知識を拡大することを可能とし、実際にこのことを要求する。そして、徹底的に吟味され、公に流通しているジャーナルや本の出版——新しい知識——を通じて、学者はそれを他の人と共有する。大学の知識の大部分は専門家のみが関心を持っている。しかし、現代社会は様々なニーズや利害関心と交差するため、そのような知識に依存するようになってきた。権威があるためにこそ、社会は大学の知識に目を向ける。つまり、学術的な著述はそれらが基づいている前提とその発見を裏づける証拠を提示しなければならないという点で、学術的な知識は客観的だ。そして、提案された知識は一般的な種類の現象に関係しているという点で、学術的知識は抽象的で普遍的だ。学術的知識の客観的な性質は、評価と挑戦を可能にする。実際に、重要な発見は学者同士で、そして時にはより広い社会の中で、必ず論争の的となる。このプロセスは、大学の知識を確立・強化するために不可欠だ。このことは大学の知識が有する文化的権威の基礎だ[80]。

大学は常にこの役割をある程度果たしてきた——権威ある知識を生み出すための場と文化を提供してきた。第二次世界大戦前、アメリカの大学は、場合によっては世界を先導する学問の進歩を育んだが、アメリカの社会と政治は、大学に知的な糧を求めていなかった。学術的専門知識は、例えばニューディールによってほとんど無視された。これは戦後、科学分野において劇的に変化したが、他の分野での変化は緩やかだった。大学はPCHEによって主として教育機関と見なされ、マッカーシー時代にはどことなく反体制的だと考えられていた。しかしながら、大学の科学の突出、アカデミック・レボリューションによる知識の激増のはじまり、およびきっかけとしてのスプートニクは、すべてこの10年の終わりまでに、リベラル・アワーの文化的変化と大学の専門知識の社会的利用の拡大に貢献した。この章で説明した３つの主要な論考の著者は、多少異なる視点からではあるが、すべてこの変化に反応した。学士課程教育の観点から、クリストファー・ジェンクスとデイビッド・リースマンは恐怖をもって、研究と大学院の訓練を通じて知識を進歩させることに対する大学の強迫観念を目の当たりにした。大学全体の観点から、クラーク・カーは、大学に多様な形態の有用な活動と成果を求めている知識産業を着想した。ダニエル・ベルは、資本主義、社会階層、および政府を含む新しい社会秩序を描こうとした。やや長期的な展望で、彼は理論的知識とそれを生み出した大学を、産業社会からの変革を推進するものと仮定した。さらに、彼らと他の人々は、実際にはこの現象の別の側面を目撃していた。すなわち、新しい時代は高等教育機関に通う若者の数を大幅に増加させた。

第4章 拡大と変質

1960年代の10年は、長きにわたるアメリカ高等教育の歴史において、最も活力に満ちた時代だった。第3章で述べたスプートニクの影響によって、学問の世界は進歩的な変化の必要に晒され、リベラル・アワーの精神は、未開の地とはいえ、大幅な進歩への期待を高めた。ベビーブーム世代がジョンソン大統領の偉大な社会(グレート・ソサイエティ)とともに到来し、かねてからの大幅な成長率を加速させた。

1959年の秋から1969年の秋にかけて、総在学者数は300万人から700万人に(122%)増加した。カレッジ学生の年齢層は900万人から1,400万人に増加し、そのうちカレッジにいる学生の割合は31%から44%に上昇した。ハイスクールの卒業生は100万人増加し、カレッジに進学する卒業生は男性が60%、女性が50%近くに達した。そして、こうした成長の活力は1970年代初頭まで続いた。しかし、単なる数字は重要な質的発展を覆い隠してしまう。新たな機関は新たな経路を提供し、誰がカレッジに行くのかと同様に、どのように、どこのカレッジに行くのかに影響を与えた。こうした進展の多くは、1945年以降に発展した戦後の高等教育システムに追加されたものだったが、高等教育システムの前提の変化も反映していた。高等教育の新たな人口動態は、社会的行動と文化的価値観の変化に起因するものだった。高等教育の制度的基盤の拡大は、大多数の若者に高等教育を提供することは望ましいとする、民主的に選ばれた政府による承認から生じた。

学生の高波（タイダル・ウェーブ）

アメリカの高等教育を観察していた人々は、1950年代に在学者数が「急上昇」したことに驚嘆した。学士課程にいる学生の登録数が、GIビル以降の最低値だった1951年の200万人強から、1959年には290万人に――18歳から21歳の年齢層に占める割合が24%から31%に――上昇した際には、3つの要因が働いていた[1]。1959年にはカレッジに進む生徒よりもハイスクールを中退する生徒の方が多かったが、この数年でハイスクール卒業生は80万人増加し、より多くの潜在的な学生を供給した。在学者数増加は、能力の高い学生をより効果的に見極め、カレッジへの進学を奨励したことにも起因していた。さらに、世帯収入が増加したことで、子どもをカレッジに送り出せそうな中間層や郊外の世帯数が増加した。しかしながら、この拡大期において、カレッジ進学者の社会経済的類型は非常に安定していた。この類型は、非常に歪んでもいた。五分位で最上位の階層の男性は、最下位の階層の男性よりもカレッジに通う可能性が3倍以上高かった。女性の場合、5倍が進学する傾向にあった。これはアメリカ的生活様式の精神構造を反映しており、ベビーブーム世代が到来するまで続いた。

在学者数の男女格差は、著しい成長と同時に広まったアメリカ社会との安定した関係を物語る指標だ。1950年代を通して、ハイスクール卒業女性の約35%がカレッジに進学したのに対し、男性は50-55%だった(20世紀を通してみると、女性の方が男性よりも多くハイスクールを卒業している)。1960年のハイスクール3年生を対象とした調査「プロジェクト・タレント」は、その時点での学力とSESとの関係を示している[2]。全体として、男性の49%、女性の35%がカレッジに進学していた。進学率の差異は、学力の上位20% (男性85%に対して女性76%) とSESの上位20% (男性81%に対して女性75%) の女性において最も小さかった。同様に、カレッジへの進学率下位20%における差異も小さかった。カレッジ進学率における最も大きな差異は、ちょうど真ん中――中程度の学力と中程度のSES (男性46%に対して女性25%) ――にみられた。このように、カレッジ進学はSESの影響を強く受けていた。この影響の多くは学校での成績によって打ち消されたかもしれないが、女性よりも男性の方により効果があった。しかしながら、この5行5列から成る表のどのマスにおいても、両親は娘よりも息子をカレッジに進ませる可能性が高かった。数年来じわじわと中間層の所得が増加し、価値観やライフスタイルが普及したことは、女性の助けとはなったものの、それらはあくまで男性にとって都合の良いものだった。

これらの態度は、高等教育が次の10年間の課題にどのように適応するかを予測しようとする、守旧派社会学者のロバート・ハビガーストによる1960年の試みに反映された。彼の予想によれば、カレッジ卒業生の需要が供給を上回る現在の時代が、ベビーブーム世代の到来まで続くことになる。その後、状況は逆転し、カレッジ卒業生がカレッジ・レベルの職業の供給を上回ることになる。彼が予想したところでは、カレッジ年齢層の人数が増大するにつれて男性の卒業者数は増えるが、進学率は低下せざるを得ない。その結果、カレッジの選抜性はより厳しくなり、知的能力が高い人や裕福な人に有利に働くようになる。準備不足で就職の見通しにより敏感な労働者層の学生は、辛い経験をするだろう。同様のことは女性にも言える。彼は女性のカレッジ・レベルの職業が増加することを予測せず、それゆえに女性の相対的な進学率増加を予測しなかった。彼は女性の卒業生は半数しか働かないだろうし、彼女らの多くは「速記者や販売員として職を得る」ものだと仮定した。彼は「現状では『カレッジ・レベルの仕事』に就ける数の約3倍の女子がカレッジに入学しているから」現在の成長は持続不可能だと憂慮した。ハビガーストの誤った予測は同時代の考え方を反映していた。彼は1960年に利用可能なデータから推定し、従来の知識も同様に応用した。すなわち、カレッジ進学は学力と労働市場によって決定され、1950年代における女性の地位と行動は変わらないとした[3]。

予想されていたベビーブーム世代の高波は、1964年に予定通りにやってきた。学生のジェンダー・バランスは、ハビガーストが予測したように男性優位となるのではなく、女性優位の長期的な推移が始まった。1964年から1969年にかけて、ハイスクール卒業生は100万人以上増加し、カレッジ新入生は2/3増加した。男性入学者は急増したが、女性の割合は1950年代の40%から44%へと徐々に上昇した。その後、男性の入学者数は伸び悩み、女性の在学者数は増加を続けた。1975年以降、カレッジ進学者は男性より女性の方が多くなり、1980年までには学生の過半数を占めるようになった。アメリカにおける女性の役割の変容は1970年代のことであり、第6章で検討する。1960年代は、1950年代の強固なジェンダー・ステレオタイプが徐々に解消された、過渡期の10年間だった。高等教育への参加の拡大は、この発展の原因かつ結果だった。

高等教育の大幅な拡大をアメリカ社会との関連で概観するときの明白な問いは、カレッジに通う学生の割合が増加したきっかけは何か、そして増加した学生はどのように労働市場に吸収されたのか、というものだ。学生が吸収されたことは議論の余地のない事実だ。すなわち、1960年代末まで、カレッジ卒業者は適切な職を見つけるのにほとんど苦労しなかった――需要が供給を上回っていた。1950年代に、男性のカレッジ卒労働者は6.9%から9.7%に増加した。彼らは広く拡散した。新たなカレッジ卒の労働者に関して、60%が広義の「専門職」だった。新たに加わった最大カテゴリーの労働者、エンジニアは増加したうちの12%を占め、教師(9.5%)がそれに続いた。しかし、28%は23の専門分野にまたがっていた。ホワイトカラー給与所得者は10%、事務職および営業職は13%増加した。知識労働者(ナレッジ・ワーカーズ)(自然科学者や社会科学者、カレッジ教員)は、知識社会の中核と考えられていたが、増加分の6%を占めていたにすぎない。女性のカレッジ卒労働者は7.7%から7.9%に増加しただけだが、働く女性の数は35%増加した。新たな卒業生の70%は専門職だったが、それらの多く(42%)は教師だった。事務職は17%、看護師は6%だった。1950年代には一般的に女性の雇用が大幅に増加したが、新たなカレッジ卒業者の2/3は、これら3つの典型的な女性向け職業に就いた[4]。

1960年代、労働者におけるカレッジ卒業者の割合は男性で15%、女性で12%に増加した。専門職におけるカレッジ卒業者の割合は、女性では増加したが、男性ではほとんど増加しなかった。男女ともに、管理・経営職におけるカレッジ卒業者の雇用が大きな伸びをもたらした[5]。しかしながら、高等教育の大規模な拡大が雇用に対してどのように影響したのかを、労働市場に関する伝統的な考え方によって説明できなくなったことは、1960年代の終わりには明らかだった。新古典派経済学の前提――従業員(カレッジ卒業者)は限界生産性が限界費用を超えたときに追加され、賃金は労働力の需給によって決定されるという前提――は、実際の動向をほとんど浮き彫りにしなかった。カレッジの学位を必要とする職業の定義も、そのような職に就くための準備がカレッジ進学を促進する主要な動機だという前提も曖昧なものになった。最後に、「過剰教育」を市場の不完全性のせいと見なすことは、使い古されたモデルの合理化にすぎなかった[6]。

ある推計によれば、1960年代におけるカレッジ卒男女の雇用増加の60%は、経済の拡大・近代化に伴うカレッジ卒向けの職業の増加に起因していた。残りの40%は教育の改善に起因していた可能性がある。経済学者たちはこの現象を「学歴偏重主義(クレデンシャリズム)」として退けた。経済学者たちは、カレッジ教育を受けた従業員に対する管理者の非合理的な選好など、この現象を引き起こす様々な市場の不完全性を明らかにした[7]。この考え方は、カレッジ教育を受けた労働者に対する労働市場の需要とは無関係に、社会的な力によって高等教育が拡大したという証拠を説明しようとするものだった。従って、学歴偏重主義は、カレッジ卒業者数が卒業者向けの職業の数を上回っていた場合に、なぜ「過剰」な卒業者が職を得られたのかの説明となった。経済学者のレスター・サローは、この現象についてより説得力のある説明を行った。生産的な技能の大半はオン・ザ・ジョブで習得されるため、就職希望者は仕事の機会を得るために競争した。学歴は、より訓練可能な従業員を識別するための篩となり、雇用主はそのようなシグナルを活用して、カレッジ卒者を「仕事の待ち行列(ジョブ・キュー)」に並ばせた[8]。カレッジ教育を受けた従業員はより容易に訓練されただけでなく、おそらくはより生産的でもあったので、このようなプロセスは学歴偏重主義と実質的な教育改善の両方を反映していた。その後の分析で、教育水準の高い労働者が実際に職場の改善に大きくプラスの影響を与えることが立証されている[9]。このように、1950年代から1960年代にかけて増加したカレッジ卒者層を採り入れることにより、労働市場はカレッジ卒者の急増に対して機能的に反応した。労働市場はカレッジ卒者の急増の原因ではなかった。

その代わりに、高等教育の大規模な拡大における変革の主体となったのは社会的な需要だった。人口統計的変数が役割を果たした。カレッジ入学年齢層とハイスクール卒業生の増加がより多くの新入生予備軍をもたらしたが、社会的な上昇志向(アスピレーション)こそが、進学率を高めた。家庭が子どもたちに高等教育を求めたのは、高等教育がより良い人生への展望や、経済的機会、社会的地位、文化的差異における相対的な優位さを提供するからだった[10]。こうした願望を抱く家庭の増加に伴う精神構造の変化が、1960年代における重要な発展だった。マーチン・トロウは、進学率が向上するに従って、高等教育が特権から必要な要件を持つすべての人の権利へ、そして社会的地位を維持するのに必要不可欠な義務へと進化したと述べた[11]。それゆえに、経済発展は家庭の上昇志向をさらに引き上げるのに際して重要な役割を果たした。政府は、高等教育の場を提供することで大衆の需要に応えた(次節を参照)。そして国民の態度も変化した。1960年代、高等教育に関する戦後初期の強い信念は都合よく忘れ去られた。すなわち、知的能力の上位25%のみがカレッジに行くべきだという考え(IQ決定論)、労働者層の若者とほとんどの女性は進学する動機が欠如しているという考え、そしてカレッジ卒者向けの仕事に比して過剰な教育は社会的脅威をもたらすという考えだ。その代わりに、大学が中心的機関を構成し、教育と個人の成長は万人の基本的人権であって、人的資本の拡大がより合理的に管理された社会に貢献するという「新しい社会モデル」が出現した[12]。この新しい社会モデルは、以下に見てゆくように、かなりの熱量をもって提唱されたり、異論を唱えられたりされた。拡大に関するいくつかの特徴は、その本質を明らかにするのに役立つ。

一見普通でない展開のひとつは、リベラル・アーツ(人文学、社会科学、心理学)を学び、卒業する学生の割合が増加したことだった。通常、第一世代の学生は職業志向だったが、ベビーブーム世代が取得した学士号のうち、これらの学科目が占める割合は30%から41%に上昇し(1960-1970)、史上最高を記録した。科学と工学の学位は5%以上のシェアを失った。参加が拡大したことを踏まえると、要求の厳しい数学を基礎とした科目のせいだと予想されるかもしれないが、教育の学位は同程度の数を減らしており、ビジネスの学位は2.5%を失った[13]。こうした選択は機関と学生の両方の選好を反映していた。リベラル・アーツが絶頂期を迎える中で、新設や拡大した機関はリベラル・アーツの科目を強調し、その他の科目をほとんど提供しない機関もあった。職業訓練のカリキュラムは用意されていたが、教育と工学を除いては、ビジネス教育と同様に、あまり発展していなかった。アカデミック・レボリューションはリベラル・アーツの科目に、学生にとって刺激的な新しい内容を生み出した。より一般的には、リベラル・アーツは社会的・文化的向上への潜在的な願望と結びついていた。アメリカではまだ、カレッジ教育と学位が、ある程度はリベラル・ラーニングと関連していた。これらの信念は見当違いでもなかった。というのも、リベラル・アーツの専攻（メジャー）に関する学位と認知能力は、幅広い職業で有効だという形で検証されたからだ。加えて1960年代の終わりまでに、ブルジョア社会との関連を断ち切る傾向が広まったことで、専門職の科目よりもアカデミックな科目が好まれた[14]。

1960年代初頭には、SATを受験した生徒の平均スコアが最高レベルに達した。1963年以降、ベビーブーム世代が受験し始めた際、平均スコアは低下したものの、大きくは変わらなかった。ところが1970年以降、スコアは急落した。カレッジ・ボードが委託した調査の結果、1963年から1970年にかけてのスコア低下は、受験者層が拡大し、より広範な層が受験するようになったことが原因だと判断された。以前はアクセスの拡大によって高い能力を持つ生徒の参加が増えたため、より多くの生徒が受験しても、SAT平均スコアが実際にはやや上昇したことを思い出してほしい。スコアが頭打ちになった1963年には、ほぼすべての成績優秀な生徒がカレッジに進学していた[15]。1960年代の残りの期間においては、社会的需要の高まりは、増加した学生の能力が比較的低下したことを意味した。1970年以降、学力は全体的に低下したが、受験者の構成に変化はなく、カレッジ進学者が減少することもなかった。カレッジに行くことは、今や人としての権利と見なされた[16]。

しかし、カレッジからの卒業はそうではなかった。歴史的に、カレッジ卒業率は50%未満だったものの、1960年代にはかなり高くなったように見えた[17]。しかしながら、カレッジの修了は機関によって大きく異なっていた。

1966年に入学した学年の場合、コミュニティ・カレッジの学生のうち1/3が、2年生に進級できなかった。4年制機関は、1年目に新入生の約1/5が退学し、卒業までにさらに1/5が退学した。平均以下の学生を抱えるカレッジは、ちょうど半分を超えるくらいしか卒業できなかった。選抜性の高い機関では、新入生の70%から80%が卒業した。学生にとって、カレッジを卒業するための最も明確な予測因子は、ハイスクールでの高成績とテストの高得点だったが、それは戦後初期の傾向と一致していた。女性は平均して成績が良く、テストの点数は低く、卒業率は低かった(56%)――この状況は1970年代に変化する。1960年代後半には、いくつかの要因によって卒業率が上昇したと考えられる。平均的な学力はまだ比較的高かった。1965年以降、徴兵の差し迫った脅威により、男性が学校教育に留まることが助長された[18]。学業の面でも、カレッジはより進学しやすいものになった。1966年から1974年にかけて、これまでに記録された中で最も急激な成績インフレが起こり、学生の学力が低下していったにもかかわらず、Aは15%増加し、Cは15%減少した。そして、カレッジは非常に手頃な価格だった。1970年卒の学年では、世帯収入と卒業率との間に明確な関係はみられなかった[19]。

1960年代のマス高等教育は、ほとんどの点で伝統的なパターンを踏襲していたが、今やアメリカ国民のより広い範囲を対象としていた。1968年に4年制カレッジに入学した新入生は、大多数がハイスクールを卒業したばかりだった――96%は19歳以下だった。ハイスクール卒業生は多くの点で中途半端だった。ハイスクールでの平均的な成績は1/4がB未満で、Aをとったのはわずか15%だった。出自はそれぞれほぼ1/3ずつ、田舎ないしは小規模の町、中規模の町、大都市とその郊外だった。1/3は家庭平均収入8,000ドル以下の家庭の出身だった。父親の1/4強がカレッジを卒業していたが、この数はハイスクールを卒業していない父親と同じくらいだった[20]。全体としてマス高等教育とは、幅広い中間層の大規模な参加を意味していた。しかしながら、学生がどこのカレッジに行くかについては大きな違いがあった。1960年代のマス高等教育は、大衆へのサービスに意識的に取り組んだ機関が発展したことによって可能となった。

マス公立高等教育

1959年秋から1969年秋の間、新入生は110万人増加したが、そのうち私立カレッジに入学したのはわずか12%であり、私立セクターの成長はこの10年間の前半に起こった。増加分の8/9は公立機関であり、5/9がコミュニティ・カレッジ、3/9が4年制カレッジだった。これらの設置は、高等教育に対する公的投資の莫大な増加によって可能となった——連邦や地元からの投資もあったが、大部分は州の予算からだった[21]。成長率は50州の間で多岐にわたったが、どの州も投資額は数倍に及んだ。このような膨大な公的支援は、経済が低迷し、高等教育の様々な面に失望が広まっていたにもかかわらず、1970年代の大部分にわたって不規則な形で継続していた。

1960年代の公立高等教育の状況は、第2章で述べたカリフォルニア・パラダイム——1箇所以上の州立研究大学と、カレッジまたは大学、そしてコミュニティ・カレッジ——にほぼ準拠していた。研究大学は、可能な限り多くの学士課程の学生を入学させる傾向があったが、主に大学院教育と研究の成長に重点を置いていた。人数の増加は他の2つのセクターに集中していた。小さな町や都市に散らばっていたかつてのティーチャーズ・カレッジは拡充・改良されて、増加する伝統的な学生層に、より幅広いカリキュラムを提供するようになった。コミュニティ・カレッジ運動は、1960年代に急成長を遂げた。60年代の終わりまでに、新しいコミュニティ・カレッジが1週間に1つ以上の割合で開校した。都市部の公立大学は、分類されにくい多様な役割を果たした。60年代にそれらが注目されるようになったのは、高等教育がより広い公衆に役立つために人々が暮らす場所に大学を配置しなければならない、ということに、遅ればせながら気付いたことに起因していた[22]。ブランチ・キャンパスはこの図式を満たすものであり、都市部へのアクセスを提供する場合や、コミュニティ・カレッジの代替となる場合もあった。これらの機関が一体となったことで、合衆国はマス高等教育を達成する最初の社会となった。

地域(リージョナル)カレッジおよび大学

このセクターの中核を成したのは、ティーチャーズ・カレッジとなったり、その後に公立のカレッジや大学となったりした、かつての師範学校(ノーマルスクール)だった。これらの機関は、1961年に、より包括的なアメリカ州立カレッジ大学協会(AASCU)の設立により、新たなアイデンティティを獲得した。1963年の教育局(まだ古い名称を使用していた)による統計では、186のティーチャーズ・カレッジに米国の学生の10%が在籍していた。1969年までに、AASCUには231校のメンバーがおり、そのうち166校は元ティーチャーズ・カレッジだった。この拡大されたグループには、全学生の21%、公立4年制機関の学生の42%が在籍していた[23]。

1968年、オールデン・ダナムはカーネギー高等教育審議会のためにAASCU加盟校を調査した。彼は自分が見出だしたものを「単一目的のティーチャーズ・カレッジから多目的大学までのスペクトル」と表現した。前者の中でも、ニュージャージー州立のカレッジは、州の教育委員会の支配下から抜け出したばかりで、依然としてティーチャーズ・カレッジのように運営されていた。そして、24のカレッジは学生数が1,000人未満で、最小校はニューイングランドにあった。全学生の2/3以上を擁する学校の4/5は、1,000人から1万人の学生数を抱えており、ほとんどが急速な成長を遂げていた。1/10の学校がこの規模を超えていた。最大規模の学校は大学の地位に向けて早々とスタートを切っており、その頃にはアカデミック・レボリューションの魅力を感じていた。いずれの機関も、1975年までに学士課程在籍者数を2倍にし、大学院生をさらに増やすことを目標としていた。成長、そして過去・現在・未来と折り合いをつけることは、それらの機関が1960年代の新しい学問的規範へと舵を取るための、主要な条件だった[24]。

変化が遅かったのは学生たちだった。学生数が増えたにもかかわらず、その構成は依然として従来の顧客層に似ていた。カレッジ第一世代の大部分は労働者や下位中間層の家族の出身で、平均して中程度の能力があり、主に周辺地域から来ていた。1/4は1年生を終えた夏休みの後、二度と現れなかった。1960年代後半にさえ、40%以上が教師になろうとしていた。60年代が進むにつれ、コミュニティ・カレッジからの編入により、学士課程後半（アッパー・ディビジョン）の学生がさらに増えた。ほとんどの学生はキャンパスに住んでいて課外活動に参加したが、多くは地元との絆を保ち、週末には帰省していた。過激な60年代にあっても、都市以外のキャンパスの学生は明らかに穏健だった。こうした学生は実用性を高く評価し、国内外の問題に関する意識は低く、そして学業への取り組みも積極的でなかった。ダナムは次のように結論づけている。「州立カレッジの学生層は、他の４年制カレッジ・大学よりも、コミュニティ・カレッジの学生層に似ている」[25]。

近代化を主導したのは新しい教授陣だった。成長はアーツ・アンド・サイエンシズに大学院を修了したての新たなメンバーをもたらし、これらのメンバーはすぐに教員養成校（エド＝スクール）の守旧派を圧倒した。60年代後半には、教員の半数がその大学に３年以下しか在籍していなかったというのが普通だった。これらの集団は、大学院とアカデミック・レボリューションの文化をもたらし、すぐにティーチャーズ・カレッジの習律や執行部に苛立ちを覚えた。さらに研究と学識は教授陣の役割に不可欠だと考え、大学院教育の拡大を支持した。新しい執行部は、機関のイメージと名声を高めるための手段としてこれらの価値観を支持した。しかし、施設の制限と教育負担の重さは、地方出身の意欲的でない学生を教える仕事同様、教授陣を束縛し、フラストレーションの原因でもあった。教授陣は通常、ガバナンスにおける発言力の増大を求め、しばしば教員評議会（ファカルティ・セネト）を設立した。その後、教授陣は団体交渉を選択することとなった(第５章)。学術的潮流の力強さにもかかわらず、多くのAASCU機関、特に小規模で地方の機関では、博士号取得者によって教授陣をレベルアップさせることが困難だった。1966年の時点で、正規教授陣のほぼ半数が助教授であり、博士号取得者は1/4以下だった(とはいえ、未取得者の多くは間違いなくABDだったが)。各校は一般に、第３章で説明した三番手の大学から博士号を取得することにより、この不足に対処しようとした。

大規模なAASCU加盟校の中には、研究大学を模倣するための努力を惜しまないところもあった。1966年までにそのうちの８校が博士号を授与していたが、それ自体が大学としての地位を決定的に特徴づけるものではなかった[26]。アカデミック・レボリューションの影響は、ノーザン・イリノイ大学(NIU)のような将来有望な機関に対してより明確であり、先に述べたような緊張は、むしろより深刻なものとなった。1951年に1,800人の学生を擁していたティーチャーズ・カレッジだったNIUは、1960年代の終わりまでに10倍の規模に成長した。60年代半ば、州はNIUをリベラル・アーツ大学として指定し、独自の理事会（ボード・オブ・リージェンツ）を設置して自治を行うようになった。大量に投入された州の予算が成長に寄与するだけなく、学術的な向上に対する資金をもたらしたことで、「急速な成長の陶酔感」が生じた。拡大するアーツ・アンド・サイエンシズ領域に資源が投入され、教員の大半が博士号を取得していた。60年代の終わりまでには、博士課程を構築し、NIUの地位を真の大学に高めることが主たる関心事となった。弱点は無視される傾向にあった。今や昇進には論文出版実績が必要となったが、それは正教授に対してのみだった。それ以外の場合、テニュアおよび准教授の地位を取得するための要件は、緩いものだと評判だった。外部資金による研究は事実上存在しなかった。学士課程の教学を改善することはほとんど考慮されなかった。1年生と2年生は、ティーチング・アシスタントとAV機器を備えた大規模な講義に追いやられた。1967年には、学士号取得者の過半数はまだ教育の学位を取得していた。ほとんどの州立カレッジと同様に、NIUへの入学要件は最小限のものだった。学生たちは従来的で職業志向的だったが､60年代の終わりまでには改善されていたかもしれない[27]。

AASCU加盟校のなかで最も学術的に進んだ集団はカリフォルニア州立カレッジ群だったが、それらはマスタープランの制約によって博士課程を持つことはできなかった。師範学校として始まった4校は、1935年に州立カレッジに改組された。1950年までに7校が一般的な目的（ジェネラル・パーパス）を有する州立大学として設立された。1950年代にはさらに4校が、マスタープランの後には3校が追加された。人口増加の圧力に応じて設立認可されたため、ほとんどは都市または郊外の機関だった。在学者数は1960年代に9万5,000人から24万2,000人に増加し、18校のうち5校の学生数が2万人を超えた。最大の機関、サンディエゴ州立カレッジは、名称以外は大学だった。それらは他のAASCU加盟校よりも選抜性が高く、ハイスクールの各学年の上位1/3から生徒を集めた。博士号取得者が教授陣の大部分を占めており、アカデミック・レボリューションの誘惑にも反応した。1960年代の終わりまでに州立カレッジは、マスタープランによって課せられた「二流」市民権に対して公然と反乱を始めるところまで来ていた。UCと比較して、州立カレッジでは授業負担が多く、給与は低く、たいした研究（または出張）の機会も与えられず、そして博士課程が禁止されていた。1967年、州立カレッジシステムは大学との同等の地位を得るための取り組みを一丸となって始めた。このキャンペーンはUCによって妨害されたうえに、出費の可能性を考えると、財政状況が悪化する中で議会にとってほとんど魅力的ではなかった。1972年、費用のかからない譲歩として、州立カレッジシステムはカリフォルニア州立大学になることが許可されたものの、その機能が変更されることはなかった[28]。

1960年代の終わりにカーネギー高等教育審議会が*Classification of Institutions of Higher Education*の完全版を発表したとき、AASCU加盟校は総合(コンプリヘンシブ)カレッジに分類された。博士号授与カレッジ・大学のレベルに到達したのは10校未満であり、研究大学になったものは1校もなかった。60年代半ば、州の予算が無限だと思われていた時代には、学問的地位の向上を求める願望は達成可能で望ましいように思われた。しかし60年代末には、研究大学に不可欠な特徴は、本質的な希少性と競争性だということが明らかになった。研究助成金は、最も科学的に有望な提案に授与された。重要な論文を世に出す学者の数は少なく、研究に有利な環境に集中していた。そして才能のあるフルタイムの博士課程学生の供給は、1970年頃には限りないように見えたかもしれないが、実際には有限だった。かつてのティーチャーズ・カレッジは、これらの重要な資源をめぐって既存の大学と競争するには、準備が不十分だった。むしろそれらは、以前はほとんど進学していなかった人口の大部分に対して、社会階層、文化、または経済といった理由にかかわらずカレッジ教育へのアクセスを提供した。そして、協調して学術的向上を図ることで、そうした学生がいま受けている教育の質を高めた。この後見るように、それらは将来的には、後述するようにアカデミック・レボリューションの願望を捨て去り、必然的に組織の優先事項を既存の学生層に対する奉仕へと集中させていくことになった。

公立都市型大学

世界中で、大きな大学は大都市とともにある。アメリカの学問の歴史で特殊なのは、アメリカの都市において、様々な支援のもとで私立機関が主流となっていることにある。例えば、植民地系(コロンビア、ペンシルベニア、ブラウン)、フィランソロピー系(ジョンズ・ホプキンス、シカゴ、MIT)、YMCA系(ノースイースタン、ヤングスタウン)がそれにあたる。カトリック教会はそのコミュニティに資する、小学校から大学までの教育システムを維持しており、自治体は高等教育の空白を、多くの場合は私的支援で埋めあわせた(シンシナティなど)。ニューヨーク市立大学(CUNY)は、都市の学生のためにあらゆる形式の高等教育を開始したユニークな先駆者だった(1964年に、CUNYは全米最多の学士号を授与した)。戦後における拡大により、既存の機関の寄せ集めでは増大する都市の需要に対応できず、公的な取り組みが必要なことが明らかになった。1950年代には、アトランタのジョージア州立とイリノイ大学シカゴ校でみられたように、競合する既存校の抵抗に遭いつつも、ある程度の進展が見られた。しかし、1960年以降、これらの圧力はもはや無視できなくなった。都市には人口も職もある。ベビーブーム世代には勉学の場所が必要だった。既存の機関は成長するための資本を欠いていたか、偏狭な集団とみなされたままだった。そして都市部の納税者は州の教育支出の分配を要求した。1960年代は、実現可能と思われるあらゆる手段によって、新しいタイプの公立都市型大学が誕生し、あるいは変貌を遂げた時代だった。州立大学は都市にブランチ・キャンパスを設立した。市立大学は州に引き取られ、州の資金を提供された。苦境にあった私立大学は、大規模州立大学のキャンパスに転換された。そして、いくつかの都市型大学が新たに設立された。

多くの点で、これらの新設または転換された機関は、州立の地方カレッジに似ていた(あるいは実際に、かつてそうだった)。それらの機関は第一世代のカレッジ学生を教育することを任されたが、その多くは進学準備が不十分だった。それらの機関が採用した新しい教授陣は、アカデミック・レボリューションの産物であり、一般的な研究志向を持っていた。しかし、都市部の大学はより複雑な機関だった。都市は、教員養成にとどまらない職業プログラムだけでなく、専門職養成や大学院教育の潜在的な需要が多く存在していた。そして、都会の学生はキャンパス滞在時間が短かった可能性が高い――通学者であり、しばしば成人であり、パートタイムで勉学を行い、場合によっては雇用されていた。アーツ・アンド・サイエンシズに基づくカレッジ教育の伝統的な概念と、こうした都市の学生の新しい波がもたらす関心、志向、能力との間には、潜在的な緊張関係が存在していた。1960年代の最初の数年間、南フロリダ大学やモンティス・カレッジにおいてさまざまな様子で見られたように、リベラル・アーツ志向は強力な影響を及ぼした。しかし、60年代半ば以降、都市型大学というまったく異なる概念が支配的になった。都市サービスは、あらゆる学生に対応し、都市の危機に対処し、周辺環境にサービスを提供するための合言葉になった。

アカデミック・レボリューションによって強化された伝統的なリベラル・アーツは、すぐに旧来の都市型機関における都市サービスの役割とほとんど相反するものだということが判明した。バッファロー大学は、1952年の時点では代表的な私立都市型大学であり、9,600人の学生の18%がアーツ・アンド・サイエンシズ、42%が夜間部で、残りは8つのプロフェッショナル・スクールに所属していた。寮はなく、地元住民を対象としていた。1962年にSUNYに組み込まれ、4つの大学院センターの1つに指定された。インディアナ大学のハーマン・ウェルズ学長が議長を務めた委員会報告書はSUNYに対して「卓越の最高峰（ピークス・オブ・エクセレンス）」の構築を含め、質の高い大学院教育と科学研究を重視するよう求めた。1966年、マーチン・マイヤーソンが学長に任命された(1966-1970)。都市計画学者で、当時UCバークレーの学長代理（チャンセラー）を務めていたマイヤーソンは、その任務を果たし、バッファローを「東部のバークレー」にしようと熱心に任務に取り組んだ。マイヤーソンは、すでに進行中の息をのむような変革を加速させ、研究志向の教授陣を多数採用し、名声を欲している各領域に配属した。寄宿学生が主に他の場所、特にニューヨーク市近郊から集められたため、入学者選抜は競争的になった。マイヤーソンはバッファローの地域社会への貢献に口先では同意したが、彼の、そしてSUNYの目標は、全米的な研究大学（ナショナル・リサーチ・ユニバーシティ）を設立することだった。しかし、1960年代後半の二極化した雰囲気の中で、新しい学生や教授陣の学術的なコスモポリタニズムと、大部分がブルーカラーのバッファローの地域社会との間の溝が深まり、第5章で見るような結果をもたらした[29]。

同様の緊張は、マサチューセッツ大学(UMass)のボストン新キャンパスを悩ませた。長く困窮したアマーストの旗艦キャンパス(1947年に「大学」に改名された)は、他の州立カレッジとともに、1960年代には州による支援が異例に急増した恩恵を受けた。学生の定員が不足したことにより、ボストンに公立大学を設置するという、燻っていた問題が持ち出されたが、これは私立カレッジを警戒させ、UMassでも反対意見が多かった。極めて唐突に、ボストン・キャンパスを創設する法律が1964年に可決され、UMassボストンは次の秋から授業を開始することとされた。急遽機関が編成されるなか、カリキュラムは教授陣に委ねられたが、教授陣の生来の気質から、小規模なニューイングランドのカレッジで提供される類のリベラル・アーツ・コースが支持された。しかしながら、大都市ボストンの密集した大学市場において、新しい機関はマス高等教育の周縁的な学生にサービスを提供することとなった。40%はマサチューセッツ州の家庭のうち経済的な下位1/4出身で、多くの年長学生はパートタイムで働いていた。フルタイムの昼間のリベラル・アーツ・コースを提供した知的忠実さは称賛に値するが、それは通学生にとっては通いやすさの面でも学業の面でもしばしば困難を伴うものだった。この矛盾は新キャンパスのトップがボストンの地域社会とのつながりを築きはじめた1968年まで続いたが、そのつながりにはカレッジ・オブ・パブリック・アンド・コミュニティ・サービスの計画も含まれていた[30]。

ボストンにはすでに都市型大学があったが、それは私立だった。ノースイースタン大学は1896年にYMCAの夜間教育機関(イブニング・インスティテュート)として設立された。同校は、正規学生のための専門分野でのコーオプ・プログラム(仕事と勉学を行き来するプログラム)と成人のためのパートタイムの夜間プログラムに焦点を当てることによって、学位授与大学に成長した。労働者層の学生のニーズに応えるための宗教的な取り組みは、同校を活気づけ、教育市場に関する商才と結びついた。ノースイースタンは、学術的地位に囚われずに、従来の機関が無視していた学生を教育することに誇りを持っていた。1960年代までに、その職業および専門職プログラムの成功により、アーツ・アンド・サイエンシズの発展と寮の建設のための収入が生まれた。しかし、ノースイースタンは依然として典型的な都市部に奉仕する大学であり、1967年には４万5,000人の学生を擁する国内最大の私立大学だった[31]。

のちのオハイオ州知事ジェームズ・ローズは1962年、すべてのオハイオ州民の30マイル以内に州立大学を設置すべきだと提案した。小都市に位置する４つの既存州立大学、および州都の旗艦大学のオハイオ州立大学に加えて、主要都市に６つの州立大学を設立することで、彼はこの誓約を果たした。３校はかつての市立大学、１校は元私立大学だったが、２校は基本的に新たな取り組みとして設立された。シンシナティ大学はこの国で最初の市立大学であり、州と提携することでそのつながりを維持した(1968)。しかし、トレドとアクロンの市立大学は、ヤングスタウンにあるYMCA大学(1967)同様、完全に併合された。クリーブランド州立大学(1965)は州最大の都市における公教育の空白を埋め、ライト州立大学(1967)はデイトンのエクステンション・コースに取って代わった。これらのうち最初の５校は1966年に７万7,000人の在学者数を数え、わずか４年間で77%増加した。４校はすでに確立された都市型大学であり、州の莫大な資金援助によって規模を拡張することができた。しかしクリーブランド州立大は、都市型大学としての役割を築くという課題に直面した。窮屈なダウンタウンのキャンパスに制約されていただけでなく、「競争的な」入学者選抜を支持することにより、学術的な地位を維持しようとしていた。大学は当初、市内に多く住むアフリカ系アメリカ人の集団とほとんど交流がなかったが、すぐにアフリカ系アメリカ人へのサービスを発展させる必要に迫られることになる[32]。

1960年代初頭、都市部の大学は、地元学生のために収容人員を増やすだけでなく、その都市にもっと貢献すべきだというが広まった。このような考えは、フォード財団のプログラムによって、アメリカの都市が抱える深刻な問題の解決に大学の資源を向けるようになったことで進展した。このプログラムは、ランドグラント運動、特に農業エクステンションからヒントを得ていた。総額450万ドル(1959-1966)の助成金で、ランドグラント大学８校に「都市エクステンションの実験」を考案するよう要請した。ラトガーズ大学、ウィスコンシン大学、デラウェア大学は、最も多額の助成金を得て、都市問題を扱う部局（アーバン・アフェアーズ・ユニッツ）を設立した。ウィスコンシン大学ミルウォーキーでは、都市部のチームやエージェントの育成に努めた。UCバークレーへの少額の助成金は、オークランド市政府に対して黒人コミュニティを結集するために使用された。これらの取り組みに対するフォードの評価は控えめなものだった。都市問題の学術的な研究は、「一流の研究論文からでさえも…直接的な利益は得られない」ようだった。大学は、各領域の教員が「コミュニティへの関与から孤立する」傾向があったため、「全面的な関与（アクロス＝ザ＝ボード・コミットメント）」をするような構造になっていないからだ。政治的な問題や、「市役所やその他の地域権力との争い」は、さらなる落とし穴となった。これらの警告を口にするには、あまりにも遅すぎた。1966年までには、都市エクステンションの列車はすでに駅を出発していた[33]。

1964年、リンドン・ジョンソンが「貧困との戦い（ウォー・オン・パヴァティ）」を宣言したことで、都市部の危機は全米的な改革運動へと高まり、政治家も大学の執行部も都市型大学の参加を熱望した。翌年の高等教育法では、第１編で大学に地域サービスと継続教育を提供するための資金を承認することにより、都市型ランドグラント・エクステンションの概念を支持し、1966年に1,000万ドルが計上された[34]。その頃、アメリカの各都市では暴動が頻発し、潜在的な都市の危機は悲惨な危機へと変貌し、大学は不可避的に巻き込まれざるを得なかった。クラーク・カーは1967年、連邦政府に「都市そのものとその問題の活気に満ちた中心となるであろう」67の「都市グラント大学」(既存の67のランドグラント機関に対応するもの)を設立するよう求めた。美辞麗句は資金調達にとどまらずエスカレートした。カー率いるカーネギー高等教育審議会は、「カレッジと大学は…機関の運命と都市の運命が密接に関連していることを認識している。都市の問題に対する高等教育の新しく大規模な取り組みに対する要求は、学術コミュニティ内からも都市内からも強い」と宣告した[35]。このような勧告は通常、数多くの実際的な留保が続くものだった。しかし大学はこれらの課題に対応せざるを得なかった[36]。

最も重要なのは、アクセスの拡大という課題だった。1960年代後半までに、すぐにインナーシティと呼ばれるようになった黒人居住区域の住民にサービスを提供するという問題が他のすべての問題を圧倒した。実効的な取組を行っていた都市型大学では、パートタイムの勉学、継続教育、そしてエクステンション・センターを通じて、地元の学生がプログラムを利用できるようにしていたが、そのような取り組みは黒人コミュニティには届いていなかった。黒人コミュニティの学生は、不十分な学校教育によって大部分が排除されていたり、歓迎されない雰囲気に怖気づいていたりした。今や(都市内に限らず)高等教育はこれらの状況を――即座に――是正する責任を負っていた。都心型大学で積極的に学生を勧誘することで、多少は学生が増えたが、進学準備の限界、選抜的な入学の障壁、および在学継続率の低さといった課題にはほとんど取り組んでいなかった。そのため、都市型大学はカレッジへの準備を強化するための補習プログラムをハイスクールに提供したが、こうした取り組みは少数の潜在的な学生にしか届かなかった。オープン・アドミッションはあらゆるところで救済策として提唱された。これはコミュニティ・カレッジで最もよく達成されたが、それらのキャンパスは対象者が住んでいるところに設置されなければならなかった。準選抜的な大学は、オープン・アドミッションと同等の、都心部の若者を対象とした特別入学プログラムをすぐに考案した。同時に、以下に示すように、学力のある黒人学生はより選抜的なカレッジや大学に積極的に勧誘された[37]。これらの都市部の取り組みは、限定的とは言え、高等教育の主流にアフリカ系アメリカ人を組み込むことに貢献した。このようなアメリカ高等教育の人口的拡大の多くは、アフリカ系アメリカ人が住んでいた都市で起こった。さらに、これらの発展は、すべての人が高等教育を当然に受けられるようになることが学歴よりも優先されるようになった、文化的変革の強力な要素だった。

大学の第二の課題は、都市の危機の解決に向けて専門的知識を応用することだった。大学は長い間都市計画部門を抱えており、都市問題に関する学術研究は1960年代に倍加した。60年代の終わりまでに、300の大学の研究センターが都市問題の研究に専念するようになっていた。こうした雰囲気の中で、そのようなセンターや大学は、差し迫った実際的な問題に取り組むようにますます強く要請された。その圧力は古典的なジレンマをもたらした。大学の知識は本質的に理論的かつ普遍的なものであり、フォード財団が認めたように、社会問題への直接的な解決策はほとんど提供できなかった[38]。最良の学術研究は、事後的に啓発をもたらすのであり、都市の活動家が望んだ結論が得られるとは限らなかった[39]。

応用社会科学は、大学の第三の課題、地域サービスの提供へと溶け込んでいった。ここでもまた、サービスは大学の長年の使命だったが、1960年代には明らかに都市型の展開が加わった。そのようなサービスの多くはボランティア、特に学生に依存していた。この点で、それらは教育的使命を補完したし、後にはサービス・ラーニングとして正式に後援されることになった。通りに面した(ストアフロント)教育センターやワーク・スタディ学生のアーバン・コープスなどを通じて、大学の専門知識を都市コミュニティにもたらすための特別な取り組みが行われた。どのような規模のプログラムでも、財政的な意味合いがあった。フォード財団は、助成対象者の貢献の中でも最大のものは、コミュニティが「貧困との戦い」基金に助成を申請するのを支援することだったとしている。多くの取り組みは、大いなる社会と財団のリソースがあればこそ可能となった。ノースイースタンの学長は、大学の行動を「カネがどこにあるか知っているので、流行に乗っている」と特徴づけた[40]。組織化された都市サービスへの取り組みに対する外部からの支援が枯渇したとき、都市も大学もそのようなプロジェクトを維持するための資産は、通常予算にはなかった。

都市型大学は1960年代に、定義が曖昧とはいえ、アメリカ高等教育の特徴的な要素として台頭した。都市にある研究大学は、学問的野心と都市の環境から生じる新しい要請との間の本来的な対立に耐え忍んだ。これらの緊張関係は一般的に、多種多様な事業のうち、いくつかについて都市に焦点を当てることで乗り越えられてきた。1960年代に台頭してきた都市型大学は、幅広いアクセスと選抜的な大学院プログラム、職業的専攻とアーツ・アンド・サイエンシズ・コア、エクステンション・センター、専門職大学院、そして地域サービスへの取り組みを維持しつつ、さらに拡大していた。これらの大学は1960年代の高等教育の規模拡大に大きく貢献したが、純粋な成長という点では、コミュニティ・カレッジの影に隠れてしまった。

コミュニティ・カレッジ

1960年代には、4年制の公立機関の在学者数が142%増加した一方、コミュニティ・カレッジの学生は、もともとの数字は公立4年制機関より少ないものの、314%増加した。それでも、4年制公立機関は、コミュニティ・カレッジの新入生1人の増加につき学生2人を増加させている。新入生の入学状況は、こうした変化を示す高感度なバロメーターだ。60年代前半は、両セクターの新規入学者数は同程度のペースで増加し、4年制機関が2対1で優位な状況が続いた。1965年以降、4年制への新規入学者が70万人前後で頭打ちとなった一方で、コミュニティ・カレッジの入学者は2倍以上に増加した。1969年には、2年制への初入学者の方が多くなった。1975年(両セクターの在学者数のピーク)にかけて、4年制の年間入学者が4万6,000人増加したのに対して、2年制では36万人増加した。コミュニティ・カレッジの10年は1960年代ではなく、1965年から1975年だった。その期間であっても、成長を引き起こした要因はいくつか存在する。

1960年代後半、ベビーブーム世代の入学希望者が殺到し、公立機関は入学基準を引き上げたが、これは多くの機関にとって初めてのことだった。1969年には、いくつかの旗艦大学が「非常に競争的」と評価され、上述の急成長中の公立機関の大半は「競争的」と評価された。これは評定平均Bと、SATまたはACTのスコアが全国中央値付近かそれ以上を必要とすることを意味した[41]。評定平均Cでハイスクールを卒業しても、コミュニティ・カレッジ以外の選択肢はほとんどなかった。1970年代前半には経済の低迷により、カレッジ卒業者は就職を見通しにくくなった(第6章)。これは高等教育に対する認識に影響を与え、活発になっていたコミュニティ・カレッジ運動をさらに活性化させた。学術的な出版物でも一般向けの出版物でも、カレッジ卒業者の供給過剰が描写され、「実用的」なコミュニティ・カレッジの良さが称えられた。同時期にハイスクールの学業成績は急落していた。カレッジ卒業者の賃金増加分についても同様だった[42]。当時のハイスクール卒業者の、地元のコミュニティ・カレッジに入学するという便利な選択には、もっともな理由があった[43]。

コミュニティ・カレッジの出現率と役割は州によって様々だったが、時を経るごとにコミュニティ・カレッジ運動の影響で役割が収斂していった。カリフォルニア州はジュニア・カレッジの発祥の地であり、このセクターにおける学生数と割合は常に最も多かった。マスタープランでは、ハイスクール卒業者の下位2/3にとっては、2年制機関が唯一の公立の選択肢だと定められていた。マスタープランの時点でカリフォルニア州には67校のコミュニティ・カレッジがあり、その後7年間で20校が増設された。平均在学者数は6,000人であり、どの州よりも圧倒的に多く、州の学士課程学生の61%を占めていた。ミシガン州では、他の多くの州と同様に、公立学校システムが最初のジュニア・カレッジを組織し、戦前に8校、戦後に3校が設立された。その後、コミュニティ・カレッジ学区(ディストリクト)が形成され、さらに18の独立した機関が設立された(1954-1968)。1968年までには、学士課程学生の31%がコミュニティ・カレッジに入学した。マサチューセッツは、高等教育を公的に支援する点では、後発の州だった。1960年にコミュニティ・カレッジの設立を可能にする法律が可決され、その10年間に15校のコミュニティ・カレッジが開設された。この工程は、州議会主導で集中的に組織化され、資金が提供された。これらの学校は、1968年までに州の学士課程学生の18%を占めるようになった[44]。

49州の多様なシステム(ネバダ州には存在しなかった)を通じて、大まかにではあるが一般化できることがある。コミュニティ・カレッジ設立の構想は、地方から州へと展開していった。1960年代には、州は法律、理事会、認可を通して実質的な権限を握っていた。州がコミュニティ・カレッジの資金調達の大部分を負担することにより、それらの機関を招致することが地方にとってより一層魅力的になっていた。これらの機関の学生構成は、地元で利用可能な教育機会によって形成された。半ば隔離された機関では、様々な能力や動機を持った地元の学生が集まるかもしれないが、より供給が密な地域にある機関では、他の機関に進学する資格も意欲もない準備不足の学生が集まることが多かった。1960年代のコミュニティ・カレッジ運動は、どれくらい需要が大きいのか、何を教えるべきか、そして特徴的な学生層にどのように対処するのが最善か、という３つの大きな問題をうまく切り抜けた。

２年制機関が1960年には315校、1970年には603校、1974年には763校と急増したことによって、その在学者数は大きく増加した。マーチン・トロウは1960年代の初めに、「地元の公立ジュニア・カレッジがある場合、下位層の男子の半数がカレッジに進学したのに対し、地元のカレッジがない場合は、同じような境遇にあった男子の15%しか進学しなかった」と書いている[45]。これらの割合が代表的かどうかはともかく、それを造れば、学生はやって来る、という台詞はコミュニティ・カレッジ運動を盛り上げる信条となった。カリフォルニア州、ニューヨーク州、フロリダ州などでは、すべての市民が通学できる距離にコミュニティ・カレッジを設置するという基準が州として採用された。1968年にカーネギー審議会は、この野心的な基準に基づけば、1980年までに230-280校のコミュニティ・カレッジを増設する必要があると計算した[46]。その年までに、310校が増設された。

学者たちは、新しいコミュニティ・カレッジ急増の根本的な原因について議論してきた。それは、企業が切望している安価な訓練を受けた労働者なのか。安価で地元での教育を求める親の願望なのか。財団、特にカーネギー審議会のクラーク・カーが、エリート研究大学に大衆が押し寄せないようにするために行った設計なのか。これらのアクターが様々な形で運動を支えていたため、そのような議論にはすべて根拠を付すことができる。しかし学者たちは、その主な推進者は、まず地元の学校管理者であり、次に州政府だったと断定している[47]。教育行政官にとって、コミュニティ・カレッジの設立は、地区の教育機会を拡大させただけでなく、自身のキャリア向上にも繋がった。それはこの時代に最も流行した改革であり、高等教育、カレッジ・レベルの教員職、および上級管理職に名声をもたらした。州政府は概して、地域の取り組みに対応するために必要な法的構造を提供することに熱心だった。また、教育機会の拡大を支持しており、特に大学よりも安価に教育機会を提供できるのであれば、なおさらそれを支持した。州政府はさらに、コミュニティ・カレッジ運動を推進する熱意にも影響を受けていた。そして立法者たちは、州の資金を地元選挙区に振り向ける機会を待ち望んだ。1963年までに44の州で、州からの資金提供を含むコミュニティ・カレッジの制度に関する法律が制定されていた。AAJCは、2年制機関の良さを宣伝するだけでなく、各州がこれらの法律を制定するのを支援した。また、カレッジ編入のためのジェネラル・エデュケイションや職業教育、成人教育に特化した機関、「総合制コミュニティ・カレッジ」モデルがあらゆる場所で採用されるように促した。AAJCの働きかけにより、1963年の高等教育施設法と1965年の高等教育法にコミュニティ・カレッジのための特別条項が盛り込まれ、これらの条項は、新たな機関を設立する際の動機を高めることになった[48]。1960年代のコミュニティ・カレッジ運動は、支持者が多く、大きな反対者はほとんどいなかったが、1970年代初頭にはさらに大きな牽引力を得た。

コミュニティ・カレッジに対する外部からの熱意は、内部にあった数多くの弱点を覆い隠していた。ほとんどの学生はハイスクール時代の成績が良くなかった。戦後の共通認識では、(現実的ではないが)上位1/4の学生がカレッジに適性があるとされていたのに対し、1968年のコミュニティ・カレッジの学生の3/4は、学年の下位3/4の学生だった。70%は評定平均B以下だった[49]。IQに関係なく、これらの学生は平均的に学業能力または意欲――通常はその両方――に欠けていた。1950年代にバートン・クラークがサンノゼ・ジュニア・カレッジで見つけた学生のように、学士号を取得したいという漠然とした願望を持っていたとしても、その多くは彼が「潜在的非進学者（レイテント＝ターミナル）」と呼んでいたものだった。コミュニティ・カレッジの環境では、このようなハンディキャップを克服するための支援はほとんどなかった。通学している学生にとって、カレッジは学問的・社会的統合をほとんど提供しなかった。修了率や編入率を測定するのは困難だ。全国的に見ると、前年にコミュニティ・カレッジに入学した学生の36%が準学士号を取得していた。1972年頃のカリフォルニア州の公立高等教育はかなり閉鎖的な世界だったが、3%の学生がUCに、11%の学生がカリフォルニア州立カレッジに編入していた[50]。さらに残念なことに、長期的な変化を扱った研究では、学生の能力が同程度の場合、ジュニア・カレッジに進学すると、最終的にカレッジを卒業する確率が低くなることが明らかになった[51]。

コミュニティ・カレッジの弱点は、かつては高等教育が提供されていなかった地域の新しい機関でより顕著だったようだ。社会学者のハワード・ロンドンは、北東部の都市の白人労働者層が住む地区に新設されたカレッジの文化を研究した。学生たちは弱小ハイスクールの出身で、読解力と数学のテストでは7年生から8年生のレベルだった。しかし、こうした学生の最たる欠点は、学業的な失敗の再発を恐れ、学業成績を言い訳がましく軽んじる労働者層のエートスだった。この敵意は、慢性的な授業の欠席、努力の少なさ、カンニング、無礼な態度などに表れていた。男性の場合、授業の成績の半分以上がDか落第だった。しかし、例外もあった。消防科学コースで野心に燃える現役消防士は、明らかに反知性的だったが、雇用者からの具体的な見返りを得るために自らを適応させていた。秘書コースの学生は、ホワイトカラーの事務職や中間層の地位を獲得できる見込みがあることに動機づけられていた。そして、年配の学生たちは、自分たちが逃れたいと願っているような下働きの類の労働について身をもって知っていた[52]。誰もがアクセスできるようになったことで、一部の人には恩恵があったが、すべての人にではなかった。

ロンドンの研究は、1970年までに完全に明らかとなった、リベラル・アーツと職業訓練の間の亀裂を暴き出した。コミュニティ・カレッジへの入学者が急増した当初、学生は編入カリキュラムを強く支持していた。学生にとって2年制カレッジは高等教育――大学、学士号、そして中間層への足がかり――だった。戦間期から、AAJCおよびAAJCが主導した運動は、学生の反対意見があったにもかかわらず、完成教育のコース、すなわち職業コースを推進していた。1960年以降、AAJCはいくつかの財団から特にこの取り組みのために助成金を受けて、職業訓練擁護活動をさらに強化した。この活動は60年代にカレッジ管理者たちの支持を得て激化した。管理者は、学生たちを地域社会で即戦力となる働き手とするために訓練するという役割と公的イメージを受け入れた。管理者は――編入学率やその後のカレッジ卒業率はいうまでもなく――定着率や修了率が低いことを考慮して、高等教育の最下層ではなく、実用的な教育システムの頂点に位置することを好んだ。AAJCのお墨付きを受けて、カレッジ管理者たちは、地元の雇用主に意見を求め、職業教育カリキュラムを次々と考案していった(例：消防科学)。そしてこれらのカリキュラムで学生の募集が出された。需要よりも供給が先行していた。1960年代後半には、職業関連の準学士号の割合が上がり始め、1970年には40%を超え、70年代で大幅に上昇した[53]。

ブランチ・キャンパス

1968年時点で、127校に及ぶ2年制のカレッジないし大学のブランチ・キャンパスが、コミュニティ・カレッジに代わる選択肢として設置された[54]。一般的に、ブランチ・キャンパスは誰もが入学できるものではなかったが、学位を取得するコースの入学条件は緩やかなものだった。また、それらは総合的だということを目指すのではなく、編入可能なリベラル・アーツ・カリキュラムを重視していた。ペンシルベニア州は、その数が最も多かった(23校)が、コミュニティ・カレッジ熱と無縁だったわけではない。1957年から1963年まで、州議会では、最終的にコミュニティ・カレッジ法が可決されるまで、何度も法案が審議された。それまでに、ペンシルベニア州立大学は14のブランチ・キャンパスを組織し、まだ私立だったピッツバーグ大学は4つのブランチ・キャンパスを持っていた。ペンシルベニア州立大のキャンパスは、工学エクステンション・センター、完成教育的準学士プログラム、継続教育の雑多な集まりに端を発する。これらは1959年にコモンウェルス・キャンパスとして組織され、主にメイン・キャンパスで吸収できない在学者数の増加に対応した。8つのキャンパスでは学士前期課程を提供していたが、すべてのキャンパスでこれらの編入コースを提供することが意図されていた。しかし、州は高等教育の「マスタープラン」を策定するために継続的な研究を委託し、両研究はともにペンシルベニア州立大のブランチ・キャンパスのいくつかをコミュニティ・カレッジに転換することを推奨していた。ペンシルベニア州立大は、ブランチ・キャンパスの方がコミュニティ・カレッジより効果的だと主張し、猛反発した。さらに、ペンシルベニア州立大は4つの2年制キャンパスの設立を進めた。1970年までに、ペンシルベニア州には1963年の法律のもと14のコミュニティ・カレッジができ、またペンシルベニア州立大には19箇所のコモンウェルス・キャンパスがあり、2万人の学生が在籍していた。1960年代のコミュニティ・カレッジ・ブームにおいて、市民の支援が要因となったことは全国的にほとんどなかったが、ペンシルベニア州立大のキャンパスはすべて、地元の取り組み、地元の財政支援、不動産の寄附、そしてあるキャンパスでは1万人の住民が署名した請願書によって生み出されたものだった。学生たちにとって、ペンシルベニア州立大との接続は、真の高等教育であり、学士号取得への道だった。他の地域のコミュニティ・カレッジと同様に、ペンシルベニア州の機関は職業主義に傾いていたが、コモンウェルス・キャンパスは学生をカレッジ卒業に導くことに重点を置いていた[55]。

これらの機関――地域カレッジ、都市型大学、コミュニティ・カレッジ、ブランチ・キャンパス――は1960年代末までに、アメリカのハイスクール卒業者の50%以上が高等教育に入学できる場を提供してきた。この顕著な拡大は、マス高等教育を超えて、マーチン・トロウがユニバーサル高等教育と呼んだものの頂点へとアメリカ社会を押し上げた。彼が示したように、量的変化は質的変化を伴うものだった[56]。学生数が2倍以上に増加した一方で、質的な変化はアメリカの高等教育の根底にある前提条件を一変させた。60年代半ばまでに高等教育は、特定の職業に就くための平均以上のIQを持つ人々に限定された活動とはもはや考えられなくなっていた。高等教育に対する社会的規範は、無意識のうちに、高等教育を利用したいと願うすべての人に与えられる権利へと再構築された。例えばカリフォルニア州では、コミュニティ・カレッジは、その教育の恩恵を受けることが出来る18歳以上のあらゆる人に開かれており、この形は広く模倣された。あらゆるレベルの政府は、この新たな必要性に応え、いま述べたような機関の建設に莫大な金額を投じることで、それを可能にした。これらの機関はこれまで見てきたように、アメリカ社会の中間層――以前はほとんどあるいは全くカレッジに通わなかった、中間層から労働者層の家庭出身の、第一世代の学生――を対象としていた。今や新たな精神構造が広まり、自分たちや自分たちのような人たちがカレッジに行くことができるだけでなく、自身の利益のために、そして国益のためにカレッジに行くべきだと主張された。文化は変わったが、これらの新しい社会規範が浸透し、その結果が明らかになるまでには、長い道のりになるだろう。

南部の人種隔離廃止、北部の多様性

高等教育はすべてのアメリカ人に開かれた権利だという考えに、かつての南部連合軍諸州ほど激しく抵抗したところはない。1935年、南部と南北戦争時の境界州だった17州では、幼稚園から大学院に至るまで、黒人の学生と白人の学生が同じ教室や学校で教育を受けることはなかった[57]。その年、全米有色人種地位向上協議会(NAACP)訴訟によって、メリーランド大学はドナルド・マレーをロースクールに入学させざるを得なくなったが、それは教育上の人種分離体系における最初のわずかな亀裂だった。それでも、南部のアフリカ系アメリカ人はHBCUsに通うしかなく、これらの機関への在籍者数は、1950年の6万5,000人から、公民権法が可決された1964年には11万人へと増加した。その時点で、深南部のもっとも強硬な大学でも、黒人学生をわずかに受け入れ始めていた。しかし、ピーター・バレンシュタインが強調しているように、人種隔離撤廃は単一の出来事ではなくプロセスであり、それは戦後に始まり、黒人学生が、かつては白人しかいなかった機関への入学を許可された後でさえも続いた[58]。

HBCUsでは利用できなかった大学院や専門職プログラムへの黒人の入学は、ドナルド・マレーのように、裁判所命令もしくは命令が発出されるという脅しによって初めて認められた。その後、同じ原則により、工学などの専門的な学士課程プログラムのいくつかが黒人に開かれた。これらの個々人――通常は1人――は、厳しい制限のもとでプログラムに参加したが、この状況をバレンシュタインは「原初的人種隔離撤廃(プロトデセグリゲイション)」と呼んだ。黒人学生はキャンパス内に住むこともカレッジの食堂で食事することも許可されず、当初は指定された「有色人種(カラード)」用の施設に閉じ込められていた。無制限なプログラムへの学士課程学生の受け入れは、大きな障壁だった。テキサス大学(1955)のような、初期に受け入れた大学でさえ、「黒人の学生は…教育目的では統合されるが、居住目的では分離される」[59]と述べ、制限を課した。従って、いわゆる有色の壁を破ることは、キャンパスから人種隔離を撤廃するプロセスの、ほんの始まりに過ぎなかった。居住、社会活動、運動競技に対する障壁が克服されたのは1970年以降のことであり、その頃には、ほとんどの南部のカレッジや大学が実質的に統合されたと言えるようになっていた。

NAACPが、分離された公立大学をこじ開けるために使用した法的なくさびは、「分離すれども平等」という教義の明白な偽善さだった。公立のHBCUsは、施設、資金、教授陣において著しく不平等だっただけでなく、ロースクール、メディカルスクールまたは博士課程を有するものは無く、公立のHBCUsでは若干の科学の課程があるのみで、工学の課程は全くなかった。州は北部の機関でこれらの分野の勉学をするためのわずかな奨学金を黒人の志願者に提供した。1938年のゲインズ判決で、最高裁判所はそのような措置を否定し、ミズーリ州に対してロイド・ゲインズを大学のロースクールに入学させるか、あるいは公的資金により、黒人のための新たなロースクールを設立するよう指示した。ミズーリ州は後者を選択し、ルイジアナ州、テキサス州、サウスカロライナ州もこれに続いたが、その後の裁判所の判決は、サウスカロライナ州を除くすべての、これら見せ掛け(ポチョムキン)のロースクールに対し不利なものだった[60]。1945年以降、ゲインズ判決は自発的に、または訴訟を経て境界州と高南部(アッパー・サウス)において受け入れられた。デラウェア大学とアーカンソー大学(1948)、ケンタッキー大学とオクラホマ大学(1949)、バージニア大学とテキサス大学(1950)、そして、テネシー大学とノースカロライナ大学(1952)において、黒人学生が個別に、ロースクールやメディカルスクールないしは大学院への入学を許可された。同様に、デラウェア大学とメリーランド大学(1950)に加え、オクラホマ州立大学、バージニア工科大学、ルイジアナ州立大学(1953)の学士課程特別プログラムへの入学が続いた。これらの州において草分けとなった学生は過酷な——孤立し、無視され、制限された——状況に直面したが、こうした学生の存在はほとんど論争を引き起こさず、暴力もなかった[61]。

1954年5月、アール・ウォーレン長官率いる最高裁判所は、非常に有名なブラウン判決を下した。ここで述べられたのは、「『分離すれども平等』の教義を残す余地は無い。分離された教育施設は本質的に不平等だ」というものだった[62]。その後の判決(ブラウンII判決、1955年)およびノースカロライナ大学に対する判決(フレイジャー判決、1956年)において、裁判所は、人種隔離の禁止は公立の高等教育にも適用されるとした。短期的には、ブラウン判決は高等教育を前進させたケースと悪化させたケースがあった。前進したケースは、すでに原初的人種隔離撤廃を受け入れていた州であり、学士課程学生として黒人の入学を認めることに直ちに同意した。デラウェア、メリーランド、ウェストバージニア、ケンタッキー、ミズーリ、アーカンソー、オクラホマ、テキサスがこれに含まれ、フレイジャー判決後、ノースカロライナがそれに続いた[63]。悪化したケースは、最も強硬な深南部諸州――サウスカロライナからミシシッピ――と、原初的人種隔離撤廃を受け入れているも頑強に反抗していた一部の州――フロリダ、ルイジアナ、テネシー、そしてバージニア――であり、これらは抵抗を続けた。南部全域、特にこれらの州では、ブラウン判決が「大規模な抵抗」を引き起こした。これらの州において、人種は常に高度に政治化されていたが、ブラウン判決はその肥大化を引き起こした。抵抗が高まるにつれ、高等教育における人種隔離撤廃へ向けた進展は、1950年代の残りの期間においては凍結してしまった。

ブラウン判決は明白な原則を提示したが、裁判所は徹底的な反逆に対抗する手段をほとんど持っていなかったため、執行についてはややためらっていた。ブラウンII判決はその結果として、「可及的速やかに善処して(ウィズ・オール・デリベレート・スピード)」人種隔離撤廃を行うよう要請した。それは、断固たるものに聞こえたが、実際には、曖昧さと言い逃れの余地を広く残すものだった。政治家は、有権者の最悪な人種的偏見に迎合した。議会は、地元の保安官が発行する身元保証書のように、黒人が従うことが不可能な入学要件を可決した。地元の裁判所は、果てしなく思える遅延を強行した。フロリダ州は訴訟を通じて、黒人志願者の大学ロースクールへの入学を9年間阻んだ。ジョージア州も7年間同様のことをした。それでも、いくつかの契機が混在していた。バージニア州は公立学校における人種統合を許可せずに閉鎖したが、州立大学では名ばかりの統合を容認した。アラバマ州は、1956年にオーザリン・ルーシーの入学を認めたが、その後すぐに、混乱を引き起こしたとして彼女を退学処分とした。

唯一の例外はルイジアナ州で起こった。1953年、ルイジアナ州立大学に黒人初の学士課程学生を入学させた訴訟は、例によって厳密な法解釈に基づいて取り消され、本人は退学処分を受けた。しかし、ラファイエット郡では、サウスウェスタン・ルイジアナ・インスティテュート(SLI、後のサウスウェスタンルイジアナ大学)への入学許可を求めて集団訴訟が行われた。この訴訟は、州が白人には地元の州立カレッジへのアクセスを提供したが黒人にはしなかったという、明白な憲法修正第14条違反を理由に成功した。その結果、1954年の秋学期には68人の黒人学生が入学し、名ばかりの統合をはるかに上回る人数となった。学校は意図的に公表を控えた。白人の学生は不満ではあったが、抗議や事件は起こらなかった。ブラウン判決の反動で、議会は禁止条件付きの、人物照会を義務づける法律を可決した。黒人の入学許可は1年間事実上停止したが、あからさまに違憲なその法律はすぐに無効となった。SLIとその前例に従った他の2つの地域カレッジは、深南部で唯一の白人と黒人が統合された州立カレッジであり続けた[64]。旗艦大学のルイジアナ州立大学では、1964年まで黒人が学士課程に新たに入学することは許可されなかった。

1950年代の残りの期間、大規模な白人の抵抗は、人種隔離撤廃に抵抗する州においてあらゆる進展を失速させた。情勢を変えた出来事は、高等教育と、そして意外にも学生に端を発していた。1960年、黒人カレッジのノースカロライナA&Tの新入生4人が、同地や南部全体に拡がっていた白人専用政策(ホワイツ=オンリー・ポリシー)に抵抗するために、地元のウールワースの店のランチカウンターで座り込みを行った。この示威行為は、反抗的かつ正しい行為だとして、野火のように広がった。2週間のうちに、15の都市と9つの州において、54回の座り込みが行われた。これが公民権運動を再燃させた火花だった。4月には座り込みによって活気づいた活動家が集まり、学生非暴力調整委員会(SNCC)を組織した。この委員会は、キャンパス内外(そのほとんどがキャンパス外だった)で大きな役割を果たすものだった。それから5年間の出来事は、人種隔離を無効化し、アフリカ系アメリカ人に市民としての基本的権利をもたらす英雄物語だったが、高等教育はその1章にすぎなかった。それでも、高等教育への無制限のアクセスを得ることは、この闘争で達成された最も重要な権利の1つだった。これがどのように達成されたかは、関係機関の統制を大きく超えたところにあり、特に高等教育の人種隔離を撤廃する過程で最もよく知られながら最も稀なエピソードとなる暴力的な対立において、その性格が顕著だった。

1961年1月、裁判所命令によってハミルトン・ホームズとシャーレイン・ハンターがジョージア大学に学生登録された後に、憤慨した暴徒がハンターの寮を襲撃し、ホームズとハンターをキャンパスから一時的に退去させた。ジェームズ・メレディスがミシシッピ大学に登録される前日の1962年9月30日、夜通しの暴動が発生し、銃撃による負傷者と2人の死者を出す結果となった。1963年6月、ジョージ・ウォレス州知事は、ビビアン・マローンとジェームズ・フッドがアラバマ大学に登録するのを阻止するために、表立って「校舎の入り口」に立ちはだかった。これらの場合、黒人学生を受け入れるかどうかの決定は州に奪われており、抵抗は知事によって先導された。ジョージア州知事のアーネスト・バンダイバーはひとりも入れない（ノー、ノット・ワン）というスローガンを掲げて当選した。ジョージア州は、黒人の志願者を足止めするために入学条件に障壁を設け、一方では人種を理由に入学を拒否された者はいないという荒唐無稽な主張をした。ジョージア州法は、白人と黒人の学生を統合した全ての州立学校を閉鎖する権限を知事に与え、ホームズとハンターが入学許可された後、バンダイバーはジョージア大学を閉鎖する意向を示した。暴動の後で初めて、バンダイバーはさらなる暴力を扇動することをやめた[65]。ミシシッピ州知事ロス・バーネットは、人種隔離撤廃に抵抗できるという幻想を助長するために、現実よりもレトリックを選んだ。メレディスの入学許可を求める裁判所の確定命令の後、彼は州全体に放映されたテレビ演説でミシシッピ州の人々に「男らしく立ちあがろう！［連邦政府に］断固拒否（ネバー）と言ってやろう！」と述べた。暴動の前日、彼はメレディスの入学許可に同意した後、フットボールの観衆を欺いて、入学許可に反対したと信じさせた。暴動を確実にした彼の最も卑怯な行為は、全ての責任を連邦軍へ転嫁するために、警備を提供するという約束を破ることだった[66]。ジョージ・ウォレスが校舎の入り口に立ったのは、すでに決定された人種隔離撤廃を阻むためではなく、選挙公約を守り、忠実な人種隔離主義者としての評判を取り戻すためだった。

これらの例は、他の州立大学にとっても教訓となった。ジョージア大学での出来事の後、ジョージア工科大学は、黒人の志願者を妨げることはもはやできなくなったと感じ、秋学期に3人の入学を許可した。大学の全体的な関心事は、統合に向けた前向きな一歩を踏み出すことではなく、起こりうる暴力や混乱を鎮めることだった。サウスカロライナ州では、裁判所命令により、ハーベイ・ガントが1963年の春学期にクレムソンへの入学を認められたが、何事もなかった。サウスカロライナ大学での人種隔離撤廃は、明らかにその次に来るものだった。同大学は、ロス・バーネットとミシシッピの暴徒を支持する一派と、人種的和解に向けて邁進する一派が対立する、より二極化したキャンパスだった。大学は平和的なプロセスを確保するための助言を求めて、ジョージア工科大学のハリソン学長に相談した。その秋、大規模な警備が敷かれる中、敵対的な事件もなく、裁判所命令によって3人の黒人学生が入学した。学長は、ある批判的な卒業生に「自らの過失によらずに不幸に陥った」機関への深い理解と支援を求めたとき、間違いなく広く浸透していた態度を明らかにした[67]。実際に、南部の州立大学が人種隔離を撤廃したのは自身の過失によるものではなく、その決断も大学の手から奪われていた。もしそうでなかったら、大学は人種隔離撤廃を自力では行っていなかっただろう。学生の大多数は人種隔離撤廃に反対していたが、ほとんどの場合は諦めてしまい、しばしば無礼なことはあったにしても分別をもって不可避だということを受け入れていた。大学は、黒人学生を可能な限り隔離することによって受け入れた。白人学生は黒人学生の存在を無視することで反応した[68]。1960年代後半までに、元来は白人しかいなかった州立大学に入学した世代の学生が姿を消し、本当の意味での統合への見通しが立った。

南部の私立カレッジや大学は、ゲインズ判決やブラウン判決、あるいは知事の対象ではなかったという点で、独立したアクターだった。しかし、地域の文化に浸り、地域のエリートから選ばれた理事会（トラスティーズ）によって管理されていた。理事は成功した専門家や実業家であり、母校とその伝統に深く愛着を持っていた。さらに、人種に対する態度が人間関係に影響を与える地域社会に組み込まれていた。このようなリーダーシップは、この地域において研究大学となることを志向していた大学——デューク、エモリー、ライス、テュレーン、バンダービルト——で最も問題となっていた。こうした大学すべてが連邦政府の支援を受けた研究を実施しており、ライス以外すべてに、学問的に野心のあるメディカルスクールがあった。それらは、南部の高等教育を近代化するための財団の取り組みの主な受益者だった。そのため、そうした大学は、学問的な評判に価値を置き、他の大学と同様に、研究、教授陣の卓越性、大学院教育——そして財団の後援——を通じて、全米における自らの地位向上を目指した。同時に、地域における社会的、知的、そして専門的なエリートを教育することによって、南部の高等教育のリーダーになることを望んでいた。全米的な学問的卓越性と、地域的なリーダーシップというこれら相反する役割のバランスをとる責任は、それぞれの学長にかかっていた。

歴史家のメリッサ・ケーンが描いたように、これらの大学の学長は、この役割に非常に適していた。学長らは、深南部のルーツと北部の学術的な場での経験を兼ね備えていた。そして1950年代初頭までに、何らかの形での人種隔離撤廃が、法的に避けられなくなるだけでなく、研究大学として受け入れられるためにも必要だと考えた。より進歩的な学長は、南部内陸部で起こっていたような原初的人種隔離撤廃——少数の非常に優秀な黒人を、大学院やプロフェッショナル・スクールに入学させること——を想定していた。障壁は大学の理事会を説得することだったが、そこには黒人の理解者も、研究に共感する人もほとんどいなかった。バンダービルト大学の総長、ハービー・ブランズクーム(1946-1962)にとって、このデリケートな問題は、「南部の知的な白人男性」によって密室で解決されるのが最も良かった[69]。実際、ブランズクームは理事会(ボード)を丸め込むことで、模範的な黒人の大学院志願者を、おそらく人種隔離撤廃を支持した唯一の部門、神学スクールに受け入れさせた(1953)。彼の友人、テュレーン大学のルーファス・ハリス学長は翌年、同じ方法で同大学の理事会を、黒人の大学院生の入学を許可する寸前にまで至らせた。しかしブラウン判決は「その後数年でヒステリーと憎悪の頂点へとエスカレートした…分離主義者のレトリック」を解き放った。深南部での統合は不可能となり、他の地域でも保留となった。ブランズクームはそれでも、1956年に、黒人学生のロースクールへの入学許可について、何とか理事会の承認を得た。しかし、1950年代の残りの期間、人種隔離撤廃を進展させることができなかったことで、このプロセスを導く知的な白人男性の無力さが明らかとなり、これら全ての大学の危機の舞台となった[70]。

バンダービルト大学で生じた紛争が最も大規模だった。1960年の座り込みは、黒人の神学生ジェームズ・ローソンが率いたナッシュビルですぐに模倣された。同市の実業界の動揺は理事会に直接伝わり、ローソンは退学となった。この動きは、神学スクールの教授陣の多くが辞任するなど、局地的・全国的に大規模な抗議を引き起こした。大学の将来を脅かす行き詰まりに直面したブランズクームは、理事会の不承認にもかかわらず、教授陣をなだめ、ローソンに学位を授与して追い出した。この時点から、世論でも、これらの大学内部においても、人種隔離に反対する動きが容赦なく強まっていった。財団は、ひどく必要とされていた寄附を差し控えると脅迫した。連邦機関は、人種隔離を行う機関への助成金の検討を拒否した。新たな教授陣は任命を辞退した。そして元からいた教授陣は、人種隔離の終焉を要求し始めた。全米の学術コミュニティから追放すら懸念される状況だった。

1962年までに、いくつかの法的障壁は残ったものの、5つの大学すべてが少なくとも人種隔離撤廃を支持し、降伏した。デュークは1961年に最初の黒人大学院生を受け入れ、1963年に黒人の学士課程学生に門戸を開いた。1962年にバンダービルトの教授陣は、学士課程入学許可の決議を通過させ、最終的に理事会に承認させた。エモリーは、免税措置を剥奪されかねないジョージア州法を克服しなければならなかった(1961-1963)。テュレーンは理事会が責任を問われないようにするため、人種隔離撤廃のための裁判所命令を求めた結果、黒人学生の最初の入学は1963年に延ばされた。工学系大学として発展するために、おそらく人種隔離を乗り越えるのに最も熱心な機関だったライスは、設置認可の文言を巡る卒業生からの訴訟によって1964年まで妨害を受けた。

1964年の公民権法により、連邦政府からの補助を受けるためには、人種隔離撤廃の遵守に関する声明に署名することが要求された。この日までに、南部の主要な大学はすべてルビコン川を渡ったが、しんがりには南部の高等教育のリーダーと目される機関も含まれていた。実際に、法令遵守によってそれらの機関の惨めな記録を隠すことはほとんどできなかった。能力に基づく無制限入学許可への降伏は、すべての場合において強制されたものだった。大学が懸念していたのは、地元での――機関と理事会の――評判、そしてとりわけ白人学生への影響であった。黒人学生の大学教育への権利、あるいはその追求に課せられた条件に対する懸念は存在しなかった。

それにもかかわらず、人種隔離撤廃のプロセスにより、南部の黒人の大学へのアクセスは拡大した。かつては白人を対象にしていた南部のカレッジや大学への黒人の在籍者数は、1954年の約3,000人から1967年には3万8,000人に増加した。このうち4年制の公立機関は1万7,000人を占めた。私立の機関には4,000人が在籍し、残りはジュニア・カレッジに通っていた。テキサスがほぼ1/4を占めている。同じ時期に、HBCUsの在籍者数は6万3,000人から13万4,000人に増え、これは全米の黒人在籍者数のおよそ半分にあたる。かつて人種隔離が行われていた州以外では、黒人の在籍者数は4万5,000人から9万7,000人に倍増していた。しかし、かつての白人機関への在籍者は、北部でも南部でも、どちらの年も2%未満にとどまった[71]。しかし、北部では60年代半ばに、まったく異なる考え方が生まれた。より多くの黒人学生に高等教育へのアクセスを提供することは、公私立を問わず、ますます多くの機関において優先事項となった。また、カレッジでの黒人学生の成功を支援するための特別措置の必要性も認識されるようになった。

北部における統合

南部以外の黒人学生の待遇と体験は、黒人学生が単独のコミュニティを形成するのに十分な人数がいた公立大学と、いたとしても大部分が個人だった私立学校とで異なっていた。どちらのセクターにおいても戦後の状況は戦前よりも大幅に良くなり、1950年代には着実に改善した。その後、公民権運動の進展と並行して、1960年以降黒人が特別な関心の的となった。1960年代の前半、各機関はより多くの黒人学生を引きつけ、あるいは黒人学生の不足に対処するためますます多くの措置を講じたが、入学が許可された数は未だ少なかった。リベラル・アワーにおいて、教育の不平等を取り除くことが公民権の危機を解決する道だというのが、リベラル派の信条だった。1965年の暴力的な事件により、アフリカ系アメリカ人の状況を改善するため、高等教育を動員するための特別措置が必要だという認識が広まった。1968年の出来事は、こうした懸念を危機的次元にまで高め、キャンパスでのブラックパワー運動の台頭によってさらに激化した(第5章)。

戦前における北部の旗艦大学は、内部的に隔離された機関だった。分離の程度と範囲は――慣習的なものと公式的な禁止のないまぜ状態で――異なったが、パターンは一貫していた。黒人学生はキャンパスの外、通常は地元の黒人コミュニティに住まなければならず、食事、社交生活、運動競技が隔離または制限されていた。人種隔離はカレッジ・タウンにまでおよび、そこでは黒人はレストラン、映画館、住宅地から排除された。白人の学生たち、特にフラタニティは制限を受けることなく、構内新聞や年鑑、ミンストレル・ショーにおける黒人を卑下する風刺に興じていた[72]。戦後、大学は黒人のGI学生の存在に決まりが悪いと思ったのかもしれないが、組織的な差別慣行を急速に撤廃した。寮、食堂、社交活動、運動競技は段階的に統合された。町の人々はより抵抗を示したが、1950年代には、時にNAACPの支援を受け、同情的な教授陣や学生から圧力がかけられた。一部の慣行――例えば、キャンパス外住居での差別やギリシャ文字会における制限――を変更することは困難だった。雇用や宿舎におけるキャンパス外の差別的慣行の持続は、キャンパスの活動家の標的となった。しかしキャンパスでは、1960年までに大学はすべての学生を公平に扱うことを公式に約束し、戦前に存在していた明白な差別形態は事実上消滅した[73]。しかし、恩恵を受けた者はわずかだった。

公民権運動は、北部の主要なキャンパスでますます共鳴を高めていた。1960年のランチカウンターの座り込みに始まる南部での一連の対立と残虐行為は学内新聞で報道され、学生グループやリベラル派の教授陣を刺激した。有名な卒業生が犠牲になったときには、その苦境は目立つように公表された。

ミシガン大学のトム・ヘイデンはミシシッピ州で殴打された(1961)。ラトガーズ大学のドナルド・ハリスはジョージア州で3か月間投獄された(1963)。コーネル大学のマイケル・シュベルナーは、ミシシッピ州フィラデルフィアで殺害された(1961)。マーチン・ルーサー・キング博士率いる著名な公民権獲得を目指す活動家らは、北部のキャンパスで頻繁に演説した。1963年までに、大学はアメリカ社会の人種的不平等の是正に取り組む義務があるという意見が教授陣と学生の間に広まり、大学当局もこれに同意した。明確な標的は、黒人学生の在学者数の少なさであり、通常、旗艦大学では1%以下だった。ミシガン大学は1964年に、不利な条件下にある黒人学生を受け入れるために機会報奨プログラムを開始し、初年度は70人、翌年は63人を受け入れたが、在学継続率は不十分だった。イリノイ大学も同様の構想を取り、1967年の黒人入学者数を330人、つまり1%にまで引き上げた――それは1929年と同様だった[74]。

1965年という年は、全米的にも、キャンパスにおいても変曲点だった。カーナー委員会の報告は、合衆国は「黒人と白人という、分離した不平等な(セパレイテッド・アンド・アンイコール)2つの社会に向かっている」と結論づけた。この悲痛な警告は、セルマでの血の日曜日事件と、ワッツでの夏の暴動によって、すぐに強調された。ワシントンでは、投票権法と高等教育法が、前年の公民権法に続いて制定された。アップワード・バウンドのような連邦プログラムにより、不利な立場にある学生の大学進学準備を強化する取組が始まった。遅くとも1965年までには、ほぼすべての北部の大学が、マイノリティの学生を積極的に採用するための方針を打ち出した。そしてそれらの大学は全て、同じ難問に直面した。ほとんどの黒人のハイスクール卒業生が標準以下の学力しか備えていないことを考慮すると、こうした学生を受け入れるために基準を緩めなければならず、加えて黒人学生の成功の可能性を高めるため、(公立大学はほとんど提供していなかった)経済的支援を含め、入学前後に特別措置を講じなければならなかった。当初大学は、伝統的慣行の重みに鑑み、これらの問題に関する難しい決断に直面していた。しかし、1965年の危機的な雰囲気と、キャンパス内の団体からの圧力の高まりにより、選択の余地はほとんどなくなった。黒人学生の入学は劇的に増加したが、イリノイ大学同様、その数は比較的少なかった[75]。大学はまもなく1968年に別の変曲点に到達し、はるかに多くのことが要求――そして許可――されることとなる(第5章)。

私立カレッジ・大学、特に東部のそれは、人種的態度においてよりリベラルだったが、黒人の数は一桁台前半だった。1947年、スミスの卒業生フェリス・ニーレンバーグ・シュワルツは、その希少性に心を痛め、資格のある黒人学生を進んで受け入れるかどうかをカレッジに尋ねるキャンペーンを開始した。回答は、その時点での状況を特徴づけた。それらのカレッジは、そのような出願はめったにないが、あったとしても差別することはないと回答した。シュワルツはその後、リエゾンとしての機能を果たすために全米黒人学生奨学金基金(NSSFNS)を組織し、進学の見込みがある学生と連絡を取り、異人種間カレッジと呼ばれたカレッジに応募するよう促した。1955年までに、NSSFNSは南部以外のカレッジ300校に、4,000人の学生を送り出した。ある評価によれば、これらの学生は平均的な成績を収めたが、卒業率は平均を上回る80%だった。かくしてこの組織は、ほとんど全員が白人だったカレッジに、優秀な黒人という種をまき、それらの学生には教育の向上を、各機関にはわずかながら黒人の存在を提供した[76]。

東部の私立カレッジは、1960年以降まで、「資格のある黒人(クオリファイド・ニグロ)」志願者を受け入れる以上のことはしなかった。その年、ハーバードは次年度に9人、イェールは5人、プリンストンは1人の黒人を入学させた。より代表的なものとしては、ウェズリアンは1950年代のそれぞれの学年に平均して2人の黒人学生を、ユニオン・カレッジは1人の黒人学生を入学させた。これらの学校は、ユダヤ人学生に対する差別という悪評を克服するよう努力してきていたが、これらのすべての学校の入学許可は、偏狭なもの――それらの伝統的な学生構成に応じたもの――と言えるものだったかもしれない。すべての学校が成績優秀者を求めて、志願者のプールを地理的に広げていた。これらの取り組みは、入学者のSATの平均得点を、過去最高のレベルに上昇させた――そのことは、入学要件の上昇にもつながった。それにもかかわらず、成績優秀な黒人を特定するために、それらの学校が伝統的に避けてきた都市部のハイスクールにまで、入学募集を拡大すべきだという考えが広まった。1962年、ケネディ大統領は5人の大学学長をホワイトハウスに呼び、差し迫った人種的危機に対処するために「何かをする」ように命じた。イェールのキングマン・ブリュースターはこの会議から戻り、行動を決意した。イェールは、優秀な黒人がいるハイスクールにまで募集を拡大した。このアプローチはその後、教育機会協同プログラム(CPEO)の形成を通じて、アイビー・リーグやセブン・シスターズに共有された。この取り組みは、これらの学校の厳しい入学基準を満たす黒人学生を特定し、募集することを目的としていた[77]。これらの機関が擁した潜在的役割は、機会均等の範囲を超え、黒人コミュニティのアメリカ社会とのさらなる同化のために、十分な教育を受けた指導者を提供することだった[78]。

コーネルの新学長ジェームズ・パーキンス(1963-1969)も、自ら黒人入学者数を増やすことに尽力した。彼は新たにアドミッション・ディレクターを雇い、黒人学生を積極的に募集するための特別プロジェクトを設立した。NSSFNSや協同プログラムと協力することで、黒人の入学許可者は平均3-4人から、1964年には20人に、翌年には35人に増加した[79]。他の大学も、すぐこれに続いた。ウェズリアン、プリンストン、イェールは、積極的募集に専念する、新しいアドミッション・ディレクターを採用し、さらにイェールは1966年に、23人の黒人学生の入学受け入れをどうにか達成した。東部のエリート・カレッジの非常に高い入学基準は、入学の難題をいっそう困難なものにした。いずれもSATの言語能力(バーバル)を重視したが、それは到達度を測るすべての尺度の中で、最も文化的に偏りのあるものだった。イェールの推定では、足切り点数の550点を超える黒人のハイスクール3年生は全米で400人しかいなかった。イェールやほかのエリート・カレッジはみな、同じ結論に達した。すなわち、可能性や動機、リーダーシップを推定するには、他の基準を採用しなければならないということだ。公的セクターと同様に、1965年は新たな基準と、より積極的な募集形式が導入された転機だった。これらのすべてのカレッジが「学問的可能性を証明し、[かつ] 社会に役立ちたいという強い意欲を持ち、[かつ] 学業以外の面でも特異な才能や特技を持つ…比類なく優秀な志願者」を探し始めた。そのような志願者を求める競争は急激に激化し、幸運な候補者はすぐに、いくつかの学校からの入学許可を比較することが可能となった。社会的使命感により各機関は、フルパッケージの経済的支援を必要とする、不利な立場にある都心の候補者の中から才能を見つけることに集中するようになった。連邦プログラムは私立カレッジへの財団の支援によっても補完されたが、コーネルはすぐにその経済的支援予算の52%をマイノリティの学生に割くようになり、他のアイビー・リーグ各校は、15%から30%を割くようになった[80]。公立大学と同様、すぐに、より多くが求められることとなる。

第二次世界大戦後の20年間で、アフリカ系アメリカ人に対する高等教育の提供は、大きな進歩を遂げた。この進歩は60年代半ばに加速し、1967年には学士課程学生における黒人学生は全体のほぼ5%にあたる26万7,000人を達成した[81]。しかしこれらの学生は、ほとんどの場合、文化的剥奪を受け、標準に満たない学校で不十分な準備しかできなかったにもかかわらず、カレッジの合格基準に達した。——そしてこれらの不利な条件は、黒人学生の進学先に反映されていた。直前に述べた、大部分が白人だった機関は、これらの学生の少数を受け入れた。いずれもコミュニティ・カレッジのロサンゼルス・シティ・カレッジで2,800人、シカゴ・シティ・カレッジで3,650人、デトロイトのハイランド・パークで1,700人の黒人がいたのに対し、高度に選抜的な私立カレッジでは、北部と南部を合わせて2,500人だった。主要な公立大学は、南部で7,500人、その他の州で1万7,000人の黒人学生が在籍していた。従って、黒人学生の10%(2万7,000人)が、大学院やプロフェッショナル・スクールに向けて学生に準備を行う、選抜性の高い機関に在籍していた。1万4,000人は、8校から10校の、やや選抜的なHBCUsに在籍していた。黒人学生の2/3は、非選抜的なHBCUs(12万人)、あるいはコミュニティ・カレッジに行った(6万人)。残り(6万人)は、公私立のカレッジか、都市型サービス大学に在籍していた。ここに示す在籍者数は、急速な変化の真只中にある一時点を捉えたものだった。黒人ハイスクール卒業者のカレッジ進学率が上昇し、経済的支援が拡大すると、黒人の野心は高まっていった。1967年の黒人の教育機会は、白人と比較して、地位の低い機関へと偏っていた。しかし、それでもそれらは機会であり、そのほとんどはかつて存在すらしていなかった。

カリキュラム、質、マス高等教育

アメリカ高等教育の広範な拡大は、長きにわたる質に対する関心に時折影を落としてきたように見える。実際のところ、質の2つの側面は常に関連していた。すなわち、知識の発展と取り入れ、そしてカレッジ学生の学びと知的成長だ。

アカデミック・レボリューションにおける知識の増加は、各機関に対しその質を高めるか､脱落するかを迫った。各機関は教授陣にPhD所有者を増やし、既存の学問領域を拡大させ、新たな領域を追加し、信頼できる大学院プログラムを備え、相当な数の研究に従事しなくてはならなかった。各機関は、これらを何気なく選り好んで行ったわけではない。これは学生を獲得し、そのような投資に必要な収入を増やすために必要な、市場主導の要請だった。アンドリュー・グリーリーは、カトリック系の大学が「傍流から本流へと」進化する中で、このような圧力を受けたと述べている。いかにも、本流とは評判の良い機関がなるべきものだ。このことは新旧の都市型大学や新興の地域型大学においても事実だった[82]。しかしこうした取り組みは、学生の学びの質という第二の次元の魅力を損なうものだと考えられるようになった。20世紀の初頭から続いていたこの考え方は､1960年代後半には世間一般の通念となった。ジェンクスとリースマンは、教授陣の行動に関するパブロフの犬理論とでも呼ぶべきものを提唱した。すなわち教授陣は「限られた時間と活力しか有しておらず、専門職者としての立ち位置や個人の出世といった観点から、教授活動にではなく研究に専念する方が道理にかなっていることを知っている」ということだ。この長く人気のある理論は、ほとんどの教授陣が研究をほとんどないしは全くしていなかったという事実を無視していたようだ[83]。クラーク・カーが「学士課程における教育活動の全般的な劣化」と呼んだ背景には、定員超過の教室やTAへの依存といったロジスティクスの問題など、数えきれないほどの要因があった[84]。しかしその根本的な原因は、教授陣の専門職性と、カレッジの最初の2年間における授業の間との相違にあり、この批判の主要な焦点はここにあった。アカデミック・レボリューションの産物の教授陣は、特定の題材についての高度な専門知を発展させることにキャリアを費やしており、複雑な題目を総合、要約、ないしは単純化させることを目的としたジェネラル・エデュケイションの課程に対する熱意に欠けていた。しかし、このような課程はリベラル・エデュケイションの基礎として教育者たちに支持されていた。

第1章では、共通の学び（コモン・ラーニング）、知的発達、シティズンシップ、自由への愛、デモクラシーといったものを植えつけるようなコア・カリキュラムの戦後における探究について概観してきた。リベラル・エデュケイションやジェネラル・エデュケイションの複数の解釈について言えることは、いくつかのものは他よりも効果的だったように見えるが、どのモデルも目的を達成するものとして台頭することはなかったという程度のことだった。それゆえ1950年代末までには、学士課程教育に対する不満が再び広まったが、その際にはこの問題に取り組み、有意義な改革をしようとする、より強力な意志が存在していた。こうした取り組みは、以下の3種類の構想を生み出した。合衆国の歴史の中で様々な形で見られた優等学位（オナーズ）教育が、急成長する州立大学に相応しい形で新たに作り直された。新しい形態のリベラル・エデュケイションが、部分的な形と純粋な形の双方で、戦後の探究を復興させ、願わくはそれを実現しようとした。そして学びは小型化、すなわち大規模大学の中に、小規模な単位を創ることによって改良されうるとの認識が広がった。

優等学位プログラム

アメリカ高等教育における優等学位は長い間、フランク・アイデロットと、彼がスワースモアで1920年代に創設したプログラムと結びつけられていた。ローズ奨学生だったアイデロットは、オックスフォードにおける優等学位に必要となる厳格な勉学と試験に感銘を受けた。スワースモアの学長(1921-1939)に任命されたアイデロットは、優等学位に向けた勉学を3年生および4年生へと導入し、徐々にこれを広げていきながら、優等学位プログラムについての全米的な代弁者にもなった。優等学位プログラムはスワースモアで成功を収め、同カレッジの代名詞となり、模範的なリベラル・エデュケイションとしての名声を強固なものとした[85]。このプログラムは広く模倣されたが、これほど成功した例は無かった。1940年代までにこの種の領域ごと（デパートメンタル）の優等学位プログラムは、多くのカレッジや大学において書類上存在した。これらのプログラムは3年生・4年生の一方または双方に、優等学位論文の研究と執筆を行う時間を与えた。しかしそのほとんどは別個のゼミなどを設定することがなく、単にGPAに基づいて優等学位を授与するところもあった。こうしたパターンとは別に、コロラド大学では、多数の優等学位希望者向けのコロキウムを設け、また前期課程学生向けに優等学位プログラム用のジェネラル・エデュケイションを提供するという実験を行った。このプログラムを指揮した哲学教授のジョセフ・コーエンは、優等学位教育の発展と完成を目指し、そしてすぐにその唱道者となった[86]。彼は1952年に110機関を調査したが、領域ごとの取り組みを超えた優等学位プログラムへと拡大させた機関は、そのうちたった20機関しかなかった。コーエンはこの時には財団の支援を受けることに失敗したが、1956年はロックフェラー財団から少額の補助金を受けた。これによりコーエンは、優等学位プログラム設置を提唱するために多数のキャンパスを訪れることが可能となり、翌年には「優秀な学生」について議論する大きな会議を主催することができた。この会議に対する熱烈な反響は、カーネギー財団からのより大きな財政支援へとつながり、1958年には優秀学生に関する大学間委員会(ICSS)が組織されるに至った。

スプートニク・ショック直後に結成されたICSSは、能力の高い学生に対する関心の広まりと、優秀な学生には特別な便宜を図る価値があるという形成途上の民意を反映したものだった。ICSSはこの膨らみつつある関心に対し、優等学位教育の情報集積所として、またこれに関する新たな会議のスポンサーとしての役目を果たした。コーエンはICSSのディレクターとして、これに関心を有する多くのキャンパスを巡り歩き、その大使としての役割を果たした。*The Superior Student*と題するICSSの会報は、初年度には3,000箇所に届けられた。ICSSは、優等学位プログラムを成功させるためのガイドラインを提案したが、ジェネラル・オナーズに賛意を示していることは別として、ICSSのこの提案は決して規範的なものではなく、むしろ、各プログラムがそれぞれの機関の文脈に適応的でなくてはならないことを十分理解していた。新入生を対象としたプログラムもあれば、ミシガン州立大学のように、1年生のうちに優等学位プログラムに入るための能力証明をさせるプログラムもあった。優等学位プログラムにおいては、必修の入門コースは免除されるか、独自のものが設置された。追加の特権が与えられるかについても、それぞれの機関で決定されることだった。賢明なことに、「優秀な学生」の定義をしようとする試みは一切なかった。

ICSS設立後の最初の3年間(1958-1960)で、100を超える優等学位プログラムが開設された。ICSSの役割は、助産師のようなものだったと表現するのが良いかもしれない。このようなプログラムを立ち上げることは、リーダーシップ、政治活動、財政的裏づけを必要とする組織としての一大事業だった。一部のキャンパスでは、エリート主義的で、分断を引き起こし、費用がかさむものだとして反対された。ICSSは各地の有名校がその正当性を主張するのを援助するために、情報を提供したり、精神的に支援したり、個別に訪問したりすることなどには秀でていたが、その役割を超えて、プログラム運営のための資源となることはなかった。1961年までに、数校の州立大学を除くすべての大学で優等学位プログラムが設置され、80%がジェネラル・オナーズの課題を提供しており、事実上の飽和状態に達していた。その年までに、ICSSは2度目にして最後のカーネギーからの助成を受けて運営されていた。1962年にこの助成が終了すると、ICSSは自前での運営に苦労することとなり、1965年に店仕舞した。1960年代後半の平等主義の中で、優等学位運動は支持を失ったが、この再発明により、ジェネラル・オナーズはアメリカの高等教育の恒久的な特徴となった。ICSSの後を継いだのは、全米カレッジ優等学位評議会(NCHC)であり、NCHCは今もなお盛況な優等学位運動を代表している。

ジェネラル・オナーズの台頭と普及は、1950年代後半のアメリカ高等教育の特殊な状況に合致していた。ジョセフ・コーエンとICSSが主導したこの運動は、当初は大規模な州立大学を特に対象としていた。この時期に優等学位プログラムを開始した多くの私立カレッジや大学は、その広範な魅力を明らかにしたが、公立大学には、ジェネラル・オナーズが対処すべきいくつかの特別な懸念があった。急成長により、学生の構成が異質だということが認識されるようになった。批評家は、学力中位の学生を対象とした入門クラスが、優秀な学生の怠惰や興味の喪失を助長していると主張した。公立大学はまた、優秀な学生が、経済的支援の受けられる私立大学に流出しているとの不満もあった。ミシガン州立大学では、1958年にオナーズ・カレッジを設立した理由として、学生募集を特に挙げていた。さらに一歩進んで、ミシガン州立は全米育英会奨学生に奨学金を提供するようになり、その結果、数年間、全米で最も多くの学生が入学した。スプートニク・ショックよりも前から優等学位を求める機運は高まっていたが、それに続いて国家の人材育成に重点が置かれたことは、明らかにさらなる刺激となった。ある熱狂的な論者は、「我々の生存は高等教育の卓越性にかかっていると言っても過言ではない」と述べていた[87]。最後に、その背景として、リベラル・エデュケイションへの取り組みは、決して遠いものではなかった。優等学位教育は主にリベラル・アーツに限定されており、特に専門職養成の領域では敬遠されていた。頻繁に言及されていたもうひとつの動機は、優れた学生の知性と優等学位セミナーのまれな機会を、より高度なリベラル・エデュケイションを達成することに集中させようとするものだった。しかし、優等学位はこの目標を追求する唯一の手段ではなかった。

リベラル・エデュケイションの再興

　リベラル・アワーの時代は、リベラル・アーツ・カレッジの黄金時代だった。大半は戦後、主に地域に根ざした機関としてスタートしたが、50年代半ばまでには、有力校はより広い地域で学生募集を行うようになった。人口動態のあらゆる傾向はこのような戦略に有利に働き、これらの学校(および私立大学)は、高学力で裕福な、ハイスクール卒業者の「上澄み」のかなりの部分を惹きつけることができた。これらの学校に行った学生の学歴は上昇したが、近隣や州内からの学生の割合は急落した。60年代半ばまでに、最有力のカレッジは、実力主義が頭打ちになったと感じていた――つまり、これまで以上に高いSAT平均値を求めることは無意味であり、志願者は他の基準(アフリカ系アメリカ人の募集を促進する基準を含む)でも判断できると考えていた。上位10校のカレッジでは、SATの合計スコアの中央値が1,350点以上、上位45校では1,200点以上となっていた。これらすべての学校には、その時すでに歴史上最も優秀な学生が在籍していたが、後者のグループは間違いなくさらに上を目指していた。しかしアメリカの高等教育にとって、これらのカレッジの傑出した成功は、リベラル・エデュケイションの価値と需要を明確に裏づけるものだったようだ[88]。

これが意味するところは、アカデミック・レボリューションとは相反するように見えるかもしれないが、同時代の人々はまだそのように解釈していなかった。リベラル・エデュケイションがもっていた大きな名声を踏まえ、人々は双方の利点を実現できるようなカリキュラム編成を模索していた。優等学位教育もそのうちのひとつだった。カレッジは双方からプレッシャーを受けていた。カレッジにとっても学問的卓越性は必須であり、それは強力な、ディシプリンごとの教授陣を揃えることを意味していた。しかし、リベラル・エデュケイションには暗黙のモデルがあり、カレッジがそれによって評価される可能性があった。アマーストとウィリアムズが一般的に模範とされるカレッジであり、それらのカレッジには、少人数制の授業、教授陣との緊密な交流、伝統に基づいたコア・カリキュラム、上級プロジェクトや上級試験のための規定などがあった。フランクリン&マーシャル・カレッジ(F&M)もその他多くのカレッジと同様に、リベラル・エデュケイションの充実によって自らの地位を向上させねばならないというプレッシャーを感じていた。カリキュラム刷新に向けた長期にわたるプロセスの中で、F&Mは、40のリベラル・アーツ・カレッジの実践を検討した。F&Mにおいて考案された新たなカリキュラム(1960)では、東部の名門カレッジのように、単位をコース・ユニットに置き換え、特に人文学において必修コア科目の割合が大きくなり、各個人の学究を専門（コンセントレイション）に加えた。F&Mはまた、リベラルではない科目から距離を置き、教育とビジネスの職業専攻を廃止した。知的水準を引き上げようとするこの試みは、困難に直面した。学生たちがそれを嫌った。後の中部高等教育委員会のレビューでは、いくつかの分野でプログラムが不十分なことが指摘された。そこでカレッジは、「学生全体を彩る非常に優秀な学生集団」を惹きつけ、「質の高い教授陣」を集めるために、優等学位プログラムを導入する必要性を感じた。学問的にも教育的にも前進することは、絶え間ない課題となった[89]。

２つの理想の引力は、ウェズリアン大学で特に顕著だった。同大学は、1950年代後半までには、学生の質の高さで長年のライバルのアマーストやウィリアムズに匹敵する、全米で最も裕福なリベラル・アーツ・カレッジとなっていた。バターフィールド学長は、リベラル・エデュケイションを、カレッジが常に追求すべき理想と考えていたが、教授陣は、高度な研究を大学院レベルにまで拡大することを目論んでいた。ウェズリアンの歴史を書いたデイビッド・ポッツは、以下の２つの展望がウェズリアンの将来をめぐって争ったと説明している。

> ひとつは、全米的なリベラル・アーツ・カレッジを再構築し、学士課程のリベラル・ラーニングをより知的に刺激的で教育効果のあるものにするというものだった。もうひとつは…研究の機会を充実させた博士レベルの大学院プログラムを持つ小さな大学…を発展させるというものだった。[90]

両方の展望、すなわちリベラル・ラーニングを強化するための学長のカレッジ計画と、科学者を中心に支持されていた新大学計画の両方が進展した。1962年、教授陣と理事会は両方の計画を受け入れたが、結果は異なっていた。バターフィールド学長が提案するカレッジのうち２つが新設されたが、ほとんど影響を及ぼすことはなかった。最初の博士プログラムが承認されたのは1963年だったが、新大学計画推進派は1965年に思いがけない大きな財政支援を受け[91]、より多くの博士プログラムがすぐさまこれに続いた。ウェズリアンは、小さな大学でありながらアカデミック・レボリューションを大々的に享受した。過去との断固たる決別として、教授陣はすべてのジェネラル・エデュケイションの履修要件を廃止することを決議した(1968)。学生は自分で選択した上級コースを通じて自由に教育を受けることができるようになった。

ウェズリアンに作用している力は、他の場所にも広く存在していた。ウェズリアンのリベラル・アーツ・カレッジとしての発展は、バターフィールドの野望をよそに、これ以上ないと思われるほどの成功の域に達していた(1968年の女性の入学はまだ先のことだった)。アカデミック・レボリューションの産物だった学術的に強力な教授陣は、学長のリーダーシップを凌駕し、組織の方針を支配するようになっていった。教授陣が研究や大学院教育への関与を求めたのは、自分のキャリアのためだけでなく、それが学生の学びや組織の地位を向上させるという信念からだった。しかしウェズリアンにおいて独特だったのが、博士課程教育を強力に推進するための思いがけない大きな財源だった。このような誘惑は、同じような資金がなかったとしても、広く興味を持たれるようになった。ボウディン・カレッジは1967年に開かれた「小規模リベラル・アーツ・カレッジにおける博士課程プログラムの発展」についての協議会を後援した。大学や財団からの登壇者がお世辞を述べた後にまとめられたその一般的な結論は、費用と便益の観点から、小規模カレッジはリベラル・エデュケイションに重点を置くべきというものだった[92]。

60年代半ばまでは、リベラル・エデュケイションの理念は未だ名声を有していたかもしれないが、その内容は急速に混迷を深めていた。しかし実際には、戦後のリベラルないしはジェネラル・エデュケイションのカリキュラムは、大幅に損なわれていた。最大の要因は学問の拡大だった――より多くの内容を有するより多くの学問分野が、カリキュラム内でより多くの時間を割くことを要求してきた。しかし学生もますます関心がなくなっていった。各機関では、ジェネラル・エデュケイションのコースが、分配履修方式へと相次いで置き換えられていったが、その方式では、理論的には主要な知識ドメインの中からいくつかを修得させることはできても、共通の学びという目標はほとんど達成できなかった。ダニエル・ベルは、解決策を提供するというよりも、問題を診断する上でより重要なジェネラル・エデュケイションを復活させるための旧守的な試みを行った。彼はレッドブックのアプローチが各領域別のコースに浸食されたハーバードや、２年次の有名な現代文明論がそのようなコースに置き換えられたコロンビアにおいて、ジェネラル・エデュケイションが減少している様子を記述した。シカゴでは、ハッチンズ・カレッジにおける４年間のジェネラル・エデュケイション・コースが、1958年に２年間に短縮され、1966年には１年間となった。ベルはジェネラル・エデュケイションの基本的な目的を、共通の学びに加え、「西洋の伝統の包括的理解」を植えつけることと、「学際的なコースによる知的断片化」に抗うこととした[93]。受け継がれた遺産に基づくコース――「人文学」「グレート・ブックス」「西洋文明論」――は、あらゆるところで人気を失いつつあった。

「西洋文明論」の必修要件の撤廃は、ジェネラル・エデュケイションの破綻を象徴するものだった。それが葬られたのは、西洋に対する敵意によってではなく（これは後になって現れる）、もはやイデオロギー的な正当性を信じなくなった専門の歴史家たちによってだった。「西洋文明論」は、例えばアマーストやスタンフォードでは1950年代において学士課程で最も人気のある科目だった。それは本質的にはヨーロッパ史であり、リベラル・デモクラシーの伝統が進化するために重要と考えられる多彩なエピソードの連なりが、両校や他の様々な場所で教えられていた。1960年代には、歴史の専門家たちは、そのような理想化されたヨーロッパの過去を否定するようになった。アマーストでは、「西洋文明論」は「よりヨーロッパ中心的ではない」歴史学の科目に置き換えられた。スタンフォードはこのような全面的な変更に対し、*A Study of Education at Stanford* (1968) と題するレビューを刊行するまでは抵抗した。その時すでにカリキュラムの目的は、「教授陣が好きなことを教え…学生が自分にとって重要と考えることを学ぶこと…を推奨する」ことになっていた。これは正にこの時起こっていたことだった。「西洋文明論」の必修科目は、講義を無視して自身の読みたいものを課題にするTAに支配されていた。この科目では共通の学びも文化的な根拠も伝えられていなかった。歴史学領域はこの批判に何の弁解もせず、この科目は1969年に外された。この研究は、「ジェネラル・エデュケイションの理念は、現代の大学において支配的なカリキュラムの様式においては、全く実効性がない」と結論づけた――この宣言は、アカデミック・レボリューションの全盛期における必修カリキュラムの運命を手短に述べたものだった[94]。実際、1960年代末までには、教育を受けた者であれば一定の事柄を知っておかねばならないという考え方は、全く説得力がなくなった。学生が「ジェネ・エド」と呼ぶものが残っていたとしたら、分配履修方式くらいだった。各機関はリベラル・エデュケイションの重視を謳ってはいたが、その美徳がもはや特定の内容とは関連しないことを認識することは避けていた。

リベラル・エデュケイションからリベレイティング・エデュケイションへ

知的細分化に対する不快感は依然として存在しており、大学の指導者や改革者たちは、より大きな機関の中に複数カレッジ制（クラスター・カレッジ）を導入するという考えに惹かれていた。そのような組織は、以下の理由で正当化された。すなわち、コミュニティの源泉として画一主義的な大学において匿名性を打ち消すことができるかもしれないこと、特徴的なカリキュラムやカリキュラムの焦点が、共通の学びを再び呼び起こすことを約束すること、小規模なために革新が可能であり、その結果リベラル・エデュケイションの理想ないしはひょっとしたらその本質を取り戻せるかもしれないこと、などだった。同時代の解釈者は、複数カレッジ制は「おおまかにリベラル・エデュケイションと呼ばれるもの」に力を入れた典型であり、そうした教育は、「学生にとっての多くの『良い』成果」と関連づけられていたと指摘した。より正確には、ここでいうリベラル・エデュケイションとは、それ自体を学ぶことを重視して職業準備を拒絶することと、しばしば遺産による科目を意味した「従来の要件」から解放（リベレイション）されることを意味していた。最も基本的なことは、1960年代後半の複数カレッジ制におけるリベラル・エデュケイションは、「学生が自身の考え、価値観、スキルの幅を広げるのに役立つあらゆる経験」を涵養すること、つまり「リベレイティング・エデュケイション」を意味していた[95]。

複数カレッジ制の提唱者たちは、魅力的なモデルに事欠くことはなかった。その際に必ずといっていいほど言及されたのはオックスブリッジのカレッジ群だが、現代の大学はオックスブリッジを中心に発展してきたのであり、その逆ではなかった。イェール・カレッジやハーバード・ハウスは、居住単位として賞賛されていたが、カリキュラムに与える影響はほとんどなかった。5つのクレアモント・カレッジ群は、大学院を中心とした連合大学だった。ウェイン州立大学のモンティス・カレッジは自然発生的に生まれた革新だったが、寮制ではなく、内部の結束力はほとんどなかった。真の革新は、1962年にユニバーシティ・オブ・ザ・パシフィック内に設立されたレイモンド・カレッジによってなされた。このカレッジでは、3年間の必修のジェネラル・エデュケイション・カリキュラムが、独自の寮、教員、学年暦とともに提供されていた。このカレッジには、カレッジが独自で選抜した成績優秀な学生と熱心な教授陣が集まっており、学生も教授陣もこの知的な環境で成功を収めることができたようだ[96]。初期の取組でさらに典型的だったのは、ミシガン州立大学におけるジャスティン・モリル・カレッジ(1965-1980)だ。同カレッジは、大学内の自律カレッジとして設立され、独自の教授陣や学生寮と、大学が必修指定するコースを複数パターン提供していた。その目的は、外国語を含む、国際性に重点を置いた厳格なリベラル・エデュケイションを提供することだった。カレッジは学生より教授陣により自由を与えていた。しかし時が経つにつれ、個別のアイデンティティを維持することができず、次第にメガ・ユニバーシティに吸収されていった[97]。

最も野心的な複数カレッジ制のプロジェクトは、マルチバーシティの総長(プレジデント)だったクラーク・カーによって始められた。彼の最も重要な責任のひとつは、UCの3つの新しいブランチ・キャンパスの計画と設立だった。カーは、それぞれに際立った個性を持たせたいと考えていた。スワースモア卒業生であるカーは、偉大な大学の知的資産を維持しつつ、リベラル・アーツ・カレッジの利点——リベラル・ラーニングと学士課程での教授活動への専心——を発展させるようなキャンパスを探し求めた。サンタクルーズはその実験場だった。それはUC内のリベラル・アーツ・カレッジなだけでなく、それぞれが独自の教授陣を擁し、別個の重点を持った個別の全寮制カレッジ群からなるように設計された。最初の3つのカレッジは、「世界文明論」(1965)、「自己と社会」

(すなわち社会科学、1966)、「科学・文化と人間」(1967)に重点を置いていた。カーはこの計画を「堅実でまとまりのある学術的なリベラル・ラーニング・プログラムを備えた新古典主義的なキャンパス」と表現し、「スワースモアやウィリアムズなどに近い」カレッジとすることを意図した。しかし、すぐに「成功裏に新古典主義的カレッジを創設する時代はとっくに過ぎていた」ことが明らかになった。独自のテーマ別カリキュラムはすぐに放棄され、教授陣はそれを教えることに嫌気がさし、学生は必修科目を不快に感じた。初期の各カレッジも後期の各カレッジも、カウンター・カルチャーとリベレイティング・エデュケイションの理想に支配されるようになった[98]。

1960年代後半には、複数カレッジ制は、現代の大学における学士課程教育の課題に対する好ましい答えとなった。新しい機関は、大規模になる前からサブ・カレッジを組織していた(オークランド、SUNYオールド・ウェストバリー・カレッジ、UCサンディエゴ)。例えば――より突出した例のみについて言及すると――SUNYバッファローは、テーマに沿った独立したカリキュラムを提供する(カレッジと呼ばれる)非寮制のユニットを組織した。ミシガン大学は全寮制カレッジを設立した。ある不完全なリストには、1965年から1969年までに設立された36のユニットが記載されていた[99]。さらに多くの機関が、様々な名称をつけて居住型教育(レジデンシャル・インストラクション)(「リビング・ラーニング」)を創設していた。これほど多様な一連の「実験」について、出すことのできる一般的な結論はごくわずかだ。

第一に、これらの取り組みは2つの点で時代に左右されていた。学士課程学生の怠慢や無規範状態についての疑惑が蔓延していたことが、この可能性のある救済策を、希望を持って採用する動機となった。そのようなカレッジが新しい学びのアプローチを約束するとき、ある種の学生を惹きつけた。実験カレッジは、非常に高度な独自選抜によって、平均以上の知性、意識、審美眼、学問的志向を持ち、個人的関与に傾倒した学生を惹きつけ、登録した学生は実用性や学生生活への関心度が低かった[100]。通常であれば、実験カレッジに登録するような学生はより熱心な学習環境を求める理想的な候補者だと思われるが、60年代後半は普通の時代ではなかった。複数カレッジ制にはこのような学生が集中しており、特にリベラル・ラーニングよりもリベレイティング・エクスペリエンスを求める傾向にあった。そして、実験的な環境に惹かれた教師の多くも同様だった。

より一般的に言えば、複数カレッジ制は居住単位としてはある程度の成功を収めることができたが、学術的な単位としては失敗に終わった。居住施設としては、人間味のない大学に対抗するために、ある程度の結束力やサービス、社会活動を提供することはできたが、カリキュラムの焦点を維持したり、知的アイデンティティを涵養したりすることはほとんどできなかった。最大の機能不全は、これらのカレッジに別々の教授陣が任命されたことがその要因だった。自分の領域の拠り所から離れようとする教員は、理想主義者だったり、最初から不満を持っていたりする可能性が高かった。多くの教員は、ジェネラル・エデュケイションや学際的な科目を教えることにすぐに嫌気がさした。レイモンド・カレッジにおける学生との個人的な交流を称賛していた著者は、3年後に大学の研究機関に入るために辞めてしまった[101]。より大きな問題は、教授陣を、所属する領域や同じ専門分野の同僚から引き離したことだった。これは個人のキャリアを逸脱させるだけでなく、大学の学術的能力を損なうものだった。ラトガーズは、歴史あるいくつかのカレッジで教授陣が分離されていたため、長い間このような障害を抱えていたし、これはサンタクルーズとサンディエゴでも克服されるべき問題だった。カーがUCの経験から得た教訓の中には次のようなものがあった。「領域（デパートメント）は研究大学において最も尊重すべき（シュプリーム）組織単位であり、それを踏みにじってはならない」[102]。

このように、質をめぐる2つの次元が葛藤を引き起こすところでは、学士課程学生の理想的な知的発達よりも、学術的な知識が優先された。実際に、この2つの次元は本質的に対等ではなかった。学術的知識の内容は十分に定義されており、大学やカレッジの教員がこの知識を習得し、発展させる能力は、ACEの評価のように容易に測定することができた。学士課程学生の質は、入力値――GPAやSATのスコアなど――によって測定可能ではあったが、学習成果についての信頼できる尺度はほとんどなかった。多くの学生が大学院に進学していることから判断すると、学生は主要な科目を十分に学んでいるように見えた。またカーは、私立のカレッジや大学での授業の方がより良心的で効果的だと認めていた。しかし、最大の曖昧さは「治療効果（トリートメント・エフェクツ）」――カリキュラムと教授活動、そして知的発達に対するそれらの効果と称されるもの――にあった。この点について、リベラル・アワーの10年間で考え方が劇的に変化した。1950年代の終わりには、リベラル・エデュケイションはまだ西洋の伝統に根ざしたコア科目を意味していた。1960年代後半までには、様々なコア主題の実験が盛んに行われ、西洋は時代遅れなものとなり、リベレイティング・エクスペリエンスが、リベラル・エデュケイションに匹敵する理想となった。しかし、これらの実験は、その多様性と同じくらい儚いものだった。それに比べてアカデミック・レボリューションは、教員のキャリアと学士課程教育のための最も強固な基盤として引き続き台頭していた。学士課程教育にとっては、さらなる変化が待ち受けていたが、それは学術的知識の確固たる基盤に対する予想外の挑戦でもあった。

＊　＊　＊

リベラル・アワーの時代においてアメリカの高等教育は、内的にも外的にも大変革を経験した。根本的な変化はほぼ同時に起こり、その歩みは1960年代後半に加速した。これらの変化は、因果関係ではなく、複雑な相互作用の中で影響し合っていた。スプートニクに端を発した民間研究への連邦政府の巨額の投資は、支出を拡大させたが、教授陣や領域の内部にも影響を与えた。アカデミック・レボリューションは研究の拡大と密接に関係していたが、それは科学だけでなく非科学にも影響を与えた。前例のない知識の拡大は、カレッジに進学する若者の多さと、現代社会を形成する際における大学の知識の活用という点で、大学がいまやアメリカ社会の中心的な役割を果たしているという認識を抱かせた。急速な経済成長は、社会的な願望と経済的余裕を高めた。南部と北部の大学における人種隔離撤廃は、目に余る不公正を（解消させずに）和らげただけでなく、高等教育へのアクセスが現代社会における人権だという考え方を広めた。あらゆるレベルの政府が、前例のないほどの資源を各機関の建設と改革に注ぎ込み、数値だけでない意味でのマス高等教育を実現し、ほぼすべての人々が高等教育を受けることができるようになった。

1960年代末には、このような成長のダイナミクスの限界が明らかになり、その望ましさが問われるようになった。次の時代は、高等教育に制度的な危機と信頼の危機をもたらすことになる。しかし、リベラル・アワーにおける変容は、アメリカ高等教育の恒久的な特徴として存続することになる。

第3部

白紙化と新たな時代、1965-1980

第5章　白紙化、1965-1970

第6章　70年代を生き延びる

第5章

白紙化、1965-1970

1960年代後半の暴動は合衆国、それどころか世界の至る所に、未曾有の社会的文化的変動をもたらした。暴力的にせよ非暴力的にせよ、衝突や対立は、根底に広がっていた変化の現れだった。振り返ってみると、それらの規模と重要性がより明白になった訳だが、そこには間違いなく主流の制度や信念——アメリカ的生活様式に関する支配的な前提——に対する喫緊の課題があった。

こうした前提や状況は保守的な1950年代を象徴するものではあったが、リベラル・アワーの時代における発展を支え続けていた。冷戦の熱はこの時期にピークを迎えた。国家はかつてないほどに繁栄していた。公民権運動などのリベラルな取り組みは、アメリカ的生活様式の恩恵をすべてのアメリカ人に広げると約束した。歴史家のジェームズ・パターソンは、1965年を国家の転換点としている[1]。この年の前半には、ジョンソン大統領による偉大な社会(グレート・ソサイエティ)政策における立法キャンペーン——高等教育法、メディケア法、投票権法など——が頂点に達し、連邦政府のプログラムは新たな分野へと拡大した。しかし、それらはベトナム戦争の大規模な進展と、ロサンゼルスのワッツ地区における最初の壊滅的な都市暴動を伴うものだった。ベトナム戦争は過激な反戦運動を活発にした。ワッツ暴動はアフリカ系アメリカ人の間で黒人ナショナリズムに火をつけ、白人の間の公民権に対する支持を弱めた。大衆文化が不吉で反抗的な論調に包まれていたのと時を同じくして、全米のキャンパスでは学生急進主義が広まっていった。アメリカ的生活様式に固有の特徴(第2章)は、すぐにアメリカ社会全体から挑戦を受けることになったが、それは特にキャンパスにおいてのことだった。

キャンパスでの反戦運動は、冷戦に対する大前提——共産主義の拡大に対する反対——を拒絶した。その射程はすぐに、いわゆる軍産複合体（ミリタリー＝インダストリアル・コンプレックス）や第三世界へのアメリカの関与にまで拡大された。「バイタル・センター」を取り巻くアメリカ政治の総意は、1960年代後半までに砕かれた。1940年代になって初めて極左勢力が台頭し、右派の側では1968年の大統領選挙でジョージ・ウォレスが5つの州で勝利を収めた。共和党と民主党は、両党ともに分裂した。社会的逸脱に対する1950年代の規範が、1960年代前半に弱まり、その後半には失われた。伝統的な価値観はキャンパスにおいて軽蔑され、大衆的なメディアではますます懐疑的に扱われるようになった。若い世代にとって、1960年代の桁外れな繁栄は当たり前のものだったため、豊かさでさえも負の影響を及ぼす可能性があった。豊かな社会では、貧困は耐え難いものになり得た[2]。リンドン・ジョンソンは貧困との闘い政策を開始したが、学生たちは不平等や不公平をアメリカ社会の失敗と見なす傾向にあった。

無論、アメリカ的生活様式を支持してきた現実が消えたわけではない。合衆国は核を保有するソ連と未だ敵対関係にあり、宗教や家族、愛国心を支える伝統的な価値観は、未だアメリカの公衆に広く尊重されていた。リチャード・ニクソンは彼らをサイレント・マジョリティと呼び、そうした人々が彼を大統領に2度も押し上げた。戦争に対する懸念を深めたにもかかわらず、これらのアメリカ人は、その数年間にカレッジや大学で発生したデモや混乱、暴動を忌々しく思っていた。そして同様に、キャンパスにいる左翼はサイレント・マジョリティと、そのブルジョア的価値観を強く非難していた。それゆえに、多くのアメリカ人と、キャンパスの急進派だけではない、学生や教授陣、管理者の中の革新的な集団との間に、理解と共感の溝が深まっていった。特に先導的な大学では、1970年代までには新たな心性（マンタリテ）が生まれており、それがアメリカ高等教育の至る所に大きな影響を及ぼしていった。

SDSと学生急進主義の拡大

静穏な1950年代に、カレッジの学生が国政に関与したり、関心を持ったりすることはほとんどなかった。ウィスコンシン、ミシガン、UCバークレーといった大学では、それぞれに特有のリベラルな大義への支持がみられたとはいえ、そこでも支持者は少数に過ぎなかった。積極的活動を動機づけていた最も重要な問題は、核軍縮に焦点を当てた平和運動だった。その10年間の終わりに向け、こうしたキャンパスのいくつかのグループは、より大きな問題に取り組んでいた。ウィスコンシンのなかでも保守的なマディソンでは、社会主義者が存在感を発揮するようになった。1959年には、後にニューレフトの中核的な思想となる事柄を学術的に紹介する*Studies on the Left*が出版された。同誌は、リビジョニストの歴史家ウィリアム・アップルマン・ウィリアムズに部分的に触発され、冷戦の原因になった、アメリカの外交戦略やリベラル派たちを激しく非難した。それは、コーポレート・キャピタリズムを支持していた戦後のリベラル派を攻撃するために、「コーポレート・リベラリズム」という造語を生み出した。広く左派の団体で読まれた*Studies on the Left*は、湧き立ちはじめていた怒りの火に油を注いだ[3]。

バークレーでは、1957年に学生たちが内外の問題に取り組むために左翼政党を組織した。SLATEは、キャンパスのギリシャ文字会から学生自治の支配権を奪取し、キャンパス内での政治的主張の禁止を終わらせようとした。SLATEは、地元の雇用において人種差別の壁を壊そうとする取り組みにも関与するようになった。1960年5月には、下院非米活動委員会によるサンフランシスコでの公聴会に対する破壊的なデモを主導したが、警察は大量の逮捕者を出しながら、これを強制的に鎮圧した。この年には、ジョン・F・ケネディがニュー・フロンティアへの若者の参加を呼びかけたこともあって、政治意識が一挙に高まった。しかし、政治に慎重な学生たちに火をつけたのは、公民権を求める座り込み運動だった。リベラル派たちは、南部でのジム・クロウ法の状況に反対し、活気づけられたが、さらに何人かのリベラルな学生たちは、北部での同様の状況に立ち向かう必要性を認識していた。

ミシガン大学では、かつての大学院生のアル・ヘイバーが、当初は産業民主主義連盟(LID)という学生組織——強固な反共産主義・反ソビエトのスタンスに立つオールドレフトの社会主義政党——を蘇らせる形で、民主社会を求める学生組織(SDS)を結成した。SDSの最初の活動は、アナーバー会議「北部の人権」(1960年5月)であり、この会議においてSDSは、学生左翼の分散したグループの中での潜在的指導者として位置づけられた。ヘイバーはすぐに、*Michigan Daily*の編集者、トム・ヘイデン(1960-1961)と手を組んだ。ヘイデンは、SDSが全国的な学生運動の担い手になるというヘイバーのビジョンを共有していた。1960年の夏、*Michigan Daily*の編集者に就任する前に、ヘイデンは学生活動の中心地、バークレーへとヒッチハイクで向かい、時事問題や抗議活動に関するチュートリアルを受けた。翌年の卒業後、彼はアトランタを拠点とするSDS(唯一)の支部委員(フィールド・セクレタリー)となり、学生非暴力調整委員会(SNCC)との連絡係になった。彼はそこで、根強い隔離主義者がもつ残虐性を感じ、SDSを全米のSNCCにしようと決意した。すでに社会変革のために献身的な活動家だった彼は、1962年6月にミシガン州ポートヒューロン郊外の労働組合キャンプで開催される組織大会に向けて、「この世代にとっての課題」の作成を始めた[4]。

ヘイバーもヘイデンも、全く異なるものから構成されていた学生左翼の大義を定め、結びつけるためのマニフェストが必要だと感じていた。ヘイデンは、ニューレフトの独創的な意見や理想、願望を最も詳細かつ首尾一貫して表現した『ポートヒューロン宣言』(*PHS*)の基礎となる予備的メモを回覧した[5]。*PHS*は、新たな種類の社会を構築するための理論的基盤を提供した他、アメリカ政治の道徳的破綻とあからさまな偽善を告発し、そして、社会的行動への積極的な指針となった。

理論的に、*PHS*では「参加型デモクラシー」という理想が掲げられており、これは学生運動の最も独創的な政治的教義だと一般的にみなされていた。ミシガン大学のカリスマ的哲学教授であるアーノルド・カウフマンに触発され、*PHS*では、個人が「社会的決定のなかで自身の生活の質と方向性を見つけ出す」ことを可能にする「個人参加のデモクラシー」が追求された。参加型デモクラシーは「人々を孤立からコミュニティへと」導き、「個人にとっての生活の意味を見つける」助けとなることを目的としていた。それは「経済的経験」を変容させるもの、すなわち「生産手段は民主的参加に開かれ、そして、民主的な社会的規制の対象となるべきだ」というものだった[6]。

ヘイデンは、「アメリカ的生活様式」に関する批評を「このマニフェストの中心的な関心事とすべきだ」と感じていた[7]。実際、*PHS*の大部分は、1962年頃のアメリカ政治の病理を説明するものだった。南部における基本的市民権の否定を描き出すために誇張は必要なかった。その他の最重要課題は、冷戦を中心に展開していた。*PHS*は、核による滅亡の脅威の下で生きることへの恐怖を仰々しくかき立てるものだった。より高度な核兵器の開発を求める圧力が、1960年代初頭よりも大きくなったことはなかった。この精神状態が、「軍産複合体」――「アメリカにおける経済的意思決定に関する権威主義的で寡占的な構造という、最も壮大かつ重要な創造物」――を育んだ。反共産主義は、合衆国を「植民地革命」に対抗させることで、冷戦にさらなる外交政策をもたらした[8]。

これに呼応して*PHS*では、ニューレフトの形成が呼びかけられた。ここでは、左翼の指導者はマルクス主義理論の柱たる労働者ではなく、知識人からやって来るだろうと主張した運動の英雄、社会学者のC・ライト・ミルズに共鳴している。ニューレフトは、「戦後世界において成熟した若者たち」で構成されるべきであり、その方向性もそれらの若者たちに向けられるべきだ。それゆえ、ニューレフトは、「理性に基づいた行動」が可能な「真の知的技能を持つ左翼」を創り出すために、学生を大部分としつつ、教授陣も動員した。このようなニューレフトは「リベラル派と社会主義者を含めなければならない」のであり、「目を覚ましつつある同盟国の共同体」への架け橋を築かなければならない。しかしながら、このように重点を置くことで、「大学は、社会変化の運動における潜在的な基盤と斡旋所」にもなった。ヘイデンは、大学に対して2つの考えを持っていた。彼は、それらの超然とした官僚機構、教授たちの政治的な臆病さ、そして「学究の資料からの学生の根本的な分離」を厳しく批判した。しかし彼は、「凄まじい論争の場であり…時事問題が争われ…左翼の知識人が執筆活動や実践的な政治に従事する時間を持ち、［また、］権力者に対して直接的な影響力を生み出すことができる、変化の機関としての大学」を構想していた[9]。*PHS*は、クラーク・カーが書いたとされる言葉で締めくくられている。カーは、大学とは「知識を組織・評価・伝達するための中心的な機関」であり、それゆえに大学を「知識に携わる人々や知識の貯蔵に対する権力者の信頼」を生み出すものとして称賛している。さらに、大学は「参加への門戸が開かれ」、「政治生活が学問的なものとは別個のものだということを許容し」、全米に分布しており、若者の募集をかけるのに格好の場所だった。暗黙のうちに、そのうえで大学を再形成することもまたニューレフトの目的だった[10]。

*PHS*は、アメリカ社会を悩ませている数々の現実的問題を描き出した。いくつかの願望――世界規模での軍縮、「持てる国と持たざる国の間にある格差の解消」など――が現実不可能なものだったとしても、提唱された改革の方向性は、それに反する条件よりも、アメリカン・デモクラシーの理想とはるかに一致するものだった。それから数年の間に、こうした状況はより切迫したものとなり、それに応じてニューレフトの処方箋は、特に学生たちにとってより現実味を帯びた、説得力のあるものとなっていった。

このようにして*PHS*は、残された1960年代における学生運動の基本的教義となる所感をまとめ上げた。

- 資本主義を拒絶したオールドレフトを包含した合衆国の、社会的、政治的、経済的秩序に対して非難すること
- 学生運動の基本的な手段および使命として、アメリカの偽善とは正反対の、デモクラシーの行動規範を採用すること
- 公民権運動、そしてより広い意味では、人種間の平等と差別の撤廃という目標に献身すること
- 冷戦の病理に反発し、それをやがてベトナム戦争へと拡大すること
- 第三世界における反植民地運動や左翼運動への認識を高めること

大学は、好意的に描かれている唯一の機関だった。実際のところ、推定上のモデルのSNCCは、ジム・クロウ法に対抗する組織的活動の不安定な基地

としてHBCUsを利用した[11]。程なくして学生運動は、UCバークレーのフリースピーチ運動(FSM)によって高等教育に再焦点化された――それは学生運動にとって、最初の、かつ多くの意味で決定的な勝利となった。

SDSは、このバークレーでの壮大な対立には参加せず、数多くあった政治的学生組織の中でもほとんど必要とされていなかった。ドラマは、1964年の秋学期開始時に始まった。それは、バークレー当局が、学生の政治団体がキャンパスの正門の外に机を並べたり、ビラを配ったりする権利を取り消したときであった。しかし、この恣意的な差止命令の背景には、多くのことがあった[12]。バークレーの学生たちは、黒人の雇用を拒否するサンフランシスコの企業による人種差別に終止符を打つために、市民的不服従の組織的活動を展開していた。マリオ・サビオのようなFSMの指導者たちは、1964年にミシシッピで開催されたフリーダム・サマーに参加し、公民権のために活動していた。地元企業の利害関係者が、学生の公民権活動家を弾圧するよう、当局に圧力をかけたと長らく主張されてきたが、そのような関連性は見つからなかった。エドワード・ストロング学長（チャンセラー）は、おそらく外部からの働きかけを必要としていなかった。彼や彼のもとにいた最上層部の面々は、左翼の学生集団が共産主義者ばかりであり、大学を破滅させようとしているとして、自らを納得させようとしていたのだろう。しかし、学生たちの政治活動を沈黙させようとすることで、彼は完璧な道徳劇――大学の抑圧に対抗する学生のフリースピーチ――をつくり上げてしまった。

秋学期間の出来事が展開されるにつれ、大学は「フリースピーチ」を否定し、学生抗議者に罰則を科すという、擁護しがたい方針を堅持しようとした。FSMとして組織された独善的な学生たちは、新興の学生運動に対し2つの重要な貢献を果たした。第一に、公民権運動で完成されていた市民的不服従の手法を大学に対して採用したことだ。最初の事例は、無計画なものだった。FSMの活動家がスプロール・プラザで逮捕されたとき、群衆が自然発生的にパトカーを取り囲み、最終的には大学が手を引くことになる、32時間に及ぶ伝説的な膠着状態が引き起こされた。しかしながら、その後の本部棟占拠では、よく前準備された手順が採られ、警察は何百もの無抵抗の抗議者を一人ひとり引きずり出さねばならなかった。この光景は、バークレー当局にとっては広報活動の大失態であり、教授陣にFSMを支持するよう説得するのに役立つものだった。

第二に、学生たちは闘争の過程で、自分たちがビラ配りできる場所に関する規制をはるかに超えるレベルで、大学を悪者扱いした。UCに対する仰々しい攻撃は、キャンパス内のオールドレフトの集団、特に大学の司書でトロツキストのハル・ドレイパーによって設立された独立社会主義クラブに、一部触発されていた。スプロール・プラザでの事件前夜、彼が行った講演にはFSMの指導者たちが出席しており、そこで大学は知識工場として特徴づけられていた──翌日のスピーチでもこのイメージは再認識された。さらに、FSMは、UCシステムの総長(プレジデント)であるクラーク・カー──産業関係学者であり、彼が提唱した現代のマルチバーシティの影響力のある特徴については、第3章で記した──のメッセージを体現していた。カーは、大学の現代経済への貢献についてしばしば雄弁に語っていたが、またその逆も然りだった[13]。これらの見解は、すぐにドレイパーの論説、*The Mind of Clark Kerr*(1964年10月)の中でやり玉に挙げられた。ドレイパーは、大学が「怪物的官僚国家」という資本主義的な権力構造に仕える知識工場になってしまったと主張するために、カーの微妙な色合いの議論をいとも簡単に歪曲した。この罵倒は、「資本主義は長生きしたシステムで…恒久的な戦争経済に基づいており、それは貧困や失業、人種差別、帝国主義を永続させている」という前提に基づいていた。ドレイパーはまだ無名の人物だったが、彼のレトリックはFSMにすぐに組み込まれた。FSM指導者のマリオ・サビオは、イデオロギー信奉者というよりも道徳家であり、一貫して大学のイメージを、「工場、知識工場として」学生を適合的な製品にするために設計されたものだと訴えていた[14]。これは、*PHS*で描かれた比較的開放的な大学とはかけ離れたものだった。対照的にFSMは、サビオらによって、ニューレフトの価値観──個人性、自由、そして参加型デモクラシー──を体現するように描かれており、自らの果てなき熟議によって例示されていた。

12月にFSMは、UCのキャンパスでの政治活動の制限を撤廃するという大きな勝利を成し遂げた。ところが、FSMは解散するどころか、ベトナム戦争の拡大に抗議するために、他の左翼団体とゆるやかな連合を結成した。こうした展開は、初期段階の反戦運動の主導権を握るというSDSの公約と平行していた。1964年8月のトンキン湾決議は、北ベトナムとベトコンに対して戦争を行う無制限の権威を、ジョンソン大統領に与えた。1965年の初めの数ヶ月間には、北部への空爆が行われ、南部に対する米国の軍事力行使が激しさを増していった。このように進展していく以前から、SDSは反戦を最優先事項とし、4月のワシントンでの行進を後援することを決意していた。このことは、持続的な反戦運動の始まりだったと同時に、ニューレフトのイデオロギーを結晶化させるものでもあった。

戦争に対する嫌悪は、邪悪な「体制（システム）」全体を網羅するまでに広がった。SDSのポール・ポッター会長は、「今日のベトナム戦争、明日の南部での殺人、あるいはあらゆる人々に対してどこかしらで――いつ何時も――行われている、計り知れない、数え切れないほどの残虐行為」に向けられた体制を非難した。彼は、デモ参加者は「ベトナムの人々」と団結しており、「私たちの人生、私たちの運命、私たちの生きる希望は、この体制を克服する力にかかっている」と主張した。ポッターたちはいかにして、時に「コーポレート・リベラリズム」と呼ばれる「体制」を克服したのだろうか。その答えは、「運動を築き上げること」だった。それゆえ、早くも1965年には、体制に反対する運動を構築することがSDSの最優先の目標となったが、それは、戦争、レイシズム、帝国主義といった特定の問題を超越するものであり、あるいは「大学の共謀（コンプリシティ）」を主張するものだった。それでもなお、そうした特定の問題はコーポレート・リベラリズムの悪質さを説明し（そのように説明されない場合、それはほとんどのアメリカ人に空前の繁栄をもたらすものだったが）、学生を運動へと動員するために極めて重要だった[15]。この戦略の採用は実質的に、急進的な概念がより大きな現代思想の範囲内で議論されていた、ニューレフトの知的フェーズが終焉したことを告げるものだった。今や出来事はニューレフトのイデオロギーの固定的な範疇内で解釈され、運動を前進させる際のプロパガンダ的価値のために利用されるようになった[16]。

この戦略は初期の成功を収めただけでなく、SDSが再び学生とキャンパスに焦点を当てる契機となった。ワシントン大行進は、当初の予想よりもはるかに大きな影響を与えた。これに続いて、SDSに新世代の学生が流入した。大して知的ではなく、オールドレフトのイデオロギー的な争いに(最初は)無頓着だったSDSの新世代は、アメリカ中間層の秩序からの純粋な疎外感が動機となっていたようだ。トッド・ギトリン(SDS第一世代)は、新世代を「本能的な無政府主義者で、公理にかなった、実践的な反権威主義者」と言い表した[17]。新世代は長めの髪と青いワークシャツをひけらかし、マリファナと反体制派のロックンロールに溺れていた。新世代の登場は、時代精神の大きな変化を示しているように思われる。何よりも、*PHS*が1962年に明らかにしたアメリカの偽善——当時は毎晩のニュースで映し出されていた根強い隔離主義者の人種差別的暴力、冷戦狂信者の激しい非難、そして「平和的」候補者のリンドン・ジョンソン大統領によるベトナム戦争の激化——は、この世代にとっては誰の目にも明らかな現実として共感を集めるものだった。すべての熱心なSDSの支持者に対して、多くの同時代人はこの幻滅と疎外感をある程度共有していた。こうした共感者たちは、新興の抗議に参加するかしないかは別として、どんなに誇張されたレトリックであっても、急進派を批判することはほとんどなかった。共感者たちもまた、体制に何か問題があるのではないかと疑っていた。

ブラックパワーの台頭、第三世界革命の魅惑的なイメージ、そしてカウンター・カルチャーの普及と影響という3つの同質な事象の展開により、こうした心理状態はすぐに悪化していった。これらはすべて大学をはるかに超越していたが、キャンパスに対して強力な影響を与えるものでもあった。

公民権運動は、1964年の公民権法と1965年の投票権法の可決により、隔離された南部の黒人を合法的に解放することを達成した。後者の法律が成立したわずか5日後、ロサンゼルス州ワッツ地区では、長期にわたる破壊的な暴動が勃発した。それからの数年間に、全米の大都市で人種差別に基づく暴動が発生し、特に1967年にはニューマークとデトロイトで壊滅的な暴動が発生した。公民権は、南部以外の都市部の黒人が耐えてきた抑圧的な状況を改善することはほとんどできなかった[18]。暴動は、アメリカ社会の新たな失敗を記録し、多くの人は左翼の非難を強調した。南部では隔離主義者による暴力は衰退しなかった。そこでSNCCは、すべての白人を追放することで、人種間の協力を放棄した。新たな指導者であるストークリー・カーマイケルは、全米に響き渡る非難の演説の中で黒人の力を要求した[19]。カリフォルニア州のオークランドでは、自衛のためのブラックパンサー党が隠しもせずに火器を持ち、単純な共産主義者のスローガンを吐き捨て、抵抗を示した。ブラックパワーはすぐにキャンパスに移り、当時の直近に招集された黒人学生たちは、すぐに分離主義と特別プログラムの要求を押しつけた(以下)。

第三世界ロマン主義の種が、*PHS*には存在していた。ベトナム戦争への不満が高まったことで、開発途上国の至る所にあるゲリラや革命が、空想的に同一視されるようになった。予言は、フランツ・ファノンやレジス・ドゥブレ、革命家のアイコンのチェ・ゲバラ、そして当時文化大革命を主導していた毛沢東主席の著作の中に容易に見出すことができた。究極の崇拝は、北ベトナムと民族解放戦線にも及んだ。ニューレフトと第三世界革命家には、同じ推定上の敵――米国の政府と体制――がいた。こうした認識が1967年のSDSにおける――暴力的な抵抗への――さらなる転換点を合理化した。学生の抗議はすぐに第三世界のレトリックを取り入れ、時にはブラックパワーと連動し、そして時には第三世界研究を呼びかけるようになった。

1960年代末までには、カウンター・カルチャーがキャンパスのあらゆるところに浸透していった[20]。学生たちは、長髪、労働者層の服装(あるいは全く着用しない)、卑猥な言葉、反体制的なロックンロール、マリファナや時にはLSDの蔓延、性的放縦などで、ブルジョアなアメリカに対する拒否感を表現した。大学の権威を含め、あらゆる形態のヒエラルキーや権威に対する直観的な嫌悪感が蔓延していた。反知性主義は――セックス、ドラッグ、ロックンロールによって強化された――感情を重視することに内在していた。アメリカ社会に対するカウンター・カルチャー的拒絶は、ニューレフトの体制に対する非難を反映していた[21]。多くのヒッピーは中退することで個人的な解放を求めたが、一般的に、ブラックパワー、第三世界革命、戦争反対、大学の変革など、正当な社会に反対するデモや抗議を支持していた。

1966年の夏までに、SDSの指導者は挫折した。会員数は増加していたものの、徴兵に対する抵抗などの戦術に効果はなかった。全米的に見ても、反戦運動はこれといった進展の見られない、ひとつの争点に過ぎなかった。そして公民権は、ブラックパワーに取って代わられた。指導者(そのほとんどがもはや学生ではなかった)は、組織のエネルギーを大学と学生に移すことを決意した。具体的に言えば、個々のキャンパスの地域的な問題を利用しようとした。その明確な目標は、学術的な改革や学生の能力増大を実現することではなく、むしろ学生を熱心な急進派の世代、すなわち国の政治的・社会的構造を変えるための代理人へと変貌させることだった[22]。SDS全米事務局によるこの基本的戦略は、キャンパスでの抗議の数と深刻さがその後の数年でエスカレートしたことを理解する鍵だった。これらの課題は第一に、この大きな目標に向けて学生を操る——全米事務局は「動員する」と言っただろうが——ために選択された。武装勢力の勧誘者をキャンパスから排除する取り組みは、戦争やアメリカ帝国主義と大学の共謀を暴露することを目的としており、大学の規則に対する抗議は、既存の機関がもつ権威主義的な性質を明らかにすることを目的としていた。

次の年度に向けて、全米事務局と地方支部のSDS組織者たちは、キャンパスの不満を捏造したり、煽ったりして対立させ、新たな人員を獲得し、コーポレート・リベラリズムと大学の共謀を示そうとしていた。ほとんどの主要大学では、管理上の問題、寮の規則、または必修のカリキュラムを巡って抗議が行われた。いくつかのキャンパスでは、急進派の学生が学生自治会を支配し、広範囲にわたる要求を行った。SDSは、軍隊の採用担当者や企業のシンボル、特にナパーム弾製造元のダウ・ケミカル社に対する抗議を行っていた。バークレー校では、学生が海軍の採用担当者へのアクセスを阻止したことで、抗議の強度を高めることに成功した。大学が海軍に学生用のスペースを使わせていることに対し、独善的に不満を抱いた過激派は、この対立を5日間のストライキへと発展させることができた。ハーバードのSDSは、ロバート・マクナマラ国防長官を一時的に締め出したことで有名になった。1967

年の春までに、抗議は頻度と強度を増していた。SDSの目的は、これらの抗議を利用して「革命意識」を生み出すことだった。「私たちは、抗議から革命へと移行する必要がある。長期的にわたり腰を据えて取り組む必要がある。恒常的、急進的、持続的かつ関連のあるものとなる必要がある。要するに、革命を起こす必要があるのだ」[23]。

その時すでにアメリカ革命の推進を目的としていたSDSという組織は、十数人の常勤局員を擁する全米事務局と、キャンパスに福音を広める8人の「地方派遣員(リージョナル・トラベラーズ)」、そして6,400人の全米会員から構成されていた。さらに印象的だったのは、250箇所のキャンパスにあるSDSの支部で、総会員数が3万人近くに達していたことだ。ある調査によると、ほぼ2/3が学生で、そのうち40%が学士課程の学生、25%が大学院生だった。その他に身分が判明している人のうち、20%が非学生で、10%がハイスクール生だった。その内部について言えば、共産主義、社会主義、無政府主義など、あらゆる左派のイデオロギーが現れていた。毛沢東主義の進歩的労働党からの一団は、成長しつつある(そして歓迎されない)存在だった。しかし、毛沢東主義者を除くすべての者は、戦争に反対し、ブラックパワーを支持し、第三世界革命に熱中し、大学の共謀を非難するという点で、極めて団結していた。これらの立場にある人々は、大学内外にいた数千人の共感を頼りにしていた。数多くの反戦グループや動員委員会が存在したにもかかわらず、SDSは最大かつ最良に組織化された学生グループだった。指導者はそのメンバーたちについて、85-90%が突撃隊——そのほとんどは「アメリカの体制に完全に嫌気がさしており…反知性的で…道徳的に憤慨している」若い学生——だと特徴づけた。知識人はおそらく5-10%を占めており、ほとんどが大学院生で、理論や戦略を練っていたが、相当に熱意に乏しい抗議者であった。わずか5%が、支部の運営を維持し、積極的にメンバーを募り、地域会議や全国会議に出席する「まとめ役」だった。このような緩やかな構造では、全米事務局と支部の繋がりは希薄だった。個々のキャンパスでの抗議活動は、SDS支部の力と急進主義、その同盟者、地域環境の受容性に依存していた[24]。全米事務局と局員は、革命が現実に可能かのようなイデオロギーの繭の中で生活していた。とはいえ、それはレーニンとて同じだった。しかしながら、1917年にレーニンが真の革命を継承したのに対して、SDSはアカデミック・アルマゲドンを扇動しようとしていた。

アカデミック・アルマゲドン：1968年という時代、1967-1970

1967年秋の対立は､以前のすべての抗議をはるかに上回った。ある計算では、60の大規模なキャンパス抗議が行われ、2/3が採用担当者に対する抗議であり、その半分はダウ・ケミカルの採用担当者に向けられたものだった。SDSはダウを産学共謀(コーポレート=ユニバーシティ・コンプリシティ)の象徴に変え、同社はキャンパス訪問の1/3（339件中113件）で嫌がらせを受けたと報告した。採用活動のほぼ半数で暴力沙汰が生じ、大学は少なくとも20件で警察に通報した。特に「成功した」対立は、ウィスコンシン大学で組織化された。何百人もの学生がダウの採用担当者を阻止し、抵抗者という新たな精神でもって、解散を拒否した。大学はマディソン警察から援軍を呼び、血まみれの乱闘が建物からキャンパスへと波及し、催涙ガスと投石の混乱状態となった。警察の暴行に対するキャンパスの怒りは、翌日の大集会と5日間のストライキで表明された。抵抗という戦略は、ダウの採用担当者を追放し、大学を閉鎖し、警察の残虐行為を引き起こし、そしておそらく一部の人にとっては革命的な意識を高めることに成功した[25]。

同じ週に、バークレーではSDSを含んだ急進的なグループの連合が、オークランドの徴兵検査場を閉鎖しようとした。火曜日に激しく反発したそれらの連合は、金曜日には破壊的な暴動を起こし、その日の検査場の営業を停止させることに成功した[26]。これらの激しい衝突は双方にとって不幸な前例となった。急進派は、抵抗が成功しており、物理的な対立を通じて自分たちの意志を押し通すことができるという思い違いをした。そして当局は、それが起こらないようにするには決定的な物理的武力が不可欠だと結論づけた。

1967年秋に激化した抗議は、1968年春から1970年春、すなわち1968年という時代に、最も長く、暴力的で破壊的な対立の舞台を設定した。以下の記述では、メディアの注目を集め、世論に最も影響を与え、各機関に最大の混乱をもたらした抗議について説明する[27]。これらのエピソードはそれぞれ、主体、問題、結果の点で特徴的な個別のイベントだったが、すべては学生の階級闘争についてよく理解された規範があるかのように行われた[28]。

コロンビア大学：1968年4月23-30日

1968年のコロンビア大学は、16のスクールと3つの支部――バーナード・カレッジ(女性に向けた)、ティーチャーズ・カレッジ、ユニオン神学校――の緩やかな集まりだった。2万人のうち学士課程の学生はわずか6,000人で、半数近くがコロンビア・カレッジに在籍していた[29]。SDSの歴史家カークパトリック・セールは、コロンビア支部の発展を「当時の多くのSDS支部の歴史」に例え、「より大規模であったが…本質的には同じだ」とした[30]。1965年に結成され、翌年、大学の共謀をめぐって積極的な対立を繰り広げ始めたが、定期的なエネルギーの喪失にも苦しんだ。1968年までに、それはおそらく50人の中核メンバーと100人の熱心な取り巻きで構成されていた。コロンビアは1964年に真剣に黒人学生の募集を開始し、翌年、主に社会的支援のためにアフリカ系アメリカ人学生協会(SAS)を設立した。急進的な活動家はコロンビアの学士課程の学生間では少数派であり、かなりの数の学生が後に、混乱に反対する「多数派連合」を組織した。

SDSは、教育と基地建設に焦点を当てた古い派閥と、マーク・ラッドに率いられ、直接闘争を訴える「行動派」に分かれた。1968年3月、ラッドは選抜(セレクティブ・)徴兵制度(サービス・システム)の大佐に面と向かってパイを投げたことで名声を確立した。彼はすぐに「SDSを再び動かして大学をぶっ壊す」という公約のもとで支部長に選出された。大学の禁止事項に違反する大胆な対立は益々増加したが、否定的な評判を避けるために当局によって見過ごされてきた。一方、SDSは2つの大学の問題を利用して学生を動員しようとした。まずコロンビアは8年ほど前から、隣接するモーニングサイド・パークに体育館を建設するという怪しげなプロジェクトを進めていた。この施設は、コロンビア・カレッジの学生と、隣接するハーレムの住民が、別々に使用する予定だった。1968年までに、市当局と黒人コミュニティの両方がプロジェクトへの興味を失ったが、それでも大学は許可が期限切れになるのを防ぐために建設を着工した。このプロジェクトは、大学の内側にある人種差別主義を示しているという疑惑が意図的にかけられた。第二の問題は、国防分析研究所(IDA)のメンバーシップに焦点を当てることにより、コロンビアの戦争への共謀を劇的に表現することを目的としていた。この研究所は、国防総省に大学の専門知識へのアクセスを提供するシンクタンクであり、悪意のある活動はほとんどなかった。しかしSDSの全米事務局は、そのような大学の提携を戦争参加の象徴として標的にしていた。ラッドは後に「私たちは問題をでっちあげた」と誇ったのであり、そのことはすぐに明らかになった[31]。

4月23日、SDSとSASは、これらの不正に抗議するためにさらに別の集会に参加した。ボルテージを高めた後、約200人の群衆が、権威の象徴にふさわしいものに怒りをぶつけようとした。本部棟に入ることができず、暴徒は休止中のモーニングサイドの建設現場に進んだ。そこが警察に警備されていると知ると、群衆はキャンパスに戻り、コロンビア・カレッジの本拠地のハミルトン・ホールに入り、デモを続けた。抗議者たちはその日の終わりに建物に残り、集会から建物占拠へと方向を変え、カレッジ部長を人質にとった。真夜中にSASは決議をとり、ブラックパワーの精神で白人デモ隊を追放することを決定した。SDSはこれに従ったが、自らの役割は今どうあるべきかを問い、「自分たちの建物を手に入れよう」と誰かが提案した。ラッドは支持者を率いて本部棟に向かい、強制排除されることを十分に覚悟の上で学長室を占拠した。それが起こらなかったとき、別の建物が占拠され、やがてさらに2つの建物が占拠された。この時点で、その後数日にわたって、占拠自体が重要な唯一の問題になった。

当局は占拠者を強制的に排除することを考えていたが、ハミルトン・ホールの黒人を刺激することを恐れており、近くのハーレムにシンパがいると考えていた。その後、憂慮する教授陣が調停を試みたため、大学は決定的な行動がとれなかった。教授陣は何よりも、キャンパスに警察が来ることを防ぎたかった。教授陣は、急進派のほぼ全ての要求を満たす条件——モーニングサイド・プロジェクトの終了、IDAからの撤退、そして最も重要な、デモ参加者に対する事実上の恩赦——を提案した。しかし、ラッドは条件と交渉を即座に拒否し、強制排除まで留まるよう占拠者を鼓舞した。拒否された条件は降伏に等しいものであり、学生の多数派連合と非シンパの教授陣を激怒させた。5日間のほとんどが教授陣の実りない手立てに費やされ、教授陣と当局にひどい苦悶を引き起こした。警察による検挙は避けられないものだったが、それはついに8日後に起こった――そしてニューヨークのメディアによって全て報道された。ハミルトン・ホールの黒人は平和的に退去して警察のバンに乗り、SDSの最も過激な一部は抵抗した。警察の残虐行為の容疑は多かったが、重傷者は発生しなかった。しかし、当局は信用を失った。大学のコミュニティは分裂し、意気消沈した。マーク・ラッドは、戦争には勝てなかったが、闘争には勝った。

新聞や雑誌の記事は辛辣なものだった。保守派はコロンビアの行動を臆病なものとして非難した。リベラル派は、デモ参加者の表向きの目標と主張された苦しみに共感した。その後のストライキは、授業を一時停止することによってのみ回避された。グレイソン・カーク学長は3ヶ月以内に辞任し、彼の後継者として確実視されていた当時のプロボストは任命が見送られた。抗議者に対する刑事告発は取り下げられ、大学の規律がもたらしたものは警告文だけたった。IDAは放棄され、コロンビアは機密研究を禁止し、外部機関との関係を精査するためのさらなる措置を講じた。好評だった海軍予備将校訓練隊は断念され、不運なことにモーニングサイド・パーク・プロジェクトも同様に打ち切られた。SASはSDSから分離し、コロンビアにおける黒人の存在感を高めるための独自の要求リストを提示した。例によって途方もないものだったが、それらの具体的目標は、その後の交渉で大部分が認められた。次の学年では有色人種の学生数がほぼ2倍になった。

SDSとマーク・ラッドは5月にハミルトン・ホールの2回目の占拠を行ったが、それは明らかに行き過ぎだった。その夜、例の暴力と破壊行為によって強制退去させられたが、今回はかつての連合からの共感は得られなかった。大学は、再建に向けた様々なアプローチをめぐって大いに分断されたままだった。教授陣による執行委員会が結成されると、それは事実上大学の声となった。その後12ヶ月をかけて、同委員会は当局を再構築し、再建プロセスを開始するための基礎を築いた。危機からわずか1年後、大学は大学全体の問題に関する方針を設定する大学評議会(ユニバーシティ・セネト)の設置を圧倒的多数で決定した。それにもかかわらず、大学への永続的な被害は深刻だった。最も著名な教授の何人かは大学を去り、他に現役を退く者もいた。有望な若い教授陣もまた、より快適な環境を求めて去った。コロンビアの脆弱な財政状態はさらに悪化した。大学の困難はすべて1968年4月の危機によって引き起こされたわけではない。しかし、大学史家の判断によると、この危機はコロンビアの統治と構造に内在する弱点を露呈し、大学の状態が「底を打つ」までにはさらに10年を要することとなった[32]。コロンビア独自の強み――アメリカの知的生活におけるその威厳ある地位――は、取り戻すのがより困難だった。

ニューヨーク州立大学バッファロー校：1968年8月-1970年6月

第4章で見たように、SUNYバッファローの実験は、積極的な学術的拡大と保守的な州北部の工業地帯とが併存するものだった。マーチン・マイヤーソン学長の魅力、熱意、そして学術的卓越への野心は、進行中のこの動きに一流の学者を惹きつけた。彼は、ほとんど存在していなかったリベラル・アーツを構築することを強調し、特に名高い(そして左翼傾向の)著述家や批評家の一団を英語領域(デパートメント)に雇った。優秀な学生も同様に魅了された。卒業生のうちの各学年上位10%の数は、10%から80%(1958-1968)に増加した。対照的に、バッファロー市の人口は、非常に民族的でカトリック教信仰が強く、人種間の衝突と潜在的な反ユダヤ主義の歴史を有していた――すなわち、1960年代の新しい学界やニューレフトへの共感がほとんどないコミュニティだった[33]。

SDSのバッファロー支部は1965年に設立され、すぐに反戦抗議活動を開始した。同支部は、保守的な戦争賛成の市民、バッファロー警察、そして活発なFBI部隊によって、しばしば物理的な反対に遭った。苛立った反戦運動は1966年にさらに急進的になり、マルクス=毛沢東主義の反戦・反ファシズム青年団と力を合わせた。マイヤーソンはバラバラになったキャンパスを引き継いだ。彼の懸念にもかかわらず、工学と医学の保守的な教授陣は、国防総省のために研究を行うことを要求し、許可を与えられた。また学生投票は、実際には選抜徴兵制との協力を支持した。激化する反戦運動は、リベラル・アーツと保守的な教授陣の間の、そして大学と都市の間の二極化を強めた。マイヤーソンは、特に組合雇用における人種差別をめぐって、新キャンパス建設を凍結した後、バッファローの人々の間でますます不人気になったが、すぐに急進派からも同じく罵倒された。

1968年8月以降、バッファローでの対立は激しくなった。徴兵の抵抗者たちは、200人以上の明示的シンパに支えられて、地元のユニテリアン教会に避難した。数日後、警察の摘発によって9人が逮捕された。以後、バッファロー・ナインと称えられ、それら9人の裁判はさらなる激昂のきっかけを与えることとなった。この時点から、キャンパスの急進派とコミュニティの間に実質的な戦争状態があった。次の2年間、対立はより長く破壊的になった。SDSは500人のメンバーを擁し、交渉の余地のない要求を提示した。防衛プロジェクトの建設現場と空軍ROTCに対して物理的な攻撃が開始された。SDSは、会議に押し寄せることによって、学生自治会を効果的に乗っ取った。マイヤーソンによる分権型設計は、カレッジと呼ばれる学術的に自律的なサブユニットの並列システムを作成した。そのうちの3つは急進的、あるいはカウンター・カルチャーの学生と教授陣によって支配されていた。それらのカレッジは、正規の教員以外の者が担当した「実験的」コースを提供した。これは、積極行動主義に対する口実であり、学生自身による自己評価を許すものだった[34]。

これはすべて、1970年2月から3月に2週間にわたって起こった、キャンパス内の警察による暴動と学生・教授陣によるストライキの前触れだった。1,000人以上の群衆がお決まりの標的に向かって襲いかかり、同じように激怒した警察と直接戦った。キャンパスは20万ドル以上の損害を被り、125人の学生、教授陣、警察が入院し、そして、最終的には45人の教授陣が違法な座り込みで逮捕された。

熱情がようやく冷めたとき、東海岸の学術のバークレーという夢は遠い記憶となった。マイヤーソンは1969年の秋に休暇を取り、ペンシルベニア大学の学長職を喜んで受け入れた。彼の後継者、ロバート・ケッターは、古いバッファローを代表していた。マイヤーソンによって採用されたスター教員はすぐに流出し、残った人々はSUNYの教員組合に押し流された。ケッターはより伝統的な学術基準を課したが、SUNYの官僚機構に妨害された。彼はバッファロー・コミュニティとの関係を修復しようとしたが、それでも入学者は減少した。SUNYバッファローは生き残り、最終的には傷跡の記憶と1968年という時代の約束だけを残して、新しいキャンパスに移転した[35]。

サンフランシスコ州立カレッジ：1968年11月-1969年3月

サンフランシスコ州立カレッジは、1961年にマスタープランの下で再編成されたときに、カリフォルニア州立大学システムの一部になった。以前は非伝統的な学生と成人学生の異質な混合で知られていたが、教授陣は、すぐに官僚主義システムのくびきに不快感を示した。リベラルなサンフランシスコでは、カレッジは早期から公民権や反戦を支持していたが、黒人コミュニティとの関係は貧弱で、もともと少ない黒人の入学はさらに減少していた。黒人学生同盟(BSU)は1963年に組織され、SNCCの事務局が1966年に設置された後にブラック・ナショナリズムの姿勢をとった。他の有色人種学生は、相似の第三世界解放戦線を組織した。BSUの主な目的である黒人研究プログラムに対して、カレッジは共感的だったが腰は重かった。サンフランシスコ州立カレッジは学生に対して寛容だった。懲戒処分があったとしても、学生委員会によって決定された。学生は、講演会で誰が話すかを管理し、実験カレッジは、学生主導のコースのために作成された。黒人学生は後者を使用して黒人研究カリキュラムを確立し、黒人ナショナリズムを強調し、ブラックパンサー党のロゴを採用した[36]。

白人が運営する学生新聞は、黒人差別と呼ぶものに対して大いに批判的になった。結果として生じた紛争は、1967年11月に黒人グループが学生新聞の事務所に侵入し、編集者を襲撃するまで激化した。その後、黒人研究の講師であり、ブラックパンサー党員でもあるジョージ・マレーを含む数人の襲撃者が逮捕された。続く数ヶ月、いくつかの建物が黒人学生に対する懲戒処分に抗議するために占領された。それにもかかわらず、マレーは学生兼チューターであり続けたが、彼はそのうえ状況も悪化させた。彼はキューバを訪れ(マーク・ラッドとほぼ同じ時期)、激しい反戦演説で合衆国を攻撃したが、それは全米メディアで報道された。キューバから帰ると、彼は学生が銃を持っているのは人種差別的な管理者から身を守るためだと主張した。マレーをチューターとして抱え続けることに対する怒りとキャンパスでの継続的な混乱により、州立システムの総長(チャンセラー)はついにマレーの停職を要求した。BSUは、停職はストライキを引き起こすことになるだろうと反論した。11月1日、学長は圧力に屈してマレーを停職とし、5日後、キャンパスは学生と教職員を含むストライキに巻き込まれた[37]。

BSUは10件の「交渉の余地のない」要求を提示した。そこには、BSUが管轄し20人の専任教員を擁する黒人研究部門の創設、希望したすべての黒人学生の入学、そしてマレーの雇用継続が含まれていた。第三世界解放戦線は、教授陣50枠を擁した民族学スクールを要求に追加した。第三世界のストライキはすぐにキャンパスの閉鎖を余儀なくした。学長と教授陣が平和的な解決を達成するために(期待を込めて)大学全体の議論を提案したとき、学長は解雇された。言語学教授のS・I・ハヤカワは、教授陣から反対されながらも、州のシステムを代表するものとしてその年の大学の3番目の学長になった。彼は学生の抗議に対する強硬論者だったが、彼の不器用だが真剣な努力は、ストライキ参加者を武装解除することもあった。それでも、全当事者が激怒し、衝突は春まで続き、ある日、454人の逮捕(内252人は学生)という事態を引き起こした。カレッジは黒人研究部門を設立することをいとわなかったが、マレーを復職させることはしなかった。マレーが武装容疑で逮捕され投獄されると、この問題に議論の余地はなくなった。サンフランシスコ州立カレッジは、1968年という時代におけるカレッジ最長の混乱後、3月21日に再開した。BSUは、その管理下に黒人研究部門の設置を実現した。これは、同部門はもはやブラックパンサー党の影響下にあることを意味していた。その過激派による教授活動の代償としてカレッジは認証評価で不適合になりかけた。紛争によって、S・I・ハヤカワのキャリアはその開始当初から学生の急進主義への抵抗の象徴となった。紛争はまた、手に負えない学生に対し、より大きな力を大学に付与する法律制定を促したが、機関はそれらを使用することをほとんど望んでいなかった。

コーネル大学：1969年4月

コーネル大学の危機もブラックパワーからインスピレーションを得たが、大学の誠実性に関するより深い問題を引き起こした。コーネル大学のジェームズ・パーキンス学長(1963-1969)は、1960年代初頭の啓蒙主義的リベラリズムを象徴している。彼の親友クラーク・カーと同じように、彼はアメリカ社会が直面している課題に取り組み、改善することを約束する大学を構想した。彼は早くから不利な立場にある黒人学生のために積極的な募集と特別プログラムを実施し、1968年までに彼らの数を8人から250人に増やした。アフリカ系アメリカ人協会(AAS)は1966年に設立され、ブラックパワーの影響下ですぐに過激さを強めていった。すべての黒人学生が軍隊を支持したわけではないが、穏健な黒人はそうしないことで脅された。活動的なSDS支部は二次的な役割を果たし、AASとその要求を支援した[38]。

人種的敵意は、人種差別的な経済学教授をAASが非難し、解雇を要求した1968年春に一線を超え、AASはその後、経済学領域を占領した。彼が教えていることについてのAASの一方的な解釈に基づいて、客員教授であっても解雇するということは、学問の自由への甚だしい侵害だったことだろう。この要求は、「制度的人種差別」というブラックパワーの概念を引き合いに出すことによって合理化された。この新しい理論によれば、白人の制度は歴史的に、無意識のうちに巧妙な形の人種差別を行ってきた。事実上、黒人学生に不快感を与えたものはすべて、制度的人種差別の根拠と見なされる可能性があった。少数の実際の(あるいは演出された)反黒人事件によって増幅したリベラル派の罪悪感の蔓延を踏まえると、多くの教授陣、管理者、そしてパーキンス学長は、少なくとも部分的にこの見解に共感した。そして黒人学生を怒らせないように、自らの言論と行動を修正する責任を認めた。この雰囲気の中で、市民としての振る舞いはもちろん、学問の自由やキャンパスの法と規制の施行は——AASによって定義されているように——黒人感情の宥和策に従属していた。増長する挑発を当局がほとんど無視するようになるにつれ、黒人の過激派は偏執的なまでに、偏在する制度的人種差別を特定するようになり、要求もまた執拗なものとなった。

そうした要求の目玉は、黒人研究プログラムの創設だった。個別のカレッジの設立という当初の要求を譲った後は、学生管理の範囲が主な議論の争点となった。長期にわたる交渉の後、4月初旬に、主に学長の主張に基づいて合意に達し、カリキュラムの決定と教員の選択において黒人学生に前例のない役割が与えられた。それにもかかわらず、過激派の黒人は長いプロセスに不満を抱き、ブラックパンサー党のように「自己防衛」のためにライフルを入手し始めた。危機は、以前の破壊的な行為について3人のAAS活動家を懲戒するという司法委員会の決定によって引き起こされた。AASは、キャンパスの建物のウィラード・ストレート・ホールを占領することで応答した。脅されたと感じたAASは、密かにライフルを建物内に持ち込んだ。翌日、大学の交渉担当者は武装した学生との大惨事の可能性に直面し、AASの要求すべてを受け入れたが、そこには学生の懲戒無効も含まれていた。その後、占領者は建物から出て、全米のニュースメディアと全世界が目にするように、ライフルを振り回し、ブラックパンサー式に敬礼した。それでも、大学の屈辱は終わっていなかった。

その翌日に教授陣は、力に屈服し学術的誠実性（アカデミック・インテグリティ）を放棄することになるとして、当局の協定を拒否した。その後、SDSは大規模なデモを組織することによって参加したが、そこにはAASからの暴力という明白な脅迫があった。大きな圧力の下で教授陣はこの脅迫に従い、投票を覆し、当局の協定を承認した。しかし、この降伏に対する反応も強烈だった。黒人学生が同じ基準で扱われていないと非難した(黒人の)経済学教授トーマス・ソーウェルを含む何人かの教授が即座に辞任した[39]。他の教授達は、コーネルにおける学問の自由の放棄に正式に抗議した。パーキンス学長はすぐさま退陣し、コーネル・アフリカ研究センターはこの種の部署の中でも最も政治化されたものの1つになった[40]。コーネルでは、人種的不平等を是正するための善意のあるリベラル派の努力が、かえって学問の自由と学術的誠実性という大学の基本的価値を損なう結果となった。

スタンフォード、ハーバード、バークレー：1969年4月-5月

　コーネルとサンフランシスコ州立だけでなく、少なくとも83の他のカレッジが1968年と1969年に黒人の抗議を経験した[41]。しかし、他の問題もまた、1969年の狂騒の春に活動家を活気づけた。スタンフォードでは、機密研究への反対が高まり4月に頂点を迎えたが、それは反戦活動家が応用電子工学研究所を9日間占領したときのことであり、最終的には除籍の脅しによって平和的に解散した。抗議者には2つの標的があった。電子工学の研究は、スタンフォードをアメリカの研究大学のトップランクに引き上げるのに貢献したが、この研究の多くは国防総省のために行われ、その多くは機密とされた。大学はまた、もともと地元産業の研究を行うために設立された非営利団体、スタンフォード研究所(SRI)を後援した。1960年代までに、SRIは主に国防総省の請負業者となった。機密扱いの軍事研究は、1,000人以上の従業員の生計をまかなっていたが、スタンフォードのリベラルな教授陣や学生からはほとんど共感を得られなかった。占領者は広くキャンパスで拍手喝采を受け、大学への圧力を高めた。教員評議会(ファカルティ・セネト)はキャンパス内のすべての機密研究を終了することを決議し、理事会はすぐにSRIとの関係を断ち切り、それによってSRIは独立した非営利の研究機関になった。機密研究が打ち切られることはなかったが、スタンフォードの支援の下では行われなくなった。この問題が取り除かれると、急進的学生の中心人物が行う破壊的な行動に対する支持は徐々に衰えた。

　ハーバードはSDSの最大の支部の1つを有しており、その主な焦点は戦争への反対だった[42]。他の場所と同様に、戦争への不満が学生と教授陣の間で高まるにつれて、同支部は1967年以降、より対立的な戦術を採用した。1968年から1969年にかけて、ROTCの存在が、大学の共謀の典型例としてやり玉に挙げられた。当局は効果的にプログラムを説明したが、SDSは即時停止がないことを、本部棟を占領する口実として用いた。ハーバードの69年はある意味でコロンビアの68年の再現だった。学生革命家は、表向きの問題をほと

んど気にしなかった。大学ホールを支配下に置くと、占拠自体が――そして、その後の論争の主な原因となった、2日後に警察による突入に頼ったことが――主要な問題になった。リベラルな教授陣は警察の利用を批判することによって反戦の善意を示すことができ、学生を非難した穏健派は自らが防衛的であることに気づいた。しかし、ハーバードの大学とコミュニティはコロンビアよりもはるかに強力であり、占拠も警官の突入も修復不可能な損害を引き起こしはしなかった。2年後、ロースクール部長のデレク・ボック――警官の突入を批判した人物―― が、苦境に立たされていたネイサン・ピュージーに代わってハーバードの新学長に就任し、学生の反対意見に模範的に対応した[43]。

バークレーでは、ピープルズ・パークの戦いが学生抗議における帰謬法となった。熱心な急進派と当局の間の対立は、1968年から1969年の間に激化した。ブラックパンサーのエルドリッジ・クリーバーがコースを教えることへの許可を理事が拒否したことは、建物の占拠、破壊行為、そして暴力的な突入につながった。その春、第三世界解放戦線はストライキでキャンパス閉鎖を試みた。5月、地元の大規模なカウンター・カルチャーの人々を動員するため、活動家は未使用の大学の所有地を「ピープルズ・パーク」に変えようと試みた。ヒッピー、急進派、学生などの折衷的な集合体が、ある種の公園を作り上げた。この奇妙な建設的努力は、コミュニティの心を捉えた。学生投票は公園を6対1で支持した。しかし、公園には法的地位がなく、理事とロナルド・レーガン知事から断固として反対された。理事とレーガンは公園を柵で囲うように命じたが、地元の反対に反してこれを行うには州警察の保護が必要だった。支持者たちは大規模な集会で怒りを掻き立て、公園を行進し、大規模な暴動を引き起こした。抗議者たちは、一見すると無差別に暴動者にショットガンを発射し、1人(暴動を見に来た無関係の旅行者)を殺害した警察と、積極的に戦った。秩序を回復し公園を占領するためには、州兵を動員しなければならなかった。皮肉なことに、ピープルズ・パークの戦いとその余波は、警察と知事に対して、ヒッピー、急進派、バークレー・コミュニティを団結させたが、実際には、大学での大規模な学生抗議の終焉を示していた[44]。

ケント州立大学：1970年5月1日-4日

ニクソン大統領によるカンボジア侵攻(1970年4月30日)は、国中のキャンパスで憤慨、失望、怒りを引き起こした[45]。ケント州立にはかなり小さな急進的コミュニティがあった。前年の抗議は、デモ参加者の投獄とSDSの禁止を伴う等、厳しく取り扱われていた。カンボジアでは5月1日の金曜日に怒りが爆発したが、平和的な集会が開催された。その夜、ダウンタウンのバーの群衆は喧嘩腰になり、暴動を起こし、地元の警察に逆らい、事業所を破壊した。町は非常事態を宣言し、州兵の出動を要請した。次の夜、抗議集会は反抗的な暴徒に変わり、ROTCの建物に火を放ち、それが燃えたときには祝杯を上げた。この時点から、州兵と、秩序を回復し強化するという州兵の使命は、憤慨の主な原因となった。5月4日の朝まで状況は悪化したが、それは計画されずに集まった学生が、招集された兵士たちと対峙したときのことだった。少なくとも何人かの学生は好ましくない振る舞いをし、警備兵に石や罵り言葉を投げつけたが、物理的な脅威はなかった。理由は定かではないが、州兵は61発の銃弾を発射して無差別に4人を殺害し、9人の学生を負傷させた[46]。

アルマゲドンの後

ケント州立大学での殺傷事件の後、暴力的な学生抗議の時代は事実上幕を降ろした[47]。ケント州立大学での悲劇、それに続くジャクソン州立大学での警察による学生2人の殺害によって、アメリカ高等教育史上最も破壊的な年はピークを迎えた。「9,408件の抗議事件が起き、そこには731件の警察への通報と逮捕、410件の器物損壊、230件の対人暴力が含まれていた」[48]。カンボジア侵攻の後、大学は授業を中断し、春学期を終わらせることで、事件が手に終えない状況にあることを認めた。1970年の秋に学生が戻ったとき、学生たちの政治的見解は変わらなかったが、直接行動が何らかの効果をもたらすという幻想は、無愛想な辞任と蔓延する皮肉に取って代わられた。さらに、最も急進的な指導者、すなわち1968年という時代に最も有害な対立を引き起こした抵抗の擁護者は——中退、停職、または潜伏という形で——大部分が行方不明となった[49]。大きな衝撃を受けた大学としては、対立を回避するために、実現可能な学生の要求を少しでも満たすという覚悟ができていた。それでは、これらやその他の対立の直接的な結果は何だったのか。

抗議者の極端な要求と革命的な目的を考えると、実現の可能性はなかった。ただし、他の点では、抗議者はある程度の成功を収めた。マーク・ラッドが「大学をぶっ壊す」と決心した点に関して、彼はやり遂げた。コーネルの黒人は、不名誉な方法でリベラル派の学長を解任した。そしてハーバードの急進派は、大学に対し警察を呼ぶという恥を強いたこと、そして大部分のリベラルな支持者を遠ざけたことに満足していた。これらの勝利がもたらした短期的な満足感が何であれ、それらはより長期的視点では空虚に見える。

防衛研究とROTCに反対するキャンペーンはいくつかの結果を得た。コロンビアはこれらの問題について喜んで譲歩した。スタンフォードは防衛研究を削減し、SRIを売却した。MITも同様に、巨大な兵器研究開発業務を別組織のドレイパー研究所に移した。このように、兵器研究は同じ建物で同じ人々によって続けられたが、これらは新しい非大学機関の管理へと移った。

黒人学生は、学生と教員の募集、特別な生活環境、そして大部分は自らの管理下にある黒人研究プログラムに関して、多くの目的を達成した。大学は、高等教育における人種平等へのコミットメントとして、これらの要求のほとんどを喜んで認めていた。過激派の黒人学生によって組織化された対立は、ブラックパワーのイデオロギーを磨き、賢実である、あるいは学術的に正当であると見なされる大学よりも、広範囲にわたる対策を得ることに成功した[50]。これらの譲歩は、多くの場合、各機関が何らかの代償を払い、達成された。ハーバードは、黒人研究プログラムの管理を学生に譲ることに非常に当惑したが、すぐにこの異常を是正した。コーネルでの降伏は、黒人学生が同様の好戦的戦術で得たものを守り続けたため、その後数年間、大学の評判を汚した[51]。そして、サンフランシスコ州立カレッジはしばらくの間BSUに降伏したことで、大学全体の学術的信頼性が損なわれた。

その他の場所においては、1968年という時代の対立の直接的な結果はほとんど否定的なものだった。SUNYバッファローは、おそらく最大の長期的被害を被った。同校がSUNYシステム内で東のバークレーになる可能性は低かったように見受けられるが、デモ参加者と敵対者の破壊性は、かつて有望だった学術的優秀性への挑戦、あるいはSUNY内の学術的リーダーシップさえも破滅させた。バークレーとマディソンでも、大学の中枢はこれらの年の混乱をおおよそ乗り切った。バークレーでは、多くの暴力をキャンパスの外へとそらせたが、それはマディソンにはあてはまらなかった。そこでは1970年8月の反戦テロリストによる陸軍数学研究センターの爆破が1人の犠牲者を出し、甚大な被害をもたらした。これらの傷のいくつかは癒えるだろうが、学生の反乱はアメリカの高等教育に恒久的な変化をもたらした。

その後と新たな時代の幕開け

1968年という時代に起こった事件は大学に大きな衝撃を与え、主要大学での対立、世界的な学生の反乱、大学の管理や運営の失敗を詳述した出版物が大量に出版された[52]。これらの文献は、各出来事が起きてすぐに書かれているため、当時のテーマと表面的な分析に留まった。若者、つまり学生には、前世代の権威に反抗する固有の傾向があることが発見されたが、それは中世のオックスフォードやケンブリッジ、さらにはエディプスにまで遡って記録されていることだった。大学に対する学生の不満は、数年前には全くなかった信用が与えられた。大学は、異なる文化的レンズを通して見られ、判断されるようになった。

リベラル・アワーの時代、大学は新しい知識を生み出し、ポスト工業化社会のために知識労働者を養成することで称賛されていた。基礎研究のイデオロギーが台頭し、社会は大学に予算、建物、研究資金を与え、研究者が最も価値を置く活動を追求させた。このような背景からアカデミック・レボリューションが起こり、その恩恵は教員や博士課程の学生の枠をはるかに超えて広がっていった。1960年代は、第3章で述べたリベラル・アーツの隆盛に見られるように、学士課程の学生の知的水準と成果が最高潮に達した時代だった。また、博士課程に進学する卒業生がかつてないほど多かったことも、学士課程での勉学が真剣で刺激的だったことを物語っている。ニューレフトがニヒリズムに堕していく中で、(無関係と思われていた)学問に知的成長を見出し、献身する学生がはるかに多かった。高等教育史上最も若く、最もよく訓練された教授陣は、学生を軽視するどころか、1960年代の学生に学問を追究するよう鼓舞した。少なくとも比較的強固なカレッジや大学では、アカデミック・レボリューションによって教育はかつてないほど学問の理想に近づいた。1968年という時代の悲劇は、革命的なレトリック、カウンター・カルチャーの影響、そして根強い混乱が、高いレベルの学問的成果を曖昧にしてしまった。アカデミック・レボリューションの機運はディシプリン、領域、研究室にとどまるが、高等教育、学生、一般市民に影響を与える時代精神は、この10年の終わりに変化した。

この時期の終わりに書かれたジェンクスやリースマンの著作は、アカデミック・レボリューションの精神を描きながらも、その根本にある疑念を示した。しかし振り返ってみると、ルイス・メイヒューがその変革の本質をとらえている。「1968年から1970年にかけて…[こうした] 理想、価値観、実践とは大きく異なる…重大な変化が生じた。…合理性と知性、実力主義、選択制、合議制と権限の共有、キャンパスの自治、専門的知識と訓練、指導と評価における教授の優位性――これらすべてが疑問視された」。要するに、学問の権威が損なわれ、大学は自分たちの基本的な目的を、内外の無感情で敵対的な批評家から守らなければならないことに気がついた[53]。

クラーク・カーは1970年に、大学における権力関係はゼロサムの状況であり、彼が「転換(クライマクテリック)」と呼ぶ出来事によって、得する人と損する人が生まれたと述べている[54]。高等教育に対する政府の影響力は明らかに大きくなっていた。連邦政府は高等教育資金の1/4を提供し、偉大なる社会政策の下での連邦政府の規制の拡大が始まったばかりだった(第6章)。州は、キャンパスの無秩序化に対応するためだけでなく、成長と支出をある程度コントロールするために、より介入的になっていった。後者は、州がキャンパスをシステムとして統合し、調整機関を設置するようになったことで、より長期的な傾向として現れた[55]。より直接的なところでは、州の政治家が、学生の反体制派を処罰したり、大学の資金を削減したりするための法案を提出するようになったが、そうした執念深い法案の制定はたいていが回避された。しかし、カリフォルニア州議会は1970年に、州立の大学やカレッジの教授陣に対してのみ、生活費の上昇に伴う5%の昇給を認めないことで、その不快感をあらわにした。この頃、公立大学の神聖な自治は失われ、政府はもはやメイヒューの挙げた分野に介入することに全く躊躇しなくなった。

カーは、理事会と学長を純然たる敗者とみなした。理事会は、政府の権限強化によって、自らの権威が失墜していくのを見た。アメリカの大学のガバナンスは、伝統的に強力な学長に支えられていた。学問的に卓越していない大学では、長期にわたって在職する学長は善意の独裁者とみなされることが多かった。1960年代には新しい教授陣が現状に異議を唱える傾向があり、教員評議会の新設や強化が教授陣の声の高まりを支えた。両極化したキャンパスでの政治的危機においては、学長の広範な行政権限は役に立たなくなった。このような状況において、学長は支持基盤を欠いていた。キャンパスがリベラルな雰囲気に包まれていることもその理由の1つだった。ジョン・サールは、「リベラル派は、主に人(あるいは組織)にではなく、原則に忠実だ…キャンパスの危機は典型的な原則の問題だ――リベラル派の忠誠心は原則にあり、上司にあるのではない。」と、ほんの少し誇張して述べている。このような状況では、当局側の弁明は利己的で不誠実なものとされ、過激な糾弾は信用されるというダブルスタンダードが存在した[56]。当局側は信用を失えば、統率力も失う。しかし学長たちは、過去の行動や敵の理解力のなさに裏切られることもあった。カーク、パーキンス、ピュージーの3人の学長は、このような明らかな失敗によって、その地位を維持できなくなり、退任を余儀なくされた。

学生たちは、「教授陣や当局が最高権威を誇ってきたキャンパスの最奥に挑戦する」偉大な新しい勢力であるように見受けられた[57]。しかし、学生たちが得た最も顕著な成果は、学生生活の秩序と礼儀を守ってきた数々の規則を廃止したことだった。1961年の判決では、学生には適正手続きを受ける権利があるとされ、親代わり(イン・ロコ・ペアレンティス)の法的根拠が損なわれた。学生に課す規律の根拠が失われたことで、1960年代の終わりには、行動、服装、スチューデント・アワーズなどの恣意的な規範が解かれ、1970年までには、そのほとんどが廃止された。今や基準があったとしても、それは学生自身が決めることとなった。学生寮は居住者の管理下に置かれ、居住形態や大麻を吸うなどの行為に何の制約も課されなくなった。カリキュラムは、学生が成果を上げた第二の分野だった。黒人研究領域の設立は、その象徴的な成果だった。当局はそのような部門の設立には積極的だったが、対立は大幅な利権をもたらした。その他にも、学生の主張によって、合否判定や実験的なコースの提供がもたらされた。こうした措置は寛容の精神を共有する、学生シンパの教授陣の支援によって実現された。このような態度は、学問の基本的なプロセスを弱体化させる傾向があった。教授陣は、学生のマナーや服装を受け入れ、平等主義的な教室を運営すると、概して厳格な成績評価も避けるようになった。この時期、歴史上最も成績のインフレーションが発生したのは偶然ではなかった。一般に、学生の影響力は抵抗を受けることは無かった。学生の代表が領域、カレッジ、大学の管理機関に加えられたのは、公的な発言力を持つことで、学生たちの要求を飼い慣らすことを期待したためか、あるいは恐らく、そうした場に出席させることが、倒錯した復讐となっていたためだった。

「学生」を一般化することは、よく言っても不正確なことだ。アメリカの高等教育における学士課程の学生は、ヘラクレイトスの川に例えることができるだろう。それは、異なる時点のことであって、決して同じではない。1969年、反乱の真只中にあった学生を対象にした調査では、学生は政治的スペクトルの全域に分布しており、中道から左派はわずか45%ということがわかった。一流大学ではこの数字はおおよそ2/3であり、極左と自認する学生は、一流大学では平均の3倍もいた(15%)。南部の学生は、抗議を起こすこともあるがより中道的であり、あまり著名でないカレッジや大学では、学生は比較的穏健だった。しかしどこの学生も、高等教育はそれを望むすべての人に提供されるべきであり、教授陣は授業でどんな考えでも自由に発表すべきであり、コースワークは現代生活に関連しているべきであり、教育が教授陣の昇進の主要な基準とすべきだといったこの時代の常識を、ほぼ全員一致(90%以上)で支持していた[58]。このような信念は、ジョン・サールが「劇的カテゴリー」と呼ぶものの基礎となった。学生は、反論や証拠を受けつけないイメージを通じたキャンパスの出来事を、その「劇的カテゴリー」によって解釈していた。「黒人の抑圧」や「大学の共謀」といったカテゴリーが、前節で述べた対立の疑似宗教的な狂信を支えていた。「過激派または極左」と自認する学生の割合は、1968年春の4%から1970年春には11%に上昇した[59]。しかし、狂信が弱まっていったとしても、政治は持続するものだった。

1971年、1972年と学生のデモは続いたが、頻度も激しさも、そして世間の注目度も下がっていった。学生の川も流れ、移り変わった。1968年と1969年に入学してきた学生たちは熱心に抗議を行った一方、その後の学生たちは次第に現実的、物質主義的になり、小細工に対して抵抗するようになったが、必ずしもリベラルでなくなったわけではない。例えばハーバードの学生は、1972年と1974年には、1969年よりも左翼的になっていたが、すべての不満をひとまとめにして悪の体制を非難するのではなく、個々の問題に個別に対応する傾向があった[60]。左翼の学生たちは、そのエネルギーを向ける先を、国内外の問題から地域の状況に影響を与える取り組みへと変えていった。資本主義経済から撤退するために、左翼学生たちは食品協同組合、テナント組織、学生が運営する書店を組織した。抵抗は信用されなくなったが、カウンター・カルチャーの平和と愛(とマリファナ)は依然として尊重されていた。政治の世界では、学生左翼は平等主義と社会正義の議題を支持するために、大学を取り込もうとした。1970年代、政治的に活発な学生たちは、ロビー活動団体や公益研究グループを通じて、学生の利益を促進するために体制の中で活動した[61]。抗議は依然として有効な主張手段だったが、対立を避けようとする政権側の反応を促すには、このような穏やかな表現が必要な場合が多い。宥和こそがルールだった[62]。特に、キャンパスで最も効果的なアドボカシー連合の女性グループがそうだった(第6章)。学生左翼は、規模が小さくなっても、キャンパスで恒常的に存在するようになると、新たな意義を見出すこととなった。

教授陣

教授陣は、自分たちが大学における知の中核を形成していることから、自分たちこそが大学だと度々主張する[63]。アカデミック・レボリューションは、知識の発展に対する貢献を特権化することで、かつてないほどに教授陣に力を与えた。1960年代後半までに、主に政治問題化と対立の帰結として、大学のガバナンスや機能に対する教授陣の関与もまた拡大した。カレッジと大学の教授陣は、当時のアメリカにおいて最もリベラルな集団とみなされた。1964年には7/9がリンドン・ジョンソンに投票した。しかしその集団には、4つの明確な条件があった。すなわち、(1)最も学術的に突出した機関において、(2)各分野での高い実績があり、(3)それが人文学および社会科学であり、そして(4)より若い教授陣、という条件においてリベラル派の割合が最も高かった[64]。ニューレフトの台頭に伴って、大多数のリベラル派の教員は学生の要求を支持し、ベトナム戦争に反対するようになっていったが、1968年にはこれらの教員は穏健派と急進派に分裂した。決定的な相違点は2つあり、学生の妨害行為を支持するか非難するか、そして、大学や専門職団体が、反戦やその他の左翼的宣言を公式に支持させようとする試みに賛成するか反対するかだった。キャンパス内での危機的な状況において、教授陣が決定的な役割を果たしたこともあった。バッファローやサンフランシスコ州立の例のように、急進派の教授陣が抗議を支援すると、当局側はコントロールを失った。対してコロンビアやコーネルの穏健派の教授陣は、主導権を得ることができなかった。教員間の政治的な分裂は、ディシプリンにも影響した。

教員間の対立は、専門の学会において最も激しくなった。これらの組織は、会員制の弱小組織であり、大会や出版物を通じて、それぞれの分野の発展や功績の表彰に専念していた。年次大会には最も活発で関心のある会員が集まり、運営方針を決定する総会(ビジネス・セッション)の出席者は通常、それよりもさらに少ない自発的な会員のみだった。しかし人文学および社会科学の全ての学会に急進派の集会が組織され、「1960年代後半までに、学会は戦場のようになった」[65]。この戦争は世代間戦争であり、若い反乱者たちは年長者から学会の支配権を奪い、学会をニューレフトの立場に傾けさせた。米国現代語学文学協会(MLA)

および人類学、政治科学、社会学の各学会で反戦決議が採択された。1969年、アメリカ歴史学会(AHA)の穏健派は反戦決議を棄却し、ニューレフトのメディア界のスター、ストートン・リンドの会長選立候補を阻止するために、急進派を解体した(反戦決議は数年後に採択された)。しかしこれらは、各分野に行き渡った深い葛藤が表面化したものに過ぎなかった。どの分野も、イデオロギー、方法論、方策をめぐる激しい内部抗争で引き裂かれた。反乱を起こした文学者はニュー・クリティシズムを切り捨て、社会学者は構造機能主義を貶し、政治学者は行動主義に代わるものを喧伝し、歴史学者は客観性を否定した。どの分野においても、大学はニューレフトが主張するような抑圧的な機関なのか、それとも知的自由の聖域なのか、そして学問は階級闘争の前進を目指すべきなのか、それとも無価値の理想を尊重すべきなのか、という点について討論がされた。しかし、その戦線は必ずしも明確には引かれていなかった。1969年のAHAの大会では、急進派の反乱に対して、大学を擁護する旧世代のマルクス主義者が激しく反発した。マルクス主義は、これらすべての分野で、イデオロギーに反発した[66]。マルクス主義文学グループがこの時に設立され、このグループはすぐにMLAの傘下で最大のものとなり、ASAでは後にマルクス社会学の部会が設立された。これら全ての論争は、研究者の所属機関のキャンパスでも争われた。

大学および各領域の政治に関しては、大多数のリベラル派は様々に分裂し得るが、左派は社会的目標を優先し、穏健派は学問的水準を支持する傾向があった。多くのキャンパスで、よりリベラルな派閥が政党や会議体としてまとめられるようになり、これらは数以上の影響力を得るようになった。各会議に問題を想定したうえで参加することで、リベラル派は時に議題設定を行い、投票に影響を与えることができるようになった。学究に専念している同僚は、このような雑務を避ける傾向があるので、こうした会議に積極的に参加すること自体が利点となった。学会の戦場とは異なり、教授会は各機関の日常的な問題を検討することが多かった。穏健なリベラル派は寛容かつ進歩的で、特に適正手続きを尊重する傾向があった。カリキュラムの幅を広げたり、社会的包括性を高めたりするようなリベラルな改革は、おおむね受け入れられていた。さらに対立する問題が発生したとき、左派の研究者は学生運動家の支援を受けることができた。このように1968年という時代の危機の後も、左派の研究者は、特に優れた機関で強い存在感を示し続けた[67]。

スタンフォードでは、極左の行動が許容範囲を超えたようだった。H・ブルース・フランクリンは、テニュアを有する英語の教授であり、革命が近いと確信する熱心な共産主義者だった。彼はそのことを全ての人々に宣伝して回り、またその実現のために教授活動を行い、学生抗議を先導した。彼は「革命的真理」を唱え、大学をブルジョア的な機関だとして非難した。つまり、スタンフォード大学が目指すものすべてに積極的に反対しながら、テニュア教員として庇護を受けていた。1971年2月にリチャード・ライマン学長は、コンピューター・センターの占拠を主導し、抗議者たちに警察の解散命令を無視するよう促し、暴力と大学所有物の破壊を扇動したとして、フランクリンを停職処分にした。7人の著名な教授からなる諮問委員会は、数えきれないほどの市民の証言を聴いたうえで、5対2で解雇勧告を出した[68]。フランクリン事件は、大学をおおよそ1年の間機能麻痺に陥れ、学問の自由の限界をめぐる全国的な議論を引き起こした。当時の同僚の一人は、フランクリンの行動を不服とする教授陣が、公然と批判したり、解任したりすることに消極的だったのは驚くべきことだと当時を振り返った[69]。このような厳しい適正手続きを踏んだにもかかわらず、一部の教員は、全米の多くの教員と同じように、大学を批判した[70]。1970年以降、どこの大学当局も、過激派教員の行き過ぎた行動を抑制することに心血を注いだが、常に教授陣から相当な抵抗を受け、それに対抗する長期的プロセスを必要とした[71]。

これと同じ時期に、教授陣は最も整然とした官僚的な方法で、大学統治における自分たちの役割を変えていった――組合結成という方法で。1968年時代の間に始まった組合結成運動は、1970年代初頭にかけて加速した。1974年までに、組合活動が合法のほとんどの州で組合が組織され、4年制機関の教授陣の14%が組合に参加した。当初、組合の結成は、教授陣が他の事柄で示したリベラルな傾向と結びついているように見受けられた。1969年の調査では、エリート大学の教授陣の大多数は好意的だったが、5年後にはどの大学も交渉代理人を指名していなかった。現役の学者たちは、連帯感よりもプロフェッショナリズムを重視しているようだった[72]。むしろ、組合結成は多様かつ相互に関連しない要因に影響された。当初、最も重要だったのは、公務員の団体交渉権を認める州法だった。これが認められるようになると、その機関がどのセクターに属するか、交渉単位をどのように構成するか、そしてより専門職志向の強いAAUPと、より労働組合志向の強いアメリカ教師連盟(AFT)とNEAとの間の競争によって、結果が左右されるようになった[73]。

1967年にニューヨークで制定されたテイラー法によって、組合結成運動が始まった。ニューヨーク市立大学の給与は、すでに同市の組合員となっていた教員と同額だったが、翌年にはすぐに20のキャンパスでの組合結成が投票によって可決された。この投票によって、全米で通用する組合結成の支持パターンが明らかになった。

> 安全性、収入、名声、大学院への学術的・研究的な文化への関与といった点で、学術的階梯が低ければ低いほど、組合結成への賛成票が多くなる…。レベルが高ければ高いほど、「代表なし(ノー・レプレゼンテーション)」、あるいは少なくとも「組合のような」教員組織に投票する可能性が高くなる。[74]

CUNYの組合は明らかに平等主義で、ジュニア・カレッジとシニア・カレッジの給与を同等にし、下層部にはより手厚い昇給を交渉していた。1974年には、CUNYの２つのキャンパスは、教授陣の給与が全米で最も高くなった。

統一されたハワイの高等教育システムにおける組合結成も、同様のパターンを持つ例だ。決選投票では、古典的な平等主義的労働組合のAFTと、ハワイ大学の質と学術的競争力の維持を約束するAAUPの支部が対決した。大学の教授陣の大多数はAAUPを支持したが、コミュニティ・カレッジのAFT支持者に押し切られた。ミシガン州の公立カレッジや大学も、独自の動きでありながら、同じパターンを辿った。ミシガン大学は組合に関心がなかったが(しかしTAの組合は組織された)、ミシガン州立大学では長引いた議論の末に「代理人なし(ノー・エージェント)」の決議がなされた。ウェイン州立大学とオークランド大学はより専門職的なAAUPとの組合結成を決議したが、地域（リージョナル）カレッジやコミュニティ・カレッジは、NEAないしはAFTに賛成票を投じた[75]。

組合を結成したキャンパスや教授陣の大多数は州立システムに所属しており、ハワイのような特異な例を除き、博士号授与大学を有していなかった[76]。SUNYの大学センターとメディカルスクールは、交渉代理人として学術評議会（アカデミック・セネト）を指名することで組合結成を避けようとしたが、システム全体がNEA-AFT合同組合に投票し、これが組織された。ラトガーズは、ニュージャージーの8つの州立カレッジで組合を組織するAFTに飲み込まれることを恐れ、AAUP傘下で組合を結成した。1974年までに、地域カレッジの州立システムにおいては――CUNY、SUNY、ハワイ、ニュージャージーに加えて――ペンシルベニアとネブラスカ(NEA)、バーモントとマサチューセッツ(AFT)がそれぞれ組合を結成した。巨大なカリフォルニア州立システムに不満を持っていた教授陣も、1970年代の末に組合結成を許可されることとなる。NEAやAFTに入ったこれらの教授陣には、学術的実力主義という構想と引き換えに、心理的、金銭的な安全の保障という、明らかな恩恵を得る理由が数多く存在した。遠隔地の州政府の官僚機構は、各キャンパスの自治をほとんど認めず、従ってシェアード・ガバナンスの余地もほとんどなかった。教授陣の不足は1960年代に解消され、市場価値もほとんどなかった。また、インフレによって相対的な困窮のムードが広がり、給与の上昇を期待させることになった。団体交渉は、ほぼ期待どおりの成果をあげた。下層の教授陣や専門家は、相対的に最も大きな利益を享受したが、誰もが雇用の安定、容易な昇進やテニュアの獲得、給与の上昇、ガバナンスにおける発言力を享受した[77]。

新たな平等主義の時代

教授陣による労働組合主義の受容は、アメリカの高等教育に対する公衆の幻滅の表れだった。アカデミック・レボリューションの精神に取って代わって、カレッジや大学が制度として失敗しており、この制度を広範囲にわたって変革すべきだ、という声が広まった。この新しい合意は、フランク・ニューマンが率いるタスクフォースによるHEWの長官への準公式文書である2

つの報告書と、大学の目標とガバナンスに関する会議を結成した、優れた学者と大学学長――すなわち、学術界の権力者層――による報告書において表明された。ニューマンは第2次報告書で、アメリカの高等教育は実力主義の時代から、「誰もがカレッジ教育を受ける機会を持つべきとするアメリカ市民が次第に増える」ような新しい「平等主義」の時代へと進化したと宣告した。会議における85の「命題(テーゼ)」は、学問的な価値について高度な弁明を含んでいたが、ニューマン報告が勧告した主要な変更点にも賛同していた[78]。

学士課程や大学院の伝統的な教育様式は機能不全だというレッテルを張られた。ニューマン報告は、ハイスクールからカレッジ、そして大学院へと直接進学する「学術界の融通の利かないやり方」を非難した。そのうえで、学術性よりも経験と一体化した教育を求め、カレッジへの入学を遅らせたり、途中でやめたり、パートタイムで通ったりすることを促した。このようなアドバイスと同時に、採用やキャリアにおける大卒資格の力に対する反感があった。それを補うために、営利学校(プロプライエタリー・スクール)によるものも含めて、職業・技術教育を承認し、同等の地位を与えるべきとされた。理論的な学問の専門性(すなわち、ディシプリン)によるカリキュラムの支配は、徹底的に批判された。そして、教授活動により重きを置くというお決まりの文句とともに、経験との関連性やカリキュラムの実験が奨励された[79]。大学院教育は「過度に専門的で、不当に時間がかかる」と揶揄された。PhDが「ほぼ独占している」教員のポストについても「異議申し立て」があり、より多くの教授を実務的な業績に基づいて採用するよう勧告した。特に先の会議にとっては、さらに驚くべきことに、学術研究に対しては厳しい姿勢が取られた。この報告は大規模な受託研究を蔑視し、代わりに大学の研究は教育と結びつけ、連邦政府の資金ではなく大学の内部資金でこれを支えるべきとした[80]。かつては、大学の研究は国家のニーズに対して不可欠であり、社会問題の解決に貢献し、知識基盤社会において中心的な役割を果たすものだと考えられていたが、その信念は消え去ったかのように見られた。

危機的状況に陥った時期が過ぎると、高等教育が直面する問題や、新しい時代の課題に対応するための方向性について、合意が形成されはじめた。この合意は、カーネギー高等教育審議会が明確化した。クラーク・カーの指導のもとで審議会は、80件の研究プロジェクトに資金提供を行い、21本の政策報告書を出版(1967-1973)したが、これらはそれまでに行われた中でも最も広範かつ高水準なアメリカ高等教育に関する調査だった。その使命は、「アメリカ高等教育は今どこに向かっているのか、どこに向かうべきなのか、そしてどのようにしてそこに到達しようとしているのか」を検証することだった[81]。このように、報告書は研究プロジェクトに基づいた具体的な政策提言を行うとともに、新しい時代を特徴づける平等主義や社会正義といった文化的価値観を反映したものとなった。その意味で、この審議会の見解は、学生反乱後の高等教育界の総意を反映するものだった。

高等教育のユニバーサル化は必然であり、望ましいことだとされた。そしてすべてのハイスクール卒業者は、2年間の中等後教育を受ける権利を有するべきとされた。この審議会は、18歳以上の志願者に門戸を開き、すべての市民が通学可能な距離にあるコミュニティ・カレッジを、各州が提供することを目指した。また、より柔軟な学位や証明書を考案し、成人が生涯を通じて継続的に教育を受けられるようにする必要があるとされた。そして「中等後教育」は営利学校を含み、その学生は公的な学資援助が受けられるようにすべきだとした(これが後に悩みの種となる)[82]。高等教育のユニバーサル化は、職業教育の要素が強く意図されており、私立カレッジ・地方公立カレッジともに、よりキャリア志向のプログラムを考案し、2年制機関からの編入生を募集することが求められた。不利な立場にある学生をより効果的に採用するために、審議会は地域連携を提案した。黒人のためには、HBCUsを改良し近代化するための公的プログラムを提唱した。女性のためには、教育機会の平等の確保や教員採用のアファーマティブ・アクションを提言し、女性の運動の盛り上がりを支持した(第6章)。審議会はその目的の多くを達成するために、連邦政府に期待していた。また高等教育を発展させるための国家的な財団の設立を提案し、その財団は様々な機関単位のプログラムの企画と資金調達に複数の責任を持つこととした。連邦政府による新しい学資援助と、数種類の機関単位の支援の概要が示された。すべての実際的な価値のある目的、すなわち教育のテクノロジー、都市部の大学、機関の発展、コミュニティ・カレッジ、HBCUs、図書館、そして海外学生のために、具体的な連邦政府のプログラムが提案された。新しい支援や既存の支援の更なる支出が、各州にも求められた。審議会は、各州の取り組みやその不足を測定するための支出指標を提案した。さらに、別建ての資金によって、私学セクターの健全性と競争力を支援し、コミュニティ・カレッジや都市部の大学に追加の支援を提供する必要があるとした。要するに、審議会の勧告の主な内容は、十分な教育を受けていない人々の参加を増やすために、従来とは異なる形態の高等教育を拡大することだった。これは、高等教育は人権であり、社会的地位の低い人々の参加を拡大することが社会正義を前進させ、これを達成することが政府の責任だという新しい時代の考え方を反映したものだった。

伝統的高等教育やアカデミック・レボリューションの精神は、学生の反乱との関連で、今や損なわれてしまった。平等主義の時代において、これらは階層性、実力主義、不平等を意味するものとなった。伝統的なカレッジや大学という対象が審議会でほとんど無視されたのは、こうした一般的な不評を受けてのことだった。リベラル・エデュケイションはもはや理念型として称賛されなくなっていた。「知識とその使用に対する道徳的観念が結びついた文化を伝えてきたリベラル・ユニバーシティは、滅びようとしている」。リベラル・アーツ・カレッジは、学生数の拡大と多様化、「内部組織と経営の大幅な改革」と、カリキュラムの簡素化による効率化を命じられた。小規模の私立大学は、「エリート主義的な同胞…の真似をしないような形で与えるのであれば」、公的支援を与えるに値するかもしれない、とされた。大学院教育についての所見は、新たなPhDプログラムの開講を阻み、既存のものの一部を後退させるという政府の責任に焦点を当てたものだった。その代わりとして、中等後教育の教師のための研究以外の新しい学位として、芸術博士（ドクター・オブ・アーツ）を提唱した。同審議会は、科学研究に対する連邦政府の支援をGNPの一定割合に制限する一方、社会科学、人文学、創作芸術、教育工学、そして学問的に恵まれない人々に対する研究費を増加させるとした[83]。

人気が落ちようが落ちまいが、伝統的高等教育は、カレッジ、大学院、専門職の学生の大半にサービスを提供し続けるだろう。しかし、1970年代におけるいくつかの主要なトレンドに対して過小評価され、資金不足のまま苦労することになった。カーネギー審議会は、非伝統的な形態や顧客層を支持する一般的な方向性については正しかったが、多くの政策提言については過度に楽観的であり、残りのものについては短絡的だった。政府は高等教育への介入を積極的に進めたが、審議会が構想したプログラムに対する資金提供は、ほとんどが想定額に達しなかった。高等教育改革派が考えていたよりも、非伝統的学生は中等後教育の機会を得ようとはしないことがわかった。不利な立場にあるマイノリティは、1970年代初頭に大きな利益を享受したが、これを短期的にも維持することが困難だと判明した。女性は、不利をあまり感じない程度の利益を得るに留まった。また学士課程の学生は、専攻においてはリベラル・アーツに反対し、ビジネスを好んだ——これは審議会が考慮しなかったキャリアだった。1970年代は、アメリカの高等教育にとって、経済的・文化的なトレンドに大きく左右される難しい時代だった[84]。

第6章
70年代を生き延びる

1970年代前半、連邦政府は、立法や規制を通じて、アメリカ高等教育の基本的な諸側面を再構築しようと試みた。1970年代後半には、カレッジ・大学がその行動を形成するにあたって、市場の力がより大きな役割を果たすようになった。学生の選好の変化や財政的なプレッシャーが、1960年代に形成された制度的秩序に影響を及ぼし始めた。1960年代は、少なくとも晩年の混乱期までは、政府と市場の作用によって、カレッジ・大学の黄金時代が形成されていた時代だった。一方、1970年代の展開はその流れに逆行するものであり、厳しい状況に適応することが継続的に要請された。

連邦政府と高等教育

リチャード・M・ニクソン大統領の第一期は、リンドン・ジョンソンの偉大なる社会(グレート・ソサイエティ)政策の全盛期以来、最もリベラルな立法が行われた期間だった。民主党の議会が、国家の欠点に積極的に取り組む一方で、大統領は国内問題にはほとんど直接的な関心を示さなかった。この時期の立法により、環境保護庁、労働安全衛生局、追加保障所得、貧困プログラムへの支出拡大などが決められた。また、ニクソン政権はアファーマティブ・アクションを導入し、公民権の行使のあり方を一変させた[1]。そして議会は1972年の教育改正法により、高等教育に対する連邦政策を策定した。

教育改正法は、新たな措置だけでなく、高等教育に関する従来の法律の内容も取り入れられていたため、このように呼ばれており、1862年のモリル法以来、高等教育に対する連邦政府の介入としては最も重要な帰結を伴うものだった。この改正により確立された学資援助規定は、40年たって、高等教育に対する最大の資金源となった[2]。タイトルIXにおける、女性に対する差別の禁止という規定は、女性の参加するインカレ競技という産業それ自体を生み出しただけでなく、ジェンダーに関する文化的前提の見直しを強いることにもなった。この法律を促したのは、高等教育は財政危機に直面しており、それは連邦政府の財政によってのみ改善されうるという、広く受け入れられていた確信だった。また、アメリカでは教育の機会均等が十分に達成されておらず、その実現には連邦政府の取り組みが必要だという合意もあった。さらに1960年代後半の騒乱は、高等教育が致命的な失敗を犯したという証拠にほかならないとも捉えられていた。

振り返ってみると、このような法律が必要になったという事態は不可解に映るかもしれない。アメリカのカレッジ・大学は、津波のように押し寄せる大量の学生を十分に受け入れることができていた。実際、1959年に340万人だった学生数は、1969年には750万人(122%増)までに膨れ上がっており、10年間で教育費は45億ドルから158億ドル(250%増)まで増えていた。しかし、教育の機会均等という目標はリベラル・アワーに起源を持つものであり、財政的な要求の追加は、その時代の願望を反映したものだった。1965年の高等教育法によって初めて、経済的なニーズのみに基づく連邦奨学金が創設された。これは、改革者たちの長年の目標であり、PCHEが最初に提案したものだった。また、教育機会助成金は、「特に経済的に困窮している」学生を主な対象としたものだった。これを補完する措置として、その前年に経済機会局で制定されたカレッジ・ワークスタディ・プログラムと、学生ローンに対する連邦政府保険が導入された。大学生を対象としたこれら3つのプログラムへの資金は急速に拡大し、1970年には4億ドル以上へと増額されたが、機会の提供について、目に見える実質的な影響を与えるにはまだ不十分だった。これらは各機関が管理するもので、すでに入学している学生しか利用できないものだった。別のプログラム、発展途上の機関の強化(特にHBCUsを対象としたもの)には、2,800万ドルが提供された。議会は、高等教育法を進行中のプロジェクトだとみなして1966年と1968年に修正しており、教育機会平等の実現という目標は、未だ成し遂げられていない仕事だと考えていた[3]。

高等教育を受ける層は、これまで常に社会経済的地位によって分かたれてきた(第2章・第4章)。1960年代には、経済的に最も恵まれた上位1/4の人びとが4年制大学に入学し卒業する割合は、下位1/4の人びとに比べ、三倍にもなった。1960年代におけるマス高等教育の拡大により、中間層および下位中間層家庭出身の大学進学第一世代の学生の数は大幅に増加したが、経済的なヒエラルキーの底辺に属する学生の状況については、ほとんど改善が見られなかった。しかし、高等教育へのアクセスを拡張することを目的として、「新しい学生」を特定して行われたある研究では、次のような見解が示されている。「男性については、少なくとも、学力の低さの方が、経済的リソースの不足という障壁よりも、教育の継続を妨げる要因になっている」[4]。一方で、リベラル派の立場をとるある論考では、より多くの貧しい学生に経済的支援を提供することでカレッジに通えるようにすることこそが社会正義にかなう、という主張がなされていた[5]。このような信念を動機づけたとは言わないまでも、大いに補強したのは、人種問題だった。黒人が十分に代表されてこなかったという歴史的問題が、各機関の営為によって徐々に改善されつつあったことは、すでに見てきた通りだ。だが黒人全体として見ると、実際に達成された事柄は彼らの高等教育への願望に見合うことはなかった[6]。そして黒人の苦境は、カレッジに占めるヒスパニックやネイティブ・アメリカン学生の少なさに対する認識を高めることとなった。リベラル派にとって、高等教育は「権利革命」の一部だった。実際、当初の提案は「高等教育権利章典」と題されたほどだった[7]。そのため、経済的に恵まれない立場にある学生に対する連邦政府からの学生援助の拡大が、直近の法案で取り上げられることは確実だった。

そのような切迫性は、金融危機に直面することで高められた。1968年から1973年にかけて行われた14の研究では、あらゆるタイプの機関が経験した様々な種類の財政難について報告された。中でも最もよく知られているのは、アール・チェイトによるカーネギー審議会の研究であり、それには*The New Depression in Higher Education*というそのものずばりのタイトルが冠されていた[8]。

1970年に行われたこの調査では、公立学校の半数、そして私立学校の3/4が「財政難」または「財政難に直面している」ことが明らかになった。その基本的な原因は、支出が収入を上回る勢いで増加していることであり、このことは1967年ごろから明らかになっていた。倹約経営にもかかわらず、支出は6-7%増加するのに対し、収入は4.4-4.5%しか増加しないと予測されていた。しかし、この問題は1960年代に端を発するものだった。すでに述べたように、その時期の学術方面の拡張と入学者数の増加により、基幹支出が年平均8%も増加していった。この支出の勢いは1967年以降も続き、収入と支出の両方に悪影響が及んだ。インフレの高まりによって、あらゆるコストが押し上げられたが、特に学術的向上・競争に関連する費用が増加した。新たな社会的課題により、学生への支援の取り組みが強化された。それと同じ時期に、連邦政府から支給される研究支援は横ばい状態になり、州の予算や多くの機関が得ていた民間からの寄附も同様だった。財政難はあらゆる種類の機関を襲った。*New Depression*に登場するサンプルとして、スタンフォードとUCバークレーは「財政難」に陥っており、ハーバード、シカゴ、ミシガン、ミネソタも同じ道を「進んで」いた。私立機関はより脆弱だった。私立セクターの新入学生数は1965年以降減少し、公立機関との授業料格差がどんどん拡大していくことがますます懸念されるようになった。成長と野心が旺盛だった時代からの脱却は、ほとんどの組織にとって痛みを伴うものだったが、それらの機関は連邦政府に救済を求めるようになった[9]。

1970年、連邦議会は、2つの潜在的な使命を伴う高等教育法案を真剣に検討し始めた。カレッジ・大学への財政援助は、各機関やそれらを代表する高等教育関連協会にとって最優先事項であり、教育機会の拡張はリベラル派の価値として神聖視されていた。カーネギー審議会は、クラーク・カーがスポークスマンを務める組織で、影響力のある役割を担った。「質と平等」を喧伝するこの委員会は、低所得の学生に対する連邦政府の援助や、第5章で述べたような施策に対する公的支援を支持した。アリス・リブリンの内部報告書では、教育機会の平等を試金石と捉え、各機関への援助はその目的のためには何の役にも立たないとする、不吉な主張がなされている。1971年のニューマン報告は、既存のカレッジ・大学を批判し、必要とされているのはそれらが変革することなのであって、現状維持のための資金なのではないと主張した。これらの基本的な見解は、1972年半ばに教育改正法が成立するまで、1年以上にわたって上院議員や下院議員によってふるい分けられ、選別され、攻撃され、擁護された[10]。最終的には、教育機会が各機関の財務状況よりも優先され、非伝統的な中等後教育は連邦政府の認可を受けることになった。

この改正により、連邦政府によるニード・ベース型の学生支援の枠組みが確立された。その目玉は、基礎教育機会助成金(BEOG、後に「ペル・グラント」と呼ばれるようになったものであり、由来は法案通過の舵取りをした上院議員の名前)にほかならない。これは、家庭の収入に応じて年間最大1,400ドルの支援を約束するもので、私営の職業訓練校を含む中等後教育機関への入学費用の50%をまかなうことを目的としていた。キャンパス・ベースのプログラムは、中所得の学生や民間セクターを優遇するもので、議会の支持を受け続けた。実際、資金はBEOGに充当される前に、これらのプログラムに必要な資金を全額投入する必要があった。学生ローン制度は、学生ローンマーケティング協会の設立により、求められていた流動性が与えられた。また、連邦政府の資金と同額の州学生奨励奨学金によって、各州が補助となる学生支援プログラムを提供することが促された。政府の言葉遣いで「高等教育」に代わって「中等後教育」が用いられるようになったことが、非伝統的な形態への傾倒を象徴している。教育省は、職業教育、成人教育、コミュニティ・カレッジのための新しい部局を設立するように指示された。カーネギーが希望していたような全米高等教育開発基金は、中等後教育改善基金(FIPSE)という小さな基金に縮小された。その焦点は、キャリア教育の代替的な形態に関する革新に当てることとされており、ニューマン報告の趣旨を概ね反映したものだった。

この改正にはタイトルIXが含まれおり、そこでは次のように述べられている。「連邦政府の財政援助を受けた教育プログラムや活動について、合衆国内のいかなる者も、性別を理由として参加することを拒絶されたり、その恩恵を受けられなかったり、差別されたりすることがあってはならない」。このような文言を盛り込もうとした最初の試みは、「趣旨と無関係(ノン・ジャーメイン)」だとして上院で否決された。先の文言が含まれたのは、エディス・グリーン下院議員(オレゴン州選出、民主党)による下院版の法案においてだった。彼女は女性の権利を推進する運動家で、この法律の主要な擁護者だった。この法案が、上院では異論もなく受け入れられた。雇用における性差別は1964年の公民権法第7編で禁止されていたが、この規定は1972年に改正されるまで各機関には適用されていなかった。同年、連邦議会は男女平等憲法修正条項(1972)、および性差別禁止条項を含むその他の法案を、圧倒的多数で可決した。タイトルIXは、権利革命の自然な拡張として理解され、両政党に受け入れられた。そして、それには正当な理由があった。例えば、プロフェッショナル・スクールは通常、女性の入学を制限するために割当制(クオタ)をとっていた。より一般的には、伝統的な男女の役割分担は、今ではますます議論の的になっているが、多くの点で女性を軽視しており、不平等な扱いを示す「大規模な」統計的証拠がそのことを実証していた[11]。1972年にほとんど気づかれることなく通過したタイトルIXは、男女のインカレ競技という固有の状況に適用されると、ただちに論争の嵐を巻き起こした(次節)。

タイトルIXは、大学と連邦政府との新しい関係、すなわち社会善(権利)という抽象的な概念に基づく連邦政府の指令が課されることで、既存の慣習に大きな影響がもたらされるという関係を示す、ひとつの例にすぎなかった。それまでは、大学は共通善を目指す行為主体だとみなされ、研究、学習、教授活動のために自らの業務を管理するという自律性が認められていた。1970年代には、学生の反乱、管理の失敗の認識、そして伝統的な制度への批判によって、その神秘性は失われた。ある論者はこう明言している。「高等教育は、ビジネスや専門職と同様に、自主的に公共の利益に貢献するよう尽くすものだと信頼できるものではない」[12]。政府の介入は、権利革命と偉大なる社会に始まる政府の責任拡大によって拡張・強化された。これらの要因により、大学は2種類の規制を受けることになった。大学は、他の雇用者に適用される法律の対象になった。そのため、私立のカレッジは全米労働関係委員会(NLRB)の管轄下に置かれ、組合結成も可能になった。労働安全衛生局(OSHA)の膨大な規制は、高等教育にも適用された。その他にも、高等教育に特化した規制が課された[13]。これらの規制は、これまでの自律の尊重を無視するだけでなく、公聴会や、より大きな影響についての真剣な検討がなされることもなく課されたものだった。エディス・グリーンは、タイトルIXの含意、特に運動競技に対するその影響が議論されることがないよう、意図的に働きかけた[14]。教育改正法はまた、州の高等教育を調整するための機関(1202委員会と呼ばれる)を設立するよう各州に命じた。研究もおろそかにされることはなかった。組換えDNAの実験を阻害するような規制が提案されたが、科学者からの苦情により、この件に関しては救済された。しかしHEWは、人間を対象とするすべての研究に対して、煩雑な官僚的手続きの導入という、もともとの問題をはるかに上回るような問題をもたらす解決策を講じた。また、学生に対して機密ファイルを公開するバックリー修正案は、そもそもそこに問題など存在するのか、あるいはそうすることは連邦政府の関心事なのかどうかを見極めることすらないまま、衝動的に制定された。ひどい利権絡みの法律制定としては、1976年の医療専門職教育支援法がある。これは、アメリカの学校に入学できず、海外で学んできた学生を、メディカルスクールが編入生として受け入れることを義務づけるものだった。複数の大学が連邦資金を受給できなくなるというリスクをおかして拒絶したことが、原則に基づく反対運動として唯一の成功例となり、これによってこの法律の最も強制的な特徴は廃止された[15]。

アファーマティブ・アクション

政府の命令としては最大の影響力をもったアファーマティブ・アクションは、一般的な政策だったが、高等教育への適用はユニークな仕方でなされた。第一次ニクソン政権で実施されたアファーマティブ・アクションは、他の公民権法同様、アフリカ系アメリカ人の置かれた特殊な状況に対処することを主な目的として制定された[16]。しかし、他のマイノリティ・グループも特に促されることなく対象に含まれた。1964年の公民権法では、マイノリティの定義として、スペイン系、アメリカ先住民、アジア系を挙げており、この定義がその後のすべての法律や規則で使われた。女性はタイトルVII(雇用)に含まれていたが、正式なマイノリティの地位を占めるようになるまでの経過は遅々としたものだった。1969年までには、人種問題により、タイトルVIIは個人に対する職業差別の禁止という限定された使命を超えて拡張することで、黒人の真の雇用増が達成されるべきだという、強い関心が醸成された。1969年のフィラデルフィア計画では、同市の建築業界に対し、地域の供給に基づくマイノリティの雇用目標とその達成スケジュールを設定するよう命じた。ここで鍵となったのは、施行と連邦契約履行を結びつけることだった。つまり、アファーマティブ・アクション・プランがなければ、連邦政府との契約もない、ということだ[17]。

公民権法がアファーマティブ・アクションの法的裏づけとなったが、政策は行政命令によって作られ、実施は労働省と厚生省の連邦官僚の手によってなされ、執行したのは公民権局(OCR)と雇用機会均等委員会だった。高等教育においては、アファーマティブ・アクションを実施する勢いをもたらしたのは、キャンパス内外の女性団体だった。アファーマティブ・アクションの基本的な要件は、大統領令で定められた(1970-1972)。1972年のHEWガイドラインには次のようにある。

> アファーマティブ・アクションは、雇用に際しての人種、肌の色、宗教、性別、出身国に関する中立性を確保する以上のことを請負業者に要求する…アファーマティブ・アクションは、たとえかつての排除が特定の差別的行為に基づかないものだったとしても、かつて排除されていたグループに属する人々のうち的確な人物を、採用、雇用、昇進させるための、さらなる努力を雇用主に要求する。

これらの努力には、「女性やマイノリティに関する利用可能なデータの収集という要請」や、過少代表状態を「合理的な期間内」に「克服するための目標」設定を行うことが含まれていた[18]。政府は、このような目標は違法な割当制(クオタ)ではない、と断固として主張した。しかし、規制される側にとっては、目標の未達成は困難な交渉や訴訟が起きることを意味し得た一方で、こうした目標値を満たすことが法令違反に問われぬ安全策だった。さらに、たったひとつでも苦情があれば、それがきっかけとなり、機関全体が調査されることにもなった。

1968年、バーニス・サンドラーは女性公正行動連盟(WEAL)を組織し、ワシントンや複数の大学キャンパスでその大義を推進した[19]。WEALは、全米のキャンパス・グループに手紙を送り、差別を撤廃するような文言を要求する大統領令について知らせた。1970年、サンドラーは、連邦政府との契約があるすべてのカレッジ・大学を相手取り、集団的な差別反対訴訟を起こし、その後、250校以上の大学を対象にして、具体的な苦情を整理するのを手伝った。WEALは当初、労働省と厚生省からの抵抗を乗り越えなければならなかった。これらの官僚機構は、マイノリティに向けた差別と戦っていたのであって、女性差別に取り組んでいたわけではなかった。主要な研究大学もWEALに抵抗したが、長くは続かなかった。ハーバードは当初、人事記録の公開を拒否していたが、1,400人の学生と教職員がアファーマティブ・アクション・プランを求める嘆願書に署名したことで、大学側は、連邦政府の契約書には情報の開示が必要な文言があることを認識するに至った。ミシガン大学では、大学当局は最初開示に否定的だったが、女性有志が女性の過小代表を示す統計を取りまとめ、それがきっかけとなって女性委員会の設立が促され、最終的には、公平な昇給機会を含む人事制度の改善を実現した。ワシントンでは、WEALは他の団体と協力してロビー活動を行い、マイノリティのためのアファーマティブ・アクション規則に女性も等しく含まれるよう働きかけ、1971年にそれが実現した[20]。大学当局や高等教育コミュニティの大多数は、すぐにアファーマティブ・アクションという社会的目標を支持するようになった。多くの大学は、1968年代の抗議運動を受けて、マイノリティの教員を採用することを約束しており、そこに女性を加えるときに、反対する余地などほとんどなかった。大学当局には、これらの目標を支持するさらなる理由があった。実質的にすべてのキャンパスに、このような目標の履行を求める過激な層がいたからだ。この間の数年間に、女性運動は最大かつ最も組織化された支持者を形成していた(次節)。アファーマティブ・アクションは、タイトルIXとともに、女性を高等教育における権利革命の主要な受益者にしたといえる。

実際1970年代の高等教育は、アファーマティブ・アクションをめぐる主戦場になり、高度な教育を受けた女性活動家の軍団がそれを駆り立てた。

アファーマティブ・アクションの要請は、高等教育機関にとっては特に厄介なものだった。各機関はもともと、高度に専門化した教員ポストのためには、最も適格な候補者を採用しようと努力していたからだ。ネイサン・グレイザーはこれを「敵対的規制」と呼称したが、これは敵対者と見なされることに慣れていない業界から発せられた、特別な弁明だということを示唆している[21]。実際、アファーマティブ・アクションは、明確に意図された社会工学だった。一部の違反者を取り締まるための規制とは異なり、すべての大学が過小代表のかどで有罪とされた。過去数十年にわたる日々の慣行によって形成された雇用、昇進、報酬のパターンは、新しい基準の下ではもはや受け入れられず、合法でもなくなった。当然のことながら、この「すばらしい新世界」への移行期は、しばらくは混沌としていた。機関もHEWも、どのような基準が施行されるのか分からず、そのため経験の浅い官僚の熱意が移行の原動力となった。1972年、HEWは契約監視調査官の数を3倍に増員した。高等教育「業界」に不慣れで、平等を文字通りに解釈することに固執する彼らは、学術的な手続きを一顧だにすることなくアファーマティブ・アクションを押しつけた。労働長官――かつてハーバードに所属していた経済学者のジョン・ダンラップ――は、この規制を緩和しようとすれば、彼の官僚組織を怒らせることになると明かし、HEW長官のカスパー・ワインバーガーも同様に、この強大な動きを阻止することは不可能だと感じていた。1975年までには、ほとんどすべての大学が入念なアファーマティブ・アクション・プランを策定していた。しかし、必要な労働力人口を実際に計算してみると、新規採用は比較的少なく済むことがわかった。これらの計画は、恐れられていたよりも負担が少ないことが判明したわけだ。多忙を極めるOCRに提出された計画のうち、同年までに何らかの形で承認されたのはわずか16%だった[22]。アファーマティブ・アクションが大学に与えた影響は、政府による強制によってというよりも、大学内部からの働きかけによるものだった。

官僚の熱意とは裏腹に、大学はアファーマティブ・アクションの極端な解釈を回避することができた。HEWによって、ハーバードが次に雇う中国史の専門家は女性でなければならないと命じたられとき、デレク・ボック学長はカスパー・ワインバーガーに電話をして、その命令を改めさせた。UCバークレーでは、過去のPhD取得者数をもとに、領域ごとに利用可能な労働力プールを計算し、モデルを作った。マイノリティの労働力は非常に少なく、女性の労働力も限られていたため、ほとんどの「不足」は誤差と言えるものであり、目標を設定する必要はなかった[23]。しかしプリンストンでは0.5人分の不足を満たすことが採用目標になり、デュークでは、さらに少ない誤差を埋めることが採用目標となった。アファーマティブ・アクションの要請をクリアすることは、社会的コミットメントの象徴となった。科学の分野では利用可能な労働力人口がかなり少なかったので、もともとあまり影響を受けてはいなかった。しかし、教員採用は他の仕方で一変することになった。公募情報を広く宣伝し、マイノリティの候補者を探し、人事委員会の規約を厳密に守らなければならなくなった。大学や多くの領域がマイノリティや女性を採用しようと躍起になったことで、採用活動には「偏り」が生まれ、種々の言い逃れが生み出された。有望な女性やマイノリティを獲得するための競争的状況において、主導的な大学は、アファーマティブ・アクションの対象となる候補者のうち、最も優秀な層を最初に採っていく傾向にあった。有望な博士課程の学生であれば、学位論文を書き上げる前に採用することもしばしばで、これはアカデミックなキャリアをスタートさせる上で障壁となりえた。大学の中には、より過激な戦略を取らざるを得ないと判断したところもあった。ジョブ・ディスクリプションに、黒人や女性が対象の研究を明記することで、応募者を絞り込むという手法がそれだ。多くの大学は、アファーマティブ・アクション採用の専用資金を確保し、すべての領域がそれを使えるようにした。いずれにせよ、アファーマティブ・アクションは、大学当局や学術コミュニティの多くの人々が望ましく、かつ社会的に責任のあるものだと考える目標の達成のために、大学がより迅速かつ慎重に動くことを強いた。この強制と自発性の組み合わせは、すぐに結果を生み出すものだった。1973年には、同時期にPhDを取得した男性の方が5倍も多かったにもかかわらず、女性のPhD取得者は男性よりも多く、有力な大学・カレッジで採用された[24]。

より最近では、アファーマティブ・アクションは入学審査に結びつけられてきているが、これはアファーマティブ・アクションの施行というよりはむしろ、連邦裁判所が関わる別の状況といえる。アファーマティブ・アクションに関する規制が導入される以前は、第４章でも見てきたように、大学・カレッジは自ら主導してアファーマティブ・アドミッション・プログラムを設けていた。これは前向きな区別だった[25]。特別なアドミッション・プログラムは、もともと黒人を採用するためのものだったが、連邦政府による公式なマイノリティの定義を取り入れた。アファーマティブ・アドミッションに加え、都市部や２年制の機関の増加が合わさったことにより、1976年までに黒人の入学者数は100万人を超え、1967年の４倍近くになった。人口に占める黒人の割合は12%だったが、それに比して黒人学生は学生全体の10%を占めた。ハイスクールを卒業した黒人の約45%が高等教育を受け、これは白人に比べてわずか５ポイント低いだけだった。しかし卒業した黒人の数はそれに比してわずかで、カレッジ修了者のうちのわずか6.4%だった。プロフェッショナル・スクールも学士課程カレッジに続いて、マイノリティのためのアファーマティブ・アドミッションを導入した。70年代半ばまでに、メディカルスクールの85%とロースクールの93%が、黒人を対象としたプログラムを自主的に設立し、そのほとんどが他のマイノリティも対象に含めていた[26]。プロフェッショナル・スクールは、クラスの人数が決まっており、入学審査の基準が明確なため、白人の志願者に対する逆差別を立証することも可能なゼロサム状況だった。

アラン・バッキはそのような志願者の一人だった。卓越した学業成績にもかかわらず、彼はUCデービスのメディカルスクールへの入学を２回も拒絶された。同大学は、100名の定員のうち16名を「不利な立場にある」マイノリティのために確保していた。バッキは、憲法修正第14条に定められた平等な保護に違反するとして、またタイトルVIが定められた差別禁止に違反するとして、訴訟を起こした。この事件は最高裁に上告され、４人の判事が人種割当制を容認し、４人が違憲と判断した。パウエル判事は、「よく知られたかなり苦しい見解」の中で、人種割当は合憲ではないが、人種は入学者選抜のひとつの要因としては許されるとした。人種的選好についての最初の顕著なテスト・ケースとしては、バッキ判例はかなりの曖昧さを残すものだった(少なくともバッキは入学を許可された)。この判例は、「多様性」を議題に挙げたことでも注目に値するものだった。エリート私立大学から寄せられた法廷助言書では、多様性が教育の過程(プロセス)にポジティブな貢献をもたらしたと論じられた。この主張は、それまで公民権や公的マイノリティの優遇を正当化するものとして提起されたことはなかったが、パウエル判事が人種や民族的背景も入学審査における「プラス要素」として受け入れられると主張するために、再び持ち出した。こうして多様性は、不利な条件や社会的差別といった理由に頼ることなく、アファーマティブ・アクションを行うための新しく便利な根拠となった[27]。

高等教育史のみでは、1960年代後半から1970年代半ばにかけて起こった変革を説明することはできない。連邦政府がルールを変更し、カレッジ・大学の運営方式も変化した。これらの変化については、ここまでで記述され、続く箇所でもさらに触れられるが、なぜこのような変化が起こったのかを説明するためには、キャンパスを超えたところにも目を向けなければならない。それらは、個人の権利と社会的責任に関する国民的・文化的な価値観の根本的な変化の産物であり、しかもそれは連邦政府の立法府、行政府、司法府を通じて屈折したものだったからだ。公共政策史家のヒュー・デービス・グレアムによれば、1965年以降、「公民権の時代は、第I段階、すなわち反差別的な政策が連邦法として制定された段階から、第II段階、すなわち実施にまつわる問題と政治によって、行政・司法の執行を、平等な扱いを目標とするものから、平等な結果を目指すものへとシフトした段階へと移行した」。さらに、社会学者のジョン・スクレントニーによれば、「1965年から1975年の期間は、マイノリティの権利革命」であり、「それを主導したのは支配者層(エスタブリッシュメント)だった。それは大統領、議会、官僚機構、裁判所を含む超党派のプロジェクトだった」という[28]。どちらの学者も、この変革の最も大きな帰結を伴う側面が、その根拠や含意を考慮することなく、いかに平然と採用されたかに驚嘆している。すなわち――他のグループではなく――公的なマイノリティや女性(後には障害者も)が、アフリカ系アメリカ人と同じ優遇措置を受けるに値するという想定がそれだ。あるいは、差別や社会機会の向上への関心を徐々に放棄し、人口比率と同じ数だけマイノリティを雇用すること(アメリカの職場で、他のグループのためには全く用いられていない、無謀な基準)を優先するという事態もそうだ[29]。このような展開の基礎にあるのは、人権と機会均等を神聖なものとする、深い文化的枠組み(スクレントニーはこれを「意味(ミーニングス)」と呼ぶ)であり、それには社会工学によって不平等を是正しようとする、政府の希望に満ちた努力も加わっていた。この意味で、教育改正法とアファーマティブ・アクションは文化的な兄弟と言えるもので、一方はあらゆる人に中等後教育の機会、つまり権利を提供しようとし、もう一方は不利な立場にあるグループへの優遇を通じて、彼らが統計的に同等の結果を達成できるようになる権利を支持するものだった。

この2つの政策は、1970年代初頭にはまだ萌芽期にあった。議会がBEOGプログラムの資金を認可するプロセスは遅々としたもので、低所得層の学生への支援もこの10年間、ゆっくりとしか拡大しなかった。1975年以降は、マイノリティの権利に関する革命の背後にあった政治的総意はほころび始めた。世論は、優遇策にますます懐疑的になっていったが、差別には断固として反対し、黒人と女性による目に見える成果が増加していることには賛意を示していた。どちらの政策も長期の苦労を伴うことを運命づけられていた。連邦政府による学生への財政援助は、高等教育財政を支配するに至るまで、容赦なく拡大することになった。高等教育における人種・性別構成を変えることは、長期的なプロジェクトであり、その勢いは留まるところを知らないものだった。しかし、タイトルIXの成立から10年も経たないうちに、高等教育における女性の地位は著しく向上し、キャンパスにおけるマイノリティの権利が永続革命だということは、既に明白になった。

女性の台頭

1969年から1973年にかけて、高等教育は急激な文化的変容を目撃することになった。それ以前には、女性は男性と同等の待遇を受けるに値するという考えは、不自然かつ非現実的なものだと考えられていた。その後、そうした発想は正当なものになっただけでなく、少なくとも公的には優勢な見解にもなった。1960年代の女性は学士課程教育への十分なアクセスを持っていたとはいえ、専門職やキャリアよりも、家庭や家族のことを優先するものだと想定されていた。彼女たちには、高度な学位プログラムを修了する見込み、専門職のキャリアへの専心、指導的な地位に就く傾向、このどれも、ほとんどないものとされていた。クリストファー・ジェンクスとデイビッド・リースマンは、1960年代後半には女性たちに同情的な描写を描こうとは試みていたものの、それは次の記述に見られるように、あくまで典型的な横柄さを示すものだった。「典型的な女性は、平均的な男性と同様のキャリア志向を持ち合わせていることなど、ほとんどない」。「女性が男性と完全に対等な地位を得た世界」など、空想上のものだと彼らはみなしていたのだ[30]。『大学革命』の出版から5年後、キャリアと教育における女性の平等は法で確立されたことになっており、これまで見てきたように、それは連邦政府の官僚機構と司法府の権限によって施行されていた。さらに重要なことに、特にアメリカのキャンパスにおいて、それは増え続ける女性層にとっての個人的な確信かつ政治的な大義となっていた。この急激な変化はどのように説明されうるだろうか。

1960年代の女性運動は、アメリカ的生活様式に見られる無頓着なジェンダー・ステレオタイプに疑問を呈したが、60年代末になるまで、実質的な進展はほとんどみられなかった。その後、女性運動の2つの異なる系譜が、高等教育において合流することになった。ベティ・フリーダンは、著書『新しい女性の創造』(1963)の発表後も歯に衣着せぬ活動家で有り続けたが、運動の結果が乏しいことに不満を募らせ、1966年に全米女性組織(NOW)の設立を主導した。NOWは、男女平等憲法修正条項を含む女性の権利を先頭に立って支持していたが、組織の連合が不安定だったため、1968年に分裂した。NOW分派のひとつのWEALは、この時点で、高等教育における女性の権利を大義として掲げ、その運動をキャンパスにもたらした。NOWが1970年に女性の権利を求める全米の代弁者として台頭したのに対して、前節で見たように、WEALはカレッジ・大学における法的な異議申し立ての先頭に立っていた。

第二の流れは、1960年代の公民権運動とニューレフト運動を出自として、それらへの反動で生まれた。最初の数年間、女性はSDSとSNCCに多大な貢献をしていたが、両組織に内在していた性差別が1965年頃からより尊大なものになってきた。アメリカ社会に対して具体的な異議申し立てを訴えようと努めていた女性たちは、無視されたり、見下した態度で扱われたりした。SDSの公式イデオロギーでは、抑圧の根源は資本主義であり、男性至上主義ではないとされていた。1967年から、女性たちからなる複数のグループが、自らの抗議を表明するために結成された。当初は「ラディカルな女性」と自称していた彼女たちは、SDSとの関係を断ち切り、ラディカル・フェミニストとして、あるいはより一般的には、ウーマン・リブとして知られるようになった。彼女たちの大義として特徴的なものは、男性による支配、あるいは「家父長制」が顕現したあらゆる物事に対する全面的な対抗だった。WITCH（地獄から来た女性国際テロリスト陰謀団）やレズビアン集団のフューリーズといった元々のグループは、反抗を称え、過激な抗議活動を行っていた。しかし、これらの過激派グループには、容易に周囲に伝染しうる２つの特徴をもっていた。すなわち、会合からあらゆる男性を排除したことと、男性支配に対する個人的な苛立ちを激しく議論したり、意識昂揚を行っていたりしたことだ[31]。女性解放運動は自然とキャンパスに移動し、人々――主として教授陣とその妻や大学院生――が集い、意識高揚を行い、彼女たちを取り巻く男性支配、すなわち性差別と呼ばれるようになったものに対抗するための組織形成が始まった。

高等教育における女性の台頭は、これら２つの系譜を、過渡期において結びつけるものだった。女性の権利を要求する動きが、これらの問題に関する組織的ネットワークの展開の背後で働く力だった。しかし鍵となったのは、主として意識高揚から生み出された、とてつもない鋭気（エラン）だった。フェミニズムへの転向は、宗教的体験に似ていた。女性が自分の経験を共有することで意識を高揚させたとき、女性の意識は社会や知的生活における男性支配を超えて、これらの物事が職場や家庭での生活をどのように囲い込み、阻害しているのかの自覚にまで高められた。フェミニストのレンズを通して世界を見ると、家父長制の現実と帰結は、無数の現象の中で明らかになった。怒りを覚えるだけでなく、女性は「虚偽意識」から解放され、この新たな信条に基づいてアクションを起こすようになった[32]。

フェミニストの告発には、十分な根拠があった。米国の――そしてその他のあらゆる国の――社会では、ジェンダー役割の差別と、男性と女性の行動や処遇を区分するという慣習が維持されていた。フェミニストによる議論で最も説得力のあるものは、職場に関するものだった。そこでは、男女間で区別された待遇は、明らかに差別的なもので、経済的な帰結も伴っていたからだ。高等教育における女性の機会は、20世紀のほとんどの期間で停滞していた。1910年に与えられたすべての博士号取得者のうち、女性の割合は11%で、1957年も同率だった。戦後のいくつかの傾向は、女性に不利に働いた。早婚と出産がキャリアの可能性を阻むという事態は、1950年代に抱かれていた固定観念を打破しようとした人たちにも当てはまった。GIビルによって、教授陣のキャリアに占める男性の数が爆発的に増加し、またアカデミック・レボリューションによって高められた競争的状況も、男性の有利に働いた。高度な教育を受けた女性は、「夫についていく妻」の立場にあることが多く、教職に就くことも少なく、文章を公にすることもめったにせず、家事を担当することに甘んじていた[33]。1970年には、高等教育の教授陣に占める女性の割合は24%だったが、その多くは学士課程の教授活動を行う機関に集中していた。社会の想定はこれらの現実を容認していたが、差別的な扱いを示す証拠は圧倒的だった。フローレンス・ハウは、アメリカ現代語学文学協会(MLA)の女性の地位に関する委員会を指揮した人物であり､次のように述べた。「私のフェミニズムは…イデオロギーではなく、統計的なデータに基づいて形成されたものだ。私は…実証的（エンピリカル）なフェミニストだった」[34]。

ラディカル・フェミニストたちは、ますます多くの論考を発表することで批判を展開し、鋭気と怒りを強めていった。その代表的な作品のひとつが、ケイト・ミレットの『性の政治学』(1970)だ。この文化的・文学的批評(コロンビアに提出した博士論文)を通じて、彼女は女性の従属的立場がいかに社会に浸透しているかを論じ、そこでは「家父長制的な一夫一婦制の結婚」も槍玉に挙げられた。彼女は、まずこの見解をキャンパスの講演で語り、程なくして*Time*

誌(1970年8月31日)の表紙を飾った。その頃にウーマン・リブは、メディアの注目の的になっていたものの、見下した、あるいは困惑した仕方で扱われることがしばしばだった。ウーマン・リブは、全米に渡る知名度は獲得したが、必ずしも支持者を獲得したとまでは言えなかった。しかし高等教育においては、この動きは具体的で達成可能な目標を掲げた反乱軍を形成し、それはすでに女性組織の数の目覚ましい増加を動機づけていた[35]。

1971年までに、125のキャンパスが女性の状況に関する報告書を作成し、50の女性グループが学術協会において公式に組織された[36]。各機関では、非公式な女性グループの働きかけにより、女性の地位に関する審議会や委員会、タスクフォースが設置された。人員が数えられることで、女性の過小代表や過小雇用はただちに記録されることになり、ミシガンでそうされたように、それはアクションを起こすための説得力のある根拠を提供するものだった。アファーマティブ・アクションやタイトルIXを考慮すると、大学はこれらの問題に対処するための計画を立てるほかなかった。女性委員会は通常、女性のニーズを満たすための追加措置を要求していた。1970年頃には、女性教員や大学院生は結婚していて、子どもがいることが多いと想定されていた。そのため、託児所の設置がいたるところで推奨されていた。また、パートタイムの学習に対するより柔軟な対応が、おそらく非伝統的な学生のためには必要だと理解されていた。女性のためのカウンセリングや、女性向けプログラムを監督するための、特別な専門の大学職員を置くという提案も、一般的に何らかの形で取り入れられた。女性委員会はしばしば恒久的な組織となり、フェミニスト・コミュニティの利益を公式に代表する場となった[37]。

女性たちはまた、専門職協会の内部で集会を組織することで、学術的な認知度を高めようとした。ほとんどの協会では、これらのグループを公式の審議会や委員会として組み込んだが、いくつかの集会は独立した、多くの場合はより攻撃的な組織として存続した。こうしたグループは、女性に関する新しい学問分野を推進することに、とりわけ意欲を燃やしていた。学問分野別の協会の指導者は、年次と学術実績に基づいて決まっていたが、それゆえに男性がなることが常だった。女性の集会は、こうした状況に挑戦するための手段となった。この支援のもと、女性カレッジでPhDを持たない助教だったフローレンス・ハウは、記入投票でMLA会長に選出された(1971)。彼女の選挙キャンペーンでは、学識よりも社会的アクティビズムの方が重要だと主張していた。MLAにおいて、ハウの在職期間は「無用なもの」だった、と彼女は表現しているが、彼女が会長となったことで、女性学とアカデミック・フェミニズムには傑出した公的権威が提供されたといえる[38]。

高等教育における女性運動の代表的成果は、女性学だ。最初の女性学プログラムは1969年にサンディエゴ州立大学で編成された。翌年にはコーネルが続いた。高等教育におけるイノベーションにしては、女性学は驚くべき速さで普及していった。1976年までには、270のプログラムが編成され、1,500の機関で1万5,000のコースが提供されるようになっていた。女性学はウーマン・リブの伝統から生まれたものであり、真の意味で草の根的な現象だといえるものだった。最初の数年間、ほとんどのコースは、フェミニストの非公式グループが立ち上げたものだった。そうしたグループは、カリキュラムを通して自身の大義を推進すべしという、切迫した必要性を感じていた。初期段階での彼女たちの努力により、多数の個性的なコースが生まれたが、その目的はひとつだった。最初のコースは、複数の領域から集まった先駆者たちがチームを組んで教えることが多く、そのため学際的なものが多かったが、シラバスが広く普及したことも相まって、程なくして一貫したパターンがみられるようになった。各機関がそれぞれの慣習に則って、十分な数のコースを修了証、副専攻、主専攻にふさわしいものと認めた場合には、女性学の「プログラム」が創設された。アメリカ研究や黒人研究では、新人の教員がスタッフとなる傾向があったが、それとは対照的に、実質的にすべての女性学のプログラムは、学内のスタッフをかき集めることで立ち上げられた。これもまた、女性学プログラムが自発的に設立されたこと、そしてフェミニストの鋭気によって生み出されたエネルギーを象徴している[39]。

女性学の中心にある目標は、当初から一貫していた。第一に、「学生や教員の意識を高揚させ…現在の、そしてかつての女性が従属的な立場にあることを知らしめること」、第二に、カリキュラムにおける女性の不在や曲解を是正し、「女性の失われた歴史や文化、そしてジェンダー理解を再構想する」ような研究組織を構築すること、そして第三に、「社会変革のためにアクティブに働きかけること」だ[40]。この基本的な方向性は2つのミッション、すなわち女性の、ないしは女性についての学術研究の促進、そして個人的回心と社会変革をもたらすための政治的アジェンダを結合するものだった。これら2つの使命は、女性学が誕生して数年間は、本質的に結びつけられており、相互に刺激し合う傾向にあった。

女性に関する学識は、広大な可能性の地平を開き、フェミニストの視座によって豊かなものとなった。歴史的に、社会制度や知的伝統は家父長制的なバイアスに満ちていることが、そうした視座から見られたときに明らかになった。他の研究は、無視されてきた女性作家や歴史的人物の貢献を再評価した。過去から現在に至る、女性に対する不平等な扱いは、容易に証明され得たが、多くのフェミニスト学者たちは、女性の差異の特異性を探究し、それに光をあてようと試みた。それに応じて、女性の経験は、女性たち自身の文学的・知的伝統を生み出した女性の文化を分離させることになった[41]。

学術やカリキュラムの面でも、女性運動は草の根の活動から、正式な財政支援を得るまでに発展していった。フォード財団の高等教育プログラム担当者だったメリアム・K・チェンバレンは、1971年末に女性運動のリーダーたちを集めて会議を開いた。これこそが、高等教育における女性プログラム誕生の契機となった。最初の数年間、このプログラムは女性学を専攻する教員や博士課程の学生にフェローシップを提供した。それに続き、1974年からは、女性に関する研究のための15箇所の大学センターを支援した。こうした大々的な取り組みにより、この分野の認知度と知的資源は大いに向上した。また、研究プロジェクトや研究センター設立の提案は学術的な規範に沿ったものでなければならなかったことから、それらは学術性を求めるものでもあった。加えて、フォードのプログラムは、女性の研究を促進する様々な事業、すなわちカンファレンス、フェミニスト・プレスへの支援、女性関連テーマをリベラル・アーツのカリキュラムに組み込む試みなどを推し進めるために、資金を多くの場合小規模助成金として用意していた。その成果として、1975年の小規模助成金により、*Signs: The Journal of Women in Culture and Society*が創刊された[42]。

女性学が引き受けた政治的使命は本質的に、敵を作るものだった。ラディカル・フェミニズムとウーマン・リブは、ニューレフトによるアメリカ批判を、性に関する言葉に転換することで生まれた。パトリシア・ガンポートが行ったフェミニスト学者に関する研究によれば、「全体的な緊張関係が…フェミニズムと学術の間には存在している」という。一部の者にとっては、政治的なコミットメントは依然として学術的なコミットメントに優越すると捉えており、そうした人々が女性学に引き寄せられていった。歴史学者は、歴史学自体が強固な実証的基盤の上に成り立っていたことから、この二分法の影響をあまり受けていないように見えた。しかしフェミニストたちは、学術的な知識の価値を低め、イデオロギーを優先することを正当化しうる認識論的な根拠を確保しようと、常に格闘していた。具体的には、ガンポートが次のように結論づけている。「論理実証主義と経験主義が、自然科学と主流の社会科学を支配していた…これらには、人間本性、実在、人間の知識の基礎、そして社会変革についての観念が備わっているが、それらは社会構成主義的な枠組みに基づくフェミニストの学問的前提とは、真っ向から対立するものだった」[43]。言い換えれば、アカデミック・フェミニズムは、本質的に主観的であり、科学や実証的な学問の領域では限定的な守備範囲しか有していなかったということだ。

主観性は、左派の学者や黒人研究の推進者が使うのと同じ、安易な論法で合理化されていた。つまり、既存の学術は、資本主義、白人至上主義、あるいは男性支配を存続させている点で本質的に政治的なものであり、それゆえに、マルクス主義者、黒人、あるいは女性の学術は、自らの政治的なバイアスを推進することが正当化される、というものだ。「学問は政治だ」というのが、魅惑のレトリックだった。こうした、アカデミックな学術と政治的アジェンダの二分法は、1980年以降により公然としたものとなる。ハーバードが1986年にようやく女性学プログラムを承認したとき、同大学は次のような免責事項が必要だと感じた。つまり、このプログラムは「『教条的』あるいは『イデオロギー的』なアプローチを助長することを目的としたものではない。…女性学は批判的な学問領域だ——だが、批判とドグマを混同してはならない」[44]。これは、全米女性学協会(NWSA)にとって問題のある区別だった。

全米規模の協会を設立することは、いかなる学術分野にとっても望ましい運命だが、NWSAが1979年に開催した最初の会合は、学術の推進を超えた野望の存在を明らかにした。この協会は臆することなく、この分野に関わる活動家をも受け入れた。「アカデミアとコミュニティの間に引かれた不毛な分断を受け入れること」を拒絶し、「女性学は、世界をすべての抑圧から解放するための武器を女性に与え、…フェミニストの目的を実現するための力［となるの］だ」。それは学術を排除するわけではないが、あくまでもアクティビズムこそが活動原理とされていた。しかしながら、この新たな協会自体にも、抑圧の疑惑がなかったわけではない。高等教育における女性運動を、その萌芽期から特徴づけていたのは、参加者が意識高揚の中で共有した経験を共感とともに確認し、協働して草の根的な取り組みを自発的に立ち上げるという、並々ならぬ仲間意識だった。しかし、今やイデオロギー的な断層が、女性同士の差異をめぐって生じた。黒人フェミニストたちは、白人女性学と呼ぶものを否定し、自分たちを黒人研究と連帯するものだと主張して、人種主義の旗を掲げた。また、異性愛志向(「敵と寝ている」)や、レズビアニズムの程度をめぐる対立は、70年代初期にラディカル・フェミニズムを荒廃させたが、今やそれは女性学運動の顕著な特徴となった。性的嗜好という連続体のうち、人がどこに位置しているかが、決定的なアイデンティティとなった[45]。特権性の問題が際立つにつれて、階層が3つ目の断層となった。これらは、研究が進展すれば解決するような学問的テーマではなかった。人種、階層、ジェンダーは、個人を定義するアイデンティティの問題を形成し、アカデミック・フェミニズムの理論、教授法、そしてアクティビズムに影響を与えた。専門職協会は通常、設立してから数年の間に、多くの場合は対立を通じて、自らを定義するものだ。NWSAの場合も同様で、アイデンティティ・ポリティクスとイデオロギーへの没入は、時が経つとともに深まっていった[46]。

加えて、1970年代の女性の台頭には、他にも2つの側面があり、それらは女性運動の外部に位置している。ハーバード、イェール、プリンストンという男性的な閉鎖空間で女性の入学が――他の男性のみに開かれた学校と並んで――許可されたことは、高等教育のそのセクターの文化に特有の理由によって起きた事態で、外部からの影響はほとんどなかった。インカレ競技への女性の受け入れ開始は、タイトルIXやフェミニストの支援を通じた、女性運動と結びついていた。しかしながら、先に述べたような展開とは異なり、インカレ競技への女性の参加は断固とした抵抗に直面し、推進の際には独自の論理が用いられた。

男女共学

1969年の秋、ハーバード、イェール、プリンストンの3校は、史上初めて、女性を学士課程カレッジに入学させた。ハーバードが提携カレッジのラドクリフに在籍する女性を完全に受け入れたことは、両校は60年代を通じてすでに障壁を取り除き続けてはいたものの、心理的に大きな一歩となった。しかしながら、プリンストンの決定は極めて画期的なものであり、男女共学化に伴うあらゆる可能性についての綿密な調査の集大成ともいえるものだった。キングマン・ブリュースター学長は、イェール・カレッジに女性を入学させるのを避けるために、連携校として女性カレッジを設立しようという無駄な努力を尽くしていたが、プリンストンの方針転換が明らかになると、すぐに降参した[47]。イェールとプリンストンの行動は、このセクターにおいて最も顕著なものであり、表舞台と舞台裏の両方の展開によって決定されていた。女性に対する態度は、両校で著しく変化した。1965年の時点では、女性を入学させるという計画に対しては、一般に反対意見が寄せられていたが、女性に対する態度は全米で進歩し、1969年には男女共学化は、卒業生の間ではともかく、学内では圧倒的な支持を得ていた。ますますリベラルな傾向を強める世論は、無形の要素だったが、それこそが学長たちに影響し、共学化は不可避だ――しかも有益だ――という結論を導くことを促した。もっと直接的には、入学希望者に見られた選好の推移が、両校において入学審査の際に警鐘を鳴らしていた。すなわち、2校が求めているような学生の多くが、男女共学のキャンパスへの選好を示していた。最も懸念されていたのは、準共学だったハーバードに比べたときの両校の競争的地位がひどく低下していたことだ。イェールとプリンストンはどちらも、学生募集の幅を広げようとしているところだった。このことは、男女別学での教育が肌に合わず、また魅力も感じていない応募者の層を開拓することを意味していた。

プリンストンにおける共学化についての包括的な報告書は、経済学者のガードナー・パターソンが作成したもので、そこでは明確に次のような結論が記されていた。「女性が入学することで、プリンストンはより良い大学になる」。またそこには――男女共学化にかかる費用は、懸念されていたよりもはるかに少なくて済むという――予想外の発見も記されていた。アカデミック・レボリューションの過程で、大学院教育、研究、各領域の教授陣が拡張していたため、学士課程の授業の拡張に活用できるだけの収容力の余剰が生まれていた。それに加えて、授業料の増加によって、その収容力を賄うことができた。このように、プリンストンその他では、女性を入学させることが、機関の学術的・財政的構造の検討を強いた。決定的に重要な問題は常に、何人の女性を受け入れるか、というものだった。どの機関も、男女共学化を導入する際には、男性の定員を減らさないように努めており、これこそがおそらく卒業生にとって最もセンシティブな点だった。イェールでは男性4,000人に対して女性1,500人、プリンストンでは男性3,000人に対して女性1,000人を目標にしていた。しかし、ひとたび女性が入学してくると、圧力によって、その数は否応なしに増えることになった。女性の入学希望者の質が高いほど、優れた女性の候補者が不合格になる一方で、それよりも能力の質が低い男性に席を譲るという事態が起きた。加えて、割当制（クオタ）は差別の汚名を着せられることになり、当初から非難の対象になっていた。イェールやプリンストンをはじめ、かつては男性専用だった大学は、すぐに割当制を廃止し、平等に男女の入学させるようになった[48]。この最終的な展開は、男女共学化が疑う余地なく成功したことを証すものだ。プリンストンとイェールが女性の受け入れを検討していたとき、主としてそのことがもつ男性への影響が考慮されていた。その後、補足的にではあるが、両校は女性に何を提供できるかを問うた。かなりたくさんのことを女性に提供できる、というのがその答えだった。才能に満ちた応募者層から選抜された「共学生たち（コーエドス）」は、学業面で男性を凌駕し、キャンパス内の活動ではすぐにリーダーシップを発揮した。男性が粗野な男性至上主義を言祝ぎ、実践し続けていたダートマス(1972年に男女共学化)を除いて、そこかしこのキャンパスが、より幸せで健康的な場所になったという証言がある[49]。各機関はまた、自らの目標も達成した。プリンストンやイェールのような一流の機関では、男女を問わず、より優秀な候補者からの応募が増加した。

1969年以降の男女共学化は、単なる流行から群衆行動の段階にまで加速した。1969年から1972年にかけて、女性は次の機関で受け入れられるようになった。北東部のエリート男性カレッジ、研究大学のカリフォルニア工科とジョンズ・ホプキンス、南部のデュークとバージニア、そして主要なカトリック系大学――さらに数年後には、一足遅れた機関(1975年にアマースト)が続いた。プリンストンとイェールが示した前例が、これらの決定を容易にしたことは間違いない。実際、プリンストンのパターソン報告を参考にした学校もあった。これらでも、同じ要素――平等主義的な時代精神、財政的な懸念、入学審査にかかる競争――が共学化の決定を後押ししていた。これらの学校の多くは、財政難が共学化による拡大とスケールメリットによって解決できることを予見していた。これらの機関もまた、最も求めている人材にとって男女別学のキャンパスの魅力が薄れていることや、限られた男性志願者層から追加で選ばれた学生よりも、女性の方が高学力だという事態に直面していた。これらの学校は、自組織の利益のために男女共学化を受け入れたのであって、女性の教育に貢献しようとしてそうしたのではなかった[50]。だが結局は、それらがなした貢献も甚大なものになった。エリートのカレッジ・大学の男女共学化は、女性の教育とキャリアにとって、大きな前進となった。それ以前には、成績優秀な女性は、最高峰に位置する機関の限られたリスト――スタンフォード、コーネル、ノースウェスタン、シカゴ、スワースモア――から選ぶか、セブン・シスターズのような閉鎖的文化を有する機関に通うかしかなかった。それが今や、アイビー・リーグ、ニューイングランドにある最高のリベラル・

アーツ・カレッジ、あるいは以前は入学が制限されていたトップの大学にも、通えるようになっていた。しかし、女性の台頭を記念するこうした達成は、女性カレッジに恐ろしい脅迫を突きつけるものでもあった。

選抜性の高い女性カレッジは、男性のみ受け入れていた機関と同種の、財政的、そして入学審査に関する課題に直面していたが、多くの場合はより深刻だった。先述のように、名門校が女性を受け入れるようになったことで、女性カレッジに応募する志願者層から、特に学力の高い者の数が明らかに減少した。男性を入学させれば、入学者の数は増えるが、志願者の質は向上することはない。それでも、バッサー、コネチカット、ベニントン、そして1969年のサラ・ローレンスなどを含む多くの女性カレッジは、この危険な賭けに挑まざるを得ないと感じていた。しかし、1960年代以降、フェミニズムの影響が強まったことで、こうした措置は再考されることとなった。スミス・カレッジは、男女共学化の是非を問う1969年の学生投票で2/3の賛成を受け、そのまま共学化のトレンドに加わるかのように見えた。この問題について必須とされた徹底的な調査の結果、共学化は「望ましい」、「実現可能だ」という、概して肯定的な評価しか得られていなかったが、女性運動の高まりによって共学化を進めることについての疑惑が生じた。1971年に行われた卒業式におけるグロリア・スタイネムの刺激的なスピーチが触媒となってスミスが刺激され、女性のより広範な意識改革の先頭に立つよう促されることになったのかもしれない。その他の複数の要因も、共学化の拒絶につながるものだったが、そもそも時代精神が以前とは変わっていた。スミスの学生の2/3が、今や女性カレッジであり続けることを支持していた。ウェルズリーも同様の経過を辿った。1969年から1971年にかけて行われた長期的な調査では、男女共学化が推奨されていたものの、学長がそれに反対し、評議員会もそれと同意見だった[51]。男女共学化を受容するにせよ拒否するにせよ、これらのカレッジが直面している内在的問題は解決されなかった。カレッジ卒業資格の価値が全般的に低下する中、これらのカレッジの状況は平均よりも悪いものになっていた。スミスやウェルズリーでは、1970年代にSATスコアが100ポイント以上低下したが、バッサーでは200ポイント近く低下していた。実際、選抜性の高いあらゆる私立の機関は、最優秀層の学生の獲得をめぐって、暗黙的ないしは明示的な競争状態にあり、以前は男性専用だった主導的カレッジの拡張と魅力によって、ネガティブな影響を受けていた[52]。

タイトルIXと女性の運動競技

男女共学化の大部分が女性運動(ムーブメント)の最前線で起こったものだとすれば、女性の運動競技(アスレチックス)へのタイトルIXの適用は、それに後続する結果だった。女性の運動競技への参加は、60年代半ばから中等・高等教育では増えていたが、伝統的な性役割が支配的だった。女性アスリートたちは、ジェンダー役割を超えることを意識してか、フェミニズム以上に女性らしさを強調することが多かった。女性の運動競技は、独立した複数の女性の体育教育領域(フィジカル・エデュケイション・デパートメンツ)によって管理されており、それらは健康、レクリエーション、そして教育にまつわる価値に基づいた女性のモデルを支持していた。彼女たちは、男子スポーツの商業主義や競争主義を排する一方で、協調性やスポーツマンシップといった美徳を高めようとしていた。1971年に設立された女性インカレ運動競技協会(AIAW)は、そういった確立された関心を代表する団体だった。例えば同協会は、学生の勧誘やスポーツ奨学金の支給を禁止し、その方針を緩めることを強いられるまでそれを続けた。タイトルIXは、こうした意図的な不平等というエートスに反するものだったが、その含意は当初は明白ではなかった。HEWが1974年にガイドラインを策定し始めたとき、NCAAは収入源となるスポーツ(すなわちフットボール)というドル箱に対して何らかの口出しをしてきそうな要素は、すべて排除しようとした。だが、この努力は一方で、女性運動の視線を陸上競技に向けるという反作用を引き起こし、より毅然とした女性の運動競技を管理する集団を出現させることにもなった。1975年にHEWが発布した規制は、収入源となる男性スポーツの利益を認めつつ、女性の公平な扱いのためのガイドラインを創設するという、過渡的な妥協案だった。しかし、この規制には3年間の猶予期間が設けられており、その間にほとんどの大学はほぼ何も実行しなかった。猶予期間が過ぎた後、HEWは新たに、より包括的な諸々の規制を準備しており、それらは1979年に公布された。1970年代後半には不平不満が殺到したが、HEWは女性の運動競技よりも重要性の高い公民権の事項を優先していたため、対策は散発的だった。その後のレーガン政権も、タイトルIXの施行には何の関心も持たなかった。女性スポーツは、最初に盛り上がりをみせた後には、自らの動因で展開しなければならなかったというわけだ[53]。

ハワード・ボーエンが提唱した有名な法則によれば、大学は可能な限り多くの資金を集めた上で、そのすべてを使いきってしまう。運動競技部門は、集めた金をすべて使う――それに加えて、さらに多くを使う。女性たちは、収入のないスポーツにはほとんど資金を提供しようとしない運動競技部門の予算から、公平な資金を獲得するために、長く困難な道のりを歩むことになった。1970年代、女性チームの予算は、男子チームの予算の数分の一に過ぎず、1975年の規定で平等化のために必要だとされた項目――機材費、旅費、施設費、給与等――ですらそうだった。しかし、厳しい予算の中でも、女性の運動競技はなんとか成長していった。アスリートの数はタイトルIX後の5年間で倍増し、10年後には、多くの熱心なコーチのおかげで、全米でも名声の高いチームが誕生した。タイトルIXにより、競争的なインカレ競技という、男性モデルへの移行を余儀なくされた。NCAAが1980年にいくつかの女性スポーツの全米選手権を主催するようになると、AIAWにも終止符が打たれた。女性の運動競技は、1980年代の間、逼迫する予算や施行の遅れをものともせずに成長を続け、90年代に状況が改善されると飛躍的に躍進した[54]。女性の運動競技の内的ダイナミズムの大部分は、タイトルIXによって可能になったものだ。タイトルIXが成立したことで、大学がまずコーチを雇い、女性向け体育の時代にあったチームをアップグレードすることが促された。平等を実現するための命令と規制は、連邦政府によって緩やかにしか施行されていなかったとしても、女性が所属機関で自らの大義を貫くための大きなテコ入れとなった。女性プログラムへの支援は、男性のためのパイからもぎ取られたものではなく、むしろ商業的なインカレ・スポーツの収入増加からかろうじて捻出されたものだった[55]。しかし、女性インカレ競技の急成長を駆動したのは何よりも、自らの能力を高め、最高のレベルで競い合わんとする、女性アスリートの熱意と献身にほかならなかった。

スポーツ史家のロナルド・スミスは、女性スポーツの変革を「アメリカのインカレ競技における最大の改革」と呼んだ。それはまた、女性が運動競技の機会を確保し、それを男性と同等のものにまで高め得たという意味で、女性の台頭における新たな節目でもあった[56]。こうして、トップレベルのカレッジ・大学のすべてが女性に門戸を開いたこと、そして女性運動競技の地位向上、この双方が、アメリカの女性にとっての、ジェンダー平等の顕著な達成を代表するものだった。学術の世界では、女性運動とアファーマティブ・アクションが同様の成果を上げたといえるが、それはフェミニストの野望には及ばなかった。女性運動の一部は、学習や学術キャリアの機会が自分たちの望むような仕方で得られたことを認めず、家父長制の存続によって抑圧されていると未だに感じ、それをアイデンティティ・ポリティクスの基礎に据えた。しかし、1970年代以降に高等教育機関に入学した女性たちは概ね、被害者としてのアイデンティティを引き受けるよりも、新しい機会を最大限に活用することを好んだ。

70年代の転回：学生

1968年頃から、アメリカの高等教育の客層は徐々に変化していき、誰が、どこのカレッジ・大学に、なぜ通うのかという問いの答えも変わりつつあった。リベラル・アワーの黄金期には、学生は伝統的なカレッジ・大学に集い、それによって入学基準も高められた。だが70年代半ばまでには、新入生の大半がコミュニティ・カレッジへの入学を選ぶようになった。また4年制大学に入学した学生の方も、往々にして、学力が低く、学問的関心も弱かった。1960年代後半には、リベラル・アーツの卒業生の比率は最盛期より下回り、代わりにビジネスが最も人気のある専攻になった。1968年以前のアメリカ経済は、あらゆる種類のカレッジ卒業生に対する飽くことのない需要があったように見えたが、その後、カレッジ卒業者向けの就職先を卒業生の数が上回り、卒業生全体の相対所得は減少した。学生の理想主義も同様に萎縮し、カレッジ進学の主要な動機は経済的なものになった。カレッジの魅力は、特に男性にとって薄れていき、それにつれて進学者が少なくなり、1960年代の末には女性が過半数を占めるようになった。カレッジ側は、多数の熱心な入学希望者の中から学生を選ぶことに慣れていたが、今や高等教育の「消費者」が望むものを提供することで入学希望者を惹き寄せようとしていた。

1960年代における高等教育の人口動態の大幅な拡大により、あらゆる社会集団の参加が拡大し、あらゆるタイプの教育機関への入学者が増加したが、60年代の終わりには、伝統的入学パターンが限界に達した一方で、非伝統的経路は依然として拡大しているように見受けられた。この描像は過度に単純化されたものだが、1970年代の人口動態の変化を抽出し説明するための出発点にはなるだろう。最初に頭打ちになったのは私立のカレッジ・大学で、その中心的な顧客は、伝統的なカレッジ進学層に属する伝統的な学生だった。私立機関での新入生の受け入れは1965年にピークに達し、その人数は約40万人だった[57]。その後の数年間、入学者数はこの水準をわずかに下回る程度で推移し、20年以上にわたってそれを大きく上回ることはなかった。全体として、私立の入学者数は、大学院やプロフェッショナル・スクールでの漸増によって緩やかに増加したが、学士課程の学生の不足状態は私立カレッジに困難をもたらした。このことについては次節で述べる。

公立の4年制機関の新入生は、その10年後の1975年にピークを迎えた。だがその間に、コミュニティ・カレッジへの入学ないしはパートタイムで学ぶ新入生の数が、より急速に増加した。こうした展開は結局のところ、学士課程教育の生産性を低下させた。1967年には、年齢コホートの20%が学士号を取得していた。1974年は、1970年代で最も多くの学士号が授与された年で、卒業生は26%にもなった。だが、1980年には22%にまで低下した[58]。準学士号については、1970年に年齢コホートの6%が授与されていた状態から、1974年には10%、1980年には11%へと上昇している。1975年以降、アメリカの高等教育は、その歴史上初めて成長を止めた。1970年代末の漸増は、コミュニティ・カレッジに限られており、このことは伝統的なカレッジ・大学の魅力が相対的に低下したことを示していた。しかし、男女別に見ると、2つの異なる物語が浮かび上がってくる。

1961年から1969年にかけて、女性の入学者数はおよそ2倍になり、これは男性も同様だった。その後10年間で、女性の入学者数は男性の10倍の割合で増加した(56%対5.5%)。1970年代末には、高等教育の学生の過半数を女性が占めるようになり、その後も女性の優位性は高まり続けた。1976年以降は、準学士号の取得者の過半数が女性になった。同様に、学士号は1982年以降、修士号は1987年以降、博士号は2006年以降に、女性の取得数が半数を超えた。学士課程教育における女性の優位性は21世紀に入って安定したように見え、学士号の4/7を女性が取得している[59]。この現象は、ほぼすべての先進国における高等教育システムにおいてすぐに反復されることになり、世界全体における教育の制度化の核となる文化的特徴だと言える。これは、権利革命の一部だった[60]。それでも、この革命は、1970年代の合衆国で、この時代の特異な条件のもとで初めて起きたものだった。

女性の行動の変化の背景には、社会規範の変化があった。1967年には、女子ハイスクール生の43%が「結婚した女性は就職すべきではない」と考えていた。だが、その6年後には17%にまで減少した。この重要な時期に女性たちは、自分たちは男性と同じ権利と機会を期待できるのだという、数多のシグナルを受け取った——プリンストンとイェールの男女共学化、メディアで広く報道されたウーマン・リブ、そして連邦政府の動きの中でも、連邦議会での憲法修正条項の通過(未批准)などがあった。女性たちはハイスクール時代から、より野心的な教育戦略を採用することでこれに応えた。カレッジ進学を後押しした要因のひとつは、より良い準備をすることであり、具体的にはより高度な数学と科学のコースを受講することが助けになり、1972年から1982年という過渡期にその数は最大になった。カレッジで女性は、ビジネスなどの以前は男性のものだとされた分野に進出し、そこでの学位取得者の割合も1971年の9%から1985年には45%に増加した。女性にとって、このような行動をとるための経済的インセンティブが豊富に存在した。非カレッジ卒の女性の賃金の低さが主な原因となって、女性のカレッジ賃金プレミアムは常に高かった。だが、生涯所得は雇用が途切れることによって落ち込んでいた。今や女性たちはキャリアに専念するようになった。1968年に30%だった就職希望者の割合が、1979年には80%になった。女性はより高収入の職へのアクセスを得ただけではなく、生涯雇用のパターンも男性に似たものになり始めた。このような教育による上昇は、当初は高SESの女性が牽引していたが、最も顕著な逆転現象はおそらく、低SESの家庭で起こった。後者の家庭は、もともと息子の教育の方を娘よりも優先しており、男女の格差はこの社会階層で最も大きかった(第2章)。しかしこのパターンは1980年代には完全に逆転した。カレッジ進学における女性の割合の優位は、社会経済的地位が真ん中より下の家庭の子どもたちの間で最大となり、男女の進学率は正反対の方向に変化した[61]。

女性の増加に比べ、男性の減少については、より推測の域を出ないものになる。ベトナム戦争が男性の「過剰入学」を引き起こしたとされることがあるが、その割合は4-6%と推定される[62]。18-19歳の白人男性の入学率は、1971年の44%から1974年には35%に下落した。経済的な根拠は、1970年代を通じてカレッジ賃金プレミアムが低下していたことに見出すことができる。加えて、1969年の時点で早くも、カレッジ卒業生向けの仕事が不足していることについて広く喧伝されていた(下記)。入学者数が最も減少したのは下位中間層の男性で、それは彼らが雇用市場の影響を最も受けやすかったからだが、どの所得層においても入学者数の減少は明らかだった[63]。しかし、カレッジの拡大と誇大広告の勢いによって、カレッジで成功するための準備、知的能力だけでなく意欲にも乏しい学生の割合が増えており、そうした学生の多くは男性だった。男子ハイスクール生は、概して女子ハイスクール生よりも宿題をせず、成績も低かった。それでも、フルタイムの1年生として入学した男性は、1970年には女性より20万人多く、1975年には12万人多かった。1974年には男性の学士号取得者が女性を11万人上回り、1979年には3万3,000人上回っていた。ここで初めて、女性の方が男性よりもカレッジ卒業率が高くなった。1972年、4年制大学に入学した新入生のうち、平均B判定以下だった男性は39%だったのに対し、女性は22%だった。準備の不十分な(あるいはやる気のない)男性は、継続して在籍する割合が低く、経済的リターンがマイナスとまではいかなくても、貧弱なものになっていた。卒業までの継続在籍率の低さは､マイノリティの学生にとっても問題だった。彼らは､一般的にカレッジに向けたハイスクールでの準備が不十分にもかかわらず、進学への強い誘引を受けた層だった。彼らのカレッジ継続在籍率は、1970年代半ばには白人学生と同程度にまで上昇したが、その割合は維持されず、1980年代には5ポイント低下してしまった。

学業成績は、平等主義的なレトリックの中で、ほとんど軽視されたり無視されたりした。1970年、拡大主義に沸くACEの会議は、次のように勧告した。「合衆国の高等教育は、『カレッジ学生』を再定義するために、長い時間をかけて努力しなければならない」。しかし、より冷静な経済学者たちは、1975年に次のように書いている。「高等教育レベルでの教育機会の平等をさらに進めるには、おそらく初等・中等教育レベルでの学業成績の向上が必要だ」[64]。このようなことは、実際には起こらなかった。学業成績と学校教育の質は、1970年代には、実際には悪化していた。

SATの得点低下を調査した公式諮問委員会は、1970年以降、学業成績があらゆるレベルで低下していることを明らかにした。委員会は、その原因が学校と社会の両方の状況にあるとした。最も急降下したのは1972年から1974年で、それは学校における権威の喪失と、アメリカ社会における「散漫な」展開に続く時期だった。学校では、カリキュラムが細分化され、読み書きに重点が置かれなくなり、生徒のモチベーションが目に見えて低下していた。委員会のさらなる推測によれば、家庭環境も学習に対する支援体制も弱まっており、テレビの見過ぎも悪い影響を及ぼしているのではないかとされた。生徒の学習に関する他の指標も、まさに1970年代前半の同じ時期に、同様の減少を記録している[65]。原因については推測の域を出ないが、学業成績が低下しているという結果の方は十分に明らかだった。卒業生総代の間でさえ高得点者が少なく、知的大志は弱体化し、リベラル・アーツが輝きを失う一方で職業に直結した専攻が人気になり、新入生の大半がコミュニティ・カレッジに入学し、そして男性にとって、「学歴の長期的な趨勢が事実上崩壊した」[66]。

ベビーブーマーの先頭集団は、1964年から1968年にかけてカレッジに入学したが、彼らの学業成績は高かった。1970年に行動のシフトが初めて見られ、1975年には完全な転換点に達したことが明白になった。1972年から1985年にかけてこの傾向は底をついたが、そのときビジネス領域の学士号は92%増の11万2,000人にまで達した——これは、教育学領域の学士号で減少した分を少し上回る数字だった。英語学の学位は54%減、歴史学は63%減、そして社会科学で下がり幅が最も大きかった社会学は61%減だった。心理学では両方の動きがあり、男性の卒業生は7,000人減り、女性は1万人増えた。知性後退は、新入生の態度に表れていた。1969年には82%が「有意義な人生哲学を抱く」ことが「非常に重要」だと感じていたが、1985年にそう答えたのは43%だけだった。その代わり、「経済的に非常に裕福になる」ことを望む人は40%から71%に増加した。同様に、1960年代後半には男性の2.1%、女性の1.5%がカレッジ教員を目指していたが、1985年にはそれぞれ0.3%と0.2%になった。学生がリベラル・アーツを見捨てただけでなく、トップクラスの学生でさえアカデミアから疎遠になり、この傾向は1970年から1975年にかけて特に顕著だった[67]。

学生の行動に見られたこれらの変化は、アメリカ経済における決定的な変化に呼応していた——悪い方向に。経済学者のロバート・J・ゴードンは、1920年から1970年までの半世紀を指して、生産性上昇の「1つの大きな波」と呼んだ。この時期、実際に生産性は年平均2.82%上昇していた。しかし、1970年以降は、生産性の伸びは1.62%に低下した。「大きな波」を牽引していた技術的、社会的、そして人口動態的な要因が枯渇あるいは減少したからだ。こうした変化は、生活水準の向上を阻害し、経済的不平等を拡大させるなど、長期的に大きな影響を及ぼした[68]。同時代の人々にとっては、1969-1970年、1973-1975年、1980-1982年の不況、そして10年にわたるアメリカ史上最高のインフレ率など、目に見える形でその影響が現れた。これらが、この国で最大のカレッジ卒業生コホート群を直撃した状況だった。

カレッジ卒業者の就職市場が下降に転じたのは1969年で、この年は経済が低迷し、卒業者数が急増していた時だった。雇用に対するベビーブーマーの影響は、やや遅れたが、それは最初の世代の多くが就職ではなく、大学院進学を選んだからだ。しかし、カレッジ卒業生は1968年から1974年にかけて50%増えた――実に30万人の増加だった。カレッジ・大学では、この10年間の残りの期間、90万以上の学士号を授与し続けた。1975年、経済がどん底の時期、人文・社会科学系の新卒者の16%は職を得ることができなかった。幸運にも就職できた卒業生の初任給は、1960年よりも実質的に低かった。カレッジ賃金プレミアムは1960年代に大きく伸びていたが、1970年代末にはその上昇分はすべて失われていた。学生の行動は、こうした経済的な動きに沿ったものだった。少なくとも白人男性については、継続在籍率が低下した。職業に直結する専攻はリベラル・アーツを上回った。そして、学生はコミュニティ・カレッジに進学することで高等教育への投資額を抑えた。経済学者のリチャード・B・フリーマンは、1970年代の半ばにこうした傾向を分析し、次のような予測を立てた。「深刻な『過剰教育』の時期が10年ほど続く見込みにあった」が、その後訪れる新たな均衡においては「より低い頭打ち状態になるだろう。過去とは対照的に、高等教育は相対的に高い給与や職業的地位への確実な『保証』ではなく『あまり重要でない（マージナル）』投資となるだろう[69]。

教育の拡大と新型社会

フリーマンの過剰教育という悲観的な診断に、同時代の多くの論者も共鳴していたが、それは教育の拡大に対する広く共有された信仰とは矛盾するものだった。これは、現実がイデオロギーと対立する事例のひとつだった。拡大主義的なイデオロギーは、合衆国を越えて広まっていた。ジョン・メイヤーらが描いたように、それは世界的に見ても「よりリベラルで、民主的で、発展を続ける社会のモデルであり、そこでは将来の進歩は教育の拡大によって築かれうる」とされていた。

> リベラル派の支配が、まったく新しい世界的政治秩序を創出した。際限なく拡大された教育の美点についてのあらゆる種類の教説が吹き込まれた、政府組織と非政府組織で埋め尽くされた秩序だ。

この新しいモデルは、「教育と社会に関する旧来の閉鎖的なモデルを、過剰教育や没価値状態(アノミー)という懸念とともに、根底から覆した」[70]。

アメリカの高等教育の発展についての上記の記述が多くの点で示したこととは、そういった「政府組織と非政府組織」が、最初は伝統的なカレッジ・大学の拡大を通じて、そして1970年以降は万人のための教育というビジョンを掲げるとともに、暗黙裡にあるいは明示的に、この新しいモデルを推進してきたということだった。州政府は学士課程教育について、そして連邦政府は大学院教育について、それぞれ供給を増やすことに大部分責任を負っていた。1972年の教育改正法により、(理論上は)希望するすべての人が進学するための教育費が供与されることになった。様々な非政府組織がイデオロギー的な支援を行った。AAJCは、財団の支援を受けて、その拡大を粘り強く支持した(第4章)。ACEも一貫して拡大主義の方針を貫き、1971年には"Higher Education for Everybody? Issues and Implementation"と題するカンファレンスを主催した。「非伝統的勉学に関する審議会」は、宣伝目的の報告書を3編発表した(1972-1974)。おそらく最も影響力があったのは、カーネギー審議会だろう。カーネギー審議会は、第5章で述べたような拡大主義の立場に加え、具体的な継続在籍率を80% (1971)と90% (1975)にすることを目指す研究を後援した[71]。拡大主義のイデオロギーは、カレッジ卒業者と適切な雇用の間の不均衡がますます大きくなっている事態を合理化した。フランク・ニューマンの高等教育タスクフォースは、ハイスクール卒業者がカレッジ進学を遅らせたり、他の形態の学校教育を受けたりすることを実際に奨励した一方で、新プログラムを新たな学生に提供するための組織的実験を行うことも同時に支持した。この目的のために、カーネギー審議会は、より柔軟な学位構造と生涯学習を推奨した[72]。様々な議論や提言があったが、いずれも新型社会の拡大主義的イデオロギーを支持するものだった。1970年代初頭には、中等後教育における拡大の勢いは、非伝統的学生や非伝統的機関によって維持することができるという意見の一致があった。

非伝統運動(ノントラディッショナル・ムーブメント)は、イデオロギー的に類似した3つの現象を結びつけた[73]。この運動は、1960年代後半に盛んに喧伝された、伝統的な学問のあり方に対する批判から、インスピレーションとレトリックを得たものだった。学生や改革者の不満は、コース、講義、学位修得のための単位、試験、成績のすべてを置き換えたり再構成したりする多くの取り組みや実験を促した――これらはみな、学習経験を解放することを目的としていた。これらの取り組みは、主に伝統的なカレッジ・大学、あるいはその目的のために設立された下位部局における教育の再構築を目指したものだった。だが、こうした革新的な取り組みやそれを動機づける精神は、成長していた非伝統運動が掲げる理想主義的な目標に貢献した。この運動はまた、伝統的な高等教育にはほとんど姿がなかった「新しい」学生を獲得することにも、主要な関心を寄せていた。1960年代後半には、これらの取り組みはアフリカ系アメリカ人に強く集中し、他の低所得者層にもリップサービスを行った。目標のひとつは、そうした人々の伝統的なカレッジ・大学への入学を支援することだった。だが、これらの諸目的を達成するためには、特別なプログラムや制度も必要なことが認識された。1970年には最終的に、成人学生やパートタイム学生の重要性が強調されたことで、新たな学生に手を差し伸べるという使命は、人口のすべての層に一般化されるに至った。非伝統運動は、すべての市民の、人生のあらゆる時点における教育ニーズに応えるものとして構想された。

非伝統運動は、いくつかの理想を掲げることで、既存の高等教育とは一線を画していた。それは「各個人が一人の人間としての潜在力を発揮するために必要な量と種類の教育を、誰しもに保証するという目標」を尊重していた。この大望は、個人の行為主体性と人権という、グローバルな新型社会の中心的な信条だった文化的理想を反映したものだ。このような目標はユートピア主義的ではあるが、文化的な理念として、非伝統運動の信奉者にとっては、議論の余地なく正しいものだった。また、より実践的な理想として、非伝統的な教育は多様な人々に届くために柔軟でなければならない、というものがあった。すなわち、「教授と学習は、学生にとって都合の良いときに行われるべきだ」。諸々の機関は直ちにこれに従った。ほとんどの州立大学はすでにエクステンション部門を擁しており、それらは容易かつ安価に拡張することが可能だった(そして、実際に拡張した)。さらに驚くべきことに、苦境に立たされていた多くの私立カレッジが、エクステンション部局や、主に職業的な科目で学外学位を創設した。ウェイン州立(およびその他の機関)は、週末にすべての科目を教えるユニットを勤労学生のために設立した。あるロングアイランドの大学は、通勤者のために、電車の中で授業を提供することを試みた。この運動はまた、教育を正規の機関から解放することを支持した。こうした動きの代表が、人生経験や職務経験に対してカレッジの単位を与えるというものだった。この魅惑的なアイデアは、効果測定と認証評価という重大な困難に直面したため、より柔軟性のある新しい機関に支持される傾向があった[74]。最後に、非伝統的機関は、最初の理想に沿って、教育プログラムの個別化を、特に学習契約によって図った。

これらのアイデアの多くは、以前からアメリカの高等教育で試みられていたものだったが、1970年代前半はそれが輝く時期だった[75]。主要な州ではどこでも、こうした目的のために学外学位の取得を目的とした新たな機関が設立された。1971年、SUNYのアーネスト・ボイヤー総長は、エンパイア・ステート・カレッジを設立した。これは、学生が自分の教育ニーズ、目的、取り組みレベルを決定できる、学生中心の成人教育を提供するカレッジだった。学生は教員メンターと共に、コース、自主研究、滞在、そして仕事や人生経験を通したこれまでの学習に対する単位などからなる学習計画を立てる。同校はSUNYの資金力に支えられ、学位取得を目指す何千人もの成人のためのリソースとなった。ミネソタは、より資金に乏しかったが、メトロポリタン州立大学(1971)を設立した。これは、非伝統的学生に対し、これまでの学業や人生経験をもとにした単位を組み込んだ、学位を提供する上級機関として位置づけられた。目に見えるニーズがないにもかかわらず、高等教育起業家の努力によって設立されたこの大学は、1970年代には賃貸のスペースで、主に非常勤教員によって運営されていた。その特徴は、個別に決定された学位計画に基づくコンピテンシー・ベースのカリキュラムだった[76]。

「新しい」学生を受け入れるために一般的に採用された方策には、次のようなものがあった。「学位取得に必要な時間の短縮、人生経験に対する単位認定、監督の度合いが比較的少ない自主研究の大々的活用、[そして] 学生のキャンパス通学を要求するのではなく、プログラムの方を学生に届けること」[77]。これらの実践は、コンピテンシー・ベースの教育や学位計画・契約に固有のものだった。このようなアプローチが、高度な資格を持つ教授陣やメンターによって良心的に用いられれば、非伝統運動の擁護者の目標の一部を達成することができるかもしれない。そうでない場合は、学習を短絡化し、学位を安売りする可能性を高めることになる。機関は、このような取り組みを展開する上で、連邦政府の支援を期待することができた。FIPSEは、このような教育を「お届け」する取り組みを支援した。1974年、FIPSEは、非伝統的学生だけでなく、通常の学生に対しても、コンピテンシー・ベースの教育を推進するための特別プログラムを開始した。コンピテンシー・ベースのカリキュラムは、各領域の支配に挑戦し、あわよくばそれに取って代わることを明確に目指したものだった。しかし、普通のカレッジ・大学ではこれらはうまくいかなかった[78]。

これらと同じ手法は、従来とは異なる「古い」(カレッジ年齢の)学生を受け入れようとするカレッジにとっても魅力的に映った。つまり、上位層や中間層以上の家庭の学生で、硬直的・伝統的なカレッジ課程に耐えられず、代わりに自分自身のアイデンティティを表現することを求める層だ。このような志向に応えるための実践として、個別化されたカリキュラム、体験学習、自己生成型のうわべだけの教育プロジェクト(クアシ＝エデュケイショナル・プロジェクト)などがあった。このような実践を中心にカリキュラムを編成した機関は少数だったが、多くの機関は、これらの非順応主義者(ノンコンフォーミスト)のためにサブユニットを設けた。これらの実験は、1960年代後半に起きた学問のあり方に対する批判と、解放教育(リベレイティング・エデュケイション)への志向に根ざしていたが、1970年代初頭の非伝統的な時代精神に融合していった。これらには、「上位層のカウンター・カルチャーの避難所」という不名誉なレッテルを貼られている[79]。社会スペクトラムのもう一方の極では、「壁のない大学」がモーガン州立に開設された(1971)。これは、開かれた入学審査、パフォーマンス基準、学習契約を通じて、低所得のマイノリティ、女性、囚人、退役軍人にリーチしようとするものだった[80]。

非伝統運動は、本質的に供給主導の現象だった。支持者は、中等後教育がすべてのアメリカ人に提供されるべきだという信念に突き動かされていた。上記のような機関がこの目的のために設立されたが、それらは都市部の大学や通信教育で長年行われてきたような成人教育プログラムの需要や必要性についてはほとんど知らないでいた。非伝統的学習委員会はサンプル調査を実施し、18歳から60歳までの7,900万人のアメリカ人が何らかの制度的な教育（フォーマル・エデュケイション）を望んでいることを教育関係者に確信させた[81]。非伝統的学生の定義が不明確なため、その数を正確に決することはほとんど不可能だが、1970年代にはアメリカの高等教育の輪郭は変化したといえる。伝統的なカレッジの構成員である18歳から24歳のフルタイムの学生は、入学者の60%から50%に減少した。パートタイムの学生がこの10年間の成長分の64%を占め、この増加分の学生のうち71%は女性だった。24歳より上の女性のパートタイム学生の割合は、この10年間で58%から70%に増加し、成人男性が46万人のみ増えていたのに対して、実に124万6,000人もの増加となった。いずれにしても、1970年代のアメリカ高等教育は、成人学生やパートタイム学生を対象とした新しい機関や既存の機関の新しいユニットという新たな次元を獲得したことになる。これが、非伝統運動の理想的ビジョンに合致していたのかどうかは、また別の問題だ。

非伝統運動に内在する脆弱性は、学問的知識の本性に対する拒絶や無理解に起因するものだった。アカデミアのルールに従っていては目標を達成できないことに気づいたこの運動は、伝統的な高等教育を否定し、カレッジ学生とアカデミックな学びを再定義しようとした[82]。しかし、学問的知識は容易に退けられるものではない。理想的には、それは客観的な証拠に基づき、普遍的な性質を持つことを目指すもので、継続的な進歩と解釈に開かれた動的なものだ。学問的知識に浸ることで、読解、執筆、計算、思考における能力の水準が高まるとされる。幾世紀にもわたる西洋の学問的伝統の基盤は、1970年代には様々な視座から非難されたが、この伝統は大学の知的実践の中核として存続していた。非伝統運動は、主観的な経験、具体的な達成、そして情報の取得に基づく、他の形態の学習を正当化しようとするものだった。このような学習には一定の価値があるかもしれないが、それがカレッジの単位として認められるに値するかどうかについては、多くの人が疑問視していた。アメリカの高等教育システムは、それまでも学位の質におけるグラデーションの幅広さに対しては非常に寛容だったが、1970年代にはおそらくさらに寛容になった。しかし、教育ある人々の間では、学位の違いとそれらの相対的な質に対する認識は、根強く残っていた。

学位計画や契約の根底にある希望的前提とは、学生は自分の学習目標を定めることができる、というものだった。これは、メンター(というよりたいていは監査役に近い存在だった)の熱心な指導があったとしても、初心者にとっては厳しい課題だった。これらの学生を調査したところ、およそ2/3が学位や資格取得のための単位取得を希望していた[83]。つまり、非伝統的な学生の多くは、伝統的な学位の取得を望んでいたわけだ。非伝統的学生の定着率は低かったため、学習契約は人生経験や職務経験、その他の目的にかなった経験を単位化することで、学位取得のプロセスを迅速化することを目指していた。これは明らかに手続きの厳格さを欠くものであり、そうでなければ課程を短縮するという目的は果たせなかっただろう。しかしその結果、学位は安っぽいものになった。このような非伝統的機関で学位を取得した者は、アメリカのカレッジ卒業生の中でも下位に位置していると認識された。しかし、それは彼らの教育の価値を否定するものではない。学生の個人的な経験をカレッジ・レベルの学習として認めることは、個人の士気と自尊心を高めることになる。そして、就職活動で書類の「カレッジ卒」欄にチェックを入れることで、学士号はその発行場所に関係なく、アメリカの労働力におけるいくつかの門を開くことができた。

非伝統的な高等教育は、1970年代に新しく登場したものではなかったが、この10年の頭に、強力で自覚的な運動として出現した。それはアメリカの高等教育の新たな次元を開いたのであり、そしてその次元は21世紀にも持続するだけでなく、将来的に巨大な商業的可能性をも見出すことになった。

70年代の転回：機関

1970年代のアメリカのカレッジ・大学が経験したのは、1960年代の黄金期を支配していた流れの逆転だった。高等教育は本質的に、変化に抵抗を示す点で悪名高く、この10年間の熱心な改革者たちはそれを学んだ。しかし各機関は今や、市場や文化から来る対抗勢力に直面し、現在進行形の運営や将来的な大望において、適応することを余儀なくされた。すなわち、年度予算、顧客となる学生層、カリキュラムの転位、そして研究ミッションのすべてが影響を受けた。財政的には、節減がこの10年の初めから合言葉になっていた。1950年代以降に高等教育に投入されてきたリソースは、1960年代末には伸び悩む一方で、インフレの進行によって支出に様々な圧力がかかるようになった。多くの州では、公的機関への予算が実質ベースで縮小され、私立セクターでは有志の支援が縮小した。戦後の継続拡大の時代は、ごく一部の例外を除いて終わりを告げ、各機関は、時期も程度も異なるが、支出やコミットメントの削減という痛みを伴う必要に迫られた——これが節減という言葉の意味だった。同時に、アカデミックな価値観に対する蔑視が広まったことが、別の対応の圧力の土壌となった。学生の需要が変化したことで、機関は女性学のような新しい科目を提供し、ビジネスのようなカリキュラムを拡大する必要に迫られた。1970年代には、知識の進歩という使命に対する熱意が薄れていき、外部資金も同様に減っていった。特に大学院教育への支援が激減した。私立のリベラル・アーツ・カレッジから公立の研究大学に至るまで、機関はこれらの傾向がもつ様々な側面から影響を受けたが、総じてその結果は似ていた。すなわち、各機関は1960年代に抱いていたような願望を実現しようと努力するのではなく、期待を低くして、しばしば痛みを伴う方法で行動を修正する必要に迫られた、ということだ。

「長い70年代」(1969-1981)におけるカレッジ・大学への財政的な圧迫止血は、ドルの数字だけでは把握しがたい。高等教育全体の経常基金収入は、1969年の215億ドルから1981年には722億ドルに増加した。恒常ドル換算では、この増加率は約50%だが、入学者数の伸びはそれをわずかに上回る程度だった。

学生一人当たりの実質的な収入は、この12年間で3%減少した。インフレが原因だということは明らかだが、インフレは収入と支出の異なるカテゴリーに、様々な形で影響を及ぼした。

労働集約的な産業の高等教育は、経済における生産性向上に起因する一般物価水準の上昇に対応することが困難だった[84]。高率のインフレがこの問題を悪化させた。教授陣の給与は、戦後の急激な物価上昇に大きく遅れをとっており、リベラル・アワーの繁栄期には見事に回復したものの、1970年代には再び遅れをとることになった。教職員の報酬は高まる生活費に追いつくことはできなかったが、昇給するよう努力せよという圧力は強かった。教授陣を確保し、士気を維持するためには給与の引き上げが不可欠であり、多くのキャンパスで労働組合がさらなる圧力をかけた。1960年代の若手教員は今や昇進の時期を迎えており、福利厚生費も著しく上昇した。この2つの項目を除いた教授陣の平均給与は、1972年から1980年にかけて実質ベースで17%減少した[85]。支出を増やす必要に迫られた第二のカテゴリーは、経済学者が要素費用と呼ぶもの――機関が自由市場で購入しなければならないあらゆるもの――だ。この点について、インフレが最も深刻になったのは、1973年のオイルショックによって、暖房用の石油価格や電気代が何倍にも高騰したときだった。あらゆる機関は、従業員の報酬、福利厚生、そして要素価格の上昇に直面したが、それらに対処する能力は、それぞれの機関の収入源次第だった。

イェールは、裕福な私立研究大学であっても苦境に立たされるということを例証していた。全体でも2番目に大きな基金を持ちながら、同大学はこの数年間は経常赤字に悩まされ、節減を必要としていた。寄附金の価値は変動していたが、1976年の金額は1967年と同じだった(現行ドルベース)。贈与収入も、この数年間は横ばいだった。それらを合わせた額がイェールの収入に占める割合は、33%から22%に減少した。これは、消費者物価指数が6%上昇したのに対して年平均9%上昇した学生負担金によって、部分的に相殺されたのみだった。イェールの総収入は毎年8%増加しており、そのかなりの部分がメディカルスクールに由来していたが、この一見した収入の増加も、支出の増加によって消費され尽くした。教員の質は間違いなくイェールの最優先事項だったが、現状維持するだけでも大変な困難だった。教員の数は変わらないが、職階が上の人数が増えるほどに人件費も増えた。大学予算のうち、教授陣にかかる割合はまだ2%だった。イェールは購買を抑え、メンテナンスを遅らせ、職員の給与を節約しようとしたが、組合員の職員による2度のストライキによって、教授陣が失った2%の予算が取り戻された。光熱費と福利厚生は大学予算を約5%オーバーした一方で、書籍と学生支援のための支出は相対的に減少した。まとめると、財政上の必要性から、イェールの支出は非教育的支出(職員、福利厚生、光熱水費)に傾き、教育の優先事項(教授陣、書籍、学生支援)からは遠ざかった[86]。しかし、大学もこうした状況に先手を打って対処する手はずをとった[87]。

キングマン・ブリュースター(1963-1976)の功績として、学生と教員の質を高め、マイノリティを含む多くの人々に対してイェール・カレッジを開放したことで、イェールを現代のアカデミックな世界に導いた、という評価がある[88]。しかし、1970年初頭の予算不足により、「質的にも実質的な損失」となる支出削減を余儀なくされたことを、ブリュースターは1973年に認めている。この状況に対処するため、彼はその年に大規模な資金調達キャンペーンを開始することを決意した。これは、非常に物議を醸す一歩だったといえる。というのも、イェールの近代化、男女共学化、入学者に占める卒業生の子どもの数の削減、そしてブリュースターが過激派学生に同情的だという疑念のために、彼は「オールド・ブルー」の卒業生の間で不評を買っていたからだ[89]。ブリュースターは、批判を受け止めなければならないことを理解していた。彼はイェール法人からの承認を得るため、このキャンペーンによって「イェールの資本要件」が確保されたら引退すると発表した。さらに、彼は次のことを約束した。「資格のある卒業生の息子や娘の全員の入学を許可し、受け入れるためにあらゆる努力をすること」、そして「志願者が他の点で優れていたならば、運動競技における卓越性を積極的に評価すること」。こうしてブリュースターは、就任してから最初の10年間に採用していた、入学審査における多様性とメリットの重視という方針を逆転させた。卒業生子女は56%増加し、

1974年の卒業生子女率は、改革前の1964年と同じ数値に達した[90]。しかし、裕福な古い卒業生たちの不満は、全く和らげられていなかった。1974年にはキャンペーン・フォー・イェールが開始され、そこでは3年間で3億7,000万ドルの資金を集めることが目標とされた――これは、これまでで最大の大学キャンペーンだったが、イェールが予測する質的なニーズを満たすには足りていなかった。インフレの進行、株価の下落、卒業生の不満がくすぶる中、キャンペーンは苦戦を強いられた。1976年、ブリュースターが米国駐英大使に就任するために辞任した後、キャンペーンは再編成され、当初の目標から2年後の1979年に成功を宣言した。キャンペーン目標は正式に達成されたが、大学は既に、イェールのニーズを満たすための想定を再考していた。1976年から1977年にかけてイェールの予算が660万ドルの赤字を出したとき、徹底的な財務調査が行われ、「財政均衡」を達成するために支出制限が課せられた。大学側は、「イェールを1960年代の豊かな時代に戻すのではなく、経済が不安定な時代にも卓越した学問を継続できるようにする」ことを受け入れた[91]。イェールは1970年代をやり過ごしたが、その代償として自らの学問の質に対する見識を差し出した。

リベラル・アーツ・カレッジ

私立リベラル・アーツ・カレッジは、イェールと同じように財政的な逼迫に直面していたが、さらに複雑な問題を抱えていた。ほとんどは、志願者の数や資質の低下、リベラル・アーツの使命からの離反を経験した。時代の流れは、すべてリベラル・アーツ・カレッジに逆行するものだった。学力の低下により、機関が求める準備の整った学生の数は減少した。さらに、新しい男女共学の機会によって、成績優秀者が選抜の激しい大学の方で活躍する機会が増えた。学費の差も問題になってきた。私立大学と公立大学の平均授業料の差は、1968年には1,261ドル、1980年には3,360ドルだった(選抜的な全寮制カレッジではさらに大きくなる)[92]。公立と私立の授業料の上昇率は同程度だったが、入学を希望する家族にとっては、金額が重要だった。最終的に、これらのカレッジの使命、リベラル・アーツ、大学院／プロフェッショナル・スクールへの進学準備、カレッジ的な経験という機会の提供は、1970年代にはすべて失われてしまった。リベラル・アーツ・カレッジにとって、こうした現実に適応することは必須だった。

こうした適応は、カレッジ当局が主導する必要があった。カレッジはもともと緩やかに運営されてきた組織であり、気心の知れた学長の在職期間も長く、伝統的な慣習が継続されていた。経費削減のためには、日常的な支出と大規模な予算編成の両面において、不評を買うような決断が必要だった。学長が交代するたびに、評議員会は抗議する学生をなだめる仲裁人ではなく、予算を均衡させることのできるマネージャーを探した。1977年のイェールのように、この10年間、事実上すべてのカレッジが節約のために1つ以上の申し合わせ事項をつくった。通常、その実施前には長大な調査と報告が行われた。それがもたらした全体的な結果は、カレッジ運営側による統制の全般的な強化だった。報告、健康、安全に関する規制が連邦政府から義務づけられたことにより、より多くの職員が必要となった。消費者物価指数の上昇に伴い、あらゆる階層の従業員の給与が下がり、相対的給与が争点となった。また、部局の縮小は、対象となるのが領域であれ事務局であれ、それがいかに戦略的に正当化され、また財政的に必要だったとしても、論争を巻き起こすことになった。こうした動きのひとつの帰結が、運営側と教授陣との間の疎遠感の拡大だった。管理職員の数はこの10年間、増える傾向にあり、他方の教授陣の数は増えていなかった。教授陣の一部は、この10年間の課題に対処することを目的とした数多くの委員会で運営側と協力したが、一部の教員は運営側の取り組みに対して常に潜在的な敵意を抱いていた。教授陣の士気が低下したことには、真っ当な理由があった。1970年代のトレンドは、広く共有されていたリベラルな感覚に背くものだった。緊縮財政は、学術の継続的発展に対するかつての期待を挫いた。教員市場の崩壊により、人々はそのときのポジションに固定され、予算の圧迫によりテニュアや昇進の機会は出し渋られた。不満を抱く教授陣がカレッジの苦境を現実的に捉えることはほとんどなかった。例えば、フランクリン＆マーシャルでは、1971年に基本運営予算から50万ドルを削減する方法について徹底的に検討した結果、教授陣と職員を削減するプランが出された。すると、ある教授陣のグループが対抗して、入学審査、卒業生・広報、開発のそれぞれの部門の管理職員のみを削減し、これらの業務は教授陣が追加業務として引き受ければよい、と提案した[93]。賢明にも却下された教授陣によるこの案は、控えめに言っても近視眼的なものだった。カレッジが抱える問題に対処するためには、これらの決定的に重要な部署に関する専門的な知識こそがこれまで以上に必要だった。

カレッジにとって、入学者数と収入の2つが中心的な関心事だったが、授業料に大きく依存する機関にとっては、両者はひとつの同じ問題だった。オハイオ州と北東部にある16の難関リベラル・アーツ・カレッジの入学審査に関して詳細に行われたある調査は、1965年から1980年までの学生市場の変化がもたらした影響を明らかにしている。この期間、ハイスクール卒業生のSATスコアの合計中央値は、全米で77ポイント下がっている。これらのカレッジはもれなく下落を経験し、一部では200ポイントを超えて下落したところもある。しかし、「1965年に平均SATスコアが最も高かったカレッジ群は、傾向として1965年から1980年の間の下落幅が最小だった。一方、1965年のスコアが最も低いカレッジ群は、SATスコアの下落幅が最大だった」[94]。入学審査に関する他のベンチマークも同じパターン――合格率の上昇、歩留まりの低下、そしてハイスクール時代の成績上位1/5に入る入学者の減少――を示した。この調査サンプルのうち、選抜性の低いカレッジの結果の方が、カーネギー分類のリベラル・アーツ1（LA 1）に属するカレッジをよりよく代表している[95]。このような展開は、キャロライン・ハクスビーが言うところの「アメリカの高等教育の序列再編」（第2章）を継続するものであり、そこでは移動型の優秀な学生はより質の高い機関に引き寄せられていった。しかし、1970年代の際立った特徴は、この学問の質の最大化という戦略をとる学生が少なくなったことだ（ほとんどの新入生はコミュニティ・カレッジに入学した）。だが、入学者数に対する圧力を踏まえ、これらのカレッジは、質の高いリベラル・エデュケイションを求める学生をリクルートするための努力を大幅に拡大した。1970年、カレッジ・ボードは、学生検索サービスを提供し始めた。これは、受験者の氏名、住所、SATのスコアをカレッジが購入できる仕組みだった。

潜在的な入学者に向けたダイレクトメールは、瞬く間に各機関のアドミッション・オフィスの必需品となった。ハイスクール生は突然、それまで全く考慮していなかった有名な機関から、出願を懇願されることになった。積極的な勧誘もあって、地元の顧客に依拠していたリベラル・アーツ・カレッジは、より名声の高い機関にもともといた顧客を奪われることになり、それへの自然な対応として、自分たちも別の地域の顧客を奪っていった[96]。

この時期のリベラル・アーツ・カレッジの経験は多様であり、危機と回復の時期も機関によってまちまちだった。一般に、1970年代の終わりには状況が改善され、いくつかの機関はより強くなっていった。1975年と1979年の景気後退の間の経済状況は、多少の中休みをもたらしたが、機関は主として適応することを学んだ。長い目でみれば、私立カレッジは入学審査、給与支払い、資金調達を制御することができたのであり、それらは自らが行った長期的な研究のおかげで、現実的な計画を策定できた。アドミッション・オフィスによる入学者募集活動は、大幅に拡大されただけでなく、洗練されより効果的になった。ほとんどのカレッジは、パートタイム、夜間、エクステンション・コースを提供する目立たないユニットも様々に維持しており、これらを拡大することで、非伝統的学生から追加の授業料を得ることができるようになった。1970年代の資金調達は困難だったが、それでもこうした努力のおかげで、必要不可欠な資金がもたらされた。しかしこれらのカレッジは、財政的な対策を考える中で、自分たちの使命についても再検討した。ほぼ満場一致で得られた結論とは、何よりも質にこだわり続けるというものだった――自分たちの市場を保護するためには評判を堅持し、できればさらに向上させる必要があるということだ。一部のカレッジは、学生の質を維持するために入学者数を制限したり、減らしたりするところもあった。教員の質に対する懸念は、採用や昇進をより慎重に行う点に反映された。追加の設備投資が、学術施設や、学生センターなどのキャンパス・アメニティの両方について必要になったが、それも人材確保のためだった。そして、カリキュラムの見直しが広く行われ、より魅力的なコア科目ならびに選択科目を備えることが目指された。これらの施策は、1970年代には信念に基づく行為に等しいものだったが、結果として、リベラル・アーツに再び注目が集まるようになった次の10年間を予見するものだった。

1970年代にLA 1カレッジが採用した戦略は、結果として長く続くものになり、それは選抜性の低い私立カレッジでも同様だった。カーネギー分類のリベラル・アーツ・カレッジ2(LA 2)に属するカレッジには、小規模でそれほど裕福でない多様な機関が含まれており、そのほとんどが現在または過去に宗教との繋がりを有していた。それらのカレッジはほとんどの志願者を受け入れてはいたものの、1960年代には平均以上のテストスコアを持つ学生を惹きつける傾向にあったが、その後、スコアは平均を下回るようになった[97]。入学者数を維持するため、このグループのほとんどのカレッジは様々な職業志向のコースを提供していた。ビジネス系専攻は、適切な資格を持つ講師を雇うのが難しいにもかかわらず、あらゆる機関で提供されていた。また、ニッチ市場を開拓するための、健康分野(歯科衛生、理学療法、医療技術)や教育分野(スポーツトレーナー、レクリエーション)のプログラムも作られた。10年後、デイビッド・ブレネマンがリベラル・アーツ・カレッジの状況を評価したとき、学位の60%以上を職業系の分野で授与しているLA 2機関540のうち、330は不適格とされた。彼はこれらのカレッジを指して、「実質的には小規模なプロフェッショナル・スクールで、リベラル・アーツの専攻をほとんど提供していないが、たいていリベラル・アーツのコアと伝統をもつもの」と呼んだ[98]。LA 1カレッジが用いるような質の高い戦略を採用するだけのリソースを欠くこうした機関は、それでも厳しい環境に適応することで存続していた[99]。

公立地方カレッジ・大学

公立セクターでは、地方カレッジ・大学(カーネギー分類では「総合」カテゴリー)が、様々な条件のもと、適応するための課題に直面していた。このセクターでの急成長は1970年代初頭に失速し、その後数十年にわたって停滞した。概して門戸が広いこれらの機関においては、学生の質が全米平均と同様に低下していたが、継続在籍率はどちらかといえば改善した——これらの機関では通常、学生の半数未満しか卒業しなかったわけだが。公立高等教育に対する州の支援は、この10年間、毎年10%以上増加した。州予算の変動や分野ごとの分配によって、状況は複雑化していた。かつて高等教育資金をリードしていた州、特に中西部では、削減や縮小がより顕著だった一方で、それが遅れていた州、具体的にはサンベルト地方を中心として、相対的に支出が増加した(下記)。しかし10年間を通してみると、各州は公立のカレッジ・大学の運営に対して、学生の授業料1ドルにつき3ドル以上を拠出したことになる——これは、手頃な価格で質の高い高等教育を提供するための公的なコミットメントであり、おそらく米国で再び目にすることができない類のものだった。

公立機関では、地域カレッジが使命の変更という難題に——またしても——直面した。1960年代には、アーツ・アンド・サイエンシズの大学がティーチャーズ・カレッジを数で追い抜いていたが、1970年代には学生の選好がプロフェッショナル・プログラムに移った。これらの機関の性質は、適応を妨げるものだった。ほとんどの機関は実際に州のシステムの一部か、ないしは州議会からは一部だとして扱われていた。例えばペンシルベニアでは、14の州立カレッジが1975年に雇用凍結の命令を受け、強制的なレイオフがそれに続いた。入学者数やプログラムに関係なく、すべてのカレッジが同様に扱われた。さらに1970年代には、ほとんどのシステムで団体交渉が導入されたことで、さらに硬直性が高まった。これらの機関は、地元の学生が求めるあらゆるプログラムを提供することが期待された。従って、私立カレッジが困難な時期を切り抜けるために行ったような長期的な計画は、州立カレッジにはほとんど不可能だった[100]。

このような困難の一部は、インディアナ州マンシーのボール州立大学に例証されている。同校は、かつては地域密着型のティーチャーズ・カレッジだったが、1970年には学生数が1万7,000人を超えるまでに膨れ上がり、それでも「業界の主流からは比較的孤立した状態で」運営されていた[101]。ボール州立の苦境はひとつの統計にまとめられる。すなわち、1964年には卒業生の84%が教育の学位を取得していたが、1981年にはわずか11%だった。1960年代には、総合大学になるべく学術面で進歩した。例えば、教育系のスクールの社会科学領域が、人類学、経済学、政治学、そして社会学という、標準的なディシプリンに分かれていた。しかし、1970年代の末までには、入学者の35%がビジネス専攻を希望するようになった。安定したビジネス・スクールを構築することは、アーツ・アンド・サイエンシズを拡大すること以上に困難なことだった。米国ビジネス・カレッジ協会(AACSB)による認証が決定的に重要だったが、ボール州立は1976年、PhDを持つ教授が少なすぎるという理由で認証評価が不適合となった。一時は、ビジネスのための講師を追加で雇う費用がかさみ、他のユニットの授業がキャンセルされて、学内の反感を買ったこともあった。しかしながら、最大の障害となったのは、年功序列に基づく旧態依然とした給与体系であり、これは平等主義のティーチャーズ・カレッジ時代の遺物だった。適格な教員を採用するため、運営側は「マーケット」(類似の機関や分野の教員と同等の給与)と「メリット」(個人の業績)に基づく報酬を実施しようとした。ほとんどの教員は競争力の低い分野を担当し、出版数もわずかだった――なので、彼らが恩恵を受ける可能性は低く、この計画に断固として反対した。2人の学長が圧力を受けて辞任した(1978・1981)のも、大部分はこの問題をめぐってのことだった。しかし、「アカデミアの主流」の方が最終的には勝利を収めた。ボール州立のビジネス・スクールは、AACSBの認証を受け、インディアナ州で最大の規模になった。

ニューヨーク市立大学

全米第3位の規模を誇る大学システムのニューヨーク市立大学は、我が道を行く存在だったが、1970年代には、包括的な拡大と財政的な縮小という両極端を経験した[102]。ニューヨーク市の公立学校の卒業生への優遇制度として、同大学の9つのシニア・カレッジと6つのコミュニティ・カレッジは、授業料を取っていなかった。名声の高いシティ・カレッジを筆頭に、シニア・カレッジは州の旗艦研究大学に比肩する選抜性を備えていた。学生は主に、ユダヤ系白人やマイノリティのコミュニティから多く集まっていた。黒人とプエルトリコ系の人々は、市の人口の大部分を占めるようになったが、市のハイスクールでの成績が悪く、1969年の新入生に占める割合はわずか9%だった。大学システムの総長アルバート・ボウカーは、1963年に大学院プログラムの開発のために就任した人物で、CUNYにマイノリティを取り込む必要性を感じていた。彼は、等級別だが包摂的な入試制度を1975年までに段階的に導入するという構想をもっていたが、諸々の出来事がこの件を押し進めた。1969年、全米の人種問題と学生の抗議行動の最中、オープン・アドミッションを要求するマイノリティの学生がシティ・カレッジの一部を占拠し、結果としてキャンパスは閉鎖された。第5章で説明したような対立とは異なり、この占拠はひとつの大学を超えて、様々なマイノリティ・グループを巻き込んだ都市全体の政治的対立を引き起こした。このような激しい対立の中で、有効なものとして唯一残っていた解決策は、「みんな入学させること」――ニューヨーク市のハイスクールを卒業したすべての生徒にCUNYへの入学を許可すること――だった。学生がシニア・カレッジへの入学資格を得るには(従来通り)高いハイスクール評定平均を収めるか、同学年の上位半分に入るという、マイノリティに配慮された方法があった。それ以外の者は、コミュニティ・カレッジに入学することができた。

このように、ニューヨーク市立は「万人のための高等教育」を唐突かつラディカルに制度化し、マイノリティ入学者の増員としてはこの時期で最大のものとなった。1970年秋には、3万5,000人の新入生が入学した――実に75%の増加だった。黒人は3倍、ヒスパニック系は2倍以上に増え、マイノリティ・グループはその学年全体の1/4近くを占めていた。実際には、白人学生の方が、全員入学の恩恵を受けた数は多かった。しかしながら、CUNYの全員入学という実験は、少なくともこの形では短命だった。1975年までに、市の財政はもはや維持できなくなった。予算削減は特にCUNYに大きな打撃を与えた。その後、CUNYを含む市の予算が緊急財政管理委員会の手に渡ることとなってからは、状況は悪化する一方だった。市の財政危機は、そのまま大学の危機となった。1976年5月、その年の予算を使い果たしたCUNYは支払い不履行を起こし、大学は閉鎖された。州からの救済措置によって、学期を全うするための代償として、SUNYと同額の授業料が課され、入学基準が厳格化されることになった。1976年秋の入学者は、1万1,000人も少なかった。CUNYの入学審査は基本的に「全員入学」であり続けたが、今や学生の2/3はコミュニティ・カレッジに入学することとなった(もともとの43%から上昇)。

CUNYをめぐる争いには、相容れない複数の原理が持ち出された。反対派の予想では、全員入学は学術水準を低下させ、CUNYの学位の価値を損なうとされた。賛成派の主張では、高等教育を受ける権利は、階層、人種、そしてマイノリティが多数派を占める学校での劣悪な教育に由来するハンディキャップを補填することを要請するものだとした。彼らは後に不満を述べ、1976年に課された規制によって、こうした努力の成果が損なわれたとしている[103]。ここで鍵となる行動は、危機的状況下での政治的決断にほかならず、それは全員入学を確立するものでもあり、抑制するものでもあった。当初の政治的な目的は、入学者数については達成され、結果もある程度は目標に達した。全員入学でシニア・カレッジに入った初期のコホート群のうち、1984年までになんと56%が卒業したと推定されている[104]。これらの結果の分析から判明したのは、全体的にみて、成功した学生はハイスクールの成績や進学準備が相対的にみて良好だったということであり、このことから示唆されるのは、より慎重なボウカー計画の下でも同等の結果が得られた可能性があるということだ。1970年以前のCUNYは、市立大学としての使命を掲げていたにもかかわらず、社会的な制限が明らかに強すぎた。しかし、1970年以降は、「オープン」になりすぎ、持続不可能なコストと準備不足の学生を指導する負担を抱えることになった。1970年代の終わりにも、CUNYは変わらずその歴史的な使命とでも言うべきものを果たし、市内に通う多様な学生にユニークな機会を提供していた。シティ・カレッジは依然として「非常に競争的(ベリー・コンペティティブ)」と評価されていた。マイノリティ・グループ出身者が学生の大半を占めていた。そしてかつてのように、CUNYは市内に多く住む移民の子どもたちに、上昇移動の機会を提供した。

研究大学

研究大学も、1970年代前半に縮小せざるを得ない状況にあった。これらの大学は多くの事業を展開していたため、多くのプログラムを削減することを余儀なくされ、特に大学院教育が脆弱だった。しかし、これらの機関は広範なリソースと複数の収入源を持ち合わせており、そのおかげで選択的縮小をしのぐことができた。学問的価値や研究に対する全般的な軽視は望みを失わせるものであり、しかもその影響は目に見える形で現れていた。連邦議会は学術研究に対する連邦政府資金を削減し、多くの州議会は旗艦大学から州資金を引き上げげた。キャンパスでは、研究の役割がよりファッショナブルな活動、中でも学士課程教育との競争にさらされるようになった。しかし、知識の進歩という使命は本質的かつ不可欠かつ揺るぎない揺るぎないものだった。学術的・科学的な知がとどまることなく成長する中、研究大学は単にその歩みに遅れを取らないだけでなく、まさにそのプロセスに参加する必要があった。研究大学がどれだけ、そしてどの程度の成果を上げることができるかは、いくつかのレベルの展開に基づいていた。研究経済においては、研究支援のための資金が、大学が実施する研究の量や各分野の健全性に影響を与えていた。機関内で、研究のパフォーマンスを左右したのは、各大学が有するリソースと、それが各大学の多様な活動にどのように割り当てられているかだ。結局のところ、研究と学術は分散型の活動であり、各領域や研究ユニットに属する個人またはチームの活動から生まれるものだった。そうした場にこそ、独立した好奇心や探究心が宿り、そうした精神は外部からの助成金や大学の優先順位によって促進されたり抑制されたりしたが、それを支えたのは自らの内在的な勢いだった。

研究経済の方面では、連邦政府の科学研究費の縮減に伴って、最大の修正と最大の不満が引き起こされた。1967年、連邦資金は大学における研究費の73%を支えていた。1970年代にかけて、連邦資金は実質的にわずかに減少したが、成長に失敗したため、20年間続いた天文学的な増加や膨張した期待に終止符が打たれた。この種の支援が帯びている、変化する性質もあって、適応はより困難なものとなった。振り返ってみると、ポスト・スプートニク期の「黄金の」10年間が終わる頃には、連邦科学予算には、多かれ少なかれ余分な要素が含まれていた。科学開発、大学院教育、そして研究開発インフラへの資金が縮小もしくは廃止され、それによって大学からは、研究活動を促進・奨励するための追加収入が失われた。とりわけNSFは、こうした活動を犠牲にして、研究そのものに予算を集中させた。恒常ドル換算では、NSFの基礎科学への支援は1970年代を通じてほぼ横ばいだったが、一方で防衛・宇宙研究への資金は大幅に削減された。例外はNIHで、この10年間で基礎研究への支援を倍増させていた。1960年代の基礎研究イデオロギーに対する連邦議会の幻滅は、ヘルスケアなどの実践的応用を促進しようという試みに表れていた。NSFは、1971年に「研究の国家的ニーズへの応用プログラム」をぶち上げた。しかし、研究と応用を結びつけようとする政府によるこのアプローチは失敗する運命にあり、1977年に終了している。ニクソン大統領の「がんとの戦争」はそれよりもうまくいったが、それは必ずしもその本来の目的に照らしてではなく、NIHがバイオテクノロジー革命の進展に貢献したという点においてだった。連邦政府の基礎研究に対する支援が上向きになったのは、カーター政権と、そしてとりわけ、レーガン大統領の１期目においてだった。社会科学への支援は低迷したままだったが、工学とコンピュータ・サイエンスは生物医学と同じく優遇分野になり、70年代半ばから80年代半ばにかけて支援額が２倍以上に増加した。このパターンはまた、連邦政府による潜在的な応用の重視の傾向を継続させた(第７章)[105]。

研究大学の各領域では、これとはかなり異なる描像が、1970年代前半の縮小期においてすら浮き上がっていた。そこでの支配的な基調は、アカデミック・レボリューションの長い尾ひれによって規定されていた。1964年から1969年にかけて、授与された博士号の数は倍増し、２万9,000を超えた。続く３年間で３万4,000というピークに達し、1970年代いっぱいはそれをわずかに下回る水準を維持した。博士号取得者は、米国史上で最高の訓練を受けた学者・科学者で、1960年代の濃密な学問的雰囲気から登場した者として、急速に進歩する学問分野における最新の理論や方法論に精通していた。彼らのうち最も優秀な層は、すんなりと研究大学に吸収された。1969年から1974年にかけて、平均的な公立の研究I型大学では、専任教員の数を250人(18%)増員し、私立大学では400人(55%)増やしていた。また、学術活動はよりいっそう急速に拡大した。これら公立大学の研究者が公刊した科学論文の平均数は２倍になった。一方、私立大学では121%増加した[106]。いくつかの機関を除いて、学術の発展が財政難によって犠牲になることはなかった。しかし、各大学にとって、制約と機会は入り混じった状態にあった。

大学は、学術的な強み、資金的リソース、そして支出を配分する裁量権という3点の、ユニークな組み合わせを有していた。しかしこれらはすべて、ひとつの組織的な現場――すなわち研究大学――に属しており、そこには明確に定義された規範や価値観が伴っていた。それゆえ、各大学は自分たちの相対的な地位や、維持・改善の可能性について、現実的に判断していた。70年代半ば以降、研究活動が再び活発化すると、これらの長期的に続くプロセスが研究大学の構成を変えていった。独立して予算計上された研究費が研究パフォーマンスを示す最も一般的な指標だが、高インフレの時代において最も良い相対的指標は、学術研究開発の全体に占める各機関の研究費のシェアだ。財政力については、最も適切な指標は(カーターが見出したように)大学の教育予算の経年変化であり、その大部分は教員の給与で構成されている。これら2つの指標について、70年代半ばから80年代半ばを対象に行われたある徹底的な研究は、今論じたような発展が研究大学システムに与えた影響を明らかにしている[107]。

上位50大学のうち、研究費シェアを増加させ、教育予算で平均以上の伸びを示した11校の中で、9校はサンベルト地域の機関だった(アリゾナ、ジョージア工科、ルイジアナ州立、ノースカロライナ州立、バージニア工科、テキサス、テキサスA&M、スタンフォード、そして南カリフォルニア)。最初の5校は、比較的最近、研究パフォーマンスが高い機関の仲間に仲間入りした大学で、他にも15校、より小規模ながら研究費シェアが上昇している新米の機関があった。これらの機関のほとんどは、サンベルト地域の州がアカデミック・レボリューションに遅れて参加したことの恩恵を受けている[108]。1970年以降、南東部では公立大学に対する州の投資が増加し、オクラホマ、ニューメキシコ、アリゾナでも同様だった。これらの大学は拡大する中で、学問的才能の買い手市場を享受し、それはすぐに研究費シェアの上昇に反映された。

これとは反対の境遇にあったグループ――つまり、研究費シェアが低下し、教育費も平均以下になった機関――には、ビッグ10の全大学(アイオワと私立のノースウェスタンを除く)と、中西部の小規模州立大学が含まれていた。前者のグループは、アカデミック・レボリューションの恩恵を受け、最大規模の教授陣、大学院プログラム、そして研究予算を構築してきた大学だ。これらの機関が直面していた課題とは、1970年代の節減とそれに続く州政府の支援縮小の中で、これらの無数のコミットメントをどのようにして維持するか、というものだった。

1982年の「研究博士プログラム評価」は、1969年ぶりに実施された包括的な評価で、そこではこれらの変化が反映されていた。研究費シェアが低下している、ビッグ10に属する同じ8校は、いずれも総合的な質についての評価を下げた。ミシガンとウィスコンシンは上位12校にとどまったが、ミシガン州立とオハイオ州立は上位25校から脱落した。サンベルト地域の公立大学のうち、そのエリート・グループの仲間入りを果たしたのは、ノースカロライナ、テキサス、UCLA、UCサンディエゴであり、私立のカリフォルニア工科とスタンフォードも同じくランク入りした。UCバークレーは1位を堅持した。

私立大学のトップ10校は、異なる様相を示していた。そのほとんどは、研究費シェアの一部を失っていた(例外はカリフォルニア工科とスタンフォード)。これらの機関はすでに最も高い給与水準にあったこともあり、教育費の伸びは平均的で、教授陣の増員はほとんど行われなかった。これらの大学は、研究の規模自体にはあまり関心を持たず、むしろかつてイェールが「継続された卓越性」と呼んだものに重きを置く傾向があった。その意味で、これらの機関は高い給与水準のおかげで、才能ある教授陣を確保するための買い手市場を享受し、特に公立大学に競り勝つことができた。しかし、これらの大学は限界費用の高い研究機会を追求すること——つまり、新しい建物やインフラの整備——には消極的だった[109]。そのため、研究費シェアは低下していった。しかし、継続した卓越性という目標は達成しえた——5校が1982年の「研究博士プログラム評価」でランクを大幅に上昇し、4校は変わらず高順位に留まり、トップ14入りした。ランクを下げたのはなんとハーバードだけだった!2位から3位タイに転落したハーバードでは、豪華な教授陣がいくぶん高齢化しつつあったようだ[110]。

1980年代初頭の研究大学のヒエラルキーは、安定性と変化の両方の性質を示していた。安定性は最上部に存在し、そこに位置する16校の主要な研究機関は、1964年にカーターが特定した顔ぶれ、あるいはそれ以前にケニストンが特定した並びと全く変わらなかった[111]。しかしながら、それに続く25校では、少なくとも10校が研究大学クラブに新しく入っていた。そのうちの4校は、すなわちUC新キャンパスのアーバイン、サンディエゴ、サンタバーバラ、そしてSUNYの一角ストーニーブルックは、文字通り新しかった。他の4校、すなわちアリゾナ、ジョージア工科、メリーランド、そしてカーネギー・メロンは、主として教育重視の機関から転身した。バージニアと南カリフォルニアも、学術的地位を高めた[112]。これらの展開は、アメリカの研究大学や高等教育の経験した悲惨な10年間をどのように解釈するにしても、重要な次元を加えるものだ。厳しい財政環境、政府からの冷遇、そして学術的価値に対する文化的蔑視にもかかわらず、学術的に最も優れた大学は、自らの学術的卓越性を維持・向上させることに成功した。さらに、アカデミック・レボリューションの勢いに乗って、野心的な大学は、学問の質と研究業績の両面で進歩した[113]。このダイナミズムは、研究大学に有利な状況が訪れたときにさらに顕著になるようなものであり、次の10年にそれは現実になった。

第4部

アメリカ高等教育の現代

第7章　現代の幕開け、1980-2000

第8章　21世紀のアメリカ高等教育

第7章
現代の幕開け、1980-2000

1980年、ロナルド・レーガンの大統領選出は、新たな「アメリカの朝」と称された。この節目は、アメリカの高等教育にとっても新時代の幕開けとなった。これら2つの展開を直接結びつける出来事はなかった。だが、高等教育に現れた新しい方向性は、アメリカ全土を覆う保守的な風潮を反映したものだった。

1970年代は、高等教育にとって悲惨な10年間だった。根底にあったのは、アカデミック・レボリューションの高邁な期待に対する失望感であり、それは財政の縮小や、学生の学問的な準備や関心の低下によって悪化した。しかし、この10年間に採用された政策によって、アメリカ社会におけるあらゆる集団の平等主義的な参加と、それに適応する機関の設置が促された。こうした取り組みは、ほぼ達成されることとなる。1970年代後半に入学者数と参加率が横ばいになったのは、高等教育の需要が満たされたことを示していた。この数年間は、拡張されたばかりの機関で博士課程を修了した豊富な人材が教える、それなりの質の高等教育が隆盛した時期だった。もっとも、高等教育関係者の間では、教育機会をさらに拡大する施策が構想されていたが、もはや国内はそのような雰囲気ではなかった。州政府や連邦政府が30年かけて、世界で最も包括的で有能な高等教育システムを構築してきたにもかかわらず、時流は私費化(プライバタイゼイション)へと傾きつつあった[1]。

1980年の選挙を前に、2つの転機が訪れた。それらは、各分野で重要な意味を持ち、なおかつ一般の人々の意識が大きく変化することを予感させるものでもあった。まず、1978年に連邦議会は、中所得者学生支援法を可決し、連邦政府が保証する学生ローンの所得制限を撤廃した。これは、中間層の有権者の機嫌を取るためのものだったが、カレッジや大学にとっては、新たな収入源――学生の将来収入――を確保する第一歩となった。長期的に見て、学生ローンは高等教育の財源を一変させることになる。また、1980年のバイ=ドール法は、大学が連邦資金で生み出した発見の特許化を認め、そうしたイノベーションを商業化させた。アメリカの産業競争力を高めるためのこの法律は、大学での研究に関する新規的かつ説得的な根拠となり、経済発展を引き起こした。2つの動きは、20世紀末までのアメリカの高等教育を形成する変革の中軸となった[2]。

大学と経済的関連性（レリバンス）：研究の使命のリバイバル

産業科学と学術科学の融和は、1970年代の大半を通じ、ほとんど進展しなかった[3]。1960年代のジョンソン大統領による勧告やニクソン大統領によるプログラムがあったにもかかわらず、産業科学と学術科学のそれぞれの文化は、ほとんど相容れないままだった。大学の科学者は、基礎研究のイデオロギーに縛られ、連邦政府からの資金援助に慣れ切っていた。産業界のイノベーションへの投資は、1960年代初頭から停滞しており、大学における科学との関係も停滞していた。技術志向の機関や化学、工学、農学などの分野では、長年にわたって協力関係が続いていた。しかし、1970年代初頭には、産業界による大学での研究への資金援助は頭打ちとなっていた。1970年代末になると、官民による協力体制を強化する構想や、バイオテクノロジーの多方面への影響で状況は変化し始めた。

バイオテクノロジー革命と大学特許の隆盛は本質的に結びついていたが、この結びつきは、別々の展開が重なった結果だった。まず、基礎科学における発見がその基盤となった。ジェームズ・ワトソンとフランシス・クリックがDNAの構造を解読してから20年後の1973年、UCサンフランシスコのハーバート・ボイヤーとスタンフォードのスタンリー・コーエンが、異なる有機体に遺伝物質を挿入する技法を発見した。この発見は、20世紀の大きな科学革命のひとつであり、ゲノム科学や分子生物学が際限なく進歩する上での基礎となった。また、遺伝子工学――すなわちバイオテクノロジー――の基礎も確立した。ボイヤーは、この発見を応用しようと考えた一人だった。1976年、彼はベンチャーキャピタルと共同でジェネンテックを設立した。そして、わずか２年の間に、ヒト遺伝子を用いてインスリンを合成することに成功した[4]。

その頃には、アメリカの産業が低迷している原因はイノベーションの欠如にあり、イノベーションを促進することが産業低迷の解決策になるという考え方が、世間一般に浸透しつつあった。*Science*誌の社説は、「産業イノベーションが官僚の世界で流行語になっている」と説いた。政界でも、イノベーションは、あらゆる政策を正当化するために引き合いに出された。だが、エリザベス・ポップ・バーマンの指摘では、「イノベーション・フレーム」が科学の発展を妨げる通念を払拭する上で決め手となった。例えば、安全性への懸念から、議会は組換えDNAの研究を制限する措置を真剣に検討したが、イノベーティブな産業を阻害する危険性に重きが置かれるようになったため、そうした措置は中止された。同様にNIHは、連邦政府の資金提供を受けた発見の特許取得をより困難にするための措置を講じていたが、バイ＝ドール法では、いかにイノベーションを引き起こすかという議論を経て、真逆の結論に至った。1970年代末のイノベーション・フレームは、十年来の大学での研究に対する懸念を払拭し始め、1980年の連邦政策で、そうした懸念は完全に晴らされることとなった[5]。

1980年の出来事は、イノベーション・フレームを正当化するだけでなく、大学の研究文化までも変えてしまった。６月、ダイヤモンド対チャクラバーティ事件で、５対４の最高裁判決が下され、生命体についても特許が認められることになった。10月には、ジェネンテックの株式が一般に公開され、取引開始初日に２倍になった。12月、スタンフォードとUCサンフランシスコに、組み換えDNAの作製技術に関するコーエン-ボイヤー特許が発行された。そして同月、バーチ・バイ上院議員とロバート・ドール上院議員が提唱した大学・中小企業特許手続法が成立した。チャクラバーティ判決によって、バイオテクノロジーの成果を特許化する道が開かれ、バイ＝ドール法によって、大学はバイオテクノロジーやその他の特許を所有できるようになった。最終的に2億5,000万ドル以上の特許使用料を大学にもたらしたコーエン-ボイヤー特許と、ジェネンテックのデビューによって、バイオテクノロジーの持つ巨大な経済的可能性が明らかになった。その後のバイオテクノロジーをめぐる動きは熱狂的だったが、その背景には新たな事情があった。バイオテクノロジーによって、以前の原子力エネルギーと同様、計り知れない価値と重要性を持つ発見をもたらすのは、最も基礎的な科学研究なのだと、人々は再び信じるようになった。しかし、以前の発見とは異なり、バイオテクノロジーにより、学術科学は商業的な経済活動の中に取り込まれていった。特許やバイオテクノロジーの新興企業を通じて人間の健康を増進することには、大学が無視することも抵抗することもできない財政的な可能性があった。大学や分子生物学者は、善いことは良いことがもたらす（ドゥーイング・ウェル・バイ・ドゥーイング・グッド）、という立場にあった。そうした人々は良（グッド）さを強調し、批判する人々は善（ウェル）さに目を向けた。

ハーバードのデレク・ボック学長は、ウォール街から得られるかもしれない数百万ドルが「手に負えない予算のバランスを取るのに苦労しているすべての管理者を奮い立たせている」と率直に認めた[6]。実際、ハーバードは1980年にこの誘惑に負け、生物学者である教員の研究を基に、バイオテクノロジー企業への参入を試みた。この計画は、教授陣、卒業生、主要新聞社から、本質的な利益相反を引き起こすと非難され、中止となった。バイオテクノロジー研究の最前線にいる分子生物学者は、潜在的な発見のための重要かつ希少な人材であり、商業ベンチャーに熱心に採用された。また、そうした研究人材は非常に優秀で、大学の教員としても貴重な存在だった。1980年から1984年にかけて、約200社のバイオテクノロジー企業が設立されたが、そのほとんどは、研究の最前線にいる科学者の専門知識を利用しようとするベンチャーキャピタルによって創設されたものだった。大学は、一方では、研究室での発見から価値を引き出すための好ましい方法を見つけ出し、他方では、秘密保持、利益相反、教員の責任といった固有の問題に対処せねばならなくなった。この問題は全米で注目を集め、連邦議会の公聴会では、代表者が学術的価値の擁護者として、商業化の危険性を訴えることになった。1981年、スタンフォードのドナルド・ケネディ学長は、ハーバード、MIT、カリフォルニア工科、UCの学長らを招き、大学と産業界の関係についての極秘サミットを開催し、合意形成——そして危機の回避——を図ろうとした。率直な意見交換を通して学長らが合意できたのは、学術的価値を守り、公衆を安心させるような政策を形成する必要があるという点だけだった。契約内容の開示、特許の許諾、利益相反など、具体的な対策は、各大学の状況と実践に委ねられることとなった[7]。

実際、バイオテクノロジー革命という騒動の後、大学の商業的提携に対する方針は、類似性あるいは同型性を徐々に帯びるようになり、そうした性質は、よく統合された組織分野に期待され得るものだった。(ハーバードを含む)大学は、新興企業への間接的な投資や対等な投資の方法を考案したが、巨大なリターンをもたらすものはほとんどなかった。1981年から1983年にかけて、少なくとも11件の複数年にわたる数百万ドル規模の研究契約が大学と化学・製薬企業との間で締結されたが、こうした取り決めはほとんどなく、一時的なものだということが判明した[8]。むしろ、商業経済において大学が最も大きな力を発揮するのは、教員の発見を特許化し、その使用権を認めることだった。

大学では以前から教員の発明を特許化することもあったが、特に人の健康に関わる場合は賛否両論だった。ほとんどの大学は自ら特許を取得せず、発明を非営利の特許管理団体、リサーチ・コーポレーションに委託していた[9]。1970年以前、大学は毎年約100件もの特許を取得していた。1970年代の10年間に、スタンフォード(1970)やハーバード(1977)など、いくつかの大学が独自の知的財産室を設立した。1980年までに23大学がそのようなユニットを持ち、大学は350件の特許を取得した。バイオテクノロジー革命が認識と実践を変えた。1980年代には、さらに63大学が知的財産室を設立し、やがてすべての研究大学で設置されることになった。20年後には、大学の特許は10倍に増えた。知的財産室には3つの機能があった。第一に、知的財産室は、自分の研究成果が実用化され、そこから利益を得ることを望む教員にサービスを提供した。第二に、技術移転——大学の研究成果を経済発展のためのイノベーションにつなげること——という新しい大学の使命を体現するものだった。第三に、収益を上げることが期待された。特許は、ユーザーに使用権が付与されなければ価値がない。技術移転担当者の専門知識（プロフェッショナル・エキスパタイズ）は、発明を公開することについての潜在的な価値を評価し、特許取得プロセスを指導し、発明者と大学にライセンス収入をもたらすマーケティング戦略を考案し、知的財産室自体を支援するためにも必要だった[10]。

大学の特許取得への取り組みは、大学特許の半数、ライセンス収入の87%を生み出したバイオテクノロジーによって牽引された。バイオテクノロジーがなければ、ほとんどの大学には知的財産室を設立する動機も財政基盤もなかっただろう。当初、分子生物学の先端研究を実際に行っていた大学は比較的少なかったが、すぐに各大学とも多額の投資を行うようになった。純粋に科学的な理由から、大学はこうした画期的な分野に参加する必要があったが、「ビッグヒット」――数百万ドル規模の特許であり、そのほとんどがバイオテクノロジー分野――には、逃れがたい魅力があった。大学は、自大学の知的財産を管理するという誘惑にほとんど抗えなかったが、いったんそうしてしまえば、さらに別の力学が働いた。技術移転局は、バイ=ドール・イデオロギー――大学の発見を公共の利益に結びつけるという使命――の担い手だった。また、技術移転局には、そこから得られる収入によって自立することも期待されていた。このような理想と実益という両方の責務が、大学内での技術移転を促進する動機となった。これは、科学者が発明を公開するだけでなく、発見を商品化するために相当に努力するよう促すことを意味していた。そのような努力により、大学特許の取得件数が増加し、うまくいけばライセンス収入も期待できるようになった。技術移転が大学の使命として採用されたことで、新たな官僚機構が生まれ、その活動は、知的財産室の枠を超えるものになった。

バイオテクノロジー現象と並行して、それほど劇的ではないものの、技術移転のもうひとつの側面が発展した。産学連携のきっかけとなったのは、大学でもそのパートナーでもなく、イノベーションの論理に触発された官民の関係者だった。1978年、NSFは産学研究センター(IURC)方式を考案した[11]。それ以前の取り組みはうまくいかなかったが、NSFの後援と資金提供により、その存続と発展は安定したものとなった。最初の2年間に設立されたセンターはわずか4つだったが、その成功を受けて、カーター政権は大幅な拡大を提案した。この提案は、懐疑的なレーガン政権によって阻止されたが、共和党はすぐにIURC方式を支持し拡大するようになった[12]。各州はこれに先んじて、地域産業の革新と成長を刺激するためにIURC方式を採用した。1984年までに33の州が何らかの形でこのようなプログラムを設立した。アリゾナ、カリフォルニア、ノースカロライナ、ペンシルベニアでは、経済開発の取り組みに100万ドルの資金を拠出するなど、その形態はさまざまだった。1984年、NSFは工学研究センター(ERC)という、より大規模で費用のかかるプログラムを開始した。実際のところ、NSFはこうした連邦政府の取り組みの中心的拠点だった。IBMの研究部長だったエーリッヒ・ブロッホは、民間企業から任命された最初のNSFのディレクターとなった(1984-1990)。彼はERCを発足させただけでなく、NSFにおいて工学を科学と同等に扱えるようにした。1988年、レーガン大統領が新しい科学技術センター計画を承認したとき、このアプローチは幅広い同意を得た。NSFによる1983年の調査では、250のIURCが運営されていると推定されたが、1990年の調査では、その4倍(1,056件)が、連邦や州、機関の支援を受けていた。産業提携プログラムも、通常は領域(デパートメント)やセンターと一緒に設立される形で、1980年以降に急増した。大学のリサーチ・パークも、隣設によって共同研究を促進する戦略のひとつだった。1980年当時は24カ所だったものが、1980年代の10年間で100カ所近くも増加した[13]。こうした動きはすべて、文化的な変化を意味するものだった。1970年代にはほとんど協力する気のなかった大学と産業界は、1980年代には外部からの強い働きかけもあり、相互に有益な関係を築いていった。

産学交流の2つの道筋は、産業界におけるイノベーションに関する異なる2つの動向に対応している。第一に、産業界のイノベーションのほとんどは、大企業の研究所で開発された。そこでは知的財産が熱心に保護されていた。そうした研究所は、自社の製品や特許を開発する際に、研究を補完・強化するための包括的な専門知識(ジェネリック・エキスパタイズ)を学術科学に求めていた。第二に、発明から直接生まれるイノベーションは、中小企業、特に新興企業の領分となる傾向があった。大学の発明が商業製品になるまでには、より一層の発展が必要であり、それはベンチャーキャピタル、新興企業、あるいは大学が支援するビジネス・インキュベーターを通じて実現されることが一般的だった。

企業は学術界の科学者に――IURC、連携プログラム、ないしは個々のコンサルタントを通して――大きく投資することで、自社の研究所を補完していた[14]。このように、大学の研究に対する産業界の支援は、大学と企業の研究所が結びついた結果だった。こうした関係は、大学の研究だけでなく、産業界における研究の成長とも軌を一にしていた。1975年から1990年にかけて、産業界の基礎・応用研究への支出は、産業界の資金が学術研究に占める割合と同様、実質的に倍増した。後者の割合はわずか7%だったが、1980年代に開発された補助金付きの産学交流の形態と大きく関連するものだった。

産業界からの資金提供は、1980年代に学術研究が復活したひとつの側面にすぎない。実質的な支出は10年間で70%増加し、GDPに占める割合は1/4に拡大した[15]。連邦政府の資金は47%増加したが、これは増加した産業界からの支出と比べ、半分にも満たなかった。追加資金の1/4は、学術機関それ自体からもたらされたものだ。産業界からの資金と同様、この10年間に増加した資金のほとんどは、潜在的な応用を目的としたものだった。最も伸びた分野は、医学(104%増)と工学(計算機科学は113%増)だった。医学研究は、臨床分野からの大きな貢献により、1970年代の成長を加速させた。バイオテクノロジーから刺激を受けたことに加え、臨床処置に対する連邦政府の払い戻しが急増したことで、メディカルスクールはその恩恵を受けた。この収入の一部は研究に回され、大学の資金が研究費に占める割合は高まった。こうした現象は、UCサンフランシスコ、ヒューストンのベイラー・メディカル・カレッジ、テキサス大学サウスウェスタン・メディカル・センターなど、純粋な医科大学が学術研究の中心的存在となったことを物語っている[16]。工学は、国防研究の拡大と産業界の支援から恩恵を受けた。しかし、もはや国防総省の研究投資は、兵器システムという狭い範囲に絞られていた。社会科学分野でさえ、応用研究に傾いていた。心理学と社会学は主に保健福祉省から、経済学は主に農務省から資金提供を受けていた[17]。

1980年代、一見したところアメリカ社会は、研究大学を再び支持するようになり、今度はその本来の有用性を認めたかのように見えた。だが、この進歩は、アカデミック・レボリューションの時のように、公衆の承認を得るものではなかった。1980年代の終わりには、大学に対する否定的な声が大きくなっていた[18]。バイオテクノロジーと大学の特許に関する報道はいつも否定的なものばかりで、大学と産業界の共同研究に対する熱意は、政府の支援とともに衰える傾向にあった。IURCは事実上、一般の人々には見えない存在だった。それぞれがユニークで、期間も限られていることが多く、それらを再現するのは困難だった。NSFは1990年までに29箇所のERCを設立したが、その後の5年間はひとつも設立しなかった。リサーチ・パークは、大きな期待を持って立ち上げられたが、少なくとも短期的には失望させられることの方が多かった。1990年から1991年にかけての不況と回復の遅れにより、大学に対する否定的な感情とともに、学術研究の成長は鈍くなっていった。

1980年代末から、大学や高等教育を攻撃する本が相次いで出版された。一般の人々に向けて書かれたこれらの本は、大学教授が書いたものでありながら、大学の研究のほとんどは無価値であり、学者は研究を行うことで教育や学生を軽視するようになると痛烈に非難した[19]。このような喧伝が、高等教育の特権的なセクターに対する一般的な不信感を悪用したものなのか、あるいはそれを扇動したものなのか、判断は難しい。しかし、1991年にスタンフォード大学が連邦補助金の間接経費回収で不正を働いていたことが発覚し、大学のイメージはさらに悪化した。その後、他の大学でも調査や告発が行われ、その結果、不正が見つかることはほとんどなかったが、悪評は長引いた。ハリス・ポール社は、1990年から1991年にかけて、大学・カレッジに対する国民の信頼が40%も低下したと報告している。1982年から1989年にかけて50%増加した学術研究に対する連邦政府の実質的な支援は、その後の7年間ではその半分にとどまった[20]。

1990年代初頭、学術研究のコミュニティには悲観論が蔓延していた。ノーベル賞受賞者でアメリカ科学振興協会の次期会長だったレオン・M・レダーマンの報告書 *Science: The End of the Frontier?* は、45年前のバネバー・ブッシュの時と同じように暗い気持ちにさせるものだった。彼の中心的な主張は、連邦政府の支援が不十分なため、科学の発展に見合った支援が提供されておらず、若手教員や大学院生の見通しが立たず、必要なインフラが提供されず、連邦機関の研究予算が圧迫されている、というものだった。他の3つの国家報告書は、学術研究の「オーバーキャパシティ」を主張し、機関が研究大学のモデルを模倣しないよう警告した。大学の指導者たちは、連邦政府の政策が改善される見込みはないと予見していた[21]。しかし、こうした批判をする人々は、学術研究システムの変化だけでなく、その欠陥についても思案していた。アメリカの科学が持つ活力を維持することに強い関心を寄せ、連邦政府がこれまでと同じようにその役割を果たすことを期待していた。だが、学術研究支援に占める連邦政府の割合は、1980年代には67%から59%に減少していた──それでも相当な額ではあったが、その額はもはや新たな目標へと分配された。経済発展という目標が連邦政府の資金の多くを占めるようになり、伝統的な学問分野における基礎科学に回す資金は少なくなった。さらに、成長する分野を活用するために、顧客志向の部局であろうと、バイオテクノロジー、マイクロエレクトロニクス、材料科学、その他の新興分野に対応する研究所であろうと、特別な設備が必要になった。研究大学のセンターやユニットの数は、1980年代前半だけで30%も増加し、教員以外の研究者の数も1980年代の10年で倍増した。このような部局の設立は研究助成金ではとてもカバーしきれない追加コストを大学に課すものだった。そのため大学側は、増大する責任に収益が追いつかないという不満や、あるいはデレク・ボックが嘆いたように、研究大学は「拡大しすぎた組織」になってしまったという不満を持つようになった[22]。しかし、科学はフロンティアの果てに到達したわけではなかった。1990年には、学術研究がGDPに占める割合が過去最大となり、1990年代末には、新しい研究体制が再び勢いを取り戻すことになる。

研究機関のパターンもこの新体制を反映していた。1982年のNRCによる博士課程評価で最も評価の高かった20の大学は、この10年間で研究費のシェアを4%以上失った。その次に位置する、平均して「良い(グッド)」から「強力(ストロング)」という評価を受けた領域を持つ50校と、いくつかの独立した医科大学は、同程度の利益を得た。主導的な大学ほど、新しい状況に適応する能力も意欲も低いように見えた。それらの大学は、数多くの上級教授(シニア・プロフェッサーズ)——こうした機関の学問的名声の源泉——を抱え、研究力も最善または上限に近いレベルにあった。また、競争上の優位性を持つ伝統的な連邦研究経済に最も敏感であり、それゆえ、その締めつけに対して最も声高に不満を述べていた。これに対して、シェアを拡大している大学には成長の余地があった。そうした大学は、経済発展につながる成長分野で研究力を伸ばした。1980年代には、テキサスA&M、ペンシルベニア州立、ジョージア工科などが好調だった。南部のスクールは、特に公立ではメリーランド、バージニア工科、ノースカロライナ州立、私立ではデューク、エモリーなどが研究大学として発展を続けた。1980年代にはすべての大学が研究業績を伸ばした一方、ヒュー・デービス・グラハムとナンシー・ダイアモンドの研究によれば、研究経済への参加が拡大している小規模大学の一群があった[23]。

1995年に実施された*Research-Doctorate Programs*の格付けでは、1982年の格付け以降、各領域の質は広範囲で向上し、高評価の領域と「良い」領域の両方において改善が見られた[24]。この要因は、溢れんばかりの科学者が十分な訓練を受けてアメリカの博士課程を修了したことにあった。しかし、それは同時に、教員と研究の改善に取り組む大学の数が増えていることにも起因している。1990年代後半には、研究精神のルネサンスが起こった。ウォール街ではドットコム・ブームが起こり、新技術が謳歌された時代だった。産業界でも政策界でも、「イノベーション」が(再び)新たな真言(マントラ)となった[25]。研究投資の経済学的根拠は、産業界と共有し得る一般的な研究から、「研究に基づく技術」——すなわち、将来的な技術のブレイクスルーを約束するような基礎科学の研究——へと変化していった。バイオテクノロジーがその道を示し、その頃すでに情報技術が産業と個人の生活を変容させつつあった。研究大学の多大な貢献が、メディアや政府、そして大学運営において再び評価されるようになった[26]。

大学がどのように対応するかは、個々の状況によりけりだった。1990年代の終わりまで、公立大学は州予算の縮小に対処しなければならなかった(下記)。UCは州予算の20%を失い(1990-1993)、2,000人の教員を含む1万人の職員が削減された。だが、1995年に予算が回復し始め、新規採用や新たな取り組みによる教授陣の若返りが可能になり、UCのキャンパスはかつてないほど強固になった[27]。ミシガン州は、減少する州財政に対抗して、積極的な私費化——授業料収入と民間資金調達——を行った。また、この10年間に80もの研究ユニットを新設し、研究を活性化させた。財政基盤の悪化が長引いた主要な公立研究大学——イリノイ(アーバナ)、ミネソタ、テキサス、ウィスコンシン——は、いずれも1990年代末までに研究強化の計画を策定した。一方、私立大学は1990年代を通して繁栄した。その主な要因は、学士課程の授業料とその後の株式市場の高騰による収益の増加だった。その結果、私立大学は、その増大する資源の多くを、「学生選抜競争(セレクティビティ・スイープステイクス)」——才能ある学士課程の学生を引きつけ、育てること(後述)——に注ぎ込んだ。しかし、学問的な卓越性は、そうした大学の威信に欠かせない要素であり、これにも投資が必要だった。1980年代から1990年代にかけて、私立大学はより裕福になり、教員を20%増員し、研究費を100%以上増加させた。公立大学は財政的に苦しく、教授陣を10%、研究費を140%増やした(実質ドルベース)[28]。

この時期、アカデミック・コア、センターや研究所、大学ヘルスセンターについて言えば、各所の公立大学と私立大学の研究内容は乖離する傾向があった。中核となる各領域は、教授活動と研究を共同で行い、一般会計予算で賄われていた。教授職のポストと研究の活力は一般資金の大きさに拠っていたことから、1990年代の大半は公立大学にとって不利であり、私立大学にとって有利だったといえる。私立大学は、給与面で有利になり、学術的評価も高くなった。1995年の主要私立大学における領域の格付けは、平均して4.25だったが、主要公立大学は3.91だった[29]。私立大学は、アカデミック・コアにおいて量より質を重視したが、ヘルスセンターはその両方を強化する余裕があった。大学のヘルスセンターにおける生物医学研究は、NIHが支配する別の研究経済の中で行われていた。この点では、私立大学も公立大学と変わりはなかった。だが、中規模なリベラル・アーツ・カレッジと教授陣を持つ私立大学の多くは、メディカル・センターでの研究を意図的に拡大した。1990年代に医学研究を大きく伸ばした大学は、デューク、エモリー、バンダービルト、そしてWashUなどで、いずれも著名なリベラル・アーツ・カレッジを有している。公立大学は、より多くの、より多様なテーマを扱う学術ユニットの維持に苦心した。このような困難と新しい研究体制(レジーム)の性質から、教員の研究を活用するためにセンターと研究所を利用することが好まれた。3種類の組織的研究ユニット、すなわち、支援者の注目を集めた新しいテーマや複雑なテーマに取り組む学際的なセンター、高度な研究技術や機器を備えた科学研究所、産業界との協力を目的とした消費者志向センターが奨励された。大学院教育は、これらの活動と連動していた——実際にはこれらの活動を充実させていた——が、学士課程の教授活動は、研究を活発にしている教員の視界から外れていった[30]。

20世紀末、大学は激動の30年を乗り越え、アカデミック・レボリューション以来、研究の使命をもっとも堅牢なものとした。1998年、議会は110億ドルのNIH予算を倍増すると約束し、5年間でそれを達成した。2000年には「ナショナル・ナノテクノロジー・イニシアチブ」——もうひとつの科学に基づく新興科学技術——に、年間10億ドルの資金提供が約束された。そして、共和党のジョージ・W・ブッシュ大統領は、研究と経済発展の結びつきを支持し、アメリカ競争力イニシアチブの一環として、物理科学分野への連邦支出を倍増する意向を表明した(が、達成されなかった)。

大学はこの意向を完全に受け入れ、その一部は1990年代に始まったが、下位ランクの機関に学術研究が分散することは少なくなった。あらゆるタイプの大学が研究の使命をより重視するようになったため、研究システムはさらに競争的なものとなり、伝統的・主導的な大学では質の高さが有利に働いた。1990年代後半には、主要20大学のうち10大学が、研究の質、量、影響力において平均を上回っていた。次のランクの30大学のうち20大学も同様だった。研究大学のヒエラルキーは、学術的な指導者が競争において優位を行使する、安定した状態を取り戻した[31]。

研究の使命が強固なままならば、それはまた、他の大学の活動や関心事から切り離され、ますます自己完結的なものとなっていく。戦後、連邦政府の研究支援によって自律的な研究の役割が生まれたが、1980年代から1990年代にかけての状況は、さらに分離を促進するものだった。連邦政府の研究費の1/3が医学研究に、さらにその一部が経済開発に充てられ、かなりの部分がセンターや研究所に吸収されるようになり、主要大学の研究活動はますます独自のものとなっていった。

私費化（プライバタイゼイション）：公立と私立の高等教育および学生選抜競争（セレクティビティ・スイープステイクス）

1980年前後になると、アメリカ人の高等教育費の捻出方法や、公立・私立機関の資金調達方法が、広範囲にわたって変わり始めた。大学での研究の商業化と同様に、これらもある種の私費化だった。つまり、学生にとっては、ローンによる経済的負担が増大し、公立の機関にとっては、授業料への依存度が高まり、1970年代にしばしば絶滅の危機に瀕していた私立セクター、中でも裕福な機関にとっては、まさに有利に働く条件が出現した。こうした傾向は20年間にわたって段階的に進み、今世紀に入ってから強まった。

連邦政府による学生援助

1972年の教育改正法で導入された連邦政府による学生の財政援助制度は、4種類の助成金、すなわち低所得の学生を対象とした基本教育機会助成金(後のペル・グラント)、より高額な私立の機関に通う学生を対象とした追加補助金制度、カレッジ・ワーク・スタディ、連邦政府が助成する州学生奨励金(第6章)によって、低所得の学生でもカレッジに通えるようにすることを目的とした。連邦政府が保証する学生ローンは、更なるニーズのある学生を支援するためのものだった。1978年、ローンはより重要な役割を担うようになり、やがて多くの学生が教育費の一部をローンに頼ることが常態化し、各機関は授業料をその資金に依存するというローン文化が育まれた。この時期から、連邦政府ローンとローン文化が容赦なく発展した訳だが、それらは、平年は少しずつ成長し、新しい形態や条件が導入されると飛躍的に成長した。2010年になると、学士課程の学生の大半がローンを組むようになり、連邦政府のローンは1979年の10倍以上(実質ドルベース)になった。このような事態を招いたのは、高等教育そのものというよりも、政治や市場との関係だった[32]。

1972年の財政援助規定は、当時の平等主義的な精神を反映したものだった。低所得の学生でも高等教育を受けられるようにすることは、より公正で平等な社会を促進することであり、財政援助は経済的ニーズにのみ基づくべきだとされた[33]。こうしたニーズ・ベースの原理は、1970年代後半にもなると、連邦政府の財政援助規定をより所得の多い家庭にも拡大することを要求する「中間層の反乱」に議会が対応したことで、その座を奪われることになった。授業料免税(在学生の親に還元するもので、進学を促進するものではない)を設けようとする協調努力は方針転換された。その代わり、中所得者学生支援法(MISAA, 1978)は、より多くの中間層の家庭が対象となるよう基本的なペル・グラントの基準を緩和し、学生保証貸付の所得制限をすべて撤廃した。融資額はその後2年間でおよそ2倍になった。しかし、インフレ率が20%近い中、たった7%であらゆる人に融資しようとすることの愚かさはすぐに明らかとなった。1981年、所得制限が復活したが、融資額は減らなかった。その後10年間、融資額は増加の一途をたどることとなる。

MISAAは、中間層の有権者や、融資の保証が利益の保証となる銀行業界といった特別な利害関係者の利益のために、ニーズ・ベースな財政援助の原則に異議を唱えた。その後、利権と政治が結びついたために、学生の財政政策援助は「漂流」してしまう[34]。レーガン政権は、その思想から社会的支出に反対しており、毎年いくつかの助成プログラムを廃止し、その他についても資金を削減すべく予算案を提出していた。議会では、高等教育産業を後ろ盾にした教育公正政策の支持者が、予算の制約がある中でも、ほとんどの資金を回復させることに成功した。ローン政策が漂流する中、基本的な連邦補助金やその他の助成金は購買力を失ったが、ローンは資格付与の問題だったため、増加し続けた。ローンは中間層に不釣り合いなほど恩恵を与え、議会はその人気を高く評価した。

連邦政府による学生支援政策は、入学者数の増加を意図したものだったが、それがどれほどのものだったかは明らかでない。高等教育の需要は、経済学者が熱心に主張する賃金プレミアムというカレッジ卒による経済的リターン、カレッジでの勉学に向けた学問的準備、そして連邦政府の援助対象たる経済的余裕など、多くの要因に影響されていた。おそらく最も影響力があった要因は、中間層の成長と文化であり、これはカレッジ進学が親の教育や収入と密接に関係していることを反映していた。1945年から1960年代にかけて、家計所得は着実に増加し、高等教育の進学率も上昇した。1970年代になると、家計所得は停滞し、間もなくして進学率も停滞した。また、他のマイナス要因もあった。女性の機会が広がっていたため、カレッジは依然として魅力的な場所だったが、賃金プレミアムは急落した。そして、学問的準備についても、どの指標を見ても凋落していた。唯一プラスに働いたのは、連邦政府による財政援助の増加だったが、これはあまり効果がなかったようだ。

1980年から1990年代初頭まで、ハイスクール卒業者の数は25%も減少したが、カレッジへの進学を選択する卒業生が増えたため、入学者数は安定的に推移した。1983年以降、好景気の中で家計所得は上昇した。カレッジの賃金プレミアムは長期的に上昇し、学問的準備も強化されたように見えた。しかし、議会がより多くの学生に対してより少ない実質額を計上したため、助成金だけが縮小した。全体として、伝統的な高等教育――4年制カレッジ・大学におけるフルタイムの学生――に有利な状況だった。まず、白人の入学率が上昇した一方でアフリカ系アメリカ人の場合は、1970年代の入学ラッシュ以降、その率は一時的に落ち込んだ。ハイスクール卒業者の入学率は、すべての所得層で平行して上昇したが、下位25%の層では、ハイスクール卒業率が低かったため、入学者数が減少した[35]。授業料の高騰を考えると、平均収入以下の家計にとっては、経済的な余裕が問題だったのかもしれない。他方、ローンは特に私立機関に通う中間層の学生に利用されることが多かったようだ。

1990年代は長引く景気後退で幕を開けたが、最後は堅調な景気拡大で幕を閉じた。不況にもかかわらず、入学率の上昇といった1980年代の傾向は、1990年以降も続いた。しかし、ペル・グラントの支給はほとんどなく、インフレ率にほとんど追いついていなかった。その代わり、クリントン政権と議会は、学費の免税や学生ローンの追加といった措置を取り、中間層に迎合した[36]。学生の借入は10年間で倍増し、2000年には300万人(67%増)が平均1,000ドル(36%増)のローンを追加で借りた。アフリカ系アメリカ人の進学率は1990年代に回復し、上昇を続けた。さらに重要なことに、カレッジ卒業生に占めるアフリカ系アメリカ人の割合は、1990年の6.2%という低水準から2000年には9.2%に上昇した。20世紀末には、アメリカの高等教育は再び力強い成長軌道に乗った。連邦政府による学生への480億ドルの財政援助がその一翼を担っていたことは間違いないが、援助を受けている学生と同程度に援助を受けていない学生が追加で入学した。1980年にも2000年にも、ハイスクール卒業者の継続率には、上位四分位と下位四分位で40%もの開きがあった[37]。その他の要因は、誰がどのカレッジに進学するのかを方向づけた。

私立高等教育

散々な1970年代を乗り切った私立のカレッジや大学にとって、1980年代の見通しは悲惨なものだった。猛烈なインフレに加え、カレッジに進学する年齢層の25%減が目前に迫っている危機的状況だった。公立大学と比べて価格面で不利な状況は続いており、特色あるリベラル・アーツ・プログラムへの関心も一向に回復しそうになかった。また、従来から求めていた優秀な学生はおろか、十分な学費を払ってくれる学生を確保するための熾烈な競争にも直面した。それでも私立のカレッジや大学は、マーケティング、提供する内容、そして——財政援助を操作することによる——価格設定において、特に激しい競争を繰り広げていた。

1980年代の私立カレッジは、一層の学生募集をするようになり、より洗練されたマーケティングを採用した。ある典型的なカレッジでは、ダイレクトメールを 3万5,000通から11万通へと増やした(1学年の定員は800人だった)。非常に多くの入試担当者と卒業生のボランティアが入学希望者とより直接的に接触するようになった。ほとんどのカレッジは、採用戦略を練るために市場調査を行い、ビジネスの手法を取り入れた。コンサルタントを雇い、入学した志願者と入学しなかった志願者の違いを分析させた。カレッジはIR室を設置し、そのような戦略の検証と改良に熱心に取り組んだ。アドミッション・

ディレクターは、各機関の生命線に関わる重要な人物となった。ディレクターたちは高位の管理職に昇格し、「エンロールメント・マネージャー」に任命された。後者の役職はマーケティングと出願、入学許可、財政援助申請の評価を一体化するものだった。エンロールメント・マネジメントの業務は、入学者数、機関の評判、収益を最適化させる責任を負っていた。入学手続きは、それ自体が大きな支出となり、しばしば新入生授業料の10-20%を消費するようになった[38]。

私立のカレッジや大学はコストがかかるため、その魅力は評判に大きく左右された。「費用をより魅力的にすることは、学生獲得にポジティブな効果をもたらすが、学問的な評判や社会生活に目を向けることは、より大きなリターンをもたらす」と結論づけたオバーリンは、私立セクターの代表格だった[39]。私立機関は質で勝負することをより好んだということだ。この場合の学問的な質とは、公立大学の旗艦校が得意とする研究ではなく、優れた教授活動、優秀な卒業生、広汎な業績で知られる教授陣のことを指す。しかし、社会生活も重要なセールスポイントだった。ダイレクトメールで配布された光沢のある入学案内（ビューブック）には、牧歌的なキャンパスで生活する魅力的な学生やカリスマ的な教員が描かれていた。学業も社会生活も、学友の才能や能力に影響された(後述)。そのため、質的な競争に伴って、より多くの支出――キャンパスの施設、教員の給与、低教員比率と少人数制クラス、快適な設備（アメニティ）や社会生活、優秀な学生の募集活動など――が促されることになった。私立のカレッジや大学は、値上げによる支出増加の容赦ない圧力に屈した[40]。

1970年代、私立機関は学生の需要が低迷する中、相対的な値上げに消極的だった。しかしハーバードでは、1978年に授業料を4,450ドルから5,265ドルへと18%引き上げると同時に、内部資金による学生の援助も増額し、この考え方を覆した。その後に入学希望者が減少することもなく、ハーバードはその後10年間、平均840ドルずつ授業料を値上げし、学費の高いその他の大学もこれに追随した。授業料を値上げした決め手は、組織的な財政援助だった。それまで私立機関は、専用の、つまり固定された予算で資金援助を行っていた。しかし、もはやこうした機関は、単に学費を値引くことで支援することにした[41]。加えて、さらに援助が必要な学生には連邦政府のローンが用意されていた。授業料の割引と学生ローンが組み合わされ、私立セクターには、高授業料(ハイトゥイション)・高援助(ハイエイド)という仕組みが形成された。カレッジは標準化された「予想家計負担額」に適格な助成金やローンを加えて、学生が支払うことのできる上限額を決定した。そして、その差額を授業料割引でカバーし、適正価格を実現した。こうしてカレッジは需要の減少という形での値崩れを回避し、支払い能力のある学生に対しては思う存分授業料を上げ、そうでない学生には適切な授業料割引を提供することができた[42]。

1980年代、マーケティング・コンサルタントによって洗練・推進された高授業料・高援助の仕組みは、私立セクター全体に広まった。この仕組みが受け入れられた主な理由は、その効果にあった。1980年代の学生1人当たりの平均支出は、私立カレッジで40%、私立研究大学で60%以上増加した(実質ドルベース)。この伸びは、1990年代後半にさらに加速した。私立の研究大学では、正規の授業料は138%、総支出は142%増加した(1980-2000)。支出の増加が学問の質を高めたのは、誰の目にも明らかだった。私立機関は1980年代にちょっとした設立ブームに沸いた。そうした機関は、より多くの優秀な教員を採用し、より多くの給与を支払った[43]。私立セクターの繁栄は、1970年代の不安を見事に覆したが、高授業料・高援助制度には、いくつかの懸念すべき特徴があった。

授業料の高騰は目を見張るものがあり、また憂慮すべきものだった。1976年に4,000ドルだった授業料は、2000年には2万4,000ドル(実質ドルベースで150%)に上昇し、同時代の人々から見れば、法外な価格高騰だった。私立機関の平均的な授業料は、1980年の世帯収入中央値の約20%から、2000年には40%に上昇した。高授業料・高援助制度は、より裕福な顧客層とより多くの志願者を持つ、より裕福で権威のある機関にとって最も有利なものだった。そうした機関は、より高い授業料を徴収し、純収益を大きく伸ばすことができた。高授業料・高援助のもとでは、金持ちはより金持ちになり、貧乏人はより貧乏になった。授業料が上昇するにつれて、割引率も上昇していった。適度な選抜性のあるカレッジにおいては、1990年の割引率は25%、2000年は

30%だった[44]。後者の場合、700ドルの収入を得るために授業料を1,000ドルも上げなければならず、結果としてさらに高い授業料が必要だった。授業料の割引は、終わりの見えない坂道だった。最後に、選抜性の高いスクールでは、「条件不問・完全補助」の入学政策を口先では唱えていたが、1990年代までには、最も裕福な機関を除いて、この原則を機関の予算のために犠牲にしてしまった。機関にとって、最も需要のある志願者層に有利になるよう、制度的援助(割引)やローンの相対的な比率を操作するのは、やむを得ないことだった。カレッジは「優遇パッケージ」によって、高い能力や望ましい才能を持つ学生にはより手厚い援助を提供し、授業料を全額支払うことができる志願者には誘導策を提供した。私学の学生援助は、もともとは経済的に困窮している学生に便宜を図るためのものだったが、ほとんどあるいは全く困窮していない学生に対して、より多くの援助を能力に基づいて与える方向に発展していった[45]。私立セクターの財政的健全性は喜ばしいことだったが、それによってさらに競争的な市場原理——学生選抜競争——がもたらされた[46]。

学生選抜競争

1980年代、高等教育における新入生獲得市場は大きく変化した。第一に、歴史に根ざした実践もあった。アイビー・リーグは、1930年代に募集地域を拡大した最初の大学であり、1950年代になると、選抜性の高い私立カレッジも同様に拡大した(第2章)。旅行や通信手段の発達は、選抜性の高い機関の視野を確実に広げ、より多くの母集団から学生を募集することを可能にした。市場形成の第二の要因は情報だった。1950年代には、SATのスコアや全米能力テストが消費者や生産者に情報を提供し、1960年代には、ガイドブックを通してそうした情報が広まった。1970年代には、ダイレクトメールによるマーケティングも消費者の情報源となり、1980年代になると、そうしたマーケティングがますます試みられるようになった。第三の市場要因の価格設定は、特に私学において、理論的には、前述の高授業料・高援助制度に見られるような、条件不問・完全補助政策で緩和される見込みだった。しかし、優遇的なパッケージングや学生の能力に応じた援助を利用した競争的な価格差別がすぐに出現した。最後に、最も大きな役割を果たしたのは、消費者の嗜好だろう。1970年代の平等主義的な時代、経済的な教育戦略とともに、反ビジネス感情も徐々に消えていった。1980年以降、世俗的な成功を人々が望み、受け入れるようになると、そうした成功は(再び)称賛に値する目的となった。その顕著な兆候のひとつがヤッピー現象だ。若く上昇志向の強い専門職の実例として広く知られていたヤッピーは、金と消費に執着し、1970年代に主流だった社会的関心を軽んじているというのが通説だった。ヤッピーの風刺画は学界では非難されたが、そうした専門職が多くの若者にとって魅力的だったのは明らかであり、若者たちは、自分たちを受け入れてくれる最良のカレッジに進学することで、専門職で成功する道を模索するようになっていた。

1983年、*U.S. News and World Report*は、評判調査を基にしたカレッジや大学のランキングを発表し、時代の流れを実に見事に捉えた。ランキングには、1987年になると定量的な指標が加えられ、1990年からは*America's Best Colleges*として独立して発行されている。これは、評判調査のほかに、入学者の選抜性と機関の資源に関するいくつかの指標を取り入れており、毎年微調整を加え、少しずつ異なる結果を出している。全体として、このランキングは、選抜性と富の測定に主眼が置かれていたが、それらには高い相関関係があった。壁にかけられた魔女の鏡のように、*U.S. News*のランキングは学生選抜競争を映し出し、最も選抜性の高いカレッジや大学が最も適正（フェア）だと宣言するものだった[47]。

*U.S. News*のランキングは、高等教育市場に新たな局面をもたらし、選抜性の高い機関の間での競争を激化させた。各機関は、従来のライバルや地域の競合相手というよりは、全米のカレッジや大学全体と比較され、格付けされるようになった。当初は市場の産物だったランキングが、やがて市場を規定するようになった。1999年に出されたとある研究は、最上位のカレッジの順位が下がると、翌年の出願者の数と質が低下し、SATのスコアが低下し、より多くの財政援助が必要になる、という各機関の管理者にとっての周知の事実を裏づけるものだった[48]。一部の機関は、測定時の変数を操作することによってランキングをごまかそうとし、中には不正な報告を行う機関もあった。

だが、そのようなことを行っても、相対的な富と選抜性は、そう易々と覆い隠せるようなものではなかった。競争の激化は、高授業料・高援助に強いプレッシャーを与えた。財政的余裕のない機関では、学生１人当たりの純支出が授業料を下回ることが多く、全額を支払っている学生が同級生を補助しているようなものだった。私立のカレッジや大学での財政援助の支出は、1990年には支出全体の8.2%、2000年には11.4%を占めていた[49]。私立のカレッジや大学のほとんどが、入学者数の目標を達成しようと毎年のように奔走する中で、学生選抜競争は、主に選抜性の高いセクターに対して影響を与えた。

選抜性の高いセクターとは、学生の特性や機関の願望・行動を反映した仮想の構成概念だ。現実的な定義としては、*U.S. News*の「全米的な大学」と「全米的なリベラル・アーツ・カレッジ」の上位50校であり、1999年の新入生定員は計約14万5,000人で、そのうち公立大学16校に６万4,000人、私立大学34校に５万6,000人、そしてカレッジ50校に２万5,000人が入学した。公立４年制大学の新入生に占める割合は８%、私立では17%を占めている。これらの機関の多くでは、新入生の少なくとも半数が、テスト受験者の上位10-15%に入る成績を収めていた[50]。このような学生の入学は、ランキングや機関の威信を保つために不可欠だった。質の高さが評価されれば、授業料を全額負担する者が増え、割引率が下がるため、収益が増加する。選抜性の低い機関は、質が下がるにつれて全額を支払う者が少なくなり、授業料の割引も大きくなった。また、威信の高さは、1990年代に急増した同窓会からの寄附を促し、やはりすでに財政的に余裕のある期間に有利に働いた。だが、そうした機関がとりわけ裕福になった要因は、20年にわたる株式の上げ相場、特に1990年代の最後の数年間における寄附金の増加にあった。このようなリターンによって、富める機関はますます富めるようになった。1990年代、ハーバード、イェール、プリンストンは、実質的な教育費を倍増させたのに対して、中程度な私立の研究大学（まだ比較的裕福な大学）は37%増だった[51]。富は選抜性をさらに強化した。1990年代後半になると、この現象を説明する経済学的な理論が進展した。

鍵となる概念は、ピア効果――あるモノの顧客がそのモノの価値を提供する、という状況——だ[52]。高等教育では、学生同士が互いに教育し合うという重要な役割を担っているため、このケースに合致する。従って、優秀な学生には集団を形成しようとする動機がある、とキャロライン・ホクスビーは主張した。また、優秀な学生は、最も質の高いスクール、つまり自分たちの教育に多額の投資をしてくれるスクールを好むようになった。このようにして、より優れた(コストの高い)教育を提供する機関は、より優れた学生を惹きつけるだけでなく、ピア効果によって優秀な学生が一種の乗数となって教育成果をさらに高めることになった。ホクスビーは、前述したような全米レベルでの高等教育市場の歴史的統合によって、このようなプロセスが時間をかけて累積的に作用していることを明らかにした[53]。もう1人の経済学者、ゴードン・ウィンストンは、ウィリアムズ高等教育経済学プロジェクトにおいて、ピア効果および機関の富に焦点を当てた。ウィンストンは、質的な競争の影響を「地位市場(ポジショナル・マーケット)」と表現し、機関が相対的な威信や地位を求めて競争していることを明らかにした。地位の指標は、選抜性、支出、*U.S. News*の格付けであり、これらは総じて高い相関関係にあった。階層的な地位が支出に依存している状況は、「軍拡競争」と呼ばれるようになった。ウィンストン曰く、「寄附金に基づくヒエラルキーは非常に偏ったものになり」、軍拡競争から抜け出そうとする試みはすべて「受託者の無責任」だ。また、「地位市場では、良い(グッドな)ものは限られており、…ヒエラルキーの中で、富は基本的に良いものだ」と指摘した[54]。経済理論はこのように、学生選抜競争における質的な競争を強く支持し、制度的な富の無限の追求が本質的に良いことだと宣言した。

ホクスビーは、高等教育市場の発展がこの経済モデルに合致していることを示すために、広範なデータをまとめた。1997年の論文では、1966年から1991年にかけて、高い能力を持つ学生が、高い支出を行う機関に集中するようになったことが示されている。同時に選抜性の低いカレッジでは、学生の能力が低下した。学生の平均的な能力(ACTやSATでの測定)は、選抜性の高い学校と低い学校の間で差が開き、一方で個々の機関における能力の幅は小さくなっている。このようなパターンは、私立の機関でより顕著だったが、公立機関でも明らかだった。他の研究でも同様の現象が報告された[55]。能力の高い学生が集中していたのは、明らかに最も選択性の高い上位10%の機関であり、平均能力の低下は、中程度以下の機関で最も顕著だった。2009年の論文で、ホクスビーはこのパターンを各機関の資源と直接関連づけている。このデータは、すべての機関の資源が着実に増加する傾向を示していたが、支出の規模は選抜性が高いほど大きくなっていた。1996年以降、選抜性の高さが96-98パーセンタイルに位置する機関の支出は急増し、2006年には学生１人当たり４万8,000ドルに達していた。また、99パーセンタイルに位置する機関の支出は幾何級数的に増加し、９万ドルを超えた。いささか信じ難いことだが、ホクスビーはこのような巨額の支出は主に授業目的だとし、「より適性のある学生は、より大きな人的資本投資に対する市場収益率を得ることができる」場合に正当化されるだろうと主張した。さらに、「そうした学生のリターンは絶対的に大きいので、…卒業生としての寄附も大きくなり、次世代の学生のための資源をより多く調達することができる」とした[56]。ウィンストンと同じようにホクスビーも「良いもの」はいくらあっても足りないと考えていた。しかし、幸運は非常に厄介な問題ももたらした。

第一の問題は、いわば入学者選抜の膠着だ。選抜性の高いスクールは、常に学業成績以外の基準を考慮して志願者を選抜していた。皮肉なことに、優秀な志願者が増えれば増えるほど、入学の可否が学業以外の基準に左右されるようになった。入学者選抜は、内外の特別な利害関係者を満足させるための政治的課題だった。利害関係者の中で最も影響力があったのは卒業生だった。選抜性の高いスクールは、マイノリティに一定の割合を与えなければならなかった。また、伝統的な卒業生輩出校（フィーダー・スクール）は配慮を求めていたし、コーチは選手を、エンジニアはギヤヘッドを必要としていた。ある入学者選抜の担当者が説明したように、これらの利害関係者は、「定員を守るために、互いに対立するロビー活動を行う」。「ある年の成績が少し落ちただけでも、翌年は他の要素を犠牲にして、その測定可能な項目を押し上げるような圧力がかかる」。例えば1980年代には、アジア系アメリカ人の学生がハーバードでの入試差別に対して抗議するために動員された。そうした学生は、当時ハーバードにおいて優先されていたグループの学歴をはるかに上回っていたからだ。失敗に終わったものの、訴訟を通して、アジア人は特定利益集団と見なされるようになった。また、この訴訟によって、ハーバードや同類の大学が困惑するほど、入学者選抜に関する秘密裏のプロセスが公開され、そうした大学は、卒業生の親族・子女やアスリート、マイノリティを優遇しているという批判にさらされた[57]。機微な選抜プロセスは、その後の活躍が期待される学生を見極める上で非常に有効なことが証明されたが、それを人々の激しい抗議から擁護するのは難しかった――それゆえ、神聖不可侵なカテゴリーがわずかな調整のみで維持されるという膠着状態に陥った。

第二の問題は、永続する不平等だ。2000年当時の推計では、これらのカレッジの1年間の学費3万ドルから3万5,000ドルを払えるだけの収入を得ていたのは、上位6%の家計だけだった。アイビー・リーグやそれに準ずる機関では、学生の半数以上がそうした上位層の出身で、何の援助も受けていなかった。驚くべきことに、このパターンは20世紀を通じてずっと続いていた。1961年、イェールのアーサー・ハウ入学者選抜部長は、アイビー・リーグの機関が経済的に存続するためには、学生の60%を最も裕福な5%の家計から集める必要があると見積もった。また、社会学者のジョセフ・ソアレスは、価格設定と学生募集の両方で、イェールとその同種の機関が一貫してこの基準を維持していたと明らかにした。実際、20世紀末に選抜性の高いカレッジはそうだった[58]。同時に、このような選抜性の高いスクールの社会構成も大きく変化していた。学力の向上とともに、旧来のエリート層は減少し、代わりに専門職家系の新しいエリート層が増え、その中には学者の子どもたちも多く含まれていた。また、少数ではあるが、富裕層ではない学生の多様性も大きく高まった[59]。しかし、高授業料・高援助制度は、高額な授業料の全額または大部分を親が負担できる学生を大量に必要とした。アメリカでは、高い学力は偶然得られるものではなく、高い所得と関連するものだった(第8章)。ゆえに、裕福な選抜性の高い機関はこのパターンに縛られていた。授業料を下げるのは、裕福な顧客層の補助となるだけであり、低SES学生に対する階層に基づくアファーマティブ・アクションは、入学者選抜の膠着を容認できないほどに混乱させることになるからだ。

第三は、エリート教育と収入の問題だ。最も選抜性の高い機関への入学志願者は確実に増えており、志願者はその学位が費用と努力に見合うものだと確信している、ということを証明していた。それにもかかわらず、研究者たちはこのエリート教育と収入という問題に引きつけられ、特にそれがなぜなのか――機関の収益は、初期の適性によるものなのか、ピア効果によるものなのか、機関の支出によるものなのか、選抜性の高さによるものなのか、そしてその収益はどの程度なのか――という問題に関心を寄せていた。ソアレスは選抜性の高さを強調している。「イェールなどのトップクラスでは、裕福で学業優秀な志願者から自選された学生、つまり個人的な能力が並外れて高い人々から学生を集めている」[60]。1980年から2000年にかけて展開された学生選抜競争により、エリート教育の利点はもはや自明のものではなく、支持者・批判者双方にとって最大の関心事となっていた（第8章）。

公立高等教育

公立高等教育の私費化は、広く知られており、悲嘆の対象となっている。それは主に、公立のカレッジや大学の資金源が、州の税収から学生や保護者、そしてそのローンへと移行してきたことを意味している。公立の機関は、他の民間資金も獲得しようとしてきたが、縮小する州予算の代わりになるものは授業料しかない。1980年時点で、学生からの授業料収入は平均して州予算の1/4だったが、2002年には2/3となり、2010年以降は授業料収入が州からの拠出金を上回るようになっている。授業料への依存度は州によって異なる――授業料が支出に占める割合は、最も高い州では25%、最も低い州では75%だった。この一見すると不可避な傾向は、段階的に進展してきた。

デイビッド・ブレネマンは、「最終的な分析では、高等教育の健全性は経済の健全性と密接に結びついており、計画立案者は他の条件を事実上無視することができる」と述べた[61]。1980年以降、このことは私立セクターには当てはまらなくなり、公立セクターにはますます当てはまるようになった。1980年代初めの「二番底（ダブル・ディップ）」不況により、学生1人当たりの実質的な州予算が1980年の水準を下回った年が4年間あった。その後10年間は繁栄が続き、1980年の水準を約15%上回った。1990年の穏やかな不況の後は回復が遅れ、州の歳入も低迷した。州の財政支出は1980年代半ばの水準まで落ち込み、1990年代末に好景気となるまで、1980年代の水準を超えることはなかった。2001年の不況の後、高等教育への州の財政支出は大幅に削減され、部分的な回復も大不況でさらに大幅な削減を余儀なくされた。このような資金調達のジェットコースターがループを描くたびに、公立の高等教育機関にとっては不利な状況に陥っていった。実物のジェットコースターと同じように、全体的な方向性は下向きだった。

1980年代、公立大学は当初、減少した予算を補うために授業料を引き上げた。その後、予算が回復するどころか増強されようが、7-8%の値上げを続けた。このような追加の資金は、大いに必要なものだった。1970年代に州の財政支出も授業料収入も伸び悩み、1980年代初頭の経済的混乱に陥った。そのため、各機関はインフレに対応するために給与を上げ、上昇する費用をカバーし、変化する需要に対応する必要があった。こうしたニーズは1990年代に入っても根強く残り、増加した予算の大部分は授業料の引き上げで賄われた。しかし、州による高等教育機関への支援は減少の一途をたどった。マイケル・リッツォが1970年代と1980年代について詳細に分析したところ、州の教育支出に占める高等教育の割合は急激に──22%から16%へと──減少した。おそらく押し出し(クラウディングアウト)が原因の一部だが、州議会議員のカレッジや大学を支援しようという意欲は明らかに低下していた。追加された州資金の一部は、学生へ直接回されることもあった。さらに、リッツォは、学生への財政援助が充実したことで、機関は授業料の値上げに踏み切り、それが州にとって予算を削減する新たな理由となったことも明らかにしている[62]。こうした動向は2000年以降に加速した。

このようなマクロな視点で描かれた現代の公立セクターの窮状は悲惨に映った──多くの出版物でも悲惨なものとして、あるいは一層惨憺たるものとして描き出されていた[63]。より一般的に言えば、公的支援の停滞を補うために高い授業料に頼ることは、トレードオフの関係にあった。つまり、教育の質を維持・向上させるためにはより多くの授業料収入が必要だが、家計所得をはるかに上回る授業料の増額は購買力を損ない、アクセスを低下させることにつながった。個々の機関や各州が置かれた状況や、こうした勢力に対する適応の仕方は、当然ながらこの数十年の間に多様なものとなっていた。一般的に、公立の研究大学は質の維持に最も注力し、大衆にサービスを提供する地方大学やコミュニティ・カレッジは、手頃な価格とアクセスの維持に苦心した。全米がこのような傾向にあった中で、各州はそれぞれ独自のストーリーを持っており、その主な典型例としてカリフォルニア、ミシガン、ジョージアが挙げられる。

カリフォルニアの状況は、おそらく最も厳しく、最も落胆させられるものだった。カリフォルニアは、1960年のマスタープランのもとで高等教育への普遍的アクセスを達成した最初の州だ。サイモン・マーギンソンによれば、この社会的約束は、「最初の20年間は完全に守られ、…カリフォルニアは、進学率と教育到達度の大幅な向上を達成することができた。その後20年間は、予算の潤沢な年に断続的に守られた」。2000年以降、「実質的に、1960年の約束は破られた」。2000年時点でUCは、公立セクターの上位12%から集められた限られた割合の学生を教育することで、高い質を維持している。カリフォルニア州立大学(地域カレッジ)には、50%以上の学生が在籍していたが、卒業率は45%という惨憺たるものだった。コミュニティ・カレッジは公立の学生の約70%を入学させたが、暗黙のうちに編入機能が悪化した。どのセクターも、優秀な学生の入学を減らした時期がある――「財政難に対するカリフォルニアのいつも通りの反応」だ。カリフォルニアは、学士号取得者の割合が全州の下位1/3に転落し、これでは同州が求めるカレッジ教育を受けた労働者の要件を満たすには不十分だと判断された。カリフォルニアは、こうした問題に建設的に対処する能力を実質的に失った。かつて全米最強だったカリフォルニアの公教育は、支出も成果も最下位に沈んだ。それは、教育到達度における地域、社会、エスニシティの一筋縄ではいかない格差の根本的な原因だったようだ。有権者の提案によって設けられた財政的な義務により、高等教育は、好不況で左右される州の予算のわずかな枠を取り合うだけの存在となった[64]。2018年に行われた状況見通しの分析では、2000年以降、UCは中核となる州財政の半分を失い、その半分強を授業料で回収していると報告された。しかし、最高峰の研究大学としての回復力は明らかだった。UCは質を落とすことなく、入学者数を40％増加させた。この間、学士課程の出願数は倍増し、卒業率は89％に上昇した。連邦政府からの研究支援も平均以上の伸びを示した。緊縮財政の結果、クラスの規模が大きくなり、テニュア・トラックを得ていない教員の活用が増えたが、UCのマルチバーシティ・キャンパスは、カリフォルニアの地域カレッジやコミュニティ・カレッジよりも良い結果を残した[65]。

ハロルド・シャピロがミシガン大学の学長に就任した1980年は、ちょうど経済不況で州の予算が大幅に、そして長期にわたって減少することを告げていた時期だった。緊縮財政は避けられなかったが、シャピロは、大学を「より小さく、しかしよりよく」するための５カ年計画も決行した。内部での激論の末、ミシガン大学は、アート、教育、自然資源という３つのカレッジの支出を大幅に削減し、（強い抗議にもかかわらず）地理領域だけでなく、非学術ユニットを廃止した。シャピロは、最初の削減分を――ビジネス、工学、法学の――プロフェッショナル・スクールに再配分した。これらのスクールは、強化を必要としていただけでなく、自力で資産を増やすことができた。また、州の援助を受けて、古くなったメディカルスクールのキャンパスを再建した。ミシガン大学の長期計画は、公立大学としては珍しく、私費化の最前線に立つことになった。専門職教育の活性化、経済発展のための産業界との協力、医学や工学の研究費増加など、全米的な動向から恩恵を受けた。また、私立セクターにアピールし、増資キャンペーンを成功させた。ミシガン大学は、何よりも授業料による収入増を重視した。州外学生の授業料を私立並みに引き上げ、入学者数を18％から30％に伸ばした。授業料収入は、1977年の5,000万ドルから、1987年には２億ドルに増加した。1987年、シャピロがプリンストンの学長に就任したとき、ミシガン大学は最も授業料に依存した公立大学のひとつになっていた[66]。

私費化によって、州の不利な政策にもかかわらず、ミシガン大学は繁栄できた。1990年代、逆行する政策により、地方の固定資産税が削減され、州の資金は事実上、（カリフォルニア州と同様に）高等教育を犠牲にして幼稚園からハイスクールまでの教育に再配分された。2000年、州は学生の能力に応じた援助を導入したが、これは貧弱なニーズに基づく学生支援をはるかに凌駕するものだった。2004年、ミシガン州の卒業率が平均以下となっている原因を調査するために設置された委員会は、進学と編入の改善策を勧告したが、高等教育を苦しめている財政圧迫については触れなかった[67]。

1993年にジョージア州は、社会的に逆行する２つの政策を組み合わせて、学生の能力に応じた援助を制定した。HOPE奨学金は、平均Ｂ以上だった州立ハイスクールの卒業生に授業料を補助するもので、このプログラムのために州が運営する宝くじが創設された。こうして、低所得者層の宝くじ購入者が、高所得者層の学業成績優秀者を補助することになった。とはいえ、どちらの政策も成功した。宝くじの収入は予想を上回り、州はHOPEプログラムの展開を拡大することができた。能力に応じた奨学金も成功した。学生選抜競争の時代にあってHOPE奨学金は、かなりの数の成績優秀者を州内にとどめることができた。ジョージア工科大学とジョージア大学では、SATのスコアが最も上昇し、*U.S. News*でのランキングも上昇した。出席率、留年率、卒業率のすべてが著しく向上したが、これは間違いなくHOPEの効果だった[68]。しかし、こうした恩恵の代償として、公立高等教育への財政的な負担が拡大した。授業料の大部分を負担していた州は、授業料の値上げに消極的だった。1990年代の終わりには、州の予算も、特に学生１人当たりで見ると減少に転じ始めた。こうして州は、比較的安価な授業料ながら、全米的な資金調達パターンに戻りつつあった[69]。しかしこの時期には、ジョージア州のHOPE奨学金は広く賞賛され、模倣されるようになっていた。13の州で、学生の能力に応じた援助が制定された。実際に各州は、連邦政府と並行して、税額控除やローン制度を通じて、中間層の学生へニーズに基づかない援助を行っていた。

公立研究大学は、強力なプロフェッショナル・スクール、誠意ある卒業生、戦略的な分野での研究力を背景に、1980年代から1990年代にかけて、州の支援が相対的に縮小したにもかかわらず、学術的な発展を遂げることができた。1980年代には、学生１人当たりの実質支出は4,000ドル増加し、学生から２ドルを受け取るごとに州は３ドルを提供した。1990年代には、この支出は3,000ドル増加したが、州は学生からの3ドルごとに1ドルを追加した。1980年代には、主要な研究大学の学術プログラムの評価が向上し、特に比較的新しい大学(アリゾナ、フロリダ、ジョージア工科、ペンシルベニア州立、テキサスA&M、UCデービス、UCサンディエゴ)の評価が顕著に向上した。1990年代には主要な公立研究大学が学生選抜競争においてその地位を高めた。競争状況は、私立カレッジの場合とは異なった。主要な公立研究大学には、選抜性の高い私立大学と同程度の優秀な学生が入学するが、入学規模は3,000人から6,000人であることが多かった。また、優秀な学生は、優等(オナーズ)カレッジや要求水準の高い科学専攻に集まるため、内部的な差別化、つまり水平的な差別化を通してピア効果を発揮していた。主要な公立研究大学は、著名なブランド名を持ち、素晴らしい知的・物理的施設を備えていた。こうした大学のSATの平均点は、数十年の間に著しく上昇し、1990年代の終わりには、優秀な学生がより多く入学するようになっていた。主要な公立研究大学は、全米市場で授業料を引き上げ、学生を惹きつけるだけの市場競争力を持っていたということだ[70]。

「開放型」あるいは非選抜型セクターの地方大学や都市型大学には、研究大学が私費化に対応できるような特性がほとんどなかった。州からの補助金への依存度が高く、州からの補助金不足を補うために授業料を値上げするという選択肢はほとんどなかった。また、こうした大学は裕福でない層の顧客を対象としていた。公立4年制大学のうち、最も選抜性の低い半数の機関では、学生の25%が低所得者層で、40%が中間層だった(1990)[71]。実証的研究によって明らかにされたのは、このような学生が、授業料の高騰と予算縮小による機関の緊縮財政によって、特に不利になったということだ。非選抜型の州立大学では、51%の学生が卒業したが、4年間で卒業できたのはその半分に過ぎなかった。この結果は、学生1人あたりの支出の低さを反映している。ある調査は、次のように述べている。「学生1人当たりの支出は、卒業率にとって重要だ。この事実を無視し、卒業率の向上を訴えながらも、資金を増やさない(むしろ削減する)州政府は、成功を収めることはできないだろう」[72]。その他の研究では、なぜこのようなことが起こるのかが示された。大人数のクラスで学ぶ学生の成績は低く、非常勤の教員が多ければ多いほど卒業率は下がった[73]。さらに、授業料の高さ自体が、入学、継続、卒業の妨げとなっていた。フルタイムやパートタイムの労働は学業の進捗に負の影響を与え、低所得の学生は卒業の可能性が低いことを考慮してローンを嫌っていたが、卒業できる見込みが薄いことを考えれば、それは賢明なことだったのかもしれない。

公立の非選抜型機関に通う大多数の学生にとって、1980年代から1990年代にかけての公的支援の縮小は教育の質を損なうものだった。リッツォは、公立機関への州政府の支援が減少したことで、「継続的な授業料の値上げ、フルタイムのテニュア・トラック教員からの移行、…学生教員比率の上昇、リベラル・アーツや人文学プログラムの減少、…学位取得までの時間や退学率の上昇、公共事業費の減少、学生のローン負担増加、…提供するプログラムの制限、さらに多くの要因」がもたらされたとまとめた[74]。実際、2001年以降は、まさにそのような状況だった。

20世紀末の20年間、アメリカ高等教育は、連邦政府や州政府の政策と市場原理によって形成された新たな道を歩み始めた。連邦法は、まずローン文化の出現を可能にし、次にその肥大化のために資金を供給した。学生ローンが利用可能となったことで、公立・私立を問わず、家計の収入や消費者の物価をはるかに上回るような授業料の高騰が生じた。こうして、高等教育の基本的な財源が一変した。私立機関が最も恩恵を受けたのは、学生ローンと授業料割引による価格差別によって、主に入学者数を維持し、収入を増加させたからだ。公立のカレッジや大学は、20世紀における主要な支援源だった州予算の相対的な縮小を、学生への財政援助に支えられた授業料の上昇で補った。私費化によって公立の機関は、ローンなどの学生収入への依存度を高めただけでなく、資金調達、産業界との協力、優秀な学生を獲得するための市場競争など、その行動にも影響を与えた。優秀な学生、あるいは高収入の学生の獲得競争――すなわち学生選抜競争――は、おそらくこの時代を最もよく特徴づける出来事だった。選抜性と高額な支出が関連したことで、この競争は授業料の上昇に拍車をかけ、最も裕福な機関に最も有利に働いた。その結果、機関間の格差が拡大し、富裕層は想像を絶する豊かさを手に入れた。さらに、高額な学費は、誰がどのような高等教育を得られるかを制限した。ニーズ・

ベースな財政援助と教育の公平性という問題は、この時代を通じて常に注目され、実際、それらは制度のあらゆるレベルにおいて低所得層および中間層の学生が高等教育にアクセスするために不可欠なものだった。しかし、制度のダイナミクスは、公共政策と機関のインセンティブの両方において不平等を助長するものだった。連邦政府は、中間層の学生に授業料の税額控除を与え、いくつかの州は、ニーズではなく能力に応じた援助を優遇した。私立カレッジは、財政的な余裕がある限り、ニーズ・ベースの支援を行ったが、ほとんどの支援は優秀な学生を獲得するために使われた。教育費の支出は、高コストの機関と低コストの機関に大きく偏るようになった。1980年以降、アメリカの高等教育は——価格、支出、学生の資格、卒業率が高い——選抜性の高い機関と——資源、SATスコア、卒業率が低い——開放型のマス高等教育機関との間でますます二極化するようになった。

文化戦争

アンドリュー・ハートマンの*History of the Culture Wars*は、文化戦争の起源を、伝統的な規範に対する1960年代のアメリカ社会の抵抗と、それまで疎外されていたグループへの同情に見いだした。しかし、そこで生じた火種は、1980年代から1990年代にかけて広く報道され、論争に発展するまでは、長くくすぶっていた[75]。大学は、文化戦争の舞台のひとつに過ぎなかったとはいえ、各陣営が論争のための武器を生成・装備する際に中心的な役割を果たした。21世紀に入ってもなお、こうした対立が根強く残っており、また一見すると相容れないことからも、双方の熱烈なまでの強い信念が誤りだったと分かる。現実に対する基本的姿勢は、文化的な志向性に深く根差しており、そうした志向性によってイデオロギー、信念、政治という枠組みが生まれる。これら3つの文化的枠組みが1960年代に出現し、既存の秩序に対する幅広い挑戦を支えてきたようだ。

1つ目の枠組みは、アメリカ合衆国およびアメリカ社会に対する不信感だ。多くの人にとって、ベトナム戦争に反発することは、この国が表向き支持しているものを拒絶することを意味していた。極端に言えば、ニューレフトは、アメリカのシステムが巨大であることに革命の正当性を求めた。また一方、ナショナル・アイデンティティの否定や市民権の軽視は、特に高学歴な人々の間で広く根強く残っていた。脱同一化は、特にアメリカ的生活様式と結びついた習慣や価値観に敵対的だった。

２つ目は、個人の神格化だ。心理学者のハーバート・マズローは、「自己実現」を科学的に証明した。小説家のトム・ウルフは、1970年代を「自己中心主義の時代」と呼んだ。消費主義が高等教育にも蔓延していた。社会学者のジョン・マイヤーが「人間らしさ」や人間の主体性と呼んだもの――すべての個人が多かれ少なかれ自由に自己実現する権利を持つという広く行きわたった信仰――が至るところで強調されていた。このように、公共空間では、文化的個人主義が人権の拡大解釈につながった[76]。

３つ目は、根本的に変化した社会のモデルが世界的な影響力を獲得したことだ。マイヤーが指摘したように、「それは、より自由で、参加可能で、発展する社会のモデルであり、…教育の拡大によって築かれた」。これは「世界社会」の中心的な要素であり、政府、政治、教育、社会福祉に関連して、すべての集団が公平に扱われるという理想が文化的信条となった。合衆国ではリベラリズムに近いものだったこのモデルは、実際には、主に政府機関や非政府組織、そして特に大学の活動を通して、世界中に広まっていった[77]。

これら３つの枠組みは互いに浸透し合っていた。脱同一化は、本質的にアメリカ特有のものだったが、世界社会の価値観は、特に途上国で、伝統的なナショナル・アイデンティティとリベラルな理想を並置するものだった。社会におけるあらゆる集団を公平に扱うことは、人権として表明・促進された。教育の拡充は、国家の進歩のための手段であると同時に、個人の自己実現の手段として普遍的に提唱された。これらの文化的枠組みは、現実のさまざまな解釈を支えるものだったが、そのような基盤が深いところにある以上、解釈の対立は妥協や解決につながらなかった。文化的枠組みが、文化戦争を生み出したのだ。

アメリカの文化戦争の歴史において、高等教育はひとつの特徴的な戦場を構成していた[78]。敵対関係が勃発したのは1980年代後半のことであり、保守派がアカデミック・レフトを攻撃したのがきっかけだった。アカデミック・レフトが台頭し、いくつかの分野を支配するようになったのは、1970年代から1980年代にかけての重要な出来事だった。アカデミック・レフトという用語は、実践者にも否定者にも緩やかに使われていたが、ポストモダン思想に関連する一連の教義を支持するグループには特定の意味で使用された。実のところ、ポストモダニズムの主張には近代性(モダニティ)への、特に啓蒙主義の遺産への批判であるものもあった。ポスト構造主義的な言語解釈は、客観的な真実の可能性を否定し、理性の学問的支配への信頼を貶めるために用いられた。資本主義やリベラル・デモクラシーを通じて、人類の多くが抑圧されていることや、特権階級が覇権(ヘゲモニー)を握っていることが強調された結果、西洋文明の進歩は転覆された[79]。

トッド・ギトリンは、アカデミック・レフトの起源を、1960年代末に勃興したアイデンティティ・ポリティクスに求めている。黒人たちは、「アフロ・アメリカン」というアイデンティティを支持し、同化という理想を拒否して、この運動を主導した。この分離主義は、リベラル派やオールドレフト、ニューレフトの公理だった単一社会という前提を崩すものだった。この考え方は、既存のルートに則ってアメリカ社会を改革するという希望や願望を放棄した、根本的な脱同一化を示していた。フェミニズムも同様の変容を遂げ、既存の社会における同一賃金と同一権利に重点を置いていた考え方が、分離的なフェミニストのアイデンティティという急進的(ラディカル)な概念に置き換わった。他のグループもこうした事態に呼応した。スペイン語を話す人々はチカーノ(後にヒスパニック)のアイデンティティを中心にまとまり、ゲイやアジア系アメリカ人もまた、独自のアイデンティティを主張した。ギトリンによれば、アイデンティティ・ポリティクスは、1960年代ニューレフトの古参たちではなく、左派の第二世代を特徴づけるものだった。第二世代は1970年代に教員のポストに就き、アカデミック・レフトを形成した。第二世代の数が増えるにつれて、「分離という学術文化は、要塞化された占領地として守りを固め始め」ており、それは特にカルチュラル・スタディーズにおいて顕著だった[80]。各グループは、アメリカ社会に対する不満を明確に表明し、自らが抑圧されていると主張した。それゆえ、被害者という地位は、それぞれのアイデンティティの本質的な部分となり、そうした人々は、アメリカ社会から切り離された地位を主張し、承認と特別扱いを求めるようになった。

客観性を攻撃するのはアカデミック・レフトの基本であり、それは多岐にわたる概念を駆使して追求された。フェミニスト研究が社会構成主義の枠組みに基づいていたことは、第6章で述べたとおりだ。また、文学研究からも大きな示唆を得ており、「脱構築」はテキストの特異な意味を否定するものだった。これらの教義は、言語の本質に疑問を投げかけることで、西洋文化の基盤に疑問を投げかける根拠となった。さらに、構造主義、ポスト構造主義が登場し、現象はすべて文化によって形成されると解釈することで、こうした固有の相対主義を支持した。これらのポストモダンの視点は、西洋啓蒙主義の伝統を相対化し、ひいては弱体化させることによって、脱同一化を支持するために採用された。1970年代に合衆国で広く支持されるようになったミシェル・フーコーの貢献は、アカデミック・レフトによる批判をさらに強めるものだった。フーコーの著作は、文化を支配の形態として描いている。制度、慣習、言語の背後にあるものはすべて、奉仕される利害関係（インタレスト）という観点から解釈される。こうしてフーコーは、あらゆる社会関係における権力の偏在を強調した。この権力の概念は、アカデミック・レフトを活気づかせた。アカデミック・レフトは、フーコーがブルジョア社会のイメージに反感を抱いた原因は、自分たちの反対する社会的・文化的現実――つまり支配的で特権的な白人男性の文化の力――にあると考えた。このような主張は自明のこととされ、実例をもとに説明されることはあっても、分析されることは滅多になかった[81]。

アカデミック・レフトは、科学における客観性に対する挑戦という点では、特に弱い立場にあった。科学の正当性を否定しようとする動きから科学を守ろうとしたポール・グロスやノーマン・レビットにとって、アカデミック・レフトの特徴は「遠近法主義（パースペクティヴィズム）」だった。この視点は、西洋の思考様式を否定し、特に客観性という概念を、特権的なヨーロッパの白人男性の観点しか反映していないものとみなした。グロスとレビットは、黒人や女性、第三世界の革命家などの視点からの解釈も、同等かそれ以上に妥当なものだと主張した。二人にとって、これらの見解は、「抑圧された者が独自の特権的な洞察力を備えており、被害者の知的、道徳的権威は疑う余地のないものだということを前提としている」[82]。主観的な遠近法主義は、科学を行う際の社会的・制度的な文脈について、興味深い歴史的問題を提起することができた。しかし、経験科学の知見は、そのような思索を阻むものだった。

この要約が示しているのは、アカデミック・レフトの基準となったいくつかの文献の趣旨というよりは、そのイデオロギー的な論調だ。より問題なのは、これらがどのようにして文化・文学研究を支配し、歴史、教育、非定量的な社会科学の分野に大きな影響を与えるようになったのかということだ。これまでに言及してきた理論は、各学問分野の知的言説に斬新な貢献をもたらしてきた。これらは、何人もの学者によって拡張・修正されたが、上記のようなイデオロギーを強調した学者は数名しかいなかった。これらの教義の政治的意味は、アイデンティティ・グループの本質的な脱同一化から生じている。このような見解を持つ学者たちが1970年代に教員に採用されたのは、人口動態を改善するためでもあったが、最も大きな理由は、そうした新しい分野を代表し、各分野における最新の理論的展望を説いていたからだ。1980年代になると、このような学者たちは多くの領域で多数派となり、同じような理論的関心を追究する志を持った仲間を採用した。このような動きに対して、年長世代の教員たちがあからさまに抵抗することはなかった。そうした教員たちも同じ世界観を共有しており、その多くは、社会的地位の低いグループの前進と、その地位の低さが意味する過去の社会的慣行の不承認を心から支持した。また、最新の理論的アプローチの担い手を歓迎し、主観的な個人主義を共有した。このように、人文学や社会科学の漸進的な政治化を体現する教義に対する抵抗はなかった──むしろ熱心に受け入れられていた[83]。1980年代に出現した抵抗勢力は、学界の外からやってきた。

全米人文学基金のディレクター、ウィリアム・J・ベネットは、1984年にブルーリボン研究会を組織し、*To Reclaim a Legacy: A Report on the Humanities in Higher Education*を発表した。この報告書は、「学士課程における人文学の立場とカリキュラムの一貫性が崩壊している」ことに世間の注意を喚起するためのものだった。それは、人文学専攻が急激に減少している事態を嘆くとともに、コア科目の履修条件が撤廃されていることを指摘した。政治化については、「知的相対主義」による知的権威の喪失、「イデオロギーの手先」としての文学の利用、「特定の社会的立場」への従属などを示唆するにとどめていた。同報告書は、さらに悪いこととして、スタンリー・フィッシュのような教授が、人文学には「固有の意味はない。なぜならすべての意味は主観的であり、自分自身の視点に相対的だからだ」と述べた旨を記していた。しかし、この報告書の中で最も重要なのは、ベネットの「アメリカの大学のカリキュラムの中核——その心臓と魂——は、西洋の文明であるべきだ」という信念だった。この使命により、ベネットは1960年代に死滅したカリキュラムの屍を蘇らせようとした[84]。この試みはアイデンティティ・グループを刺激し、そうしたグループの人々はベネットのコア・カリキュラムを「西洋のカノン」と名づけ、それを象徴的な敵であり、皆で立ち向かうべき対象とみなした。

カノンを巡る争いが全米規模で有名になったきっかけは、スタンフォードがカリキュラムに一貫性と共通性を持たせるために1980年に設置したばかりの必修科目「西洋文明論」を廃止したことだった。1986年、アイデンティティ・グループは、グレート・ブックスのリストが人種差別的であり、性差別的であり、自分たちを傷つけると訴えた。この不公平を是正するために設置された教授陣の委員会は、女性作家やマイノリティ作家の追加を拒否し、文化・思想・価値(CIV)という名称の新しいコースを設けることにした。この極めて微細なカリキュラムの調整をめぐる議論が全米の注目を集めたのだ。ジェシー・ジャクソン牧師がスタンフォードの学生を率いて「ヘイヘイ、ホーホー、西洋文化よ、去れ」と唱えながら行進した。現在の教育省長官ウィリアム・ベネットがキャンパスにやってきて、「西洋こそが私たちの生きている文化だ」と主張した。大手新聞社は、熱のこもった社説でこの古臭い問題を掘り返した。CIVは、読書の選択肢にグレート・ブックスのほとんどを残したが、基本的には多文化主義者に屈した。すべてのCIVコースは、「女性、マイノリティ、有色人種による作品」と、人種、性、階層の問題を扱った本を少なくとも1冊含まねばならなかった。その中には、1960年代のニューレフトが好んで読んだ、フランツ・ファノンの暴力への反植民地的賛歌『地に呪われたる者』も含まれていた。「ジョン・ロックよりもファノンの方が社会正義にふさわしいかもしれない」という学士課程副部長のコメントに、その安直な論理が表れている。伝統主義者たちは、大学の管理者たちから何の共感も得られなかった。スタンフォードは、カリキュラムの変更はたいしたことではない、という態度を取っていた。ドナルド・ケネディ学長は、スタンフォードの忠実な支持者たちに「変革の主役は教授陣だ」と断言した。これは全くもって正しい——教授陣は、デモ隊と同じ世界観を共有しており、ホメロス、プラトン、アウグスティヌスなどを教えることに興味などなかったのだから[85]。

スタンフォードのメロドラマが展開されたのは、アラン・ブルームの『アメリカン・マインドの終焉』が*New York Times*にベストセラーとして掲載された頃だった。100万部以上売れたこの本は、文化戦争に貢献をなすものとして、アメリカの高等教育について、古典文学からの類推で不釣り合いなほど強調されたアメリカの高等教育の姿を淡々と描写した。シカゴ社会思想委員会の古典学者だったブルームは、いくつかの議論を展開した。その中心にあったのは、リベラル・エデュケイションとは真理の絶え間なき追究だという崇高な理想だった。そのための最良の方法は、既存の歴史主義的な解釈ではない方法で、西洋の古典を読むことだった。西洋の古典は、その著者たちがどのように真理を発見しようと苦闘してきたかを知るために読まれ、教えられるべきだ。しかしアメリカの高等教育は、ドイツ哲学の遺産である相対主義に徹底的に染めあげられ、必然的にニヒリズムへと導かれてしまった。そのため、学生は本質的に相対主義的であり、リベラルな真理の探究にはほとんど目もくれないようになっていた。また、意味を否定するニヒリズムが蔓延している人文学の教授に、リベラル・エデュケイションを提供する能力はなかった[86]。

かつてコーネルの教授だったブルームは、1969年の大失敗を経験しており、1960年代後半の「無残な災害」が、その後、特に人文学において、ニヒリズムを蔓延させたと非難した。しかし、大学の各部門は異なる影響を受けた。プロフェッショナル・スクールは「家に帰り、扉を閉ざした。…自然科学者は闘争を下界に置き去りにし、自分たちだけの島に向かったので、脅威を感じなかった」。社会科学は、「繁栄、平和、戦争、平等、人種差別、性差別に関心を持つ」すべての人々の戦場となったが、これらの問題について「報告することに一定の科学的良心と誠実さを持っていた」。人文学は、「その情熱と献身によって…自らの住処を見つけた。…しかし、自ら破滅を招いた。1960年代の帰結として、最も被害を受けたのは人文学なのだから」。ブルームは、資格や区分といった議論を混ぜ合わせた論争を展開し、数多くいた彼の読者の少なくとも一部には、信頼できる高等教育像を提示した。グレート・ブックスに真実を求めるという彼の不可能な理想に心を動かされた者はいなかったようだが、現代のリベラル・エデュケイションの退廃はより鮮明になった[87]。

ベネットとブルームの批判に対抗して、高等教育界からはますます大胆な主張が飛び出してきた。コーネルのフランク・ローズ学長が委員長を務め、ACEが後援した、教育とアメリカ生活におけるマイノリティの参加に関する委員会は、「自由で豊かな国家として生き残るためには、マイノリティ市民の完全参加が不可欠だ」と訴える報告書を発表した。価値ある重要な目標だが、そのレトリックが示唆するように、これは理知的な意見というよりイデオロギー的な主張だった。マイノリティの成績不振に関する社会的基盤や、既存の政策の効果を考慮することなく、単に既存の優遇措置を急傾斜させることを求めたもので、各高等教育機関が「あらゆるレベルでマイノリティの学生をより積極的に採用する」ことを約束した。…[そして、] マイノリティの候補者を教員や管理職として登用するよう誘導することに特別な重点を置いた」[88]。このような試みは、すでに高等教育システムの中にいるマイノリティの人々を前進させたのかもしれないが、その割合が低い原因に向き合うものではなかった。さらに、バッキ判決から10年が経ち、高等教育の権威は逆差別に気づいていなかった。

人文学者たちは、アメリカ学術団体評議会の支援のもと、批判者たちに対する反論を組織した。その報告書は、批判者の訴えを直接受け止めつつ、衰退の主張を否定し、現在の理論は知的活力を反映しているとみなしたが、それは人文学者たちの立場からすれば真実だったようだ。また、専門的な研究を擁護し、「人文学は、伝達のための材料というよりも、探究と批評の場と考えた方がよい」と結論づけた。人文学をコアとして教えるのは諦めるしかない、ということだ。また、「実証主義の理想」を否定する姿勢は、妥協を許さないものだった。「『客観性』と『無関心』は、しばしば真実とイデオロギー的立場を同一視するための偽装手段だ」。しかし、人文学者は、こうしたイデオロギーがいかに「実際にはひとつの国民、ひとつの社会階層、ひとつの宗派に属する普遍的な価値として宣伝するように我々を錯覚させるか」を認識していた。これに対して人文学は、「アメリカ文化を、共通の財産としてではなく、競合し、疎外され、抑圧された関心、状況、伝統の場だという概念を広めることによって、文化的差異に対する認識を高めることができる」と考えていた。批判者たちが現在の人文学の失敗と主張するものは、実際には美徳であり、伝統的なアメリカ社会の偏見や鈍感さを正す重要なものだった[89]。

多文化主義やアイデンティティ・ポリティクスの熱烈な擁護によって、高等教育以外の保守派からのさらなる攻撃も招いた。保守派の批評家ロジャー・キンボールは、*Tenured Radicals*の中で、文学的左派の虚勢を酷評した。彼は、そうした書き手たちが自由奔放に意見を述べるシンポジウムに出席し、文学的左派の「イデオロギーに動機づけられた、我々の文化の知的・道徳的実体への攻撃」を記録するために、書き手たちの言葉を広範囲にわたり引用した。キンボールがつけたタイトルは、文学研究の政治化を1960年代の学生急進主義と修辞的に結びつけるものだった[90]。保守的なスポンサーを持つ若いジャーナリスト、ディネシュ・ドゥスーザは、*Illiberal Education: The Politics of Race and Sex on Campus*において多文化主義を串刺しにした。アメリカのさまざまなキャンパスでの膨大なインタビューに基づき、彼は一見中立的な言葉で「被害者の革命」を描き出した。ベストセラーとなり、メディアでも大きく取り上げられたドゥスーザの論述は、カレッジや大学が多文化主義への浅薄で偽善的な愛着に悩まされ、アメリカ社会からほとんど切り離されているという印象を与えた[91]。このような印象、あるいは少なくとも文化戦争が生み出した雰囲気は、こうした問題を整理・非分極化しようとする政治的中心地からの試み、多文化主義と「ポリティカル・コレクトネス」への懸念、そしてアファーマティブ・

アクションへの政治的反応といったいくつかの反応を引き起こした。

一部の穏健なリベラル派にとって、アイデンティティ・ポリティクスの極端な主張は、人種やエスニシティの共存を目指す合理的な試みを損なうと同時に、あらゆる種類の改革に対する右派の抵抗を煽る恐れがあった[92]。そのような見解の代表が、40年以上前にアメリカ政治の「バイタル・センター」を明示しようとしたアーサー・M・シュレジンジャー・Jr.だった。『アメリカの分裂：多元文化社会についての所見』は、左派の過激な多文化主義者と右派の偏屈な単一文化主義者の間に、中道でリベラルなコースを定義しようとしたものだ。左派の過激な多文化主義者はアメリカ社会をさらに細かく分断（バルカナイズ）しようとし、右派の偏屈な単一文化主義者は「過去を神聖化し、自分たちの愛国的な英雄と神話を植えつけようとする」。トッド・ギトリンもまた、こうした論者に属していた。ギトリンがアイデンティティ・ポリティクスを非難したのは、まさにそれが、改革主義的な政治が必要とする国民の一体感や目的意識を損なうものだったからだ。ギトリンはまた、「ポリティカル・コレクトネス」という概念を広めた、左派に対するメディアの反攻を批判した[93]。

キャンパスにおけるポリティカル・コレクトネスと、メディアで描かれるそれは、正確に言えば異なる現象だった。キャンパスにおけるポリティカル・コレクトネスは、必修の多様性コース、スピーチ・コード、多様性ワークショップへと具体化され、現実のものとなっており、ある参加者はそれを水攻めに例えるほどだった。1991年までに、アメリカのキャンパスの半数で多様性に関するコースが設置され、2/3で多様性に関する内容を取り入れることが義務化された。多文化主義を推進するためのこうした組織の試みは、逆効果だったかもしれない。1990年代後半に行われたカレッジ学生を対象とした大規模な調査では、「アメリカのカレッジにおける分断は深刻だ」という結果が出た。その20年前とは対照的に、学生たちは自分たちをアイデンティティ・グループという観点から大きく定義するようになっていた。さらに各グループは、自分たちが不当に扱われているという恨みを抱いており、被害者意識が蔓延していた。また各グループのメンバーは、互いに連れ立つことが多く、キャンパスはますます分離されたものとなっていた。著者たちはこう結論づけた。「寛容は希少価値となりつつある。…多文化主義は、今日［1998年］、キャンパスで最も解決されていない問題のままだ」[94]。

「ヘイトスピーチ」を罰するスピーチ・コードは、一般市民の間に警鐘を鳴らした。裁判所は、いくつかの規範を言論の自由の抑圧として違憲判決を下し、ジョージ・W・ブッシュ大統領はミシガン大学の卒業式での演説でこれを非難し、違反した機関から連邦資金を差し止める法案が議会に提出された(しかし可決されなかった)。さらに滑稽なことに、ポリティカル・コレクトネスの見解が独占されることで、人種やジェンダーに関わる重大な学術的テーマについて率直な議論や批判的な研究が行われなくなった。少なくとも人文学や社会科学の領域では、教員や大学院生が懐疑的な態度や不信感を示すと、排斥される危険性があった。キャンパスにおけるポリティカル・コレクトネスの支配は、ドゥスーザが提供したようなキャンパスの不寛容に関する論述に反応して、マスメディアで初めて取り上げられた。保守派の論客たちは、左派や大学全般を貶めるために、ポリティカル・コレクトネスの行き過ぎた事例を取り上げた。このように、右派はアカデミック・レフトのステレオタイプに合致する時代遅れの見解を支持するために、ポリティカル・コレクトネスの主張を利用したのだ[95]。それでも、キャンパスにおいてポリティカル・コレクトネスが台頭した状況は続いている[96]。

アイデンティティ・ポリティクスに対する反発は、UCにおけるアファーマティブ・アクションの否定において最も具体的な影響を及ぼした。1995年7月、UCの理事会(リージェンツ)は、雇用、契約、大学入試において人種、エスニシティ、ジェンダーを考慮しないことを決議した。これは理事のひとり、黒人実業家ウォード・コナーリーの強い働きかけによるものだった。彼の働きかけもあって、アファーマティブ・アクションは政治問題化し、カリフォルニア州ではピート・ウィルソン知事が大統領選にこれを利用しようとし、全米ではクリントン大統領がこれを擁護した。しかしアファーマティブ・アクションの致命的な欠点は、大学内に蔓延していた多文化主義のイデオロギーにあった。アファーマティブ・アクションが学生を二分化させたことは広く知られていた。バークレーには、「マイノリティのための入学基準と、それ以外の人のための入学基準の2つがある」とドゥスーザは報告していた。公式の統計によると、マイノリティの卒業率は58%で、マイノリティ以外の卒業率は84%だった[97]。それでも、アファーマティブ・アドミッションは大学管理職の間で強く支持され、学生の間でも大きく支持されていた。

UCのシステムは、カリフォルニア州の人口に占めるエスニシティの割合に近い学生集団を作ることを公式に約束していた[98]。しかし、マスタープランに基づき、高い学問的水準に縛られることもあった。2つのミッションの共存は不可能だ。各キャンパスやプロフェッショナル・スクールは、独自に入試を統制した。例えばバークレーは、学士課程の50%を学業成績のみで入学させ、残りは複数の基準で入学させるという計画を立て、そのうちの半分をアファーマティブ・アクションで構成していた。1994年、ウォード・コナーリーがアファーマティブ・アクションについて大学側に質問したとき、大学側はその原則を強く擁護したが、それがどのように実施されているかはほとんど分からなかった。入学審査は、熱心な中堅の管理職の手に委ねられていた。通常は、マイノリティのために別の志願者リストを作成し、キャンパスによっては、単純にマイノリティ全員を入学させることもあった。社会的機会を拡大するという目標よりも、人種的な数が優先された。アファーマティブ・アクションで入学した学生の多くは、専門職や上位中間層の家庭の出身であり、そうした学生の入学によって統計的に排除されたアジア系アメリカ人の志願者は、SESの低い場合が多かった。この闘争の両側の党派は、柔軟性のない政治的信念に基づいて行動したが、大学の弱点は、合理性や原則と実践を調和させることができないことから生じていた。歴史家のジョン・ダグラスは「UCのような機関は、代表的でない人種やエスニシティのグループをより包括的にするための熱心な試みの結果、方向性を見失い、そうしたグループの主張が政治文化の中でアファーマティブ・アクションの可能性を不注意にも低下させてしまったのだ」と結論づけた[99]。

1990年代後半になると、アファーマティブ・アクションは高等教育界では公然の支持を得ていたが、世論の支持を得るための戦いには敗れつつあった[100]。カリフォルニアの有権者は、1996年に州案（プロポジション）209号を54%の賛成で可決し、州によるすべての人種的優遇措置を違法とした。その後、ワシントン、ミシガン、フロリダでも同様の措置がとられた。しかし、人種の優遇と法の平等な保護の矛盾を調整するのは——またしても——裁判所に委ねられた。1995年、最高裁はアファーマティブ・アクションの範囲を狭め、過去の差別が「厳格な精査」によって示され、救済策が影響を受けるグループに適用されるように「厳格に精査」された場合にのみ正当化されると裁定した。下級審では、アファーマティブ・アドミッションを否定する判決も出ていたが、最高裁はこの問題を避けていた。しかし2003年、ミシガン大学で起きた２つの入試事件がこの問題を強引に解決した。学士課程入試に関する事件（グラッツ対ボリンジャー裁判）では、裁判所は、アファーマティブ・アクションの志願者に合格に向けて相当数のポイントを自動的に与えることは、違憲な人種優遇だと判断した。しかし、ロースクールの入試（グラッター対ボリンジャー裁判）では、多様性という大学のやむを得ない利益により、人種やエスニシティを志願者の総合的な評価における一要素として考慮することが正当化されるとした。グラッター判決は、大学が各申請者を個別に評価する場合、かなりの自由裁量を認めた。これは、選抜性の高い私立大学の学士課程における慣行であり、時間と費用がかかるにもかかわらず、ミシガンのような主要な公立大学で直ちに採用された。UCは2001年、マイノリティをより多く入学させるための方策として、すでに包括的審査（コンプリヘンシブ・レビュー）を採用していた。その後、（おそらくより穏当な）優遇措置を復活させるために、総合的審査（ホリスティック・レビュー）を採用した。グラッター判決の下で各機関は、相反する資質を評価するプロセスで期待されるのと同じくらい公平に出願者を扱いながら、多様性の目標を達成することができるようになった[101]。

高等教育における文化戦争は、不均衡な対立だった。批判者たちは、何よりも公共空間で攻撃を開始し、カレッジや大学に直接影響を与えることはほとんど期待していなかった。批判者たちの暴言や中傷は、高等教育には何の変化も与えなかったが、学界の政治的性向を多かれ少なかれ、極端な政治的物語の中に定着させることになった。原因の一部であれ、結果の一部であれ、文化戦争はアメリカの高等教育に対する信頼を決定的に失墜させることとなった。

ここで述べた文献は、それなりに知的整合性のある高等教育批判の代表格だったが、数年のうちに、ますます辛辣な非難も多くみられるようになった。例えば、*Profscam: Professors and the Demise of Higher Education* (1988)、*Imposters in the Temple: American Intellectuals Are Destroying Our Universities and Cheating Our Students of Their Future* (1992)、*Killing the Spirit: Higher Education in America* (1990)などが挙げられよう[102]。これらの著作には必ずと言っていいほど、自分たちにふさわしい教育を受けられないのに高い授業料を払ってきた学生への配慮と、教師に対する蔑視が含まれている。関連する第二のテーマは、学術研究に対する敵意だった。著者たちは、大学の使命は知識を広めるだけでなく、進歩させることだという考えを否定した。社会学者のニール・グロスは、リベラル派の教授陣に対する保守派の不満は、ウィリアム・F・バックリーの*God and Man at Yale*にまで遡るにもかかわらず、一体なぜこの時期に、保守派によるキャンペーンが注目を集めたのかを説明しようとした。1980年代には、「中堅の道徳起業家」(すなわちドゥスーザ)の努力によって、「リベラル派の教授陣に対抗する保守派の支持組織が誕生した」。中堅の道徳起業家らのメッセージは「すでに保守派のレパートリーとして定着して」おり、政治団体から道徳的・財政的な支援を受けることができた[103]。こうして、カレッジや大学に対する保守的な批判は、アメリカの政治文化に遍在する特徴となった。

文化戦争、保守的な言論統制、教授活動と研究の両極性——これらすべてが1990年代前半の高等教育にとって否定的な風潮を助長した。そして、否定的な風潮の中では、否定的なことが起こるものだ。連邦政府の研究支援は鈍化し、学術研究の複合体はさらなる悪化を恐れていた。公立の高等教育に対する州の予算はその地盤を失い、そのうちの2年間は実際に減少した。授業料が上がり、学生はローンに頼らざるを得なくなった。ウォード・コナーリーは、UCのアファーマティブ・アクションに反対し、思いも寄らぬ聖戦を成功させた。研究大学は、間接経費の払い戻しについて、敵対的な監査を受けることになった。そして大統領と議会は、言論の自由を侵害しているとして大学を攻撃した。しかし、アメリカの高等教育は一部でその輝きを損なったとはいえ、全てにおいてではなかった。見通しはすぐに明るくなった。

1990年代前半は、民間企業の繁栄と同様に、入学者数も増加の一途をたどった。しかし1990年代後半には、経済成長により、アメリカの高等教育に新たな楽観論が生まれた。公立の高等教育に対する州の資金援助は、それまでの不足分をある程度補った。私立のカレッジや大学では、授業料や基金からの収入が増加し、学生の需要も堅調に推移した。学生がますます質の高さを求めるようになったため、選抜性の高いセクターが繁栄した。議会は、学術研究が国家の需要に不可欠なことを認識し、財政支援を強化した。研究大学は、学士課程の教授活動を強化するための具体的な方策で批判に応えた。アメリカの高等教育は、参加者、学問の質、知識の進歩において、本質的な成長を遂げる歴史的な道を歩み始めた。ヘンリー・ルースがかつて述べたように、20世紀はアメリカの世紀だったかもしれないが、それはアメリカの大学の世紀でもあったのだ[104]。

第8章
21世紀のアメリカ高等教育

歴史家は恐怖とともに現在に接近してゆくべきだ。ほとんどの資料は歴史的分析に利用できない。近い過去の出来事や、現在起きているように見えることについての情報を提供してくれるものは——過剰なほどに——存在する。だが、なぜそのような事象が起こったのか、というのは非常に厄介なことであり、それらの持つ意味とは何か、というのは、なおさら憶測めいてさえいる。この歴史記述は、こうした限界を十分に認識しつつも、歴史的な視点が何らかの洞察をもたらしてくれることを期待しながら、21世紀に至るアメリカ高等教育の物語をたどっていく。21世紀の高等教育の発展は、過去20年間にみられた趨勢を大幅に拡張させ、時にはこれを際立たせた。州政府や連邦政府による新たな取り組みがこうした動向のもつ勢いを大きく変えたわけではない。むしろ市場の力がアメリカの高等教育を形成し、またアメリカ社会との関係を規定し続けた。

21世紀の高等教育は、より大規模で包括的に、より高価に、より階層化されたものとなった。高等教育は、キャンパスを超えた社会との結び付きを強め、商業経済との関係をより重視するようになった。またその原動力の多くは、より市場に拠るようになっていき、政府の役割はより少なくなっていった。民間セクターの資源により多くを依存するようになり、消費者に対応するようになった。アメリカの大学は、学士課程の学びがもつ弱みがますます明らかになってきたにもかかわらず、グローバルな知識のシステムを牽引し続けた。4,000箇所以上の施設で2,000万人の学生を教育した産業は、複雑なだけではない——多面的かつ多次元的だ。しかし、それは従来通り、3つの基本的な機能を果たしていた。文化と地位の源泉として高等教育は、個人が果たすだろう社会的役割を選別する手段となった。知識と技能――人的資本――の提供者として、高等教育は社会への生産的な貢献と自己への報酬のために、個人を準備させるものだった。また、高度な知識の主要な保管場所として、大学は我らが文明の知的資源の大部分を創造、保存、加工、提供、複製した。文化、キャリア、そして知識は、植民地での創設以来、アメリカのカレッジと大学の焦点となってきた[1]。このような高等教育の機能は、より重要性を増し、ゆえにより論争的となって、21世紀になっても進化し続けている。

1兆ドルの借金

2000年から2016年にかけて、高等教育への進学者数は1,500万人から2,000万人へと増加し、数多の前向きな傾向がみられた。ハイスクール卒業者の高等教育進学率は63%から70%近くに上昇した。これには、下位25%の所得層の家庭出身の学生が約48%から52%へと増加したことが影響していると推測される。黒人の進学率は60%弱から60%強へと上昇し、ヒスパニック系の大学進学率は20%上昇して白人の69%と同等になった。アジア系アメリカ人の学生が、予想されたよりも良い成績を修めることが増えた。4年制機関に通う学生が増え、フルタイムの学生も増えた。特に好ましいのは、より多くの学生がカレッジを修了したことで、学士号の取得率が大幅に上昇したことだ[2]。

後ろ向きな面として、20世紀末まで、米国は高等教育を卒業する若者の割合が最も高かったが、2010年には他の10カ国に追い抜かれてしまった。入学者数の数字だけを見ても、アクセスとアウトカムの不均衡が根強く残っているという点は明らかにならない。裕福な学生ほど4年制機関への進学率が高く、逆に裕福でない学生ほどコミュニティ・カレッジへの進学率が高い。4年制機関の中でも、選抜性の高い大学ほど、学生の平均世帯収入が高くなっている。これらの違いにより、卒業率は入学率よりもはるかに社会的に偏ったものとなった[3]。財政的には、21世紀に入ってから私費化（プライバタイゼーション）が加速した。(上から10%にあたる)公立大学の高額な授業料、部屋代、食費は、1万2,000ドルから２万6,000ドルに増加し、同じく上位10％の私立大学では、3,000ドルから６万3,000ドルに増加した（2000-2015）。授業料に限ったドル換算での中央値の増加率は、公立大学では83％、私立大学では52％と、より高い水準だった。このように増額すると家計では全く賄いきれないため、学生ローンが大幅に増加した。学生の借金は、2003年の2500億ドルから2016年には１兆2,500億ドルに増加した――これは、借金をしている学生の将来に金銭的な与信をするという、１兆ドル規模の賭けだった。最後に、新たに加わった学生の20％は、怪しげなプログラムを有する営利企業の大学（フォー=プロフィット・コーポレート・ユニバーシティ）に入学した。このセクターでは、2000年には45万人だった学生が、2010年には200万人以上とにまで増え、2015年には135万人に減少した[4]。

1970年までにカリフォルニア州の高等教育への入学率が50％を超えたのを目の当たりにしたマーチン・トロウは、エリート段階からマス段階へ、そしてユニバーサル段階の高等教育へとシステムが移行していく中で、社会との関係がどのように変化していったのかについての類型を提示した。生涯学習が複数の提供者による複数の形態を想定しているために、高等教育と社会との間にある普遍的な障壁は崩壊した。中間層や上位層の子どもたちにとって、高等教育は社会的地位を維持するための義務となった。21世紀になって、サイモン・マージンソンは、ユニバーサル段階の敷居を越えた国々の例を参考にして、「高参加システム（ハイ・パティシペーション）」というモデルを考案した。こうした制度は、エリート・セクターと開放セクターを二分する傾向にあった。政府は、急増する開放セクターへの支出を抑制し、社会にとって、あるいは政府自身にとって最大の価値を持つ機関へ集中的に予算を配分した。公共財としての高等教育の概念は信頼性を失った。民間資源への依存度が高まり、エリート機関が優遇されるようになった。このように、米国やその他の地域では、高等教育への参加率が高いことは、社会的な利益をもたらすと同時に、不平等や階層化を増長させた可能性がある[5]。

アメリカ高等教育の分岐化は、これまでも度々指摘されてきた。キャロライン・ホクスビーが分析した「序列再編（リソーティング）」の力学は、学生の能力と教育費の機関間格差を拡大する傾向にあった[6]。歴史的に見ても、上位カレッジと下位カレッジとの差は、1900年にウィリアム・レイニー・ハーパーが「シカゴ大学の超越(オリンピアン)した視点から見た小規模カレッジの展望の悲惨さ」を評価したときほど大きくはなかっただろう[7]。押し寄せる学生の高波に対応するために公立のカレッジ・大学が拡大・整備されたことで、少なくとも4年制機関において、1970年代の各機関の教育能力は、その前後よりも、より均質なものとなっていたかもしれない。しかし1980年以降、アメリカでは公的投資の削減と学生選抜競争の過熱により、不平等の拡大——分岐化——が進んだ。

だがそもそも、1970年代の拡大は底辺からの成長で成り立っていた。カレッジ・フォー・オールというイデオロギーは70年代初頭に繁栄したが、その頃は伝統的学生が増える可能性など皆無だった(第6章)。1966年から1988年までの間に増加した初年度入学者のうち、80%は9,961箇所のコミュニティ・カレッジに入学した。1970年代の総入学者数を見ると、新たな学生の2/3がパートタイムだったが、これは非伝統的プログラムの増加を反映したものだった。これらのセクターとその顧客層は、高等教育システムの特徴として定着した。

1980年代に入ると、社会的包摂が徐々に見直されてきた。公民権運動やアファーマティブ・アクション以来の基本方針は、多様性の名のもとに推進されてきた。この言葉は、バッキ判決で司法に承認され、黒人、ヒスパニック系、そしてやがてゲイやレズビアンの学生を採用し、特別扱いするための公式な根拠となった。多様性(ダイバーシティ)は、高等教育機関を構成する財団や協会からも明確な支持を受けていた。特にAAC&Uは、その主張をリベラル・アーツから多様性へと変更した。このようにして、多様性は機関全体の義務的な目標となった。スティーブン・ブリントが2000年以降の大学の戦略計画を分析したところ、「各大学に共通する唯一のテーマは、一見すると心から多様性への献身を表明していることだった」[8]。

多様性を高めるために投入された多大な資源と努力は、様々な測定方法で白人との入学者数の差を縮めたり、埋めたりすることに成功したが、社会階層における大きな格差にはほとんど影響しなかった。(ハイスクール卒業者の)大学進学率は上昇していたものの、社会的経済的な地位には偏差が残存したままでであり、所得が中央値以下の家庭でのカレッジ卒業率の向上には進展がみられなかった[9]。2010年になると、社会正義への関心と同時に、米国の国際的地位の低下に対する懸念から、(多様性を確かに考慮しつつ)全体的な教育達成度に高い関心が寄せられた。バラク・オバマ大統領は、カレッジ進学率で国際的なリーダーシップを取り戻すことを目指し、2020年までにすべての子どもが少なくとも1年間の中等後教育を受け、さらに800万人のカレッジ卒業生を増やすという目標を掲げた。ビル&メリンダ・ゲイツ財団とルミナ財団は、格差を是正し、米国経済を活性化するために、2025年までに高等教育の経歴を有する若者の割合を2倍にすることを目標に掲げた。ゲイツ財団に限ってみても、テクノロジーとコンピテンシー・ベースのプログラムによる完成度の高い課題を推進するために3億ドル以上を投じた[10]。このような高い目標を達成するためには、これまで社会的包摂の課題から取り残されていた世帯収入が半分より下の層、特に低所得の白人を獲得する必要があった。「第一世代」の学生への配慮が、業界の新たな関心事となった[11]。カーネギー審議会の報告書から40年後、「カレッジ・フォー・オール」が、アメリカ高等教育の目標として再び注目されるようになった。

熱心な教育拡大にもかかわらず、1970年代と同様に2010年代にも教育達成度は停滞した。その間の数十年間で、カレッジ継続率は1/2から2/3に上昇し、全体の進学率は60%増加した[12]。だが拡大は、学業に対する準備不足、カレッジ費用の高騰、公共投資の削減という手ごわい逆風の最中にあった。重要な読解の分野では、2015年に12年生の生徒のうち37%が「堪能」以上と評価されており、これは大学レベルの学習に少なくとも中程度の準備ができていることを意味している。また、読解力が「基礎」と評価されたのもほぼ同じ割合だった。堪能さの値は、1980年代には緩やかに上昇していたが、2000年以降は低下し、2015年まで改善がみられなかった。カレッジ・ボードは、SAT受験者の43%とACT受験者の40%がカレッジ・レベルの学習に必要な学力を備えていると推定している[13]。従って、カレッジに継続して進むハイスクール卒業者の約1/2が必要なアカデミック・スキルを欠いていることになる[14]。学業の準備ができていてカレッジに進学する学生の割合は、学士号を取得した25歳から29歳のおおよそ36%だった(2016)。カレッジに向けた準備不足は、「カレッジ・フォー・オール」というアジェンダにとって手ごわい障害だった。この問題に対処するための連邦政府の政策、財団の取り組み、キャンパス・プログラムといった多様な努力は、本書の歴史記述では描き切れない。これらの取り組みは、上述したような修了率の向上に貢献したかもしれないが、教育拡大は高等教育の経済状況という更なる障害に直面した。

2000年代に入ってからの2度の不景気により、州の予算は大幅に削減され、授業料も大幅に上昇した。このトレードオフは1980年代や1990年代に比べてより直接的で大きなものとなったが、それは州が、授業料の値上げに対して以前のようには抗えないと諦めたからだった。それ以前にも、授業料の実質的な年間上昇率は3%近くあり、家庭収入の中央値や消費者物価の上昇率をはるかに上回っていたが、それは低水準からの上昇だった。2000年代に入ってからは、授業料として支払うドルの額面が非常に大きくなり、ほとんどの州では授業料収入が州の予算に匹敵し、一部の州ではそれをはるかに上回るものとなった。公立カレッジ・大学の運営は、ますます授業料に依存するようになった。授業料収入は、2009年には教育費の73%に相当し、2014年には83%になった[15]。

2010年代においては、ほとんどの学生にとって、カレッジに進学するということは財政支援制度を利用することを意味していた。主な支援は以下の5つで、学生がカレッジ進学にかかる費用を賄うのに役立っている[16]。この援助は、各構成要素が多くのタイプの受け手に対して複数の形態を持っているため、一概に説明することができない。

- 授業料控除は、最多の1,300万人に利用されており、連邦所得税から平均1,400ドルが控除されている。当初から中間層が恩恵を受けていたこのプログラムは、2009年に所得が10万ドル以上の世帯にも拡大された。このプログラムは、入学した学生の家族に後日払い戻すという、一時負担が必要なものだったので、アクセスの向上には影響しなかった。しかし、州がコミュニティ・カレッジの授業料を引き上げる誘因となったようで、連邦税の控除で値上げ分が相殺されることになった[17]。

- ペル・グラントは、2016から2017年にかけて700万人以上の受給者がおり、平均3,740ドルを受給した。ペル・グラント受給者の半数以上は独立した学生で、半数近くは25歳以上の成人だった。このプログラムが当初想定していた対象者、すなわち所得4万ドル以下の世帯の被扶養学生は240万人だった。1995年から2015年にかけて、公立大学の授業料は5,000ドル、私立大学の授業料は1万4,000ドル上昇したが、ペル・グラントは2009年に大幅に増額された後も、その最大額は1,700ドルで、公立大学の授業料の60%以下しかカバーできなかった。
- 州の補助金は、学士課程の学生1人当たり平均790ドルだが、サウスカロライナ州の2,100ドルから、ニューハンプシャー州では0ドルまでの幅があった。州の支援の約1/4がメリット・ベースで、その割合は 1990年代後半から安定していた。支援の半分以上を能力主義で支給している州はジョージア州を含めて15州にとどまっているが、ほとんどの州が最大額を支給している。
- 授業料割引は機関補助金に分類されており、最も急速に増加している学生支援だ——博士課程を置いている私立大学の60%、公立大学では100%に増加している(2005-2015)。私立の非営利セクターの授業料割引率は全体で35%から45%に上昇したが(2007-2017)、大不況以降、これらの政策による総授業料の増加はごくわずかだった[18]。公立の研究大学(学士課程学生の53%)で授業料割引が常態化しているのは、高額な授業料への依存度が高まっていることを反映していると見られる。
- 最後に、連邦政府を中心としたローンは、2016から2017年の学生支援総額1,800億ドル(授業料割引を除く)のうち、1,060億ドルを占めていた。この金額は恒常ドルで見ると、10年前とほぼ同じだった。その間、営利目的型の高等教育のつかの間の活況により、2011年に

> 1,270億ドルに急増し、その後先細りとなった(以下参照)。この1,060億ドルの借り入れ資金は、アメリカ高等教育の財源として不可欠なもので、授業料収入全体の3/4を占めていた。しかし、学生とその家族の負担は実に変化しやすかった。公立セクターでの借り手は、2016年に平均2万7,000ドルの負債を抱えて卒業し、私立の非営利セクターだと3万2,000ドルだった。3つのセクターすべてが、学生の負債急増の一因となっていた(公的セクター46%、非営利セクター37%、営利セクター17%)。全体人数の1/8に相当する高額債務者(6万ドル以上)が総額の1/2を借りており、その多くは大学院や専門職学位の取得のために利用していた。政府は2012年に補助金付きローンを半減させたため、借り入れコストが上昇したが、借り手の返済義務を軽減する可能性のある支払い方法が追加された。

アメリカ高等教育への税金による支援は、州からの拠出金を含め、2016年には2,200億ドル近くに上り、ローンが約半分を占めている。この金額は、アメリカのカレッジ・大学の教育費の大半を占めている。21世紀に入ってからは、州の予算はほぼ横ばいだった——学生1人当たりの資金も減少していた——ため、資金の重心は連邦政府に移った。しかし、連邦政府の学生支援は、いくつかの目的を持った狭い範囲のプログラムを定期的に調整するという、支離滅裂なものだった[19]。これとは対照的に、オーストラリア、カナダ、イギリスでは、統一された条件のローン・プログラムがあり、所得税と連動した収入に応じた返済が、限られた年数で行われている[20]。アメリカの学生は、不可解なプロセスを経て機関の財政支援室からやみくもにローンを割り当てられるため、ほとんどの学生は自分がどれくらいの額を支払うことになるのか、またどのような返済条件になるのかをほとんど知らない[21]。2017年には、1.3兆ドルの債務のうち53%が返済されており、さらに13%の借り手がまだ在学しており、債務の1/3は債務不履行または返済されていない状態だった。しかし、連邦政府は公式には学生ローンのポートフォリオから利益を得ることを期待していた。連邦政府が高等教育を支援する理由について合意が得られていないため、一貫した政策が不可能になっている。また、連邦政府のプログラムは腐敗しやすいものとなっている。

2000年から2010年の間に増加した学位を授与する高等教育のうちの25%以上は営利セクターで、入学者の割合も3%から10%へと増加した。これは底辺からの拡大だが、万人のためのカレッジというイデオロギーや社会的包摂とはほとんど関係がなかった。むしろ民間企業は、連邦政府の学生支援制度を悪用して、莫大な利益を得ていた。

1972年の教育改正法により、学位取得を目的としない職業訓練コースを提供する営利目的型のトレード・スクールが、タイトルⅣによる学生支援の対象となった。その後20年間、この分野には評判の良い老舗の機関とともに、詐欺まがいの機関も存在していた。議会は定期的に後者による悪用を制限しようとした。1992年の法案では、収入の85%以上をタイトルⅣの資金から得てはならないこと、学生募集担当者の報酬を個々の売り上げに基づいて算定してはならないこと、教育の50%以上を現場以外(ひいては通信課程)で行ってはならないことが規定された。これを受けてか、営利目的型の学校は議会に働きかけたり、候補者に多額の選挙資金を提供したりする強力な団体を設立した。議会の共和党員は、浪費や乱用に反対していたが、高等教育における自由な企業活動を受け入れるようになった。民主党員は、マイノリティや低所得者層にサービスを提供するこれらの学校を支持した。1998年の高等教育法再授権の際に、連邦資金からの収入の上限が総収入の90%に引き上げられた。営利目的の学校はワシントンの情勢が好転すると、準学士号や学士号を提供するようになった。そうした学校は、もともと雇用主からの資金提供を受けていた社会人を対象としていた、アポロ社が運営するフェニックス大学の大躍進に刺激された。ジョージ・W・ブッシュ政権下では、このような状況はさらに好転した。教育省の高等教育部門の責任者に営利セクターのロビイストが就任し、採用担当者への規制を撤廃した(2002)。2006年には、議会が営利セクターの悲願を叶え、50%の対面学習規定(オンサイト・ルール)を撤廃し、オンライン大学開設の道が開かれた。ゴールド・ラッシュが始まり、この場合の財宝は、サインが書ければ誰でも利用が可能なペル・グラントと連邦学生ローンだった[22]。

営利目的型の機関に対しては、基準以下の教育、価値のない学位、虚偽の表示、高圧的な勧誘などの苦情が多く寄せられていたが、この騒動の全貌が明らかになったのは、2012年にトーマス・ハーキン率いる上院委員会が2年がかりで行った調査の結果を発表してからのことだった[23]。この業界は、上場企業15社、非上場企業15社の計30社で構成されていた。最大手は、初期の教育企業(アポロ、デブラ、カプラン、ストレイヤー)から派生したものや、ウォール街によるM&Aで設立されたものだった。いずれの企業も、連邦政府から財政支援を受けている学生に教育を提供するという、収益性の高い市場で事業を展開していた。いずれも年間授業料をペル・グラントやローンの上限1万3,000ドルに近づけていた。ほとんどの学生は収入が低く、自立していたため、ペル・グラントを受ける資格があり、96%がローンを利用していた。実際に学生募集担当者は「自己負担がない」ことを重要なセールスポイントにしていた。これらの企業の最大の目的は成長であり、それによって株式評価額や役員報酬が高騰する。そのため、収入の22.4%を占める学生募集活動に負担がかかっていた。利益は19%、授業にかけた費用は17.7%だった。学生募集担当者は――更なる報酬を得るために、あるいは仕事を維持するために――ノルマを達成しなければならないという強いプレッシャーに晒されている、ボイラールームのような雰囲気の中で仕事をしていた。彼らは福祉局や失業局、公営住宅などで見かける、成功していない、気力のない若者を餌食にしていた。特に退役軍人は、連邦政府の制限の90%にカウントされないため、見込みのある客として選ばれた。

このような「非伝統的な」学生たちは、虚偽の売り込みで勧誘され、学業で成功するチャンスはほとんどなかった。おおよそ54%が2年以内に退学した。学生募集担当者が毎年、学生集団の全体に相当する人数を入れ替えなければならないような機関もあった。パートタイムの講師による教育は初歩的ないしは酷いもので、学生へのサービスはほとんど存在しなかった。これらの営利目的の機関は、2010年までに連邦政府による学生支援の25%を集め、退役軍人給付金のさらに多くを集めていた。1/5の学生が3年以内にローンの債務不履行に陥り、全体の債務不履行率は46%だった。卒業生――平均して3万3,000ドルの借金を抱えていた人々――は、しばしば失望した。これらの機関は適格認定――タイトルIVの資金を受け取るための要件――を受けていたが、多くのプログラムでは、一部が認定を受けていなかった。卒業生が自分の選んだ分野の仕事に就く資格を得られず、他のカレッジ・大学に単位を移すこともできないという事態が頻繁に生じた。

これらの慣行を抑制するための定期的な取り組みは効果がなかった。カリフォルニア州とニューヨーク州は、州の学生支援金を得るための不正行為を行った企業の起訴に成功したが、この調停はこの業界に対するちょっとした嫌がらせ程度にしかならなかった。オバマ政権は改革に向けて一丸となって取り組んだが、議会や裁判所では業界が猛烈に抵抗した。2011年に効力の弱い改革法案が可決されたが、連邦判事によって覆された。しかし2015年に提出された第二次法案では、タイトルIVの資金を得るための卒業生の「有益な雇用」の基準を確立することに成功した。このことは、就職のための準備を約束するコースが皆無だったため、この業界にとって最大の弱点だった。連邦政府の取締りは業界全体に圧力をかけた。2010年に13万2,000人の学生を抱えていたコリンシアン・カレッジは、タイトルIVの資金提供を拒否され、2015年に破産を宣言した。ほとんどの企業は、困難ながらも適応することができた。利益は株価とともに急激に低下した。このセクターは入学者数の1/3を失ったが(2010-2015)、連邦政府の学生支援資金では、入学者数の2倍のシェアを獲得し続けた。

営利高等教育機関の誕生と活況には、財政面と教育面の2つの側面がある。財政面では、縁故資本主義と規制の掌握というお馴染みの問題――基本的には、政治家に金銭(賄賂)を払い、政府の助成や融資を受けるための緩やかな規制を維持するというもの――があった。このこと――公平で効果的な政策を立案・実施できなかったことと、選挙で選ばれた代表者が愚かだったことの両方――は政府の失敗だった。営利目的型の教育には本質的に何の問題もない。バウチャーによって教育サービスの資金を提供している場合、自由市場が営利目的の提供機関を引き寄せてしまう。消費者のコストと相対的な価値を考慮して、異なる提供機関の市場占有率を決定すべきだ。この事例では、補助金は最低限の教育サービスを提供するためのコストをはるかに上回り、消費者は自己負担を求められず、価値があったとしてもそれが隠され、誤って伝えられていた。つまり製品と価格の間には何の関連性もなく、短期的な利益だけを求める投資家を惹きつける状況だった。最も忌まわしいのは、連邦政府の学生支援を投資家の利益に変える手段となった、騙されやすい人々に与えられた損害だ。

21世紀に入ると、アメリカ高等教育では営利セクターがより大きな割合を占めるようになった。このセクターは、非伝統的な学生に新たな道を提供した――ユニバーサル段階の高等教育が社会と相互に浸透した。全てではないが、営利目的型大学の中には、学生にとって価値のある立派なコースを提供しているところもあった。特に大学院のプログラムでは、利便性が最優先され、顧客が騙されにくく、市場競争に近いものがあった[24]。このセクターの大部分はオンライン高等教育に参入しており、2000年代においてこうした企業はある意味でパイオニアだった。オンライン高等教育において、それらの企業は、大手の公的機関や非営利型の提供機関が品質やブランド力、通常の価格設定で優位に立っている競争市場に直面していた。フェニックス大学に次ぐ最大規模の提供機関は、ある専門分野に特化した非営利大学だった。ウェスタン・ガバナーズ、サザン・ニュー・ハンプシャー、リバティなどがこれにあたる[25]。この市場には、伝統的な機関がほとんど提供していない非学位教育サービスなど、多くの隙間が存在している。

公的機関や非営利型機関とは異なり、企業大学（コーポレート・ユニバーシティーズ）には目を見張るような適応能力があった。そうした大学は、連邦政府の規制強化に対応して、問題のあるプログラムやキャンパス(提供するプログラムの約半分)を閉鎖し、質やサービスをわずかに向上させた。もはや規制を無視することはできず、そうした大学は規制に適合するために必要な措置を講じた。だが、連邦政府の規制圧力と市場環境の悪化により、このセクターは全面的な再編成を余儀なくされた。いくつかの会社は、その全部または一部を非営利団体に移行させた。しかし、利益が失われたわけではなく、残った営利機関は多額の管理費を自分たちのために確保していた。アポロとデブラは未公開株式投資家に買収され、カプランはパーデューに買収された。詐欺的プログラムの活況は、「崩壊」ではなく、営利高等教育機関の再構築によって終焉を迎えた[26]。

分岐化（バイファケーション）の再来

私自身の著作も含め、アメリカの高等教育の構造に関する著作は、学士課程教育の選抜セクターと開放セクターの間の格差が拡大していることを強調してきた。第7章では、学生選抜競争が描かれ、能力が高い学生や高額の支出がますます裕福な私立カレッジ・大学に集中するようになったという点をまとめた。高参画システムで増加する資源は、社会が最も評価する機関に投資されるというマージンソンの主張は、連邦政府の研究費が研究大学の学問の質全体を支え、民間の後援がエリート機関を強く支持していた合衆国において証明された。チャールズ・クロットフェルターが*Unequal Colleges*で発表したデータでは、高い学問的資格（アカデミック・クレデンシャルズ）と資源が私立機関の上位10%に集中することが再確認された。キャロライン・ホクスビーは、ヒエラルキーの最上位にある資源が幾何級数的に増加していることを明らかにした。しかし、クロットフェルターが示した私立カレッジの10パーセンタイルは学士課程の学生のわずか5%で、ホクスビーとクロットフェルターが示した99+パーセンタイルの大学には0.6%（4万9,000人）が通っていた[27]。この角度から見ると、確かに高等教育はより不平等になった。しかし、このような見方からは、21世紀の学士課程教育の広範で多様な展開がほとんど見えてこない。アメリカの高等教育の本質的な特徴だった制度的不平等には、様々な傾向が混ざり合って影響を与えている。

選抜性の概要は、1960年代から一貫した手法で4年制カレッジを分類している*Barron's Profiles of American Colleges*から知ることができるだろう。各機関の選抜性は、「最も競争的（モスト・コンペティティブ）」「高度に競争的（ハイリー）」「とても競争的（ベリー）」「競争的」「非競争的（レス）」の5段階に分類されている[28]。約半数のカレッジが「競争的」カテゴリーに含まれていることがわかる。1983年、これらの学校に入学した学生のテストスコアは平均のやや上であり、ホクスビーのデータと一致しているようだった。また、30%の学校は競争的でなく、新入生がSAT/ACTの平均点を下回っていた。1997年には、非競争的と評価された学校は23%、2016年には13.5%だった。つまり、アメリカの4年制カレッジの「底辺」は、縮小していた――ホクスビーのデータが示すように(少なくとも1991年までは)沈下してはいなかった。同じ年に、最も競争的と分類された機関の数は、33校、54校、106校と増加していた――これは学生選抜競争を明らかに反映している。しかし、競争カテゴリーで平均を上回る機関の数は、1997年に250から400に増加し、2016年までその水準で推移している――この停滞期は選抜性の限界を示しているといえるかもしれない。変化したのは上位2つのカテゴリーに属する公立大学の数で、6校から11校、28校へと変化した。それらの台頭は、公立機関は学生1人当たりの支出が少ないため高いレベルの学生選抜競争には参加できないというホクスビーの予測に但し書きをつけた。

底辺の台頭は、決して一般的なものではなかった。非競争的機関、そしてかろうじてより強い競争力を持つと言える機関の多くは、多種多様な小規模私立カレッジ、メイン・キャンパスとは別にリストアップされたブランチ・キャンパス、そして州立システムの地域大学の一部で構成されていた。後2者の場合、この立場は地域または地方の、広くアクセス可能な、公的助成を受けた高等教育を提供するという役割を反映している。学生もそのような各地の状況を反映していた。そのため、州からの補助金に大きく依存することになり、投資不足に悩まされることになった。授業の質を判断することはほとんど不可能だが、表面的な特徴から、そのパフォーマンスをある程度知ることができる。選抜性は学生の学問に対する準備状況を反映しており、卒業率は選抜性に応じて異なる[29]。働きながら通学する学生の割合が多いこともあって、卒業生の大半は6年を費やしている場合が多い。専攻の選択は、学問的な志向よりもむしろ職業的な志向を示していた。しかし、全体として見れば衰退しているわけではなかった。クロットフェルターが発表した公立学校の下半分の学生1人あたりのデータでは、国からの助成金や補助金は減少しているが、授業料の上昇によって教育費全体は増加している(1990-2009)。

学生の資質は平均以下ではあるが、この数年間でわずかに向上した[30]。

地域大学（リージョナル・ユニバーシティーズ）のシステムは、州によって異なる発展を遂げた[31]。1983年当時、ウィスコンシン大学システムの11キャンパスのうち、8キャンパスは非競争的と評価されていた。これらの大学は、入学にSATやACTを必要とせず、学生の卒業率は通常30-40%だった。これが2016年までに大幅に改善された。2校がとても競争的と評価され、最低のカテゴリーに属するものはなくなり、ほとんどが学年の50%以上を卒業させた。カリフォルニア州立大学の各キャンパスは、マスタープランで定義された固定的な使命にもかかわらず、逆の方向に発展した。1983年には、3校がとても競争的と評価され、非競争的と評価されたものはなかったが、2016年には8校が非競争的区分へと落ち込んだ。これらのキャンパスは、4年での卒業率は低かったが、6年で見ると50%以上が卒業していることが多い。競争性の低下は、カリフォルニアの学校の学力低下を反映しているようだが、卒業までの期間が長くなったのは、資源の縮小が一因かもしれない。ペンシルベニア州高等教育システムの各キャンパスでは、1983年には非競争的に分類されたのは1つのキャンパスだったが、2016年にはこれが6つとなった。州政府の資金援助が最も低い水準にあるこれらの地方の学校は、30年間でほとんど成長せず、ほぼすべての志願者を受け入れていた。どの地方の大学でも、専攻分野の変化は明らかだった。1983年には、ビジネスや教育と並んで、社会科学やSTEM（科学、技術、工学、数学）分野の専攻が人気上位3位に入ることが多かった。現在人気のある専攻は、ビジネス・スタディ（ビジネスライト）以下、刑事司法、健康分野、公園・レクリエーション、リベラルまたはジェネラル・スタディーズ、その他需要の少ない分野となっている。このような分野では、卒業生の平均所得は低い[32]。

より質の高い公立大学、特に研究大学では、さらに前向きな変化が起きている。メリーランド大学カレッジパークでは1983年時点で、新入生の65%がSATの口頭試験で500点未満であり、600点以上は9%だった。オハイオ州立大学のメイン・キャンパスでは、500点未満が64%、600点以上が10%だった。2016年になると、メリーランドの学生は500点以下が5%、600点以上が73%、オハイオ州立では、500点以下が5%、600点以上が65%となった[33]。

劇的ではないにせよ、主要な公立大学でも同様の改善が見られた。これは、私立大学の選抜が厳しくなり優秀な学生が不合格となった結果としてのトリクルダウンではなかった。数が多すぎた――カレッジパークでは600点以上の新入生が3,300人以上(受験者の上位21%)、コロンバスでは4,500人以上だった。学生選抜競争の影響を受け、ハイスクール卒業者の多くが、選抜的なカレッジや大学でより質の高い教育を受けようとするようになった。しばしば当初は選抜的ではなかったメリーランドやオハイオ州立のように、公立大学の旗艦校には、ブランドイメージ(とフットボールチーム)、著名な卒業生、図書館の豊富な学習資源、研究室、著名な教員など、多くの魅力があった。しかし何よりも、膨大な数のプログラムや専攻が水平的な差別化を提供していた――職業志向の学生には実用的な分野を、科学志向の学生にはSTEM分野を、理知的な学生には厳格な学問の道を。国からの援助が減り、授業料が上がっているにもかかわらず、旗艦大学は最も安価で最も豊富な機会を提供した。旗艦大学は、選抜性の高い大学への出願者が急増する中での最新かつ最大の受益者となった。

この現象は、2004年までにジョン・バウンドらによって分析された[34]。1982年から2004年まで、ハイスクール卒業者数はほとんど変化しなかったが、4年制カレッジへの進学率は31%から47%となり、52万人増加した。このうち2万3,000人が選抜的な私立カレッジに、10万人が選抜的な公立カレッジに進学した。どちらの機関も定員枠の拡大が緩やかだったため合格率は低下し、志願者にはより高い資質が求められるようになった。1977年には18歳の2%がアドバンス・プレイスメントのコースと試験を受けたが、2007年には30%に増えた。ハイスクールで微分積分を履修する生徒が増え、それが女性の成績上昇の要因だと指摘された。生徒はSATを複数回受験するようになり、試験対策サービスを利用する生徒が増えた。また、より多くの機関に出願するようになった。これらの行動には全米的な収斂が見られるが、おそらく全米的な市場の表れと同時に、州立大学の選抜性が高まっていることを示している[35]。

学生の資質は、選抜性のある機関でも同様の割合で上昇した(1986-2004)。

私立大学の上位20校の学生のスコアは、公立大学の上位20校を約50ポイント上回って推移している[36]。後者は、私立大学の上位21-50校とほぼ一致している。これらの公私の大学は、事実上、市場における競争相手だった。旗艦公立大学の州外授業料が、この私立グループの割引授業料に近い値だったからだ。リベラル・アーツ・カレッジの上位21-50校は、常にこの2つのグループより約15ポイント低い。公立大学の上位21-50校は、2000年以降になるまで学生のSATスコアが上昇しなかったが、この遅れは、需要の波及とおそらく価格設定の優位性を示唆している。この選抜セクターの機関を合わせると、4年制学士課程の学生の約16%が在籍していた。公立大学は、私立のトップ校よりも排他的ではないかもしれないが、その規模から、同程度の数の優秀な学生を集めていた。言語と数学のSATで700点以上の学生を比較すると、上位35校の公立大学と私立大学で同数であり、それぞれ全米の30%を占めている(1998)。その後5年間で、最も選抜性の高い13の公立大学は、こうした学生の数を38%増加させた[37]。少なくとも公立大学の一部のプログラムは私立大学並みにエリートな一方で、機関全体としてはより包摂的だった。

すべての証拠を勘案すると、21世紀のアメリカ高等教育の市場構造を説明するには、分岐化という言葉は強すぎるようだ。最も重要な進展は、4年制カレッジに通う学生の割合が増加したことと、それに伴って学士号が増加したことなのは間違いないだろう。しかし、準備教育が全体として進展していないことを考慮すると、準備の整っていない学生はますますコミュニティ・カレッジに集中するようになったように見えた[38]。この部門は、複数の任務をなんとかこなしながら、公的資金の引き上げを経験している。公立セクターの下位2/3――*Barron's*の「競争的」と「非競争的」に分類された各校――では、多様な専門職の選択肢に対応するためにカリキュラムはますます細分化され、学生は6年間で卒業することに苦労している。しかし2000年以降、全体的に低下しているという証拠はほとんどない。最も格差があるのは最も強い機関であり、それは1990年代までに十分に明らかになった傾向の継続に過ぎない。私立セクター全体では着実な財務強化が行われているが、その中でも上位10%、さらに上位1%の機関で、真に大きな利益がもたらされた。選抜性の優位も、これと同じパターンを反映したものだった。

1980年以降の大きな変化は、公立の研究大学の躍進だ。学生一人当たりの支出や選抜性の点で、公立大学の上位10%は、私立大学の上位10%を除くすべてを上回った[39]。比較のために言えば、最も裕福で選抜性の高い私立大学の10%が約27万5,000人の学士課程学生を入学させているのに対し、最も選抜性の高い公立大学の25校は62万5,000人を入学させている。後者の学士課程に在籍する学生は様々だが、同等の私立セクターと同水準の学生を多く含んでいた。アメリカの高等教育は、より不平等になった。第一に、高い能力を持つ学生が、公立のトップ研究大学と、おそらく私立大学のトップ15%に相対的に集中していること、第二に、私立大学の最も裕福な5%に急激に富が集中していることだ。しかし、アメリカの高等教育における広範な中間層は、従来通り機能しているように見えた——適度に選抜された学生を混在させて教育し、卒業させていた。アメリカの高等教育における学士課程の分布の変化は、学業やキャリアに対する期待と現実の両方を反映している。

高等教育への回帰

戦後、カレッジを卒業することは、アメリカ社会で認められたステータスだった。120単位のコースワークを積み重ねることで、一定水準の文化、リテラシー、専門知識が身についていることを証明することができると考えていた。エンジニアや教師など、特定の職業に就くための資格を与える課程もあったが、カレッジ課程の実際の内容は、多くは職業とほとんど関係がなかった。学士号は、さらに専門的な訓練を受けたり、幅広い中間層の仕事に就いたりするための基本的な能力を示すものだった。これは経済学者がステップ機能と呼ぶ、卒業生をより高い職業レベルに引き上げるものであり、卒業生の賃金プレミアムがそれを立証しているように見えた。

社会学者のデイビッド・ベイカーは、*The Schooled Society*の中で、近代における高等教育の拡大によって、学歴が職業的・社会的可能性を大きく左右する社会が生み出された複雑な経緯を説明している。「学歴は、職業上の役割という日常的な世界で知識を応用する潜在能力だけを意味するのではない。それは、…そのような知識を適用するための排他的な規制と諸権利を持つ特定の職業的地位に参入するために必須となった」。さらに、「過去1世紀にわたる教育革命は、教育のパフォーマンスを社会的に正当な能力と徹底的に同一視しており、教育に対する信任が強化されれば、このプロセスはさらに強固になる」[40]。ベイカーは、知識それ自体がこのプロセスを推進してきたと主張している。紙の資格証明書ではなく、「大学の知識複合体（ナレッジ・コングロマリット）」との結びつきが、職業に対する資格と賃金プレミアムを与えている。教育の拡大が過剰教育の危機を生み出したわけでもない。カレッジ教育を受けた従業員の急増は、職場をより知的に複雑で生産性の高いものに変える傾向があるからだ。これこそが、21世紀の高等教育が基盤とするアメリカ社会の雛形だ。

経済学者は、現在の時代における高等教育と収入の関係について標準的な解釈を示している[41]。他の多くの点と同様に1980年は変曲点だった。ベビーブーム世代が高等教育を終えた後、カレッジ卒業者の年間コホートは安定し、その後1990年代終わりまで緩やかに成長した。この緩やかな成長は、カレッジ年齢コホートの縮小と4年制機関への入学率の上昇の複合効果だった。同時に、カレッジ卒とハイスクール卒の所得格差は持続的に拡大し、世紀末に至るまで継続した。このような高等教育に対するリターンの増大は、カレッジ卒業生の相対的な不足によって説明された。技術的に進歩する経済は、カレッジで学んだ労働者をますます必要とし、供給が不十分なため賃金は高くなった。2000年には、カレッジとハイスクールの賃金格差が男性、女性、そして世帯主ともにほぼ倍増した。しかし1990年代後半に始まった入学者の急増は、すぐに卒業生の供給を増加させた。1980年以降の20年間、学士号取得者はわずか1/3しか増えなかったのに対し、2001年から2014年にかけては50%も増えた。学士の実質賃金は、供給量の増加とともに横ばいとなり、賃金格差も拡大した。しかし、大学院や専門職の学位保持者の相対的な賃金優位性は上昇し続けた。そして、より多くのアメリカ人が、高度な学位の取得を通して、大学の専門知識を求めた。例えば、主に応用分野の修士号は、1990年から2010年にかけて倍増し、学士号の46%に相当する水準になった。

このことは、先進的な大学機能(アドバンスド・ユニバーシティ・ケイパビリティ)が相対的に不足していることを示唆している。このような需給関係からは、高等教育の学歴の価値と分布にかなりのばらつきがあるという点が見えてこない。

重要な変数として、多くの学生がカレッジ教育を修了できなかったことが挙げられる。学生は所属機関を移り、断続的に学ぶので、この数字には不確実性があるが、全体像は明らかだ。教育省は、4年制機関に進んだ学生の約59%が6年以内に卒業したと報告している。学生寮が多く、裕福な客層が多い私立大学の方が卒業は早かったが、6年後の卒業率は同等だった(65.6%対58.5%)。どちらの分野でも、卒業率は選抜性、つまり学問的な準備や能力によって変化する[42]。コミュニティ・カレッジでは、3年間の卒業率は22%だったが、この数字はその多様な役割と生産性を過小評価するものだった。しかし、1年次生の43%が翌年には在籍しなかった。*Barron's* で「競争的」と評価された公立大学では、1年生学生の30%が継続在籍できなかった。2015年のこれらの数字は、2000年以降、多少の改善を示しているが、中退者は、国勢調査局が「多少のカレッジ経験(サム・カレッジ)」と分類した人のかなりの部分を占めている。多少(大した期間ではないことが多いが)カレッジを経験した人の収入は、ハイスクール卒業者や中退者の収入と同様に、1980年代に縮小した。それ以降、これら3つの学歴カテゴリーの収入は、「あたかも同じスキルセットの『規格(サイズ)』かのように」、並行して推移している[43]。

学士号を取得することは、大きな報酬をもたらす。そしてそれはすべての有能な学生の目標となるべきだ。その恩恵は3つある。収入の増加、より長く健康的で幸せな人生を送る可能性の向上、そして知識の習得であり、これは無知よりもはるかに好ましい。経済的リターンに限って言えば、2000年以降、カレッジ卒の賃金はハイスクール卒の賃金を約60%上回り、「多少のカレッジ経験」や準学士を大きく上回っている。このプレミアムは男性の方が大きいが、その理由は、女性のハイスクール卒は収入が多いのに対し、女性のカレッジ卒は様々な要因で収入が少ないという点にある。さらに、カレッジを卒業することの効果は広範囲に及んでいる。SESはカレッジへの進学に大きな影響を与えるが、卒業後のキャリアや収入にはほとんど影響を与えない[44]。カレッジの効果は変幻自在だ。しかし、収入データは平均値を報告している。教育レベルが上がるにつれて、収入成果の不平等は増していた。カレッジ卒業者の1/6は、ハイスクール卒の平均よりも低い収入しか得ていなかった[45]。そして、何を学んだかによって違いが生じた。

分野ごとのキャリアパターンの違いは、収入データにも影響を与えた。教職や看護師など、すぐに明確なキャリアにつながるコースもあり、若年層の収入は学校教育と何らかの関係があった。人文・社会科学系の卒業生は、より多様な中間層のキャリアを確立するのに時間がかかるため、彼らの収入はカレッジでの勉学と同様に個人の資質を反映している可能性が高い。大学院の学位が普及している分野では、学士号しか持っていない人は負の方向に選抜された集団だ。2012年時点で、直近のカレッジ卒業者の平均所得は、ハイスクール卒の経験者を下回っている(3万6,000ドルで、中央値は3万7,000ドルをわずかに上回っている)[46]。経験豊富なカレッジ卒業生の平均収入は6万7,000ドルだったが、分散は依然として大きく、高収入の分野は低収入の分野より平均して約2/3多い。顕著なのは、計量分野の収入の優位性だ。工学が最も報酬が高く、次いでコンピュータ・サイエンスが高い。また経済学だけでなく、計量的なビジネス学位(金融、ビジネス経済、情報システム)にもプレミアムが見られた。分野の知識は経験によって補われる必要があるものもある――化学と生物学の初任給は平均以下だったが、経験者では平均以上だった。初任者、経験者ともに、収入は管理分野(アドミニストレイテッド・フィールド)(教育、ソーシャルワーク)と卒業生が多い分野(心理、芸術)で最も低かった。また、選抜がされないカレッジで提供される職業専攻(公園・レクリエーション、刑事司法)は収入が低かった。明らかに、卒業生の収入は、カレッジで何を学んだかに強く影響された。また、学生がどこで学んだかも重要だった。

カレッジの質が――これは一般に収入で測定される――成果に及ぼす影響に関する広範な研究は、様々な結論に達している[47]。一般的な印象(総意ではない)は、トップクラスの機関の卒業生は平均してかなり多くの収入を得るが、選抜性が低下するとその優位性は急速に低下するというものだった。リョウ・チャンによる包括的な研究では、このような比較に内在する複雑な要因を扱い、結果として、質の測定方法に応じて10-40%の収益マージンがあることを発見した[48]。彼が発見したところによると、一般に質が高いとされる機関の割合が少ないほど、収入に対する推定効果は大きくなることがわかった。キャリアは複雑な形で発展していくが、名門校の学位がもたらす優位性は、初期の段階から広がっていくようだ。それほどでもない経歴の学生の収入増加は、(どこでもうまくいくであろう)裕福で成績優秀な学生が経験する収入増加よりもかなり大きかった。機関の質は、ビジネスなどの専攻で大きな影響を与えたが、工学ではそうはいかなかった。カレッジの質は、所得ピラミッドの最上位層で最も大きな影響を与え、それ以下の層では比較的小さな影響を与えた。最後に、質の高い機関の卒業生は、大学院に進学する傾向が強く、特に研究大学ではその傾向が強かった。バカロレア後の学位取得が収入に与える影響は大きく、拡大してきてもいたが、このことは学士号のみの比較には反映されていなかった。チャンの発見は、高度に選抜的な機関に通うことの教育的利益を単一の数値や一般化で捉えることができない理由を明らかにするものであり、学生選抜競争の論理を明確に示している。

しかしその論理には、理論的・実践的な疑問が潜んでいる。経済的な効率性という観点からは、高額で質の高い機関に誰が通うべきなのだろうか。キャロライン・ホクスビーは、エリート校の学生に投入される豊富な資源が、その後の生産性によって正当化されるかどうかを明らかにするために研究を進めてきた。クロットフェルターが報告しているように、彼女のデータは以下のことを示している。「付加価値は、より選抜的なカレッジの卒業生の方が、より選抜的でないカレッジの卒業生よりも高い。[以下は彼による附記] これは強力な発見であり、最も能力が高く、学問的な準備が整っている学生は、最も選抜的なカレッジで利用できる豊富なリソースを最もうまく活用できることを示唆している」。このような優秀な学生への投資に対する社会的リターンは高いので、この発見は「アメリカのカレッジで見られる不平等の経済的根拠を提供する」[49]。しかしホクスビーの結論は、やや準備不足の学生への社会的リターンが高いというチャンや他の研究と一見矛盾する。最も有名なところでは、ウィリアム・ボーエンとデレク・ボックが*The Shape of the River*の中で、

「人種に配慮した政策のもとで選抜的カレッジに入学したマイノリティの学生は、全体として非常に良い成績を収めている」こと——すなわち、より選抜的でない機関の同様の学生よりも優れていること——を示した。この研究を要約すると次のようになる。「最も能力の高い若者は、学習し、最終的に最も多くの収入を得るかもしれないが、教育は、より能力の低い人々(おおよそ、能力分布の中央値から上位までの範囲)の成功を増強するほどは、最も能力の高い若者の成功を増強しない」[50]。従って、多少能力の低い学生の教育機会を高めることで社会的リターンが高くなるとしたら、選抜基準をより開放的にすることが望ましいと言える。

実際には、ホクスビーの議論は現状維持のための合理的根拠を提供した——まるで望み通りとなったかのように。学生選抜競争とそれが助長する誇張された不平等は、先に説明したように、強力な市場原理によって推進されてきた。しかし、恵まれない学生の教育機会を向上させることによる大きな社会的リターンは、こうした市場原理に逆らうような政策を開発するための強力な論拠となった[51]。ウィリアム・ボーエンらによる研究*Crossing the Finish Line*は、このような政策を提唱し、特に恵まれない学生には、可能な限り最も選抜性の高い機関に入学するように奨励している。*Shape of the River*と同様、彼らは「オーバーマッチング」の懸念は誤りであり、「アンダーマッチング」による劣った結果こそが真の問題だと主張した。

この議論は、リチャード・サンダーとスチュアート・テイラーによって、マイノリティの学生が学力の近い学生と一緒に入学した場合に最適な結果を得られるというデータで否定されている。特別に集められた学生と平均的な学生との間の差が大きければ大きいほど、その影響はより有害だ。このような不一致は、最も選抜性の高い機関(*The Shape of the River*で研究された機関)で最も小さかったが、選抜性が低下し、機関が人材プールにさらに手を伸ばさなければならなくなると増加した[52]。このような結果は、不利な学生を採用しようとする選抜性の高い機関の長年の努力に一石を投じるように見える。しかし、その効果はほとんどない[53]。

2017年、ブルームバーグ・フィランソロピーは、まさにそのような高度化を促すためにアメリカン・タレント・イニシアチブを組織した。入学者の70%以上を卒業させた選抜性の高い機関が、能力の高い低所得の学生を入学させることを推進した。1年後には、設立当初の30校から97校に会員校が増えた。目標は、2025年までにアメリカの選抜性の高いカレッジにこうした学生を5万人増やすことだった——これは10%以上の増加だった[54]。このような高能力で低所得の学生の数が問題になっている。ある研究では、能力を中程度のレベル、つまりSATの合計スコアで1,220点以上に設定すれば、そのような生徒が多く得られるとした。しかし、より高いハードルを用いた別の研究では、現在採用されていない——エリート校に知られていない——人々は散在しており、見つけるのが難しいという結果が出ている[55]。このような学生を採用するための戦略は、クロットフェルターの*Unequal Colleges*において、カレッジに内在する社会的不平等を緩和するための探究として継続的に行われてきた。

高等教育のもたらすリターンが公共財か私財かという点は、もうひとつの争点だった。高等教育支持者は、政策立案者が私的リターン——個人の収益——という概念を用いて、高い授業料によって財政的負担を学生に転嫁することを正当化しているとして、長い間これを非難してきた。議員たちが実際にこのような言葉で問題を提起したかは疑わしいが、公衆の投資意欲を削がれたために、彼らはこうした議論を展開したのだろう。経済学者はこのような理論を考案しているが[56]、問題は理論的なものではなく——高等教育の社会的価値を認識し、それに基づいた行動をとることができなかったという——現実的なものだ。高等教育の非金銭的な見返りは、公的な議論ではほとんど認識されてこなかった。高学歴者は、安定した結婚をし、両親がいる家庭で子どもを育て、子どもに好意的な行動を伝える可能性が高かった。市民参加という点では、より良い市民となり、逸脱行動の割合もはるかに低くなる。教育は健康問題の発生を遅らせるようであり、卒業生はより頻繁に高いレベルの幸福を報告する。税収の増加や社会サービスに対する需要の減少といった効果を定量化する大まかな試みは、高等教育に1ドル投資するごとに4ドルの見返りがあると推計している[57]。

個人への経済的なリターンは社会的な側面も持っている。個人の所得は、国民経済における生産性――すなわち人的資本――に相当する。クラウディア・ゴルディンとローレンス・カッツによれば、1980年代から1990年代にかけてのカレッジ卒労働者の不足は、経済成長を遅らせ、不平等を拡大させた。ロバート・ゴードンによれば、教育達成度の鈍化だけでなく、合衆国の教育の質の低下も経済成長にとって「逆風」だった[58]。国際的に見ても、合衆国は認知スキルに対する賃金リターンが最も高い――これは希少性を示すとともに不平等の原因となっている[59]。高等教育が人的資本の形成に果たす役割は極めて重要だ。高等教育の制度がより多くの人的資本を創出できれば、より大きな社会的リターンを生み出すだけでなく、不平等を緩和する傾向もあるだろう。

他の先進民主国家と比較して、米国はカレッジ卒の賃金プレミアムが最も高く、所得の平等性が最も高い水準にあった。需給理論によれば、教育を受けた人材が相対的に不足しているため、カレッジ卒の所得が高くなり、所得がより不平等になったということだ。所得格差に対する世論の憤りは、悪名高い「1%」に集中しているが、彼らの富は教育とはほとんど関係がなかった。高等教育は、最も裕福な1%の人々を除いた上位1/5に位置する人々に対して、優位な役割を果たした――80から98パーセンタイルでは、BAまたはそれ以上の学位と密接に関連した収入を得ている。ここでは、収入の多寡よりも、その収入を得るための資格取得者の社会的偏りが問題視されてきた[60]。

高等教育への進学は、常に親のSESに強く影響されてきたが、この関係は入学者数の増加とともに進行してきた[61]。1980年代初頭から1990年代後半にかけて、カレッジ進学率とカレッジ卒業率は、各所得層でおよそ50%上昇したが、所得の中央値以上の家庭がそれ以下の家庭の4倍の卒業生を輩出したため、このような一律の「進歩」は、不平等を拡大した。最も上昇したのは所得の四分位の3番目で、ここからカレッジ進学の傾向が所得の高い層から下方に広がっていくことから予想された。しかし、この拡大に最も貢献したのは、上位1/4の女性だった[62]。この「所得と学力の格差」の根底にある社会的な諸力について、シーン・リアドンは、過去50年間の縦断的な研究を統合して調査している。彼は、親の学歴が学力の最も強い予測因子であり、この関係は1960年以来安定していることを発見した(しかしカレッジ卒業者の割合が増加すれば、それだけで不平等が拡大することになる)。彼の主な発見は、1960年以降、学力が家庭の所得にますます影響されるようになったということだ。「1ドルの所得で…数十年前よりも多くの学力が買えるようになったようだ」[63]。この効果は、同系交配の傾向によって増幅している——すなわち、教育を受けた者同士が結婚し、より高い家計所得を達成するということだ[64]。

上位中間層の親は、学生選抜競争に後押しされて、自分の子の認知発達により大きな努力と資源を投入してきた[65]。その結果は例えば、こうした利点を活用する上位1/4の女性の割合の多さに表れている。しかし意外なことに、所得格差の拡大は世代間移動に影響を及ぼしていない。合衆国の流動性は他の先進国と比べてかなり低いが、経済学者のデビッド・オーターは、「我々が測定できる限りでは、合衆国の所得格差の拡大は、今のところ世代間の流動性を低下させていない」と書いている。それにもかかわらず、この不平等は「低所得家庭と高所得家庭の間に生まれた子どもの生涯にわたる相対的不利が大幅に増加したことを意味する」[66]。有利な子どもが増えただけでなく、達成のハードルも上がってしまった。この不利な状況を打開するための政府の政策や制度的な取り組みは、これまでの流動性の程度を悪化させないために、何らかの役割を果たしたと考えられる。

*Schooled Society*においては、学歴が世の中の貨幣だとされている。ゆえに高等教育制度は、所得格差を含む現代社会を形成する上で重要な仲介役となっている。高等教育は、その周辺に一定の影響力を持つ可能性はあるが、その能力はアメリカ社会によって大きく左右される。21世紀後半の10年間は、安定した所得プレミアムから判断して、カレッジ卒業生の量と就職市場の機会がほぼ均衡しているように見えた。10人のうち4人が準備不足、高コスト、公的投資不足などの理由で卒業ができないが、こうした学生は潜在的な被雇用者のプールとなった可能性がある。もしそのうちの何人かが、こうした障害を乗り越えて卒業し、適切な職に就くことができれば、社会的リターンの増大が、賃金プレミアムに対するマイナスの圧力を上回ることになる。量的

スキルや大学院の学位を持つ卒業生には、賃金プレミアムの高さと増加によって示されるように、相対的な希少性が存在するように見える[67]。このようにアメリカの高等教育は、国家の生産性を維持するために必要な人的資本を供給するという経済的機能を果たしている。このプロセスは、差をもたらす準備と様々な資格を提供することによって、卒業生を他の卒業生と比較しても、非卒業生と比較しても、より不均衡を拡大させるものとなっている。

1960年代までは、カレッジへの進学は「意欲」によるものとされ、社会的格差は自然なものだと考えられていた。1965年以降、アフリカ系アメリカ人の未就学を是正するための協調的な取り組みが行われ、1970年代には、すべての過少代表(アンダーレプリゼンテッド)グループに高等教育の機会を提供するという国家的な取り組みが明らかになった。2000年以降、教育格差の是正に向けた関心は、低所得者層に集中している。2016年の大統領選挙では、高等教育の無償化を求める声が進歩派を活気づかせたが、これは前述のカレッジ修了への他の２つの阻害要因(準備不足と投資不足)を無視したものだった。不利な学生の入学を増やすための多くの公的・私的努力は、間違いなく肯定的な効果をもたらしたが、既存の不平等なカレッジや大学のシステムに対する全体的な影響はわずかだった。むしろ、先に述べたような有力な市場が――教育成果や所得において――不平等を確実に拡大させた。学生選抜競争、私立大学による支配、公立のカレッジ・大学への投資の少なさ、これらすべてが、現状では改められることも、大きく揺らぐこともなさそうだ。所得格差の是正は、高等教育の外に見出さなければならないだろう。デビッド・オーターによれば、「繁栄を高め、不平等を減らすために長期的に最も効果的と考えられる政策は、次の世代のスキルを育成するものであり、優れた幼稚園からハイスクールまでの教育だ」[68]。アメリカのカレッジや大学は、学生を含む利用可能な資源で人的資本を作り出している。比較的高い卒業生の収入は、与えられる学歴に真の価値があることを意味する。

学び（ラーニング）という難問

学生の学びに対する関心は、常に高等教育内部の議論の一角を占めていた。ハーバード・レッドブック以降の20年間は、カレッジ教育の特徴たるリベラル・アーツの基礎に主眼が置かれた。アカデミック・レボリューションはジェネラル・エデュケイション・コアの価値に対する信頼を失墜させ、より批判的となった1970年代には、カリキュラムがその後のキャリアに直接対応するように進化していった。1980年代には、カレッジの教学に対する外部からの批判と、その改善を図るための明確な努力により、別のレベルの関心が生じた。

1983年、教育省が発表した物議を醸した報告書*A Nation at Risk*は、K-12教育の欠陥を指摘して大きな話題となった。その後3年間、4つの出資を受けた報告書がカレッジ教育の弱点について同じことを訴えた[69]。同じく教育省の*Involvement in Learning*は、受動的な講義の代わりに能動的な形態を導入することで、カレッジにおける教授活動を改善することを求めている。少人数制の双方向型授業、学生のプレゼンテーションやプロジェクト、厳格な評価基準、学生のパフォーマンスに対する継続的なフィードバックなどを提唱した。カレッジ教育を改善するための改革は、高等教育の内部とその後援者の両方に熱狂的な支持者を見出した。アーネスト・ボイヤーの*College*(1987)、そして特に*Scholarship Reconsidered*(1989)は、カレッジの教授活動に大きな評価と地位を与えることになった。このイデオロギーは、市民的関与、デモクラシー、多様性と学生中心の学びを融合させており、スティーブン・ブリントはこの運動を「新しい進歩主義（ニュー・プログレッシビズム）」と呼ぶ[70]。こうした動きは主要な財団に受け入れられ、1990年代にはアメリカン・コミットメンツ構想のテーマとなった。これらの革新者およびその支援者は、全員がひとつの方向へと流れていった——つまり、「エンゲージメント」が知的技能を育てるという期待のもとで、学生をより多くの学びの活動に参加させるということだ。シラキュースやアリゾナは「学生中心の研究大学」だと公式に宣言し、そのために大規模な機関投資を行った[71]。新しい進歩主義は、伝統的なカレッジでの学習形態を暗黙のうちに否定するものだった。厳格な基準を軽んじ、表面上は認知的学習よりも知的スキルを好んだ。

1980年代には、州や連邦政府関係者の間で、高等教育の成果を具体的に測定するよう求める動きが並行して起こった。その理由は、単純かつ尊大であり、アメリカ市民はカレッジや大学への税金投入の効果を知りたがっている、というものだった。それゆえ、カレッジでの授業の成果を評価するための継続的な取り組みが行われるようになった。半数以上の州では、何らかの形で成果主義的な予算編成が行われるようになった。これらの制度は、学生の入学、在籍の継続、卒業の目標達成に応じてボーナスを支給するか、通常の予算配分を調整するものだった。場合によっては、逆インセンティブや、準備不足の学生を受け入れている機関への罰則が設けられることもあった[72]。いくつかの州では、学習成果に関する標準的な多肢選択式テストを採用していた。高等教育政策機関は、様々な成果を集計し、各州の「成績表」を作成することに熱心だった。これらの評価方法の最大の弱点は、カレッジや大学のアウトプットが、学生の学力というインプット能力に大きく影響を受けるという点だった。このため、付加価値を測定することが試みられたが、これはさらに不確実なプロセスだった。さらに、批判的思考のような知的能力を測定することも試みられたが、これも学生のインプット能力を反映したものだった。このアプローチの根本的な欠陥は、カレッジの学生は複数の科目を学び、様々なことを様々な方法で学んでおり、実現可能な評価方法ではこうした成果を有意義に捕捉できないことだった。

それでも2000年以降、アセスメント運動は勢いを増した。マーガレット・スペリングス教育長官は、「高等教育の将来に関する審議会」と題する有識者会議を召集した。この審議会は、21世紀の労働力のためにカレッジがどの程度学生を訓練しているかを調査することを任務としており、その2006年の重要な報告書において、学習の尺度を用いた学生の進歩に関する全米規模のデータベースの整備など、アカウンタビリティを大幅に強化することを求めた[73]。その後の高等教育法の再授権では、委員会の遠大な提言の多くが検討された。特に、「どの子も置き去りにしない法」(NCLB法)によって幼稚園児からハイスクール生までの教育に適用されたのと同様、義務的な学習アセスメントの認証評価を行うという考え方は、その後に行われた高等教育法の再授権における、委員会の広範な提言の多くにおいて検討された。このような非現実的な措置には抵抗があったものの、結果として生まれたボランタリー・システム・オブ・アカウンタビリティは、主に公立大学に多大な評価の負担を強いることになった。

これらの動きや、教授活動とアカウンタビリティに対する広範な関心は、カレッジや大学に顕著な影響を及ぼした。教授活動の強化に対する取り組みは、ティーチングセンターの設立や、教員を目指す大学院生に教育学的トレーニングを提供する慣習の広まりにも表れた。また、新任の教員採用の際には、候補者の教授活動の有効性に関する何らかのエビデンスが求められるようになった。2000年には、各機関の質保証を強化するための手段として、米国学生エンゲージメント調査(NSSE)が開始された。NSSEは、教員との接触、共同学習、教育の充実化にかかわる体験など、好ましい学習成果に関連する学生の行動を調査するものだった。さらに、学業面でのアドバイスや文化的多様性への取り組みに関する質問も用意された。参加機関は、同じような機関における結果を比較することが黙認されていた。エンゲージメントは明らかに好意的な教育体験と関係があり、NSSE参加機関725校(2017)をはるかに上回る人数に受け入れられていた。しかし、エンゲージメントは学習そのものではなく、学習効果とは統計的に相関がなかった。そのため、コモン・ラーニング・アセスメント(CLA)が最も信頼できる手段として浮上した。これは、仮説的な状況を分析し解決する小論文を通じて、カレッジでの学習の一般的な次元――批判的思考、分析的推論、問題解決、ライティング――を測定しようとするものだった。これをカレッジ生活の2つの時点に実施することで、カレッジ教育から得られると期待される一般的な学習形態における利益を記録することができるとされた。注目すべきは、このカレッジにおける学習の定義が、戦後のカレッジ教育の概念を支配していたリベラルないしはジェネラル・エデュケイションの知的・文化的内容を、そしてまた学生の学習が最も多く行われる主要科目の認知的内容をも無視している点だった。

アセスメント運動は、21世紀のカレッジや大学の関心と相反する方向に作用した。彼らは当然、学生の学習を全面的に支持すると表明したが、彼らの行動は、社会や顧客から発せられる他の期待を裏切るものだった。学術的な授業で生み出される認知的な学習は、大学の数ある使命のひとつに過ぎなくなってしまった。各機関は、市民やコミュニティへの関与、リーダーシップ、コミュニケーション、持続可能性、文化的多様性、キャリア準備などを強化することを約束した――これは、カリキュラムにほとんど実質的な内容を持たない修辞的な目標だった[74]。個人的な成長を促進するとともに、社会的、対人的なスキルを身につけるために、エンゲージメントが謳われた。このような資質やスキルは、学生や保護者にとっては、教室で学ぶ認知的な学習よりも魅力的だったようだ。「学習」の価値を認めながらもこれらの追究を正当化したのは、若者の個人的、社会的、経済的成熟におけるカレッジの役割をより高く評価するアメリカ社会だった[75]。また、カレッジはこうした使命に資金を投入した。正規教員の増加は入学者数の増加に遅れをとったが、学生にサービスを提供する専門職員の数はそれを上回った[76]。このような一連の価値観は、学生の行動にも反映された。

学業に対する学生の努力が低迷してきていることは、これまでにも広く報告されてきた。過去50年間、学生は授業中も授業外も学業に費やす時間を減らしてきた。ある包括的な調査によると、「1961年以前の資料では、大学生の学業にかける時間はすべて38-40時間／週なのに対し、2000年以降の資料では24-28時間／週と推定される」[77]。この傾向は、あらゆるタイプの学生、あらゆる専攻分野に当てはまった。リチャード・アルムとヨシパ・ロクサによるベストセラー*Academically Adrift*では、最初の3学期で、学生はCLAで測定される一般的な知識をわずか7%増加させたにすぎないことがわかった。また、4年生を対象にした追跡調査では、1/3の学生がこれらの測定でまったく学習効果を上げておらず、平均的な効果もわずかなことが判明した[78]。

さらに憂慮すべきことに、2012年に実施されたOECDの国際成人力調査(PIAAC)では、アメリカの劣勢が実質的に拡大していることが明らかになった。若年成人(16-34歳)の読解分野は(22カ国中)16位で、数的思考分野と「技術的に豊かな環境での問題解決」では最下位タイだった。90%台の人は16位、学士号を持つ人は20位、大学院の学位を持っている人は19位と、アメリカの優位さは際立たなかった。

PIAACの結果は、他の先進国のカレッジ卒業程度の学生と比較すると、そしておそらく以前の世代のアメリカ人と比較すると、学生の学業努力の低下が、学習能力の低下につながったことを示しているように見える。どうやらCLAのスコアは、学生があまり学習していないことを如実に表しているようだ。さらにこのことは、前世代の主要な関心事に疑問を投げかけている。30年間、公共政策は評価と説明責任に固執し、その一方で、それらが監視すると称する学習は悪化していた。教育的には、アクティブ・ラーニングのアプローチは逆効果だったかもしれない。カレッジ・フォー・オール運動が推進したように、カレッジへの入学を底辺から拡大することは、能力よりも資格を生み出すことにつながったかもしれない。これらの運動がいずれも比較的効果的でなかったことから、21世紀のアメリカの高等教育を形成しているのはどのような力なのか、という疑問が生じた。

成績インフレは、カレッジが簡単になったことを示す確かな指標であり、下から上にかけて間違いなくそうなっていた。この傾向にはいくつかの側面がある。ひとつは、要求水準の高い授業が減少したことだ。学生による評価が一般的な時代にあって、教員は――学生に対しても、そして自身に対しても――高いパフォーマンスや実質的な仕事を要求する傾向が薄まった。こうした評価は、テニュア・トラックに乗らない教員が増えている中で、非常に重要だった、あるいは重要だと感じられた。アルムとロクサは、20ページの論文や40ページの毎週の予習読書課題の希少性を繰り返し指摘した。また各機関にとって、基準が厳しくなることは、どのような美辞麗句をもってしても、多様性や修了の予定にとって受け入れがたい結果をもたらすことになった。1960年代後半から、教授法はその緩さに対応するように進化していった。かつて標準となっていた強制的な実践――宿題、小テスト、厳格な出席基準、成績評価基準など――は、STEM分野以外では珍しくなった。また、試験のない授業も珍しくなくなった。アクティブ・ラーニングの教室では表面的なディスカッションが許容され、グループ・プロジェクトではフリーライダーが生まれた。数学が嫌いな学生は、ハイスクールでもカレッジでも、初歩的なレベル以上のクラスを避けることができた。また、映画学やヒューマン・セクシュアリティのような簡単な科目が豊富にあり、特にオンラインで履修すると、学生の負担が軽くなった。このような科目は、PIAACの評価で点数を上げることはほとんどなかった[79]。

社会化はカレッジ生活の重要な要素だが、フルタイムの学生の半数はカレッジに在住しているため、より重要であろう。多様な仲間に適応し、対人関係を築くことは、カレッジで成功し、その後キャリアを積むために重要だ。社会的な活動は、職場で評価されるような「ソフトスキル」を育てるかもしれない。多くの学生にとって、キャリアへの準備や学問的成功という暗黙の目標があるにもかかわらず、社交やカレッジ生活を楽しむことが最も優先される。UCで行われた時間の使用に関する調査では、学生は授業に費やす時間と同じくらい、友人との交流や学生団体への参加に時間を費やしていることがわかった。しかし、テレビを見たり、コンピュータを使ったりする遊びにも、ほぼ同じだけの時間を費やしていた。これらのことに多くの時間を割いた学生のGPAは低く、学業に多くの時間を割いた学生のGPAは高かった[80]。学生は勉学とのバランスを取るための戦略を取る――すなわち、成績評価が緩く、課題が少ないと評判の選択科目やジェネラル・エデュケイションの科目を取る――ことが普通だった。教員は、講義、ガイド付きノート、パワーポイントスライドを配付することで学生と共謀し、授業への出席は任意となった。アルムとロクサにとって、このように学業へのコミットメントを最小限に抑えることは、学生が「さまよって（アドリフト）」いることを示す症状だった[81]。

ブリントによれば、「こうした傾向の根底にあるのは、学生の消費主義の勝利だ。多くの学生は、単に深いレベルで勉学に取り組むことを拒否するだけで、より高いレベルの努力を求める教授の要求に効果的に抵抗してきた」。カレッジで課題の量を決めるのは、教員ではなく学生だった。学生がほとんど学ばないのは、求められるものが少ないからだと彼は結論づけた[82]。しかし学生たちはそれで十分だと感じていたようだ。リチャード・アルムが研究サンプルにした学生は、卒業から2年後の感想として、カレッジ生活に非常に満足していた。さらに、大多数の学生が批判的思考と作文の能力を向上させたと評価した。彼らはカレッジ教育が、CLAでは貧弱な結果が出た汎用的技能を身につけたと評価していた[83]。確かにCLAの最高得点者は最低得点者よりも労働市場でいくらか成功しているが、その差は大きくはない。カレッジでもっと勉学を積んでいれば、ないしはもっと学んでおけばよかった、と言う人はいないようだ[84]。

この暗澹たるシナリオは、アメリカ高等教育の学習状況の一面を表しているに過ぎない。多くの学生が勉学に励み、多くのことを学んでいる。彼らはすぐに見分けがつく。量的研究分野の学生は、難易度の高い科目をいくつも修得しなければならない。これらはSTEM分野、経済学、ビジネス専攻などだ――こうした専攻は、選抜性の高い大学においてさらに選抜された学生が選択する専攻となっていることが多い。1990年以降、STEM分野の学位は学士号の15%を占めるようになったが、これらの分野の卒業生は、入学時の学生の半分に過ぎなかった――このことは、有意義な基準と学習を証明するものだ。これらは、学生の能力を重視する教員が教える、要求水準の高いコースだった。興味深いことに、認証評価とアウトカム評価を結びつける取り組みが最も高く評価されたのは、工学分野だった[85]。

野心的で成績優秀な学生が集まるもうひとつの拠点が、公立大学の優等(オナーズ)カレッジだ。これらのプログラムは、少人数制のクラス、厳選された教員、そしてより多くの課題を伴うことが特徴だ[86]。これらの学生は、*Academically Adrift*で用いられた読解力と作文力の基準をはるかに超え、通常は卒業論文も書いている。公立大学では、優等プログラムやカレッジが人気を博し、そのための資金も拡大している。同じような傾向として、学士課程の学生が研究に従事できるような環境も整ってきている。夏季インターンシップは人気のある機会で、研究グループと継続的に関わるようになることが多い。また、ダブルメジャーを選択する学生も増えている。この場合、2つ目の分野でより高度な課題に取り組む必要があり、怪しげな選択科目は排除される。ダブルメジャーを取る学生は、決して「漂流者」ではない――カレッジ教育の中で2つの専門性を身につけようとしている学生だ。

特に大学院や専門職大学院への入学という課題は、良い成績を取るだけでなく、学習意欲を常に刺激するという点が最も広く浸透している。現在、カレッジ卒業生の半数が何らかの形で大学院に入学しており、そのうちの半数はカレッジ卒業後すぐに入学している。成績と標準テストは、競争力のあるプログラムへの入学のための主要な評価基準だ。成績のインフレにもかかわらず、広範な研究により、「カレッジの成績は、学生の継続性、学位取得、および大学院入学の唯一最善の予測因子となる可能性」が立証されている。高い成績を目指している学生は、意欲と学習目標を行動で以て示している。大学院入学統一試験(GRE)では、口頭試問の平均点は低下しており、一般知識の低下を示しているようだが、科目試験の得点は2000年以降、上昇し続けている[87]。認知的な学習は、やはり学士課程の学生のかなりの部分を動かしていた。

二極化したアメリカにおける大学文化

21世紀に入っても、文化戦争の余波はアメリカ高等教育を悩ませ続けている。ポリティカル・コレクトネスへの関心は1990年代初頭に薄れたが、ユニバーシティ・ポリティクスへの新たな攻撃が2000年代に入ると目立つようになった。第7章で説明したように、保守派によるアカデミック・リベラリズムへの批判は、外部の擁護団体によって組織化された。キャンパス内では、ポリティカル・コレクトネスはほとんど抑制されることはなかった。むしろ、特に2013年以降により定着し、独断的になっていった。しかし、アカデミック・レフトの批判や擁護は、多くの異なる現象を混同していた。2010年代において、進歩的な志向、活動、リベラルな学問文化は、徹底的に絡み合ったものの、教員、学生、大学当局の間で多少異なる形で表出した。

2000年代半ばになると、教授たちのリベラルな偏見が再びメディアの注目を集め、表面的な社会的関心を集めるようになった。教授個人の極端な政治的見解を浮き彫りにする有名な事件が相次いだが、これらの事件は、保守的な論者によってより尊大な解釈がなされることになった。特にデビッド・ホロウィッツは、典型的な「中堅の道徳的起業家」であり、自らの名を冠した「フリーダム・センター」によって、彼の目的と彼自身を宣伝していた。彼は急進的な教授が意図的に大学生に左翼的な信条を吹き込んでいるというビッグ・アイデアを掲げた。彼は*The 101 Most Dangerous Academics in America*を公表し、学生を(彼の別の本、*Indoctrination U*のタイトルでもある)洗脳大学から守るための「学問の権利法案」を制定するよう各州を説得するキャンペーンを長期にわたって行った。いくつかの州は調査を行ったが、これらの告発の証拠は見つからず、メディアの注目はすぐに薄れた。高等教育における政治に対する一般の人々の認識は、有名な事件のメディア報道や党派的な解釈者によって形成された[88]。

高等教育の教員のリベラルな傾向は、さほど新しいニュースではなかった。以前の章では、1960年代と1980年代のこの現象について述べてきた。2006年に行われた教員を対象とした調査でも、リベラル派が44%、リベラル寄りの穏健派が46%、そして保守派はわずか9%と、以前の調査と同様のパターンが見られた。前回と同様、人文学・社会科学系、トップクラスの研究大学、さらにリベラル・アーツ・カレッジで最もリベラル派が多かった。フェミニズムの影響か、女性は男性よりやや左寄りで、特に社会科学系に急進派が多く見られる。左派の過激派は右派の過激派を9対1で上回っているが、教室で自分たちの意見を広めることが適切と考える過激派は少数だった[89]。2006年には、若手よりも年配の教授に過激派が多く見られたが、よりリベラルな新任教員が流入し、その層は変化した。2006年以降、別の調査によれば、「極左・リベラル」教員は10ポイント増加し、教員の60%を占めるに至った[90]。これは間違いなく、アメリカ政治の二極化が進んでいることを示している。

1950年代以降、大学人のリベラル志向を説明するために、社会的・心理的理論が提唱されてきたが、その根底にあるのは文化的要因だ。スティーブン・ピンカーが雄弁に語っているように、大学は「理性、科学、ヒューマニズム、進歩」という啓蒙主義の伝統を受け継いでいる。知識の歴史的な進歩は、人間の状態をほぼ不可逆的に向上させてきた[91]。従って高度な教育を受けた人々は、科学的な説明は自然界の優れた描写を提供し、政府は被支配者の生活を改善するよう努めるべきであり、教育はすべての人の生活を豊かにすることができるとする文化的枠組みを身につける傾向がある。ジョン・メイヤーとその仲間たちは、このような文化的枠組みが20世紀後期に、高等教育の普及によってどのように世界に広がったかを分析した。大学ではリベラルな個人主義が体現され、浸透していった。それ自体が「人間の主体性の拡大」、つまり個人のライフコースに影響を与える選択をする権限を制度的に与え、伝統的な社会で典型的だった社会的制約を拒否することの現れだった。世界的には、子ども中心の教育や女性の平等が促進された[92]。合衆国におけるこのような文化的公理は、高等教育における消費主義的志向の普及に反映され、政治的には、エリック・ポズナーのいう「人権の異常な拡散」にも反映された。その「膨大なイデオロギー的魅力」から、人権は「政治活動のための共通言語となり、教授や学生が大学を政治的主張のための手段として利用する誘惑が常に存在するようになった」[93]。

アカデミック・ポリティクスの別の次元は、大学にとって異なる意味を持つものだった。学者のリベラルな偏見は、主にリベラルな知識伝統への親和性から生じていた。しかし、学者がリベラル派というよりも民主党支持者だということは、長い間証明されていた[94]。共和党か民主党かという二択に、そして共和党という選択肢が社会的保守主義と小さな政府（リミテッド・ガバメント）を支持しているということに直面したため、穏健派も民主党を選択した。政治的主張は、単なる民主党やリベラル派よりもさらに左に位置する第三の立場を示している。グロスは、左派の教員が「女性の権利、民族的・人種的マイノリティの権利、同性愛者の権利、環境保全、2007年のイラク戦争への反対」――同時に「階層的不平等がアメリカ社会に影響を与える最も重大な病だ」という信念――への「事実上区別のつかない」支持を持っている、ということをインタビュー調査により発見した[95]。これらの立場には強弱があるが、第7章で述べたように、いずれもアメリカへの不信感を暗示している。グロスは彼らを極左だとしたが、彼らはポリティカル・コレクトネスの主要な信条を包含している。従ってアイデンティティ・グループによって解釈される人権は、学生による鼓吹の根拠となった。

学生の政治行動は一般的な特徴づけが難しい。一方で、どのような場面でも、大多数の学生は政治的な問題にほとんど関心がなく、関わりもない。特に選抜性の高い機関においては、キャンパス内の学生の派閥の間に、共通の利益や利益集団が存在する。あるキャンパスで起きた事件が、ニュースメディアによって煽られ、ソーシャルメディアによって拡散されることで、他の場所の学生を動員することがある。このような状況は2010年代半ばに発生し、学生運動が再び全米的な注目を浴びるようになった。

奇妙なことに、2010年代初頭の研究*Generation on a Tightrope: A Portrait of Today's College Student*によると、学生たちは従来の政治から大きく離れ、「世界についての具体的な知識」をほとんど持っていないことがわかった。また、彼らは変化を望んでいるが、それをもたらすオバマ大統領や民主党の公約を信じられなくなっていることを示した。その代わりに、彼らは個人的な意味を持つ問題に心を動かされた。2011年のカレッジ占拠運動は唯一の、つながりのある全米規模の運動だった。階層的不平等への不服から感情的なものであり、知的には空虚だった。1%の学生が、極悪非道な「1%」に抗議するために、全国的なストライキに参加した[96]。この本は、キャンパス内の人種関係が改善されている証拠を見つけたが、すぐに明らかな悪化が起こった[97]。2013年頃、ソーシャルメディアにどっぷりと浸かって育った新しい世代の学生がキャンパスに到着し始めた。"iGen"と呼ばれる彼らは、一般的に成熟しておらず、不安障害になりがちだった。特に安全性を重視し、自分たちに反する考えから守られることを求めた[98]。

2010年代半ば、キャンパスでは1960年代以降で最も深刻で広く報道された抗議活動が目撃された。人種差別の疑惑をめぐるミズーリ大学の黒人学生によるデモは、2015年9月に始まった。このデモは2カ月間続き、別の理由で不人気だった大学システムの総長（プレジデント）と当該キャンパスの学長（チャンセラー）が辞任を余儀なくされるに至った。イェールでは、ハロウィンの仮装に関する行政の警告をあざ笑うような手紙がきっかけで、黒人学生たちが一斉に、寮長を務めていた手紙の筆者と、ともに寮長をしていた高名な教授たる彼女の夫に対して、猛烈な抗議を行った。このとき、大学側は明らかに非文明的なデモ隊に全面的に味方したため、彼らはその職を辞さざるを得なくなった。イェールは、「多様性と包摂に関する学長タスクフォース」を設立し、多様性に関する取り組みのために5,000万ドルを提供した。ピーター・サロベー学長は職を守った。2017年3月、ミドルベリー・カレッジでは、20年以上も前に知能の遺伝について論じたことで左派から非難を浴びた社会科学者チャールズ・マーレイ(*The Bell Curve*, 1994)が、全く別のテーマの招待講演を学生の抗議によって阻止された。そして、彼と彼の付き添いの教員は、出発する際に暴徒に襲撃された。ミドルベリーの騒動は、キャンパスにおける言論の自由やその不在をめぐる論争が高まっていたことを浮き彫りにした[99]。

ミドルベリーでの大胆かつ計画的な言論弾圧は、全米のリベラル派の市民に対して警鐘を鳴らし、学生左翼の中に過激な心理が存在することを世に知らしめた。しかしミドルベリーはこれらの学生にとって、憎悪の対象としている思想の表現を阻止するモデルだった[100]。学生の大多数は言論の自由をほとんど考慮しておらず、世論調査でも「大学は［学生自身が考える］人種差別・性差別的な言論をキャンパス内で禁止すべきだ」という意見に賛成していた。右派は、まさに対立を誘発するために、敵対者たちが主要な大学で講演する機会を求めていた。彼らもまた、被害者を装うことを望んだ[101]。学生たちはやじによる拒否（ヘクラーズ・ベト）を否定することを拒み、両極化が進んだ。大学側は、人種やジェンダーの問題に火をつけるリスクを避け、学生やポリティカル・コレクトネスに味方しがちだった。これに対し、シカゴ大学は2015年に「表現の自由に関する委員会報告書」を作成し、「大学コミュニティの一部のメンバー、あるいはほとんどのメンバーが、攻撃的、賢明でない、不道徳、あるいは間違った考えだ、と考える」ようなアイデアを保護することを明確に表明した。この原則を支持したのは、3年間でわずか22校にすぎなかった[102]。実際、ほとんどの大学が、最高裁で違憲と判断されたにもかかわらず、制限的なスピーチ・コードを維持した[103]。

1960年代の学生は、世界、アメリカ社会、大学の状況に抗議していたが、21世紀の学生は、主に自分自身に関心を持っていた[104]。この時代の学生は「心理的な健康や病気という言葉を口にすることが多くなり、それがかつてないほど政治的なレトリックに入り込んできた」[105]。ポリティカル・コレクトネス規範の施行は、学生の心理的反応によって正当化された。「マイクロアグレッション」は、彼らに「不快」や「安全でない」と感じさせ、「トリガー警告」も同じ理由で必要だった。人種、階層、性別に関する誤った概念は「不快」であり、「害」や「痛み」を引き起こす。これらの広範な定義によれば、あらゆる不快なものは「人種主義、性差別、異性差別、階層差別、能力差別」とみなされ、「ヘイトスピーチ」のレッテルを貼られ、心理的トラウマの別の原因となり得る。アイデンティティ・グループの神聖な感性は、特別な語彙で保護された。「キャンパス風土」は差別のバロメーターとして機能した。「文化的流用」を非難することで、排他的なアイデンティティが肯定された。「インターセクショナリティ」――複数のアイデンティティを持つこと――は被害者意識の次元を細かく調整する必要のある複雑な問題を提起した。学術界の外では、これらの概念とそれに対応する精神性はしばしば戸惑いの目で見られ、壊れやすい学生の精神は「雪の結晶(スノーフレークス)」と呼ばれたが、カレッジや大学では真剣に受け止められていた。

1970年代以降、大学はアイデンティティ・グループからの圧力に、管理上の便宜を図ることで対応してきた。女性センター、アフリカ系アメリカ人センターに続いて、ゲイやレズビアンの学生を含む他のアイデンティティ・グループのためのセンターやオフィスが設置された。研究ユニットもしばしば追加され、アイデンティティのイデオロギーを制度化した[106]。どの大学にもダイバーシティ・センターのオフィスが設置され、通常、学術カレッジには別個のオフィスが設置された。定期的に起こるキャンパスでの抗議は、これらのユニットへの追加資源を約束することで解決されることが多かった(例：イェール)。相当数のダイバーシティ・センターの管理者とスタッフは、カルチュラル・スタディーズ・プログラムとともに、彼らが代表するアイデンティティ・グループのためにポリティカル・コレクトネスというカノンを支持し、正当化した。大学からの補助金により、これらのテーマに関する講演や会議を後援することができた。多様性についての強制参加の研修は、学生のオリエンテーションの定番となった。これらのプログラムには通常、白人特権の疑いに対する罪悪感を植えつけることを意図した演習が含まれていた。アイデンティティ・コミュニティは、多様性イデオロギーを完全に共有する学生課の専門家によって支えられていた。カレッジや大学の職員の中で最も急速に成長しているのは、ダイバーシティ・オフィスが置かれている学生関係と組織的支援の部門だった[107]。多様性の官僚主義が制度化されたことによって――ヘイトクライム、抑圧、敵対的風土、マイクロアグレッションの犠牲者だと主張する――アイデンティティ派閥は、実際にはキャンパスで最も強力なグループとなった。

全体的な効果は、キャンパスを分断（バルカナイズ）することだった。アイデンティティ・グループのためのセンターは、献身的な人々が抑圧の心理を育てるための「安全な空間」を提供し、これらのグループが自分たちの利益を押しつけるために永久に動員され続けるようにした。また、そのようなグループに属さない学生との接触も減少させた。上級管理職にとって、多様性官僚制度は一種の緩衝材として機能した。最高多様性責任者――上級管理職――は、アイデンティティ・グループと機関の運営に責任を持つ役員との間を仲介することが期待された。部長、プロボスト、学長は、多様性と多文化主義を心から支持する誠実なアカデミック・リベラル(が職責要件)だった[108]。こうした政治的な立場では、誤った言動があれば、辞職に追い込まれる(例：ミズーリ)だけでなく、どんなに不当であっても「人種差別者」「性差別者」とみなされた者は、将来のキャリアの機会を奪われる可能性があった。アイデンティティ・グループの覇権は、結局のところ、恐怖や信念からであれ、管理者が無批判に支持したことに起因している。典型的な行動は、2016年までに100キャンパス、2018年までに200キャンパスで「バイアス対応チーム」を急速に採用したことだ。これらのチームは、「アイデンティティの特徴」に基づく偏見の告発を調査し、罰することを目的としており、ポリティカル・コレクトネスを強制するため――そして言論を抑制するため――の新たな武器となった。ミシガン以外の大学でも、この使命は管理職の増員を正当化し、文化的流用や社会正義の取り組みと提携することを期待された。管理職はアイデンティティ派閥をなだめるために――そして自分たちを守るために――大規模な官僚機構を作り上げた[109]。

UCLAで行われた、ダイバーシティ・イニシアチブの効果に関する複数年にわたる調査では、推進派を勇気づけるような結果はほとんど得られなかった。学生は、政治的・人種的態度が形成され、安定している状態で入学し、4年間でほとんど変化しなかった。入学時はリベラルな学生が多く、ややリベラルで寛容な方向に流れたが、これはキャンパス内に蔓延する規範に浸った結果だとみられる。ダイバーシティ・イニシアチブや必修科目の多文化コースは、明確な効果をもたらさなかった。最も否定的な所見は、エスニック・グループへの参加は、政治的な民族的同一性を促進する——すなわち、民族的な対立、被害、差別に対する認識を高める——というものだった。これは、前述のアイデンティティ・センターだけでなく、フラタニティについても、やや異なる形で当てはまった。前向きな面としては、民族間の接触が偏見を減少させることがわかったが、これは個人的な交流によってなされることであり、こうした交流は分断(バルカナイゼーション)によって阻害された[110]。

ほとんどの学生はカレッジでのキャリアにおいて、機関の公式な多様性イデオロギーを無視することができたようだ。フラタニティの会員はこれについて問われると、多様性のアジェンダを支持しない傾向があり、それにはある理由があった——それが男性性および白人男性を悪者としたからだ。「白人特権」を非難するのは、この言説の標準的な慣用句だった。極端な表現——だが珍しくはない表現——として「人種差別主義は…階層、性別、宗教、文化、セクシュアリティに関係なく、合衆国に住むすべての白人(ヨーロッパ系の人々)に適用される」というものがあった。この定義によれば、有色人種は人種差別主義者にはなり得ない[111]。このような自己満足のドグマに反論することはほとんどできない。その結果、白人の学生は人種やジェンダーの問題が提起されると、沈黙を守る傾向があった[112]。多様性への熱狂と人種差別(の疑い)の間の知的空間は、曖昧で危険な分野だった。フェミニストやLGBT擁護者——ほとんどのキャンパスで最も活発なアイデンティティ・グループ——は、自分たちの大義に関与することを受け入れたが、一部のアフリカ系アメリカ人にとって状況はより困難だった。人種に対する一般的なこだわりは、逃れられない重荷になりかねない。非マイノリティと一緒に大学生活に参加することは、組織化された黒人のキャンパス・コミュニティから追放されることになりかねない。多様性政策の実践は、ほとんどの学生にとってキャンパスライフの多様性を失わせた。

教員のリベラルな姿勢は、いくつかの分野での知識の生産に影響を及ぼした。政治的な同質性が優勢になると、学問分野は「結束した道徳的共同体（コヒーシブ・モラル・コミュニティ）」を形成する傾向があり、不和な思想や人物を考慮しなくなる。社会心理学の研究では、リベラルな価値観や前提が理論や手法に組み込まれ、研究者はリベラルな物語を正当化するテーマを選び、それに反するものを避けるようになり、保守派に対する否定的な態度が特徴や属性の誤認を引き起こすという有害な結果が報告された。同質性は確証バイアスや集団思考を促進し、視点の多様性がもたらすプラスの効果とは対照的に、マイナスの結果をもたらすことが研究で示されていた。学術界においてリベラルな志向が優勢だということは、上記のように自然なことであり、自己選択によって強化されるものだった。しかし、結束力のある道徳的共同体の偏見に満ちたメンタリティは、異なる見解に対する明白な差別と敵意を引き起こした[113]。

学問の共同体は、内部に多数の競合する原理、理論、あるいは方向性を含んでいるが、他の点では道徳的に結束し、それゆえに排他的になることがある。例えばニール・グロスは、社会学者が多様な理論的アプローチを採用し、研究において様々な活動に参画していると述べている。しかし社会学者たちは、自分たちのディシプリンをより平等な社会秩序に向けた進展と関連づけることで、結束した道徳的共同体を形成していた。このような展望を共有しない個人にとって、社会学者になることは「壁に頭をぶつける」ようなものだろう[114]。歴史研究者は、アメリカとその過去の脱中心化（ディスアイデンティフィケーション）を軸に結束している。広く一般に関心のあるテーマ――建国の父、南北戦争、政治史など――は、(彼らの利益のために)非学術的な著述家に譲られた。アメリカ研究において、異質化は最も極端なものであろう。主流派の著作のレビューによれば、最近の学者たちは「なぜわざわざアメリカを研究するのか不思議に思うほど、アメリカに対する直感的な憎しみを抱くようになった」[115]。

文学研究の状況は、道徳的な結束の落とし穴をさらに示すものだった。「人文学の危機」に対処することを任務とするハーバード教授陣の委員会は、文学研究の一般的な合意を、テキストの研究を超えて「権力の操作」に「学問的懐疑と不信」を集中させることだと承認している。それは、ジェンダーと人種という「解放的で変革的な社会運動」を受け入れ、「歴史的アイデンティティの一部とみなされない人々を部族主義的に排除する」ことを是認している。学生たちは「教室では口にできない考え方もある」と感じるかもしれないが、それはおそらく「親や…礼拝や…メディア」から得た悪い考えだろう[116]。組み込まれた価値観、左翼的な物語、誤った性格付け、集団思考は、これらの分野すべてで露骨に見られた。社会心理学と同様に、道徳的な結束は、それぞれの知識分野の主題とされるものの多くを公平無私に研究することを妨げていた。1950年代のマッカーシズムのように、これらの分野の学者たちは、政治的正統性に挑戦するような論争的な話題に触れることを避けていた。

合衆国で起きている社会的、政治的二極化は、必然的に高等教育にも影響を及ぼしている。大学という機関は時に、利害関係なく知識を追究するという規範的な役割に付随すべき中立性を放棄した。2014年に始まったブラック・ライブズ・マター運動や、2016年のドナルド・トランプ当選後の「レジスタンス」によって、国家の二極化の影響はさらに深刻化した。学生、教員、スタッフの正当な党派心(レジティメイト・パーティザンシップ)は、これまでと同様、大学管理職に対して圧力をかけ、必ず各機関を、言動を通じて、両極端な立場に関与させるようにした。しかし、進歩的な集団思考を支持することは、2016年の選挙で共和党に決定的に傾いた米国において、否定的な結果をもたらした。ミドルベリー事件と、それに続くキャンパスでの表現の自由の欠如をめぐる論争によって、高等教育に対する国民の信頼は損なわれた。ピュー・リサーチ・センターによると、カレッジがアメリカ社会に良い影響を与えていると考える共和党支持者の割合は、58%から38%に低下した(2015-2017)[117]。2017年の減税・雇用法において議会は、学生一人当たり50万ドル以上の基金を持つ機関に限り、基金の純収益に1.4%の税を課した。この課税は、前例のない、純然たる懲罰的な行為(実際の税収増はほとんどないもの)であり、最も名声があると同時にリベラル派として悪名高い少数のカレッジや大学に向けられたものだった。このような主流派の動きを超えて、極右の組織は(彼らの見解では)ひどい政治的偏見の例を公表し、攻撃する勇気を得た。カレッジや大学のほとんどの活動は、上記のような政治的偏見とはまったく無関係であり、実際には広く社会からの信頼と支持に重要な形で依存していた。このことは、特に知識の向上について言えることだった。

研究大学と知識社会

クラーク・カーとダニエル・ベルは1960年代、大学が中心的な役割を担うだけでなく、その卓越性が将来的に拡大することを予見していた(第3章)。彼らは、社会科学が社会を形成する能力については過度に楽観的だったが、それ以外の点では概ね正しかった。カーは問題解決、革新、成長のために大学の知識をますます活用する経済を展望していた。ベルは、理論的な知識を提供する大学の能力を、新しい産業と進歩の源泉として先見的に強調した。カーは知識経済を構想し、ベルのいうポスト産業社会は知識社会と呼ばれるようになった。これらの基本的な洞察は、彼らが執筆して以来、無数の書き手によって拡張、洗練され、あるいは疑問視されてきた[118]。ひとつの妥当な代替案は、1990年代初頭にマイケル・ギボンズと他の高等教育研究者によって提示された。ここでは知識生産がますます社会全体に広く分配されるようになり(モード2)、このプロセスが、学問分野や理論に支配された閉じた大学(モード1)の優位性に取って代わると考えられていた。これらの学者たちは、社会全体における知識の役割の急増と、知識創造のノードが増殖していることを正しく認識していたが、大学については間違っていた[119]。社会が知識創造に大きく依存するようになると、最先端の知識がより価値と影響力を持つようになり、これを洗練する場として大学が最適だということを、彼らは認識できていなかった。そして、大学が有用な知識をより容易に社会に提供できるようにするための道筋が、合衆国を中心に発達していることを認識しなかった(第7章)。カーとベルの洞察から半世紀後、この2つの展開は、アメリカの研究大学の特徴としてますます顕著になっていた。

アメリカの大学における研究活動は、21世紀に入っても拡大し続けた。研究費は1980年から2016年まで、恒常ドル換算で300%の伸びを示した。2000

年からは71%増加したが、その伸びは1980年から2000年までの増加よりも恒常ドルで大きかった(300億ドル対240億ドル［2016年時点］)。研究大学は、研究強度の増加傾向を拡大し、教員一人当たりの研究費は41%増加した。出版物や引用も目覚ましい勢いで増加した。2011年までアメリカの科学出版物の60%は大学の科学者が執筆し、出版物の80%には少なくとも1人の大学の著者がいる。この最後の数字が着実に伸びていることは、知識産業全体における学術研究の中心性が高まっていることを最もよく示している[120]。

大学の研究経済は2008年に発生した大不況の影響を受けていた。学術研究に対する連邦政府の資金は、景気刺激策の一環として最初に増強された。2011年までに70億ドル以上が追加で割り当てられ、2009年から2011年にかけての増加分のほぼすべてを占めた。しかしその後、連邦政府の資金は削減され、2016年時点でも2011年より15億ドル減少している[121]。この間、企業や非営利団体からの資金は増えたが、研究経済への最大の貢献は大学自身によるものだった――70億ドルの増加分のうち55億ドルを占めていた。長期的な潮流の加速は、大学の研究事業への依存度の高まり、厳しい連邦政府機関の資金調達の制限、それに伴う大学の費用負担を意味した。1960年代の黄金期には、大学は自己資金の10%を研究費に充てていた。1970年以降、連邦政府の惜しみない支援が失われると、この数字は徐々に増え、1990年には20%近くになり、2010年までその状態が続いた。2016年には、機関の経費は25%に増加した。これらの資金は学生の授業料から得たものではなかった。かなりの額がヘルスセンターの診察収入から還流した。医療研究が盛んな機関では、個別に予算をつけられた研究の40%を自己資金で賄っている場合もあった。機関資金のもうひとつの主な供給源は、間接経費の償還だった。これらの資金は出所と近い医療・自然科学分野で支出され、社会科学やその他の領域に充当されたのは20%未満だった[122]。

戦後の研究経済の幕開けにおいて、戦前の16の研究大学は、新しい連邦政府の支援の恩恵を受けるのに最も適した位置にあった(第2章)。それから50年後、最新の学問分野の総合評価においても、彼らは最も高い評価を得ている機関だということに変わりはない。2016年、これらの大学のうち12校が研究業績上位20校に入ったが、シカゴ(53位)、カリフォルニア工科(60位)、プリンストン(76位)は、著名なことに変わりはないが、工学の分野ではほとんど拡大していなかった。戦前の研究機関の中で最も弱かったジョンズ・ホプキンス、ペンシルベニア、スタンフォードは、研究費で1位、3位、9位だった。研究経済における主な変化は、医学研究の相対的拡大であり、1980年の23%から2016年には31%に拡大した。生物医学研究を加えると、これらの分野は連邦政府から資金提供を受けている学術研究全体の1/2を占めている。学術研究のデータは、一般大学と医療系大学双方の巨大な医療センターで生み出される、膨大な量の研究や出版物の影響を受けている。例えば、ハーバードの複数の医療ユニットを筆頭に、科学出版物の生産量上位20校のうち19校がこのような医療複合施設を有していた。UCバークレーは、メディカルスクールを持たない唯一の例だった[123]。

第7章で指摘した研究大学ヒエラルキーの安定状態は21世紀に入っても持続していた。スティーブン・ブリントとシンシア・カーによる研究では、研究開発費、出版、引用における不平等の程度は、少なくとも2010年までは一定だった。ヒエラルキーの頂点に立つのは、約30の大学からなる不変のグループだった。ここには戦前の16校に加え、UCの5キャンパス、さらにペンシルベニア州立、オハイオ州立、ワシントン=シアトル、コロラドなどの公立のハイパフォーマー、私立ではノースウェスタンとセントルイス・ワシントンが加わった。私立の繁栄にもかかわらず、研究では公立が優勢だった[124]。ブリントとカーによると、中位の機関で短期的な動きが多く見られたが、出版物や引用といった質的な指標よりも、研究量においてより顕著な動きが見られた。彼らは、「ランキングを上げるための斬新な戦略に多額の投資をする経営者は、失望する可能性が高い」と結論づけた[125]。しかし彼らは、エモリー、アリゾナ州立(ASU)、ジョージア工科、サウスフロリダ(USF)の4校が質の面で前進したとしている。いずれも、より大きな研究上の役割を目指すだけでなく、意図的な戦略を施していた。

エモリー大学研究委員会は、まさにその目的のために2001年に結成された。2年間の集中的な作業により、エモリーにおける研究ミッションの基礎とそれを推進するためのステップについて、最先端の描写がなされた。その焦点は、純粋に基礎的な学術研究のレベルと地位を向上させることにあった。そこでは、エモリーの収入増を利用して、戦略的分野の教員を増員し、研究・学術のためのインフラを充実させることが提言されている。お決まりの但し書きを避け、臆面もなく卓越した研究を受け入れ、この志のもとに大学コミュニティを動員した[126]。

2002年、ASUの学長に就任したマイケル・M・クロウは、ニュー・アメリカン・ユニバーシティーのモデルを構築することを宣言した。その特徴は、選抜性(排他性)を否定し、すべての適格な学生を受け入れること、つまり無制限に拡大すること、(ディシプリンに基づく領域を排して)学際的再編成によって研究大学としてのASUを推進し、特に革新と応用に重点を置くこと、教育サービスと経済開発を通じて地元コミュニティや地域コミュニティと関わること、これらすべてを達成するためにテクノロジーを広く活用することだった。驚くべきことに、ニュー・アメリカン・ユニバーシティーは、すべての面で前進した。ASUは、より多くの学生を、より多くのテーマで、より多くの環境下で教育することに成功した。また、研究大学としても前進し、2000年以降、研究シェアはほぼ倍増し、出版・引用のランキングも上昇した[127]。

1990年代以降、ジョージア工科は、地方の技術系大学から全米トップクラスの工学系大学へと発展した。その原動力となったのは、技術移転だった。州の政策が相次いで技術に基づく経済開発を促進し、アトランタの経済界からの援助が戦略的な原動力となった。しかし、それまで応用研究に重点を置いていたアトランタ研究所が、科学的根拠に基づく技術における主導的役割へと転換したのは、研究所が自らこの転換を主導した結果だった[128]。

最後に、21世紀の研究経済のもうひとつの側面――地域密着性――を示す例として、USFを挙げる。NSFが研究開発費として集計しているもの、あるいは大学が受託研究として記録しているものの一部が、実際には研究ではないことは、あまり知られていない。別途予算化された研究に分類される予算には、研究室での調査以外の様々な活動が含まれている。また、大学側は研究費の合計を水増しすることを嫌うわけではない。USFでは、学内向けに「スポンサードリサーチ」の65%を実際の研究、8%を養成、27%を「その他」と分類している。USFでも他の場所でも、「その他」は説明のしようがないものだった。これは、外部組織が大学の専門知識を利用するために購入した何百もの小規模な取引だった[129]。このことは、USFの研究ミッションを否定するものではない——むしろその逆だ。これは、大学の専門知識が、州政府や地方自治体(資金の20%)、非営利団体(19%)、企業(9%)、財団(7%)によって利用されたことを示すものだ。大学の知識の社会的利用は、技術移転にとどまらない。タンパのような大都市圏の大学——およびASUにとってのフェニックスないしはジョージア工科にとってのアトランタ——は、今挙げたような団体を通じて地域社会と関わる機会が特に豊富だということがわかる。しかし、これは一般的な現象だ。研究大学は、地域的に、全米的に、そしてグローバルに、ますます専門知識を開発し、広めている。

学術的知識の活用が拡大し続ける一方で、その知識を創造する個人の需要が問題視されるようになった。アメリカの大学はPhDを輩出しすぎているという懸念はしばしば指摘されていたが、21世紀に入ってからその不均衡さが明らかになった。博士課程の学生は、研究へのインプットと同時に研究プロセスのアウトプットも行う。インプットは、研修生を含む研究資金の量によって大きく左右される[130]。アウトプットは、理想的には——教員や常勤研究員として——研究に従事する機会と何らかの関係を持つべきだ。しかし、インプットとアウトプットの間には何の関係もない。米国の理工系PhDは、およそ2/5が学術界、2/5が産業界、1/5が政府その他で雇用されている。ほとんどの学生は、学問的なキャリアを想定して大学院に入学している。これに自然界のモデルをあてはめるとしたら、成長に依存するシステムといえる。研究者たる大学教授が自己増殖し、そのクローンのポストを常に追加していく必要がある。この条件は1960年代の黄金期にはほぼ満たされていたが、その後は高等教育がほとんど成長せず、PhDも同様だった。1972年から1988年まで、博士号は横ばいだった。同じ期間で、人文学分野ではPhD取得者が教員採用数を大きく上回った——そして以降もその状態が続いている。博士号総数は1987年から1996年にかけて31%増加し、8年間停滞した後、2004

年から2014年にかけて32%増加した。このような急成長は、移民規制の変更により、より多くの留学生が研究をできるようになったことが大きな要因だ。国民全体では、白人男性の科学PhDは1970年代以降横ばいであり、合衆国出身の科学PhDの増加はすべて女性とマイノリティによるものだった[131]。過剰生産の症状は、この最後の期間(2004-2014)に最も顕著だった。科学と工学のPhDへの経済的リターンが比較的控えめなこと、明確な仕事が約束されない学位取得者の割合が増加していること、ポスドクの期間が長期化していることなどがその例だ[132]。

様々な委員会が、迫り来る研究者不足とそれに伴うアメリカの科学的優位性の低下を警告し、あるいは、各領域における博士号候補者数の自主的な削減や代替キャリアへの研修といった代償措置を推奨した[133]。PhDプログラムの市場は、まさにグローバルなものとなった。英語による博士課程への入学を希望する学生は、合衆国の大学だけでなく、オーストラリア、英国、香港、カナダも視野に入れた。留学生は、アメリカの理工系博士号の約1/2を占め、そのほとんどがそのまま科学者としての労働力になった。このような留学生がいなければ、市民の博士号が不足し、本当の危機を招くことになる[134]。博士号取得者が多いリベラル・アーツと社会科学では、教授職のポストが縮小したことで、博士号の構造的な供給過剰が深刻化した。

2000年以降、テニュア制度に基づかない常勤職に任命される教員が増えている[135]。そのような職は――英語や数学の入門クラスの講師や、専門科目の実務家講師として――常に存在していた[136]。現在、十分な資格を有する有期雇用教員は、学士課程の教員として任命されている。このような教員は、ジェネラリストとして、低学年の基礎的な科目を教えるために採用されたが、それはまさに専門的な正規の教員がしばしば嫌がる役割だった。基本的に研究大学は、(より価値のある)正規の教員が(より価値のある)研究や出版に専念できるよう、最も魅力のない科目を教えるために有期雇用の教員を採用した[137]。

公立大学、私立大学ともに、1990年代には小さな傾向だったことが、2000年以降に加速した。1999年から2007年にかけて、増加したフルタイム教員のうちテニュア・トラックから外れている教員は、テニュア・トラックに乗っている教員の2倍だった[138]。この傾向は2012年から2014年にかけてさらに強まり、テニュア・トラックから外れた教員はテニュア・トラックに乗った教員の3倍近くだった。上位108の研究大学では、2014年時点で常勤教員の1/3がテニュア・トラックに乗っておらず、ゆえに各機関の研究能力に寄与していない[139]。

オンライン授業の役割が大きくなったことで、有期雇用教員の活用が促進された。ほとんどの主要大学が、学位や修了証取得のための完全オンラインまたは対面併用コースを主催していた。しかし、繰り返し使用されるオンラインコースでは、テニュア・トラック以外の教員でも教えることができるため、学者教員は必要なかった。このような人事は、教員の給与プールを利用したもので、少なくともその一部は、通常の教員の任用に代わった。

PhDの過剰生産と非常勤教員の利用拡大は、他の巨大な社会システムの軌道を変えた。研究経済と学術労働市場は、現代の知識社会における近代研究大学の最も具体的な組織分野だ。大学は、知識の生成と処理に不可欠な役割を担っている。デイビッド・ベイカーは*The Schooled Society*の中でジョン・マイヤーに倣い、大学がいかにして社会に取り込まれる知識体系を作り出すかを説明している。例えば大学は「合理的な行為者が考慮しなければならない『経済的な知識』を生み出すだけではない。経済学者の役割を作り出し、社会における経済学者の権威の主張を正当化し、誰が経済学者かを正確に定義してもいる」[140]。これは数え切れないほどの――経営学、人口学、心理学などの――分野のひとつに過ぎず、そこで大学は正当な知識体系を構築し、これを扱う権限を与えられた者を正当化する。しかし、大学がすべての知識を創造しているわけではない。実質的な知識は他の社会組織や実務家から発せられるものだ。このような知識を、高等教育における一般的な認識基準に従って評価することが、大学の役割だ。すなわち、高度に組織化された合理的な枠組み、複雑で洗練された視点、抽象的で普遍的な概念、そして厳密な経験的分析ツールの採用がこれにあたる[141]。実務家は様々な制約のもとで活動しており、そのような徹底的かつ構造的な評価を行うための資源も誘因もない。そのため、学術的な専門知識は、スティーブン・ブリントの用語でいうところの「メタ認知的志向」をもたらし、大学は「大学であれ他の場所であれ、生み出された知識が証拠に基づいて検討、証明、深化、修正、拒否されることを可能にする究極の文化的権威(および特権的な作業空間)」を提供する[142]。

21世紀のアメリカ高等教育

第二次世界大戦後の70年間、3つの重要な展開が、高等教育とアメリカ社会の関係を決定づけた。アメリカの研究大学の台頭は、由緒ある大学というモデルと、知識の保存、発展、普及という伝統的な役割の地位を高め、また拡大した。合衆国はマス高等教育の最初のシステムを開拓し、さらにユニバーサル高等教育を達成するために、年齢コホートの50%を超えてアクセスを拡大した。ある意味ではその結果として、高い能力を持つ学生のみに入学者を絞り込む、高コストで高品質の機関が、高等教育の特徴的な部門として出現した。これらの動きは、歴史的に明らかに予見されていたものだが、これらの変革の大きさとアメリカ人の生活への影響は、21世紀の社会、文化、経済の世界を形成してきた。

アメリカの研究大学は、第二次世界大戦後に、特色ある機関として台頭してきた。戦時中の研究を大学で行うというパターンは、1945年以降、連邦政府機関によって制度化された。連邦政府の資金は、選ばれた大学のグループに自律的な研究ミッションを創出した。連邦政府の資金を受けた研究は、連邦政府が支援する巨大な研究所や、比較的少額の助成金で運営される各領域、あるいはメディカルスクールで行われるかもしれないが、そうした研究は大学以外の組織から資金を受け、責任を負うことになった。スプートニク・ショックは、主に非軍事機関(NIH、NSF、NASA)を通じて、このシステムの大規模な拡張に火をつけた。それに伴い、他の学問分野も同時多発的に科学化された。アカデミック・レボリューションは、大学の主要な使命たる知識の創造を推進した。1980年代には、もうひとつの組織的側面がもたらされた――すなわち、大学の発見を技術に基づく経済発展に活用するという使命だ。しかし大学の知識は、無数の方法で社会に浸透していった。社会的な要求と科学的な後援の両方が、これらの大学での研究の継続的な拡大を後押しした。

アメリカは当初、高等教育へのアクセスで世界をリードしていたが、その要因のひとつは、中等教育――カレッジに入学する資格を持つハイスクール卒業者数――で世界をリードしていたことだ。しかし1945年以降、3つの主要な特徴――社会的意識の変化、比較的オープンな入学許可、豊富な供給――がこの傾向を加速させた。1945年頃のアメリカ人の多くは考え方が制約されていた。カレッジは主に専門職の家庭の子弟が対象であり、一部の中間層の子弟と少数の労働者層の子弟が対象だと――そして全員がIQ115以上でなければならないと――考えられていた。この考え方は、理論的にはPCHEの急成長予測によって否定されたが、現実的にはGIビルを利用したあらゆる背景を持つ多数の学生たちによって否定された。その後、高等教育が拡大すべきではないと主張する者はほとんどいなくなった。1950年代には、より多くのアメリカの家庭で子どもをカレッジに通わせることができるようになり、高等教育機関にも幅広くアクセスできるようになった。以前からそうだったかのように、ハイスクールを卒業すれば誰でもカレッジへの道を見出すことができるようになった。しかし、地域の事情も要因のひとつだった。準備の整った学生は、ある程度流動的な傾向があったが、周縁の第一世代の学生にとっては、地元の機関が入学可能かどうかで判断することが多かった――そのため、ティーチャーズ・カレッジが戦略的な役割を果たしたが、これは1950年代に急成長し、その後大学へと転換していった。次の10年間は、都市型大学やコミュニティ・カレッジが増加し、州立大学のブランチ・キャンパスなどが登場した。いずれも、高等教育を求めるあらゆる人に便利で低コストの高等教育を提供するもので、これらは高等教育の提供に対する膨大な公共投資によって実現された。

ユニバーサル高等教育には、人口動態の2つの変化も必要だった。公民権運動は、南部では法的な面での隔離を、北部では事実上の隔離を終わらせた。排除の習慣は、アフリカ系アメリカ人やその他の過小代表グループの社会的包摂を促進する政策に取って代わられた。女性の場合、1960年以降に高等教育への意欲が高まり、1970年以降は主に卒業生のキャリア機会も拡大した。

高等教育機関への進学と卒業は、まもなく女性が男性を上回るようになった。

アメリカにおける高等教育に対する関心は、主に学士課程カレッジに集中していたが、これは青少年が責任ある大人へと成長するための機関であり、人生におけるひとつのステージだった。アメリカの高等教育制度は、選抜性の高い最高峰の大学から最も質素なコミュニティ・カレッジまで、様々な機関を通じてこれを実現した。ほとんどの先進国では、政府が国家試験を使って、階層化された教育の場に学生を分配していた。合衆国では、個人は入学したい機関を選び、各機関は志願者の中から入学させたい個人を選んだ。学生は入試市場で枠にはめ込まれ、その枠が生涯の可能性に影響を与えた。

アメリカのカレッジや大学は常に著しく不平等だったが、その不平等さは様々な形で存在していた。戦前、ハーバードとイェールは非常に裕福だったが、それに匹敵するものはほとんどなかった。裕福な顧客層が多いカレッジは一握りであり、戦後はどのカレッジも長年の緊縮財政に苦しんでいた。ハーバードやイェールなどは社会的にエリートだったが、ほとんどは地元の裕福でない学生も受け入れていた。1945年から1965年まで、アイビー・リーグはたどたどしくも徐々に、社会的エリートを能力主義的エリートで希釈し、それ以降は社会的包摂に取り組むため、マイノリティの学生を入学させた。1970年代を通して、主要なカレッジ・大学の各学年における、社会的・学問的な構成は絶え間なく変化していた。1980年以降、学生選抜競争の動態が定着した。私立カレッジや大学にとって、支出を増やし、選抜性を高めることは、より高い名声とさらなる高収入をもたらすことになった。この動態は各機関にとって抗いがたく、21世紀に入っても持続している。これらは市場主導型の選抜セクターを形成し、それがアメリカ高等教育の特徴となっていった。

アメリカの高等教育におけるこの3つの歴史的側面は、21世紀に入ってからさらに発展した。最初の10年間は、カレッジ・フォー・オールの理念が広く支持され、低所得者や第一世代の若者の入学を奨励する政策がとられた。入学者数の増加には、企業立大学の病的な拡大も含まれていた。しかし2010年以降、拡大には2つの限界があった。中等学校の生徒にはカレッジへの進学が強く奨励されていたが、多くの生徒はカレッジで成功するために必要な学問的準備に欠けていた。また、カレッジの費用は手の届く範囲を超えており、これは数十年来の傾向だったが、大不況後の授業料の大幅な値上げによってさらに悪化した。高等教育のための資金は、主に政府と学生から提供されていた。各州は、公立カレッジや大学への予算を実質的に制限しており、学費は学生本人およびその家族の60%以上にとって経済力を超えていた。その差額は連邦政府の学生ローンで賄われた――これは都合の良い弾力的な資金源だった。ほとんどの学生にとってカレッジに通うためには借金が必要であり、それは学生がどこに進学するか、そして進学するかどうかに影響した。

21世紀になると、学生選抜競争の重要性はさらに高まった。高い学費を払えるほど裕福な家庭の優秀な学生は、学問的に最も優れた機関に求められ、引き寄せられた。最も優秀な学生をめぐる競争と、学生による最高のカレッジや大学に対する嗜好は、選抜性の高いセクターの階層化を過大視し、さらにその頂点には極端な階層化が見られた。ヒエラルキーは寄附金の偏りによって強調され、富は頂点で幾何級数的に増加した。さらに階層が下がると、機関は学生の質、競争力のある支出水準、そしてランキングを維持することに迫られた。授業料割引の増加は、競争激化のバロメーターであり、ほとんどの私立カレッジ・大学が直面している学生募集の圧力を証明するものだった。上位15%の大学では、授業料割引は学生選抜競争の不可避の動態を示している。

公立の研究大学は、学生選抜競争においてますます競争力を増していった。しかし、これらの大学は比較的平坦なヒエラルキーを形成しており、学問的な評判、教育への支出、学生の選抜性の差は緩やかなものだった。学問的な差別化は、これまで以上に多くの出願者を引きつけ、学士課程の授業の質を高めるのに役立った。学生の需要が高かったために、これらの大学は授業料収入を増やすことで、貧弱な州の支援を補うことができた。これらの大学も授業料の割引という手段に出たが、これは授業料の上昇と競争激化の証拠だ。前述のように、差別化によってこれらの大学は、最も優秀な学生に十分な資源を提供することができ、同時に、厳しさの異なる多数のカレッジにまたがる大量の入学者に対応することができた。また、一握りの小規模で特徴的な公立カレッジは、選抜セクターの資格を得た。しかし、それ以外の公立地域カレッジは、優秀な学生や州の支援を浸食された。

労働市場の需給に関する解釈では、1980年以降、カレッジ卒の労働者が不足したため、賃金プレミアムが上昇し、賃金格差が拡大したとされている。2000年以降のカレッジ卒業生の増加により、学士号取得者の賃金プレミアムは安定したが、大学院や専門職学位へのリターンは依然として増加しており、高度なスキルに対する社会的需要が強固なこと――そして不平等が持続していること――を示している。アメリカ社会における経済的不平等に対する懸念は、高等教育が人生のチャンスに影響を与える２つの主要な方法――選別と訓練――を調和させることが困難だという点にあった。学生は、高等教育への入口であらかじめ分類されていた。学力や準備、社会的・文化的資本、経済的資源の不平等を考えると、これらすべての特性における大きな社会的格差が、学生の通学方法や進学先、学習内容、卒業率に反映された。従ってカレッジの卒業生は、入学した学生よりも社会経済的地位の点でさらに偏っていた。しかし、カレッジの経済的機能は、認知的能力の向上――社会に生産的に貢献するための人的資本、すなわちコンピテンスを形成すること――だ。カレッジの卒業生は、専攻分野、学校の学問的厳しさ、相対的なパフォーマンスによって区別される。彼らは様々な種類や程度の能力を身につけ、そのことによって労働市場で様々な報酬を得ることができた。ある学歴を得た場合、卒業生の社会的背景が労働市場の結果に影響を与えることはほとんどなくなった。要するに、高等教育の機会は社会経済的地位に強く影響されるが、学生が学んだことはその人のキャリアにつながるということだ。そのため、高等教育の機会拡大を主眼とした公的・私的なプログラムが豊富に用意され、それが社会的不平等をある程度緩和したのは間違いない。しかし経済においては、多様な能力に対するリターンの差は、公共政策の影響をほとんど受けなかった。

今の時代、学生の学習は強化される気配はないが、それは試みの欠如からではない。高等教育に関する諸協会や諸財団は、評価、説明責任、テストを用いた改善策を提案し、各大学はそれを熱心に実行した。しかし、消費主義がせっかくの意図を押しつぶした。大学は、レトリックやリソースの配置を通じて、認知的な学習を軽視し、顧客にとってより魅力的な目的――エンゲージメント、リーダーシップ、シティズンシップ、コミュニティへの参加、創造的表現――に重点を置くようになった。機関は、リベラル・アーツのテーマに対する学生の興味を喚起するために、「供給側」のカリキュラム改革を行ったが、具体的な成果はほとんどなかった。学生側は、学業にかける時間と労力を減らした。その結果、学習意欲は減退したが、消費者満足度は高かった。カレッジには昔から怠け者（スラッカーズ）と勤勉な学生（スカラーズ）が混在していたが、成績のインフレによって現代の怠け者は学問的制裁から免れることができた。一方勤勉な学生は、オナーズ・プログラム、学士課程での研究、要求の厳しい計量的専攻など、学問の機会を最大限に活用し続けた。大学院やプロフェッショナル・スクールへの競争的な入学は、業績達成への絶え間ない刺激となった。しかし国際的には、合衆国の教育の弱点はますます明らかになった。他の先進国は、中等教育修了証を取得した若者の割合や、読解、数学、問題解決のための国際的な知識テストにおいて、合衆国を上回っていた。

2010年代のアメリカの大学の政治化は、1960年代以降で最も極端なものだった。その10年間と同様、党派的な主張は比較的少数の活動家たる学生や教員によって主導されていたが、今や彼らは主にアイデンティティ・グループとして、各領域やセンター、運営スタッフの内部に制度化されている。UCのアファーマティブ・アドミッションがそうだったように、社会的包摂への参画は、人種やジェンダーの問題で大学の方向性を失わせた。大学は長い間リベラルな機関だったし、またそうあるべきだ。大学は何よりも、自由と、自由な知識の探究と、多様な思考様式の尊重に専念している。しかし、アイデンティティ・グループやアカデミック・レフトのイデオロギーは、基本的にノンリベラルなものだった。こうした立場の人々は、権力の口実に過ぎないとして科学の基礎たる理性を否定し、対立するアイデンティティを支持するヒューマニズムを否定し、西洋文明の基礎に由来する進歩を否定した。大学当局は便宜を図り、宥和し、ポリティカル・コレクトネスに無批判に従うことで、これらを容認した。反体制派の学生たちは、単純な心理的弱さを見せることもあった――一般にヘイトスピーチとされるものによって抑圧されることを恐れた。しかしこうした姿勢の根底には、複雑な社会問題を合理的に理解できず、他者の視点を理解できない、根深い反知性主義があった。このような欠点が影響を与えるのは一部の学生かもしれないが、大学がそれを黙認することは、リベラル・エデュケイションの内に約束された資質を正確に育むことに失敗したことを意味している。

しかし、大学にとって理性と科学は依然として優位であり、その結果、大学は知識社会における中心的かつ不可欠な役割を果たし続けた。日常的な言説には、学問から生まれた用語や概念が溢れている。このような概念は、複雑な考え方を具現化したものであり、理解の高度化と内容の充実を図るものだ。これまでの節で、アメリカ社会が大学の専門知識にアクセスする経路が、複数存在し、またそれらが拡大していることを明らかにしてきた。知識の成長はとどまるところを知らず、大学はより研究熱心となり、知識の創造と精緻化に大きな力を注ぐようになった。抽象的で普遍的な概念、理論的パラダイム、厳格な分析手法に基づき、対象を深く分析するための環境と文化が、他の機関以上に大学にはある。さらに前述したように、社会と世界における知識の役割が拡大する中で、最先端の知識と学問の集積は最も価値がある。アメリカの研究大学は、合衆国にそのような優位性を与えている。世界大学ランキングでは、上位15校中13校、上位100校中48校を占めている。後者の数字は、多くの分野で科学のフロンティアに取り組んでいる大学の数を控えめに示している。そしてこれらの大学の世界的な優位性は、アメリカの社会、経済、文明の福祉と進歩に多大な貢献をしていることを示している。

注・引用参考文献

プロローグ：
アメリカ高等教育と第二次世界大戦

1 V. R. Cardozier, *Colleges and Universities in World War II* (Westport, CT: Praeger, 1993), quote p. 6

2 Roger L. Geiger, *The History of American Higher Education: Learning and Culture from the Founding to World War II* (Princeton: Princeton University Press, 2015), 423-28; Carol S. Gruber, *Mars and Minerva: World War I and the Uses of Higher Learning in America* (Baton Rouge: Louisiana State University, 1975), 213-48.

3 陸軍と海軍のキャンパス訓練プログラム(後述)には、ROTCおよび入隊予備隊、技術訓練コースの大量の登録に加えて、50万人が登録していた。

4 これらの大量のプログラムは、次の文献に描写されている。Cardozier, *Colleges and Universities*, chaps. 2-4. 加えて次の文献も参照のこと。Hugh Hawkins, *Banding Together: The Rise of National Associations in American Higher Education, 1887-1950* (Baltimore: Johns Hopkins University Press, 1992), 146-56.

5 Jordan R. Humphrey, "Liberal Am Colleges in the Tumultuous 1940s: Institutional Identity and the Challenges of War and Peace," PhD diss., Pennsylvania State University, 2010.

6 E. David Cronin and John W. Jenkins, *The University of Wisconsin: A History. Vol. 3, Politics, Depression, and War, 1925-1945* (Madison: University of Wisconsin Press, 1994), 416-41.

第1部　アメリカ高等教育、1945-1957

第1章
GIビルとその後：1945-1955の高等教育

1 James T. Patterson, *Grand Expectations: The United States, 1945-1974* (New York: Oxford University Press, 1996), 61. 以下の記述は同書pp. 61-81による。John Patrick Diggins, *The Proud Decades: America in War and Peace, 1941-1960* (New York: Norton, 1988), 177-88.

2 Diggins, *Proud Decades*, 21-22; Cass Sunstein, *The Second Bill of Rights: FDR's Unfinished Revolution and Why We Need It More Than Ever* (New York: Basic Books, 2004).

3 Suzanne Mettler, *Soldiers to Citizens: The G.I. Bill and the Making of the Greatest Generation* (New York: Oxford, 2005), quote p. 20; Glenn C. Altschuler and Stuart M. Blumin, *The GI Bill: A New Deal for Veterans* (New York: Oxford, 2009); Kathleen J. Frydl, *The GI Bill* (New York: Cambridge University Press, 2009).

4 Keith W. Olson, *The G.I. Bill the Veterans, and the Colleges* (Lexington: University Press of Kentucky, 1974), 41-56, 76.

5 職業訓練と実地訓練における不正と浪費については、以下を参照のこと。Altschuler and Blumin, *GI Bill*; Frydl, *GI Bill*. また、Mettler, *Soldiers to Citizens*は存命のGIビル受給者の大規模な調査に基づいており、市民生活への貢献を強調している。

6 James B. Conant, *My Several Lives: Memoirs of a Social Inventor* (New York: Harper & Row, 1970), 373.

7 Olson, *GI Bill*, 87.

8 Marcus Stanley, "Education and the Midcencury GI Bills," *Quarterly Journal of Economics* 118, 2 (May 2003): 671-708; also, John Bound and Sarah Turner, "Going to War and Going to College: Did World War II and the G.I. Bill Increase Educational Attainment for Returning Veterans?" *Journal of Labor Economics* 20, 4 (October 2002): 784-815.

9 Olson, *G.I. Bill*, 109; Michael J. Bennett, *When Dreams Came True: The GI Bill and the Making of Modern America* (Washington, DC: Brassey's, 1996), 277-310.

10 Alan Brinkley, "The New Deal and the Idea of the Stare, in Steve Fraser and Gery Gerstle, eds., *The Rise and Fall of the New Deal Order* (Princeton: Princeton University Press, 1989), 85-121.

11 Alan Brinkley, *The End of Reform: New Deal Liberalism in Recession and War* (New York: Random House, 1995); Karen Orren and Stephen Skowronek, "Regimes and Regime Building in American Government: A Review of Literature on the 1940s," *Political Science Quarterly* 113, 4 (1998-99): 689-702.

12 この構想は、廃止間近だった国家資源計画委員会による1943年報告書*Equal Access to Education*によって予見されたもので、そこでは、高等教育への入学者数を倍増させることが極めて重要だと主張されていた。John Douglass, *The California Idea and American Higher Education* (Berkeley: University of California University Press, 2000), 190-91.

13 Janet Kerr-Tener, "From Truman to Johnson: Ad hoc Policy Formulation in Higher Education," PhD diss. (University of Virginia, 1985), 50-118, quotes pp. 73, 69. ニューディール政策策定者とメンバーシップをめぐる論争については、以下を参照のこと。Nicholas Strohl, "A Road Not Taken: The Truman Commission as an Alternative Vision of US Higher Education Policy" (paper presented at the annual meeting of the History of Education Society, St. Louis, MO, November 5-8 2015).

14 第１巻の顧問だったニュートン・エドワーズは、同委員会のメンバーだったイリノイ大学学長のジョージ・ストッダートと同様に、ジョン・デューイ協会(1935)の創立会員だった。Ethan Schrum, "Establishing a Democratic Religion: Metaphysics and Democracy in the Debates over the President's Commission on Higher Education," *History of Education Quarterly* 47, 3 (August 2007): 277-301, esp. 293.

15 Schrum, "Establishing a Democratic Religion"; Gary E. Miller, *The Meaning of General Education: The Emergence of a Curriculum Paradigm* (New York: Teachers College Press, 1988), chaps. 4, 7.

16 President's Commission on Higher Education, vol. I, *Establishing the Goals* (Washington, DC: GPO, 1947), quotes pp. 49, 51-57; Schrum, "Establishing a Democratic Religion," 286-88.

17 T. R. McConnell, "A Reply to the Critics," in Gail Kennedy, ed., *Education for Democracy: The Debate over the President's Commission on Higher Education* (Boston: D. C. Heath, 1952), 105-15; Roger L. Geiger, *The History of American Higher Education: Learning and Culture from the Founding to World War II* (Princeton: Princeton University Press, 2015).

18 President's Commission on Higher Education, *Higher Education for American Democracy*, vol. II,

Equalizing and Expanding Individual Opportunity (Washington, DC: GPO, 1947), 25-44. 南部の機関から参加した4人の委員は、黒人に対する劣悪な教育環境を認識しながらも、分離教育を廃止する勧告には同意しない旨のメモを挿入した。Ibid., 29n.

19　President's Commission on Higher Education, *Establishing the Goals*, 32, 41.

20　President's Commission on Higher Education, *Higher Education for American Democracy*, vol. III, *Organizing Higher Education* (Washington, DC: U.S. GPO, 1947), 5-15.

21　President's Commission on Higher Education, *Higher Education for American Democracy*, vol. V, *Financing Higher Education* (Washington, DC: U.S. GPO, 1947), quotes pp. 58, 54; Schrum, "Establishing a Democratic Religion," 282-85.

22　Philo Hutcheson, "The 1947 President's Commission on Higher Education and the National Rhetoric on Higher Education Policy," *History of Higher Education Annual* 22 (2002): 91-109; President's Commission on Higher Education, *Higher Education for American Democracy*, vol. IV, *Staffing Higher Education* (Washington, DC: U.S. GPO, 1947).

23　James G. Harlow, "Five Years of Discussion," *Journal of Higher Education* 24, 1 (January 1953), 17-24; Gail Kennedy, ed., *Education for Democracy: The Debate over the President's Commission on Higher Education* (Boston: D. C. Heath, 1952).

24　「プロフェッショナル・スクール」の節では、多様な職業における必要性を推定して公表することにより、限られた人員計画を推奨し、専門家はジェネラル・エデュケイションを受けるべきことを強調した。President's Commission on Higher Education, *Establishing the Goals*, 75-84.

25　Kennedy, *Education for Democracy*, 68-72.

26　Kerr-Tener, *From Truman to Johnson*, 87-103, quote p. 69.

27　John D. Millett, *Financing Higher Education in the United States* (New York: Columbia University Press, 1952), 434-38. さらに、委員会に触発された教育局の報告は、コミュニティ・カレッジ・システムの計画を発展させるために州への連邦政府の支援を推奨した。Kerr-Tener, *From Truman to Johnson*, 95-97, 103-18. 委員会の報告は戦後理想主義の雰囲気の中で作成され(1946)、冷戦がアメリカの政策と大統領を支配し始めた1947年の終わりに現れた。

28　おそらく、この報告の国際主義の推奨において最も明白なことは、「アメリカの高等教育機関はより大きな責任を負っている…我々自身の市民がその他の市民とともに、その精神が地方主義と島国根性から国際的ものへと移ることを手助けする」という点だった。President's Commission on Higher Education, *Establishing the Goals*, 14-20, quote p. 15.

29　Bruce A. Kimball, *Orators and Philosophers: A History of the Idea of Liberal Education* (New York: Teachers College Press, 1986), 192-99; Geiger, *History of American Higher Education*. 同時代の傾向とリベラル・エデュケイションの擁護については、以下を参照。Norman Forester, *The Future of the Liberal College* (New York; Arno Press, 1969 [1938]).

30　マクグラスは、*Journal of General Education* の創刊号でジェネラル・エデュケイションに関するマニフェストを発行した。Earl J. McGrath, *Journal of General Education* : "The General Education Movement," 1, 1 (October 1946): 3-8.

31　Kimball, *Orators and Philosophers*, 203; Commission on Liberal Education, *Liberal Education: Ends and Means, Partial Bibliography*, 943-44 (New York: Association of American Colleges, 1944); Earl J. McGrath, "A Bibliography on General Education," *Educational Record* 21 (1940): 96-118; William Nelson Lyons, "A Further Bibliography on General Education," *Journal of General Education* 4, 1 (October 1949): 72-80.

32 Kimball, *Orators and Philosophers*, 195-204.

33 Conant, *My Several Lives*, 363-68, 651-58; Paul H. Buck et al. *General Education in a Free Society: Report of the Harvard Committee* (Cambridge: Harvard University, 1945).

34 Buck et al., *General Education*, 181, 189, 190.

35 Daniel A. Segal. "'Western Civ' and the Staging of History in American Higher Education," *American Historical Review* 105, 3 (June 2000): 770-805, 781n; Gilbert Allardyce, "The Rise and Fall of the Western Civilization Course," *American Historical Review* 87, 3 (June 1982): 695-725.

36 Buck et al., General Education, 215.

37 Ibid., 181, 47-51; John Dewey, "The Problem of the Liberal Arts College" *American Scholar* 13, 4 (Autumn 1944): 391-93.

38 Katherine E. Chaddock, *The Multi-Talented Mr. Erskine: Shaping Mass Culture through Great Books and Fine Music* (New York: Macmillan, 2012), 81-100, quote p. 87; Alex Beam, *A Great Idea at the Time: The Rise, Fall, and Curious Afterlife of the Great Books* (New York: Public Affairs, 2008).

39 Gerald Grant and David Riesman, *The Perpetual Dream: Reform and Experiment in the American College* (Chicago: University of Chicago Press, 1978), 21-24.

40 Buck et al., *General Education*, 204-30, quotes p. 205; Conant, *My Several Lives*, 372-73.

41 Buck et al., *General Education*, 213-17.

42 Kimball, *Orators and Philosophers*, 133; Alston Chase, "The Rise and Fall of General Education, 1945-1980" *Academic Questions* 6, 1 (Spring 1993): 21-37; Frederick Rudolph, *Curriculum: A History of the American Undergraduate Course of Study Since 1636* (San Francisco: Jossey-Bass, 1977), 258-62.

43 Conant, *My Several Lives*, 370-71; Morton Keller and Phyllis Keller, *Making Harvard Modern: The Rise of America's University* (New York: Oxford University Press, 2001), 44-46. ジェネラル・エデュケイションのメニューは、かなりの長さに拡大したため、1966年に廃止された。

44 Allardyce, "Rise and Fall," 712-15; David Owen, "Harvard General Education in Social Science," *Journal of General Education* 5, 1 (October 1950): 17-30.

45 Cf. Earl J. McGrath et al. *Toward General Education* (New York: Macmillan, 1949). この提示されたカリキュラム案では、前近的思想を哲学に任せておき、「すぐに移動する表面的なサーベイ・コースは、明らかな悪を生み出す」と退けられている。ルネサンス以来、歴史の目的は「現在は過去の産物である」ことを証明することだとしている。143-44. マクグラスは、Journal of General Education(注29参照)を創刊した編集者であり、PCHEのメンバーでもあった。

46 例えば、以下を参照。Russell Thomas, *The Search for a Common Learning: General Education, 1800-1960* (New York: McGraw-Hill, 1962); and Willis Rudy, *The Evolving Liberal Arts Curriculum: A Historical Review of Basic Themes* (New York: Teachers College, 1960).

47　Chase, “Rise and Fall of General Education”; Rudolph, *Curriculum*, 256-59. ほとんどの著者(アラダイス、チェイス、ルドルフ)は、第2章の主題である1955年以降のこれらの改革の解明に関心を寄せている。

48　Miller, *Meaning of General Education*, 139-42; もちろん、ジェネラル・エデュケイションは決して「死ぬ」ことはなかった(143-80)。

49　Millett, *Financing Higher Education*; Commission on Financing Higher Education (CFHE), *Nature and Needs of Higher Education* (New York: Columbia University Press, 1952).

50　Millet, *Financing Higher Education*, 42-57; CFHE, *Nature and Needs*, 45-54, quote 45-46. 人材と高度訓練に関する委員会のディレクターだったウォルフルは、いくつかの出版物で調査結果を報告した。Dael Wolfle, “America's Intellectual Records,” *NAASP Bulletin* 36, 183 (January 1952): 125-35. ウォルフルは、大学に進学できる知的資質を持つ青少年は33%だというPCHEの数字を支持した。

51　Byron S. Hollinshead, *Who Should Go to College?* (New York: Columbia University Press, 1952), 74. 人種と差別禁止に関する言及は、PCHEによって批判されていた人種差別に対する倒錯した、悪意さえある無分別だということを明らかにしている。第4章を参照。

52　Millett, *Financing Higher Education*, 50-54.

53　Ibid., quotes pp. 44, 50-51.

54　Ibid., 44-51; CFHE, *Nature and Needs*, 31-42.

55　CFHE, *Nature and Needs*, 58-89, 150-65, quote p. 159; ミレットによる*Financing Higher Education*には、費用、収入源、将来の財政の可能性についての徹底的な分析が含まれている。

56　CFHE, *Nature and Needs*, 16 & passim.; Millett, *Financing Higher Education*, 11-19, 42-47; Richard Hofstadter and C. DeWitt Hardy, *The Development and Scope of Higher Education in the United States* (New York: Columbia University Press, 1952), 207-25 (a publication of the Commission on Financing Higher Education).

57　Patterson, *Grand Expectations*, 8-9.

58　Susan R. Richardson, “Oil, Power, and Universities: Political Struggle and Academic Advancement at the University of Texas and Texas A&M, 1876-1965,” PhD diss. Pennsylvania State University, 2005, 149-52

59　Larry Ceplair, *Anti-Communism in Twentieth-Century America: A Critical History* (Santa Barbara, CA: Praeger, 2011).

60　Ellen W. Schrecker, *No Ivory Tower: McCarthyism and the Universities* (New York: Oxford University Press, 1986), 75-83.

61　Landon R. Y. Storrs, *The Second Red Scare and the Unmaking of the New Deal Left* (Princeton: Princeton University Press, 2013), 2.

62　M. J. Heale, *McCarthy's America: Red Scare Politics in State and Nation, 1935-1965* (Athens: University of Georgia Press, 1998).

63　Jane Sanders, *The Cold War on Campus: Academic Freedom at the University of Washington, 1946-1964* (Seattle: University of Washington Press, 1979); Schrecker, *No Ivory Tower*, 94-104.

64　Raymond B. Allen, “Communists Should Not Teach in American Colleges,” *Educational Forum* 13,

4 (May 1949). 最後の引用は、この考えの提唱者の中で最も有名なシドニー・フックからの引用。

65 Schrecker, *No Ivory Tower*, 106-12; Clark Kerr, *The Gold and the Blue: A Personal Memoir of the University of California, 1949-1967; Volume Two, Political Turmoil* (Berkeley: University of California Press, 2003), 42.

66 Kerr, *Gold and the Blue: Volume Two, Political Turmoil*, 40-41.

67 Ibid., 32, 58.

68 共産党の党員は入れ替わりが激しいこと、数に変動が大きいこと、総数が不明確なことが特徴的だ。党員の最大数は約8万と見られ、1939年と1944年、1947年にこの数に達しており、33-40%はニューヨーク市にいた。David A. Shannon, *The Decline of American Communism: A History of the Communist Party of the United States since 1945* (Chatham, NJ: Chatham Bookseller, 1959), 91-97; Guenter Lewy, *The Cause That Failed: Communism in American Political Life* (New York: Oxford University Press, 1990), 307-8.

69 1956年では、最高裁判所の訴訟の40%が共産主義または破壊行為に関係していた。Ceplair, *Anti-Communism*, 106-11.

70 David P. Gardner, *The California Oath Controversy* (Berkeley: University of California Press, 1967); Schrecker, *No Ivory Tower*, 117-25; Kerr, *Gold and the Blue; Volume Two, Political Turmoil*, 27-47.

71 Schrecker, *No Ivory Tower*, 194-218.

72 Lionel S. Lewis, *The Cold War and Academic Governance: The Lattimore Case at johns Hopkins* (Albany: SUNY Press, 1993).

73 Ibid., 161-93, quotes pp. 188, 189.

74 Paul Lazersfeld and Wagner Thielens, Jr., *The Academic Mind* (Glencoe, IL: Free Press, 1958), 57, 70, 251n, et passim.

75 Schrecker, *No Ivory Tower*, 194-282.

76 Lionel S. Lewis, *Cold War on Campus: A Study of the Politics of Organizational Control* (New Brunswick, NJ: Transaction Books, 1988), 270-71.

77 Schrecker, *No Ivory Tower*, 308-41, quote p. 328.

78 Cf. Nathan Glazer, "The Professors and the Party," *New Republic* (October 6, 1986), 39-42.

79 Ellen Schrecker, *Many Are the Crimes: McCarthyism in America* (Princeton: Princeton University Press, 1998), 404.

80 Lazersfeld and Thielens, *Academic Mind*, 85, 156.

81 Peter Novick, *That Noble Dream: The "Objectivity" Question and the American Historical Profession* (New York: Cambridge University Press, 1988), 325-32. 例えばノーヴィックは、戦後アメリカの歴史記述の支配的傾向を「反進歩主義的」と見なしている(p. 325)。

82 Schrecker, *Many Are the Crimes*, 369, 413.

第2章

保守的な1950年代における高等教育とアメリカ的生活様式

1 Philip Gleason, "World War II and the Development of American Studies," *American Quarterly* 36,

3 (1984): 343-58, quote p. 358; Wendy L. Wall, *Inventing the "American Way": The Politics of Consensus from the New Deal to the Civil Rights Movement* (New York: Oxford University Press, 2008).

2　マンタリテ：ある共同体に特徴的で、その個々の構成員に共通する、思考や信念の習慣的な様式、および心理的・道徳的な性向の総体。http://www.cnrtl.fr/lexicographie/mentalit%C3%A9.

3　Gleason, "World War II"; Wall, *Inventing the "American Way,"* Part II.

4　Arthur M. Schlesinger, Jr., *The Vital Center: The Politics of Freedom* (Boston: Houghton Mifflin, 1949), 1.

5　この過程でしばしば生じる激しい対立については、次の文献を参照。Nelson Lichtenstein, "From Corporatism to Collective Bargaining: Organized Labor and the Eclipse of Social Democracy in the Postwar Era," in Steve Fraser and Gary Gerstle, eds., *The Rise and Fall of the New Deal Order, 1930-1980* (Princeton: Princeton University Press, 1989), 122-52.

6　Alonzo L. Hamby, "The Vital Center, the Fair Deal, and the Quest for a Liberal Political Economy," *American Historical Review* 77, 3 (June 1972): 653-78.「一種の中道主義としてのリベラリズムの概念には欠点があった…それは、バイタル・センターから、1950年代の「新保守主義」の表面的なものへの短い一歩に過ぎなかった」(p. 657)。「フェアディール政策は、リベラリズムを新たな状況に適応させることを試みた。…野心的ではあるが、非現実的なこの政治戦略は、朝鮮戦争の重圧のもとで崩壊した」(p. 678)。

7　Robert J. Gordon, *The Rise and Fall of American Growth: The U.S. Standard of Living since the Civil War* (Princeton: Princeton University Press, 2016).

8　Alan Brinkley, "The Illusion of Unity in Cold War Culture;" in Peter J. Kuznick and James Gilbert, eds., *Rethinking Cold War Culture* (Washington, DC: Smithsonian Institution Press, 2001), 61-73, quote p. 63.

9　Claudia Goldin and Robert A. Margo, "The Great Compression: The Wage Structure in the United States at Mid-Century," NBER Working Paper No. 3817 (August 1991).

10　Walter Goldschmidt, "Social Class in America—A Critical Review," *American Anthropologist* 52, 4 (October-December 1950): 483-98.

11　James T. Patterson, *Grand Expectations: The United States, 1945-1974* (New York: Oxford University Press, 1996), 61-81; William L. O'Neill, *American High: The Years of Confidence, 1945-1960* (New York: Free Press, 1986), quote p. 213.

12　全人口の平均AGCTスコアは100、ハイスクール卒業者は平均110、カレッジ入学者は115、カレッジ卒業生は121だった。Dael Wolfle, *America's Resources of Specialized Talent* (New York: Harper & Brothers, 1954), 146-62; Byron S. Hollinshead, *Who Should Go to College* (New York: Columbia University Press, 1952), 28-41.

13　Wolfe, *Americas Resources*, 292-93; Hollinshead, *Who Should Go to College.*

14　Goldschmidt, "Social Class in America," 494.

15　Brinkley, "Illusion of Unity," 66.

16　National Council for Education Statistics (NCES), *Digest of Education Statistics: 1967 and 1975*; Caroline M. Hoxby, "How the Market Structure of U.S. Higher Education Explains College Tuition,"

NBER Working Paper No. 6323 (December 1997), Table 1a.

17 Paula S. Fass, *Outside In: Minorities and the Transformation of American Education* (New York: Oxford University Press, 1989), 156-88, quote p. 157; Betty Friedan, *The Feminine Mystique* (New York: Norron, 1997 [1963]), 227-38.

18 Claudia Goldin, "The Meaning of College in the Lives of American Women: The Past One-Hundred Years," NBER Working Paper No. 4099 (June 1992).

19 Linda Eisenmann, *Higher Education far Women in Postwar America, 1945-1965* (Baltimore: Johns Hopkins University Press, 2006), 19-28, 96-106, quote p. 24; Fass, *Outside In*, 170-73.

20 Fass, *Outside In*, 187.「バッサーの調査は、バークレー同様、結婚を切望する女性学生というイメージを一層強固なものとした」(p. 177)。

21 初めて学位課程に入学する女性の割合は、1950年代半ばで38%、1963年で42%、1975年で48%だった。NCES, *Digest of Education Statistics: 1980*, Table 82.

22 Caroline M. Hoxby, "The Changing Selectivity of American Colleges," NBER Working Paper No. 15446 (October 2009).

23 Patricia Albjerg Graham, *Schooling in America: How the Public Schools Meet the Nation's Changing Needs* (New York: Oxford University Press, 2005), 103-24.

24 Seymour E. Harris, *A Statistical Portrait of Higher Education* (New York: McGraw-Hill, 1972), 50-52.

25 Paul Taubman and Terence Wales, *Mental Ability and Higher Educational Attainment in the 20th Century*, National Bureau of Economic Research, Occasional Paper 118 (Carnegie Commission on Higher Education Technical Report, 1972).

26 ロバート・J・ハビガーストは、1960年当時これらの力が、地位の高い機関と低い機関の「二峰性」の分布を生み出していると指摘していた。Robert J. Havighurst, *American Higher Education in the 1960s* (Columbus: Ohio State University Press, 1960).

27 Elizabeth A. Duffy and Idana Goldberg, *Crafting a Class: College Admissions and Financial Aid, 1955-1994* (Princeton: Princeton University Press, 1998), 4-15, 35-37.

28 John D. Millett, *Financing Higher Education in the United States* (New York: Columbia University Press, 1952), 71-92, quote p. 73. Mary Irwin, *American Colleges and Universities, 1952* (Washington, DC: ACE, 1952). 同書には1940年から1950年までに博士号を授与した99の機関がリストアップされているが、そのうち大学だったのはわずか72だった(pp. 54-57)。

29 Millett, *Financing Higher Education*, 71-92.

30 Fred W. Beuttler, "Envisioning an Urban University: President David Henry and the Chicago Circle Campus of the University of Illinois, 1955-1975," *History of Higher Education Annual* 23 (2003-2004): 107-42.

31 Leslie L. Hanawalt, *A Place of Light: The History of Wayne State University: A Centennial Publication* (Detroit: Wayne State University Press, 1968); Roger L. Geiger, *The History of American Higher Education: Learning and Culture from the Founding to World War II* (Princeton: Princeton University Press, 2015), 440-41.

32 David Riesman, Joseph Gusfield, and Zelda Gamson, *Academic Values and Mass Higher Education:*

The Early Years of Oakland and Monteith (Garden City, NY: Doubleday, 1970).

33　Charles Dorn, "'Education for Citizenship… Is Too Important to Leave to Chance': John Allen and the University of South Florida, 1956-1970," *Perspectives on the History of Higher Education* 32 (2017): 50-78.

34　Anthony O. Edmonds and E. Bruce Geelhoed, *Ball State University: An Interpretive History* (Bloomington: Indiana University Press, 2001), quote p. 148; W. Bruce Leslie and Kenneth P. O'Brien, "The Surprising History of the Post-WWII State Teachers College," *Perspectives on the History of Higher Education* 32 (2017): 23-49.

35　Steven Brint and Jerome Karabel, *The Diverted Dream: Community Colleges and the Promise of Educational Opportunity in America, 1900-1985* (New York: Oxford University Press, 1989), 67-101.

36　Christopher Jencks and David Riesman, *The Academic Revolution* (Chicago: University of Chicago Press, 1977 [1968]), 485-87; Brint and Karabel, *Diverted Dream*, 90-92; 近接効果については、次の文献を参照。Howard B. London, *The Culture of a Community College* (New York: Praeger, 1978), 1-27.

37　Burton R. Clark, *The Open Door College: A Case Study* (New York: McGraw-Hill, 1960); Brint and Karabel, *Diverted Dream*, 90-92.

38　以下の記述は次の文献を参照。John Aubrey Douglass, *The California Idea and American Higher Education: 1850 to the 1960 Master Plan* (Stanford, CA: Stanford University Press, 2000); and Simon Marginson, *The Dream Is Over: The Crisis of Clark Kerr's California Idea of Higher Education* (Berkeley: University of California Press, 2016).

39　Clark Kerr, *The Blue and the Gold: A Personal Memoir of the University of California, 1949-1967; Volume One, Academic Triumphs* (Berkeley: University of California Press, 2001), 172-90; Douglass, *California Idea*, 223ff.

40　Clark Kerr, "The California Master Plan of 1960 for Higher Education: An Ex Ante View," in Sheldon Rothblatt, ed., *The OECD, the Master Plan and the California Dream: A Berkeley Conversation* (Berkeley, CA: Center for Studies in Higher Education, 1992), 47-60.

41　"Education: Master-Planner," *Time* (October 17, 1960).

42　Sidney Gelber, *Politics and Public Higher Education in New York State: Stoney Brook— A Case History* (New York: Peter Lang, 2001); John B. Clark, W. Bruce Leslie, and Kenneth P. O'Brien, eds., *SUNY at 60: The Promise of the State University of New York* (Albany: SUNY Press, 2010).

43　Judith S. Glazer, "Nelson Rockefeller and the Politics of Higher Education in New York State," *History of Higher Education Annual* 9 (1989): 87-114.

44　Havighurst, *American Higher Education*, 58.

45　Gail Kennedy, ed., *Education at Amherst: The New Program* (New York: Harper & Brothers, 1955), quote p. 39. アマースト・レポートとニュー・プログラムは、ハーバード・レッドブックほど劇的なものでなく、実践的で、内部に目を向けたものだった。

46　Commission on Financing Higher Education, *Nature and Needs of Higher Education* (New York: Columbia University Press, 1952), 15-18.

47　以下の記述は次の文献を参照。David Potts, *Wesleyan University, 1910-1970: Academic Ambi-*

tion and Middle-Class America (Middletown, CT: Wesleyan University Press, 2015).

48　Ibid., 295.

49　Ibid., 333-35. ウェズリアンや他の機関では、ユダヤ人やアフリカ系アメリカ人を排除するフラタニティの設立制限への反対が長年の懸案だったが、ウェズリアンも他の東部の男子カレッジと同様、学士課程の85%がフラタニティに所属し、40%がフラタニティ・ハウスに住んでいたため、フラタニティを廃止することはほとんどできなかった(p. 346)。宗教の衰退は世俗主義のせいだとするWilliam F. Buckley Jr., *God and Man at Yale* (1953)を、同窓生たちは読んでいたようだ(後述)。

50　かつてアイビー・カレッジと呼ばれた８つの機関は、1945年に、それぞれの学生を代表するフットボールチームを編成することを誓約するカレッジ間協定に調印した。アイビー・リーグの正式名称はアイビー・グループ・プレジデンツで、プリンストンにオフィスがある。ビッグ・スリーのほか、ブラウン、コロンビア、コーネル、ダートマス、ペンシルベニアが加盟している。Roger L. Geiger, "The Ivy League;' in David Palfreyman and Ted Tapper, eds., *Structuring Mass Higher Education: The Role of Elite Institutions* (New York: Routledge, 2009), 281-302.

51　以下は、この包括的な研究に基づく。Jerome Karabel, *The Chosen: The Hidden History of Admission and Exclusion at Harvard, Yale, and Princeton* (Boston: Houghton Mifflin, 2005).

52　戦後、ユダヤ人学生に対する差別への憤りから、ニューヨーク州、ニュージャージー州、マサチューセッツ州では、そのような慣習を禁止する法律が制定された。これらの法律下での差別に対する訴えは個人によってなされ、機関によって弁護されやすく、機関が組織的差別で告発されることはなかった。Harold S. Wechsler, "The Temporary Commission Surveys Bias in Admissions," in John B. Clark, W. Bruce Leslie, and Kenneth P. O'Brien, eds. *SUNY at Sixty: The Promise of the State University of New York* (Albany: SUNY Press, 2010), 29-38. イェールについては以下の文献を参照。Dan A. Oren, *Joining the Club: A History of Jews and Yale* (New Haven, CT: Yale University Press, 1985), 173-214. 割当制が廃止された後も、イェールのユダヤ人比率は1966年まで約12%のままだった(pp. 310-21)。

53　Morton Keller and Phyllis Keller, *Making Harvard Modern: The Rise of America's University* (New York: Harvard University Press, 2001), 22-26, 32-35.

54　Joseph A. Soares, *The Power of Privilege: Yale and America's Elite Colleges* (Stanford, CA: Stanford University Press, 2007), 36-52, quote p. 51.

55　Karabel, *Chosen*, 248-71, quotes pp. 252, 254.

56　Ibid.; William J. Bender, "A Report on the Admission and Scholarship Committee for the Academic Year 1959-1960," in *Report of the President of Harvard College, 1959-1960* (Harvard University, 1960), 52-62.

57　1952年から1960年にかけて、不合格者の割合は30%から63%に上昇し、SATスコアの中央値は1181から1377に上昇しており、1952年の90パーセンタイルの学生は、1960年には50パーセンタイルの位置にいたことになる。Karabel, *Chosen*, 282.

58　Karabel, *Chosen*, 285-345, quote p. 281. ニード・ベースの奨学金は、入試政策の重要な要素だ。というのも、高い能力を持つ学生の多くは、私立カレッジに入学する余裕がなく、私立カレッジも奨学生をあまり多く受け入れる余裕がなかったからだ。私立カレッジは、1950年代から1970年代まで奨学生の割合を安定させていた。ビッグ・スリーは、学生の20-25%を支援する傾向にあり、その多くは所得が中央値以下だった。Duffy and Goldberg, *Crafting a Class*, 172-79; Karabel, *Chosen*, passim.

選抜性を支配する前提は、60年代半ばに突然、決定的に変化する。ビッグ・スリーは、自分たちがプレパラトリー・スクール生をめぐって競争している間に、他の機関が全米で最も優秀な学生をより多く入学させていることを認識した――そして懸念するようになった。Soares, *Power of Privilege*, 40. この記述で報告されている学生募集の弱さは、*American Universities and Colleges, 1968* (Washington, DC: ACE, 1968) で報告されている1966-1967のSATスコアとは一致しない。

59　Geoffrey Mark Kabaservice, "Kingman Brewster and the Rise and Fall of the Progressive Establishment," PhD diss., Yale University, 1999.

60　「ハーバードの学長選考プロセスで最も顕著なダイナミクス――できるだけ前任者とは違う人物を選ぶ――が再び動き出した。1869年のエリオット、1909年のローウェル、1934年のコナント、1953年のピュージーがそうだった」。Keller and Keller, *Making Harvard Modern*, 175.

61　Keller and Keller, *Making Harvard Modern*, 290-97.

62　Karabel, *Chosen*, 294-320, quote p. 307.

63　William F. Buckley, Jr., *God and Man at Yale: The Superstitions of "Academic Freedom"* (Washington, DC: Regnery, 2002 [1951]).

64　McGeorge Bundy, "The Attack on Yale," *Atlantic* (November 1951). この記事は、バンディをアーツ・アンド・サイエンシズ部長に任命させることをネイサン・ピュージーに納得させたようだ。

65　Buckley, *God and Man*, 95-96; Howard Gillette, Jr., *Class Divide: Yale '64 and the Conflicted Legacy of the Sixties* (Ithaca, NY: Cornell University Press, 2015), 6.

66　Havighurst, *American Higher Education*, 70.

67　Hoxby, "Changing Market Structure."

68　Frank Bowles, quoted in Bernard Berelson, *Graduate Education in the United States* (New York: McGraw-Hill, 1960), 38-39.

69　Edwin Slosson, *Great American Universities* (New York: Macmillan, 1910). Roger L. Geiger, *To Advance Knowledge: The Growth of American Research Universities, 1900-1940* (New York: Oxford University Press, 1986) は、これら16の機関に注目している。

70　また、1950年に博士号取得者の2%を占めたのは、さほど名声の高くないニューヨーク大学、オハイオ州立大学、アイオワ州立大学であり、カリフォルニア工科大学とプリンストン大学は博士号取得者数が少なかった。Irwin, *American Colleges and Universities, 1952*, 58-59.

71　Berelson, *Graduate Education*, 109-16, 280-81.

72　以下について、および追加情報としては、次の文献参照。Roger L. Geiger, *Research and Relevant Knowledge: American Research Universities since World War II* (New York: Oxford University

Press, 1993), 3-40.

73 Harvey M. Sapolsky, *Science and the Navy: The History of the Office of Naval Research* (Princeton: Princeton University Press, 1990). ウォーターマンは1950年にNSFの初代理事長となった。

74 Keller and Keller, *Making Harvard Modern*, 166; Geiger, *Research and Relevant Knowledge*, 58-61, CFHE quoted on p. 60. 連邦政府の資金提供を受けた医学研究は1950年代に急速に増加したが、懸念材料は少なかった。

75 National Science Foundation, *The State of Academic Science and Engineering* (Washington, DC: NSF, 1989), 48-59.

76 Mark Solovey, *Shaky Foundations: The Politics-Patronage-Social Science Nexus in Cold War America* (New Brunswick, NJ: Rutgers University Press, 2013), 56-102.

77 Geiger, *Research and Relevant Knowledge*, 63-73, quote p. 71. James R. Killian, Jr., *The Education of a College President: A Memoir* (Cambridge, MA: MIT Press, 1985), 22-76.

78 Geiger, *Research and Relevant Knowledge*, 65.

79 Stuart W. Leslie, *The Cold War and American Science: The Military-Industrial-Academic Complex at MIT and Stanford* (New York: Columbia University Press, 1993).

80 ジェームズ・キリアン学長が1951年に説明したように、朝鮮戦争は防衛研究の大幅な増加を引き起こした。すなわち、「朝鮮戦争は、研究所とそのスタッフに対して、再軍備計画を支援するために彼らの特別な能力をさらに利用できるようにするという、突然の切実な要求を生み出した」。David Kaiser, ed., *Becoming MIT: Moments of Decision* (Cambridge, MA: MIT Press, 2010), 105. 国防政策と研究については次の文献参照。David M. Hart, *Forged Consensus: Science, Technology, and Economic Policy in the United States, 1921-1953* (Princeton: Princeton University Press, 1998), 175-205. 国防体制と大学の研究については次の文献参照。Roger L. Geiger, "Science, Universities, and National Defense," *Osiris* 7 (1992): 26-48.

81 C. Judson King, *The University of California: Creating, Nurturing, and Maintaining Quality in a Public University Setting* (Berkeley, CA: Center for Studies in Higher Education, 2018), passim.

82 組織化された研究ユニットは19世紀から存在していたが、戦後の研究組織において不可欠な役割を果たした。一般的には、外部資金の提供を受けた研究を管理するために設立されたが、特定の研究分野に重点を置くために、国、機関、または民間の資金で設立されたものもあった。大規模な資本研究施設は、応用研究やサービスを提供するユニットと同様に、個別の専門スタッフを必要とした。各ORUは、使命、資金、専門的指導者のユニークな組み合わせに適応した「有機的」な傾向があったが、いずれも戦後の大学には、教員ではない研究者の人事政策を考案することを余儀なくされた。Carlos E. Kruytbosch, "The Organization of Research in the University: The Case of Research Personnel," PhD diss., University of California, Berkeley, 1970; Geiger, *Research and Relevant Knowledge*, 47-57.

83 Quoted from *Report of a Study Committee on Contract Research* (Berkeley, CA: 1950), 22, in Charles V. Kidd, *American Universities and Federal Research* (Cambridge, MA: Harvard University Press, 1959), 36.

84 Geiger, *Research and Relevant Knowledge*, 73-82.

85 Kidd, *American Universities,* 186; John W. Boyer, *The University of Chicago: A History* (Chicago:

University of Chicago Press, 2015), 314-15.

86 Morris Bishop, A *History of Cornell* (Ithaca, NY: Cornell University Press, 1962), 580-81.

87 Glenn C. Altschuler and Isaac Kramnick, *Cornell: A History, 1940-2015* (Ithaca, NY: Cornell University Press, 2014), 13-14.

88 Geiger, *Research and Relevant Knowledge,* 82-85; Howard H. Peckham, *The Making of the University of Michigan, 1817-1992,* edited and updated by Margaret L. Steneck and Nicholas H. Steneck (Ann Arbor: University of Michigan Press, 1994), 240-63.

89 Richard H. Shryock, *The University of Pennsylvania Faculty: A Study in American Higher Education* (Philadelphia: University of Pennsylvania Press, 1959), 111. 1952年に大統領選出馬を控えていたハロルド・スタッセン会長の下で、ペンシルベニア大学は大掛かりなフットボールと利益の上がりそうなテレビ契約を積極的に推進した。Ronald A. Smith, *Play-by-Play: Radio, Television, and Big-Time College Sport* (Baltimore: Johns Hopkins University Press, 2001), 66-72.

90 Steven A. Sass, *The Pragmatic Imagination: A History of the Wharton School 1881-1981* (Philadelphia: University of Pennsylvania Press, 1982), 233-63.「荒廃した地域」に立地するという不利な状況を克服することは、ハーウェル政権の重要かつ不可欠な功績だった。John L. Puckett and Mark Frazier Lloyd, *Becoming Penn: The Pragmatic American University, 1950-2000* (Philadelphia: University of Pennsylvania Press, 2015); Margaret Pugh O'Mara, *Cities of Knowledge: Cold War Science and the Search for the Next Silicon Valley* (Princeton: Princeton University Press, 2005), 142-81.

91 Hayward Keniston, *Graduate Study and Research in the Arts and Sciences at the University of Pennsylvania* (Philadelphia: University of Pennsylvania Press, 1959); Shryock, *University of Pennsylvania Faculty,* 112, 237, 255.

92 Keniston, *Graduate Study.* ヒューズは1934年に評価を実施したが、それはランクづけを避けようとしたものだった。1946年、AAUはその会員校のなかでの非刊行のランクづけを実施し、1954年にコロンビアが同様のランクづけを、1957年にシカゴ・トリビューン紙がランクづけの計画を行った――これらは人々が学術的な地位に心奪われていく兆しだった。Shryock, *University of Pennsylvania Faculty,* 105-10.

93 Geiger, *Research and Relevant Knowledge,* 118-22; Rebecca S. Lowen, *Creating the Cold War University: The Transformation of Stanford* (Berkeley: University of California Press, 1997); Leslie, *Cold War;* C. Stewart Gillmor, *Fred Terman at Stanford: Building a Discipline, a University and Silicon Valley* (Stanford, CA: Stanford University Press, 2004).

94 Geiger, *Research and Relevant Knowledge,* 122-35.

95 Allan M. Cartter, *An Assessment of Qyality in Graduate Education* (Washington, DC: ACE, 1966); David S. Webster, "America's Highest Ranked Graduate Schools, 1925-1982," *Change* (May-June 1983): 13-24.

96 マサチューセッツ(1947)、フロリダ州立(1947)、ペンシルベニア州立(1953)、ミシガン州立(1954)、ラトガーズ州立(公的な理事会の設置が1956)、ユタ州立、オクラホマ州立、コロラド州立(1957)、アリゾナ州立、ニューメキシコ州立、ミシシッピ州立(1958)、アイオワ州立、ワシントン州立(1959)、オーバーン、ノースダコタ州立(1960)、オレゴン州立(1961)、ノースカロライナ州立(1963)、クレムソン(1964)。

97 Roger L. Geiger, "Land-Grant Colleges and the Pre-Modern Era of American Higher Education, 1850-1890," in Alan I. Marcus, ed., *Science As Service: Establishing and Reformulating American Land Grant Universities, 1865-1930* (Tuscaloosa: University of Alabama Press, 2015), 9-32; Ernest J. Hopkins and Alfred Thomas, Jr., *The Arizona State University Story* (Phoenix: Southwest Publishing, 1960), 284-89.

98 Michael Bezilla, *Engineering Education at Penn State: A Century in the Land-Grant Tradition* (University Park: Pennsylvania State University Press, 1981); Stephen E. Ambrose and Richard H. Immerman, *Milton S. Eisenhower: Educational Statesman* (Baltimore: Johns Hopkins University Press, 1983).

99 Geiger, *Research and Relevant Knowledge*, 157-58; Kidd, *American Universities*, 25-38.

第2部　リベラル・アワー、1957-1968

第3章
大学の権勢

1 G. Calvin Mackenzie and Robert Weisbrot, *The Liberal Hour: Washington and the Politics of Change in the 1960s* (New York: Penguin, 2008), 5.

2 Ibid., 42-43; Richard H. Pelis, *The Liberal Mind in a Conservative Age: American Intellectuals in the 1940s and 1950s* (New York: Harper & Row, 1985), 147-62.

3 John Kenneth Galbraith, *The Affluent Society*, 4th ed. (Boston: Houghton Mifflin, 1984), 263; Pells, *Liberal Mind*, 162-74.

4 David D. Henry, *Challenges Past, Challenges Present: An Analysis of American Higher Education Since 1930* (San Francisco: Jossey-Bass, 1975), 99-107; Janet Kerr-Tener, "From Truman to Johnson: Ad hoc Policy Formulation in Higher Education," PhD diss., University of Virginia, 1985, 131-221.

5 Wayne J. Urban, *More Than Science and Sputnik: The National Defense Education Act of 1958* (Tuscaloosa: University of Alabama Press, 2010), 176-78.

6 Henry, *Challenges Past*, 106-21, quotes pp. 106, 112.

7 Roger L. Geiger, *Research and Relevant Knowledge: American Research Universities Since World War II* (New York: Oxford University Press, 1993), 161-66; Geiger, "What Happened after Sputnik? Shaping University Research in the United States," *Minerva* 35 (1997): 349-67; Barbara B. Clowse, *Brainpower for the Cold War: The Sputnik Crisis and the National Defense Education Act of 1958* (Westport, CT: Greenwood Press, 1981); Urban, *More Than Science and Sputnik*.

8 Geiger, *Research and Relevant Knowledge*, 166-69.

9 Ibid., 169-70. 以下は同書参照(pp. 170-97).

10 モホール計画は――地底のNASAを目指していたが――地殻を掘削するという無謀な試みだった。また、MURAは中西部の大学のための粒子加速器の提案で、後のフェルミ研究所に似たものだった。Daniel S. Greenberg, *The Politics od Pure Science* (New York: New American Library, 1967).

11 Roger L. Geiger, "Science, Universities, and National Defense, 1945-1970," in *Science after '40*, Arnold Thackray, ed., *Osiris* 7 (1992): 26-48.

12　Mark Solovey, *Shaky Foundations: The Politics-Patronage-Social Science Nexus in Cold War America* (New Brunswick, NJ: Rutgers University Press, 2013), 20-55.

13　Robert McCaughey, *International Studies and Academic Enterprise: A Chapter in the Enclosure of American Learning* (New York: Columbia University Press, 1984), 113-40.

14　Geiger, *Research and Relevant Knowledge*, 92-98, quotes pp. 96, 97. カーネギー財団は1958年に「卓越した学生に関する大学間会議」を後援し、その会議によってオーナーズ運動が普及した(第6章)。

15　Geiger, *Research and Relevant Knowledge*, 98-99, 361n28.

16　McCaughey, *International Studies*, 171, 181.

17　Geiger, *Research and Relevant Knowledge*, 99-105. フォード財団の理事会は、社会主義や社会改革の含意を恐れ、「社会」という用語を避けた。そのプログラムは、閉ざされた社会科学のディシプリンへ接線的に発展していた行動的アプローチを促進しようとした(以下を参照)。行動科学は理論的には心理学とすべての社会科学を含んでいたが、社会学と社会心理学がその中心だった。

18　フォードのビジネスプログラムについては、以下を参照。Rakesh Khurana, *From Higher Aims to Hired Hands: The Social Transformation of American Business Schools and the Unfulfilled Promise of Management as a Profession* (Princeton: Princeton University Press, 2006), 195-290; Mie Augier and James G. March, *The Roots, Rituals, and Rhetorics of Change: North American Business Schools after the Second World War* (Stanford, CA: Stanford University Press, 2011), 94-185; Steven Schlossman, Michael Sedlak, and Harold Wechsler, *The "New Look": The Ford Foundation and the Revolution in Business Education* (Los Angeles: Graduate Management Admission Council, 1987).

19　Robert Aaron Gordon and James E. Howell, *Higher Education for Business* (New York: Columbia University Press, 1959).

20　Khurana, *From Higher Aims*, 305-17.

21　Augier and March, *Roots, Rituals*, 180-87, quote p. 184.

22　財団は非営利の病院やメディカルスクールに同様の資本金を提供した。

23　Geiger, *Research and Relevant Knowledge*, 111-13, 219-20, 227-29; Richard Magat, *The Ford Foundation at Work: Philanthropic Choices, Methods, and Styles* (New York: Plenum, 1979). 32-33. 97-108, quote p. 99.

24　Geiger, *Research and Relevant Knowledge*, 111-16; 大抵のチャレンジ・グラント大学は研究の共有に失敗した (pp. 206-9)。

25　McCaughey, *International Studies*, 167-235, quote p. 212.

26　Ethan Schrum, *The Instrumental University: Education in Service of the National Agenda after World War II* (Ithaca, NY: Cornell University Press, forthcoming).

27　Magat, *Ford Foundation at Work*, 99-101.

28　都市研究への支援は1970年代まで続き、フォードは1972年に公共政策研究を促進するための取り組みを開始し、8つの大学院レベルの学校ないしは研究所を設立した。バンディは、マイノリティ大学院フェローシップと私立黒人大学への主な取り組み(約1億ドル)を開始した(1967-1977)。Ibid., 57, 101-2, 178-79.

29 Ibid., 104-6, quote pp. 105-6; McCaughey, *International Studies*, 197-211. 901

30 McCaughey, *International Studies*, 211-14.

31 Khurana, *From Higher Aims*, 305-7; Magat, *Ford Foundation*, quote p. 100.

32 Christopher Jencks and David Riesman, *The Academic Revolution* (Chicago: University of Chicago Press, 1977 [1968]), 236-50; 541, xiv, 250.

33 学士課程教育の弱体化を含む同様の観察が、1963年初頭、エドワード・シルスによって実施された。Edward Shils in "Observations on the American University," *The Intellectuals and the Powers and Other Essays* (Chicago: University of Chicago Press, 1972), 298-306.

34 Ibid., 18, 原文ママ　ジェンクスとリースマンは、知識を累積的にする科学的方法におけるこれらの原理をわずかにしか考慮せず、「この本は、こういった意味ではほとんど非学術的だ」と冗談さえ言った(p. 517)。

35 Gili S. Drori et al., *Science in the Modern World Polity: Institutionalization and Globalization* (Stanford, CA: Stanford University Press, 2003).

36 Roger L. Geiger, *The History of American Higher Education: Learning and Culture from the Founding to World War II* (Princeton: Princeton University Press, 2015), 326-48, 528-32.

37 例えば1970年時点で、ユタ(最初のPhD授与は1947年)は248件、フロリダ州立(同1952)は286件、南イリノイ(同1959)は129件だった。Geiger, *Research and Relevant Knowledge*, 218-19.

38 Roger E. Backhouse and Philippe Fontaine, "Toward a History of the Social Sciences," in Backhouse and Fontaine, eds., *History of the Social Sciences since 1945* (Cambridge: Cambridge University Press, 2010), 184- 233; Andrew Abbott and James T. Sparrow, "Hot War, Cold War: The Structure of Sociological Action, 1940-1955," in Craig Calhoun, ed., *Sociology in America: A History* (Chicago: Chicago University Press, 2007), 281-313.

39 Andrew Abbott, "The Disciplines and the Future," in Steven Brint, ed., *The Future of the City of Intellect: The Changing American University* (Stanford, CA: Stanford University Press, 2002), 205-30.

40 Bernard Berelson, *Graduate Education in the United States* (New York: McGraw-Hill, 1960). 詳細は以下で論じる。また、ケニストン報告については第２章で論じる。

41 M. H. Abrams, "The Transformation of English Studies, 1930-199s," in Thomas Bender and Carl E. Schorske, eds., *American Academic Culture in Transformation: Fifty Years, Four Disciplines* (Princeton: Princeton University Press, 1997), 123-50; Catherine Gallagher, "The History of Literary Criticism;' in ibid., 151-72, quotes pp. 154-55.

42 Alvin Kernan, *In Plato's Cave* (New Haven, CT: Yale University Press, 1999), 109; Roger L. Geiger, "Demography and Curriculum: The Humanities in American Higher Education from the 1950s through the 1980s," in David A. Hollinger, ed., *The Humanities and the Dynamics of Inclusion since World War II* (Baltimore: Johns Hopkins University Press, 2006), 50-72; Gallagher, "Literary Criticism" 157-58.

43 Peter Novick, *That Noble Dream: The 'Objectivity Question' and the American Historical Profession* (New York: Cambridge University Press, 1988), quote p.362; Robert M. Solow, "How Did Economics Get That Way and What Did It Get?" in Bender and Schorske, *American Academic Culture*, 57-76;

Hunter Crowcher-Heyck, "Patrons of the Revolution: Ideals and Institutions in Postwar Behavioral Science," *Isis* 97, 3 (September 2006): 420-46.

44 Berelson, *Graduate Education.*

45 Jencks and Riesman, *Academic Revolution*, 24-25.

46 「傾向」は、博士号取得者数を５年前の学士号取得者数で割って算出される。学位取得までの平均時間が長く、多くの学生が「ストレート進学」をしていないと異論を唱えることはできる。しかし、この見積もりはおそらく他のどの時代よりも1960年代の方が正確であり、期間を長くとればとるほど、学士号取得日が早まり、数値が小さくなるため、より高い傾向が得られる (Jeffrey A. Groen and Michael J. Rizzo, "The Changing Composition of American-Citizen PhDs," Cornell Higher Education Research Institute, March 2004)。いずれにせよ、傾向曲線の形状は正確であるが、絶対値は不確実である。分野ごとのより正確な数値については、以下を参照のこと。William G. Bowen and Neil L. Rudenstine, *In Pursuit of the PhD* (Princeton: Princeton University Press, 1992).

47 The propensity of males and females to earn PhDs peaked in 1971 at 9.2 and 2.2 percent, respectively; in 1974 it was 7.7 and 2.0. See Alan M. Cartter, *Ph.D.s and the Academic Labor Market* (New York: McGraw-Hill, 1976), 204-20.

48 For data on graduate and professional enrollments and degrees, see Cartter, *Ph.D.s and the Academic Labor Market*, 73-87.

49 For these conditions and the precipitous drop in academic attainments, see Chapter 6.

50 Cartter, *Ph.D.'s and the Academic Labor Market*, 11-17.

51 Geiger, *Research and Relevant Knowledge*, 217-21.

52 Ibid., 222-24. 1964年の大学院プログラムの格付けでは、4,000人の回答者の年齢が報告されている。研究科長およびシニア・スカラーは46-52歳、ジュニア・スカラーは33-38歳だった。Allan M. Cartter, *An Assessment of Quality in Graduate Education* (Washington, DC: ACE, 1966).

53 Cartter, *PhDs and the Academic Labor Market*, 109, 165. この大規模なコホートは、次の世紀まで学術専門職の人口動態を支配することとなる。

54 Ibid., 18, 129-43.

55 Ibid., 196-201.

56 Kenneth D. Roose and Charles J. Anderson, *A Rating of Graduate Programs* (Washington, DC: ACE, 1970), 2; Cartter, *An Assessment of Quality*, 10-67; H. W. Magoun, "The Cartter Report on Quality in Graduate Education," *Journal of Higher Education* 37 (1966): 481-92, quotes pp. 486, 488.

57 Magoun, "Carrter Report," 484。ケニストンのリストから、アイオワ大学とカトリック大学が外された。またブラウンとワシントン大学はマグーンのリストの上位25大学に含まれた。上位17大学のうち11大学が私立であり、これに続くマグーンのリストの25大学では、公立と私立は半々だった。

58 スタンフォードとUCLAの台頭については、以下を参照のこと。Geiger, *Research and Relevant Knowledge,* 118-46.

59 Cartter, *Assessment of Quality*, 111-14.

60 Roose and Anderson, *Rating of Graduate Programs*, 24.

61 Ibid. 計算はガイガーが行った。

62 Clark Kerr, *The Uses of the University* (Cambridge, MA: Harvard University Press, 1963), 107 et passim. カーは2001年に第５版が出版されるまで、章を書き足していた。

63 Ibid., 86-88; Fritz Machlup, *The Production and Distribution of Knowledge in the United States* (Princeton: Princeton University Press, 1962).

64 Kerr, *Uses of the University*, 94, 114, 124 カーの描写に対する現実についての批判は、以下を参照のこと。Jacques Barzun, *The House of Intellect* (New York: Harper, 1959).

65 Clark Kerr, *The Gold and the Blue: A Personal Memoir of the University of California, 1949-1967; Volume One, Academic Triumphs* (Berkeley: University of California Press, 2001); "Education: Master Planner," *Time* (October 17, 1960).

66 Ethan Schrum, "Clark Kerr's Early Career, Social Science, and the American University," *Perspectives on the History of Higher Education* 28 (2011): 193-222; Geiger, *Research and Relevant Knowledge*, 47-57 (on ORUs), 73-82 (on Berkeley); Clark Kerr et al., *Industrialism and Industrial Man* (Cambridge, MA: Harvard University Press, 1960); John T. Dunlop et al., *Industrialism and Industrial Man Reconsidered: Some Perspectives on a Study over Two Decades on the Problem of Labor and Management in Economic Growth* , Final Report of the Inter-University Study of Labor Problems in Economic Development (Princeton: 1975).

67 Schrum, I*nstrumental University*.

68 Jean M. Converse, *Survey Research in the United States: Roots and Emergence, 1890-1960* (Berkeley: University of California Press, 1987); Geiger, *Research and Relevant Knowledge*, 53-56.

69 Bruce Kuklick, *Blind Oracles: Intellectuals and War from Kennan to Kissinger* (Princeton: Princeton University Press, 2006), 22-36; Crowther-Heyck, "Patrons of the Revolution," 420-46; Backhouse and Fontaine, "Toward a History," 184-233.

70 Hunter Crowther-Heyck, *Herbert A. Simon: The Bounds of Reason in Modern America* (Baltimore: Johns Hopkins University Press, 2005); Kerr, *Uses of the University*, 119-20. サイモンはマーチ、ゲッコウと共に、以下の著作で戦後の組織論の代表的な考え方を論じた。James G. March and Herbart A. Simon, *Organizations* (New York: Wiley, 1958).

71 Hunter Heyck, *Age of Systems: Understanding the Development of Modern Social Sciences* (Baltimore: Johns Hopkins University Press, 2015), 81-83.

72 Crowther-Heyck, "Patrons of the Revolution," 434-38.

73 Peter F. Drucker, *Landmarks of Tomorrow* (New York: Harper Brothers, 1957), 122; Schrum, *Instrumental University*, chap. 3; Daniel Bell, T*he Coming of Post-Industrial Society: A Venture in Social Forecasting* (New York: Basic Books, 1973). プライスについては同書pp. 178-85で論じられている。

74 Bell, *Coming of Post-Industrial Society*, 14, 245-46 et passim. ベルは高等教育については以下の著作で論じているが、大学特有の役割はほとんど強調されていない。Daniel Bell, *The Reforming of General Education* (New York: Columbia University Press, 1966).

75 Jonathan R. Cole, *The Great American University: Its Rise to Preeminence, Its Indispensable National*

Role, Why It Must Be Protected (New York: Public Affairs, 2009), chap. 10.

76　ロストウは、ケネディ政権においては過度にアカデミックであるとみなされていたが、ジョンソン政権下では一定の影響力を有していた。Kuklick, *Blind Oracles*, 146-50.

77　Michael E. Latham, *Modernization as Ideology: American Social Science and "Nation Building" in the Kennedy Era* (Chapel Hill: University of North Carolina Press, 2000); Kuklick, *Blind Oracles*, 97-101; Robert H. Haveman, *Poverty Policy and Poverty Research: The Great Society and the Social Sciences* (Madison: University of Wisconsin Press, 1987).

78　Henry J. Aaron, *Politics and the Professor: The Great Society in Perspective* (Washington, DC: Brookings Institution, 1978), 159.

79　David J. Frank and John W. Meyer, "University Expansion and the Knowledge Society," *Theory and Society* 36, 4 (2007): 287-311, quote p. 287; David P. Baker, *The Schooled Society: The Educational Transformation of Global Culture* (Stanford, CA: Stanford University Press, 2014).

80　ジョン・メイヤーと彼の同僚にとって、「現代の社会における科学の権威は…現代の秩序における世俗における『聖なる天蓋』に相当するものとして、世界の秩序の現代的合理的解釈を創造し、自然および社会生活の世俗的な解釈枠組みとしての論理を提供する」ものだった。Drori et al. *Science in the Modern World Polity*, 23.

第４章
拡大と変質

1　入学者数については各年のNational Council for Education Statistics (NCES), *Digest of Education Statistics*による。これらのデータには不一致があるものの、一般的な傾向は明白だ。

2　Christopher Jencks and David Riesman, *The Academic Revolution* (Chicago: University of Chicago Press, 1968), Table V, p. 103.

3　Robert J. Havighurst, *American Higher Education in the 1960s* (Columbus: Ohio State University Press, 1960), 26-27.

4　Margaret S. Gordon, "The Changing Labor Market for College Graduates," in Gordon, ed. *Higher Education and the Labor Market* (New York: McGraw Hill, 1974), 33-45. 看護師や事務職において、女性のカレッジ卒業者は、非卒業生に比べてはるかに数が多かった。

5　Gordon, *Higher Education*, 5.

6　Douglas L. Atkins, *The Great American Degree Machine* (Berkeley, CA: Carnegie Commission on Higher Education, 1975), 165-78.

7　Ibid., 55; V. Lane Rawlins and Lloyd Ullman, "Utilization of College-Trained Manpower in the United States," in Gordon, *Higher Education*, 195-236.

8　Lester C. Thurow, "Measuring the Economic Benefits of Education," in Gordon, Higher Education, 373-418. このモデルは以下の文献で詳説されている。Thurow, *Generating Inequality: Mechanisms of Distribution in the U.S. Economy* (New York: Basic Books, 1975).

9　David P. Baker, *The Schooled Society: The Educational Transformation of Global Culture* (Stanford, CA: Stanford University Press, 2014), 139-53 et passim.

10　Simon Marginson, "Universal Higher Education in the Global Era" (paper presented at The Dynamics of High Participation Systems, Higher School of Economics, Moscow, September 26, 2013). 本稿を共有してくれたサイモン・マージンソンに大いに感謝する。

11 Martin Trow, "Problems in the Transition from Elite to Mass Higher Education," in Michael Burrage, ed., *Martin Trow: Twentieth-Century Higher Education, Elite to Mass to Universal* (Baltimore: Johns Hopkins University Press, 2010), 86-142.

12 Evan Schofer and John W. Meyer, "The Worldwide Expansion of Higher Education in the Twentieth Century," *American Sociological Review* 70 (December 2005): 898-920. これらの結論は、現代のグローバル社会を形成してきた国際的な傾向、すなわち、主には同型写像に基づいている。しかしながら、この拡大はこうした対立する特質を伴って、最初に合衆国で起こった。

13 Atkins, *Great American Degree Machine* よりガイガーが計算した。

14 Roger L. Geiger, "Demography and Curriculum: The Humanities in American Higher Educa- tion from the 1950s through the 1980s," in David Hollinger, ed., *The Humanities and the Dynamics of Inclusion since World War II* (Baltimore: Johns Hopkins University Press, 2006), 50-72; Steven Brint et al., "From the Liberal to the Practical Arts in American Colleges and Universities: Organizational Analysis and Curricular Change," *Journal of Higher Education* 76 (March-April 2005): 151-80.

15 Paul Taubman and Terence Wales, *Mental Ability and Higher Education Attainment in the 20th Century*, NBER Occasional Paper No.118, (December 1972).

16 *On Further Examination: Report of the Advisory Panel on the Scholastic Aptitude Test Score Decline* (New York: College Entrance Examination Board, 1977); Roger L. Geiger, "The Case of the Missing Students," *Change 10*, 11 (December 1978-January 1979): 64-65.

17 卒業率は通常、調査での「1-3年のカレッジ経験」というカテゴリーとカレッジ卒業者を比較して算出されるが、この方法でも1960年代の方が高いことが示唆されている。Martha J. Bailey and Susan M. Dynarski, "Inequality in Postsecondary Education," in Greg Duncan and Richard Murnane, eds. *Wither Opportunity? Rising Inequality, Schools, and Children's Life Chances* (New York: Russell Sage, 2011), 117-32. 以下のデータは1970年(1966年入学)の学年を対象とした機関調査によるものである。Alexander Astin, *College Dropouts: A National Profile*, ACE Research Reports, vol. 7, no. 1 (Washington, DC: ACE, February 1972).

18 ある試算によると、男性の6-7%が「非自発的に」進学していたものの、徴兵を避けるために在学計画を変更したり、大学院に通ったりした男性の方がはるかに多かった: Lawrence M. Baskir and William A. Strauss, *Chance and Circumstance: The Draft, the War, and the Vietnam Generation* (Ncw York: Vintage, 1978), 28-32. のちの経済学的分析は4-6%と示している: David Card and Thomas Lemieux, "Going to College to Avoid the Draft: The Unintended Legacy of the Vietnam War," *American Economic Review 91* (May 2001): 97-102.

19 Stuart Rojstaczer and Christopher Healy, "Where A Is Ordinary: The Evolution of American College and University Grading, 1940-2009," *Teachers College Record* 114, 7 (2012): 1-23; Astin, *College Dropouts*, 38; Claudia Goldin and Lawrence F. Katz, *The Race between Education and Technology* (Cambridge, MA: Harvard University Press, 2008), 271-77.

20 American Council on Education, Office of Research, *National Norms for Entering College Freshmen—Fall 1968*.「多少のカレッジ経験」を持つ父親を卒業生に加えると、新入生の5/9が

第一世代の学生だった。

21　経常運営費用としての州から公的高等教育への歳出は、1958年の11億2,900万ドルから1966年の29億2,700万ドルに増加した。合衆国の個人所得に対するこの歳出の割合は、0.4%から0.6%に増加した。Selma J. Mushkin, "A Note on State and Local Financing of Higher Education;' in *The Economics and Financing of Higher Education in the United States* (Washington, DC: GPO, 1969), 518-40.

22　ある推計によれば、アメリカ人の47%が50万以上の標準大都市圏統計地域(SMSA)に住んでおり、そこにはフルタイム換算(FTE)で在学者の30%が含まれていた(1965)。高等教育の学生の数と割合において最大なのは、10万人から25万人の人口規模のSMSAだ。Seymour E. Harris, "Financing Higher Education: An Overview," in *Economics and Financing,* 467-506.

23　合計数には、AASCUのメーリングリストに掲載されている44の非会員機関が含まれており、そこにはいくつかの技術系機関が含まれる。これらの公立校はAASCUモデルと一致しなかった。E. Alden Dunham, *Colleges of the Forgotten Americans: A Profile of State Colleges and Regional Universities* (New York: McGraw-Hill, 1969).

24　Ibid., 40-43.

25　Ibid., 94. この種の状況の多様性を考慮した、かなり大まかな一般化だ。

26　博士号は多数の小規模カレッジやプロフェッショナル・スクールから授与された。博士課程の認定基準はより厳しいものだった。AASCUの博士授与大学８校は、コロラド州立カレッジ、アクロン大学、ノーザン・イリノイ大学、サザン・ミシシッピ大学、ボウリング・グリーン大学、イースト・テキサス大学、ノース・テキサス大学、ボール州立大学だった。

27　Harold L. Hodgkinson, *Institutions in Transition* (New York: McGraw Hill, 1971), 183-95.

28　Dunham, *Colleges of the Forgotten Americans,* 51-56; Neil]. Smelser and Gabriel Almond, *Public Higher Education in California* (Berkeley: University of California Press, 1974), 9-141; Frano ise Alice Queval, "The Evolution coward Research Orientation and Capability in Comprehensive Universities: A Case Study, the California State University System," PhD diss., UCLA, 1990.

29　Warren Bemis, *The Leaning Ivory Tower* (San Francisco: Jossey-Bass, 1973); Patricia A. Maloney, "Presidential Leadership, Change, and Continuity: SUNY Buffalo from 1966 to 1981; in John B. Clark, Bruce Leslie, and Kenneth P. O'Brien, eds., *SUNY at Sixty: The Promise of the State University of New York* (Albany: State University of New York Press, 2010), 144-58; Roger L. Geiger, "Better Late Than Never: Intentions, Timing, and Results in Creating SUNY Research Universities," in ibid., 171-83.

30　Richard M. Freeland, *Academia's Golden Age: Universities in Massachusetts, 1945-1970* (New York: Oxford University Press, 1991), 317-37.

31　Ibid., 160-68.

32　クリーブランド州立大学は、*Barron's Profiles of American Colleges, 1969*において、入学者選抜で「競争力がある」と評価された。Dunham, *Colleges of Forgotten Americans,* 141-43. ミズーリはまた、都市における公立高等教育の不足に対処し、いずれも1963年にミズーリ大学の新しい分校をセントルイスに設立し、私立のカンザス・シティ大学を別の分校へと転換した。

33 *Urban Extension: A Report on Experimental Programs Assisted by the Ford Foundation* (New York: Ford Foundation, October 1966), quotes pp. 6-7.

34 Hugh Davis Grant, *The Uncertain Triumph: Federal Education Policy in the Kennedy and Johnson Years* (Chapel Hill: University of North Carolina Press, 1984), 80- 83.

35 Clark Kerr, *The Urban-Grant University: A Model for the Future* (New York: City College, 1968), 6; Carnegie Commission on Higher Education, *The Campus and the City: Maximizing Assets and Reducing Liabilities* (New York: McGraw-Hill, 1972), 14-15. カーネギー委員会は後に、10の大学に対する都市補助金として1,000万ドルの連邦投資を推奨した。Ibid., 115-18.

36 Carnegie Commission on Higher Education, *Campus and the City;* George Nash, *The University and the City: Eight Cases of Involvement* (New York: McGraw-Hill, 1973).

37 突然熱心に探し求められた黒人の学生は、すぐに機関を変化させ得ると確信した。黒人の学生は、黒人をより多く入学させ、黒人研究のコースを提供し、黒人の教員と事務職員を雇う措置を要求した。これらの要求によって生じた対立については、第５章で検討する。

38 学術的な社会科学者は、問題を変数の数が制限されているパラダイム内で解決できる課題に還元することで、研究を行う。応用社会科学の要求は、パーソナリティ、社会集団、既得権益、および地方政治を網羅するテーマに風穴を開けた。

39 例えば、James S. Coleman et al., *Equality of Educational Opportunity* (Washington, DC: National Center for Education Statistics, 1966): Henry J. Aaron, *Politics and the Professors: The Great Society in Perspective* (Washington, DC: Brookings Institution, 1978), 75-81. この時代における公共政策への最も価値のある貢献の１つは、オークランドでの不適切な連邦検証プロジェクトに関するウィルダフスキーの分析だった。Jeffrey L. Pressman and Aaron Wildavsky, *Implementation: How Great Expectations in Washington are Dashed in Oakland* (Berkeley: University of California Press, 1973).

40 Nash, *University and the City,* 94. この時代の決まり文句は「貧困は儲かる」だった。

41 *Barron's Profiles of American Colleges, 1969,* 748-52. 「競争力のある」カレッジのテストスコアの中央値は「400点台後半」から550だった。1969年の全国中央値はV463 / M493だった。

42 収入増加分が報じられた経済誌を読んだ18歳の人はほとんどいなかったが、この現象は人気のあるメディアで公表され、誇張されていた。

43 Steven Brint and Jerome Karabel, *The Diverted Dream: Community Colleges and the Promise of Educational Opportunity in America, 1900-1985* (New York: Oxford University Press, 1989), 102-16; Carnegie Commission on Higher Education, *The Open-Door Colleges* (New York: McGraw-Hil 1970); Richard Freeman, *The Overeducated American* (New York: Academic Press, 1976).

44 Ben E. Fountain and Terrence A. Tolefson, *Community Colleges in the United States: Forty-Nine State Systems* (American Association of Community and Junior Colleges, 1989); Brint and Karabel, *Diverted Dream,* 143-63; Leland L. Medsker and Dale Tillery, *Breaking the Access Barriers: A Profile of Two-Year Colleges* (New York: McGraw-Hill, 1971), 24-25.

45 Martin Trow, "The Democratization of Higher Education in America," *European Journal of Sociology,* 3, 2 (1962): 255-56, quoted in *Daniel Bell, The Coming of Post-Industrial Society* (New York: Basic

Books, 1973), 241. 1960年代には、コミュニティ・カレッジの数が約2倍になり、平均在学者数も2倍になった(1,200人から2,400人)。

46　Medsker and Tillery, *Breaking the Access Barrier*, 32-34.

47　機関に関するこうした解釈は、Kevin Doughertyによって文書化されている。彼は*The Contradictory College: Ihe Conflicting Origins, Impacts, and Futures of the Community College* (Albany: SUNY Press, 1994)の中で、機関創設における学校管理者と州政府の役割を強調している。また、Brint and Karabel, *Diverted Dream*は、職業主義を促進した機関的理由に焦点を当てている(後述)。これらの問題に関するより長期的視点については、以下を参照のこと。Steven Brint, "Few Remaining Dreams: Community Colleges Since 1945," *Annals, AAPSS* 586 (March 2003): 16-36.

48　高等教育施設法(1963)とその更新は、1960年代の高等教育機関創設ブームを促し、それに貢献したが、未だ分析されていない。

49　BA学位を取得するためにさほど高い知性が必要なわけではないが、これらの学生は、困難を乗り越え克服するための粘り強さに関連する社会的および文化的資本を欠いていた。これらの学生の親のうち3/4は、中等教育以下の学歴だった。American Council on Education, *National Norms*.

50　Dougherty, *Contradictory College*, 83-106; Brint and Karabel, *Diverted Dream*, 128-32. NCES, *Digest of Education Statistics*よりガイガーが計算した。

51　Brint and Karabel, *Diverted Dream*, 90-92. しかし、4年制ではなく2年制の機関を選択したことから、同等のテスト能力を持つ学生は、願望と動機づけが同等ではなかった可能性がある。

52　Howard B. London, *The Culture of a Community College* (New York: Praeger, 1978). この学校での社会統合は、既存の近隣の徒党内で起こり、明らかに否定的な影響を及ぼした。

53　Brint and Karabel, *Diverted Dream*, 92-134, 164-81. 職業準学士号は1980年に62.5%に達した。Dougherty, *Contradictory College*, 189-242. コミュニティ・カレッジや求人市場における職業主義の優勢については、Brint, "Few Remaining Dreams"を参照。

54　Medsker and Tillery, *Breaking the Access Barrier*, 169-70.

55　Michael Bezilla, *Penn State: An Illustrated History* (University Park: Pennsylvania State University Press, 1985), 323-37; Fountain and Tollefson, *Community Colleges*, 189-93; Dougherty, *Contradictory College*, 22-24, 175-78.

56　Martin Burrage, ed., *Martin Trow: Twentieth-Century Higher Education, Elite to Mass to Universal* (Baltimore: Johns Hopkins University Press, 2010), 511-610.

57　Marybeth Gassman and Roger L. Geiger, eds., *Higher Education for African Americans before the Civil Rights Era, 1900-1964,* Perspectives on the History of Higher Education, vol. 29 (New Brunswick, NJ: Transaction, 2012).

58　Peter Wallenstein, "Black Southerners and Nonblack Universities: The Process of Desegregating Southern Higher Education, 1935-1965," in Wallenstein, ed., *Higher Education and the Civil Rights Movement* (Gainesville: University Press of Florida, 2008), 17-59.

59　Ibid.

60 Henry H. Lesesne, *A History of the University of South Carolina, 1940-2000* (Columbia: University of South Carolina Press, 2001), 70-71.

61 Wallenstein, "Black Southerners." 原初的人種隔離撤廃の難しさと進行の遅さの例については、下記を参照のこと。John A. Hardin, *Fifty Years of Segregation: Black Higher Education in Kentucky*, 1904-1954 (Lexington: University Press of Kentucky, 1997), 85-112.

62 James T. Patterson, *Grand Expectations: The United States, 1945-1974* (New York: Oxford, 1996), 385-99.

63 Wallenstein, "Black Southerners."

64 Michael G. Wade, "Four Who Would: *Constantine v. Southwestern Louisiana Institute* (1954) and the Desegregation of Louisiana's State Colleges;' in Wallenstein, *Higher Education*, 60-91. もしこの決定が上訴されていた場合、ルイジアナはおそらく、黒人のための地域カレッジの建設を命じられていただろう。

65 この暴動に反発したバンダイバー知事が暴力を恐れたことで、ホームズとハンターの入学がジョージア州の転機となった。アトランタの公立学校はその後すぐに人種統合され、ジョージア工科大学とエモリー大学は、人種差別撤廃をやむを得ないものとして受け入れた。Thomas G. Dyer, *The University of Georgia: A Bicentennial History, I785-I985* (Athens: University of Georgia Press, 1985), 303-34.

66 David G. Sansing, *Making Haste Slowly: The Troubled History of Higher Education in Mississippi* (Jackson: University Press of Mississippi, 1990), 156-95.

67 Robert C. McMath, Jr., et al., Engineering *the New South: Georgia Tech, 1885-1985* (Athens: University of Georgia Press, 1985), 311-19; Lesesne, *History of the University of South Carolina*, 138-50, quote p. 149.

68 それほど多くなかったため、これは難しくなかった。1967年時点で、かつて白人向けだった州立のカレッジや大学における黒人学生の人数は、ミシシッピで181人、サウスカロライナで222人、アラバマで435人、ジョージアで550人だった。Frank Bowles and Frank A. DeCosta, *Between Two Worlds: A Profile of Negro Higher Education* (New York: McGraw-Hill, 1971), 76.

69 これはメリッサ・キーンによる決定的な研究の中心テーマだった。*Desegregating Private Higher Education in the South: Duke, Emory, Rice, Tulane, and Vanderbilt* (Baton Rouge: Louisiana State University Press, 2008), 15-24.

70 Ibid., quote p. 112.

71 Bowles and DeCosta, *Between Two Worlds*, 61-83. これらの不確実な推計に基づくと、黒人の学士課程学生の入学者数は、1954年から1967年の間、全米の入学者数の4.5%から3.9%へと低下し、相対的にHBCUsが減少していた。クリストファー・ジェンクスとデイビッド・リースマンは、1960年代のさまざまな年について、4-5%の範囲で、より高い見積もりを報告している。

72 Richard M. Breaux, "Nooses, Sheets, and Blackface: White Racial Anxiety and Black Student Protest at Six Midwest Flagship Universities, 1882-1937," *Perspectives on the History of Higher Education* 29 (2012): 43-74; Clifford S. Griffin, *The University of Kansas: A History* (Lawrence: University Press of

Kansas, 1976), 626-32. これは公平な機関史といえる。

73　最近の報告では、1960年以降も差別が依然として蔓延しており、インディアナとイリノイでの黒人の体験に深刻な不利益を及ぼしたということが、漠然とした年表と文書で主張されている。Mary Ann Wynkoop, *Dissent in the Heartland: The Sixties at Indiana University* (Bloomingron: Indiana University Press, 2002); Joy Ann Williamson, *Black Power on Campus: The University of Illinois, 1965-75* (Urbana: University of lllinois Press, 2003). どちらの研究も、その後の対立に焦点を当てている。

74　Howard H. Peckham, *The Making of the University of Michigan, 1817-1992*, edited and updated by Margaret L. Steneck and Nicholas H. Steneck (Ann Arbor, Ml: Bentley Historical Library, 1994), 278-79; Richard P. McCormick, *The Black Student Protest Movement at Rutgers* (New Brunswick, NJ: Rutgers University Press, 1990); *Williamson, Black Power*, 17, 65.

75　1968年、イリノイの特別プログラムは、約6,000人の新入生の学年において、黒人学生の入学を200人から400人へと増やすことを目的としていた。Williamson, *Black Power*, 64.

76　Linda M. Perkins, "The First Black Talent Identification Program: The National Scholarship and Service Fund for Negro Students, 1947-1968," *Perspectives on the History of Higher Education* 29 (2012): 173-97. HBCUsと合同黒人カレッジ基金(UNCF)は、NSSFNSを学生や財団のフィランソロピーをめぐる競合相手とみなしたが、NSSFNSは実際にはその支援をほとんど受けていなかった。NSSFNSは1968年までこの任務を継続した。

77　Geoffrey Mark Kabaservice, "Kingman Brewster and the Rise and Fall of the Progressive Establishment," PhD diss., Yale University, 1999, 353-65. プロボストのブリュースターは、病気で苦しんでいたホイットニー・グリスウォルドの死後、1964年に学長となった。入試部長のアーサー・ホー・Jr. (1957-1964)は、イェールの入学基準を満たす黒人候補者を積極的に発見する戦略を採用した。

78　Jerome Karabel, *The Chosen: The Hidden History of Admission and Exclusion at Harvard, Yale, and Princeton* (Boston: Houghton Mifflin, 2003), 378-81; Elizabeth A. Duffy and Idana Goldberg, *Crafting a Class: College Admissions and Financial Aid, 1955-1994* (Princeton: Princeton University Press, 1998), 76-84, 137-40.

79　Glenn C. Altschuler and Isaac Kramnick, *Cornell: A History, 1940-2015* (Ithaca, NY: Cornell University Press, 2014), 155-59.

80　Duffy and Goldberg, *Crafting a Class*, 142-5; Karabel, *Chosen*, 380-85; Altschuler and Kramnick, Cornell, 156- 58; Joseph A. Soares, *The Power of Privilege: Yale and America's Elite Colleges* (Stanford, CA: Stanford University Press, 2007).

81　学士課程学生数の推計は、下記を参照のこと。Bowles and DeCosta, *Between Two Worlds*, 83-103.

82　Andrew M. Greeley, *From Backwater to Mainstream: A Profile of Catholic Higher Education* (New York: McGraw-Hill, 1969), 120-27; Jencks and Riesman, *Academic Revolution*, 356-75; Freelandの*Academia's Golden Age*はマサチューセッツの数大学における状況を示している。

83　Oliver Fulton and Martin Trow, "Research Activity in American Higher Education," in Martin Trow, ed., *Teachers and Students: Aspects of American Higher Education* (New York: McGraw-Hill,

1975), 39-83.

84　Jencks and Riesman, *Academic Revolution*, 532; Clark Kerr, *The Uses of the University* (Cambridge, MA: Harvard University Press, 1963), 65.

85　Frank Aydelotte, *Breaking the Academic Lockstep: The Development of Honors Work in American Colleges and Universities* (New York: Harper & Brothers, 1944); Frances Blanshard, *Frank Aydelotte of Swarthmore* (Middletown, CT: Wesleyan University Press, 1970).

86　以下を参考にした。Julianna K. Chaszar, "The Reinvention of Honors Programs in Ameri- can Higher Education, 1955-1965," *Perspectives on the History of Higher Education* 32 (2017): 79-115.

87　Ibid., quote p. 84; Paul L. Dressel, *College to University: The Hannah Years at Michigan State, 1935-1969* (Ease Lansing: Michigan State University, 1987), 139-46.

88　Duffy and Goldberg, *Crafting a Class: Barron's Profiles of American Colleges, 1968* (Woodbury, NY: Barron's, 1968), 748-49.

89　Sally F. Griffith, *Liberalizing the Mind: Two Centuries of Liberal Education at Franklin & Marshall College* (University Park: Pennsylvania State University Press, 2010), 159-94.

90　David B. Potts, *Wesleyan University, 1910-1970: Academic Ambition and Middle-Class America* (Middletown, CT: Wesleyan University Press, 2015), 328. 以下、この模範的な歴史を参考にした。

91　ポッツは、戦後、収入を得ようと必死になっていたカレッジが営利企業に投資し、その後、国税庁と揉めたというユニークなエピソードを紹介している。ウェズリアン大学は*My Weekly Reader*を買収し、同社はその後成長した。1965年、この会社はゼロックスに40万株で売却されたが、この株式も高く評価され、大学は「金持ち」になった——少なくとも1970年代までは。Ibid., 302-10, 391-92.

92　Ibid., 366-415.

93　Daniel Bell, *The Reforming of General Education: The Columbia College Experience in Its National Setting* (New York: Columbia University Press, 1966), 183-208, 282, et passim; John W. Boyer, *The University of Chicago: A History* (Chicago: University of Chicago Press, 2014), 365-68.

94　Gilbert Allardyce, "The Rise and Fall of the Western Civilization Course," *American Historical Review* 87, 3 (June 1982): 695-725.

95　Jerry G. Gaff, *The Cluster College* (San Francisco: Jossey-Bass, 1970), 35-37.

96　これらのたとえに見られる誤解については、以下を参照のこと。Alex Duke, *Importing Oxbridge: English Residential Colleges and American Universities* (New Haven, CT: Yale University Press, 1996); Gaff, *Cluster Colleges*, 105-36.

97　Dressel, *College to University*, 149-66. ミシガン州立大学は1967年にさらに２つの全寮制カレッジを創設した。

98　Clark Kerr, *The Gold and the Blue: A Personal Memoir of the University of California, 1949-1907; Volume One, Academic Triumphs* (Berkeley: University of California Press, 2001), quotes pp. 280-81.

99　Gaff, *Cluster Colleges*, 16-17.

100　複数カレッジ制の学生に関するいくつかの調査から得られたデータがGaff, *Cluster Colleges*に示されている。

101　Ibid., xiii.

102　Kerr, *Gold and the Blue: Volume One, Academic Triumphs*, 298.

第3部　白紙化と新たな時代、1965-1980

第5章
白紙化、1965-1970

1　James T. Patterson, *The Eve of Destruction: How 1965 Transformed America* (New York: Basic Books, 2012).

2　John Searle, *The Campus War: A Sympathetic Look at the University in Agony* (Harmondsworth, UK: Penguin Books, 1972), 145-47.

3　Matthew Levin, *Cold War University: Madison and the New Left in the Sixties* (Madison: University of Wisconsin Press, 2013), 88-95.

4　Tom Hayden, *Reunion: A Memoir* (New York: Random House, 1988), 25-72: Kirkpatrick Sale, *SDS* (New York: Vintage, 1973), 28-41; James Miller, *Democracy Is in the Streets: From Port Huron to the Siege of Chicago* (New York: Simon & Schuster, 1987).

5　*PHS*は何度も再販されている。著者は、かつてのヘイデンのウェブサイトからダウンロードしたコピーを使用しており、頁数はこのコピーの版のものである。Howard Brick and Gregory Parker, eds, *The New Insurgency: The Port Huron Statement and Its Times* (Ann Arbor, MI: Maize Books, 2012) は、現代左派における*PHS*の象徴的地位を記念したものであり、ヘイデンのメモを転載している(pp. 24-46)。

6　*Port Huron Statement*, 3, 4.

7　Tom Hayden, "RE: Manifesto," in Brick and Parker, *New Insurgency*, 42.

8　*Port Huron Statement*, 8.

9　Ibid., 29, 5. 39.

10　Ibid., 28.

11　Joy Ann Williamson, "'Quacks, Quirks, Agitators, and Communists': Private Black Colleges and the Limits of Institutional Autonomy," *History of Higher Education Annual* 23 (2004): 49-81.

12　FSMを理解する上で特に価値がある文献は、以下のものが挙げられる。Clark Kerr, *The Gold and the Blue: A Personal Memoir of the University of California, 1949-1967; Volume Two, Political Turmoil* (Berkeley: University of California Press, 2003); Robert Cohen, *Freedom's Orator: Mario Savio and the Radical Legacy of the 1960s* (Oxford: Oxford University Press, 2009); Mark Kitchell, *Berkeley in the Sixties* (San Francisco: California Newsreel, 1990). Robert Cohen and Reginald E. Zelnik, eds., *The Free Speech Movement: Reflections on Berkeley in the 1960s* (Berkeley: University of California Press, 2002) には様々な観点が示されている。

13　カーは世界の産業発展について、以下において包括的な理論を提示した。Clark Kerr et al., *Industrialism and Industrial Man* (New York: Oxford University Press, 1960); Paddy Riley. "Clark Kerr: From the Industrial to the Knowledge Economy," in Nelson Lichtenstein, ed., *American Capitalism: Social Thought and Political Economy in the Twentieth Century* (Philadelphia: University of Pennsylvania Press, 2006), 72-87.

14 Hal Draper, *The Mind of Clark Kerr: His View of the University Factory and the New Slavery* (Berkeley, CA: Independent Socialist Club, October 1964); Cohen, *Freedom's Orator.*

15 Todd Gitlin, *The Sixties: Years of Hope, Days of Rage* (New York: Bantam Books, 1993 [1987]), 177-88.

16 例えば、「共謀」は、「コーポレート・リベラリズム」や「体制」に加わり、ニューレフトのキャッチフレーズの中でも、内容を説明する必要のない、あらゆる状況に対応する非難の言葉となった。

17 Gitlin, *Sixties,* 186.

18 David Steigerwald, *The Sixties and the End of Modern America* (New York: St. Martin's, 1995), 187-215.

19 Stokely Carmichael and Charles V. Hamilton, *Black Power: The Politics of Liberation in America* (New York: Vintage Books, 1967); Clayborne Carson, *In Struggle: SNCC and the Black Awakening of the 1960s* (Cambridge, MA: Harvard University Press, 1981).

20 この言葉が一般的に使われるようになったのは、セオドア・ローザックがこの現象を合理化するために採用した考え方を説明したことによる。*The Making of a Counter Culture: Reflections on the Technocratic Society and Its Youthful Opposition* (New York: Doubleday, 1969; first published in the Nation, March-April 1968). この現象は、その頃までにはすっかり定着し、商業化されてさえいた。例えば、1967年1月に行われた「ヒューマン・ビーイン」は、ベイ・エリアのカウンター・カルチャーの最高潮に達した。以下を参照。Peter Braunstein and Michael William Doyle, *Image Nation: The American Counterculture of the 1960s and 1970s* (New York: Routledge, 2002), 5-14.

21 カウンター・カルチャーとニューレフトの関連についてはGitlin, *Sixties,* 195-221で説明されている。

22 Sales, *SDS,* 295-96.

23 Ibid., 336. フランツ・ファノンやヘルベルト・マルクーゼなどから引き出された、暴力あるいは「抵抗」を受け入れるための理論的な合理化については、Steigerwald, *Sixties,* 137-40に描かれている。

24 Sales, *SDS,* 271, 351-55.

25 Ibid., 369-83; Tom Bates, *Rads: The 1970 Bombing of the Army Math Center at the University of Wisconsin and Its Aftermath* (New York: Harper Collins, 1992), 81-92. あらゆる対立について、同様の記述が警察の残虐さと警察に対する学生の暴力を裏づけている。学生の「ストライキ」は部分的に称えられたにすぎなかった。

26 Kitchell, *Berkeley in the Sixties.*

27 1968年という時代の最も悪評の高い対立は、シカゴの民主党大会での抗議だった。1968年秋学期の前に起こった同抗議では、SDSの抵抗という教義が称賛された。民主党全国大会に抗議するという、シカゴでの1968年の暴動の後、SDSには少なくとも100拠点の新しい支部と多くの新しいメンバーが加わった。

28 さまざまなキャンパスでの行動に対する意識は、多くの秘密出版物を通じて広まった。そこにはSDSの*New Left Notes*や「旅行者(トラベラーズ)」が含まれ、キャンパス間を行き交った。

29　簡潔で公平な記述についてはRobert A. McCaughey, *Stand Columbia: A History of Columbia University in the City of New York, 1754-2004* (New York: Columbia University Press, 2004), 423-89を参照。公式の記述は*Crisis at Columbia: Report of the Fact-Finding Commission Appointed to Investigate the Disturbances at Columbia University in April and May 1968* (New York: Random House, 1968)を参照。

30　Sale, *SDS,* 430.

31　McCaughey, *Stand Columbia,* 485. 自身の回想録においてマーク・ラッドは、当時自己（エゴ）中心的な振る舞い（トリップ）と呼ばれていたものと同様、政治問題を真剣に検討することを忘れているようで、主に行動することに関心を持っていた。*Underground: My Life with SDS and the Weathermen* (New York: Harper-Collins, 2009).

32　McCaughey, *Stand Columbia,* 528-31.

33　Kenneth J. Heineman, *Campus Wars: The Peace Movement at American State Universities in the Vietnam Era* (New York: New York University Press, 1993); Warren Bennis, *The Leaning Ivory Tower* (San Francisco: Jossey-Bass, 1973), 126.

34　SUNYバッファローの独特のカレッジのシステムは、Arthur Levine, *Why Innovation Fails* (Albany: SUNY Press, 1980)で分析されている。

35　Patricia A. Malony, "Presidential Leadership, Change, and Community: SUNY Buffalo from 1966 to 1981," in John B. Clark, W. Bruce Leslie, and Kenneth P. O'Brien, eds., *SUNY at Sixty: The Promise of the State University of New York* (Albany: SUNY Press, 2010), 144-58; Roger L. Geiger, "Better Late Than Never: Intentions, Timing, and Results in Creating SUNY Research Universities," in Clark et al., *SUNY at Sixty,* 171-83.

36　Fabio Rojas, *From Black Power to Black Studies* (Baltimore: Johns Hopkins University Press, 2003), 45-92; Algo D. Henderson, "San Francisco State College: A Tale of Mismanagement and Disruption," in David Riesman and Verne Stadtman, *eds., Academic Transformation* (New York: McGraw-Hill, 1973), 287-302; Alden Dunham, *Colleges of the Forgotten Americans* (New York: McGraw-Hill, 1969), 147-50.

37　教授陣のストライキには、組織化してストライキを行う権利を求めた一部のAFTのメンバーが関与していた。ストライキと暴力には、多数の非学生が含まれていた。Henderson, "San Francisco State."

38　Donald Alexander Downs, *Cornell' 69: Liberalism and the Crisis of the American University* (Ithaca, NY: Cornell University Press, 1999)はリベラリズムの失敗に関する模範的研究である。Glenn C. Altschuler and Isaac Kramnick, *Cornell: A History, 1940-2015* (Ithaca, NY: Cornell University Press, 2014), 155-90.

39　Downs, *Cornell '69,* 273. 約20年後、アラン・ブルームはコーネルの69年に対する嫌悪を描写している。*The Closing of the American Mind: How Higher Education Has Failed Democracy and Impoverished the Souls of Today's Students* (New York: Simon & Schuster, 1987), 313-55. 第７章を参照。

40　Altschuler and Kramnick, *Cornell,* 192-203.

41　Downs, *Cornell '69,* 65.

42　1967年初頭、SDSは、戦争に関する議論に結論が出ないことからアーサー・ゴールドバーグ国連大使に失望し、「政治的有効性」を前進させない場合の「単なる正当性または合理性」を拒否した。Morton Keller and Phyllis Keller, *Making Harvard Modern: The Rise of America's University* (New York: Oxford University Press, 2001), 308.

43 Roger L. Geiger, *Research and Relevant Knowledge: American Research Universities since World War II* (New York: Oxford University Press, 1993), 254-56.

44 Kitchell, *Berkeley in the Sixties*; W. J. Rorabaugh, *Berkeley at War: The 1960s* (New York: Oxford University Press, 1989).

45 ニクソンは戦争を終わらせることを約束し、軍事的圧力を強めながら1969年に効果のない和平交渉を開始した。カンボジア侵攻はこの腹黒い政策と一致していたが、戦争の激化と、これによる平和への取り組みの裏切りとして解釈された。

46 *Report of the President's Commission on Campus Unrest* (Washington, DC: GPO, 1970).

47 Heineman, *Campus Wars,* 257-66: 反戦抗議は1972年まで続いた。しばしば市民的不服従が用いられたが、1968年時代の過激派によって提唱された暴力は概して回避された。

48 Gitlin, *Sixties,* 409.

49 シンパたちは、連邦政府、特に工作員を含むFBIのコインテルプロが主導して抑圧された学生運動の終焉、およびその特別な目的へと女性たちを向けさせたウーマン・リブの断片的な効果を非難した。Caroline Rolland-Diamond, *Chicago: le moment 68: Territoires de la contestation étudiantes et repression politique* (Paris: Éditions Syllepse, 2011), 331-36; Seth Rosenfeld , *Subversives: The FBI's War on Student Radicals, and Reagan's Rise to Power* (New York: Farrar, Straus, and Giroux, 2012)は、バークレーにおけるコインテルプロを狡猾だが効果のないものと描出している(pp. 414-15)。

50 E.g., Joy Ann Williamson, *Black Power on Campus: The University of Illinois, 1965-1975* (Urbana: University of Illinois Press, 2003). 採用された手段よりも結果の点でこれらの対立を称賛する著述家もいる。Martha Biondi, *The Black Revolution on Campus* (Berkeley: University of California Press, 2012); Ian Wilhelm, "Ripples from a Protest Past: In 1969, an Armed Occupation by Black Students Roiled Cornell's Campus. Here's Why It Still Matters Today," *Chronicle of Higher Education* (April 17, 2016) .

51 Altschuler and Kramnick, *Cornell,* 290-96.

52 数百人のスタッフを擁する、キャンパス不安に関する大統領委員会は、1970年9月までに同時期の出来事と問題の概要をまとめた。*The Report of the President's Commission on Campus Unrest* (Washington, DC: GPO, 1970).

53 Lewis B. Mayhew, *Legacy of the Seventies: Experiment, Economy, Equality, and Expediency in American Higher Education* (San Francisco: Jossey Bass, 1977), 2; Geiger, *Research and Relevant Knowledge,* 252- 54.

54 Clark Kerr, "Changing Loci of Power— Governance and Functions [1970]," in Kerr, *The Great Transformation of Higher Education, 1960-1980* (Albany: SUNY Press, 1991), 207-16.

55 Joseph W. Garbarino, *Faculty Bargaining: Change and Conflict* (New York: McGraw-Hill, 1975), 3-9; Robert O. Berdahl, *Statewide Coordination of Higher Education* (Washington, DC: ACE, 1971).

56 Kerr, "Changing Loci," 212-13; Searle, *Campus War,* 93-102.

57　Kerr, "Changing Loci," 210.

58　Martin Trow, ed., *Teachers and Students: Aspects of American Higher Education* (New York: McGraw-Hill, 1975), 18-29; Jeffrey Turner, "From the Sit-ins to Vietnam: The Evolution of Student Activism on Southern College Campuses, 1960-1970," *History of Higher Education Annual* 21 (2001): 103-36.

59　Searle, *Campus War*, 72-7; Gitlin, *Sixties*, 409.

60　Marshall W. Meyer, "After the Bust: Student Politics at Harvard, 1969-1972," in Riesman and Stadtman, *Academic Transformation*, 127-53; Seymour Martin Lipset and David Riesman, *Education and Politics at Harvard* (New York: McGraw-Hill, 1975), 252-56. 1970年代後半になると、学生たちはかなり穏健になった。Arthur Levine, *When Dreams and Heroes Died* (San Francisco: Jossey-Bass, 1980).

61　Philip G. Altbach and Robert Cohen, "American Student Activism: The Post-Sixties Transformation," *Journal of Higher Education* 61, 1 (1990): 32-49; Levine, *When Dreams and Heroes Died*, 39-54.

62　Geiger, *Research and Relevant Knowledge*, 254-56.

63　E.g., Richard Hofstadter, "Columbia University Commencement Address, 1968," in Wilson Smith and Thomas Bender, eds., *American Higher Education Transformed, 1940-2005: Documenting the National Discourse* (Baltimore: Johns Hopkins University Press, 2008), 383-86.

64　Everett Carll Ladd, Jr., and Seymour Martin Lipset, *Academics, Politics, and the 1972 Election* (Washington, DC: American Enterprise Institute, 1973).

65　Ira Katznelson, "From the Street to the Lecture Halls: The 1960s," in Thomas Bender and Carl E. Schorske, eds., *American Academic Culture in Transformation: Fifty Years, Four Disciplines* (Princeton: Princeton University Press, 1997), 331-52, quote p. 342.

66　Peter Novick, *That Noble Dream: The "Objectivity Question" and the American Historical Profession* (New York: Cambridge University Press, 1988), 417-38. 1969年のMLAにおける世代間の衝突については、次を参照のこと。Margery Sabin, "Evolution and Revolution: Change in the Literary Humanities, 1968-1995," in Alvin Kernan, ed., *What's Happened to the Humanities?* (Princeton: Princeton University Press, 1997), 84-103.

67　Searle, *Campus War*, 116-41. 1972年のマクガバンへの投票対、1968年のハンフリーへの投票から判断すると、年配の教員や人文・社会科学系以外の教員はリベラル派でなくなっていたが、それ以外は変わらずリベラル派だった。Ladd and Lipset, *Academics*, 78.

68　フランクリンは短期間、毛沢東主義運動に参加し、*The Essential Stalin* (1972)を編集した。その後、ウェズリアンとイェールで一時的に教鞭をとりに戻り、ラトガーズ・ニューアーク校で終身雇用となった(1975)。その後、アメリカ研究への貢献により、左派学界で広く賞賛されるようになり、毛沢東主義者ではなくなったものの、この分野で一般的だったように、常に合衆国に批判的だった。

69　代わりに彼は、それら教授陣を「無知で自己欺瞞に満ちた寄生虫」と呼んだ。William M. Chace, *100 Semesters* (Princeton: Princeton University Press, 2006), 143-52.

70　Ibid., 143-52; Donald Kennedy, *Academic Duty* (Cambridge, MA: Harvard University Press, 1997),

131-34. フランクリンの見解はSmith and Bender, *American Higher Education Transformed*, 362-69に転載されている。解任に反対票を投じた諮問委員会のドナルド・ケネディ委員長が次期学長に任命された。スタンフォードにおける学問の自由は、「教員の懲戒に関する新しい声明」(1972)によって定義された。

71 SUNYバッファローでの、急進的カレッジに対する管理統制を行使するプロセスについては、次を参照。Levine, *Why Innovation Fails*, 85-151.

72 Garbarino, *Faculty Bargaining*, 52-54; Everett Carll Ladd, Jr., and Seymour Martin Lipset, *Professors, Unions, and American Higher Education* (Berkeley, CA: Carnegie Commission on Higher Education, 1973).

73 NEAはK-12教育において中心を占め、その結果コミュニティ・カレッジに支持された。AFTは労働組合主義と結びつき、より戦闘的だと考えられていたため、敬遠されるか、受け入れられるかの2択の傾向にあった。AAUPは、伝統的に学問的職業の価値を擁護してきた。Philo A. Hutcheson, *A Professional Professoriate: Unionization, Bureaucratization, and the AAUP* (Nashville, TN: Vanderbilt University Press, 2000).

74 Ladd and Lipset, *Professors*, 49.

75 Ibid., 50-54.

76 全国労働関係法(1970)はほとんどの私立学校を対象とし、組合結成を許可したが、そうすることを選択した学校はほとんどなかった。組合は、通常AAUPで承認されるのとほぼ同じ頻度で否決された。セント・ジョーンズ大学では、教授陣と管理職との間の激しい争いが組合結成のきっかけとなった。Garbarino, *Faculty Bargaining*, 57-60, 87, 103.

77 Ladd and Lipset, *Professors; Garbarino, Faculty Bargaining*, 87 et passim.

78 Frank Newman et al., *Report on Higher Education, March, 1971* (Washington, DC: GPO, 1971); Frank Newman et al., *The Second Newman Report: National Policy and Higher Education* (Cambridge, MA: MIT Press, 1973), 2; Martin Meyerson et al., "A First Report of the Assembly on University Goals and Governance," *Chronicle of Higher Education* (January 18, 1971), は以下として再版された。"The Assembly on University Goals and Governance," *American Higher Education: Toward an Uncertain Future, volume II: Daedalus* 104, 1 (Winter 1975): 322-46.

79 Newman, *Report on Higher Education*, 4-19; "The Assembly on University Goals and Governance," 327-30, 332-33.

80 Newman, *Report on Higher Education*, 33-43, 76-78, 82-86; "The Assembly on University Goals and Governance," 331, 337-38.

81 研究プロジェクトの概要は次に要約されている。*Sponsored Research of the Carnegie Commission on Higher Education* (New York: McGraw-Hill, 1975), quote p. 3. 政策報告書は、以下に収録されている。*A Digest of Reports of the Carnegie Commission on Higher Education: With an Index of Recommendations and Suggested Assignments of Responsibility for Action* (New York: McGraw-Hill, 1974).

82 第8章を参照。

83 *Sponsored Research*, 72, 86-87, 91. 審議会は、健康管理における研修と研究の拡大・強化を強く主張した。

84　概要については、以下を参照のこと。Mayhew, *Legacy of the Seventies.*

第6章
70年代を生き延びる

1　James T. Patterson, *Grand Expectations: The United States, 1945-1971* (New York: Oxford University Press, 1996), 718-29.
2　本書第8章を参照。
3　Lawrence E. Gladieux and Thomas R. Wolanin, *Congress and the Colleges: The National Politics of Higher Education* (Lexington, MA: Lexington Books, 1976), 11-13.
4　K. Patricia Cross, *Beyond the Open Door* (San Francisco: Jossey-Bass, 1971), 10-11.
5　低所得のハイスクール卒業者の間では高等教育への需要が満たされていない、などということを示唆する社会学的証拠は、ほとんどない。調査では、不就学者の15-30%が経済的な制約があると回答しているが、低所得者はそれに加えて無数の障害に直面していた。すなわち、最下位1/4の生徒の60%は、能力的には最下位2分の1の生徒だった。次を参照。Robert H. Berls, "Higher Education Opportunity and Achievement in the United States," in *Economics and Financing of Higher Education in the United States* (Joint Economic Committee, 91st Congress: GPO, 1969), 145-206.
6　Cross, *Beyond the Open Door*, 114-30.
7　Samuel Walker, *The Rights Revolution: Rights and Community in Modern America* (New York: Oxford University Press, 1998); Patterson, *Grand Expectations*, 568, 638; Gladieux and Wolanin, *Congress*, 92.
8　National Commission on the Financing of Postsecondary Education, *Financing Postsecondary Education in the United States* (Washington, DC: GPO, 1973), 415-19; Earl F. Cheit, *The New Depression in Higher Education: A Study of Financial Conditions at 41 Colleges and Universities* (New York: McGraw Hill, 1971).
9　チェイトが2年後に行った追跡調査では、機関は適応していることが分かった。「叱咤激励も、反抗も、はたまた新しい外部の世界も、カレッジ・大学を変えさせることはできないという主張の妥当性がどうであれ、資金不足によってそれらを変えさせることができる、ということは明白だ」。Earl F. Cheit, *The New Depression in Higher Education—Two Years Later* (Berkeley, CA: Carnegie Commission on Higher Education, 1973), 15. 1973年のオイルショックと、その結果起きた不況は、さらに厳しい状況をすぐにもたらした。
10　立法過程については、次の文献で詳述されている。Gladieux and Wolanin, *Congress.*
11　John D. Skrentny, *The Minority Rights Revolution* (Cambridge, MA: Harvard University Press, 2002), 230-49.
12　Roger L. Geiger, *Research and Relevant Knowledge: American Research Universities Since World War II* (New York: Oxford University Press, 1993), 260; Walter C. Hobbs, ed., *Government Regulation of Higher Education* (Cambridge: Ballinger, 1978), quote p. 29.
13　様々な研究が、規制コストを機関予算の1-8%だと見積もっている。Hugh Davis Graham and Nancy Diamond, *The Rise of American Research Universities: Elites and Challengers in the Post-*

war Era (Baltimore: Johns Hopkins University Press, 1997), 96-99.

14 *Skrentny, Minority Rights Revolution,* 247-49. この改正は、虐待防止条項をめぐって激しい論争を引き起こし、両者とも煮えきらず、他の問題にも影を落とすことになった。

15 Geiger, *Research and Relevant Knowledge*, 257-60; Graham and Diamond, *Rise of American Research Universities*, 98.

16 Skrentny, *Minority Rights Revolution.* タイトルIXは基本的に、公民権法のタイトルVIにある差別禁止を、教育において女性にも拡大したものだ。

17 John D. Skrentny, *The Ironies of Affirmative Action: Politics, Culture, and Justice in America* (Chicago: University of Chicago Press, 1996), 133-39.

18 *Higher Education Guidelines, Executive Order 11246* (HEW, October 1972), quoted in Carnegie Council, *Making Affirmative Action Work in Higher Education* (San Francisco: Jossey-Bass, 1975), 115-17; Department of Labor "Revised Order No. 4" (December 4, 1971) は、より厳格だった。ibid., 97-100, 115-29.

19 バーニス・サンドラーは、ワシントンのインサイダーとして、また大学における女性組織の推進者として、目覚ましい活躍を見せた。彼女は女性の権利の支持者として長いキャリアを持ち、ニューヨーク・タイムズ紙から「タイトルIXの後見人」と呼ばれたが、WEALが有効に働いたのは、行政命令とアファーマティブ・アクションを利用したことによる。Bernice Sandler, "A Little Help from Our Government: WEAL and Contract Compliance," in Alice S. Rossi and Ann Calderwood, eds., *Academic Women on the Move* (New York: Russell Sage Foundation, 1973), 439-62.

20 Ibid.; Skrentny, *Minority Rights Revolution*, 132-41: Revised Order No. 4 (n. 13)は、女性にもマイノリティと同じアファーマティブ・アクションの地位を与えた。Howard H. Peckham, *The Making of the University of Michigan, 1817-1992*, edited and updated by Margaret L. Steneck and Nicholas H. Steneck (Ann Arbor, University of Michigan, 1994), 310-12.

21 Carnegie Council, *Making Affirmative Action Work*, 56-62; Nathan Glazer, "Regulating Business and Regulating Universities: One Problem or Two?," in Paul Seabury, ed., *Bureaucrats and Brainpower: Government Regulation of Universities* (San Francisco: Institute for Contemporary Studies, 1979), 113-40. もちろん、フィラデルフィアの建築業に対する規制も「敵対的」なものだった。

22 Geiger, *Research and Relevant Knowledge*, 258-60; Caspar W. Weinberger, "Regulating the Universities," in Seabury, *Bureaucrats*, 47-70; Carnegie Council, *Making Affirmative Action Work,* 61-69.

23 バークレーでは、75領域中31領域において女性のための目標が設定され、1領域が黒人、2領域がアジア人の目標を定めたが、チカーノやネイティブ・アメリカンのための目標を設定した領域はなかった。Carnegie Council, *Making Affirmative Action Work,* 137-42, 209-13; Weinberger, "Regulating Universities."

24 Carnegie Council, *Making Affirmative Action Work*, 196-97. 大学・カレッジの5つのカテゴリーのうち上位3つに基づくもの。1971年から1973年にかけての博士号取得者は、男性が5万6,661人だったのに対し、女性は1万1,479人だった。

25 1970年、アダムズ対リチャードソンの判決は、19の州に対し、高等教育の長期的な人種隔離撤廃計画を策定するよう命じた。その主な目的は、HBCUの保護と質的向上だった。

26　National Council for Education Statistics (NCES), *Digest of Education Statistics: 2016* (Washington, DC: US Department of Education, 2018). 黒人学生の22%がHBCUに入学した(1976)。これは、1967年にいた26万7,000人の黒人学生のうち、45%がHBCUに在籍していたのに並ぶ数字だ(第4章を参照)。

27　Skrentny, *Minority Rights Revolution*, 173-78.「不利な立場に置かれている」とはどういう状態なのか、デービスも他のどこにおいても全く定義されていない。

28　Hugh Davis Graham, *The Civil Rights Era: Origins and Development of a National Policy* (New York: Oxford University Press, 1990), 456; Skrentny, *Minority Rights Revolution*, 2.

29　スクレントニーが強調しているのは、「アファーマティブ・アクションに対する組織的な支持と反対は、どちらもほとんどなかった」こと、そして世論の方は一貫して「むしろ強固に反対していた」ことだ。アファーマティブ・アクションを打ち立てたのは行政府で、その目的は公民権法が高めた期待に応えることだった。*Ironies of Affirmative Action*, 2-6.

30　Saul D. Feldman, *Escape from the Doll's House: Women in Graduate and Professional Education* (New York: McGraw-Hill, 1974), 1-20; Christopher Jencks and David Riesman, *The Academic Revolution* (Chicago: University of Chicago Press, 1968), 298-99.

31　Todd Gitlin, *The Sixties: Years of Hope, Days of Rage* (New York: Bantam Books, 1993 [1987]), 362-76; Alice Echols, *Daring to Be Bad: Radical Feminism in America, 1967-1975* (Minneapolis: University of Minnesota Press, 1989).

32　Ruth Rosen, *The World Split Open: How the Modern Women's Movement Changed the World* (New York: Viking, 2000), 196-201. ローゼンは「多幸感」「陶酔感」という表現を用いている。これらは「宗教的・知的な回心の経験」に匹敵するとされる(199)。

33　人文学と社会科学領域では、第一世代のフェミニストが結婚・出産を経てPhDを取得していた。科学領域では、十分な資格を持った女性が広範な差別を受けていた。Margaret W. Rossiter, *Women Scientists in America: Before Affirmative Action, 1940-1972* (Baltimore: Johns Hopkins University Press, 1995).

34　Florence Howe, *A Life in Motion* (New York: Feminist Press, 2011), 246.

35　Kate Millett, *Sexual Politics* (Garden City, NY: Doubleday, 1970), 23; Rosen, *World Split Open*, 296-302.

36　Lora H. Robinson, "Institutional Variation in the Status of Academic Women," in Rossi and Calderwood, *Academic Women on the Move*, 199-238; Kay Klotzburger, "Political Action by Academic Women," in ibid., 359-91.

37　Carnegie Commission on Higher Education, *Opportunities for Women in Higher Education: Their Current Participation, Prospects for the Future, and Recommendations for Action* (New York: McGraw Hill, 1973).

38　Howe, *Life in Motion*, 254-59.

39　Florence Howe, *Seven Years Later: Women's Studies Programs in 1976*, Report of the National Advisory Council on Women's Educational Programs (Washington, DC: National Advisory Council on Women's Educational Programs, June 1977); Florence Howe and Carol Ahlum, "Women's Studies and Social Change," in Rossi and Calderwood, *Academic Women*, 393-423. 1万5,000のコースの多くは

クロスリストされていたため、女性学に特化したものではなかったが、それでも女性学という科目名を使用することは支持していた。バークレーは、他の機関から著名な女性教授陣を引き抜いたことで顰蹙を買った。

40 ハウは次のように述べている。「それからの20年間、私はおそらく年に100回は、…女性学プログラムの目標を説明した」。*Life in Motion*, 252.

41 Rosalind Rosenberg, "Women in the Humanities: Taking Their Place," in David A. Hollinger, ed., *The Humanities and the Dynamics of Inclusion since World War II* (Baltimore: Johns Hopkins University Press, 2006), 247-72.

42 Mariam K. Chamberlain, "There Were Godmothers, Too," in Florence Howe, ed., *The Politics of Women's Studies: Testimony from the 30 Founding Mothers* (New York: Feminist Press, 2000), 353-62; Rosa Proietto, "The Ford Foundation and Women's Studies in American Higher Education," in Ellen Condliffe Lagemann, ed., *Philanthropic Foundations: New Scholarship, New Possibilities* (Bloomington: Indiana University Press, 1999), 271-86.

43 Patricia Gumport, *Academic Pathfinders: Knowledge Creation and Feminist Scholarship* (Westport, CT: Greenwood Press, 2002), 85, 101-9, 46.

44 Ibid., 41-42.

45 Rosen, *World Split Open*, 164-75; Daphne Patai and Noretta Koertge, *Professing Feminism: Education and Indoctrination in Women's Studies* (New York: Lexington, 2003), 44-80.

46 「多様性と革新主義への圧倒的なコミットメントと同然の態度」により、「NWSAは…女性学についての活動家の使命を維持する役割を果たしている」。「女性学の教授たちは…女性に関する新しい研究を生み出し、その成果を別の場所で発表している」。Marilyn Jacoby Boxer, *When Women Ask the Questions: Creating Women's Studies in America* (Baltimore: Johns Hopkins University Press, 1998), 179-85.

47 次の文献は、決定的な説明を参照している。Nancy Weiss Malkiel, *"Keep the Damned Women Out": The Struggle for Coeducation* (Princeton: Princeton University Press, 2016).

48 Ibid., 595; Elizabeth A. Duffy and Idana Goldberg, *Crafting a Class: College Admissions and Financial Aid, 1955-1994* (Princeton: Princeton University Press, 1998), 109-16.

49 Malkiel, *"Keep the Damned Women Out,"* 464-88.

50 Ibid., 595; Elizabeth A. Duffy and Idana Goldberg, *Crafting a Class: College Admissions and Financial Aid, 1955-1994* (Princeton: Princeton University Press, 1998), 109-16.

51 Malkiel, *"Keep the Damned Women Out,"* 351-437.

52 Ibid., 346; Duffy and Goldberg, *Crafting a Class*, 84-91.

53 Kelly Belanger, *Invisible Seasons: Title IX and the Fight for Equity in College Sports* (Syracuse: Syracuse University Press, 2016), 27-78; Welch Suggs, *A Place on the Team: The Triumph and Tragedy of Title IX* (Princeton: Princeton University Press, 2006), 66-96.

54 1988年に制定された公民権回復法により、タイトルIXを施行するための基礎が再構築され、その後の裁判所の判決により、訴訟を起こす余地が拡大した。1993年にはOCRが新たな規制を発表し、施行をさらに強化した。女性の運動競技の予算は急増した——だが、男性の運動競技の予算も同様だった。James L. Shulman and William G. Bowen, *The Game of*

Life: College Sports and Educational Values (Princeton: Princeton University Press, 2001), 121-24.

55　ミシガン州立での動向については次を参照。Belanger, *Invisible Seasons*; Suggs, *Place on the Team,* passim. 男性の運動競技は、1992年以降に苦戦した。その年、マイナースポーツのチームが、男女比を均等にするために廃止されたためだ。

56　Ronald A. Smith, *Pay for Play: A History of Big-Time College Athletic Reform* (Urbana: University of Illinois Press, 2011), 150; Shulman and Bowen, Game of Life, 126-56.

57　入学者数のデータは次を参照。NCES, *Digest of Education Statistics*, multiple years.

58　これらの数字は、23歳あたりの学士号取得率(筆者計算)であり、人々の実際の卒業率ではない。

59　"For Every 100 Girls...," *Postsecondary Education Opportunity* 271 (January 2015).

60　John W. Meyer and Francisco O. Ramirez, "The World Institutionalization of Education," in Georg Krücken and Gili S. Drori, eds., *World Society: The Writings of John W. Meyer* (New York: Oxford University Press, 2009), 206-21.

61　Claudia Goldin, Lawrence F. Katz, and Ilyana Kuziemko, "The Homecoming of American College Women: The Reversal of the College Gender Gap," *Journal of Economic Perspectives* 20 (Fall 2006): 133-56.

62　David Card and Thomas Lemieux, "Going to College to Avoid the Draft: The Unintended Legacy of the Vietnam War," *American Economic Review* 91 (May 2001): 97-102.

63　Roger L. Geiger, "The Case of the Missing Students," *Change* (December 1978-January 1979): 64-65; Richard B. Freeman, *The Over-Educated American* (New York: Academic Press, 1976), 34-37.

64　W. Todd Furniss, *Higher Education for Everybody? Issues and Implications* (Washington, DC: ACE, 1971); Roy Radner and Leonard S. Miller, *Demand and Supply of U.S. Higher Education* (New York: McGraw-Hill, 1975), 8.

65　*On Further Examination: Report of the Advisory Panel on the Scholastic Aptitude Test Score Decline* (New York: College Entrance Examination Board, 1977); Arthur Levine, *When Dreams and Heroes Died* (San Francisco: Jossey-Bass, 1980), 73-75.

66　David Card and Thomas Lenieux, "Dropout and Enrollment Trends in the Postwar Period: What Went Wrong in the 1970s?," in Jonathan Gruber, ed., *Risky Behavior among Youths: An Economic Analysis* (Chicago: University of Chicago Press, 2001), 483-522. 1980年代までには史上初めて、若年男性は平均して、自分の父親世代よりも低い教育しか受けられなくなった。

67　*The American Freshman: National Norms for Fall, 1969, 1972, 1980, 1985* (ACE and Higher Education Research Institute, UCLA); Roger L. Geiger, "Demography and Curriculum: The Humanities in American Higher Education from the 1950s through the 1980s," in Hollinger, ed., *Humanities and the Dynamics of Inclusion*, 50-72.

68　Robert J. Gordon, *The Rise and Fall of American Growth: The U.S. Standard of Living since the Civil War* (Princeton: Princeton University Press, 2016), 14-16, 605-40.

69　Freeman, *Over-Educated American*, 188.

70　Meyer and Ramirez, "World Institutionalization of Education," 363-64.

71　Furniss, *Higher Education for Everybody?*; Cross, *Beyond the Open Door*; Radner and Miller, *Demand*

and Supply.

72 Frank Newman et al., *Report on Higher Education, March 1971* (Washington, DC: GPO, 1971); Carnegie Commission on Higher Education, *Less Time, More Options: Education beyond the High School* (New York: McGraw-Hill, 1971).

73 Lewis B. Mayhew, *Legacy of the Seventies: Experiment, Economy, Equality, and Expediency in American Higher Education* (San Francisco: Jossey Bass, 1977), 41-68.

74 Ibid., quotes p. 42.

75 全体像としては、次を参照。Joseph F. Kett, *The Pursuit of Knowledge under Difficulties: From Self-Improvement to Adult Education in America, 1750-1990* (Stanford, CA: Stanford University Press, 1994), 428-30 et passim.

76 David Riesman, *On Higher Education: The Academic Enterprise in an Era of Rising Student Consumerism* (San Francisco: Jossey-Bass, 1980), 116-17; Arthur Levine, *Handbook on Undergraduate Curriculum* (San Francisco: Jossey-Bass, 1988), 405-9. イギリスのオープン・ユニバーシティは、1969年に設立された大学で、成人向け高等教育のための非居住型州立機関にインスピレーションを与えた。英国では、大学の制約的な性質によって、学外学位のための巨大な潜在的な市場が形成されていた。オープン・ユニバーシティは十分な資金を持ち、相対的に厳格な学問的水準を備えていた。

77 Mayhew, *Legacy of the Seventies*, 93-94.

78 Thomas Ewens, "Analyzing the Impact of Competency-Based Approaches on Liberal Education"; David Riesman, "Encountering Difficulties in Trying to Raise Academic Standards: Florida State University"; Zelda Gamson, "Understanding the Difficulties of Implementing a Competence-Based Curriculum;" all in Gerald Grant et al., *On Competence: A Critical Analysis of Competency-Based Reforms in Higher Education* (San Francisco: Jossey-Bass, 1979), 160-98, 363-409, 224-58.

79 例として次がある。ハンプシャー・カレッジ、西ワシントン大学フェアヘブン・カレッジ、エバーグリーン州立、そしてカリフォルニア、フロリダ、アラバマにそれぞれあったニュー・カレッジという名前の３機関。

80 Argentine S. Craig, "Contracting in a University without Walls Program," *New Directions for Higher Education* 10 (1975): 41-52.

81 Mayhew, *Legacy of the Seventies,* 56.

82 例：「伝統的な教育は…人間についての機械論的なモデルに基づいており、そこでは人は受動的なロボットで、本質的に静止した反応するだけの生物だと定義される…一方の非伝統的な学習は、人間の有機体的なモデルに由来しており、そこでは人は本質的・自発的にアクティブで、成長・発展・自己実現する生物だと定義される」。次の文献で引用されている。Noel F. McGinn, "Adult Higher Education for Social Change," *New Directions for Higher Education* 14 (1976): 83-106, quote pp. 94-95.

83 Mayhew, *Legacy of the 1970s*, 62-63; Kett, *Pursuit of Knowledge*, 431-37.

84 William G. Bowen, *The Economics of Major Private Universities* (New York: Carnegie Commission on Higher Education, 1968). 黄金期の末期にこれを書いたボウエンの計算によれば、一般的な賃金水準の上昇に見合うようにするため、またその他のコスト上昇を賄うためには、私立大学は年間7.5%の支出増加が必要だった(インフレ率を2%として)。

85 「全教員に占める終身雇用教員の割合は、1969年には47%、1973年には65%でありこれによって、一種の『テニュアの閉塞』がもたらされた」。Graham and Diamond, *Rise of American Research Universities*, 87; Linda A. Bell, "Ups and Downs: Academic Salaries Since the 1970s," *Academe* 85, 2 (March 1999): 12-20.

86 Yale University, "Achieving Financial Equilibrium at Yale: A Report on the Budget" (New Haven, CT: December 1977).

87 1974年、イェールの教授陣は、サマー・セッションを設置することを承認した。より多くの学生を、教員を増員することなく教育できるようにすることが目指された。そこで期待された追加収入は、イェールの教育は4年間の全寮制の経験からなるという、長年の原則を曲げてでも得る価値があるとされたのだ。サマー・セッションは全く人気にはならず、そのうえ教員の人権費の面でもコストに見合わないことが発覚した。というのも、夏季のティーチングとサバティカルが組み合わさることで、教員がかなりの長期間、キャンパスを離れることになったからだ。サマー・セッションは、結局すぐに廃止された。

88 Geoffrey M. Kabaservice, "Kingman Brewster and the Rise and Fall of the Progressive Establishment," PhD Diss., Yale University, 1999.

89 Geiger, *Research and Relevant Knowledge*, 246-48; John Perry Miller, *Creating Academic Settings: High Craft and Low Cunning* (New Haven, CT: J. Simeon Press, 1991), 211-26. ブリュースターは、次の有名な発言によって、イェールに迫りつつあった暴動を未然に防いだ可能性がある。「黒人の革命家たちが、合衆国のどこでも公正な裁判を受けられるようになるかどうかは、疑わしい」。Kabaservice, *Kingman Brewster*, 478-546.

90 Miller, *Creating Academic Settings*, 216-17; Karabel, *Chosen*, 449-67.

91 Yale, "Achieving Financial Equilibrium," 78. これほどの規模の赤字は、耐え難く、かつ厄介になりうるものだった。イェールの寄附金の94%は使途制限付きであり、従って660万ドルは運転資金の20%に相当した。

92 1980年の公立大学の平均授業料は915ドルだったのに対し、私立大学は4,275ドルだった(NCES)。1976年の私立大学の平均総費用は4,715ドルだったのに比べ、イェール大学は6,425ドルだった。

93 Sally F. Griffith, *Liberalizing the Mind: Two Centuries of Liberal Education at Franklin & Marshall College* (University Park: Pennsylvania State University Press, 2010), 361-63.

94 Duffy and Goldberg, *Crafting a Class*, 85.

95 Carnegie Foundation for the Advancement of Teaching, *A Classification of Institutions of Higher Education* (Princeton: CFAT, 1987). LA 1カレッジは選抜性が高く、主として、学士課程のカレッジで、学士号の半数以上をアーツ・アンド・サイエンシズで授与する機関だった。私立のLA 1カレッジの数は、1970年の144校から1976年には123校に減少した。これは間違いなく、選抜性の低下によるものだ。平均規模は約1,250で推移していた。

96 Caroline M. Hoxby, "The Changing Selectivity of American Colleges," NBER Working Paper No. 15446 (October 2009); Duffy and Goldberg, *Crafting a Class*, 54-57.

97 Hoxby, "Changing Selectivity," Figure 1.

98 David Breneman, *Liberal Arts Colleges: Thriving, Surviving, or Endangered?* (Washington, DC: Brookings Institution, 1994), 12-13.

99 ジェームズ・W・ローグによれば、1990年代にそれらが相対的に繁栄しえたのは、主として資金調達のおかげだった。"An Analysis of the Survival Ability of Private Colleges and Universities in Pennsylvania," PhD diss., Pennsylvania State University, 2003.

100 Riesman, *On Higher Education*, 199; Eda Bessie Edwards, *Profile of the Past, a Living Legacy: Bloomsburg State College, 1839-1979* (Bloomsburg, PA: Bloomsburg College Alumni Association, 1982), 211-12.

101 Anthony O. Edmonds and E. Bruce Geelhoed, *Ball State University: An Interpretive History* (Bloomington: Indiana University Press, 2001), 187-246, quote p. 189.

102 これらの展開については次の文献で分析されている。David E. Lavin, Richard D. Alba, and Richard A. Silberstein, *Right versus Privilege: The Open-Admissions Experiment at the City University of New York* (New York: Free Press, 1981), and David E. Lavin and David Hyllegard, *Changing the Odds: Open Admission and the Life Chances of the Disadvantaged* (New Haven, CT: Yale University Press, 1996).

103 「全員入学は新たな前提に基づいていた。すなわち、カレッジ教育は権利なのであって、グラマー・スクールやハイスクール教育と同様だ、というものだ」。Lavin et al., *Right versus Privilege*, 307.

104 Lavin and Hyllegard, *Changing the Odds*, 46. 初期の分析によれば、シニア・カレッジの全員入学で入った最初のコホートの４分の１が、５年間で学士号を取得していたという (Lavin et al., *Right versus Privilege*, 129)。CUNYの学生の特徴は、出席が不規則なこと、そして学位取得までの時間が長かったことだ。

105 データは次の文献からのもの。National Science Foundation; Graham and Diamond, *Rise of American Research Universities*, 84-107; Geiger, *Research and Relevant Knowledge*, 245-73.

106 Graham and Diamond, *Rise of American Research Universities*, 102, 107.

107 以下は次の文献からのもの。Jennifer R. Krohn, "Advancing Research Universities: A Study of Institutional Development, 1976-1986," PhD diss., Pennsylvania State University, 1992.

108 南部の研究大学が直面していた課題の全体像として、次の文献を参照。Allan M. Cartter, "Qualitative Aspects of Southern University Education," *Southern Economic Journal* 32 (July 1965): 39-69; Geiger, *Research and Relevant Knowledge*, 283-86.

109 この区分は、医学研究には当てはまらなかった。医学ではNIHがほとんどの費用を負担し、諸経費を支払っていたからだ。従って、公立・私立大学にとっては、研究助成金は多ければ多いほどよかった。

110 Lyle V. Jones et al., *An Assessment of Research-Doctoral Programs in the United States* (Washington, DC: National Academy Press, 1982); David S. Webster, "America's Highest Ranked Graduate Schools, 1925-1982," *Change* (May-June 1983), 14-24; Krohn, "Advancing Research Universities"; Morton Keller and Phyllis Keller, *Making Harvard Modern: The Rise of America's University* (New York: Oxford University Press, 2001), 383-431.

111 これら16大学の領域ごとの評価は平均して3.67から4.78だった。Geiger, *Research and*

Relevant Knowledge, 135-46. ジョンズ・ホプキンス(脱落)とUCLA (新規追加)を除けば、これらは次の文献で研究大学として認定されている戦前の機関と同じだ。Roger L. Geiger, *To Advance Knowledge: The Growth of American Research Universities, 1900-1940* (New York: Oxford University Press, 1986).

112　これらの機関の平均評価は2.9から3.6であり、マグーンの評価はより低い、あるいは評価なしだった("Carrter Report," 1966; see Chapter 3)。Geiger, *Research and Relevant Knowledge*, 208-9. アリゾナとジョージア工科についての分析は次の頁。pp. 273-95.

113　ヒュー・デービス・グレアムとナンシー・ダイアモンドによる研究は、台頭する研究大学に焦点を当てたもので、1人当たりの教員データを用いることで、専門的科学者の生産性が高まっていることを示している。*Rise of American Research Universities*, passim.

第4部 アメリカ高等教育の現代

第7章
現代の幕開け、1980-2000

1　高等教育における市場調整――私費化――に至る広範な流れについては、Roger L. Geiger, *Knowledge and Money: Research Universities and the Paradox of the Marketplace* (Stanford, CA: Stanford University Press, 2004)で分析されている。

2　Roger L. Geiger, "Postmortem for the Current Era: Change in American Higher Education, 1980-2010," *Higher Education Forum* 10 (March 2013): 1-22.

3　Elizabeth Popp Berman, *Creating the Market University: How Academic Science Became an Economic Engine* (Princeton: Princeton University Press, 2012); Roger L. Geiger, *Research and Relevant Knowledge: American Research Universities Since World War II* (New York: Oxford University Press, 1993), 296-301.

4　Geiger, *Research and Relevant Knowledge*, 301-9.

5　David C. Mowery et al., *Ivory Tower and Industrial Innovation: University- Industry Technology Transfer before and after the Bayh-Dole Act in the United States* (Stanford, CA: Stanford University Press, 2004), quote p. 90; Berman, *Creating the Market University*, 54-56, 70-72, 102-5.

6　Derek Bok, *Beyond the Ivory Tower: Social Responsibilities of the Modern University* (Cambridge, MA: Harvard University Press, 1982), 141. ボックは後に「過剰な秘密主義、利益相反、研究を操作し抑制しようとする企業の試みなどが報道されることで、大学のインテグリティが繰り返し問いただされるのは、大学にとって不健全なことだ」と考えるようになった。Derek Bok, *Universities in the Marketplace: The Commercialization of Higher Education* (Princeton: Princeton University Press, 2003), 78.

7　Geiger, *Research and Relevant Knowledge*, 303-7.

8　Geiger, *Research and Relevant Knowledge*, 319, 304; Berman, *Creating the Market University*, 152-53.

9　Mowery, *Ivory Tower*, 35-84; Roger L. Geiger and Creso M. Sá, *Tapping the Riches of Science: Universities and the Promise of Economic Growth* (Cambridge, MA: Harvard University Press, 2008), 32-

34.

10 Berman, *Creating the Market University*, 111-18; Geiger and Sá, *Tapping the Riches of Science*, 34-8, 117-55.

11 公式には産業・大学共同研究センターと呼ばれ、民間企業がNSFの研究助成金をめぐって競い合うことを認めるという議会の取り組みを回避するために考案された。Berman, *Creating the Market University*, 132-35.

12 レーガンの科学顧問だったジョージ・キーワースは、経済発展の鍵として産学連携の推進者となった。

13 Berman, *Creating the Market University*, 135-43, 151; Geiger, *Research and Relevant Knowledge*, 298, 308-9; Geiger, *Knowledge and Money*, 205-6.

14 Geiger and Sá, *Tapping the Riches of Science*, 28-70; Roger L. Geiger, "University Supply and Corporate Demand for Academic Research," *Journal of Technology Transfer* 37 (2012):175-91.

15 Hugh Davis Graham and Nancy Diamond, *The Rise of American Research Universities: Elites and Challengers in the Postwar Era* (Baltimore: Johns Hopkins University Press, 1997), 117-43; Geiger, *Knowledge and Money*, 132-79.

16 それぞれ研究費ランキングの15位、40位、56位(1997年)だった。National Science Foundation, *Science and Engineering Indicators 2000*, vol. 2, Table 6-4.

17 Graham and Diamond, *Rise of American Research Universities*, 122-38.

18 Geiger and Sá, *Tapping the Riches of Science*, 15-21.

19 注102を参照。

20 *Harris Poll*, March 7, 1994.

21 Leon M. Lederman, "Science: The End of the Frontier?," a supplement to *Science* (January 1991); Geiger, *Research and Relevant Knowledge*, 323-27; Graham and Diamond, *Rise of American Research Universities*, 141-42; *The American Research University: Daedalus* 122, 4 (Fall 1993).

22 Derek Bok, *President's Report, 1989-1990* (Harvard University, 1991), 6; Geiger, *Research and Relevant Knowledge*, 326-27.

23 Roger L. Geiger and Irwin Feller, "The Dispersion of Academic Research in the 1980s," *Journal of Higher Education* 66 (1995): 336-60; Graham and Diamond, *Rise of American Research Universities*, 144-98.

24 Marvin L. Goldberger, Brendan A. Maher, and Pamela Ebert Flatau, eds., *Research-Doctorate Programs in the United States: Continuity and Change* (Washington, DC: National Academy Press, 1995); Geiger, *Knowledge and Money*, 149-52.

25 Geiger and Sá, *Tapping the Riches of Science*, 25-27 et passim.; Thomas L. Friedman, *The World Is Flat: A Brief History of the Twenty-First Century* (New York: Farrar, Straus and Giroux, 2005); William J. Baumol, *The Free-Market Innovation Machine: Analyzing the Growth Miracle of Capitalism* (Princeton: Princeton University Press, 2002); Jan Fagerberg, David C. Mowery, and Richard R. Nelson, eds., *The Oxford Handbook of Innovation* (New York: Oxford University Press, 2005).

26 代表的な貢献については以下に記載されている。Jonathan Cole, *The Great American Research University* (New York: Public Affairs, 2009), 207-342.

27　削減は早期退職者の買収によって行われ、退職した教員の多くは、パートタイムで教鞭をとりながらもキャンパスに残った。そのため、後任の(安価な)若手教員が採用された時、UCはかつてないほど学問的に強くなっていた。C. Judson King, *The University of California: Creating, Nurturing, and Maintaining Academic Quality in a Public University Setting* (Berkeley, CA: Center for Studies in Higher Education, 2018).

28　Geiger, *Knowledge and Money*, 147-65. 公立大学の収入増は授業料増が占めていた。下記参照。

29　Geiger, *Knowledge and Money*, 154, 160; Graham and Diamond, *Rise of American Research Universities*, 203-8.

30　逆のトレンドもあった。つまり、学士課程の学生が研究に携わる機会を提供することは、至るところで見られるようになっていた。学士課程研究協議会は1979年に設立され、2000年以降に急成長するまでの20年間、その勢いを増してきた。加盟校の大半は学士課程教育機関だが、研究大学はすべて、正式なプログラムを採用している。https://members.cur.org.

31　1990年代半ばと1980年代半ばの学術評価、研究費、被引用数の相対値に関する換算はNancy Diamond, and Dmitry Suspitsin, Pennsylvania State University (2000); Steven Brint and Cynthia Carr, "The Scientific Research Output of U.S. Research Universities, 1980-2010," *Minerva*, doi: 10.1007/s11024- 017- 9330- 4. デレク・ボックは、中堅大学がランキングで上昇する能力を疑っている。曰く、「その代償はあまりに高く、老舗の競争相手の優位性は克服するにはあまりに大きい」。*Higher Education in America* (Princeton: Princeton University Press, 2013), 336-37.

32　Suzanne Mettler, *Degrees of Inequality: How the Politics of Higher Education Sabotaged the American Dream* (New York: Basic Books, 2014).

33　James C. Hearn, "The Paradox of Growth in Federal Aid for College Students, 1965-1990," *Higher Education: Handbook of Theory and Research IX* (1993): 94-153; Edward P. St. John, *Refinancing the College Dream: Access, Equal Opportunity, and Justice for Taxpayers* (Baltimore: Johns Hopkins University Press, 2003).

34　Hearn, "Paradox of Growth," 116-23; St. John, *Refinancing the College Dream*, 100-127.

35　全米教育統計局(NCES)のデータ。*Postsecondary Education Opportunity* 277 (November 2015); 278 (December 2015).

36　Mettler, *Degrees of Inequality*.

37　*Chronicle of Higher Education, Almanac Issue* 38, 1 (August 28, 1991): 11; Ibid., 48, 1 (August 31, 2001): 18; *Postsecondary Education Opportunity*, 278 (December 2015): 11.

38　Elizabeth A. Duffy and Idana Goldberg, *Crafting a Class: College Admissions and Financial Aid, 1955-1994* (Princeton: Princeton University Press, 1998), 60-65; Charles T. Clotfelter, *Unequal Colleges in the Age of Disparity* (Cambridge, MA: Harvard University Press, 2017), 147-56. 1983年には140万人の学生がSATを受験し、カレッジ・ボードは3,000万人の名前を大学に販売した(p. 153)。

39　Duffy and Goldberg, *Crafting a Class*, 64.

40　Ronald G. Ehrenberg, *Tuition Rising: Why College Costs So Much* (Cambridge, MA: Harvard University Press, 2000).

41 Michael S. McPherson and Morton Owen Schapiro, *The Student Aid Game: Meeting Need and Rewarding Talent in American Higher Education* (Princeton: Princeton University Press, 1998), 15-22. 私立大学における自己資金による学生援助は、長い間、授業料収入の20%以下で安定していた。1980年には18%だったが、1988年には29%に上昇した。

42 Geiger, *Knowledge and Money*, 36-42.

43 Geiger, *Knowledge and Money*, 50-62; David W. Breneman, *Liberal Arts Colleges: Thriving, Surviving, or Endangered?* (Washington, DC: Brookings Institution, 1994), 102-5; Charles T. Clotfelter, *Buying the Best: Cost Escalation in Elite Higher Education* (Princeton: Princeton University Press, 1996); Robert A. McCaughey, *Scholars and Teachers: The Faculties of Select Liberal Arts Colleges and Their Place in American Higher Learning* (New York: Barnard College, Columbia University, 2004).

44 Claudia Goldin and Lawrence F. Katz, *The Race between Education and Technology* (Cambridge, MA: Harvard University Press, 2008), 276-78; Clotfelter, *Unequal Colleges*, 160; Breneman, *Liberal Arts Colleges*, 51-89; Geiger, *Knowledge and Money*. 全私立大学の授業料割引率は、2010年には36%、2016年には44%だった。授業料割引は「前払い」であり、2016年の新入生では49%だった。Leslie McBain, "Unfamiliar Territory," *Business Officer* (June 2017): 33-37.

45 McPherson and Schapiro, *Student Aid Game*, 91-103. カレッジ・スカラーシップ・サービスは1954年に設立され、家計が高等教育費をどの程度負担できるかを決定した。カレッジ・スカラーシップ・サービスに加盟する機関は、ニーズ・ブラインド・ベースで学生を入学させ、必要性に基づいてのみ財政援助を与えると誓約した。その後の公的な財政援助は、この原則に基づいている (pp. 6-9)。

46 Geiger, *Knowledge and Money*, 77-83, 234-38, 244-49.

47 Clotfelter, *Unequal Colleges*, 102-7; Geiger, *Knowledge and Money*, 80-83.

48 James Monks and Ronald G. Ehrenberg, "The Impact of *U.S. News and World Report* College Rankings on Admissions Outcomes and Pricing Policies at Selective Private Institutions," Working Paper 7227, National Bureau of Economic Research (July 1999).

49 *Chronicle of Higher Education* 38 (1991): 35; ibid., 48 (2001): 30. 会計上、授業料割引は学生援助支出として計上される。

50 別法として、*Barron's Profiles of American Colleges* (1985) は、選択性のみを評価し、32校を「最も競争力のある大学」、60校を「競争力の高い大学」としている。多くの機関が自らを大学所属とみなしているため、選抜性の高いセクターに鋭い切り口はない。

51 Geiger, *Knowledge and Money*, 84-86, Appendix A; Roger L. Geiger, "The Ivy League," in David Palfreyman and Ted Tapper, eds., *Structuring Mass Higher Education: The Role of Elite Institutions* (New York: Routledge, 2009), 281-302; クロットフェルターは、こうした傾向が2013年までどのように加速していったかを記録している。*Unequal Colleges*, 127-46.

52 Michael Rothschild and Lawrence J. White, "The Analytics of the Pricing of Higher Education and Other Services in Which the Customers Are Inputs," *Journal of Political Economy* 10, 3 (1995): 573-86.

53 Caroline M. Hoxby, "How the Changing Market Structure of U.S. Higher Education Explains Col-

lege Tuition," Working Paper 6323, National Bureau of Economic Research (December 1997); Geiger, *Knowledge and Money*, 81-83.

54　Gordon Winston, "Subsidies, Hierarchies, and Peers: The Awkward Economics of Higher Education," *Journal of Economic Perspectives* 13 (Winter 1999): 13-36, quotes pp. 27, 31.

55　Hoxby, "Changing Market Structures"; *Clotfelter, Unequal Colleges*, 207-27.

56　Caroline M. Hoxby, "The Changing Selectivity of American Colleges," *Journal of Economic Perspectives* 23, 4 (Fall 2009): 95-118, quote p. 110. 幾何級数的に増加する支出に見合った割合で学生が人的資本を増加させることができた、あるいは「支出の膨大な増加は、主に教育支出の増加によるものだ」というのは、あり得ないことのように思われる(p. 110)。

57　Jerome Karabel, *The Chosen: The Hidden History of Admissions and Exclusion at Harvard, Yale, and Princeton* (Boston: Houghton Mifflin, 2005), 499-513, quoted on p. 545. 差別告発の再現として、アジア系アメリカ人の出願者を代表する2014年の訴訟が2018年に審理され、ハーバードの秘密主義的な入試プロセスが再び暴露された。アジア系アメリカ人の志願者は、学歴に対する評価が最も高く、主観的な個人的資質に対する評価が最も低かった。高い資質を持つ出願者の4.6%しか入学させないというは、本質的に差別的なプロセスだった。原告の目的は、アファーマティブ・アドミッションを廃止することだった(後述の「文化戦争」を参照)。

58　Joseph A. Soares, *The Power of Privilege: Yale and America's Elite Colleges* (Stanford, CA: Stanford University Press, 2007), 55-67, 162-67; Roger L. Geiger, "High Tuition-High Aid: A Road Paved with Good Intentions," (paper presented to the Association for the Study of Higher Education, Sacramento, CA, November 2002).

59　Karabel, *Chosen*, 510-13, 521-22; Soares, *Power of Privilege*, 172-90.

60　Soares, *Power of Privilege*, 129-35, quote p. 135.

61　Breneman, *Liberal Arts Colleges*, 31.

62　Michael J. Rizzo, "A (Less Than) Zero- Sum Game? State Funding for Education: How Higher Education Institutions Have Lost," PhD. diss., Cornell University, 2004: Cornell Higher Education Research Institute, Working Paper 52 (August 2004). 純粋に予算上の制約から行動しているのか、それとも高い授業料、財政援助、非居住者学生といった大学の変数に反応しているのか、あるいは高等教育に対する社会的リターンと私的リターンを理解しているのかどうか、州議会議員の動機は、その行動に似合わず不明瞭だ。

63　Christopher Newfield, *Unmaking the Public University: The Forty-Year Assault on the Middle Class* (Cambridge, MA: Harvard University Press, 2008); Newfield, *The Great Mistake: How We Wrecked Public Universities and How We Can Fix Them* (Baltimore: Johns Hopkins University Press, 2016); St. John, *Refinancing the College Dream.*

64　Simon Marginson, *The Dream Is Over: The Crisis of Clark Kerr's California Idea of Higher Education* (Berkeley: University of California Press, 2016); Patrick M. Callen, "The Perils of Success: Clark Kerr and the Master Plan for Higher Education," in Sheldon Rothblatt, ed. *Clark Kerr's World of Higher Education Reaches the 21st Century* (Dordecht: Springer, 2012), 61-84; Gerald R. Kissler and Ellen Switkes, "The Effects of a Changing Financial Context on the University of California," in Ronald G. Ehrenberg, ed., *What's Happening to Public Higher Education? The Shifting Financial Burden* (Westport, CT: Praeger, 2007), 85-106.

65 John Aubrey Douglas and Zachary Bleemer, *Approaching the Tipping Point? A History and Prospectus for Funding for the University of California*, SERU Report, Center for Studies in Higher Education, UC Berkeley (August 20, 2018). UCに独特な質維持方策については以下を参照。King, *University of California*, 417-82.

66 Howard H. Peckham, *The Making of the University of Michigan, 1817-1992*, edited and updated by Margaret L. Steneck and Nicholas H. Steneck (Ann Arbor: University of Michigan, 1994), 325-43; Keith H. Brodie and Leslie Banner, *The Research University Presidency in the Late Twentieth Century: A Life Cycle/Case History Approach* (Westport, CT: Praeger, 2005), 155-67.

67 Stephen L. DesJardins et al., "Michigan Public Higher Education: Recent Trends and Policy Considerations for the Coming Decade," in Ehrenberg, *What's Happening?*, 159-205.

68 Susan Dynarski, "The New Merit Aid," in Caroline M. Hoxby, ed., *College Choices: The Economics of Where to Go, When to Go, and How to Pay for It* (Chicago: University of Chicago Press, 2004), 63-100. アーカンソー州は1991年に「新メリット・エイド」を採用した最初の州だった。

69 Christopher Cornwall and David B. Mustard, "Assessing Public Higher Education in Georgia at the Start of the Twenty-first Century," in Ehrenberg, *What's Happening?*, 107-34.

70 Geiger, *Knowledge and Money*, 42-50, 83-93; Roger L. Geiger, "Expert and Elite: The Incongruous Missions of Public Research Universities," in Roger Geiger, *Carol Kolbeck, and Roger L. Williams, eds. The Future of the American Public Research University* (Rotterdam: Sense Publishers, 2007), 15-34.「エリート公立研究大学」と特定されるのは以下の通り(2003年のSAT平均点の高い順)。ジョージア工科大学、バージニア大学、UCバークレー、ノースカロライナ大学、メリーランド大学、UCLA、UCサンディエゴ、ミシガン大学、フロリダ大学、イリノイ大学、ウィスコンシン大学、テキサス大学、ペンシルベニア州立大学。

71 Clotfelter, *Unequal Colleges*, 237.

72 William G. Bowen, Matthew M. Chingos, and Michael S. McPherson, *Crossing the Finish Line: Completing College at America's Public Universities* (Princeton: Princeton University Press, 2009); Gary L. Blose, John D. Porter, and Edward C. Kokkelenberg, "The Effects of Institutional Funding Cuts on Baccalaureate Graduation Rates," in Ehrenberg, *What's Happening?*, 71-82, quote p. 77; John Bound, Michael Lovenheim, and Sarah E. Turner, "Why Have College Completion Rates Declined? An Analysis of Changing Student Preparation and College Resources," NBER Working Paper No. 15566 (2009).

73 Edward Kokkelenberg, Michael Dillon, and Sean M. Christy, "The Effects of Class Size on Student Grades at a Public University," CHERI Working Paper No. 88 (February 2006); Ronald G. Ehrenberg and Liang Zhang, "Do Tenured and Tenure-Track Faculty Matter?" CHERI Working Paper No. 53 (December 2004); John Bound, Michael Lovenheim, and Sarah Turner, *Understanding the Decrease in College Completion Rates and the Increased Time to the Baccalaureate Degree*, Population Studies Center, University of Michigan, Report 07-626 (Ann Arbor, MI: Institute for Social Research, November 2007).

74　Michael J. Rizzo, "State Preferences for Higher Education Spending: A Panel Data Analysis, 1977-2001," in Ehrenberg, *What's Happening?,* 3-35, quote pp. 29-30.

75　Andrew Hartman, *A War for the Soul of America: A History of the Culture Wars* (Chicago: University of Chicago Press, 2015), 9-37.

76　David Frank and John W. Meyer, "The Contemporary Identity Explosion: Individualizing Society in the Postwar Period," *Sociological Theory* 20, 1 (March 2002): 86-105.

77　Georg Krücken and Gili S. Drori, *World Society: The Writings of John W. Meyer* (New York: Oxford University Press, 2009), quote p. 363.

78　ハートマンは９章のうち１章を高等教育に割いている。"The Battle for the American Mind," *War for the Soul*, 222-52.

79　George Fallis, *Multiversities, Ideas, and Democracy* (Toronto: University of Toronto Press, 2007), 222-59.

80　Todd Gitlin, *The Twilight of Common Dreams: Why America Is Wracked by Culture Wars* (New York: Metropolitan Books, 1995), 126-65, quote p. 145. ニューレフトだった退役軍人の多くは、最終的に教員となったが、このグループは、しばしば断片化された個人主義ではなく、普遍的なビジョンに固執していた。

81　Daniel T. Rodgers, *The Age of Fracture* (Cambridge, MA: Harvard University Press, 2011), 102-7; Roger Scruton, *Fools, Frauds, and Firebrands: Thinkers of the New Left* (London: Bloomsbury, 2015), 99-113.

82　Paul R. Gross and Norman Levitt, *Higher Superstition: The Academic Left and Its Quarrels with Science* (Baltimore: Johns Hopkins University Press, 1994), 34-41, quote p. 40.

83　1987年に設立された全米学者協会は、「ポリティカル・コレクトネスの台頭」に対する内部的な反対勢力とみなされるかもしれない(https://www.nas.org/about/history)。アカデミック・レフトから悪者扱いされているが、一般的に、それは自らが提唱する寛容さと礼節を実践しているにすぎず、影響力はほとんどない。ボストン大学を拠点とする文学者・評論家・作家協会(Association of Literary Scholars, Critics, and Writers、1994年設立)は、人文学におけるポストモダニズムに対抗しようとしてきた。

84　William J. Bennett, *To Reclaim a Legacy: A Report on the Humanities in Higher Education* (Washington, DC: National Endowment for the Humanities, 1984), 16, 30. 別の文脈でロジャー・スクルトンはこう述べている。「文化が保全の対象となるのは、それがすでに失われてしまったときだけだ」。*Conservatism: An Invitation to the Great Tradition* (London: All Points, 2018).

85　Hartman, *War for the Soul*, 227-30; Roger Kimball, *Tenured Radicals: How Politics Has Corrupted Our Higher Education* (New York: Harper & Row, 1990), 27-32; Dinesh D'Souza, *Illiberal Education: The Politics of Race and Sex on Campus* (New York: Free Press, 1991), 59-93. この時期、他の大学では、第三世界や非西洋文化、あるいはエスニック・スタディーズの必修科目が設置された。スタンフォード大学では1990年、多様性の必修科目が新設された (D'Souza, *Illiberal Education*, 68, 92)。

86　Allan Bloom, *The Closing of the American Mind: How Higher Education Has Failed Democracy and Impoverished the Souls of Today's Students* (New York: Simon & Schuster, 1987); Hartman, *War for the*

Soul, 230-37.

87 Bloom, *Closing*, 320, 347, 351-54.

88 *One-Third of a Nation: A Report of the Commission on Minority Participation in Education and American Life* (Washington, DC: ACE, 1988), 21-22.

89 George Levine et al., *Speaking for the Humanities*, ACLS Occasional Paper No. 7 (1989).

90 Kimball, *Tenured Radicals*, xviii. キンボールはこの最後の点について以下で詳述している。*The Long March: How the Cultural Revolution of the 1960s Changed America* (San Francisco: Encounter, 2000).

91 D'Souza, *Illiberal Education*.

92 穏健でリベラルな批評家の間では、David Bromwich, *Politics by Other Means: Higher Education and Group Thinking* (New Haven, CT: Yale University Press, 1992); Gitlin, *Twilight of Common Dreams*, 177.

93 Arthur M. Schlesinger, Jr., *The Disuniting of America: Reflections on a Multicultural Society* (New York: Norton, 1992); Gitlin, *Twilight of Common Dreams*, 166-77. ギトリンは、ポリティカル・コレクトネスに対するメディアの関心が高まったのは1990年-1991年の冬からだと述べている。「ポリティカル・コレクトネス」ないしPCは、「1990年の流行語大賞」の投票で２位だった。

94 Arthur Levine, "Worlds Apart: Disconnect between Students and Their Colleges," in Richard H. Hersh and John Merrow, eds. *Declining by Degrees: Higher Education at Risk* (New York: Palgrave Macmillan, 2005), 155-69, quote p. 163; Arthur Levine and Jeanette S. Cureton, *When Hope and Fear Collide: A Portrait of Today's College Student* (San Francisco: Jossey-Bass, 1998), 71-91, quote p. 91.

95 Geiger, *Research and Relevant Knowledge*, 327-31; Gitlin, *Twilight of Common Dreams*, 170-72.

96 Neil Gross and Solon Simmons, eds., *Professors and Their Politics* (Baltimore: Johns Hopkins University Press, 2014); Robert Maranto, Richard E. Redding, and Frederick M. Hess, eds., *The Politically Correct University: Problems, Scope, and Reforms* (Washington, DC: AEI Press, 2008).

97 D'Souza, *Illiberal Education*, 25-58, quote p. 50; John Aubrey Douglass, *The Conditions for Admission: Access, Equity, and the Social Contract of Public Universities* (Stanford, CA: Stanford University Press, 2007), 159. 以下はダグラスの *Conditions for Admission*, 151-83を参考にした。

98 1974年の立法決議には、「カリフォルニア州の公立高等教育の各分野は、最近のハイスクール卒業者の民族的、性的、経済的構成に近付けるよう努めなければならない」と明記されている。King, *University of California*, 533.

99 Douglass, *Conditions for Admissions*, 181.

100 アファーマティブ・アクションが多数派の支持を得たことはおそらくない。John David Skrentny, *The Ironies of Affirmative Action: Politics, Culture, and Justice in America* (Chicago: University of Chicago Press, 1996); and Chapter 6.

101 Douglas, *Conditions of Admission*, 238-39. UC Comprehensive Reviewは14の基準を用いていた。Judson, *University of California*, 551-52. アファーマティブ・アクションをハイスクールクラスの上位10%の自動入学に置き換えたテキサス州のような州では問題が残り、ミシガン州ではグラッツ判決後に人種的優遇を禁止する法律が可決された。

102　Charles J. Sykes, *Profscam: Professors and the Demise of Higher Education* (New York: Simon & Schuster, 1988); Martin Anderson, *Imposters in the Temple: American Intellectuals Are Destroying Our Universities and Cheating Our Students of Their Future* (New York: Simon & Schuster, 1992); Page Smith, *Killing the Spirit: Higher Education in America* (New York: Viking, 1990). そのような多くの攻撃から3点を取り上げた。

103　Neil Gross, *Why Are Professors Liberal and Why Do Conservatives Care?* (Cambridge, MA: Harvard University Press, 2013), 289-91.

104　Geiger, *Research and Relevant Knowledge*, 98-100, 261-68.

第8章
21世紀のアメリカ高等教育

1　Roger L. Geiger, *The History of American Higher Education: Learning and Culture from the Founding to World War II* (Princeton: Princeton University Press, 2015), 275-76; Mitchell L Seevens. Elizabeth A. Armstrong, and Richard Arum, "Sieve, Incubator, Temple, Hub: Empirical and Theoretical Advances in the Sociology of Higher Education," *Annual Review of Sociology* 34 (2008): 127-51.

2　National Center for Education Statistics (NCES), *Digest of Education Statistics: 2017*, Table 101.10. 一部の数値は調査データの平均値であるため、おおよその値となる。18歳全体の参加率は、ハイスクール卒業者の継続率よりも低い。

3　Charles T. Clotfelrer, *Unequal Colleges in the Age of Disparity* (Cambridge, MA: Harvard University Press, 2017); Martha J. Bailey and Susan M. Dynarski, "Inequality in Postsecondary Education," in Greg Duncan and Richard Murnanc, eds, *Whither Opportunity? Rising Inequality Schools, end Children's Life Chances* (New York: Russell Sage Foundation Press, 201u), 17-12.

4　NCES, *Digest of Education Statistics: 2017*, Tables 303.10, 303.20. タイトルVIに適合した営利学校の2010年の入学者数は、非学位課程の学生を含めると240万人(13%)だった。

5　Michael Burrage, ed., *Martin Trow: Twentieth-Century Higher Education, Elite to Mass to Universal* (Baltimore: Johns Hopkins University Press, 2010), esp. 558-59; Simon Marginson, "Universal Higher Education in the Global Era" (paper presented at The Dynamics of High Participation Systems—An International Seminar, Moscow, September 26, 2013).

6　Caroline M. Hoxby, "How the Changing Market Structure of U.S. Higher Education Explains College Tuition," NBER Working Paper No. 6323 (December 1997); Hoxby, "The Changing Selectivity of American Colleges," *Journal of Economic Perspectives* 23, 4 (Fall 2009): 95-118.

7　Geiger, *Geiger, History of American Higher Education*, 275-76.

8　Steven Brint, *Two Cheers for Higher Education: Why American Universities Are Stronger Than Ever—And How to Meet the Challenges They Face* (Princeton: Princeton University Press, 2018), 134.

9　William G. Bowen, Matthew M. Chingos, and Michael S. McPherson, *Crossing the Finish Line: Completing College at America's Public Universities* (Princeton: Princeton University Press, 2009); Bailey and Dynarski, "Inequality in Postsecondary Education," *Postsecondary Education Opportunity* 256 (October 2013).

10　Marc Perry, Kelly Field, and Beckie Supiano, "The Gates Effect," *Chronicle of Higher Education* (July

14, 2013).

11 Brint, *Two Cheers*, 136-37.

12 NCES, *Digest of Education Statistics: 2017*, Table 302.60. 入学者のうちで18歳から24歳が占める割合は、1970年代の25%から2010年には40%にまで増加した。

13 National Assessment of Educational Progress, Department of Education; Dennis A. Ahlburg, "Is Higher Education a Good Investment for All Students?" (Trinity University, 2016).

14 長年の問題として、ハイスクールが生徒に大学進学への期待を植え付けているにもかかわらず、必要な準備を提供していないというジェームズ・E・ローゼンバウムの告発がある。*Beyond College for All: Career Paths for the Forgotten Half* (New York: Russell Sage, 2001), chap. 3. Also, Sarah E. Turner, "Going to College and Finishing College: Explaining Different Educational Outcomes," in Caroline M. Hoxby, ed., *College Choices: The Economics of Where to Go, When to Go, and How to Pay for It* (Chicago: University of Chicago Press, 2004), 13-61, esp. 39-41.

15 NCES, *Digest of Education Statistics: 2017*, Tables 333.10, 334.10. 2017年には、大半の州で授業料収入が州予算を上回った。

16 College Board, *Trends in Student Aid, 2017* (New York: College Board, 2017). この議論では、カレッジ・ワーク・スタディ、退役軍人給付金、民間助成金は省略している。

17 Bridget Terry Long, "The Impact of Federal Tax Credits for Higher Education Expenses," in Hoxby, *College Choices*, 101-65.

18 Lesley McBain, "Unfamiliar Territory," *Business Officer* (June 2017), 32-37.

19 2007年から2017年にかけて、退役軍人補助金は300%、授業料税控除は102%、ペル・グラントは75%、補助付きローンは27%、カレッジ・ワーク・スタディは14%増加した。College Board, *Trends in Student Aid*, 9.

20 Simon Marginson, *The Dream Is Over: The Crisis of Clark Kerr's California Idea of Higher Education* (Berkeley: University of California Press, 2016), 196-98. こうしたローン制度は、元本の25-40%を――政府による高等教育への補助金として――政府が負担した。アメリカでは、学生ローンの不払いも同程度の負担になるかもしれないが、議会は学生ローンが学生の教育を支援するという考えを受け入れなかった。

21 ある調査では、教育省は6つの学生ローン・プログラム、9つの返済プラン、8つの返済免除プログラム、32の返済猶予オプションを提供していた(2018)。*Wall Street Journal* (May 17, 2018), A19. ニュー・アメリカ財団が行った奨学金支給通知書に関する調査によると、そのほとんどが不明瞭な用語を使い、重要な情報を省略し、意図的に欺瞞的な財務計算を行い、学生がカレッジを比較することを困難にしていた。*Wall Street Journal* (June 14, 2018), A21.

22 Suzanne Mettler, *Degrees of Inequality: How the Politics of Higher Education Sabotaged the American Dream* (New York: Basic Books, 2014); A. J. Angulo, *Diploma Mills: How For- Profit Colleges Stiffed Students, Taxpayers, and the American Dream* (Baltimore: Johns Hopkins University Press, 2016).

23 The Harkin Report: U.S. Senate, Health, Education, Labor and Pensions Committee, *For-Profit Higher Education: The Failure to Safeguard the Federal Investment and Ensure Student Success* (July 30, 2012).

24　Paul Fain and Doug Lederman, "Boom, Regulate, Cleanse, Repeat: For-Profit Colleges' Slow but Inevitable Drive Toward Acceptability," in Michael W. Krist and Mitchell L. Stevens, eds., *Remaking Colleges: The Changing Ecology of Higher Education* (Stanford, CA: Stanford University Press, 2015), 61-83.

25　Julie E. Seaman, I. Elaine Allen, and Jeff Seaman, *Grade Increase: Tracking Distance Education in the United States* (Wellesley, MA: Babson Survey Research Group, 2018), 29.

26　Dan Bauman and Goldie Blumenstyk, "How For-Profit Higher Education Has Shifted," *Chronicle of Higher Education* (March 14, 2018); Paul Fain, "Ashford Seeks to Become a Non- Profit," *Inside Higher Education* (March 14, 2018).

27　Hoxby, "Changing Markee Structure"; Marginson, "High Participation Societies"; Clotfelter, *Unequal Colleges*, Appendix. 99+パーセンタイルのカテゴリーには、5-6校しか含まれない可能性がある。

28　*Barron's Profiles of American Colleges*, 1985, 1999, and 2018 editions.「非選抜的」、「スペシャル」という小カテゴリーには関係がない。

29　NCES, *Digest of Education Statistics: 2017*, Table 326.50; Bowen et al., *Crossing the Finish Line*, passim.

30　恒常ドル値、学生１人当たりの支出。Clotfelter, *Unequal Colleges*, 141, 143, 223.

31　以下は、上記注28の*Barron's Profiles*の諸版から地方カレッジの一例の概要を引用した。

32　Ibid.; cf. Clotfelter, *Unequal Colleges*, 186-90; Bowen et al., *Crossing the Finish Line*, 58-65.

33　*Barron's Profiles*, 1985, 2018. オハイオ州立大学は1990年に選択性を高めることを決意し、アドミッション・ディレクターは、*U. S. News*のランキングを「この大学が受けた最大のモーニングコール」と呼んだ。Malcolm S. Baroway, *The Gee Years, 1990-1997* (Columbus: Ohio State University, 2.002), 41-47, quote p. 44.

34　John Bound, Brad Hershbein, and Bridget Terry Long, "Playing the Admissions Game: Student Reactions to Increasing College Competition," NBER Working Paper No. 15272 (August 2009).

35　州内の需要が過剰になると、有利な機関で選抜性が高くなることがある。これは、SUNYシステムで顕著であり、ウィスコンシンでは最もあり得ることだった。高等教育市場の全米化にもかかわらず、州内市場は、学生の分布や諸機関の相対的な役割に影響を与え続けている。

36　Bound et al., "Playing the Admissions Game," Figure 1. 数学SATの75パーセンタイルに基づく。

37　Roger L. Geiger, "The Competition for High-Ability Students: Universities in a Key Market place," in Steven Brint, ed., *The Future of the City of Intellect* (Stanford, CA: Stanford University Press, 2002), 82-106; Geiger, *Knowledge and Money: Research Universities and the Paradox of the Marketplace* (Stanford, CA: Stanford University Press, wo4), 86-93; Geiger, "Expert and Elite: The Incongruous Missions of Public Research Universities," in Roger L. Geiger et al., eds. *The Future of the American Public Research University* (Rotterdam: Sense, loo7), 15-34.

38　NCES, *Digest of Education Statistics: 2017*, Table 305: 40; Steven Brint, "Few Remaining Dreams: Community Colleges since 1945," *Annals, AAPSS* 586 (March 2003): 16-36.

39 Clotfelter, *Unequal Colleges*, esp. 141-44, 222-5.

40 David P. Baker, *The Schooled Society: The Educational Transformation of Global Culture* (Stan ford, CA: Stanford University Press, 2014), 181, 182.

41 Claudia Goldin and Lawrence F. Katz, *The Race between Education and Technology* (Cambridge, MA: Harvard University Press, 2008); David Aucor, "The Polarization of Job Opportunities in the U.S. Labor Markee," Center for American Progress, The Hamilton Project (April 2010); David H. Aucor, "Skills, Education, and the Rise of Earnings Inequality among the 'Ocher 99 Percent," *Science* 334, 6186 (May 23, 2014): 843-51.

42 NCES, *Digest of Education Statistics: 2017*, 326.10. 選抜性、準備性、学力はすべて、知能と非認知能力(意欲、課題の達成、社交性、指示の解釈、状況の理解、実践的な問題解決など)の組み合わせを反映している。このような資質の組み合わせが、学校教育や選抜入試での成功を生む。Michael Hour, "Social and Economic Returns co College Education in the United States," *Annual Review of Sociology* 38 (2012.): 379-400.

43 NCES, *Digest of Education Statistics: 2017*, 326.10. 326.2.0; *National Collegiate Retention and Persistence-to-Degree Rates, 2016* (ACT, 2.017); Autor, "Polarization," 26.

44 Hour, "Social and Economic Returns"; Baker, *Schooled Society*, 53-54.

45 Sandy Baum, *Higher Education Earnings Premium: Value, Variation, and Trends* (Washington, DC: Urban Institute, February 2014); Dennis A. Ahlburg, "Is Higher Education a Good Investment for All?" (Department of Economics, Trinity University, 2016).

46 Anthony P. Carnevale and Ban Cheah, *From Hard Times to Better Times: College Majors, Unemployment, and Earnings* (Washington, DC: Georgetown University, Center on Education and the Workforce, 2015). 以下のデータはこの報告書による。

47 Clotfelter, *Unequal Colleges*; Hout, "Social and Economic Returns."

48 Liang Zhang, *Does Quality Pay? Benefits of Attending a High-Cost*, Prestigious College (New York: Routledge, lOOS), 117-27.

49 Clotfelter, *Unequal Colleges*, 333-34: Caroline M. Hoxby, "The Productivity of U.S. Postsecondary Institutions" (paper presented at the NBER conference "Productivity in Higher Education;' May 31-June 1, 2016)を要約。

50 Zhang, *Does Quality Pay?*, 63-80; William G. Bowen and Derek Bok, *The Shape of the River: Long-Term Consequences of Considering Race in College and University Admissions* (Princeton: Princeton University Press, 2000 [1998]), xxxi; Hout, "Social and Economic Returns;' 384-86, quote p. 386.

51 私はこの問題に対して、最も裕福な機関は、入学者数を拡大することで社会的貢献度を高めることができると主張した。「アイビー校は、基本的に学生一人一人に多くの資源を集中させる戦略をとってきた。このアプローチによる限界利益は、とうの昔に合理的な収益率を超え、今や消滅寸前まで減少しているに違いない。豊富な資産をより多くの学生に提供することで、より大きな社会的リターンを得ることができるはずだ」。Roger L. Geiger, "The Ivy League;'. in David Palfreyman and Ted Tapper, eds., *Structuring Mass Higher Education: The Role of Elite Institutions* (New York: Routledge, 2009), 281-302, quote pp. 297, 299.

52 Richard Sander and Stuart Taylor, Jr., *Mismatch: How Affirmative Action Hurts Students It's Intended*

to Help, and Why Universities Won't Admit It (New York: Basic Books, 2012).

53　サンダーとテイラーの調査結果は決して決定的なものではなく、さらなる調査を求めているように見受けられる。

54　American Talent Initiative, https://arnericanraleminitiative.org/. ATIは、質の高い大学への第一世代・低所得者層の学生の進学と成功を高めるためのいくつかの取り組みのひとつだった。他の取り組みとして、大学イノベーション・アライアンス(11の研究大学)や、ビル&メリンダ・ゲイツ財団の諸プログラム、2018年２月に初のFGLI (第一世代、低所得者) 会議を開催したプリンストンによる取り組みがある。

55　Bowen et al., *Crossing the Finish Line*, 227-29; Gordon Winston and Catharine Bond Hill, "Access to the Most Selective Colleges by High-Ability, Low-Income Students: Are They Out There?;' Discussion Paper No. 69, Williams Project on the Economics of Higher Education (October 1005); Caroline M. Hoxby and Christopher Avery, "The Missing 'One-Offs': The Hidden Supply of High-Achieving, Low-income Students;' NBER Working Paper No. 18586 (December 2012).

56　批判については次の文献を参照。Marginson, *The Dream Is Over*, 126-31.

57　Hout, "Social and Economic Returns," 392-394. このような計算は自主的な選択を無視している。

58　Goldin and Katz, *Race between Education and Technology*; Robert J. Gordon, *The Rise and Fall of American Growth: The US. Standard of Living Since the Civil War* (Princeton: Princeton University Press, 2.016), 624-27.

59　Autor, "Skills, Education," 845. 以下の文献で論じられているように、高等教育へのリターンはシグナリングや社会的選好にも起因する。Steven Brint and Charles T. Clotfelter, "Higher Education Effectiveness:' *Russell Sage Research journal 2*, 1 (2016): 2-37.

60　Autor, "Skills, Education,"; Brint, *Two Cheers*, 160-66.

61　1992年のハイスクール生の集団では、所得が最も高い四分位の生徒の77%がカレッジに進学している――これは1960年の集団の所得が最も高い四分位の生徒とほぼ同じ割合だった。しかし、所得の下位半分の生徒がカレッジに進学した割合は、1960年にはわずか28%だったのに対し、1992年には47%だった。1960年当時、ハイスクールはまだ重要な社会的フィルターだった。例えば、カレッジに残る学生よりも中退する学生の方が多かった。1992年以降、社会的フィルターは主に高等教育内で作動している。カレッジへの進学準備、２年制ではなく４年制への進学、４年制カレッジの選抜性、継続性、学位取得、大学院教育への準備と入学などに、大きな社会的差異がある。

62　Bailey and Dynarski, "Inequality in Postsecondary Education," 119-21.

63　Sean F. Reardon, "The Widening Academic Achievement Gap between the Rich and the Poor: New Evidence and Possible Explanations," in Duncan and Murnane, *Whither Opportunity?*, 91-115, quote p.104.

64　Jeremy Greenwood et al., "Marry Your Like: Assortative Mating and Income lnequality," NBER Working Paper No. 7895 (2014).

65　Mitchell L. Stevens, *Creating a Class: College Admissions and the Education of Elites* (Cambridge, MA: Harvard University Press, 2007). 247-50.

66 Autor, "Skills, Education," 848, 849. 世代間の移動は、1960年に成人したコホート(20歳)の約90%から2000年には約50%に減少したが、そのほとんどすべてが1960年から1985年にかけて減少した。Raj Chetty et al., "The Fading American Dream: Trends in Absolute Income Mobility since 1940," NBER Working Paper No. 22910 (December 2016).

67 BA学位より上――実際には複数のマーカー――については、その状況は分析されていない。大不況以降、ロースクールの卒業生が余り気味だった。MDと医療専門職は、一般に、医療に費やされるGDPの割合の増加から利益を得ている。STEMや計量的分野のPhDは報酬が高く、その他の分野はそれほどでもない。修士号は2/3 (2001-2016)の伸びを示し、専門性が高い。

68 Amor, "Skills, Education," 850. See also Erik A. Hanushek, Ludger Woessmann, and Paul E. Peterson, *Endangering Prosperity: A Global View of the American School* (Washington, DC: Brookings Institution Press, 2013).

69 National Institute of Education, *Involvement in Learning: Realizing the Potential of American Higher Education* (Washington, DC: NIE and US Dept. of Education, 1984); American Association of Colleges, *Integrity in the College Curriculum: A Report to the Academic Community* (Washington, DC: AAC, 1985); Southern Regional Education Board, *Access to Quality Undergraduate Education* (Atlanta: SREB, 1985); and National Governors' Association, *A Time for Results* (Washington, DC: NGA, 1991).

70 Steven Brint, "The Academic Devolution? Movements to Reform Teaching and Learning in US Colleges and Universities, 1985-2010," 以下はこの論文からだが、この論文は次の書籍に収められている。Research and Occasional Paper Series, CSHE Paper No. 1209, Center for Studies in Higher Education, University of California, Berkeley (December 2009). The following draws from this paper, which is published in Joseph C. Hermanowicz, *The American Academic Profession: Transformation in Contemporary Higher Education* (Baltimore: Johns Hopkins University Press, 2011).

71 Geiger, *Knowledge and Money*, 101-15.

72 Kevin Dougherty et al., *Performance Funding for Higher Education* (Baltimore: Johns Hopkins University Press, 2015). この研究では、学生の学習成果に大きなプラス効果を見出すことはできず、意図せざるマイナスの結果も見られた。

73 Commission on the Future of the University, *A Test of Leadership: Charting the Future of US. Higher Education* (Washington, DC: U.S. Dept. of Education, 2006).

74 デレク・ボックは、公言されている学習目標とカリキュラムとの間に関連性がないことを次の書籍で述べている。*Higher Education in America* (Princeton: Princeton University Press, 2013), 180-181.

75 Clotfelter, *Unequal Colleges*, 179-85.

76 Ibid., 196-201. 教育費のうち学生サービスに充てられる割合が最も大きく増加したのは、裕福でない学校で、0-90パーセンタイルの私立校と0-50パーセンタイルの公立校だった。この点については以下も参照のこと。Geiger, *Knowledge and Money*, 119-21.

77 Philip Babcock and Mindy Marks, "The Falling Time Costs of College: Evidence from Half a Century of Time Use Data," Department of Economics Working Paper, University of California Santa Bar-

bara, http://escholarship.org/uc/item/7rc9d7vz.

78　Richard Arum and Josipa Roksa, *Academically Adrift: Limited Learning on College Campuses* (Chicago: University of Chicago Press, 2009); Richard Arum, *Aspiring Adults Adrift: Tentative Transitions of College Graduates* (Chicago: University of Chicago Press, 2014), 38-39.

79　Arum and Roksa, *Academically Adrift*, 76-79; Brint, "Academic Devolution?"

80　Steven Brint and Allison M. Cantwell, "Undergraduate Time Use and Academic Outcomes: Results from UCUES 2006," Research and Occasional Paper Series, Center for Studies in Higher Education, University of California, Berkeley, 2008.

81　Arum and Roksa, *Academically Adrift*, 75-77. インターネットはカレッジを易しくするさらなる要因だ。カンニングが蔓延し(ibid, 14)、際どいものにしろ露骨なものにしろ、剽窃が横行している。

82　Brint and Cantwell, "Undergraduate Time Use," 18; Brint, *Two Cheers*, chap. 5.

83　ボックは、最初の仕事に就いた卒業生が学習不足を後悔している調査を引用している。Derek Bok, *The Struggle to Reform Our Colleges* (Princeton: Princeton University Press, 2017), 76.

84　Arum, *Aspiring Adults*, 39, 47, 76-80. より大規模な調査でも、卒業生の満足度は高い。

85　Brint, *Two Cheers*, chap. 5; Brim and Cantwell, "Undergraduate Time Use," 16-17; Accreditation Board for Engineering Technology, *Criteria for Accrediting Engineering Programs* (Baltimore: ABET, 2000).

86　Bowen et al., *Crossing the Finish Line*, 205-4.

87　Ernest T. Pasqarella and Patrick T. Terenzini, *How College Affects Students: Vol. 2, A Third Decade of Research* (San Francisco: Jossey-Bass, 2005), 396-97; *NCES, Digest of Education Statistics: 2017*, Table 327.10.

88　社会学者ニール・グロスが主要な出版物で「リベラルな偏見」と「高等教育」の組み合わせを検索したところ、2001年から2005年にかけて6倍に増加し、その後同様に急減した。Neil Gross, *Why Are Professors Liberal and Why Do Conservatives Care?* (Cambridge, MA: Harvard University Press, 2013), 220-51, 243; David A. Horowitz, *The Professors: The 101 Most Dangerous Academics in America* (New York: Regnery, 2006); Horowitz, *Indoctrination U.: The Left's War against Academic Freedom* (New York: Encounter Books, 2006). ホロウィッツの前提は、実際には間違っていた。学生の政治的志向は、その大部分が教室の外で形成された。これについては以下を参照。Jim Sidanius et al., *The Diversity Challenge: Social Identity and Intergroup Relations on the College Campus* (New York: Russell Sage Foundation, 2008).

89　Gross, *Why Are Professors Liberal?*, 25-33, 202-9; Neil Gross and Solon Simmons, "The Social and Political Views of American College and University Professors," in Gross and Simmons, eds., *Professors and Their Politics* (Baltimore: Johns Hopkins University Press, 2014), 19-52.

90　https://heterodoxacademy.org/the-problem/; Greg Lukianoff and Jonathan Haidt, *The Coddling of the American Mind: How Good Intentions and Bad Ideas Are Setting Up a Generation for Failure* (New York: Penguin, 2018), 111.

91　Steven Pinker, *Enlightenment Now: The Case for Reason, Science, Humanism, and Progress* (New York: Viking, 2018).

92　Evan Schofer and John W. Meyer, "The Worldwide Expansion of Higher Education in the Twentieth Century," *American Sociological Review* 70, 6 (2005): 898-920; John W. Meyer, "Human Rights: World Society, the Welfare State, and the Life Course: An Institutionalist Perspective," in Georg Krücken and Gili S. Drori, eds., *World Society: The Writings of John W. Meyer*, (New York: Oxford University Press, 2009), 280-95.

93　Eric A. Posner, "The Human- Rights Charade," *Chronicle of Higher Education* (November 17, 2014).

94　Daniel B. Klein and Charlotta Stern, "By the Numbers: The Ideological Profile of Professors," in Robert Maranto, Richard E. Redding, and Frederick M. Hess, eds., *The Politically Correct University: Problems, Scope, and Reforms* (Washington, DC: AEI Press, 2009), 15-37.

95　このインタビューを受けた人もまた、求めていることは「経済秩序の抜本的な再構築にほかならない」。Gross, *Why Are Professors Liberal?*, 43.

96　Arthur Levine and Diane R. Dean, *Generation on a Tightrope: A Portrait of Today's College Students* (San Francisco: Jossey-Bass, 2012), quote p. 117; Jonathan Zimmerman, *Campus Politics: What Everyone Needs to Know* (New York: Oxford University Press, 2016), 16-22.

97　ソーシャルメディアによって拡散され、全国的に公表された人種的犯罪事件の増加は、間違いなくマイノリティに不安をもたらし、大学にこれまで効果のなかった多様性ポリシーの強化を迫った。多くの場合学生ではない悪者によるこのような無差別行為は、高等教育の条件というよりむしろ異常事態を表していた。それらは、アメリカ社会の極端な偏向と、社会関係の粗暴化を反映していた。cf. Zimmerman, *Campus Politics*, 50-55.

98　Jean M. Twenge, *iGen: Why Today's Super-Connected Kids Are Growing Up Less Rebellious, More Tolerant, Less Happy— and Completely Unprepared for Adulthood— and What That Means for the Rest of Us* (New York: Atria Books, 2017); Lukianoff and Haidt, *Coddling the American Mind*, 146-61.

99　以前にも、学生たちがヘクラーズ・ベトをちらつかせ、講演を取りやめさせるという事件があった。学生たちが、自分たちが同意しない講演者に対して異議を唱えたり、混乱を招くという暗黙の脅しをかけたりすることで、大学は講演者への招待を取り下げたり、講演者は引き受けていた講演を取り下げたりした。教育における個人の権利財団(FIRE)は、こうした講演取り下げのデータベースを運営している。https://www.thefire.org/.

100　Stephen J. Ceci and Wendy M. Williams, "Who Decides What Is Acceptable Speech on Campus? Why Restricted Speech Is Not the Answer," *Perspectives on Psychological Science* (published online May 2, 2018).

101　特にドナルド・トランプの当選後、大学の左翼に対する右翼の外部からの攻撃は、彼らが想定する被害者としての地位を正当化する傾向があり、左翼以外の発言者に対する弾圧を正当化するために利用され、相互過激主義のスパイラルを生み出した。

102　University of Chicago, "Report of the Committee on Freedom of Expression" (2015), https://provost.uchicago.edu/sites/default/files/documents/reports/FOECommitteeReport.pdf; https://hetero doxacademy.org/the-problem/.

103　FIREが主要カレッジ・大学を対象に行った調査によると、1/3が非常に制限の厳しい言論規律を設けており、60%近くが中程度の制限の規律を設けていた。制限の強い規約の数は減少傾向にある。*Spotlight on Speech Codes 2018: The State of Free Speech on Our Nation's Campuses* (Philadelphia: Foundation for Individual Rights in Education, 2018).

104　1990年代の学生の抗議活動は、多様性問題をめぐるキャンパスに焦点を当てたものだった。Robert A. Rhoads, *Freedom's Web: Student Activism in an Age of Cultural Diversity* (Baltimore: Johns Hopkins University Press, 1998).

105　Zimmerman, *Campus Politics*, 90-108, quote p. 104; Jean M. Twenge, "The Rise of the Self and the Decline of Intellectual and Civic Interest," in Mark Bauerlein and Adam Bellow, eds., *The State of the American Mind* (West Conshohocken, PA: Templeton Press, 2015), 123-36.

106　マーク・リラにとって、個人的アイデンティティへの執着の帰結は「自己正当化的ナルシシズム」だ。[今の学生は]「自分がすでに何者であるかを理解し、肯定するという限られた目的のために、世界、特に政治と関わっている」。*The Once and Future Liberal: After Identity Politics* (New York: Harper Collins, 2017), 90, 102, 84.

107　Zimmerman, *Campus Politics*, 50-3. Ronald G. Ehrenberg, "American Higher Education in Transition," *Journal of Economic Perspectives* 26 (2012): 193-216; Donna M. Desrochers and Rita Kirshstein, *Labor Intensive or Labor Expensive: Changing Staffing Patterns in Higher Education* (Washington, DC: Delta Cost Project, American Institutes for Research, 2014). 学生サービス部門は、人員と支出の中で最も急成長している部門であり、入試、学資援助、助言、学生課など多様なサービスが含まれる。

108　Benjamin Ginsberg, *The Fall of the Faculty: The Rise of the All-Administrative University and Why It Matters* (New York: Oxford University Press, 2013), 97-130.

109　Jeffrey Aaron Snyder and Amna Khalid, "The Rise of 'Bias Response Teams' on Campus," *New Republic* (March 30, 2016); Jillian Kay Melchior, "The Bias Response Team Is Watching," *Wall Street Journal* (May 9, 2018), A15.

110　Sidanius et al., *Diversity Challenge*, 301-24.

111　引用は以下のように続く。「人種差別主義者とは、白人至上主義(人種)システムによって特権を与えられ、かつ人種に基づいて社会化された者のことである」——デラウェア大学ダイバーシティ・トレーナー・マニュアルより。Maranto et al., *Politically Correct University*, 113, 197.

112　Arthur Levine and Jeanette S. Cureton, *When Hope and Fear Collide: A Portrait of Today's College Students* (San Francisco: Jossey-Bass, 1998), 72-74.

113　José L. Duarte et al., "Political Diversity Will Improve Social Psychological Science," *Behavioral and Brain Sciences* (2015: 38e130). ある心理学的研究は、集団思考の弊害と視点の多様性の優位性を立証した。Charlan Nemeth, *In Defense of Troublemakers: The Powers of Dissent in Life and Business* (New York: Basic, 2018), 同様の点は以下にもみられる。Ceci and Williams, "Who Decides?"

114　Gross, *Why Are Professors Liberal?*, 149.

115　Maranto et al., *Politically Correct University*, 192-208; Alan Wolfe, "Anti- American Studies," *New Republic* 228, 5 (February 10, 2003): 25-33, quote p. 26.

116　[Harvard Faculty Working Group], *The Teaching of the Arts and Humanities at Harvard College:*

Mapping the Future, (Cambridge, MA: Harvard University, 2013), 18-20, 42; Roger L. Geiger, "From the Land-Grant Tradition to the Current Crisis in the Humanities," in Gordon Hutner and Feisal G. Mohamed, eds., *A New Deal for the Humanities: Liberal Arts and the Future of Public Higher Education* (New Brunswick, NJ: Rutgers University Press, 2016), 18-30.

117 Hannah Fingerhut, "Republicans Skeptical of Colleges Impact on the U.S.," FactTank: News in the Numbers, Pew Research Center, July 20, 2017. 他の世論調査でも、高等教育に対する信頼は同様に低下している。

118 Steven Brint, "Professionals and the 'Knowledge Economy': Rethinking the Theory of Postindustrial Society," *Current Sociology* 49, 4 (July 2001): 101-32.

119 Michael Gibbons et al., *The New Production of Knowledge: The Dynamics of Science and Research in Contemporary Societies* (London: Sage, 1994); Baker, *Schooled Society*, 77-81.

120 出版は190% (1979-2010)、引用は146% (1979-2005)増加した。Steven Brint and Cynthia E. Carr, "The Scientific Research Output of U.S. Research Universities, 1980-2010," *Minerva* 55, 4 (2017): 435-57; Frank Fernandez and David P. Baker, "Science Production in the United States: An Unexpected Synergy between Mass Higher Education and the Super Research University," in Justin J. W. Powell, David P. Baker, and Frank Fernandez, eds., *The Century of Science: The Global prodiTriumph of the Research University* (Bingley, UK: Emerald Publishing, 2017), 85-112. この中心性については以下の文献で議論されている。Jason Owen-Smith in *Research Universities and the Public Good: Discovery for an Uncertain Future* (Stanford, CA: Stanford University Press, 2018).

121 学術科学に対する連邦政府の将来的な支援に対する懸念については、以下を参照のこと。Gwilym Croucher, "Can the Research Model Move beyond Its Dominant Patron? The Future of Support for Fundamental Research in US Universities," Research and Occasional Papers, CSHE Paper No. 6.18 (2018), Center for Studies in Higher Education, University of California, Berkeley.

122 National Science Foundation, *Higher Education Research and Development Survey, Fiscal Year 2016*, Data Tables 1, 12, 21.

123 Ibid.; Fernandez and Baker, "Science Production in the United States," 104.

124 *Knowledge and Money*で分析された99の主要な大学のうち、公立大学は2:1の割合だった。

125 Brint and Carr, "Scientific Research Output."

126 Emory University, *Research at Emory: The Report of the Commission on Research* (Atlanta: October 2003).

127 Michael M. Crow and William B. Dabars, *Designing the New American University* (Baltimore: Johns Hopkins University Press, 2015); Roger L. Geiger, "Prospects for a New American University: Implications for Research," (Pennsylvania State University, 2016).

128 Roger L. Geiger and Creso M. Sá, *Tapping the Riches of Science: Universities and the Promise of Economic Growth* (Cambridge, MA: Harvard University Press, 2008), 98-104.

129 University of South Florida, USF Research and Innovation, *Report of Research Activities: Fiscal Year 2016*, p. 30. 筆者はペンシルベニア州立大学に対する特定の年度のすべての企業助成を分析し、複数の目的があることを発見した。Roger L. Geiger, "Corporate-Sponsored Research at Penn State: A Report to the Vice President for Research," Pennsylvania State University (March 2008).

130　「2008年…9万5,000人の大学院生が、米国の科学・工学系領域で研究助手として働いていた。さらに2万2,500人…がフェローシップで…7,615人がトレーニーシップで支援を受けている」。Paula Stephan, *How Economics Shapes Science* (Cambridge, MA: Harvard University Press, 2012), 70.

131　Frank Fernandez et al., "A Culture of Access and Science Capacity: A Symbiosis of Mass Higher Education, STEM PhD Training, and Science in the U.S. over the 20th Century" [tentative title] (Pennsylvania State University 2018).

132　Stephan, *How Economics Shapes Science*, 152-61. これらの結果は相対的なものだ。科学のPhDの労働市場における成果は、たとえ遅れたとしても相当なものであり、産業界に雇用された者はより高い給与を得られるという慰めがある。

133　Michael S. Teitelbaum, "The Myth of the Science and Engineering Shortage," *Atlantic* (March 2014); Stephan, How Economics Shapes Science, 162-81.

134　Stephan, *How Economics Shapes Science*, 183-202.

135　Roger L. Geiger, "Optimizing Research and Teaching: The Bifurcation of Faculty Roles at Research Universities," in Hermanowicz, *American Academic Profession*, 21-43.

136　パートタイムおよびフルタイムの非常勤教員の増加は、高等教育のあらゆる分野で顕著な特徴となっている。Steven Hurlburt and Michael McGarrah, *The Shifting Academic Workforce: Where Are the Contingent Faculty?* (Washington, DC: Delta Cost Project, American Institutes for Research, 2016). この傾向により、教員の給与や福利厚生への支出が減少している。Hurlburt and McGarrah, *Cost Savings or Cost Shifting? The Relationship between Part-Time Contingent Faculty and Institutional Spending* (Washington, DC: Delta Cost Project, American Institutes for Research, 2016).

137　Geiger, "Optimizing Research and Teaching" においては、分野によって非常勤講師の 役割が異なることを指摘している。ビジネス分野では、非常勤講師は大規模な学士課程コースの講義を担当し、MBAプログラムは地位とランクを左右する。どちらのやり方も、間違いなく授業を改善することができる。

138　公立大学は6,000対1万1,000、私立大学では2,000対5,000となっている。Liang Zhang, Ronald G. Ehrenberg, and Xiangmin Liu, "Changing Faculty Employment at Four Year Colleges and Universities in the United States" (Pennsylvania State University, 2016).

139　IPEDsのデータによる。

140　Baker, *Schooled Society*, 99-121, quote p. 121, quoting John W. Meyer, "The Effects of Education as an Institution," *American Journal of Sociology* 83, 1 (1977): 55-77, quote p. 68.

141　Brint, "Professionals," 114.

142　Steven Brint, "An Institutional Geography of Knowledge Exchange: Producers, Exports, Imports, Trade Routes, and Metacognitive Metropoles," in Jal Mehta and R. Scott Davies, eds., *Education in a New Society* (Chicago: University of Chicago Press, 2018), 115-43.

解　　題

本書は、Roger L. Geiger, *American Higher Education since World War II* (Princeton: Princeton University Press, 2019) の全訳であり、昨年翻訳を刊行したロジャー・L・ガイガー『アメリカ高等教育史：その創立から第二次世界大戦までの学術と文化』(東信堂、2023)の続刊にあたる。原著者の略歴や高等教育史上の位置づけ、訳語選択についての議論は前巻の「解題」にも記したが、本書を先に手に取る読者のために、再掲することとする[1]。

著者の略歴

著者のガイガーは1943年生まれで、ミシガン大学を1964年に卒業、同大学大学院で1966年にMAを、1972年にPhDを歴史学で取得した。職歴としては、1966年から68年までノーザンミシガン大学、1972年から74年までミシガン大学で歴史学の講師を務め、1974年から87年まではイェール大学社会学・政策学研究所に勤めた。1987年からペンシルベニア州立大学に勤め、現在は同大学名誉高等教育特別教授である。

前巻のまえがきで本人も述べているが、ガイガーは1993年から *History of Higher Education Annual* (現在の *Perspectives on the History of Higher Education*) の編集を務め、「アメリカ高等教育史の新たなアプローチ」、すなわち「リビジョニズム」[2]と呼ばれる高等教育史研究を牽引してきた。前巻 *The History of American Higher Education: Learning and Culture from the Founding to World War II* (Princeton: Princeton University Press, 2014) およびその続編の本書 *American Higher Education since World War II: A History* は、リビジョニズム高等教育史研究のひとつの到達点である

と評されている[3]。

ガイガーはこの２冊に先立ち、アメリカ高等教育史の独自の時代区分を「10の世代」論として発表している。これはそれまで南北戦争を境にその前(アンテベラム)とその後(ポストベラム)の２つに区分したうえで、前者を「カレッジの時代」として簡単に論じたうえで、後者を「ユニバーシティの時代」として集中的に論じられてきたそれまでのアメリカ高等教育史の論述傾向を刷新したものといえる。前巻および本書は必ずしもこの「10の世代」論に厳密に対応した章立てとはなっていないが[4]、前巻においてその意図は充分に達成されており、本書の議論もこの延長線上でなされている。この点こそが、ガイガーのこれらの業績が「リビジョニズム高等教育史研究のひとつの到達点」と評される所以である。

本書の特徴と評価

本書はタイトルの通り、第二次世界大戦後のアメリカ高等教育について全８章で論じている。これはガイガーの「10の世代」論においては世代９（1945-1975：アカデミック・レボリューションの時代）・世代10（1975-2010：私費依存と現代）にあたり[5]、前者については第１章から第５章、後者については第７章・第８章において論じているが、第６章において1970年代を通して論じるなど、章構成は必ずしも世代論と対応していない。

自らも通史を執筆したことがあるジョン・R・テリンは、前巻『アメリカ高等教育史』の書評において、前巻の登場を「遂に！」と歓迎する一方、前巻が第二次世界大戦前でその記述を終えたことについて、以下のような表現でもって残念がっていた。

> ガイガーが満塁ホームランに匹敵する学問的成果を挙げる要素は全て揃っていた。しかしガイガーはそれをエンタイトル・ツーベースにしてしまい、走者――すなわち読者――を塁上に残した。[6]

本書の刊行はテリンにとっても待望のものだったと思われるが、残った走者は本塁に生還できたのか。

本書の書評としては、例えばロバート・コーエンによるものが挙げられる。彼は本書について、「制度史としては称賛に値するが、思想史・政治史的側面において行き詰っている」とした。その批判の対象は特に最終章にあり、ガイガー自身が同時代に「どっぷり浸かっている」ために、「自身のバイアス」を修正できておらず、「このような自己認識の欠如は、ガイガーが公平な立場で説明するのではなく、どちらかの味方を選ぶという、文化戦争に関する偏った記述につながっている」として、具体的な参照資料の問題点を挙げるなど、非常に厳しい評価をくだしている[7]。

おそらくガイガーは第8章を書かなければ、このような評価は免れただろう(これらの点に関する言及が少なすぎる、という批判は出てくるだろうが)。しかし、ガイガーはこの第8章を書きたいがために前巻から続く長大な通史を書き上げたと考えることは、少々穿った見方が過ぎるだろうか。ガイガーは2000年代に入ってからのアメリカ高等教育の変容を、突然変異としては見ておらず、それ以前の動向が継続・拡大したものとして見ている。そしてガイガーは前巻から、歴史記述の中心的テーマとして知識、学生とキャリア、そして文化を取り上げてきた。第8章でガイガーが槍玉にあげている反知性主義や非認知的学習、「雪の結晶」に例えられる学生、マイノリティ・グループの形成によるキャンパス文化の分断などは、こうしたテーマに対応するものであり、明示的にではないにせよ過去との対比――特に本書第2部で描かれるようなリベラル・アワーにおける認知的学習、逞しい学生、キャンパスの一体感との対比――が企図されていると読むこともできよう。

このようなガイガーの立論は、リベラル・アワーにおけるアメリカの大学を、一種の理念型として保存しようとする試みとも言えよう。この「理念型の保存」という考え方は、クラーク・カーがエイブラハム・フレックスナーの『大学論』の再版にあたって寄せた序文において出てくるものである。カーによれば、フレックスナーの『大学論』は、モデルとすべきとしたドイツの大学についても、アメリカの大学の今後の在り方についても「見誤った」。それにもかかわらず、カーが序文を執筆した1994年においても同書は「偉大な書物」だと評した。カーはその理由として、フレックスナーが「おそらく最も純粋で完全に合理的な形態のなかで、その発展の決定的段階で『近代的大学の理念』を私たちのために保持した」からだとしており、「このような理念型の表現は、現代の私たちの大学の理解と評価にとって非常に貴重である」としてその重要性を論じている[8]。従って、本書にコーエンの指摘するような問題があったとしても、フレックスナーによる理念型から離れることで発展した1960年代のアメリカの大学に対し、その当時の新たな理念型を保存したものと考えると、また別の観点から本書の重要性を考えることができよう。

とはいえ本書最大の特徴は、戦後アメリカにおける研究の進展・拡大についての制度史的側面、特に「連邦研究経済」と名づけられた一連の研究体制の構築を、はじめて通史的に記述した点にある。戦後のアメリカがスプートニク・ショックを経ていかに世界をリードする研究体制を構築したのか、またこれが戦前の動きといかに関係するのかについて、本書を読めば充分に理解できるようになっている。それと同時に、こうした体制の問題点も常に指摘されており、アメリカのような在り方が必ずしも見習うべき手本ではない、という点も想起させてくれる。本書のアメリカ高等教育史に対する最大の貢献はおそらくここにあろう。

訳語の検討

アメリカ高等教育史通史の訳書の刊行は、前巻が2003年のルドルフ以来20年ぶりであり、原著の刊行年でいえば52年もの開きがある。その間アメリカ高等教育史の研究水準が飛躍的に向上したのは先述の通りであるが、日本における研究の進展もあり、前巻では邦訳においては定訳のある訳語もいくつか見直しを図った。本邦訳の訳語は基本的にこれを継承している。

まず、“college” と “university” という2つの単語である。本邦訳では前者を「カレッジ」、後者を「大学」として訳し分けた。この「カレッジ」と「大学」の違いは前巻における重要なテーマの1つとなっており、本書においてもその議論は継続されている。しかし従来のアメリカ高等教育の翻訳では、ルドルフの通史のタイトルに見られるように、この2語の訳出が正確に行われていないことが多く、それゆえ誤解を誘発することが多かった。

　そして、本邦訳では通常「学部」と訳される “faculty” には「教授陣」もしくは「教員」、「学部長」と訳される “dean” には「部長」、「学科」と訳される “department” には「領域」ないしは「領域ごとの教授陣」といった訳語を充てた。これらの語に従来の訳語を充ててしまうと、日本独自の大学の組織形態である「学部・学科制」、すなわち入学試験の際に学部・学科(場合によっては専攻まで)を指定して入学し、学生組織と教員組織の枠組みが一致するという形態を前提として読んでしまい、アメリカの大学制度の理解を妨げてしまうと判断したためである。本書でも繰り返し論じられてきた通り、アメリカにおける学士課程は、古典語を中心とした必修課程に始まり、徐々に選択科目が増え、後に一通りの学問を学んだうえで専攻・副専攻を決める形が主流となった。従ってそこに、入学時に学生を「学科」ごとに振り分けるという考え方はなく、専攻の形成と共に形成された領域ごとの教授陣も、全ての学生に対して授業を開講する形となっている。そしてこうした領域ごとの教授陣が形成された後も、ごく一部の例外を除いて学生は「カレッジ」ないしは「スクール」に所属するものであり、「学部」「学科」には所属しない。同様の理由で、“faculty” の訳に学生もその範疇に含む「学部」という語を充てることも避けた。

　また、“teaching,” “instruction,” “education” という３つの語の訳出であるが、これらは順に「教授活動」、「授業(または指導)」、「教育」という訳語を充てた。この３語も、従来の訳では区別なく「教育」という語が充てられてきた。しかし “education” すなわち「教育」という語は近代において誕生したものであり、対して大学はそれ以前から存在している。従ってカレッジないしは大学という組織は、ある一定の時期まで「教育」という意識が希薄であり、初等中等教育の整備が進むにつれてこの考え方が大学に移入されてきた。前巻においても “education” という語が頻出するようになるのはその時期からであり、本書が対象とする時代においても、これらのニュアンスを引き継ぎつつ各語が用いられている。しかしこれらについても、正確な訳出をしないとその違いを読み取れなくなってしまう。

　上述のような理由から、本邦訳では既に定訳のある語も、あえて異なる語で訳出した。結果として読みづらかったり、日本語としての通りが悪い箇所が出てきたりしてしまった部分もある。これらについてはお読みいただく方々に判断を委ね、ご指導、ご批判を賜りたい。

原　圭寛　（昭和音楽大学）

注

1　以下の文章のうち、「著者の略歴」については前巻（原圭寛「解題」ロジャー・L・ガイガー『アメリカ高等教育史：その創立から第二次世界大戦までの学術と文化』原圭寛他訳、東信堂、2023）のpp. 715-716を、「訳語の検討」については同pp. 717-720を、一部加筆・修正のうえ再掲した。

2　「リビジョニズム」という語は、いわゆる「歴史修正主義」を指す場合もあるが、アメリカ高等教育史の文脈ではそのような含意は無く、単にこれまでの歴史観を新たな研究によって「見直す」ことを意味する。

3　坂本辰朗「アメリカにおける高等教育史研究の動向：通史編纂の問題」『「教育」を問う教育学』田中克佳編（慶應義塾大学出版会、2006）、247-70.

4　ガイガーによる「10の世代」論と2冊の通史の章立てとの関係については、前巻「解題」の表を参照のこと。

5　Roger L. Geiger, “The Ten Generations of American Higher Education,” in *American Higher Education in the 21st Century*, edited by Michael N. Bastedo, Philip G. Altbach and Patricia J. Gumport (Baltimore: Johns Hopkins University Press, 2023), 3-36. なお、この2023年版でガイガーは、従来の「10の世代」にコロナ禍およびその後の高等教育について論じた「第11世代」を付している。

6　John R. Thelin, “The Big Book,” *The Chronicle of Higher Education*, November 10, 2024.

7　Cohen, Robert. “Roger L. Geiger. *American Higher Education since World War II: A History.* Princeton, NJ: Princeton University Press, 2019. 400 pp.” *History of Education Quarterly* 60, no. 4 (2020): 675-78. https://doi.org/10.1017/heq.2020.47.

8　クラーク・カー「トランズアクション版への序文：フレックスナーを偲んで」、エイブラハム・フレックスナー『大学論：アメリカ・イギリス・ドイツ』坂本辰朗、羽田積男、渡辺かよ子、犬塚紀子訳（玉川大学出版部、2005），5-25.

※以下の索引のページ数はI巻・II巻の総ページ数で示す。I巻は1～721ページ、II巻は722～1224ページ(各ページカッコ内の表記参照)となる。なお、索引は本文のみとし、注等は省略している。

人名索引

ア行

アースキン、ジョン……544, 546
アームストロング、サミュエル・チャップマン……549
アーロン、ヘンリー……869
アイゼンハワー、ドワイト・D……834
アイゼンハワー、ミルトン……825
アイデロット、フランク……490, 495, 914
アガシー、ルイ……308, 318, 343
アザートン、ジョージ・W……357, 360, 361
アズベリー、フランシス……170, 242, 243, 298
アダムズ、ジョン……108, 110, 111, 123, 124, 141
アダムズ、ハーバート・バックスター……391, 392, 484
アトウォーター、ジェレミア……167
アドラー、モーティマー……542-546, 581, 582
アボット、アンドリュー……851, 867
アリストテレス……9, 23, 33, 48, 52, 91, 543, 581, 631
アリソン、フランシス……59, 68-70, 75
アルム、リチャード……1107-1109
アレクサンダー、アーチボールド……196
アレン、ウィリアム……204-207
アレン、ジョン……787, 788, 796
アレン、レイモンド……761, 762, 765
イートン、エイモス……220, 308, 311
イートン、ナサニエル……16-18
イールズ、ウォルター・クロスビー……508-510
イェール、エリフ……27, 39
ウィービ、ロバート……215
ウィーラー、ベンジャミン・アイド……426-429, 469-471, 589
ウィーロック、エリエザー……56, 97-100, 106, 120
ウィーロック、ジョン……202-205, 207
ウィグルワース、エドワード……38
ウィグルワース、エドワード、Jr.……88
ウィザースプーン、ジョン……74-77, 100-108, 112, 116, 123, 134, 149, 165, 172, 175-178, 211, 396, 532, 632
ウィラード、エマ……252
ウィラード、サミュエル……36, 37, 178
ウィリアムズ、エリシャ……41, 45, 46
ウィリッツ、ジョセフ……608-610, 820, 840
ウィルソン、ウッドロウ……392, 484-489, 498, 501, 639
ウィンストン、ゴードン……1052, 1053
ウィンスロップ、ジョン……13, 39, 51, 73, 74
ウェア、ヘンリー……178
ウェイランド、フランシス……162-165, 190, 275-277, 283, 304, 317
ウェスト、アンドリュー・F……487
ウェバー、サミュエル……178
ウェブスター、ダニエル……205, 206
ウェブスター、ノア……139, 182
ウォーカー、エリック……825, 826
ウォーターハウス、ベンジャミン……124
ウォーターマン、アラン……813, 833
ウォルフル、ダエル……776
ウッズ、アルバ……282, 287
ウッド、ゴードン……158
ウッドソン、カーター・G……556
エイムズ、ウィリアム……16
エイムズ、ジェームズ・バー……460, 462
エドワーズ、ジョナサン……55, 56, 59, 84, 172
エバレット、エドワード……224, 225, 317, 318, 389
エマーソン、ジョセフ……253, 256
エマーソン、ラルフ・ワルド……166, 178, 227

エリー、リチャード …… 424
エリオット、A・マーシャル …… 392
エリオット、ジャレド …… 85
エリオット、チャールズ・W …… 318, 321, 330, 341, 366, 374-383, 386, 395, 398, 402, 406, 407, 421, 422, 428, 429, 434, 448, 452-454, 458-462, 468, 475, 483, 488, 528, 562, 579, 638
エンジェル、ジェームズ・バーリル …… 383, 421, 422, 428, 429, 450
エンブリー、エドウィン …… 579
オーター、デビッド …… 1102, 1103
オートン、エドワード …… 351, 352
オームズビー、ミッチェル …… 308
オッカム、サムソン …… 97
オッペンハイマー、J・ロバート …… 589, 616, 817
オバマ、バラク …… 3, 1081, 1087, 1114
オルデン、ティモシー …… 241

カ行

カー、クラーク …… 762, 793, 794, 818, 862-865, 867, 871, 889, 894, 913, 923-925, 935, 937, 951, 958, 959, 968, 974, 1121
カー、シンシア …… 1123
カークランド、ジョン・ソートン …… 180, 181, 196, 197, 224, 226, 227, 273
カーター、アラン・M …… 857-861
カーター、ジミー …… 1025-1028, 1036
カーナン、アルビン …… 853
カーネギー、アンドリュー …… 560-562
ガーランド、ランドン・キャベル …… 283, 284
カッツ、ローレンス …… 503, 1101
カトラー、ティモシー …… 27, 40, 41
カラベル、ジェローム …… 801, 802
ガルブレイス、ジョン・ケネス …… 831, 867
ガンポート、パトリシア …… 991
ギトリン、トッド …… 939, 1064, 1071
ギブス、ウォルコット …… 377
ギブス、ジョサイア …… 197, 198
ギボンズ、マイケル …… 1121
キャッテル、ジェームズ・マッキーン …… 499, 565, 576, 578, 624
キャリー、フリーマン …… 299, 300
キャンビー、ヘンリー・サイデル …… 431, 432
キャンプ、ウォルター …… 441-443
キャンフィールド、ジェームズ …… 352
ギルマン、ダニエル・コイト …… 340, 341, 346, 375, 383-386, 390-392, 394, 402, 403, 409, 449
キングスリー、ジェームズ …… 173, 230-235
キンバル、ブルース …… 461
キンボール、ロジャー …… 1070
キンリー、デビッド …… 586
クインシー、ジョサイア …… 193, 273
クーパー、トーマス …… 279
クーパー、マイルズ …… 90-92, 122
クック、モリス・L …… 564, 565
クラーク、エドワード …… 467
クラーク、ジョナス …… 400-404
クラーク、ダニエル …… 447
クラーク、バートン・R …… 791, 895
クラーナ、ラケシュ …… 610
クラップ、トマス …… 41, 42, 46, 51, 56-59, 72, 74, 83-86, 125, 164
グラハム、ヒュー・デービス …… 1040
グラント、ジルパ …… 253
クリーブランド、パーカー …… 310
グリーリー、アンドリュー …… 913
グリーン、アシュベル …… 177
グリーン、ベンジャミン …… 313
グリーンウッド、アイザック …… 39, 51, 73
グリスウォルド、A・ホイットニー …… 804, 805, 820
グレイ、エイサ …… 316, 318
グレイザー、ネイサン …… 980
グレゴリー、ジョン・ミルトン …… 351
クロウ、マイケル …… 1124
グロス、ニール …… 1075, 1113, 1119

グロス、ポール……1065
クロットフェルター、チャールズ……1089, 1090, 1098, 1100
ケイメン、マーチン……764
ゲール、ベンジャミン……84, 85
ケーン、メリッサ……905
ケッペル、フレデリック……527, 567
ケネディ、ジョン・F……830, 834, 868, 932
ケネディ、ドナルド……1033, 1068
ケリー、ロバート……612
ケント、ジェームズ……133
コーエン、ジョセフ……915, 917
コーエン、スタンリー……1031, 1032
コードウェル、ジョゼフ……153
ゴードン、ロバート・J……1004, 1101
コーネリアス、イライアス……250
コーネル、エズラ……342-344, 347, 350, 372, 376
ゴーヒーン、ロバート……805, 806
コーラー、ロバート……573
コールマン、ジェームズ……869
コールマン、ベンジャミン……36-39
コグスウェル、ジョゼフ……225
コナーリー、ウォード……1072
コナント、ジェームズ……530, 580, 581, 591, 592, 747, 750, 751, 790, 801, 804, 814
コフマン、ロータス・D……536, 584, 585
ゴルディン、クラウディア……503, 1101
コルベ、パーク……516
コンプトン、カール……592, 619

サ行

サーストン、ロバート……367-370, 372
サール、ジョン……960
サイモン、ハーバート……865, 866
サビオ、マリオ……936, 937
サムナー、ウィリアム・グラハム……395
サロー、レスター……876
サロベー、ピーター……1115
サンダー、リチャード……1099
サンタヤーナ、ジョージ……431
サンドラー、バーニス……979
シアーズ、バーナス……277
シーモア、チャールズ……743, 804
シーリー、L・クラーク……472
ジェームズ、エドマンド……418, 425
シェパード、トマス……16
ジェファーソン、トマス……43, 44, 74, 110, 129-131, 136, 141, 155, 167, 174, 176, 200-204, 208, 216, 221-225, 229, 278, 279, 284, 375, 634
シェフィールド、ジョセフ……317, 372
ジェンクス、クリストファー……849, 850, 854, 866, 871, 913, 958, 985
シッペン、ウィリアム、Jr.……80, 81
シファード、ジョン……244, 245
シャピロ、ハロルド……1058
ジュエット、ミロ・P……258
シュラム、イーサン……864
シュレジンジャー、アーサー・Jr.……772, 1071
シュレッカー、エレン……766-769
ジョーダン、デイビッド・スター……343, 344, 401, 405-408, 449, 505, 506
ジョンストン、ジョン・B……584
ジョンソン、ウィリアム・サミュエル……133
ジョンソン、サミュエル(キングス・カレッジ)……40, 41, 49, 53, 63-66, 74, 90, 106
ジョンソン、サミュエル(農業科学者)……362
ジョンソン、チャールズ・S……554, 556-558
ジョンソン、モルデカイ……555, 557
ジョンソン、リンドン・ベインズ……830, 836, 837, 859, 869, 872, 889, 930, 931, 938, 939, 962, 971, 1031
シリマン、ベンジャミン……173, 174, 220, 230, 308, 310, 313-316
シリマン、ベンジャミン、Jr.……316, 317, 346
ジルダースリーブ、バジル……391
シルベスター、J・J……391

シンプソン、マシュー 242
スーアル、サミュエル 25
スウェイン、デイビッド 277, 285
スーエル、トマス 88
ズーク、ジョージ 508, 510, 513, 724, 736, 738, 742
スクレントニー、ジョン 983, 984
スザロ、ヘンリー 513
スターティバント、ジュリアン 165, 230, 235, 236
スターリング、ウォレス 822, 823
スタイルズ、エズラ 83, 87, 95, 99, 111, 125, 126, 148
スタッグ、エイモス・アロンゾ 410, 432, 441
スタンフォード、ジェーン・ラスロップ 406
スタンフォード、リーランド 400, 405, 406
スチュアート、モーゼス 173, 174, 195-198
スティーブンソン、ルイス 394
スティレ、チャールズ 415
ストーリー、ジョゼフ 193, 194, 205-207, 459, 460
ストーン、ローレンス 11
ストッダード、ジョージ 785
ストラットン、ジュリアス 816
ストロング、エドワード 936
スプロール、ロバート・ゴードン 513, 589-591, 597, 792, 817
スミス、ウィリアム 53, 68-70, 74, 78, 89, 90, 127, 129, 145
スミス、ウィリアム・A 290
スミス、サミュエル・スタンホープ 93, 123, 143, 175
スミス、ネイサン 184, 187
スミス、ロナルド・A 999
スミス、ロバート 147-149
スモール、アルビオン 410
スモール、ウィリアム 44, 74
スロッソン、エドウィン・E 412, 413, 416, 417, 420, 423, 428, 433, 624, 810
セイヤー、シルヴェイナス 217-219, 225
セール、カークパトリック 944
セバー、ニコラス 45, 46
セラリー、ジョージ 588
ソアレス、ジョセフ 801, 1054, 1055
ソーンウェル、ジェームズ・H 281, 282

タ行

ターナー、ジェームズ 34
ターナー、フレデリック・ジャクソン 424
ターマン、フレデリック 819, 822, 823
ダイアモンド、ナンシー 1040
ダイクストラ、クラレンス 727
ダイズ、マーチン 759, 760, 763
ダグラス、ジョン 1073
ダジェット、ナフタリ 84-87, 125
タッパン、ヘンリー 304-308, 315, 342, 375, 376, 420, 434, 636
ダドリー、ベンジャミン 188
ダナ、ジェームズ・ドワイト 316
ダナム、オールデン 881, 882
ダベンポート、ジェームズ 56
ダマー、ジェレミア 39
タルボット、マリオン 410
ダンスター、ヘンリー 17-21, 44, 45, 49, 77, 448
チェンバリン、トーマス 424
チェンバレン、メリアム・K 990
チャーチ、アロンゾ 285
チャン、リョウ 1097, 1098
チャンドラー、チャールズ・フレデリック 369
チュニス、ジョン・R 594
チョーンシー、チャールズ 21, 22, 26, 35
デイ、エドマンド・エズラ 819
デイ、ジェレミア 173, 175, 230, 261, 267
ディキンソン、ジョナサン 59-61, 100
デイビー、ウィリアム 152

デイビス、サミュエル……62
テイラー、ジョゼフ……473
テイラー、ジョン……96
テイラー、スチュアート……1099
テイラー、ナタニエル……173, 197
ティロットソン、ジョン……34, 35, 40, 55, 57
デーン、ネイサン……193
テクナー、ジョージ……224-227, 230, 232, 235
テネント、ウィリアム、シニア……58, 59
テネント、ギルバート……56, 59-62
デュアン、ジェームズ……132
デュー、トーマス……278, 290
デューイ、ジョン……410, 422, 506, 510, 536, 576, 583, 738, 739, 742, 748, 749, 752, 753
デューイ、トマス……795
デュボイス、W・E・B……550-554, 558
デュラント、ウィリアム……327, 466, 469
デ・ランシー、ジェームズ……64, 111
ドゥスーザ、ディネシュ……1070-1075
ドーソン、ウィリアム……30, 42
ドッズ、ハロルド……743, 805
トマス、M・キャリー……473-477
トムリンソン、ギディオン……232
ドラッカー、ピーター……867
トランプ、ドナルド……1120
トランブル、ジョン……78, 79, 86
トルーマン、ハリー・S……737, 744, 759, 760, 769, 812
ドレイク、ダニエル……189
ドレイパー、ハル……937, 956
トロウ、マーチン……502, 503, 523, 525, 533, 877, 894, 898, 1079
ドワイト、セオドア・W……462
ドワイト、ティモシー……78, 79, 86, 172-179, 197, 199, 229, 230, 252
トンプソン、チャールズ……557

ナ行

ナット、サイラス……242
ニアリング、スコット……419, 577
ニクソン、リチャード・M……760, 869, 931, 955, 971, 977, 1025, 1031
ニスベット、チャールズ……149-151, 241
ニスベット、ロバート……533
ニュートン、アイザック……33, 34, 40, 50-52, 72-76, 308, 632
ノイズ、アーサー……501
ノートン、アンドリューズ……196, 198
ノートン、ジョン・ピットキン……316, 317
ノートン、チャールズ・エリオット……382
ノット、エリファレット……166, 206-209, 220, 229, 262, 263, 269, 312

ハ行

バー、アーロン……61
パー、エヴァン……357
バー、ストリングフェロー……544, 545
パーカー、アイザック……192, 193
パーキンス、ジェームズ……911, 951, 952, 959
ハークネス、エドワード……575, 583
バーザン、ジャック……546
バージェス、ジョン……417, 418, 449
パーソンズ、タルコット……866
バーチェ、アレクサンダー・ダラス……311, 323
パーデュー、ジョン……355
ハーデンバーグ、ジェイコブ・ラトセン……96
ハート、ジェームス・モーガン……390
ハートマン、アンドリュー……1062
パートリッジ、オルデン……217, 219, 229, 240, 291
バートレット、サミュエル・コルコード……443
バーナード、フレデリック・A・P……414-416
ハーパー、ウィリアム・レイニー……328, 400-404, 408-411, 423, 428, 441, 449, 453, 462, 470,

477, 489, 494, 504, 505, 542, 581, 1080
ハーバード、ジョン …… 11, 17, 179
パーマー、アリス・フリーマン …… 410
バーマン、エリザベス・ポップ …… 1032
ハーンウェル、ゲイロード …… 820, 821
ハウ、アーサー …… 1054
ハウ、フローレンス …… 987, 989
バウンド、ジョン …… 1092
パウンド、ロスコー …… 587
バスコン、ジョン …… 348-352, 423, 451
パターソン、ガードナー …… 994, 995
パターソン、ジェームズ …… 730, 758, 930
バターフィールド、ヴィクター …… 799, 800, 919, 920
ハチソン、フランシス …… 71, 75-77
バック、ポール …… 754
バッグ、レイマン …… 265-268, 431
バックリー、ウィリアム・F・Jr. …… 806, 807, 977, 1075
ハッチンズ、ロバート・メイナード …… 541-547, 581-582, 591, 626, 743, 749, 752, 818, 921
ハッチンソン、アン …… 16
パットン、フランシス・L …… 446, 483, 486
バトラー、ニコラス・マリー …… 416, 418, 428, 452, 475, 499, 527, 528, 564, 582, 583, 591
ハドリー、アーサー・トワイニング …… 483
バトル、ケン・プラマー …… 361
ハビガースト、ロバート …… 874
ハミルトン、アレクサンダー …… 116, 141
ハミルトン、チャールズ・ヒューストン …… 557, 558
ハリス、シーモア …… 743
ハリス、ドナルド …… 909
ハリス、ルーファス …… 905
ハリソン、チャールズ・C …… 416-418, 429
バレンシュタイン、ピーター …… 899
バンクロフト、ジョージ …… 225
バンチ、ラルフ …… 557
バンディ、マクジョージ …… 802-806, 846, 847
バン・ハイズ、チャールズ …… 349, 422, 477, 586
ビアード、チャールズ …… 499
ピアス、ベンジャミン …… 316-318
ピアソン、エイブラハム …… 25, 26
ピアソン、エリファレット …… 178, 179
ピアポント、ジェームズ …… 24
ビーチャー、ライマン …… 169, 170, 199
ピーバディ、セリム …… 351
ヒールド、ヘンリー …… 795, 841
ヒッチコック、エドワード …… 310, 314
ピュージー、ネイサン …… 804, 954, 959
ヒューム、デイビッド …… 76, 102, 167
ピンカー、スティーブン …… 1112
ビンセント、ジョージ …… 584, 585
ファス、パウラ …… 778, 779
ファス、ポーラ …… 524
フィアリング、ノーマン …… 33, 34
フィスク、ウィルバー …… 241, 247
フィッチ、エベニーザー …… 146
フィニー、チャールズ・グランディソン …… 169, 245
フィンリー、モーゼフ …… 765
フィンレー、ジョン …… 515
フーコー、ミシェル …… 1065
フォード、ガイ・スタントン …… 498, 584
フォールウェル、ウィリアム・ワッツ …… 349-351
フォスター、ウィリアム・トラファント …… 491-494
ブキャナン、スコット …… 544-546
フック、シドニー …… 762, 765
ブッシュ、ジョージ・H・W …… 1042, 1072, 1085
ブッシュ、バネバー …… 747, 811, 812, 833, 1038
プライス、デレク・デ・ソーラ …… 867, 868
ブラウン、アウントワネット …… 257
ブラッケンリッジ、ヒュー・ヘンリー …… 79, 117
ブラトル、ウィリアム …… 35, 36
プラマー、ウィリアム …… 203, 204

フランク、グレン …… 540, 587-591, 626
フランクリン、H・ブルース …… 964
フランクリン、ベンジャミン …… 38, 55, 63-68, 70, 73, 81, 128, 311, 323
フリーズ、ヘンリー …… 305, 421
プリーストリー、ジョゼフ …… 279
フリーダン、ベティ …… 778, 780, 985
フリーマン、リチャード・B …… 1005
フリーリングハイゼン、セオドア …… 94, 96
ブリステッド、チャールズ・アスター …… 272
プリチェット、ヘンリー・S …… 562-566, 576, 583
ブリュースター、キングマン …… 911, 993, 1014, 1015
ブリュンナウ、フランツ …… 305
ブリンクリー、アラン …… 773
ブリント、スティーブン …… 1080, 1104, 1109, 1123, 1127
フリント、ヘンリー …… 38, 45, 50
ブルーム、アラン …… 1068, 1069
ブレア、ジェームズ …… 28-30, 42, 44
フレイザー、E・フランクリン …… 557
ブレイナード、デイビッド …… 56
ブレステッド、ジェームズ …… 571
フレックスナー、エイブラハム …… 456-458, 481, 490, 538, 563, 567, 568, 573, 604, 605, 627
ブレネマン、デイビッド …… 1019, 1055
フレノー、フィリップ …… 79, 117
フロイト、ジークムント …… 405
ベイカー、デイビッド …… 1094, 1095, 1127
ベイジー、ローレンス …… 321, 376, 428, 850
ヘイズ、ラザフォード・B …… 351, 352
ヘイック、ハンター …… 865, 866
ヘイデン、トム …… 909, 933, 934
ヘイバー、アル …… 933
ヘイブン、エラストゥス …… 305
ベイリン、バーナード …… 76
ヘイル、ジョージ・エラリー …… 500, 501, 566, 570, 572
ペイン、トマス …… 142, 167
ベーテ、ハンス …… 819
ヘドリック、ベンジャミン …… 286, 287
ベネット、ウィリアム・J …… 1066-1069
ベブレン、ソースティン …… 577
ベル、ダニエル …… 867-871, 920, 921, 1121
ベルチャー、ジョナサン …… 61
ヘルプスト、ユルゲン …… 32, 71
ベレルソン、バーナード …… 840, 853, 854
ペン、トマス …… 62, 67, 68, 81, 89
ベンダー、ウィルバー …… 802-805
ヘンリー、ジョセフ …… 315
ヘンリー、デイビッド・ドッズ …… 785, 786, 832
ホイットニー、ウィリアム・ドワイト …… 388
ボイヤー、アーネスト …… 1008, 1104
ボイヤー、ハーバード …… 1031-1033
ボウマン、イザイア …… 592
ボーエン、ウィリアム …… 1098, 1099
ボーエン、ハワード …… 998
ポーター、ノア …… 384, 394-399, 413
ボーディン、ジェームズ、2世 …… 124
ボーディン、ジェームズ、3世 …… 110
ホール、G・スタンレー …… 401-405, 409
ボールドウィン、セロン …… 294, 296
ホクスビー、キャロライン・M …… 780-782, 809, 1052, 1053, 1079, 1089, 1090, 1098, 1099
ポズナー、エリック …… 1113
ボック、デレク …… 954, 981, 1033, 1039, 1098
ホッジ、チャールズ …… 196, 198
ポッツ、デイビッド …… 7, 214, 238, 297, 610, 919
ホプキンス、アーネスト …… 531
ホプキンス、マーク …… 190, 263, 264, 269, 270, 275, 445
ホフスタッター、リチャード …… 280, 293
ホリー、ホレス …… 188, 210
ホリオーク、エドワード …… 57
ホリス、トマス …… 38, 73
ホリンズヘッド、バイロン・S …… 755

ホロウィッツ、デイビッド …… 1111
ホワイト、アンドリュー・ディクソン …… 305, 342-345, 369, 375-378, 383-386, 389, 392, 401, 421, 449, 467
ホワイトフィールド、ジョージ …… 168, 170

マ行

マーギンソン、サイモン …… 1057
マーシャル、ジョン …… 205, 207
マイヤーソン、マーチン …… 886, 947-949
マイルズ、マンリー …… 357
マキシー、ジョナサン …… 155
マクファーソン、ジェームス …… 334
マクラッケン、ヘンリー・M …… 518, 519
マクリーン、ジョン …… 155, 176, 177
マクリーン、マルコム …… 536
マザー、インクリース(リチャードの息子) …… 24, 35-37
マザー、コットン(インクリースの息子) …… 27, 46, 47
マザー、リチャード …… 21
マッカーシー、ジョセフ …… 760, 763-768, 870
マッケンジー、ファイエット …… 553-555
マッコイ、ロバート …… 841, 848
マッコッシュ、ジェームズ …… 396
マッコネル、T・R …… 740
マディソン、ジェームズ(聖職者) …… 44, 93, 129-131
マディソン、ジェームズ(大統領) …… 74, 117, 141, 223, 224
マニング、ジェームズ …… 94, 95, 99, 100, 106, 171
マハン、エイサ …… 245
マンリー、バジル …… 282-285, 357
ミクルジョン、アレクサンダー …… 492-495, 540, 541, 544, 546, 612, 626
ミッチェル、ウェズリー・C …… 583, 618
ミラー、サミュエル …… 131, 140, 155, 156, 161, 177, 196
ミリカン、ロバート …… 501, 570
ミルズ、C・ライト …… 934
メイグス、ジョサイア …… 154
メイヒュー、ルイス …… 958, 959
メイヤー、ジョン …… 1005, 1112
メレディス、ジェームズ …… 903
モーガン、エドマンド …… 52
モーガン、ジョン(オバーリンの教授) …… 245
モーガン、ジョン(フィラデルフィアの人物) …… 80-82
モリソン、サミュエル・エリオット …… 22, 37
モリソン、フィリップ …… 764
モリル、ジャスティン・スミス …… 335

ヤ行

ユーイング、ジョン …… 128

ラ行

ライス、ルーザー …… 171
ライマン、リチャード …… 964
ラスベン、アレクサンダー …… 536, 585, 586, 591
ラスロップ、ジョン・H …… 306
ラッシュ、ベンジャミン …… 81, 82, 101, 110, 111, 134-140, 144, 149, 150, 185, 228
ラッド、マーク …… 944-946, 950, 956
ラティモア、オーウェン …… 765, 766
ラフォレット、ロバート …… 349, 423, 587, 588
ラムス、ペトルス …… 48-52
ラムル、ビアズレー …… 568-573, 627
ラング、アレクシス …… 505
ラングデル、クリストファー・コロンブス …… 380, 382, 459-461
ランマン、チャールズ …… 382-385, 396
リアドン、ショーン・F …… 1101
リースマン、デイビッド …… 787, 849, 850, 854, 866, 871, 913, 958, 985
リード、アルフレッド・Z …… 464, 465
リーバー、フランシス …… 281, 293

リービッヒ、ユストゥス・フォン …… 312, 319
リーブ、タッピング …… 191
リッチャーズ、エレン・スワロー …… 477
リッツォ、マイケル …… 1056, 1061
リッテンハウス、デイビッド …… 71, 74, 103, 128, 311
リップマン、ウォルター …… 540
リトル、クラレンス・クック …… 535, 536, 571
リビングストン、ウィリアム …… 63-65, 84, 115
リヨン、メアリー …… 251, 253-256, 635
リンズレー、フィリップ …… 211
ルイス、ライオネル …… 767, 768
ルーズベルト、セオドア …… 442, 447
ルーズベルト、フランクリン・D …… 724, 725, 731, 732, 736, 737, 811
ルースベン、アレクサンダー …… 820
ルドルフ、フレデリック …… 270
レーガン、ロナルド …… 954, 998, 1025, 1030, 1036, 1044
レズリー、W・ブルーズ …… 7, 444
レダーマン、レオン・M …… 1038
レバレット、ジョン …… 35-38, 45, 46, 49
レムセン、アイラ …… 391, 392
ロイス、ジョサイヤ …… 565
ロイヤル、アイザック …… 192
ロウ、セス …… 416, 462
ローウェル、アボット・ローレンス …… 483, 488, 579, 639
ローズ、ウィクリフ …… 569
ローレンス、E・O …… 589, 817
ローレンス、アボット …… 317, 318, 372
ローレンス、アモス …… 270, 302
ロクサ、ヨシパ …… 1107-1109
ロジャーズ、ウィリアム・B …… 293
ロジャーズ、ヘンリー・ダーウィン …… 310, 315
ロス、エドワード・A …… 407
ロストウ、W・W …… 866, 869
ロック、アラン …… 556
ロック、ジョン …… 33, 34, 40, 42, 51, 74, 75, 77
ロックフェラー、ジョン・D …… 400-403, 408, 411, 474, 524, 560, 561, 567
ロックフェラー、ネルソン …… 795
ロビー、トマス …… 38, 45, 50, 51
ロブソン、デイビッド …… 152
ロンドン、ハワード …… 896

ワ行

ワーレン、ジョン …… 124
ワイス、ジョージ …… 131
ワシントン、ジョージ …… 127, 138-141, 145
ワシントン、ブッカー・T …… 549, 550
ワッツ、アイザック …… 51

校名索引

ア行

アーラム …… 302
アイオワ …… 568, 569
アイオワ州立／アイオワ州立農業 …… 302, 307, 358, 359, 824
アグネス・スコット …… 479
アクロン …… 501, 517
アトランタ …… 550-553, 558
アマースト …… 227, 228, 230, 234, 237, 244, 246, 254-255, 270, 271, 274 310, 417, 476, 492, 493, 540, 544, 626, 798-800, 804, 808, 887, 918-921, 995
アラバマ …… 258, 282, 291, 331, 333
アリゾナ …… 825, 1026, 1028, 1036, 1060, 1104
アリゾナ州立(ASU) …… 824, 825, 861, 1123-1125
アルフレッド …… 301
アレゲニー …… 239, 241, 242
アンティオーク …… 302, 467, 539
アンドーバー神学セミナリー …… 171, 173, 179, 195
イースタンミシガン／ミシガン州立師範 …… 511
イーストテネシー …… 211
イェール …… 4, 6, 25-27, 32, 37-41, 45-52, 55-63, 74, 78, 79, 83-87, 97-100, 105-113, 115-119, 125, 126, 146, 154, 162, 163, 165, 168, 170-176, 179, 180, 183-187, 194-199, 202, 209, 220, 221, 227-236, 246, 247, 251, 255, 260, 261, 264-268, 272-276, 283, 284, 294, 306, 309-312, 315-319, 327-334, 342, 346, 362, 369, 376, 381-388, 393-398, 401, 402, 408, 412-414, 430-433, 436, 437, 440-448, 452, 455, 457, 466-472, 476-480, 483, 490, 526-530, 541, 567-570, 574-580, 589-594, 618, 625, 631, 634, 636, 639, 641, 743, 800-807, 810, 813, 819, 820, 839, 853, 859, 910, 911, 923, 993-995, 1001, 1013-1016, 1027, 1051, 1054, 1055, 1114, 1116, 1130
イプスウィッチ女性セミナリー …… 253, 256
イリノイ・カレッジ(私立、ジャクソンビル) …… 244, 295, 297
イリノイ(UI) …… 351, 425, 434, 471, 499, 556, 586, 643, 785, 810, 819, 824, 832, 859, 885, 909, 1041
イリノイ州立／イリノイ州立師範 …… 325, 351
インディアナ …… 211, 355, 401, 490, 537, 822, 848, 886
インディアナ・アスベリー …… 242, 298, 332, 439
インハム …… 327
ウィスコンシン …… 306, 348, 349, 370, 422, 451, 499, 540, 586, 727, 734, 784, 804, 810, 824, 848, 859, 889, 932, 943, 1027, 1041, 1091
ウィリアム&メアリ …… 28-32, 42-47, 71, 74, 92, 93, 106, 111, 118, 119, 129-131, 143, 164, 167, 191, 202, 208, 221, 222, 268, 278, 290, 365
ウィリアムズ …… 146, 220, 227, 263
ウィルバーフォース …… 551
ウェイン州立／モンティス・カレッジ …… 517, 522, 602, 785-788, 796, 886, 923, 965, 1008
ウエスタン・リザーブ …… 200, 372, 455, 478
ウェズリアン …… 219, 799, 800, 910, 911, 919, 920
ウェルズリー …… 327, 410, 466, 469, 471, 472, 996
ウォバッシュ …… 244, 294-296
ウスター・ポリテクニック・インスティチュート …… 365
エジンバラ …… 28, 80, 81, 185
エモリー …… 290, 905, 906, 1040, 1041, 1123
エルマイラ・フィメール …… 327
オールバニー …… 315
オックスフォード …… 9, 11, 15-19, 29, 30, 42, 70, 90-93, 274, 275, 342, 343, 482, 490, 537-540,

596, 598, 631
オバーリン …… 244, 245, 1047
オハイオ …… 211
オハイオ・ウェズリアン …… 249
オハイオ・メディカル …… 189
オハイオ州立 …… 348, 352, 353, 597, 767, 822, 861, 888, 1027, 1091, 1092, 1123

カ行

カーネギー・メロン …… 561, 1028
カールトン …… 439
合衆国陸軍士官学校 …… 216-218, 633
カトリック …… 403, 514
カリフォルニア(UC) …… 339, 346, 347, 353, 426, 427, 451, 463, 469, 505, 513, 533, 579, 589, 590, 597, 606, 762-764, 792-794, 812, 817, 818, 822, 824, 834, 847, 859, 862, 863, 884, 886, 889, 895, 923-925, 932, 936, 974, 981, 982, 1027, 1028, 1031-1034, 1037, 1040, 1041, 1057, 1058, 1060, 1072-1075, 1109, 1117, 1123, 1133
カリフォルニア工科(カルテック) …… 566, 570-574, 589, 592, 641, 754, 810, 812, 818, 822, 859, 995, 1027, 1033, 1123
カリフォルニア州立 …… 883, 884, 895, 949, 966, 1057, 1091
カンザス(KU) …… 359
カンザス州立農業 …… 358, 359, 477
キャスルトン・メディカル …… 187, 188, 190
クラーク …… 400, 403-405
グリネル …… 246, 295
クレアモント …… 540
クレムソン …… 362, 904
ゲティスバーグ …… 220, 237, 615
ケニヨン・カレッジ …… 200, 332
ケント州立 …… 955
ケンブリッジ …… 147
コークスベリー …… 170
コーネル …… 339, 341-345, 370, 764, 810, 819, 865, 909, 911, 912, 951-953, 956, 962, 989, 995, 1068, 1069
コネチカット …… 362
コルゲート …… 171
コルビー …… 172
コロラド …… 915, 1123
コロンビア／キングス …… 53, 64-69, 81, 84, 90-94, 106, 110, 111, 116, 118, 119-122, 132, 133, 146, 184, 416, 418, 462, 632, 748-752, 810, 815, 822, 843-847, 859, 864, 885, 921, 944-947, 954, 956, 962, 987

サ行

サウスウェスタン・ルイジアナ …… 902
サウスカロライナ …… 154, 155, 162, 209, 279, 281, 282, 292, 331, 333. 361, 861, 900, 901, 904
サウスカロライナ軍事アカデミー …… 291
サウスフロリダ(USF) …… 787, 788, 1123, 1124
サザンカリフォルニア …… 463
サラ・ローレンス …… 749, 996
サンディエゴ州立 …… 883, 989
サンノゼ・ジュニア・カレッジ …… 791, 895
サンフランシスコ州立 …… 949, 950, 953, 956, 962
ジェファーソン …… 200
シカゴ …… 300, 328, 393, 401, 404, 408-411, 428, 470, 500, 504, 541, 542, 545-547, 561, 569, 581, 606-607, 743, 749, 752, 784-786, 796, 810, 812, 818, 822, 840-847, 859, 864-867, 885, 912, 921, 974, 995, 1068, 1080, 1115, 1123
ジャクソン州立 …… 955
ジャドソン女学院 …… 258
シュルトレフ …… 246
ジョージア …… 154, 285, 333, 796, 861, 885, 903, 904, 1057, 1059
ジョージア工科 …… 367, 904, 1026, 1028, 1040, 1059, 1060, 1123-1125
ジョージア女性 …… 252, 258
ジョージタウン …… 159, 461, 463

ジョージ・ワシントン／コロンビアン ····· 171, 246
ショトーカ・インスティテューション ············· 408
ジョンズ・ホプキンス ······ 321, 341, 382-386, 390, 391, 400-402, 412, 424, 448, 455-457, 473-475, 481, 491, 515, 567, 578, 579, 591, 603, 638, 754, 765, 810, 815, 818, 822, 845, 885, 995, 1123
シラキュース ··········· 1104
シンシナティ ··········· 189, 515, 516, 568
シンシナティ折衷医学 ··········· 189
スタンフォード ·········· 401, 405-408, 412, 413, 422, 441, 462, 505, 527, 567, 570, 578, 607, 754, 810, 818, 822, 823, 834, 842-847, 859, 860, 921, 953, 956, 964, 974, 995, 1026, 1027, 1031-1034, 1038, 1067, 1068, 1123
スティーブンス工科 ··········· 365, 368, 369, 372
スミス ··········· 327, 466, 469, 996
スワースモア ····· 495, 537-539, 546, 613, 614, 626, 627, 639, 914, 915, 923, 924, 995
セント・ザビエル ··········· 299
セントジョンズ ··········· 145, 148, 540, 545
セントラル・ハイスクール ··········· 323, 517, 518
セントルイス ··········· 246
ソフィ・ニューカム ··········· 478, 479

タ行

ダートマス ·········· 83, 94, 97-99, 202-207, 249, 995
タスキーギ師範・農業インスティチュート ············· 549, 555
タフツ ··········· 478
チャールストン ··········· 143, 147-149, 282, 331
ディキンソン ··········· 135-137, 144, 150, 241, 490
テキサス ······ 822, 899-901, 907, 1026, 1027, 1037, 1040, 1041, 1060
デニソン ··········· 200, 243, 299
デポウ ··········· 242, 439
デポール ··········· 522
デューク／トリニティ ······ 289, 439, 467, 822, 905, 906, 981, 995, 1040, 1041
テュレーン ··········· 478, 905, 906
トランシルベニア ····· 151, 182-185, 188-190, 209-211
トリニティ ··········· 16, 234, 289, 467
トロイ女性セミナリー ··········· 252

ナ行

ナッシュビル ··········· 211, 291
ニュートン・テオロジカル・セミナリー ·········· 172
ニューヨーク(NYU) ········· 463, 518, 602, 608, 784, 857
ニューヨーク州(USNY) ··········· 132
ニューヨーク州立師範 ··········· 325
ニューヨーク州立大学(SUNY) ······· 795, 796, 886, 924, 947, 949, 957, 966, 1008, 1022, 1028
ニューヨーク市立(CUNY／CCNY) ······· 515, 516, 519, 528, 760, 795, 885, 965, 966, 1021-1023
ニューヨーク・ロースクール ··········· 462, 463
ノーザン・イリノイ ··········· 883
ノースイースタン ··········· 885-888, 891
ノースウエスタン女性 ··········· 300
ノースウエスタン ··········· 300, 355, 462, 467
ノースカロライナ州立 ··········· 361
ノースカロライナ(UNC) ·········· 152, 155, 164-167, 277, 286-290, 312, 333, 361, 569, 822, 842, 900-902, 1026, 1027, 1036, 1040
ノートルダム ··········· 479, 845
ノックス ··········· 245, 295-297
ノリッジ ··········· 219

ハ行

バージニア ········· 155, 162, 193, 208, 209, 220-225, 247, 278, 279, 284, 292, 310, 315, 331, 333, 365, 375, 439, 441, 484, 544, 900, 901, 995, 1028
バージニア軍事学校 ··········· 219, 284, 291, 292
バージニア工科 ··········· 900, 1026, 1040
パーデュー ······· 355-357, 363, 370, 371, 824, 1089
ハーバード ······· 15-27, 35-41, 45, 46, 50-52, 55, 57,

60, 61, 70, 73, 74, 77, 78, 87, 88, 105-120, 123-126, 146, 149, 162-168, 178-181, 184, 185, 189, 192-197, 201, 202, 205-208, 221, 224-230, 235, 241, 253, 264, 272-275, 282-284, 309, 312, 315-318, 321, 327, 329, 332-334, 341, 366, 370, 377-386, 389, 393-398, 400-403, 406, 411, 412, 424, 428, 431, 432, 440, 441, 444-448, 452-463, 466, 468, 471, 474-478, 483, 488, 508, 514, 526-530, 535-539, 542, 544, 547, 550, 556, 558, 562, 565, 569, 571, 574-581, 587, 592-594, 599, 603, 606, 607, 614-619, 625, 629, 631, 636-643, 730, 734, 743, 747-754, 757, 762, 786, 799-808, 810-816, 822-825, 839-842, 846, 847, 859, 862, 910, 921, 923, 941, 953, 954, 956, 961, 974, 979-981, 991, 993, 994, 1027, 1033, 1034, 1047, 1051-1054, 1104, 1119, 1123, 1130
バーモント ………… 143, 146
バックネル ………… 614
バッサー ………… 327, 996
バトラー ………… 302, 355
ハバフォード ………… 473, 613
ハミルトン ………… 268
ハワード ………… 555, 557
ハワイ ………… 861, 965, 966
バンダービルト ………… 845, 905, 906, 1041
ハンプトン・シドニー ………… 93
ハンプトン師範・農業インスティチュート ………… 549, 555
ピッツバーグ女性 ………… 327
ヒルズデール ………… 301
ファーマーズ ………… 299, 300
ファーマン ………… 243, 289, 290
フィスク ………… 550-554, 557, 558, 569
フェニックス ………… 1085, 1088, 1125
ブラウン ………… 171, 277, 338
ブラック・マウンテン ………… 540, 749
フランクリン（オハイオ州） ………… 302, 332
フランクリン・インスティチュート ………… 311
フランクリン＆マーシャル／フランクリン ………… 136, 144, 246, 614, 918, 1016
プリンストン ………… 134, 135, 166, 176, 177, 194-197, 211, 220, 239, 264-269, 272, 315, 365, 394, 396-401, 413, 416, 430, 432, 436, 440, 441, 444-448, 452, 471, 472, 475, 478, 483-490, 515, 526-530, 538, 551, 570, 572, 575-580, 592, 593, 625, 632, 639, 743, 800-810, 859, 910, 911, 981, 993-995, 1001, 1051, 1058, 1123
プリンストン・テオロジカル・セミナリー ………… 396
ブリンマー ………… 599, 613
ベニントン ………… 540, 749, 996
ベロイト ………… 264
ペンシルベニア(Upenn) ………… 129, 173, 184-188, 272, 279, 310, 315, 410, 414, 419, 522, 569, 577, 606, 784, 810, 820-823, 859, 885, 948, 966, 1020, 1036, 1123
ペンシルベニア州立 ………… 360, 368, 824-826, 897, 898, 1040, 1060, 1123
ボウディン ………… 146, 148, 172, 184, 206-207, 264, 274, 332, 491, 538, 920
ボール州立 ………… 788, 789, 1020, 1021
ボールドウィン ………… 300
ボストン・イングリッシュ・ハイスクール ………… 322

マ行

マイアミ ………… 211, 578
マウント・ホリヨーク ………… 251, 253-256, 466, 469
マウント・ユニオン ………… 300
マサチューセッツ(Umass)／マサチューセッツ農業 ………… 358, 366, 887
マサチューセッツ工科(MIT) ………… 345, 365-372, 377, 378, 393, 400, 410, 412, 413, 477, 490, 501, 537, 562, 574, 592, 619, 643, 736, 810, 812, 815-818, 822, 823, 834, 859, 869, 885, 956, 1033
マスキンガム ………… 302, 408
マリエッタ ………… 296, 297
ミシガン(Umich) ………… 293, 303-307, 312, 324, 345,

375-378, 401, 420, 441, 450, 505, 518, 533-535, 585, 767, 786, 810, 820, 824, 839, 842, 848, 859, 864, 909, 924, 932, 933, 965, 974, 979, 988, 1027, 1057, 1058, 1072, 1074, 1117
ミシガン州立 ····· 313, 597, 848, 916, 917, 923, 965, 1027
ミシガン農業 ······ 313, 341, 345, 357-359
ミシシッピ ······ 361, 861, 901, 903, 904
ミシシッピ州立 ······ 361, 439
ミズーリ ······ 306, 353, 370, 468, 559, 901, 1114, 1117
ミドルベリー ······ 163, 184, 188, 195, 274, 275, 1115, 1120
ミネソタ ······ 349, 350, 360, 498, 509, 536, 584, 591, 740, 784, 810, 974, 1008, 1041
メアリ・シャープ ······ 327
メハリー・メディカル ······ 552, 568
メリーランド(第１次) ······ 145
メリーランド(第２次) ······ 187, 206
メリーランド(第３次)／メリーランド農業 ······ 335-339, 558, 899-901, 1028, 1040, 1091, 1092

ヤ行

ユタ ······ 577
ユニオン ······ 146-148, 155, 162, 166, 206-209, 220, 229, 262, 263, 268, 304, 531

ラ行

ライス ······ 905, 906
ラトガーズ ······ 200, 441, 765, 767, 784, 889, 909, 925, 966
ランセラー工科 ······ 220, 313
ランドルフ＝メイコン ······ 246, 289, 290, 479
ランドルフ・メイコン女性 ······ 480
リード ······ 491
リーハイ ······ 365, 372
リーランド・スタンフォード・ジュニア ······ 405
リバティ・ホール・アカデミー ······ 143
リポン ······ 246
リンカーン ······ 551, 554, 559
レイモンド・カレッジ ······ 923, 925
レーン・セオロジカル・セミナリー ······ 245, 295
ロードアイランド ······ 363
ローレンス ······ 302
ワシントン(メリーランド州) ······ 145, 234
ワシントン(WashU、私立、セントルイス) ······ 368, 457, 764, 1042
ワシントン(UW、州立、シアトル) ······ 761, 762, 822, 848

事項索引

英字

GIビル／復員軍人援助法 ……… 730-735, 741-743, 773, 777, 780-785, 794, 795, 799, 807, 808, 813, 814, 873, 908, 987, 1129
HOPE奨学金 ……… 1059
IQ (知能) ……… 509, 528, 530, 755, 775, 877, 895, 898, 1129
PhD ……… 224, 305, 343, 383, 391, 392, 395-398, 401-404, 407-413, 416-421, 424-426, 430, 473-475, 480, 483, 490, 492, 544, 550, 556, 558, 580, 607-609, 627, 746, 794, 810, 821, 844, 845, 848, 851-858, 861, 867, 868, 913, 967, 969, 981, 989, 1021, 1125-1127
RAND ……… 865, 869

ア行

アイデンティティ・ポリティクス ……… 992, 999, 1064, 1070-1072
アイビー・リーグ／カレッジ ……… 466, 625, 800, 802, 911, 912, 995, 1049, 1054, 1130
アカデミック・エンクロージャー ……… 848
アカデミック・レフト ……… 1064-1066, 1072, 1111, 1133
アカデミック・レボリューション ……… 4, 321, 345, 358, 363, 383, 387, 393-396, 399, 402, 403, 412, 413, 419, 421, 430, 449, 454, 458, 471, 481, 489, 495, 518, 535, 600, 611, 623, 624, 630, 637, 639, 641, 808, 827, 849-862, 866, 867, 871, 878, 881-886, 913, 914, 918-922, 926, 958, 962, 966, 969, 987, 994, 1025-1028, 1030, 1038, 1042, 1104, 1128, 1196
アジア系アメリカ人 ……… 977, 1053, 1064, 1073, 1078
アセスメント ……… 1105, 1106
アドミッション ……… 519, 526-529, 782, 791, 800-803, 806-808, 890, 911, 982, 1018, 1022, 1046, 1073, 1074, 1133
アファーマティブ・アクション ……… 531, 968, 971, 977-984, 988, 999, 1054, 1070-1075, 1080
アフリカ系アメリカ人 ……… 245, 642, 755, 776, 888, 890, 899, 902, 908, 912, 918, 930, 944, 951, 977, 983, 1007, 1045, 1046, 1103, 1116, 1118, 1129
アメリカ・カレッジ協会 (AAC) ……… 493-495, 610-613
アメリカ海軍研究局 (ONR) ……… 812-815, 819, 822, 827, 836, 865
アメリカ科学振興協会 (AAAS) ……… 314, 387
アメリカ学生連合 (ASU) ……… 623
アメリカ教育協会 ……… 198, 199
アメリカ教師連盟 (AFT) ……… 965, 966
アメリカ航空宇宙局 (NASA) ……… 833-837, 1128
アメリカ国立衛生研究所 (NIH) ……… 812, 835-838, 1025, 1032, 1041, 1042, 1128
アメリカ社会科学協会 (ASSA) ……… 388
アメリカ大学協会 (AAU) ……… 413, 426, 563, 613, 616, 624-627, 754, 765, 811, 815, 824
アメリカ大学教授協会 (AAUP) ……… 419, 499, 539, 576, 577, 582, 592, 624, 627, 762, 767, 768, 965, 966
アメリカ的生活様式 ……… 431, 758, 761, 770-778, 797, 799, 808, 830, 831, 873, 930, 931, 934, 985, 1063
アメリカ哲学会 ……… 89
医学教育 ……… 80-82, 126, 185-190, 426, 454-458, 464, 481, 522, 563, 567, 568, 584, 603, 604, 614, 642
イノベーション ……… 37, 224, 227, 412, 501, 584, 837, 989, 1031-1036, 1040
ウィスコンシン・アイデア ……… 348, 423-425, 587,

784
ウィスコンシン同窓会研究財団(WARF) ……… 588
ウーマン・リブ ……… 986-991, 1001
営利セクター ……… 1084, 1085, 1088
エクステンション …… 409, 416-418, 423-425, 429, 516, 519, 520, 544, 608, 621, 637, 643, 784, 888-891, 897, 1007, 1008, 1018
エコール・ポリテクニーク ……… 217, 313
エリート(高等教育) ……… 502, 525, 526, 530-533
オープン・アドミッション ……… 791, 890, 1022
オランダ改革派 ……… 64-66, 94-96, 108, 146, 147, 200, 237
オンライン(高等教育) …… 1085, 1088, 1109, 1127

カ行

カーネギー教育振興財団(CFAT) ……… 453-456, 464, 490, 512, 513, 561-567
カーネギー高等教育審議会 …… 881, 884, 889, 894, 968, 970, 973-975, 1006, 1081
カーネギー財団 ……… 511, 512, 536, 557, 561-563, 566-570, 615, 621, 754, 839, 840, 915
開放セクター ……… 1079, 1089
下院非米活動委員会(HUAC)/ダイズ委員会 ……… 759-769, 932
カウンター・カルチャー ……… 924, 939, 940, 948, 954, 958, 961, 1009
科学課程 ……… 229, 246, 247, 283-286, 298-303, 356
科学研究開発局(OSRD) ……… 811-818
学生選抜競争 ……… 1049-1055, 1059-1061, 1080, 1089-1092, 1098, 1099, 1102, 1103, 1130, 1131
学生反乱/学生(の抗議)運動 ……… 86, 153, 164, 168, 175, 223, 261, 287, 553-555, 597-599, 800, 930-970, 979, 986, 1016, 1022, 1053, 1114-1116
学生非暴力調整委員会(SNCC) ……… 902, 933, 935, 940, 949, 986
学生部長 ……… 434, 470, 471, 476, 623
学生陸軍訓練課程(SATC) ……… 500, 502
学生ローン ……… 107, 744, 832, 972, 975, 1030, 1031, 1043, 1045, 1048, 1059, 1061, 1075, 1079, 1083-1086, 1131
格付け/ランキング ……… 579, 821-823, 859, 867, 1040, 1041, 1050-1052, 1059, 1123, 1124, 1131, 1134
革命戦争 ……… 119
学問の自由 ……… 280, 281, 419, 497, 499, 576, 577, 582, 756, 761, 766-768, 806, 845, 951, 952, 964
カルバン主義 ……… 16, 35, 38, 54, 55, 95, 102, 126, 173, 177-179, 195, 197, 203, 632
カレッジエイト・レボリューション ……… 430, 436, 442, 444, 447, 448, 471, 475, 481, 495, 600, 622
カレッジ入試委員会 ……… 453
カレッジ・フォー・オール ……… 1080, 1081, 1108, 1130
機械技芸 ……… 335-337, 339-341, 343, 345, 346, 354, 355, 358, 364, 366-369, 637
技術移転 ……… 1034, 1035, 1124, 1125
教育改正法/タイトルIX、1972 …… 971, 972, 975-979, 984, 988, 993, 997, 998, 1006, 1043, 1085
共学 ……… 243
共産青年同盟(YCL) ……… 594, 598
共産党/共産主義 …… 282, 541, 596-599, 759-773, 831, 864, 931, 933-936, 940, 942, 964
教職課程 ……… 300-303
共通の学び ……… 547, 745-753, 757, 920-922
共和主義 ……… 75, 77, 78, 126, 142-146, 159, 174-178, 282, 597-599
キリスト教青年会(YMCA) …… 431, 434-436, 445, 463, 495, 520-525, 595, 596, 622, 623, 885-888
クエーカー …… 62, 67, 89, 120, 127, 258, 302, 342, 383, 473, 554, 613
組合教会制 ……… 270
グレート・ブックス ……… 540-547, 581, 747, 749, 799, 921, 1067, 1069
軍事教育機関 ……… 219, 331
ゲイツ財団/ビル&メリンダ・ゲイツ財団 ………

1081
啓蒙主義 ………… 39, 42, 71, 72, 76-79, 82, 101-104, 121-125, 131, 140, 142, 155-159, 167, 168, 176-178, 183, 212, 216, 221, 278, 311, 632, 633, 951, 1064, 1065, 1112
研究経済 ………… 811-819, 824-827, 835-838, 848, 861, 1024, 1040, 1041, 1122-1127, 1198
原子力／原子物理学 ……… 616, 764, 811-813, 816-820, 833-836, 1033
工学 ………… 217-220, 283, 285, 291, 292, 299, 305, 306, 311-313, 317, 320, 330, 333, 345, 351, 354, 355, 357, 362-364, 367-372, 409, 426, 429, 443, 490, 504, 516-518, 536, 563, 565, 572, 586, 588, 602, 615, 621, 622, 637, 639, 643, 644, 725-727, 734, 783, 795, 810, 814-826, 859, 877, 878, 897-900, 906, 947, 953, 969, 980, 984, 1025, 1031, 1032, 1036, 1037, 1058, 1091, 1097, 1098, 1110, 1122, 1124, 1126
高授業料・高援助 ……………………… 1048-1051, 1054
厚生補導 ……………………………………………… 623, 626
高等教育財政委員会(CFHE) ………… 753-758, 771, 777, 783, 784, 798, 814, 823, 839
高等教育に関する大統領委員会(PCHE) ……… 730, 731, 737-744, 748, 752-758, 772, 775, 790, 870, 972, 1129
高等教育法(1965) …………… 889, 895, 909, 930, 972
高等教育法(再授権、1998) ………………… 1085, 1105
公民権 ……… 742, 768, 869, 899, 902, 906-909, 930, 932, 935, 936, 939-941, 949, 971, 976-978, 983, 985, 998, 1080, 1129
黒人研究 ………… 949-952, 956, 960, 989, 991, 992
「黒人問題」 ……………………………………………… 549
国防教育法(NDEA)、1958 …… 832-834, 846, 856
国立大学 ……………………………………… 138, 139, 377
「国家科学イデオロギー」 ……………………………… 501
国家(全米)青年局(NYA) ………………… 612, 736, 737
国教会 …… 11-13, 28, 34, 36, 40-43, 83, 88, 94, 169, 178
コミュニティ・カレッジ ………… 645, 738, 741-744, 790-796, 832, 879-882, 890-898, 912, 965-969, 975, 999, 1000, 1003, 1005, 1017, 1021-1023, 1057, 1058, 1078-1082, 1093, 1096, 1129, 1130
コモン・スクール …………………… 208, 215, 324, 325
コモンセンス哲学 ……………………………………… 76, 102

サ行

サービス・ラーニング ……………………………………… 891
サイエンティフィック・スクール ………… 229, 276, 312, 316-318, 322, 329, 330, 340, 346, 357, 362, 365, 366, 370, 372, 376, 415, 432, 636
産業民主主義連盟(LID) ………………………… 595, 933
シーボーグ報告 ……………………………… 834-837, 852
ジェネラル・エデュケイション・ボード(GEB) …… 490, 524, 560
ジェネラル・エデュケイション …… 366, 379, 508, 510, 512, 535, 536, 546, 547, 583, 636, 643, 737-742, 745-753, 757, 786, 788, 797, 851, 895, 914, 915, 920-925, 1104, 1106, 1109
ジェファーソン主義 ……………………… 167, 278, 279
実践的技芸 ……… 122, 125, 138, 311, 357, 365, 372, 383, 384, 622, 637-640
師範学校 ………… 256, 307, 322-330, 465, 468, 480, 493, 495, 504-506, 510-517, 523, 548, 552, 590, 601, 881, 883
私費化 ………… 1041, 1043, 1055, 1058, 1060, 1061, 1078
社会科学 ………… 349, 388, 417, 418, 423, 424, 538, 542, 546, 557, 566-573, 576, 582, 586, 619, 624, 627, 736, 740, 748-753, 766, 769, 786, 815, 839-844, 851, 856, 863-870, 875, 877, 891, 924, 962, 969, 991, 1004, 1005, 1020, 1025, 1037, 1066, 1069, 1072, 1091, 1097, 1112, 1115, 1121, 1122, 1126
社会科学研究評議会(SSRC) ………… 566, 569, 624
社会経済的背景(SES) ………… 755, 790, 791, 873, 1002, 1054, 1073, 1096, 1101

宗派カレッジ …… 41, 135, 169, 237-240, 244, 246-250, 258, 260, 279, 289, 292, 293, 303, 334, 351, 352, 355, 493, 634
授業料 ………… 22, 81, 120, 130, 161, 162, 186, 189, 194, 195, 209, 222, 248, 249, 273, 275, 295, 301, 329, 386, 405, 457-458, 472, 479, 516-518, 531, 559, 574, 575, 593, 611, 614, 734, 782, 809, 974, 994, 1015-1022, 1041, 1043-1062, 1075, 1076, 1078, 1079, 1082-1084, 1086, 1090-1093, 1100, 1122, 1131
ジュニア・カレッジ ……… 328, 407, 411, 449, 493, 494, 504-513, 517, 523, 535-537, 542, 593, 601, 602, 611, 622, 626, 640, 727, 733, 737, 741, 756, 775, 783, 789-792, 893-895, 907, 965
消費主義 ………………… 534, 1063, 1109, 1113, 1132
植民地カレッジ ……… 3, 4, 14, 31, 33, 40, 54, 61, 65, 66, 70, 72, 74, 79, 83, 86, 87, 93, 94, 103-105, 111-113, 122, 142, 164, 201, 208, 267, 412, 810
女性インカレ運動競技協会(AIAW) ……… 997, 998
女性学 …………………………………… 989-992, 1012
女性課程 ……………………… 301, 303, 326, 358, 635
女性カレッジ …… 247, 252, 256-259, 300, 326-330, 415, 465-481, 484, 525, 635, 778, 989, 993, 996
序列再編 ……………… 780, 781, 801, 809, 1017, 1079
神学セミナリー ……… 171, 173, 177, 179, 184, 195-200, 239, 246, 251, 295, 416, 634
人権 ……… 558, 762, 877, 926, 933, 969, 984, 1007, 1063, 1113
人種隔離／人種分離 ……… 554, 558, 559, 740, 774, 899-908, 926
人的資本 …… 304, 590, 739, 867, 877, 1053, 1078, 1101, 1103, 1132
人文学 …… 389, 390, 537, 542, 545, 546, 573, 586, 746-753, 797-799, 804, 815, 842, 844, 851, 856, 870, 877, 918, 921, 962, 969, 1061, 1066-1072, 1112, 1119, 1125
スプートニク …… 781, 802, 831-836, 866, 871, 872, 915, 917, 926, 1024, 1128, 1198
スポーツ競技／インカレ競技 ……… 273, 398, 440-442, 445, 470, 472, 482, 491-494, 972, 976, 993, 997-999
成人教育 ………… 109, 408, 544, 546, 741, 786, 895, 975, 1008, 1010
精神の陶冶 ……… 231, 327, 329, 343, 394, 446, 634, 635
成績インフレ ……………………… 879, 960, 1108, 1133
西部カレッジ協会 …………………………………… 294
セブン・シスターズ ……… 466, 470, 476, 478, 625
選択制 ……… 152, 284, 376-382, 395-398, 414, 415, 420, 430, 434, 482-485, 488, 492, 494, 540, 544, 545, 745-752, 798, 919-920, 958, 1018, 1109, 1110
選抜セクター ………………………… 1089, 1093, 1131
全米育英会 …………………………………… 780, 840, 917
全米科学アカデミー ………………… 387, 500, 501, 580
全米科学財団(NSF) ……… 833-838, 845, 856, 866, 1024, 1025, 1035, 1036, 1038, 1124, 1128
全米学生連盟(NSL) ………………………………… 596
全米カトリック教育協会 ………………………… 743
全米カレッジ協会(AAC)／全米カレッジ・大学協会(AAC&U) ……………… 493, 610, 611, 746, 1080
全米カレッジ体育協会(NCAA) …… 442, 623, 997, 998
全米教育協会(NEA) ……… 356, 398, 452, 454, 762, 856, 965, 966
全米経済研究所(NBER) ………………… 567, 610, 618
全米研究評議会(NRC) …… 500-502, 565-567, 570, 572, 589, 591
全米黒人学生奨学金基金(NSSFNS) ……… 910, 911
全米州立カレッジ大学協会(AASCU) …… 881-884
全米ジュニア・カレッジ協会(AAJC) ………… 507, 790, 895, 896, 1006
全米女性学協会 ……………………………………… 992
全米有色人種地位向上協議会(NAACP) ……… 899, 900, 908
組織的研究部局(ORUs) ………………… 817, 863-867

卒業生の雇用 ………… 508, 630, 631, 642, 644, 778-780, 875, 876, 896, 897, 1001-1006, 1087, 1102, 1125
ソロリティ ……… 437, 439, 470, 495, 524, 525, 533, 538, 556

タ行

第一次世界大戦 ……… 495, 497, 498, 506, 514, 519, 560, 565, 566, 572, 577, 583, 596, 599, 624, 625, 723, 732, 736, 745, 759, 771
大学院教育 ……… 305, 317, 318, 374-376, 381-386, 391, 400-403, 407, 411, 412, 418, 419, 421, 424, 425, 428, 475, 527, 570, 573, 575, 579, 581, 592, 624, 637, 638, 641, 808, 824, 834, 841, 847, 851, 852, 856, 858, 861, 866, 880, 882, 886, 905, 920, 967, 969, 994, 1006, 1012, 1023, 1024, 1042
大学進学適性試験(SAT) ……… 530, 780, 800-803, 878, 892, 910, 911, 918, 925, 996, 1003, 1017, 1049, 1050, 1052, 1059-1062, 1081, 1090-1093, 1100
大覚醒 ……… 4, 54-56, 58, 59, 62, 63, 72, 87, 96, 97, 100, 159, 168-181, 184, 195-197, 202, 203, 212, 213, 227, 252, 267, 272, 278, 290, 294, 633, 634
大統領科学諮問委員会(PSAC) ……… 834, 836, 856
第二次世界大戦 …… 3, 424, 510, 531, 543, 547, 559, 583, 591, 598, 616, 619, 642, 644, 723, 730, 735, 745, 758, 783, 796, 802, 839, 866, 870, 912, 1128
脱同一化 ……………………………… 1063-1066
多文化主義 ……………………… 1067, 1070-1072, 1117
多様性 …… 10, 11, 94, 176, 432, 507, 607, 642, 756, 803, 813, 926, 983, 1014, 1054, 1071, 1074, 1080, 1081, 1104, 1106, 1108, 1114-1119
地域カレッジ／大学 ……… 210, 645, 794, 861, 898, 902, 1020, 1057, 1058, 1090, 1131
地域研究 ……………………… 839, 840, 846, 847
知識社会／知識基盤社会 ……… 867, 870, 875, 967, 1121, 1127, 1134
中間層 …… 3, 13, 110, 215, 242, 243, 253, 255, 289-292, 323-326, 495, 524, 530-533, 580, 590, 594, 599, 608, 629-632, 638, 731, 735, 743, 773-777, 805, 809, 810, 873, 874, 879, 881, 896, 898, 939, 973, 1002, 1009, 1030, 1044, 1045, 1059-1062, 1073, 1079, 1082, 1094, 1097, 1102, 1129
中所得者学生支援法 ……………………… 1030, 1044
チューター／プリセプター ……… 10, 25, 26, 31, 35-41, 45-51, 56, 68, 78, 86-90, 94, 96, 100, 113, 120, 126, 131, 146, 153, 155, 160, 161, 165, 173, 225, 235, 251, 280, 377, 385, 483, 486, 488, 579, 950
中等後教育 …………… 795, 968, 970, 975, 984, 1006, 1009, 1081
長老派 ………………… 53, 54, 56, 58-62, 65-69, 75, 89
賃金プレミアム ……… 774, 1001, 1002, 1005, 1044, 1045, 1094, 1095, 1101-1103, 1132
ティーチャーズ・カレッジ …… 416, 504, 510-514, 517, 523, 564, 601, 602, 622, 626, 640, 727, 733, 737, 783-785, 788-790, 792, 795, 796, 857, 880-884, 944, 1020, 1021, 1129
ディシプリン …… 386-393, 399, 400, 418, 419, 430, 482, 827, 842, 843, 848, 851-853, 856, 861, 918, 958, 962, 967, 1119, 1124
哲学的アングリカニズム ……………… 36, 40-44, 632
デモクラシー／民主主義 ………… 76, 121, 141, 142, 158, 164, 267, 424, 431, 432, 467, 498, 499, 506, 509, 512, 547, 595, 598, 599, 633, 640, 724, 738-743, 746, 752, 753, 757, 771, 774, 775, 808, 841, 914, 921, 933-937, 1064, 1104
道徳哲学 …… 9, 29, 30, 48, 71, 75, 76, 101, 102, 117, 129-131, 218, 222, 275, 348, 349, 395, 399, 632
都市型大学 ……… 640, 784-788, 885-892, 898, 913, 1060, 1129
特許 ……………………………… 588, 1031-1038

ナ行

ナショナル・リサーチ・ファンド ………………… 572

南部女性カレッジ協会 …… 480
南北戦争 …… 4-6, 172, 186, 194, 210, 214, 237, 241, 243, 244, 259, 260, 268, 286-292, 298-303, 306, 307, 313, 319, 321, 325, 329, 330, 334, 335, 364, 368, 371, 374, 430, 434, 445, 465, 503, 548, 551, 600, 899, 1119
ニューディール …… 557, 591, 592, 598, 599, 610-612, 619, 730-732, 736-744, 758, 759, 768, 772, 830, 870
ニューマン報告 …… 967, 975
ニュールック …… 843, 844, 865, 869
ニューレフト …… 932-940, 947, 957, 962, 963, 985, 991, 1063-1068
認証評価／アクレディテーション …… 452, 453, 557, 603, 605, 615, 621, 622, 627, 642, 950, 1008, 1021, 1106, 1110
認知的学習 …… 1104, 1107, 1111, 1128, 1133, 1197
ネイティブ・アメリカン …… 30, 97, 973
能力主義 …… 461, 462, 465, 503, 580, 641, 790, 801-805, 808, 850, 1083, 1130

ハ行

バイオテクノロジー …… 1025, 1031-1040
バイ＝ドール法 …… 1031, 1032
ハッチ法 …… 352, 360-363, 621
バプテスト …… 38, 94, 95, 99, 108, 120, 155, 159, 169, 171, 172, 195, 199, 200, 236, 238, 243, 246, 248, 250, 258, 262, 278, 282, 283, 289, 297, 301, 302, 400-402, 408, 444, 611
反戦運動／反戦感情 …… 596-599, 837, 838, 930, 931, 938, 941, 942, 947-950, 953, 954, 957, 962, 963
反知性主義 …… 240, 442, 524, 532, 543, 751, 849, 896, 1134
ビジネス・スクール …… 415, 419, 519, 569, 606-610, 842-844, 847, 848, 1021
ビッグ・スリー …… 441-447, 473, 483, 526, 527, 532, 625, 801, 805-807
ピューリタン …… 5, 11-25, 35-42, 46-52, 55, 65, 87, 435, 631
平等主義 …… 157-160, 182, 212, 250, 267, 293, 352, 916, 960, 961, 965-969, 995, 1003, 1021, 1030, 1044, 1050
ファイ・ベータ・カッパ …… 268, 594, 615, 625-627
フィランソロピー …… 5, 11, 97, 245, 347, 372, 387, 402, 416, 426, 457, 479, 550, 560, 561, 571-574, 604, 617, 757, 810, 839-841, 847, 848, 854, 885, 1099
フェデラリスト …… 126, 133, 134, 141, 151-154, 158, 159, 167, 172-175, 178-180, 183, 201-204, 216, 221, 267, 279, 633, 640
フェミニズム …… 257, 635, 986-992, 996, 997, 1064, 1112
フォード財団 …… 786, 795, 820, 823, 827, 839-841, 844-849, 851, 856, 863, 864, 888, 891, 990
複数カレッジ制 …… 922-925
不平等 …… 158, 549, 558, 595, 900, 901, 908, 909, 931, 952, 969, 976, 984, 990, 997, 1004, 1054, 1062, 1079, 1080, 1089, 1094-1103, 1113, 1114, 1123, 1130, 1132
部分課程 …… 228, 231, 283, 301
フラタニティ …… 262, 263, 268-270, 273, 274, 288, 319, 325, 351, 352, 356, 430-432, 435-440, 443-445, 470, 476, 491, 492, 495, 524, 525, 533, 534, 556, 597, 615, 622, 623, 636-639, 725, 800, 808, 908, 1118
ブランチ・キャンパス(分校) …… 59, 506, 513, 590, 593, 784, 785, 880, 885, 897, 898, 923, 1090, 1129
フリースピーチ運動(FSM) …… 936-938
文化戦争 …… 1062-1076, 1111
文献学 …… 197, 198, 305, 306, 317, 349, 388, 390-393, 426, 473, 852
並行課程 …… 228-231
米国教育審議会(ACE) …… 508, 566, 577-582,

723-725, 737-740, 746, 779, 857, 859, 860, 925, 1003, 1006, 1069
ベビーブーム世代の高波 ……… 832, 872-879, 1080
ペル・グラント ………… 975, 1043-1045, 1083-1086
法学教育 ………… 131, 190, 191, 194, 212, 460-465, 481, 522, 603-605
『ポートヒューロン宣言』(PHS) ……………… 933-940
北西部条例 …………………………………… 208
ポスト産業社会 ……………………… 831, 867, 868, 1121
ポストモダニズム ……………………………… 1064, 1065
ポリティカル・コレクトネス …… 1070-1072, 1111-1117, 1133

マ行

マイノリティ ………… 869, 909, 912, 970, 977-984, 1003, 1009, 1014, 1021-1023, 1053, 1054, 1067, 1069, 1072-1074, 1085, 1099, 1113, 1118, 1126, 1130
マス高等教育 ………… 4-8, 465, 496, 502, 503, 510, 518, 521-525, 532, 534, 539, 564, 593, 601, 606, 608, 640, 743, 745, 756, 788, 791, 863, 879, 880-887, 898, 926, 973, 1062, 1128
マスタープラン／カリフォルニア・パラダイム …… 792-794, 796, 863, 880, 883, 884, 893, 897, 949, 1057, 1073, 1091
マッカーシズム ……… 730, 731, 766-769, 773, 800, 807, 870, 1120
ミズーリ・レポート ……………………………… 512
民主社会を求める学生組織(SDS) ………… 933-948, 951-955, 986
メソジスト ……… 159, 169-172, 211, 237, 240-243, 246, 247, 258, 262, 274, 278, 289, 297, 298, 301, 302, 305, 358, 466, 476, 615, 799, 800
メディカルスクール ……… 66, 80-82, 124, 128, 133-137, 159, 173, 180, 184-188, 728, 756, 820, 821, 837, 900, 905, 966, 977, 982, 1013, 1037, 1041, 1058, 1123, 1128
モリル法 ………… 331, 335, 337, 340, 342, 347, 348, 351, 354, 355, 357, 361-366, 370, 372, 375, 376, 383, 515, 552, 637, 971

ヤ行

優秀学生に関する大学間委員会(ICSS)／全米カレッジ優等学位評議会(NCHC) ………… 915-917
優等学位／オナーズ・プログラム運動／ジェネラル・オナーズ ……… 483, 488, 535, 537-539, 544, 546, 747, 798, 805, 840, 914-919, 1060, 1133
有用な知識 ……… 157, 221, 311, 335, 337, 365, 388, 633-635, 1121
ユダヤ人学生 …… 433, 437, 519, 528-531, 740, 801, 806, 910
ユニテリアン …… 178-181, 196, 197, 210, 281, 302, 414, 491, 948
ユニバーサル高等教育 ……… 898, 968, 1079, 1088, 1128, 1129
予備役将校訓練課程(ROTC) ………… 498, 725, 756, 948, 953-956

ラ行

ランドグラント ………………… 4, 6, 321, 327, 334-342, 345-356, 360-369, 371, 375, 378, 384, 398, 425, 466, 532, 545, 553, 565, 600, 619-622, 637, 640, 756, 810, 824-826, 847, 888, 889
リテラリー・ソサイエティ ……… 78, 114-117, 153, 162, 165, 204, 262, 264, 269, 281, 287, 290, 325, 439, 632
リベラリズム(自由主義) ………… 178, 736, 737, 768, 769, 932, 938, 941, 951, 1063, 1111
リベラル・エデュケイション ………… 5, 18, 93, 103, 108, 138, 139, 156, 160, 190, 200, 211, 228, 232, 235, 236, 247, 272, 319, 323, 334-339, 351, 356, 378-381, 445, 460, 468, 482, 488, 492-495, 518, 519, 537-540, 545, 546, 611-614, 630, 634, 638-640, 643, 728, 740, 743-753, 757, 758, 779, 786, 796-800, 804, 808, 914-923, 926, 969, 1017, 1068, 1069, 1134

リベラル・カルチャー ……… 4, 484-496, 503, 523-526, 532, 534, 545, 579, 591, 639, 745, 749
リベラル・アーツ／アーツ・アンド・サイエンシズ ………… 9, 26, 61, 108, 121, 188, 220, 246, 253, 308, 322, 329, 343, 345, 349, 353, 359, 384, 401, 425, 426, 477, 483, 485, 489-496, 512-514, 518, 519, 523, 539, 543-545, 551-554, 562, 582, 593, 607, 609-612, 615, 625, 637, 640, 641, 727, 733, 734, 737, 742, 745-749, 757, 758, 775, 778-788, 792, 795-799, 804, 807, 808, 820, 821, 824-826, 849, 854-857, 877, 878, 882, 883, 886-891, 896, 897, 917-920, 923, 947, 948, 957, 969, 970, 990, 995, 999, 1003-1005, 1012, 1015-1021, 1041, 1042, 1046, 1051, 1061, 1080, 1093, 1104, 1112, 1126, 1133
リベラル・アワー …… 830, 833, 834, 847, 855, 871, 872, 908, 917, 926, 927, 930, 957, 972, 999, 1013
リベラル派 ……… 36, 37, 42, 57, 178, 557, 730, 737, 768, 769, 772, 831, 908, 932, 946, 951, 952, 956, 959, 962, 963, 973, 974, 1005, 1064, 1071, 1075, 1112-1115, 1120
リベラル・ラーニング …… 482, 757, 799, 878, 919, 923, 924
冷戦 ………… 730, 751, 755, 757, 759, 767-769, 771, 772, 775, 864, 930-935, 939
歴史的黒人カレッジ・大学(HBCUs) …… 495, 506, 548-558, 784, 899, 900, 907, 912, 936, 968, 972
レッドブック ………… 730, 747-753, 786, 921, 1104
連邦(政府) ……… 138, 141, 194, 202, 204, 208, 225, 280, 327, 330, 335, 338, 339, 352, 354, 362, 423, 498, 502, 508, 548, 551, 560, 563-566, 592, 598-600, 610-613, 619-621, 637, 643, 644, 723, 728, 730, 732, 737-744, 756-761, 772, 811-816, 820, 822, 826, 827, 830-834, 856, 864, 866, 869, 889, 903-906, 926, 930, 958, 967-969, 971-985, 998, 1001, 1006, 1009, 1016, 1024, 1025, 1030-1032, 1036-1048, 1058-1062, 1075, 1077, 1082-1089, 1105, 1122, 1123, 1128, 1131
ローズ・スカラーシップ ………………………… 490, 544
ロースクール …… 159, 190-194, 233, 285, 322, 329, 350, 380, 414, 415, 425, 458-464, 481, 517, 519, 522, 541, 557-559, 563, 569, 605, 607, 899-901, 906, 954, 982, 1074
ローラ・スペルマン・ロックフェラー・メモリアル(LSRM) ……………………………………… 568-573
ロックフェラー財団 ……… 561, 566-569, 573, 579, 584, 616, 754, 819, 820, 839, 840, 846, 847, 915

著者紹介

ロジャー・L・ガイガー (Roger L. Geiger)
米国ニューヨーク州バッファロー出身。ミシガン大学大学院修了。Ph.D. in History。ノース・ミシガン大学、ミシガン大学、イェール大学を経て、現在ペンシルベニア州立大学卓越名誉教授 (Distinguished Professor of Higher Education Emeritus)。主著に、*To Advance Knowledge: The Growth of American Research Universities, 1900-1940* (Oxford University Press, 1986), *American Higher Education in the Postwar Era, 1945-1970* (as editor, Routledge, 2017) など。

訳者紹介

原 圭寛 (はら よしひろ)
神奈川県出身。慶應義塾大学文学部卒業、慶應義塾大学大学院社会学研究科後期博士課程単位取得退学。修士(教育学)。専門はアメリカ高等教育カリキュラム史。弘前学院大学文学部講師、湘南工科大学教職センター講師を経て、現在昭和音楽大学教職課程専任講師。主著に、「1860-70年代アメリカの研究大学における学士課程の編成」『日本の教育史学』第61集、2018年、「イェール報告(1828)の解釈とイェールの戦略」『近代教育フォーラム』第23号、2014年など。

五島 敦子 (ごしま あつこ)
愛知県出身。名古屋大学教育学部卒業、名古屋大学大学院教育発達科学研究科博士後期課程単位取得退学。博士(教育学)。専門はアメリカ高等教育史・成人教育史。南山短期大学准教授を経て、現在、南山大学教職センター教授。主著に、『アメリカの大学開放―ウィスコンシン大学拡張部の生成と展開』(学術出版会、2008年、単著)、『未来をつくる教育ESD―持続可能な多文化社会をめざして』(明石書店、2010年、共編著)など。

間篠 剛留 (ましの たける)
埼玉県出身。慶應義塾大学文学部卒業、慶應義塾大学大学院社会学研究科後期博士課程単位取得退学。博士(教育学)。専門はアメリカ高等教育の思想史。大阪成蹊大学マネジメント学部講師を経て、現在日本大学文理学部准教授。主著に、「R・S・ピトキンの高等教育論」『日本デューイ学会紀要』(第62号、2022年)、「高等教育とデモクラシー」『近代教育フォーラム』(第29号、2020年)、「A.ミクルジョンの実験カレッジにおけるコミュニティ」『近代教育フォーラム』(第23号、2014年)など。

小野里 拓 (おのざと たく)
群馬県出身。東京大学法学部卒業、ペンシルベニア州立大学School of Education高等教育プログラム修了。M.Ed. in Higher Education。専門は高等教育論、大学経営。2006年東京大学に就職後、文部科学省国際教育交流担当職員長期研修プログラム(LEAP)、総長秘書などを経て、現在本部財務戦略担当課長。主著に、「大学内専門職養成の日米比較」『専門職教育の国際比較研究』(高等教育研究叢書141巻、2018年)など。

藤井 翔太（ふじい しょうた）
東京都出身。北海道大学文学部卒業、東京大学大学院教育学研究科修士課程修了、テンプル大学大学院教育学研究科修士課程修了。修士（教育学）、修士（TESOL）。専門は応用哲学、教育哲学。テンプル大学ジャパンキャンパスのアカデミック・アドバイザー／講師を経て、現在都留文科大学講師。訳書にドナルド・ロバートソン『認知行動療法の哲学：ストア派と哲学的治療の系譜』（共監訳、金剛出版、2022年）など。

原田 早春（はらだ さはる）
東京都出身。慶應義塾大学文学部卒業、慶應義塾大学大学院社会学研究科後期博士課程単位取得退学。修士（教育学）。専門は障害者を対象とするアメリカ高等教育史。新潟大学キャンパスライフ支援センター特任助教、武蔵野学院大学国際コミュニケーション学部助教を経て、現在慶應義塾大学非常勤講師。主著に、「米国ギャローデット大学のDeaf President Now運動にみる「大学」と「ろう文化」」『哲學』（第143巻、2019年）、「聴覚障害者を対象とする高等教育におけるリベラル・アーツ：米国ギャローデット大学の歴史と現状」『人間と社会の探求：慶應義塾大学大学院社会学研究科紀要』（第86号、2018年）など。

小林 尚矢（こばやし なおや）
佐賀県出身。慶應義塾大学文学部卒業、慶應義塾大学大学院社会学研究科前期博士課程修了。修士（教育学）。専門は比較教育学、アメリカ大学・高等教育史、修辞学・作文史。国立研究開発法人科学技術振興機構研究開発戦略センター・フェローを経て、現在慶應義塾大学グローバルリサーチインスティテュート未来共生デザインセンター研究員。主著に「エドワード・T・チャニングにおける修辞学・文芸・国家：ハーバード学則改革（1825年）との関連に着目して」『大学史研究』（第33号、2024年）など。

第二次世界大戦後のアメリカ高等教育
——アメリカ高等教育史Ⅱ——

定価はカバーに表示してあります。

2025年3月25日　　初　版　第1刷発行　　〔検印省略〕

訳者©原 圭寛、間篠剛留、五島敦子、小野里 拓、藤井翔太、原田早春、小林尚矢／発行者 下田勝司

印刷・製本 中央精版印刷

東京都文京区向丘1-20-6　　郵便振替00110-6-37828
〒113-0023　TEL 03-3818-5521　FAX 03-3818-5514

発行所
株式会社 東信堂

Published by TOSHINDO PUBLISHING CO., LTD.
1-20-6, Mukougaoka, Bunkyo-ku, Tokyo, 113-0023, Japan
E-mail : tk203444@fsinet.or.jp　http://www.toshindo-pub.com

ISBN978-4-7989-1936-2　C3037

東信堂

アメリカ社会科のインクルージョン理念と方略	早瀬博典	四二〇〇円
人と社会をつなぐ評価—孤立化と分断を超えて	南浦涼介・三代純平・石井英真・中川祐治・佐藤慎司 編著	二七〇〇円
〔再増補版〕現代アメリカにおける学力形成論の展開—スタンダードに基づくカリキュラムの設計	石井英真	四八〇〇円
ミネルバ大学を解剖する	松下佳代編著	三二〇〇円
ミネルバ大学の設計書	S・M・コスリン／B・ネルソン編 松下佳代監訳	五二〇〇円
アメリカの授業料と奨学金研究の展開	小林雅之	六二〇〇円
アメリカ高等教育史—その創立から第二次世界大戦までの学術と文化	原圭寛・間篠剛留・五島敦子・小野里拓・藤井翔太・原田早春 訳	八六〇〇円
アメリカの体育カリキュラム設計論—その成立と展開	徳島祐彌	三四〇〇円
米国シカゴの市民性教育—子どものエンパワメントの視点から	久保園梓	四三〇〇円
アメリカ教育例外主義の終焉—変貌する教育改革政治	青木栄一監訳	三六〇〇円
オープン・エデュケーションの本流—ノースダコタ・グループとその周辺	橘髙佳恵	三六〇〇円
米国の特殊教育における教職の専門職性理念の成立過程	志茂こづえ	四三〇〇円
米国における協働的な学習の理論的・実践的系譜	福嶋祐貴	三六〇〇円
アメリカにおける学校認証評価の現代的展開	浜田博文編著	二八〇〇円
現代アメリカ貧困地域の市民性教育改革—教室・学校・地域の連関の創造	古田雄一	四二〇〇円
アメリカ公民教育におけるサービス・ラーニング	唐木清志	四六〇〇円
アメリカにおける多文化的歴史カリキュラム	桐谷正信	三六〇〇円
アメリカ 間違いがまかり通っている時代—公立学校の企業型改革への批判と解決法	D・ラヴィッチ著 末藤美津子訳	三八〇〇円
教育による社会的正義の実現—アメリカの挑戦（1945-1980）	D・ラヴィッチ著 末藤美津子訳	五六〇〇円
学校改革抗争の100年—20世紀アメリカ教育史	D・ラヴィッチ著 末藤・宮本・佐藤訳	六四〇〇円

※定価：表示価格（本体）＋税

〒113-0023 東京都文京区向丘 1-20-6 TEL 03-3818-5521 FAX03-3818-5514
Email tk203444@fsinet.or.jp URL:http://www.toshindo-pub.com/

東信堂

官邸主導時代の高等教育政策 ―変貌の諸相と課題	日本高等教育学会会長プロジェクトチーム 羽田貴史 編著	三六〇〇円
大学における教学マネジメント2・0 ―やらされ仕事から脱し、学びの充実のための営みへ	大学基準協会 監修 大森不二雄 編著	二九〇〇円
21世紀型リベラルアーツと大学・社会の対話	大学基準協会 監修 山田礼子 編著	三一〇〇円
「学習成果」可視化と達成度評価 ―その現状・課題・展望	大学基準協会 監修 早田幸政 編著	三八〇〇円
教学マネジメントと内部質保証の実質化	大学基準協会 監修 永田恭介・山崎光悦 編著	三二〇〇円
大学評価の体系化	大学基準協会 監修 高等教育のあり方研究会 生和秀敏 編著	三二〇〇円
2040年 大学教育の展望 ―21世紀型学習成果をベースに	山田礼子	二八〇〇円
2040年 大学よ甦れ ―カギは自律的改革と創造的連帯にある	田中弘允 佐藤博明 田原博人 著	二四〇〇円
検証 国立大学法人化と大学の責任 ―その制定過程と大学自立への構想	田中弘允 佐藤博明 田原博人 著	三七〇〇円
高等教育の質とその評価 ―日本と世界	山田礼子 編著	二八〇〇円
大学の組織とガバナンス ―高等教育研究論集第1巻	羽田貴史	三五〇〇円
科学技術社会と大学の倫理 ―高等教育研究論集第4巻	羽田貴史	三二〇〇円
学生参加による高等教育の質保証	山田勉	二四〇〇円
国立大学職員の人事システム ―管理職への昇進と能力開発	渡辺恵子	四二〇〇円
国立大学法人の形成	大﨑仁	二六〇〇円
国立大学・法人化の行方 ―自立と格差のはざまで	天野郁夫	三六〇〇円
日本の大学経営 ―自律的・協働的改革をめざして	両角亜希子	三九〇〇円
私立大学の経営と拡大・再編 ―一九八〇年代後半以降の動態	両角亜希子	四二〇〇円
学長リーダーシップの条件	両角亜希子編著	二六〇〇円
教職協働による大学改革の軌跡	村上雅人	二四〇〇円
大学経営・政策入門	東京大学 大学経営・政策コース編	二四〇〇円
大学経営とマネジメント	新藤豊久	二五〇〇円

※定価：表示価格（本体）＋税

〒113-0023 東京都文京区向丘 1-20-6 TEL 03-3818-5521 FAX03-3818-5514
Email tk203444@fsinet.or.jp URL:http://www.toshindo-pub.com/

東信堂

- 学校教育目標（スクール・ポリシー）のアセスメントとカリキュラム・マネジメントの組織化に向けて　溝上慎一編著　二〇〇〇円
- 高校生の学びと成長に向けた大学選び—偏差値もうまく利用する　溝上慎一　九〇〇円

学びと成長の講話シリーズ

- ①アクティブラーニング型授業の基本形と生徒の身体性　溝上慎一　一〇〇〇円
- ②学習とパーソナリティ—「あの子はおとなしいけど成績はいいんですよね！」をどう見るか　溝上慎一　一六〇〇円
- ③社会に生きる個性—自己と他者・拡張的パーソナリティ・エージェンシー　溝上慎一　一五〇〇円
- ④インサイドアウト思考—創造的思考から個性的な学習・ライフの構築へ　溝上慎一　一五〇〇円
- ⑤幸福と訳すな！ウェルビーイング論—自身のライフ構築を目指して　溝上慎一　一五〇〇円

アクティブラーニング・シリーズ

- ①アクティブラーニングの技法・授業デザイン　安永悟・関田一彦・水野正朗編　一六〇〇円
- ②アクティブラーニングとしてのPBLと探究的な学習　溝上慎一・成田秀夫編　一八〇〇円
- ③アクティブラーニングの評価　松下佳代・石井英真編　一六〇〇円
- ④高等学校におけるアクティブラーニング：理論編（改訂版）　溝上慎一編　一六〇〇円
- ⑤高等学校におけるアクティブラーニング：事例編　溝上慎一編　二〇〇〇円
- ⑥アクティブラーニングをどう始めるか　成田秀夫　一六〇〇円
- ⑦失敗事例から学ぶ大学でのアクティブラーニング　亀倉正彦　一六〇〇円

- 若者のアイデンティティ形成—学校から仕事へのトランジションを切り抜ける　ジェームズ・E・コテ&チャールズ・G・レヴィン著　河井亨・溝上慎一訳　三二〇〇円
- 大学生白書2018—今の大学教育では学生を変えられない　溝上慎一　二八〇〇円
- アクティブラーニングと教授学習パラダイムの転換　溝上慎一　二四〇〇円
- 日本を再生するボリュームゾーン教育—カギを握る偏差値50以下大学の躍進　森朋子・河本達毅・成田秀夫著　友野伸一郎編集執筆　一五〇〇円
- 学生を成長させる海外留学プログラムの設計—［収録］緊急座談会「コロナ禍における海外留学・国際教育の現状と展望」　河合塾編著　二三〇〇円

※定価：表示価格（本体）＋税

〒113-0023　東京都文京区向丘1-20-6　TEL 03-3818-5521　FAX03-3818-5514
Email tk203444@fsinet.or.jp　URL:http://www.toshindo-pub.com/